諸公袞袞登臺省
廣文先生官獨冷
甲第紛紛厭粱肉
廣文先生飯不足
先生有道出

제2권 【두보초기시역해2】

두보전집

정본완 역

정본완역 두보전집

제2권 두보초기시역해2

초판 1쇄 발행 2023년 3월 30일

역해자 강민호·강성위·김만원·김성곤·김수희·박 석
박홍준·이남종·이석형·이영주·임도현·최석원

펴낸곳 서울대학교출판문화원
주소 08826 서울 관악구 관악로 1
도서주문 02-889-4424, 02-880-7995
홈페이지 www.snupress.com
페이스북 @snupress1947
인스타그램 @snupress
이메일 snubook@snu.ac.kr
출판등록 제15-3호

ISBN 978-89-521-3101-0 94820
978-89-521-1189-0 (세트)

정본완역

두보전집

제2권 〈두보초기시역해 2〉

강민호
강성위
김만원
김성곤
김수희
박　석
박홍준
이남종
이석형
이영주
임도현
최석원

서울대학교출판문화원

An Annotated Translations of Du Fu's Poems from Early Period 2

Translated and Annotated by Minho Kang, Seongwee Kang,
Manwon Kim, Seongkon Kim, Soohee Kim, Seok Park,
Hongjun Park, Namjong Lee, Seokhyung Lee,
Yeongju Lee, Dohyun Lim, Seokwon Choi

Seoul National University Press

머리말

이 책은 한국두시학회 두시독회 모임의 첫 번째 두보시 역해서이다. 그동안 본 모임에서는 《두보 초기시 역해》, 《두보 지덕연간시 역해》, 《두보 위관시기시 역해》, 《두보 진주동곡시기시 역해》, 《두보 성도시기시 역해》, 《두보 재주낭주시기시 역해》, 《두보 2차 성도시기시 역해》, 《두보 기주시기시 역해1》, 《두보 기주시기시 역해2》, 《두보 기주시기시 역해3》을 번역 출간해 왔다. 그중 처음 나온 두 책 《두보 초기시 역해》(솔출판사, 1999)와 《두보 지덕연간시 역해》(한국방송통신대학교출판부, 2001)는 이미 절판되었으며, 출판사와의 계약도 만료되어 더는 책을 발간할 수 없게 되었다. 따라서 나머지 두보 역해서를 출판하였던 서울대학교출판문화원에서 새로 출판하기로 하였다. 1993년 이래로 30년 가까이 두보시 역해를 진행하였는데, 그동안의 연구 성과를 토대로 애초의 역해서를 검토해 보니 수정 보완해야 할 부분이 생겼다. 두보시 연구 성과에서 가장 중요한 서적 중의 하나인 《독두심해(讀杜心解)》의 시 해설을 모두 추가하였고, 중후반부 독해의 성과를 반영하여 내용과 체제를 통일하였다. 원래 초기시와 지덕연간시로 구분하였으나, 실제로 두 책 모두 초기시에 해당하며 기존 초기시 서적의 분량이 상대적으로 너무 많기에 두 책을 고르게 나누어 초기시 1과 초기시 2로 통합 분권하기로 하였다. 이에 그 두 번째 성과물로 초기시 74제를 수정하여 《두보 초기시 역해2》로 출간한다.

《두보 초기시 역해2》는 천보 13년(754)부터 지덕 2년(757)까지의 시 74제 90수를 역해하였다. 천보 13년 두보는 관직을 기다리면서 권세가에게 간알하였고, 천보 14년(755)에 하서위(河西尉)에 임명되었지만 관직이 낮다는 이유로 부임하지 않았으며 겨우 우위율부병조참군(右衛率府兵曹參軍)의 관직을 받았다. 이후 잠시 휴가를 얻어 봉선(奉先)에 있는 가족을 찾아가 보았다. 천보 14년 말 안녹산의 난이 발발하여 이듬해 현종은 성도(成都)로 피신하였고 숙종이 영무(靈武)에서 즉위하였다. 두보는 가족을 부주(鄜州)에 안돈시킨 뒤 북쪽에 있는 숙종에게 가려고 했는데 중도에 반군에 붙잡혀 장안에 억류되었다. 지덕 2년 장안을 탈출하여 봉상(鳳翔)에 있던 숙종에게로 갔다. 급변하는 정세와 험난한 역정 속에서 두보는 고심하며 우수한 작품을 창작하였다.

가장 특기할 만한 작품은 두보 장편시 중에서도 명품이라고 할 수 있는 〈경사에서 봉선현으로 가며 느낀 바를 읊은 500자의 시(自京赴奉先縣詠懷五百字)〉와 〈북쪽으로 가다(北征)〉이다. 전자는 천보 14년 가족을 만나러 장안에서 봉선으로 가면서 보고 느낀 바를 적은 것으로 당시 환락을 일삼던 현종의 정사를 비판하였으며, 후자는 부주에 있는 가족을 보러 가면서 보고 느낀 바를 적은 것으로 당시 전쟁으로 인한 참상을 핍진하게 고발하였다. 또한 여러 작품에서 안녹산의 난으로 인해 고통받는 이들과 피폐해진 나라의 상황을 표현하였는데 〈봄날 바라보다(春望)〉와 같은 걸작을 들 수 있다.

두보 초기시의 가장 큰 특징으로 정제된 장편 배율의 창작을 들 수 있는데 〈태상경 장기께 받들어 드리는 20운의 시(奉贈太常張卿垍

二十韻)〉, 〈위 좌상께 올리는 20운의 시(上韋左相二十韻)〉, 〈교릉시 30운을 지어 현내의 관리들에게 바치다(橋陵詩三十韻因呈縣內諸官)〉, 〈관군이 이미 반군이 있는 곳에 다다랐다는 소식을 듣고서 기뻐하며 지은 20운의 시(喜聞官軍已臨賊境二十韻)〉 등의 시에서 엄정한 장법과 다양한 대장의 수법을 확인할 수 있다. 또한 〈사원의 노래(沙苑行)〉, 〈취하여 부르는 노래(醉歌行)〉, 〈떠나감을 읊은 노래(去矣行)〉, 〈천육의 날쌘 말 그림의 노래(天育驃圖歌)〉, 〈위 장군의 노래(魏將軍歌)〉, 〈걸어서 돌아가는 것을 읊은 노래(徒步歸行)〉, 〈팽아의 노래(彭衙行)〉 등 가행체의 시를 많이 지었는데, 근체시의 격률을 적절하게 활용한 두보만의 독특한 고체시의 창작 기풍을 확립하였다.

그리고 〈한중판관으로 부임하는 번 시어를 전송하다(送樊二十三侍御赴漢中判官)〉, 〈동곡방어판관을 맡아 가는 위 평사를 전송하다(送韋十六評事充同谷防禦判官)〉, 〈무위판관으로 부임하는 장손 시어를 전송하다(送長孫九侍御赴武威判官)〉, 〈영주로 가는 이 판관을 전송하다(送靈州李判官)〉, 〈곽 중승겸태복경이 농우절도사로 부임하는 것을 받들어 전송하며 지은 30운의 시(奉送郭中丞兼太僕卿充隴右節度使三十韻)〉, 〈토번으로 사신 가는 양 판관을 전송하다(送楊六判官使西蕃)〉 등 일련의 시에서는 다양한 형식과 장법을 구사하면서 송별시의 다양한 양식을 선보였는데 이를 통해 두보가 시 창작에 있어 여러 가지 시도를 하면서 각고의 노력을 기울였음을 엿볼 수 있다.

애초에 역해에 참여하였던 이들 중 현재 독회에 참여하지 않는 이가 있으며 개인적인 사정으로 두 개의 독회를 동시에 진행할 수 없는 이도 있었다. 이영주 교수, 이석형 교수, 박홍준 교수는 자신이 처음에 맡은 시를 수정하였지만, 다른 역해자가 맡은 시의 원고는 새로 작성하고 수정할 인원이 필요하였는데, 강민호 교수와 임도현

박사가 각각 김만원 교수와 김성곤 교수의 부분을 맡았으며, 새로이 영입한 김수희 교수와 최석원 교수는 각각 이남종 교수와 박석 교수의 부분을 맡고 또한 강성위 박사의 부분을 나누어 맡았다.

서울대학교출판문화원에서는 이미 두시 역해서를 아홉 권 출간하였다. 이번 열 번째 책을 출간해 주기로 한 서울대학교출판문화원에 감사의 마음을 전한다.

2022년 12월
역해자 일동

차 례

일러두기

1. 이 책은 한국두시학회 두시독회의 두 번째 역해서로 두보가 천보 13년(754)부터 지덕 2년(757)까지 지은 시를 한 책으로 묶었다. 시의 배열 순서는 《두시상주》를 따랐다.

2. 이 책은 《두시상주杜詩詳註》(청淸 구조오仇兆鰲 주注, 북경北京: 중화서국中華書局, 1989)를 저본으로 하고, 각종 주석서를 참고하였다.
   1) 주요 주석서는 다음과 같다.
      《구가집주두시九家集注杜詩》 (송宋 곽지달郭知達)
      《두공부초당시전杜工部草堂詩箋》 (송宋 채몽필蔡夢弼)
      《보주두시補注杜詩》 (송宋 황희黃希, 황학黃鶴)
      《분문집주두공부시分門集註杜工部詩》 (송宋)
      《두억杜臆》 (명明 왕사석王嗣奭)
      《두시해杜詩解》 (청淸 김성탄金聖歎)
      《두시상주杜詩詳註》 (청淸 구조오仇兆鰲)
      《독두심해讀杜心解》 (청淸 포기룡浦起龍)
      《두시경전杜詩鏡銓》 (청淸 양륜楊倫)
      《두시전주杜詩錢注》 (청淸 전겸익錢謙益)
      《두공부시집집주杜工部詩集輯注》 (청淸 주학령朱鶴齡)
      《독두시설讀杜詩說》 (청淸 시홍보施鴻保)
      《두시언해杜詩諺解》 (조선朝鮮)
      《두율계몽杜律啟蒙》 (청淸 변련보邊連寶)
      《두보전집교주杜甫全集校注》 (근인 소척비蕭滌非)
   2) 그 외의 주석서들은 해당 부분에서 밝혔다.

3. 주석서를 인용하면 다음과 같은 원칙을 따랐다.
   1) 주석서 편찬자 자신의 주注를 인용할 경우에는 편찬자의 이름을 따로 밝히지 않았다. 단, 편찬자가 인용한 주를 재인용할 경우에는 그 주석자의 이름이나 서명을 밝혔다.
   2) 《구가집주두시》를 인용한 경우 왕수王洙 주注는 이름을 따로 밝히지 않았다.

3) 《보주두시》를 인용한 경우 황희 주는 이름을 밝혔으나 황학 주는 이름을 따로 밝히지 않았다.
4) 《두시언해》를 인용한 경우 현토懸吐는 생략하였다.
5) 《두억》은 현전하는 판본이 완전하지 않아 필요한 경우 다른 주석서에 인용된 것을 재인용하였다.

4. 이 책은 다음과 같은 체재와 방식으로 편찬하였다.
1) 원문은 《두시상주》의 원문을 따랐다. 판본에 따른 원문의 차이에 대해서는 《두시상주》에서 지적한 것을 위주로 하여 주석에서 밝혔다.
2) 시의 역문은 원시原詩의 뜻을 그대로 살리기 위해 직역을 위주로 하였다. 단 직역으로는 의미 전달이 모호하다고 여겨질 경우 해당 주석에서 보충하여 자세히 풀어 설명함으로써 의미 전달이 명료하게 되도록 하였다. 그리고 《두시상주》의 분단分段에 따라 단락을 나누어 번역하였다.
3) 이전 주석서의 주석을 번역할 때에 원칙적으로 직역을 하여 원문을 해독하고자 하는 독자의 편의를 도모하였다.
4) 설명 부분에서는 작품의 대체적인 내용과 저작 시기를 밝히고, 제목에 대한 주석을 더하였다. 관련된 이전 주석은 아래에 따로 번역하여 수록함으로써 독자들이 참고할 수 있도록 하였다.
5) 시의 주석은 구 단위로 번호를 붙였다.
6) 2구 이상에 대한 설명은 [ ] 표시를 하여 구별하였다.
7) 한 단락이나 연작시의 매 수에 대한 종합적인 설명과 주석은 # 표시를 하였다.
8) 작품 전체와 관련된 주석이 있을 경우 ## 표시를 하여 해당 시 끝에 수록하였다.
9) 연호를 표시할 때 '…년'으로 통일하였다.

5. 각 시의 끝에 초고 집필자와 수정자의 이름을 밝혔다.

1. 苦雨奉寄隴西公兼呈王徵士

심한 비에 농서공에게 받들어 부치면서 아울러 왕 징사에게 드리다

今秋乃淫雨[1] 仲月來寒風[2] 羣木水光下 萬家雲氣中[3]
所思礙行潦[4] 九里信不通[5] 悄悄素滻路[6] 迢迢天漢東[7]
願騰六尺馬[8] 背若孤征鴻[9] 劃見公子面[10] 超然歡笑同
奮飛旣胡越[11] 局促傷樊籠[12] 一飯四五起[13] 憑軒心力窮[14]
嘉蔬沒溷濁[15] 時菊碎榛叢[16] 鷹隼亦屈猛[17] 烏鳶何所蒙[18]
式瞻北鄰居[19] 取適南巷翁[20] 挂席釣川漲[21] 焉知淸興終[22]

올 가을에는 도리어 비가 오래 내려
팔월에 찬바람이 불어옵니다.
무리 지은 나무가 물빛 아래에 있고
수많은 집이 구름 기운 속에 있습니다.
그리운 사람은 길 위의 빗물에 막히고
구 리밖에 안 되는데도 소식이 통하지 않습니다.
흰 산수滻水의 길에 가슴 아프고
은하수의 동쪽은 멀기만 합니다.
원하노니, 육 척의 말을 타면
그 등은 홀로 나는 기러기와 같을 터인데,
공자의 얼굴을 순식간에 보고서
초연히 기쁜 웃음을 같이 하고 싶습니다.

분연히 날더라도 이미 호 땅과 월 땅처럼 멀리 떨어져 있는데
웅크려 있자니 새장에 있는 신세에 마음 상할 뿐입니다.
한 번의 식사에도 네댓 번을 일어나고
난간에 기대노라니 마음과 힘이 쇠진하였습니다.
좋은 채소는 진흙탕 물에 잠겨 있고
때맞게 핀 국화는 덤불 속에서 시들었습니다.
매와 송골매가 또한 사나움이 꺾이었거늘
까마귀와 솔개가 어찌 은총을 입겠습니까?
북쪽의 이웃을 한번 바라보니
남쪽 골목의 늙은이에게 갈 터인데,
돛을 달고 불어난 물에서 낚시를 드리우면
어찌 맑은 흥취가 끝날 줄 아시겠습니까?

이 시는 장안에 머물던 두보가 농서공과 왕 징사에게 부친 것으로, 심한 비로 인해 농서공을 만나지 못하게 된 상황에서 상대에 대한 그리움을 적은 뒤에 농서공이 왕 징사를 만나 낚시하며 즐길 것을 상상하였다. 이를 통해 홀로 지내는 두보의 외로운 마음을 표현하였다. 저작 시기는 천보 13년 가을로 추정된다. 원주에 "농서공은 한중왕 이우이며, 징사는 낭야 사람 왕철이다.(隴西公, 卽漢中王瑀. 徵士, 瑯琊王徹.)"라는 말이 있다. 이우는 여양왕汝陽王 이진李璡의 동생이다. 징사는 학덕이 높아 조정에서 불렀으나 나아가지 않은 선비를 가리켜 부르는 칭호이다. 왕 징사가 누구인지는 자세히 알려져 있지 않다.

《보주두시》 이 시는 마땅히 천보 13년에 지은 것이다. 《당서·오행지》에서 천보 13년에 오랜 비로 수재가 났다고 하였다.(此詩當在天寶十三載, 五行志云, 天寶十三載, 苦雨潦.)

《구당서·예종제자열전睿宗諸子列傳》 이우는 일찍부터 재주와 덕망이 있었고 의표가 훌륭하였다. 처음에는 농서군공에 봉해졌다. 천보 15년 촉 땅에 행차하는 현종을 따랐는데, 한중에 이르러 한중왕에 봉해졌다.(瑀, 早有才望, 偉儀表. 初封隴西郡公. 天寶十五載, 從玄宗幸蜀, 至漢中, 因封漢中王.)

주 석

1 淫雨(음우)－ 오래 내리는 비.

2 仲月(중월)－ 매 계절에서 중간에 해당하는 달. 여기서는 가을이므로 음력 8월을 가리킨다.

3 萬家(만가)－ 수많은 집. 장안의 모든 집을 가리킨다. '家'는 '象'으로 된 판본도 있으나 대체로 틀린 것으로 본다.

4 所思(소사)－ 그리워하는 사람. 여기서는 농서공을 가리킨다. 농서공과 왕 징사를 아울러 표현한 것이라는 설도 있지만 취하지 않는다.
行潦(행료)－ 길 위의 빗물.

5 九里(구리)－ 두보의 집에서 농서공의 거처까지의 거리를 두고 한 말이다.

[所思 2구]

《보주두시》에 인용된 조차공 주 농서공과 왕 징사의 거처를 가리켜 한 말이다. 심한 비로 떨어지게 되어서 이 때문에 9리가 통하지 않게 되었다고 말하게 되었다.(指隴西公王徵士所居言, 爲苦雨所隔, 斯乃九里不通之謂矣.)

6 悄悄(초초)— 근심하는 모양. 또는 적막한 모양. 素滻(소산)— 흰 산수. 산수는 장안 인근을 흐르는 강인데 아마도 농서공의 거처와 연결되어 있었을 것이다.

《두시상주》에 인용된 《장안지長安志》 산수는 만년현 동북쪽에 있는데 사십 리를 흘러서 위수로 들어간다.(滻水, 在萬年縣東北, 流四十里入渭.)

7 迢迢(초초)— 먼 모양. 天漢(천한)— 은하수. 또는 장안을 흐르는 위수를 비유하는 것으로 보는 설이 있다. 이 경우 위수는 농서공의 거처를 가리킨다.

[悄悄 2구] 농서공의 거처로 가는 길이 은하수처럼 멀다는 뜻이다.

《구가집주두시》에 인용된 두시가杜時可의 《두보유杜補遺》 두보는 오랜 비로 길이 막혀서 비록 흰 산수가 가깝지만 은하수의 동쪽에 있는 것과 같다고 여겼다.(子美以久雨路阻, 雖素滻之近, 若在天漢之東也.)

《구가집주두시》 조차공 주 '천한'은 중위교가 있는 곳이다. 《장안지》에서는 중위교에 대하여 《삼보황도》를 인용하여 "위수가 도시를 관통하고 있으니 이로써 은하수를 본떴고, 가로지른 다리가 남쪽으로 건너니 이로써 견우성을 본떴다."라고 하였다.(天漢則中渭橋之所. 長安志於中渭橋引三輔黃圖, 渭水貫都, 以象天漢, 橫橋南渡, 以法牽牛也.)

8 馬(마)— '駒'로 된 판본도 있다.

9 孤征鴻(고정홍)— 홀로 날아가는 기러기. 두보의 외로운 신세를 비유하는 것으로 보인다. 이와 달리 무리와 떨어져 급히 날아가는 상황을 표현한 것이라는 설도 있다.

[願騰 2구] 홀로 떨어져서 나는 기러기 같은 신세로 말을 타고서 빨리

농서공이 있는 곳으로 가고 싶다는 말이다.

《구가집주두시》 조차공 주 홍혹은 높이 날고 멀리 가는 새이다. '고정홍'이라고 한 것은 아마도 무리 지어서 날면 마음이 오히려 화락하고 느긋하지만, 홀로 날면 무리를 좇아서 급히 날기 때문이리라.(鴻鵠高飛遠擧之物, 謂之孤征鴻, 蓋以其群飛則意猶詳緩, 孤飛則逐伴而急疾.)

10 劃見(획견) – 갑자기 보다. 公(공) – '君'으로 된 판본도 있다.

#《두시상주》: 이 단락은 가을에 오랜 비로 고생하면서 농서공을 그리워한 것이다. '군목' 2구는 빗속의 원경이다. '초초' 2구는 물에 막혀 가기 어려운 것이다. 말을 탄다고 말한 것은 육로로 가서 농서공을 만나고자 하는 것이다.(此秋苦淫雨而思隴西公也. 羣木二句, 雨中遠景. 悄悄二句, 阻水難行. 曰騰馬, 欲陸行以見隴西也.)

11 胡越(호월) – 호 땅과 월 땅. 멀리 떨어져 있다는 말이다.

《구가집주두시》 조차공 주 호 땅과 월 땅이 멀리 떨어져 있는 것과 같다는 말이다.(言如胡與越之隔也.)

12 局促(국촉) – 몸을 웅크린 모양. 樊籠(번롱) – 새장. 좁은 곳에 갇혀 마음대로 다니지 못하는 상황을 비유한다.

13 一飯(일반) – 한 번의 식사. 이 구는 한 끼 밥을 먹는 짧은 동안에도 네댓 번이나 일어난다는 말로 그리움 때문에 행동거지가 안정되지 못한 모습을 표현한 것이다.

14 憑軒(빙헌) – 난간에 기대다. 이 구는 난간에 기대어 멀리 바라보며 기다리느라 심신이 지쳤다는 말이다.

왕찬王粲 〈등루부登樓賦〉 난간에 기대어 멀리 바라본다.(憑軒檻以遙望.)

[一飯 2구]

《두시언해》 밥 한 끼 먹는 동안에 자주 일어나서 멀리 바라보니 마음과 힘이 다 지쳐버렸다는 말이다.(言一飯之頃, 頻起而望, 心力窮困也.)

15 嘉蔬(가소) – 좋은 채소. 溷濁(혼탁) – 진흙에 덮여서 더러워지다. '溷'은 흐리다는 뜻이다.

《두공부시집집주》 《예기》에서 벼를 '가소'라고 한다고 했다. 살펴보건대, 두보의 〈원관송채시병서〉에서 모두 '가소'를 채소로 여기고 있으니 뜻을 겸용할 수 있다.(禮記, 稻曰嘉蔬. 按, 公園官送菜詩幷序, 皆以嘉蔬爲菜, 義可兼用耳.)

16 時菊(시국) – 때에 맞춰 핀 국화. 榛叢(진총) – 덤불. 잡초나 잡목이 빽빽하게 자라난 곳.

[嘉蔬 2구] 오랜 비로 인해 채소와 국화가 망가진 상황을 묘사한 것이다. 어진 이가 소인에게 가려진 것을 풍자한 것이라는 설도 있다.

《두시상주》 빗속의 근경이다.(雨中近景.)

《보주두시》에 인용된 왕수 주 '가소'와 '시국'은 어진 이가 여러 소인들에게 가려진 것을 풍자한 것이다.(嘉蔬時菊刺賢者爲群小所掩翳也.)

17 鷹隼(응준) – 매와 송골매. 屈猛(굴맹) – 사나움이 꺾이다.

18 烏鳶(오연) – 까마귀와 솔개. 먹을 것을 탐하는 새로 대체로 소인을 비유하는데, 여기서는 두보 자신을 가리킨다. 何所蒙(하소몽) – 어떻게 은혜를 입겠는가?

[鷹隼 2구]

《구가집주두시》 조차공 주 매와 송골매도 오랜 비로 오히려 그 사나움이 꺾여서 떨쳐 날지 못하는데 하물며 까마귀나 솔개 같이 하찮은 새가 어떻게 의지할 바를 얻겠는가? 이 비유는 군자와 소인 모두가 그 마땅히 있어야 할 곳을 얻지 못했다는 말이다.(鷹隼以苦雨猶屈其猛而不能奮飛, 況瑣瑣如烏鳶, 何所蒙賴乎. 此方是言君子小人皆不得其所也.)

19 式(식)－ 어조사로 뜻이 없다. 北鄰居(북린거)－ 북쪽 이웃집.

20 取適(취적)－ 가는 것을 취하다. 간다는 뜻이다. 또는 즐거운 마음을 취하다. 南巷翁(남항옹)－ 남쪽 골목에 사는 노인.

21 挂席(괘석)－ 돛을 매달다. 釣川漲(조천창)－ 물이 불어난 곳에서 낚시를 하다.

22 焉知(언지)－ 어찌 알겠는가?

[式瞻 4구] 두보가 바라보니 남북으로 이웃한 농서공이 왕 징사에게 가서 두 사람이 불어난 물에서 낚시를 하며 흥취를 다할 것이라는 말이다. 이를 통해 두보 홀로 지내는 쓸쓸한 감개를 표현하였다. 이와 달리 '두보가 북쪽의 농서공에게 못 가니 남쪽의 왕 징사에게 가서 낚시하며 즐기고 싶다', '두보가 북쪽의 왕 징사를 바라보노라니 부디 남쪽의 두보에게서 즐거움을 취하여 같이 낚시하며 즐기자'라고 풀이할 수도 있다. 또, '그리워하는 사람이 있는 북쪽을 바라보니 남쪽에 있는 두보 자신이 즐거운데 왕 징사와 함께 낚시하고 즐기고 싶다'라고 풀이하는 설, '두 사람에게 못 가게 되어 아쉬우나마 근처 남북의 이웃을 찾아가서 낚시하며 즐긴다'라고 풀이하는 설도 있지만 취하지 않는다.

《구가집주두시》 조차공 주 농서공과 왕 징사를 이미 보지 못하게 되었으니 잠시 가까운 북쪽 이웃과 남쪽 골목의 사람들을 만나서 함께 노닐겠다는 말이다.(言隴西公王徵士旣不見矣. 姑近取北鄰南巷之人而與遊也.)

《두시상주》 북쪽 이웃을 바라보니 남쪽의 노인이 그로 인하여 마음이 즐겁다. 노원창의 주에서 "〈핍측행〉에서 '나는 골목 남쪽에 그대는 골목 북쪽에 머문다'라고 했으니 두보가 남쪽 골목의 늙은이임을 알겠다."라고 하였다. 마지막에서는 불어난 물에서 함께 노닐게 되면 흥이 끝이 없을 것이라고 말하였다.(瞻北鄰, 則南翁爲之適意. 盧注, 偪側行云, 我居巷南子巷北, 故知公爲南巷翁也. 末謂同遊漲水, 則興無終盡.)

#《두시상주》: 이 단락은 농서공을 보지 못하여 왕 징사를 생각한 것이다. '분비' 4구는 위 단락을 잇고 아래 단락을 일으킨다. '가소' 4구는 빗속의 근경이다. 돛을 매단다고 말한 것은 물길로 가서 징사를 만나고자 하는 것이다.(此不見隴西而思王徵士也. 奮飛四句, 承上起下. 嘉蔬四句, 雨中近景. 曰挂席, 欲水行以見徵士也.)

##《독두심해》: 4구로 일으키고 4구로 맺었으며 중간에는 하나의 큰 단락이다. 잠참에게 부치는 시(〈구일기잠참九日寄岑參〉)는 기탁하여 시국을 풍간한 것이고, 농서공에게 부치는 이 시는 일으키는 부분에서 은미하게 드러냈을 뿐이니 그가 황제의 친속이라 금기를 범할까 하는 두려움이 있었던 것이리라. 중간 단락은 서로 그리워하며 비에 막혀 가지 못하는 뜻을 상세히 기술하였다. 마지막에 왕 징사에 관해 언급하였다. 징사는 필시 농서공과 남북으로 가까운 이웃이었을 것이다. '북거'는 농서공을 가리키고 '남옹'은 마땅히 징사를 가리킨다. 두 사람이 수시로 왕래하는 것을 멀리서 생각하고는 이로써 자신의 쓸쓸함을 형용하였다. 주석가들의 혼란스러움이 심하다.(四句起, 四句結, 中間一大段. 寄岑則寓諷時局, 寄隴西則起處微露, 以其爲親王也, 有觸忌之恐乎. 中段, 詳相憶阻雨之意. 末及王徵士. 徵士必與隴西爲南北近隣. 北居卽指隴西, 南翁當指徵士. 遙想兩人不時還往, 以形己之岑寂也. 注家混甚.)

(**김성곤·임도현**)

2. 秋雨歎三首

가을비를 한탄하다 3수

雨中百草秋爛死[1]　階下決明顏色鮮[2]

著葉滿枝翠羽蓋[3]　開花無數黃金錢[4]

涼風蕭蕭吹汝急[5]　恐汝後時難獨立[6]

堂上書生空白頭[7]　臨風三嗅馨香泣[8]

빗속에 온갖 풀들이 가을에 문드러져 죽는데
섬돌 아래 결명은 빛깔이 곱다.
가지 가득 달린 잎은 비취새 깃털 덮개요
헤아릴 수 없이 핀 꽃은 황금 동전이다.
서늘한 바람 쓸쓸히 네게 거세게 불어대니
네가 때를 놓치고 홀로 서 있기 어려울까 걱정스럽다.
마루 위의 서생은 부질없이 흰 머리카락
바람을 마주하고 세 번 향기를 맡고는 눈물을 흘린다.

이 시는 가을비가 많이 내린 것을 근심하여 지었다. 천보 13년 가을 큰 장마가 있었을 때 지은 것으로 보인다.

《보주두시》 천보 13년 가을에 큰 장맛비가 내려 60일 동안 그치지 않자 황제가 걱정하였다. 양국충이 벼 중에 잘 자란 것을 가져다 바치며 "비가 비록 많이 오긴 하였으나 농사에 해가 되지는 않았습니다."라고 하였다. 《당서 · 오행지》에 "천보 13년 가을에 큰 장마가 있었다.”라 하였고, 또 “오랜 비가 내려 길에 넘쳤기 때문에 진희열을 파직하고 위견소를 재상에 임명했다.”라고 하였다. 이 시는 당연히 그해에 지은 것이다.(天寶十三載秋, 大霖雨, 六旬不止, 帝憂. 楊國忠取禾之善者, 獻之曰, 雨雖多, 不害稼也. 五行志云, 天寶十三載秋, 大霖雨, 又云, 以苦雨潦, 罷陳希烈, 相韋見素. 此詩當是其年作.)

주 석

1 爛死(난사)– 문드러져 죽다. 비가 많이 내려서 풀들이 다 문드러지는 것을 말한다.

2 決明(결명)– 풀 이름. 옛 주에서는 결명을 가리키는 말로 보았으나 훗날의 주석가들은 국화와 비슷한 금전화金錢花나 감국甘菊으로 보아야 한다고 하였다. 顔色(안색)– 빛깔. 때깔.

《구가집주두시》 사윤師尹 주 《본초》를 살펴보면, 결명은 여름에 꽃이 피고 가을에 열매가 열리며 꽃이 붉으니, 두보가 말한 것과 시기가 맞지 않는다. 오늘날 금전화라는 것이 있는데 국화와 비슷하며 대부분 가을비가 내리는 가운데 자란다. 세간에서는 이를 적루화라고 한다. 두보는 아마도 이에 바탕을 둔 것 같다.(按本草, 決明, 夏花, 秋生子, 花赤, 與杜所稱不同時. 今時有金錢花, 與菊相類, 多生於秋雨中. 俗謂之滴漏花. 杜豈本此耶.)

《두시상주》에 인용된 송宋 사주史鑄《백국집보百菊集譜》 두시에 주를 단 사람들은《본초》의 결명자라 여기고 있다. 이 식물은 칠월에 꽃이 피고 형상이 백편두와 비슷하며 잎은 지극히 드문데, 어떻게 ‘취우개’와 ‘황금전’의 모양을 가질 수 있겠는가? 그들은 아마도 감국이 일명 석결로 눈을 밝게 하고 눈이 흐릿해지는 증상을 없애 주는 것이 석결명과 효능이 같기 때문에 오와 초 지역에서 ‘석결’이라고 부른다는 것을 몰랐을 것이다. 두보가 탄식한 대상도 바로 이 꽃을 가리킨다. 주석가들은 결국 결명자라 생각하였으니 소홀하였다.(注杜者, 以爲本草決明子. 此物乃七月作花, 形如白扁豆, 葉極稀疏, 焉得有翠羽蓋與黃金錢耶. 彼蓋不知甘菊一名石決, 爲其明目去翳, 與石決明同功, 故吳楚間呼爲石決. 子美所歎, 正指此花. 注家乃認爲決明子, 疏矣.)

3 著葉(착엽)― 잎을 달다. 翠羽蓋(취우개)― 푸른 비취새 깃털로 장식된 덮개. 여기서는 결명의 잎을 비유한다.

4 無數(무수)― 헤아릴 수 없다. 매우 많다는 것을 뜻한다. 黃金錢(황금전)― 황금으로 만든 돈. 여기서는 결명의 꽃을 비유한다.

[雨中 4구] 다른 풀들은 다 시들어도 결명만은 무수히 꽃을 피웠다는 말을 통해 군자가 어려움 속에서도 홀로 우뚝 선 것을 비유한다.

《구가집주두시》 조차공 주 온갖 풀들이 가을인 데다 또한 비가 내렸기 때문에 문드러져 죽는 것은 당연하다. 그러나 결명은 한창 선명한 빛깔로 노란 꽃과 비췻빛 꼭지를 달고서 홀로 무수히 피었으니, 이로써 군자가 환난 중에서도 홀로 우뚝 선 형상을 비유한 것이다.(百草以秋而又雨則爛死也, 宜矣. 而決明方以鮮明之色, 黃花翠蔕而獨榮, 以譬君子在患難之中而獨立之象也.)

5 蕭蕭(소소)― 바람이 쓸쓸히 부는 모양. 吹汝急(취여급)― 네게 부는 것이 급하다. 즉, 바람이 결명에 거세게 불어대는 것을 뜻한다.

6 後時(후시)― 때를 뒤로하다. 즉, 때를 놓치다, 때에 늦었다는 뜻이다.

[涼風 2구]

《두시상주》에 인용된 신함광申涵光 주 군자가 난세에 처하여 매우 위험하다는 것을 말한 것이다.(說君子處亂世甚危.)

7 書生(서생)― 두보 자신을 가리킨다.

8 嗅(후)― 맡다. 馨香(형향)― 좋은 향기. 결명의 향기를 말한다. 이

구절은 차가운 바람으로 인하여 결명조차도 점차 시들어갈 것을 슬퍼하는 내용이다.

《구가집주두시》 조차공 주 공자가 (《논어 · 향당鄕黨》에서) 산 꿩이 때를 만난 것을 탄식하며 자신이 불우함을 마음 아파했는데 자로가 그 꿩을 잡아 올리자 세 번 냄새를 맡고 일어났던 것은 또한 그것을 마음 아파하며 구차하게 먹지 않으려 해서이다. 지금 '임풍삼후'는 또한 그것이 헛되이 향기를 풍기는 것을 마음 아파하는 뜻이다.(孔子歎山雌之得時, 所以傷己之不遇, 至於子路共之, 三嗅而作, 則亦傷之而不苟食故也. 今也臨風三嗅, 則亦傷其徒馨之意.)

#《두시상주》: 제1수는 오랫동안 내린 비가 식물을 해치는 것을 한탄한 것이다. 위의 네 구는 결명이 비를 견뎌낸 것을 기뻐하고 있고, 아래 네 구에서는 그것이 홀로 버티지만 바람에 꺾이고 말 것을 걱정하고 있다. 부賦 가운데 비比가 있다.(首章, 歎久雨害物. 上四喜決明耐雨, 下則憂其孤立而摧風也. 賦中有比.)

《독두심해》: 세 번 탄식한 것이 다 기탁한 말이다. 제1수는 직언이 펴지지 못함을 마음 아파한 것이다. 구조오 주석에, 천보 13년 가을에 큰 장마가 있었는데, 방관이 수재를 상소하자 양국충이 어사로 하여금 그를 문초하게 했다고 하였다. 이에 근거하면, '결명의 빛깔이 고운' 것은 곧은 절개를 비유한다. '때를 놓치고 홀로 서 있다'는 말은 주지를 드러낸다. '차가운 바람이 너에게 불었다'는 것은 언로를 막은 자의 간사한 마음을 헤아리기 어렵다는 것이다. '바람을 마주하고 세 번 향기를 맡는다'라는 것은 굳게 절개를 지키는 자가 결명의 외로운 향기를 상찬한 것이니, 생각이 깊도다! '잎을 달고 가지에 가득하여' 평평하지 못함은 달고 있는 잎이 가지에 가득하여 깃털 덮개 같아 보임을 말한 것인데 아래 구와 대를 이루고 있다.(三歎皆寓言. 首章, 傷直言不伸也. 仇注, 天寶十三載秋, 大霖雨, 房琯上言水災, 楊國忠使

御史按之. 據此, 則決明之鮮, 比直節也. 後時獨立, 逗出主意. 涼風吹汝, 塞言路者, 懷奸叵測焉. 臨風三嗅, 秉苦節者, 孤芳相賞焉. 思深哉. 著葉滿枝不平, 言所著之葉, 但見滿枝如羽蓋也. 與下句對.)

其二

闌風伏雨秋紛紛[1]　四海八荒同一雲[2]
去馬來牛不復辨[3]　濁涇淸渭何當分[4]
禾頭生耳黍穗黑[5]　農夫田父無消息[6]
城中斗米換衾裯[7]　相許寧論兩相直[8]

사그라드는 바람과 숨은 비가 가을에 어지러우니
온 세상이 모두 하나의 구름 속이다.
가는 말과 오는 소를 또한 구별할 수 없거늘
흐린 경수와 맑은 위수를 어찌 분별하겠는가?
벼 끝에 귀가 생기고 기장 이삭이 검어지는데
농부들은 소식이 없다.
성 안에서 한 말 쌀을 이불과 바꾸는데
서로 허락함에 어찌 양쪽이 서로 맞는지를 따지겠는가?

주 석

1 闌風伏雨(난풍복우) – 사그라드는 바람과 쓸데없는 비. 여름에서

가을 사이의 풍우를 가리키며, 후대에 비바람이 그치지 않은 것을 뜻한다. '난풍'은 여름이 지나고 가을이 될 때 부는 쌀쌀한 바람을 말하고, '복우'는 숨어 있는 듯이 사라지지 않고 계속해서 내리는 비를 뜻한다. '闌'은 '蘭'으로 되어 있는 판본도 있다. '闌風伏雨'는 '東風細雨'로 되어 있는 판본도 있다.

《경재고금주敬齋古今黈》 '난풍'은 …… 따뜻한 바람이 다 사그라들고 장차 바뀌어 서늘한 바람이 되는 것이다.(闌風 …… 謂薰風闌盡, 將變而爲凉風也.)

《구가집주두시》 조차공 주 쇠약해진 바람과 가라앉아 숨은 비라는 뜻으로 그 바람과 비가 그치지 않고 있다는 것을 말한다. '난'은 사영운 시(〈영초삼년칠월십육일지군초발도永初三年七月十六日之郡初發都〉)의 '사그라드는 더위'의 '난'과 같고, '복'은 《좌전》의 "여름에는 숨은 한기가 없다."의 '복'과 같으니, 그것이 오래 계속되고 있다는 것을 알 수 있다. 옛 주는 옳지 않다.(闌珊之風, 沈伏之雨, 言其風雨之不已也. 闌如謝靈運闌暑之闌, 伏如左傳夏無伏陰之伏, 其久可知也. 舊注非是.)

《두공부시집집주》 '난풍'과 '복우'는 아마도 바람이 지나가면 비가 오는 형상일 것이다. 가을이 깊을 때 왕왕 이런 현상이 있다.(闌風伏雨, 大抵是風過雨來之狀, 秋深時往往有之.)

《구가집주두시》 초사에 '햇살 머금은 바람이 무성한 난초에 두루 불어댄다'라는 말이 있다. '복'은 삼복이다.(楚辭, 光風泛崇蘭. 伏, 三伏也.)

2 四海八荒(사해팔황) – 온 세상. '四海'는 '萬里'로 된 판본도 있다. 同一雲(동일운) – 하나의 구름을 함께하다. 즉, 세상이 모두 비구름으로 뒤덮여 있는 것을 말한다.

3 去馬來牛(거마래우) – 양쪽 강가에서 오가는 소와 말을 가리킨다. 이 구는 강물이 크게 불어 그 폭이 넓어짐으로써 양쪽 강가에서 소인

지 말인지 알아볼 수 없게 될 정도로 많은 비가 내린 것을 말한다.

《장자 · 추수秋水》 가을 물이 때마침 이르러 수많은 냇물이 황하로 흘러들어 물줄기가 커지니 양쪽 물가 언덕 사이에서 소와 말을 구별하지 못한다.(秋水時至, 百川灌河, 涇流之大, 兩涘渚崖之間, 不辨牛馬.)

4 濁涇清渭(탁경청위) – 흐린 경수와 맑은 위수. 이 구는 경수와 위수를 구별할 수 없을 정도로 많은 비가 내린 것을 말한다.

《구가집주두시》 조차공 주 많은 비가 내려 물이 불어 양안이 멀어졌기에 흐린 경수와 맑은 위수를 구별하지 못하는 것이다. …… 《관중기》에 "경수는 위수로 흘러드는데 합류하여 3백 리를 가도 맑은 물과 흐린 물이 서로 뒤섞이지 않는다."라 하였으니 경수와 위수의 청탁은 본시 절로 구별되는 것이다. 그러나 많은 비가 내려 이것을 뒤섞고 말았다.(以多雨而水漲岸遠, 所以不辨濁涇清渭. …… 關中記曰, 涇入渭, 合流三百里, 清濁不相雜, 則涇與渭之清濁, 固自分辨, 而多雨混之爾.)

5 禾頭生耳(화두생이) – 벼 끝에 귀가 생기다. 장마로 벼의 싹이 구부러진 것을 뜻한다. 한편 '禾'는 '木'으로 되어 있는 판본도 있다. 黍穗黑(서수흑) – 기장 이삭이 검어지다. 즉, 이삭이 썩는 것을 말한다.

《두시상주》에 인용된 《조야첨재朝野僉載》 속담에 "봄비가 60일 동안 내리면 땅이 천 리에 걸쳐 붉어지고, 여름비가 60일 동안 내리면 배를 타고 저자에 들어가며, 가을비가 60일 동안 내리면 벼 끝에 귀가 생긴다."라는 말이 있다.(俚諺曰, 春雨甲子, 赤地千里, 夏雨甲子, 乘船入市, 秋雨甲子, 禾頭生耳.)

《두공부시집집주》 벼에 귀가 생긴다는 것은 싹이 구부러져 말려 올라가 마치 귀의 형상을 하는 것을 말한다.(禾生耳, 謂牙蘖絭卷, 如耳之形.)

《구가집주두시》 조차공 주 어떤 판본에는 '화두'로 되어 있는데 잘못이다. 대개 벼에는 귀가 생기는 일이 없다. 나무 끝에 목이버섯이 생기니 '이'가 바로 그것이다.(一本作禾頭, 非. 蓋禾無生耳者. 木頭生耳, 則栮是已.)

6 父(부) – '婦'로 되어 있는 판본도 있다. 無消息(무소식) – 소식이 없다. 농민의 실상에 대해 알려진 것이 없다. 조정에 보고된 것이 없다. 또한 아무런 희망이 없다는 뜻으로 풀이하는 설도 있다.

《구가집주두시》 조차공 주 기장의 이삭이 검어지면 곧 문드러지게 된다. 그래서 농부들은 희망이 없는 것이다.(黍穗黑則壞爛矣, 故農夫無所望也.)

《두시상주》 양국충이 재앙에 대해 말하는 것을 싫어하여 사방에서 감추고 이를 알리지 않았다. 그래서 농부들에게서 소식이 없다고 말한 것이다.(國忠惡言災異, 而四方匿不以聞, 故曰農夫田父無消息.)

7 斗(두) – '㪷'로 된 판본도 있다. 換(환) – '抱'로 되어 있는 판본도 있는데 《두시상주》에서 잘못이라 하였다. 衾裯(금주) – 이불과 홑이불. 이 구는 이불을 내다가 한 말 쌀과 바꿀 정도로 기근이 심했음을 말한다.

《보주두시》 《구당서》에 의하면 천보 13년 가을에 장마가 60여 일이나 계속되자 물가가 폭등하여 사람들은 대부분 먹을 것이 없었다. 그래서 경방의 고사를 들어 이를 설명한 것이다.(舊史, 天寶十三載秋, 霖雨積六十餘日, 物價暴貴, 人多乏食, 故擧京房之事以明之.)

《두시상주》에 인용된 노원창 주 쌀을 바꾸면서 값을 따지지 않았으니 허기를 없애는 것이 급하고 추위를 면하는 것은 급하지 않았던 것이다.(換米不計直, 療飢急, 救寒緩也.)

8 兩相直(양상직) – 양쪽이 서로 맞는지의 여부. 즉, 쌍방 간의 교환 조건이 잘 들어맞는지의 타당성을 말한다. '直'은 '맞다(當)'의 뜻이

다. 이 구는 쌀을 구하기 위해서는 어떠한 대가도 치를 수밖에 없었던 상황을 묘사하였다.

《두시상주》에 인용된 노원창 주 그해 가을 황제가 명을 내려 태창의 쌀을 꺼내 가격을 내려서 가난한 사람들에게 팔도록 하였다. 비록 위에서는 가격을 낮추었으나 아래에서는 가격을 따지지 않았으니 아마도 실질적인 혜택을 입었던 사람은 적었을 것이다.(是秋, 帝令出太倉粟, 減價糶與貧人, 但上雖減價, 而下不論直, 蓋霑實惠者少矣.)

#《두시상주》: 제2수는 오랫동안 내린 비가 사람을 해치는 것을 한탄한 것이다. 위의 네 구는 모두가 오랫동안 비가 내리는 현상을 묘사하고 있고, 아래에서는 농작물을 해쳐 기근에 허덕이는 것을 개탄하고 있다. 오젼시의 《두시논문》에 "'난풍복우'는 비가 오지 않는 날이 없다는 것이고, '사해팔황'은 비가 오지 않는 곳이 없다는 것이며, '전야'와 '성중'은 또한 그 환난을 겪지 않는 사람이 없다는 것이다."라고 하였다.(次章, 歎久雨害人. 上四皆積雨之象, 下慨傷稼而阻饑也. 吳論, 闌風伏雨, 無日不雨, 四海八荒, 無處不雨, 田野城中, 則又無人不受其患矣.)

《독두심해》: 제2수는 정부의 어리석음과 폐단을 마음 아파한 것이다. 노원창 주에 "황제가 오랜 비를 근심하자 양국충이 벼 중에 좋은 것을 취하여 바치며 말하길 '비가 비록 많이 내렸으나 농사에 해가 되지 않았습니다'고 하니, 이해에 감히 재해를 말하는 자가 없었다." 라고 하였다. 내 생각으로, 군주가 듣는 것이 가려져 어두우니 백성들이 병을 숨기는 것이다. 그래서 '온 세상이 한 가지 구름이다'라고 하였고 또한 '농부들이 소식이 없다'고 하였으니 은미한 말이다. 분별할 수 없고 구분할 수 없는 것은 비의 형세이면서 또한 가려져 어두운 모습이다. 쌀은 그 값을 따지지 않았는데 굶주려서 아까워할 겨를이 없는 것이다. 가려져 어두운 자가 이를 알겠는가?(次章, 傷政府蒙蔽

也. 盧注, 帝憂霖雨, 國忠取禾之善者以獻, 曰, 雨雖多, 不害稼. 是歲無取言災者. 愚按, 主聽蒙而民病隱矣. 故曰八荒同雲, 又曰農無消息, 微詞也. 不辨不分, 雨勢也, 亦蒙象也. 米不論直, 饑不暇惜也. 蒙者知之乎.)

其三

長安布衣誰比數[1]　反鎖衡門守環堵[2]
老夫不出長蓬蒿[3]　稚子無憂走風雨
雨聲颼颼催早寒[4]　胡雁翅濕高飛難[5]
秋來未曾見白日[6]　泥汚后土何時乾[7]

장안의 베옷 입은 사람을 누가 견주리요?
도리어 횡문을 잠그고 좁은 담을 지킨다.
늙은이는 나가지 않아 쑥이 자라고
애들은 근심도 없이 비바람 속을 달린다.
빗소리 쏴쏴 이른 추위를 재촉하고
변방에서 온 기러기는 날개가 젖어 높이 날기 어렵다.
가을이 들어 일찍이 해를 보지 못하였으니
진흙으로 더렵혀진 땅이 언제 마르겠는가?

주 석

1 布衣(포의) – 베옷. 평복을 입은 일반 백성을 뜻하는 말인데, 여기서는

두보 자신을 가리킨다. 比數(비수)－ 비교하여 견주다. 즉, '같은 부류로 생각해 주다'는 뜻이다.

2 反(반)－ 도리어. 衡門(형문)－ 나무 하나를 가로 걸쳐 놓은 문. 즉, 가난한 사람의 거처를 뜻한다. '衡'은 '橫'과 같다. 環堵(환도)－ 담장 사이가 좁은 집. 가난하고 누추한 집을 뜻한다.

《시경 · 진풍陳風 · 횡문衡門》'衡門之下' 모전 횡문은 나무를 가로로 걸쳐 놓고 문을 삼은 것으로 궁색함을 말한다.(衡門, 橫木爲門, 言淺陋也.)

《예기 · 유행儒行》'環堵之室' 공영달 소 환도는 한 면이 1도堵인 것이다. 다섯 판版(한 장 혹은 여덟 자 되는 널)이 1도이고 다섯 도가 1치雉이다.(環堵, 面一堵也. 五版爲堵, 五堵爲雉.)

《회남자淮南子 · 원도훈原道訓》"環堵之室, 茨之以生茅"의 고유高誘 주 도는 길이가 1장이고 높이가 1장이다. 그래서 '환도'라고 하며 그것이 작음을 말한다.(堵長一丈, 高一丈, 故曰環堵, 言其小也.)

3 蓬蒿(봉호)－ 쑥. '蓬'과 '蒿'는 모두 쑥의 일종이다. 여기서는 사람의 발길이 닿지 않는 상태를 의미한다.

4 颼颼(수수)－ 비가 내리는 소리. 催早寒(최조한)－ 이른 추위를 재촉하다. 즉, 오랜 비로 추위가 빨리 닥쳐오는 것을 말한다.

5 胡雁(호안)－ 북방에서 날아오는 기러기를 가리킨다. 翅濕(시습)－ 날개가 젖다.

6 曾(증)－ '省'으로 되어 있는 판본도 있다.

7 后土(후토)－ 대지. '后'는 '厚'로 되어 있는 판본도 있다.

#《두시상주》: 마지막 수는 오랜 비로 겪게 되는 곤경을 스스로 한탄한 것이다. 위의 네 구는 빗속의 쓸쓸한 분위기를 말하였고, 아래에서는 경물과 접촉하면서 근심이 더하는 것을 말하였다. 앞 시의 '농부전부'

는 대개 장안 일대의 사람을 가리키는 것이고, '노부' '치자'는 타지에서의 생활 중의 사정을 스스로 기술한 것이다. 해는 군주의 상징물이고, 땅은 신하의 상징물이다. 해가 어둡고 땅이 더럽다는 것은 임금과 신하가 모두 그 도리를 잃은 것을 뜻한다.(末章, 自歎久雨之困. 上四言雨中廖落, 下則觸景而增愁也. 農夫田父, 概指長安之人. 老夫稚子, 自述旅居情事. 日者君象, 土者臣象, 日暗土汚, 君臣俱失其道矣.)

《구가집주두시》: 이 시는 현자가 물러나 있고 백성들이 점차 도탄에 빠지는 것을 풍자한 것이다.(此詩刺賢者退處, 而民漸溺於塗炭也.)

《독두심해》: 셋째 수는 노쇠하여 떨쳐 일어나지 못함을 마음 아파한 것이다. '장안포의'는 곧 앞에서 말한 '당상서생'이니 다 자신을 이른다. '도리어 잠근다'와 '쑥이 자란다'고 하였으니 쓸쓸한 모습이 보이는 것 같다. 어린애가 철없이 빗속을 달리는 것을 삽입하여 생동감을 띠고 있다. '날개 젖어 날기 어렵다'는 구절 속에 눈물이 있어 스스로 탄식하는 본지가 여기에 있다. 맺는 뜻은 더욱 심원하니, 해가 어둡고 땅이 더러워 군주의 덕이 가려지고 온갖 일이 무너졌다. 극도로 미루어 말하였으니 또한 어찌 다만 일신에 대한 탄식이겠는가?(三章, 傷潦倒不振也. 長安布衣, 卽前所云堂上書生, 皆自謂也. 反鎖長蒿, 寥落如見. 夾入稚子癡頑走雨, 點綴生動. 翅溼飛難, 句中有淚, 自歎本旨在此. 結意更遠, 日晦而土汚, 主德掩而庶事墮矣. 推極言之, 亦豈徒爲一身歎哉.)

(김만원 · 강민호)

3. 奉贈太常張卿垍二十韻

태상경 장기께 받들어 드리는 20운의 시

方丈三韓外[1] 崑崙萬國西[2] 建標天地闊[3] 詣絶古今迷[4]

氣得神仙迥[5] 恩承雨露低[6] 相門淸議衆[7] 儒術大名齊[8]

軒冕羅天闕[9] 琳瑯識介珪[10] 伶官詩必誦[11] 夔樂典猶稽[12]

健筆凌鸚鵡[13] 銛鋒瑩鷿鵜[14] 友于皆挺拔[15] 公望各端倪[16]

通籍踰靑瑣[17] 亭衢照紫泥[18] 靈虯傳夕箭[19] 歸馬散霜蹄[20]

能事聞重譯[21] 嘉謨及遠黎[22] 弼諧方一展[23] 班序更何躋[24]

適越空顚躓[25] 遊梁竟慘悽[26] 謬知終畫虎[27] 微分是醯雞[28]

萍泛無休日[29] 桃陰想舊蹊[30] 吹噓人所羨[31] 騰躍事仍睽[32]

碧海眞難涉[33] 靑雲不可梯[34] 顧深慚鍛鍊[35] 才小辱提攜[36]

檻束哀猿叫[37] 枝驚夜鵲棲[38] 幾時陪羽獵[39] 應指釣璜溪[40]

방장산은 삼한의 밖에 있고
곤륜산은 만국의 서쪽에 있어서,
천지의 광활한 곳에 표지를 세웠으니
절역絕域에 나아가고자 함에 예나 지금이나 길을 잃는데,
그대는 신선의 초월한 기운을 얻어
낮게 내린 우로 같은 은총을 받았으며,
재상의 가문에 좋은 여론이 많고
부자간에 유술로 큰 이름을 나란히 드날렸습니다.

수레와 면류관이 천궐에 늘어서 있지만
임랑 중에서도 큰 규옥은 식별할 수가 있는 법,
영관은 시를 필히 낭송하게 되고
기의 음악은 그 법도를 여전히 맞추게 되었습니다.
강건한 필치는 〈앵무부〉를 능가하고
날카로운 칼끝은 벽제 새의 기름으로 빛나며,
형제가 모두 뛰어나서
삼공의 명망이 각각 기대됩니다.
문적에 이름을 올려 청쇄문을 넘으실 때
궁전의 길에 자줏빛 진흙이 비치고,
물시계의 신령한 교룡이 저녁 화살을 옮기면
돌아가는 말은 이리저리 서리를 밟고 갑니다.
능하신 일은 거듭 통역해야 하는 먼 곳에도 알려지고
아름다운 계책은 먼 땅의 백성에게까지 미치어,
조화로운 보필을 바야흐로 한번 펼치시는데
반작의 서열은 어디를 더 오르겠습니까?

월나라로 가서는 공연스레 미끄러져 넘어졌으며
양나라에서 노닐다 결국 처참해진 신세,
끝내는 호랑이를 그리리라고 잘못 아셨으니
미천한 신분은 초파리였습니다.
부평으로 떠돌기를 그칠 날이 없어
복숭아나무 그늘진 옛길을 생각하게 되었으니,
힘껏 불어주신 일은 사람들이 부러워하던 것인데
비등하며 도약하는 일이 여전히 어긋났기 때문입니다.

푸른 바다는 정말로 건너기 어렵고
푸른 구름은 오를 수가 없는 것,
돌봐주심이 깊건만 단련이 미치니 못해 부끄럽고
재주가 작아 끌어주심을 욕되게 할 뿐입니다.
우리에는 울부짖는 슬픈 원숭이가 묶여 있고
나뭇가지에서는 깃들이려는 밤 까치가 놀라니,
어느 때에나 사냥 길을 모시고 나서실 것인가요?
황계에서 낚시하는 이를 응당 가리켜 주실 터인데.

태상경인 장기에게 바친 시로, 작시 시기는 천보 13년으로 추정된다. 장기는 현종의 총신寵臣으로 장열張說의 아들이고 장균張均의 아우이다. 〈증한림장사학사기贈翰林張四學士垍〉도 두보가 그에게 바친 시이다. 태상경은 종묘의 제사와 예악禮樂 등을 관장하는 관청인 태상시太常寺의 우두머리이다.

이 시의 시제는 《보주두시》, 《구가집주두시》, 《두공부초당시전》 등 여러 판본에서 '垍' 자가 '均' 자로 되어 있다. 그러나 황학이 《보주두시》에서 이를 오류라고 지적하였고, 《두시상주》 등도 이를 따랐다. 그러나 《두시전주》, 《독두시설》 등은 다시 원래의 '均'이 옳다고 하였다. 여기서는 황학 등의 설을 따른다.

> **《두시상주》** 장기가 태상경이 된 것은 천보 13년이니, 의당 그 해에 지었을 것이다. 주학령 주에서 "《구당서》에서, 천보 13년 3월에 장균은 헌부상서에서 건안태수로 폄적되었다가 돌아와 대리경이 되었다고 하고, 장균이 태상경이 된 적이 있다는 말이 없으니,

이 시는 바로 장기에게 바친 것이다."라고 하였다. 《구당서》의 〈장균전〉을 살펴보면 "천보 9년에 형부상서로 옮겼는데, 스스로 재주와 명망이 있어 마땅히 재상이 되어야 한다고 생각하였다. 양국충이 권세를 잡고서 진희열을 파직하고 위견소를 추천하여 대신하게 하고 장균은 도리어 대리경으로 삼으니 장균은 크게 실망하였다." 라고 하였고, 〈장기전〉에서는 "천보 13년에 장기 형제를 모두 축출하여 장균은 건안태수로, 장기는 노계사마로 내보냈는데, 그해 중으로 소환하고 다시 자리를 옮겨 태상경으로 삼았다."라고 하였다. 《신당서》에는 "장균이 돌아와 대리경에 제수되었고, 장기는 태상경에 제수되었다."라고 하여 《구당서》와 부합하고 있다. 《통감》 역시 "지덕 원년 5월, 태상경 장기는 괵왕 거를 용략이 있다고 추천하였다."라고 하였다. 이 시는 장기에게 바친 것이 분명하다. 옛날 판본에 '均'으로 된 것은 판각상의 잘못일 뿐이다. 《한서 · 백관표》에 "봉상은 진나라 때의 관직으로 종묘 예의를 주관하며 승을 두었다. 경제 중원中元 6년에 이름을 태상으로 바꾸었다."라고 하였다.(張垍爲太常卿, 在天寶十三載, 當是其年作. 朱注, 舊書, 天寶十三載三月, 張均由憲部尙書貶建安太守, 還爲大理卿, 不言均嘗爲太常卿也. 此詩乃是與垍. 考舊書均傳云, 九載, 遷刑部尙書, 自以才名當爲宰輔, 楊國忠用事, 罷陳希烈, 引韋見素代之, 仍以均爲大理卿, 均大失望. 垍傳云, 十三載, 盡逐張垍兄弟, 出均爲建安太守, 垍爲盧溪司馬, 歲中召還, 再遷爲太常卿. 新書, 均還, 授大理卿, 垍授太常卿. 與舊書合. 通鑑亦云, 至德元載五月, 太常卿張垍, 薦虢王巨有勇略. 此詩是贈垍甚明. 舊本作均, 乃刀筆之訛耳. 前漢百官表, 奉常, 秦官, 掌宗廟禮儀, 有丞. 景帝中六年, 更名太常.)

《보주두시》 사서를 살펴보면 장균은 태상경을 한 적이 없다. 《구당서 · 현종기》에 의하면, 천보 13년 3월에 장균은 헌부상서에서 건안태수로 폄적되었다가 돌아와 대리경이 되었고, 장균의 아우인 장기가 도리어 태상경에서 노계군 사마로 폄적되었다가 그해 중에 소환되고 다시 옮겨 태상경이 되었다. 형제가 폄적된 것은 모두 천보 13년이었고, 지금 이 시는 의당 장기에게 준 것이리라. 장기가 공주와 혼인하여 궁중에 머문 적이 많았으니, 그 때문에 그가 끌어 주기를 바랐던 것이다. 시는 아마 천보 11년에 지은 듯하다. 옛 주는 틀렸다. 이 시를 지은 때는 두보가 막 '삼대례부'를 바친 후이다.(按史, 均未嘗爲太常卿. 舊史帝紀, 天寶十三載三月, 均由憲部尙書貶建安太守, 還爲大理卿, 均之弟垍, 却以太常卿貶盧溪郡司馬, 歲中召還, 再遷爲太常卿. 兄弟貶皆在十三載, 今詩當是與垍. 垍尙主, 多留禁中, 所以冀其援引. 詩殆作於十一載, 舊注非. 作是詩時, 公方進賦後.)

《당서 · 백관지》 태상시는 경이 한 사람이고 정삼품이며, 소경이 두 사람이고 정사품상이다. 예악, 종묘, 사직의 일을 관장한다.(太常寺, 卿一人, 正三品, 少卿二人, 正四品上, 掌禮樂郊廟社稷之事.)

주 석

1 方丈(방장) – 방장산. 동해에 있다는 전설상의 삼신산三神山 중 하나.
三韓(삼한) – 마한馬韓, 진한辰韓, 변한弁韓.

《두시상주》 《사기 · 진본기》에서 "제나라 사람 서불 등이 글을 올려 바다 가운데에 삼신산이 있는데, 봉래, 방장, 영주라고 하며 신선이 산다고 하였다. 이에 서불을 보내어 바다로 들어가 신선을 찾도록 하였다."라 하였다. 《십주기》에서 "방장주는 동해의 한가운데에 있는데, 동서남북의 해안이 거리가 꼭 같았다. 방장은 사방 오천 리이다."라고 하였다.(史記秦紀, 齊人徐市等上書, 言海中有三神山, 名曰蓬萊, 方丈, 瀛洲, 仙人居之. 於是遣徐市入海求仙人. 十洲記, 方丈洲, 在東海中央, 東西南北岸, 相去正等. 方丈, 方五千里.)

《삼국지 · 위서魏書 · 오환선비동이전烏丸鮮卑東夷傳》 한韓은 대방의 남쪽에 있는데, 동서로는 바다를 한계로 하며 남쪽으로는 왜와 접하였는데 사방 사천 리나 된다. 세 종류가 있으니 첫째는 마한이요, 둘째는 진한이며 셋째는 변한이다. 진한은 옛날 진국이고, 마한은 서쪽에 있다.(韓在帶方之南, 東西以海爲限, 南與倭接, 方可四千里. 有三種, 一曰馬韓, 二曰辰韓, 三曰弁韓. 辰韓者, 古之辰國也. 馬韓在西.)

2 崑崙(곤륜)－ 곤륜산. 역시 신선이 산다고 전해지는 곳이다.

《두시상주》 주목왕이 곤륜산에 올랐다는 것이 《열자》에 나온다. 《수경》에 의하면, 곤륜 언덕은 서북쪽에 있으며 숭산에서 오만 리 떨어져 있다.(周穆王升崑崙, 出列子. 水經, 崑崙墟, 在西北, 去嵩五萬里.)

[方丈 2구] 여기에서 '방장'과 '곤륜'은 각기 중국의 동쪽과 서쪽 먼 절역을 대표한다.

3 建標(건표)－ 표지를 세우다. 산이 높이 솟은 것을 말한다.

4 詣絶(예절)－ 절역에 가다. '가는 것이 끊기다'로 풀이하기도 하나, 옳지 않다. 古今迷(고금미)－ 옛사람이나 지금 사람이 모두 길을 몰라 헤맨다는 뜻이다.

[方丈 4구] 방장산과 곤륜산 등의 신선이 사는 곳을 황제의 집안으로 비유하여 황제 집안과 혼인하기가 어렵다는 사실을 말한다. 이와 달리 신선의 세계는 사람이 추구할 수 없는 것이라는 사실을 말하는 것으로 보는 설도 있다.

5 氣(기)－ 기운. 기상. 逈(형)－ 높다. 범속을 초월한 경지임을 말한다.

6 雨露(우로)－ 황제의 은택을 비유한다.

[氣得 2구] 이것이 가리키는 것에 대하여 이설이 있다. 하나는 장기가

공주의 부마가 된 것을 가리킨다는 설이고 또 하나는 장균 등과 같이 보선동에 가서 진부眞符를 얻은 것을 가리킨다는 설이다. 이 중 전자의 설이 타당한 것으로 보인다.

《두공부시집집주》 '방장산과 곤륜산은 천지의 아득히 단절된 경역으로 예나 지금이나 모두 그곳을 찾을 수 없으니 어찌 궁중에서 은혜를 입은 자가 아득히 신선의 기상을 얻은 것만 같겠는가'라는 말이다. 장기가 공주와 혼인하여 금중에 거처가 있었다. 그래서 말한 것이다.(言方丈崑崙爲天地闊絶之境, 古今共迷其處, 豈若禁掖承恩者, 能迥得神仙之氣乎. 因垍尙主, 有宅在禁中, 故云.)

《두시상주》에 인용된 장원 주 《자치통감》에서 "천보 9년 10월에 태백산인 왕원익이 '현원황제를 뵈었더니 보선동에 신묘한 보배와 진부가 있다 하였습니다'라고 말하여, 형부상서 장균 등에게 가서 찾도록 명하여, 그것을 얻었다."라고 하였는데, 이때에 반드시 장기와 함께 갔을 것이다.(通鑑, 天寶九載十月, 太白山人王元翼, 言見玄元皇帝, 云寶仙洞有妙寶眞符. 命刑部尙書張均等往求, 得之. 此必與垍同行也.)

7 相門(상문) – 재상의 가문. 淸議(청의) – 맑고 바른 여론. 정인군자의 좋은 평가. 이 구는 장씨 집안에 대한 여론이 좋음을 뜻한다.

《두시상주》 장기는 장열의 아들이었으므로 재상의 가문이라고 한 것이다.(垍, 乃說之子, 故曰相門.)

《두시상주》 '청의'는 바로 '월단평(매달 하는 인물의 품평)'과 같은 뜻이다.(淸議, 卽月旦評意.)

8 大名齊(대명제) – 아버지인 장열과 아들인 장기의 큰 명성이 같다는 의미이다. 장열과 장기 형제의 명성이 같다는 의미로 풀이하기도 한다.

《두시상주》 유술로 서로 이었으니 아버지와 아들이 이름을 나란히 하는 것이 마땅하다.(儒術相繼, 宜父子齊名.)

《두시언해》 장기는 장열의 아들이다. 장열이 중서성에 있었고, 장기는 형 장균과 더불어 모두 나라를 다스리는 임무를 맡았던 것이다. (張垍, 張說之子, 說在中書, 而垍與兄均皆掌經綸之任.)

#《두시상주》: 먼저 옛 일을 인용하여 풍자의 뜻을 기탁하였다. "방장산과 곤륜산 그 동쪽과 서쪽의 특이한 표지가 천지의 아득히 먼 지역에 있어 그 절역으로 가고자 하지만, 그곳은 예나 지금이나 모두 길을 잃어버리게 되는 곳이다. 그런데 장기는 보선동 안에서 진부를 구하여 얻었으니, 그가 신선에 감응하여 왕의 사랑을 입게 되었던 것이 어찌 이전 세상의 사람들이 아득하기만 하였던 것과는 같겠는가?"라고 말하고, 또 이어서 "재상의 가문은 실로 좋은 평가를 받는 곳이요, 유술로 서로 이어서 아버지와 아들이 이름을 나란히 하는 것이 마땅하니, 어찌 신선을 구하여서 군주에게 알려지려고 할 수 있겠는가?"라고 하였으니, 언외에 풍자를 은근히 포함하고 있다.(先引古託諷. 言方丈崑崙, 其東西異標, 在天地遼闊之鄉, 欲往詣絶域, 乃古今共迷之處. 張垍於寶仙洞中, 求得眞符, 其感神仙而膺主眷, 豈若前世之渺茫乎. 又繼之曰, 宰相之門, 實淸議所屬, 儒術相繼, 宜父子齊名, 豈可求仙以結主知乎. 言外隱含譏刺.)

《전주두시》: 방장과 곤륜은 진시황과 한 무제를 가리킨다. …… 진시황과 한 무제로써 현종이 신선을 찾는 것을 비유하고 아울러 장균이 신선을 찾음으로써 총애를 얻은 것을 풍자하였다. '상문' 이하는 장균의 집안이 이와 같고 명망이 이와 같으니 가만있어도 저절로 재상의 지위에 이를 수 있을 것이니 신선을 찾음으로써 요행히 벼슬길에 나갈 것을 바라서는 안 된다는 것을 말한다.(方丈崑崙, 指秦皇漢武也. …… 以秦皇漢武諭玄宗之求仙, 亦諷均之以求仙得幸也. 相門以下, 言均之門第如此, 聞望如此, 自可坐致公輔, 不當以求仙倖進也.)

《두시경전》: 어떤 설은 풍자인 것으로 풀이하는데, 그러면 전혀 남에게 바치는 시의 체례가 아니게 된다.(一作諷刺解, 殊非贈人之體.)

9 軒冕(헌면) – '헌'은 수레의 일종이고 '면'은 관의 일종으로, 고대에는 대부 이상의 벼슬아치가 헌을 타고 면을 썼다. 여기서는 고관을 가리킨다. 天闕(천궐) – 천자의 궁에 있는 문. 궁궐을 뜻한다. '天'이 '高'로 된 판본도 있다.

10 琳瑯(임랑) – 아름다운 옥의 일종. 介珪(개규) – 길이가 1척 2촌인 큰 규옥. '규'는 옥의 일종이다. 이 구는 장기가 청직인 태상경이 되었음을 말한다.

《두시상주》 임랑은 패옥의 장식이다. 임랑 중에서 큰 규옥을 분별한다는 말이다.(琳琅, 佩玉之飾. 言於琳瑯中識介圭也.)

11 伶官(영관) – 음악을 맡은 벼슬아치. 태상경인 장기 밑에서 음악을 담당하는 악관을 가리킨다. 장기 본인을 가리키는 것으로 보는 설도 있다.

《시경 · 패풍 · 간혜簡兮》의 모시서 '仕於伶官'의 정전鄭箋 영관은 악관이다. 영씨는 대대로 악관을 맡았으므로 후세에 악관을 영관이라고 부르는 경우가 많다.(伶官, 樂官也. 伶氏, 世掌樂官, 故後世多號樂官爲伶官.)

12 夔(기) – 순 임금의 신하로서 음악을 관장하였다. 典猶稽(전유계) – 법도를 여전히 맞추다. '계'는 살펴서 맞춘다는 뜻이다. 이와 달리 '전'을 '관장하는 일', '계'를 '헤아리다' 또는 '생각하다'의 뜻으로 풀이할 수도 있다.

《서경 · 우서 · 순전舜典》 기야, 그대를 전악(음악을 담당하는 관리)으로 명하노니 주자(천자와 경대부의 맏아들)들을 가르치라.(夔, 命汝典樂, 敎胄子.)

[伶官 2구] 장기가 태상경의 직분을 잘 수행하였음을 찬미하는 것이다.

《구가집주두시》 조차공 주 예전에는 시를 채집하고 영관이 이를 읊조려 왕에게 간하였다. 태상경은 음악을 맡은 사람이니, 장경은 그 때문에 채집한 시를 읊조렸던 것이다. 기는 음악을 관장하였는데, 장경은 여전히 다시 이를 살폈던 것이다.(古者, 採詩而伶官誦之, 以諫王焉. 太常卿, 掌樂者也, 張卿以誦詠所採之詩. 夔, 樂之所典, 張卿猶更稽考之.)

13 健筆(건필) - 씩씩한 붓. 굳세고 힘찬 필치를 뜻한다. 鸚鵡(앵무) - 〈앵무부〉. 후한 예형이 지었다.

《후한서 · 예형전禰衡傳》 황사黃射가 당시에 크게 빈객을 초청하였는데, 사람 중에 앵무새를 바친 사람이 있었다. 황사는 예형에게 잔을 들며 "바라건대 선생께서 이것을 노래하여 귀한 손님들을 즐겁게 해주시오."라고 하였다. 예형이 붓을 잡고 지었는데, 지은 글에 점하나 더하여 고치지 않았고 글의 표현이 심히 아름다웠다.(射時大會賓客, 人有獻鸚鵡者, 射擧巵於衡曰, 願先生賦之, 以娛嘉賓. 衡攬筆而作, 文不加點, 辭采甚麗.)

14 銛鋒(섬봉) - 예리한 칼끝. 여기서는 문사가 날카롭다는 뜻으로 쓰인 것이다. 瑩(영) - 빛나다. 鷿鵜(벽제) - '벽제鷿鷉'라고도 한다. 새의 기름으로 도검을 빛나게 할 수 있다.

《두공부초당시전》 벽제는 물새이다. 새의 기름으로 검을 빛나게 할 수 있다.(鷿鵜, 水鳥也, 膏可瑩刀劍.)

15 友于(우우) - 형제. 《서경 · 군진君陳》에 '友于兄弟(형제에게 우애 있다)'라는 말이 있는데, 이로 인하여 '우우' 두 자만으로도 형제를 뜻한다. 挺拔(정발) - 특출하다.

16 公望(공망) - 공보公輔의 명망. 공보의 지위를 담당할 수 있으리라는 세간의 명망. 端倪(단예) - 원뜻은 '실마리와 가장자리'인데, 여기서는 가능성 또는 근거를 뜻한다. 이 구는 장기 형제가 삼공三公이 되리라고 사람들이 기대한다는 뜻이다.

《세설신어·품조品藻》 공유는 공보의 재주는 있었으나 공보의 명망이 없었고, 정담은 공보의 명망은 있었으나 공보의 재주가 없었다.(孔愉有公才而無公望, 丁潭有公望而無公才.)

《두시상주》《장자·대종사大宗師》에서 "끝과 처음을 반복하여 단예를 알지 못한다.(終始反覆, 不知端倪.)"라고 하였는데, '단'은 실마리의 뜻이고 '예'는 가장자리의 뜻이다.(莊子, 終始反覆, 不知端倪. 端, 緒也, 倪, 畔也.)

《두공부시집집주》에 인용된 《자치통감》 장균과 장기 형제 및 요숭, 소숭, 위안석의 아들이 모두 재주와 명망으로 높은 관직에 이르렀다. 주상이 일찍이 말하기를 "내가 재상을 임명할 때 마땅히 옛 재상의 자제를 두루 등용해야 한다."라고 말하였다.(均垍兄弟及姚崇蕭嵩韋安石之子, 皆以才望至大官, 上嘗曰, 吾命相, 當遍擧故相子弟耳.)

《두시조차공선후해집교》 그 형제가 공보의 명망을 얻은 것이 각각 근거가 있어서 지나친 칭찬이 아님을 말한다.(言其兄弟負公輔之望, 各有端倪, 非過譽也.)

17 通籍(통적)－ 성명, 나이 등을 문적門籍에 기록하는 일을 뜻한다. 그렇게 함으로써 궁전에 출입할 수 있다. '적'은 문적으로 길이가 두 자인 죽첩竹牒이다. 靑瑣(청쇄)－ 옛날 문의 장식. 사슬 무늬에 청색을 칠하였다. 한대에 청쇄문이 있었는데 황문시랑이 매일 저녁 그 문을 향하여 절을 하였다고 한다. 장기가 한림학사로 제고制誥를 맡았기 때문에 청쇄문을 넘는다고 한 것이다.

《두시언해》 '통적'이라는 것은 두 자의 죽첩에 그 나이, 이름, 용모를 적어서 궁문에 걸어놓아 검사하여 맞으면 들어갈 수 있는 것이다.(通籍, 二尺竹牒記其年紀名字物色, 懸之宮門, 案驗相應, 得入.)

《두시상주》 응소는 "황문시랑은 매일 저녁에 청쇄문을 향해 절을 하니, 그를 '석랑'이라고 했다."라고 하였다. 전겸익 전에 "장균과 장기는 한림원에서 황제를 받들었으므로 '청쇄문을 넘는다'고 말한 것이다."라고 하였다.(應劭曰, 黃門侍郎, 每日暮向靑瑣門拜, 謂之夕郎. 錢箋, 均埳供奉翰林院, 故曰蹤靑瑣.)

18 亨衢(형구)－ 형통한 큰 거리. 훤한 길. 궁 안의 길을 말한다. 紫泥(자니)－ 무도武都에서 나는 자줏빛의 진흙. 제고制誥를 봉하는 데 썼다. 이 구는 한림학사인 장기가 제고를 기초하고 자니로써 그것을 봉하니, 그 자니의 빛이 궁 안의 길을 비춘다는 뜻이다.

《두시상주》 이것은 천자의 조칙의 일을 담당하는 것을 말한다.(此言掌綸翰之事也.)

19 靈虯(영규)－ 신령한 규룡. 여기서는 규룡의 형상을 한 누각漏刻(물시계)의 몸체를 말한다. 傳夕箭(전석전)－ 저녁 시각을 알리다. '전'은 누각의 시각을 가리키는 화살이다.

20 歸馬(귀마)－ 집에 돌아가는 말. 散霜蹄(산상제)－ 서리 밟는 발굽을 이리저리 놓다. 이 구는 말을 타고 서리를 이리저리 밟으면서 귀가한다는 뜻이다.

21 能事(능사)－ 잘하는 일. 여기서는 문필의 재능이나 창작 작품을 지칭한다. 重譯(중역)－ 거듭 말을 통역한다는 뜻으로, 여기서는 그렇게 해야 하는 먼 이역 땅을 의미한다.

《한서·평제기平帝紀》'越裳氏重譯'의 안사고 주 '역'이란 말을 바꾸어 전하는 것이다. 길이 아주 멀리 떨어져 있고, 풍속이 아주 차이가 있어서 거듭 통역을 한 다음에야 통하는 것이다.(譯, 謂傳言也. 道路絶遠, 風俗殊隔, 故累譯而後迺通.)

22 嘉謨(가모)－ 훌륭한 계책. 遠黎(원려)－ 먼 곳에 있는 백성.

[能事 2구] 장기가 폄적되었다가 돌아온 사실과 관련하여 풀이하는 설이 있다. 그러나 장기의 능력에 대한 일반적인 칭송으로 보는 것이 무난할 듯하다.

《두공부시집집주》 당시 장기가 폄적된 곳에서 소환되었기 때문에 '중역'과 '원려'의 구가 있다.(時垍自貶所召還, 故有重譯遠黎之句.)

23 弼諧(필해) - 보필이 조화롭게 되는 것.

《서경 · 고요모皐陶謨》 꾀하는 일이 밝고 보필이 조화롭다.(謀明弼諧.)

24 班序(반서) - 벼슬의 서열. 更何躋(갱하제) - 다시 어느 자리에 오르랴? 더 이상의 높은 자리가 없다는 뜻이다.

《두공부시집집주》 '반서'는 반작의 서열을 말한다. '갱하제'는 그 이상 오를 것이 없음을 말한다.(班序, 班爵之序. 更何躋, 言莫有躋其上者.)

[能事 4구] 장기의 능력, 명망, 작위 등을 찬양한 것이다.

#《두시상주》: 이 단락은 장기를 찬미한 것이다. 수레 타고 관 쓴 사람들이 많으나 개규가 특히 중하다는 것은 청관의 귀함을 말한다. 영관이 시를 읊조리고 악률을 맞도록 한다는 것은 태상경의 직무를 말한다. 필력으로 부를 잘 짓고 문사의 날카로움은 검과 같으며 형제가 뛰어나 공경을 기약할 수 있다는 것, 이는 문장과 덕망을 말한 것이다. 몸은 청쇄문 안에 거처하고 문채가 자니에 비치며 시간이 오래되어 화살을 옮기면 말을 타고 조정을 나선다는 것, 이는 황제의 총애를 받으며 궁에 출입함을 말한다. 창작이 멀리 전해지고 계책이 먼 곳에 미치며 조화로운 보필이 펼쳐질 수 있고 벼슬 서열이 더할 것이 없다는 것, 이는 공명과 작위를 말한 것이다.(此稱美張卿. 軒冕多人, 而介圭特重, 言淸卿之貴. 伶官誦詩, 而樂律待稽, 言太常之職. 筆能作賦, 而詞鋒如劍, 兄弟挺出, 而公卿可期, 此言文章品望. 身居青瑣, 而文映紫泥, 漏深傳箭, 而騎馬出朝, 此言出入恩寵. 制作遙傳, 而謀猷及遠, 弼諧得展, 而班次莫加, 此言勳名爵位.)

25 適越(적월) - 월나라 땅에 가다. 顚躓(전지) - 거꾸러지다. 걸려 넘어

지다. 실패한 상황을 비유한다.

26 遊梁(유량) – 양나라 땅에 여행하다. 慘悽(참처) – 처참하다. 처량하다.

[適越 2구] 두보 자신의 지난날의 자취를 말한 것이다. '적월' 구에는 장보관을 가지고 월나라에 갔다가 실패한 송나라 사람의 이야기가, '유량' 구에는 병이 나서 양나라에서 객유客遊하였던 사마상여의 이야기가 함께 암용暗用된 것으로 보인다.

《두시상주》에 인용된 조차공 주 공이 처음 실의하였을 때, 월나라 땅으로 갔다. 《당서 · 두보전杜甫傳》에서 말하는 '객오월'이 그것이다. 공은 또 양나라 땅에서 노닌 적이 있었다. 〈증이백贈李白〉에서 말한 "또한 양송에서 노닐었다."가 바로 그것이다.(公初落魄時, 嘗適越矣. 傳所謂客吳越, 是也. 公又嘗遊梁矣, 贈李白詩所謂亦有梁宋遊, 是也.)

《장자 · 소요유》 송나라 사람이 장보관을 가지고 월나라에 갔는데, 월나라 사람이 단발하고 문신하여 쓸 데가 없었다.(宋人資章甫而適諸越, 越人斷髮文身, 無所用之.)

《두시상주》에 인용된 《사기》 사마상여가 병으로 벼슬을 그만두고 양나라에서 객유하였다.(相如因病免, 客遊梁.)

27 謬知(유지) – 잘못 알아주다. 畫虎(화호) – 호랑이 그림을 그리다. 이 구는 장기가 두보 자신을 기대한 나머지 잘못 보았다는 것이다.

《후한서 · 마원전馬援傳》 이른바 호랑이를 그리다 이루지 못하고 오히려 개와 비슷해졌다는 것이다.(所謂畫虎不成, 反類狗者也.)

28 微分(미분) – 미천한 신분, 하찮은 본분. 醯雞(혜계) – 초파리. 《장자 · 전자방田子方》에서 항아리 속에 갇혀 천지의 참모습을 알지 못하는 존재로 비유되었다.

《장자 · 전자방》 공자가 노담을 만났다. …… 공자가 나와서 그 일을 안회에게 고하여 말하기를 "나는 도에 있어서 초파리와 같은 것이었다. 선생께서 나의 덮개를 열어주시지 않았다면 나는 천지의 대도大道를 알지 못했을 것이다."라고 하였다.(孔子見老聃, …… 孔子出, 以告顔回曰, 丘之於道也, 其猶醯鷄與. 微夫子之發吾覆也, 吾不知天地之大全也.)

29 萍泛(평범) – 부평초가 떠다니다. 떠돌이 생활을 비유한다. '泛'이 '跡'으로 된 판본도 있다.

30 桃陰(도음) 구 – 이 구절의 의미와 관련하여 대략 두 가지의 설이 있다. 하나는 이전에 자신을 알아주던 장기 같은 사람을 생각하게 된다는 의미라는 것이고 또 하나는 옛날에 살던 곳을 그리게 된다는 의미라는 것이다. 이 구절이 《한서 · 이광전》의 찬어贊語에 나오는 복숭아와 자두의 이야기를 전고로 쓴 것으로 보이기 때문에 전자가 합당한 듯하다.

《한서 · 이광전李廣傳》 복숭아와 자두는 말하지 않아도 그 아래에는 절로 길이 이루어진다.(桃李不言, 下自成蹊.)

《두시언해》 '복숭아 길'로 장기의 문하를 비유한다.(以桃蹊比垍之門下.)

[萍泛 2구]

《구가집주두시》 조차공 주 '평범' 구는 공이 스스로 그의 정처 없음을 비유한 것이고, '상구혜' 구는 바로 예전에 자신을 알아준 사람을 생각하는 것이다.(萍泛公自比其無定, 想舊蹊乃懷念舊日見知之人.)

《두시상주》 부평 같은 자취가 기탁할 데가 없어서 옛 집을 회상하였다.(萍踵無託而回想舊居.)

31 吹噓(취허) – 숨을 내쉬다. 남의 장점을 추켜세워 추천하는 것을 비유한다.

32 騰躍(등약) – 펄쩍 뛰어오르다. 일약 큰 뜻을 펼치거나 지위가 상승하는 것을 가리킨다. 睽(규) – 어긋나다. 등지다.

《두시상주》 '규'는 '괴리되다'의 뜻이다.(睽, 乖離也.)

[吹噓 2구] 장기가 자신을 후원하였지만 뛰어오르려던 자신의 노력이 좌절되었음을 탄식하는 내용이다.

《두시언해》 '취허'는 장기가 사람을 천거하여 이끌어 주는 것을 비유한다. '사잉규'는 두보가 운명이 어긋남을 스스로 탄식한 것이다.(吹噓, 比垍之薦引人物. 事仍睽, 甫自嘆命達之睽乖.)

33 涉(섭) – 건너다.

34 梯(제) – 사다리를 타고 오르다.

[碧海 2구] 이것이 뜻하는 바와 관련하여 두 가지 해석이 있다. 하나는 자신이 뛰어오르려고 했던 일이 어렵다는 사실을 비유하는 것으로 보는 것이다. 이 경우 '벽해'와 '청운'은 자신의 이상을 비유한다. 또 하나는 다시는 장기를 가까이 접할 수 없게 되었음을 말하는 것으로 보는 것이다. 이 경우 '벽해'와 '청운'은 장기를 미화하는 것이 된다. 문맥으로 보아 전자가 무난한 해석으로 여겨진다.

《구가집주두시》 조차공 주 '비등하며 도약하는 일'은 벽해를 건너고 청운에 오르는 것이 어려운 것과 같다.(騰躍事, 如涉碧海梯青雲之難也.)

35 顧(고) – 권고眷顧하다. 돌보아주다. 慚(참) – '忘'으로 된 판본도 있다. 鍛鍊(단련) – 각고하여 자신의 재능을 발전시키고 완성하는 것을 뜻한다.

《두시언해》 '단련'은 각고하여 재능을 완성한다는 뜻이다.(鍛鍊, 刻苦成材之意.)

36 提攜(제휴) – 이끌어주다.

[顧深 2구] 자신이 부족하여 장기의 돌보아준 후의에 부끄럽다는 뜻을 표현하고 있다.

《두시언해》 위 구는 장기가 돌봐줌은 비록 깊지만 두보가 단련이 아직 지극하지 못한 것을 부끄러워 한다는 말이다. 아래 구는 두보의 재능이 크지 못하여 장기가 이끌어준 것을 욕되게 하고 말았다는 것이다.(上句, 言垍顧遇雖深, 甫慙鍛鍊之未至, 下句, 甫才能未大, 徒辱垍之提攜.)

37 檻束(함속)－ 우리에 갇히다. 叫(규)－ '巧'로 된 판본도 있다. 이 구는 우리에 갇힌 원숭이가 슬피 운다는 뜻이다.

《두시상주》에 인용된 《회남자》 원숭이를 우리 안에 가두어 두면 그것이 재주가 있고 민첩하지 않은 것이 아닌데도 그 능력을 발휘할 수가 없다.(置猿檻中, 非不巧捷, 無所肆其能.)

《두공부초당시전》 원숭이가 우리에 갇히면 그 재주를 펼 수 없으니, 두보가 소인에게 견제를 받아 그의 재능을 마음껏 펼 수 없는 것과 같다.(猿束於檻而不能施其巧, 猶甫見制於小人而不能騁其才也.)

38 枝驚(지경)－ 가지에서 놀라다. 이 구는 밤이 되어 둥지에 깃들인 까막까치가 가지에서 놀란다는 뜻이다.

조조 〈단가행短歌行〉 달은 밝고 별은 성긴데 까막까치가 남쪽으로 날아간다. 나무를 세 번이나 빙 둘러 돌건만 의지할 가지가 없다.(月明星稀, 烏鵲南飛, 繞樹三匝, 無枝可依.)

《두공부초당시전》 그 거처를 편하게 여기지 못함을 말한다.(言不安其居也.)

[檻束 2구] 두 구는 모두 두보가 있을 곳을 얻지 못하였음을 말한다.

《두시언해》 (두 구) 모두 두보가 있을 곳을 얻지 못함을 스스로 비유한 것이다.(皆甫自喩不得所也.)

39 陪羽獵(배우렵)－ 사냥을 모시다. 장기가 황제의 사냥에 따라간다는 뜻이다.

40 釣璜溪(조황계)－ 황계에서 낚시하다. 두보가 자신을 태공망 여상呂

尙에 견주어 한 말이다. 황계는 반계의 별칭이다. 태공망이 이곳에서 황옥璜玉을 얻었기 때문에 이런 별칭을 갖게 되었다.

《두시상주》에 인용된 《상서대전尙書大全》 문왕이 반계에 이르러 여망을 보고는 절하니, 여망이 답하기를 "제가 낚시하여 황옥을 얻었는데, 거기에 '희씨가 천명을 받고, 여씨가 돕다'라고 새겨져 있었습니다."라고 하였다.(文王至磻溪, 見呂望, 拜之, 答曰, 望釣得玉璜, 刻曰, 姬受命, 呂佐檢.)

[幾時 2구] 두보가 자신을 태공망에 비유하여 장기의 추천을 바라는 내용이다.

《두시언해》 태공망이 반계에서 낚시를 하다가 황옥을 얻고 사냥 나온 문왕을 만나 수레를 타고 함께 돌아갔으니, 이 구는 두보가 자신을 태공망에 비유하여 장기의 추천을 바라는 것이다.(太公望釣磻溪, 得玉璜, 遇文王出獵, 載與同歸. 此, 甫自比太公, 望垍之薦引也.)

#《두시상주》: 마지막에서는 두보 자신이 영락하였음을 서술하고 있다. 월나라로 가고 양나라에서 노닐었다는 것은 떠돌아다닌 자취이다. 알아주었으나 호랑이 그리는 꼴과 같았다는 것은 불리어 시험을 보았으나 실패한 것을 말한다. 분수가 초파리와 같다는 것은 도를 품었으나 행하지 못함을 말한다. 부평의 자취로 기탁할 곳이 없어 옛날 살던 곳을 회상하는 것은, 장기가 추천한 후에도 비등하며 도약하는 일이 끝내 좌절되었기 때문이다. 이로부터 벽해는 끝없고, 청운은 위로 올라가기 어려워졌으니, 비록 돌보심과 이끌어주심을 입었으나 또한 자신이 재주가 소략하고 단련이 되지 못하였음이 부끄러울 뿐이다. 슬픈 원숭이와 놀란 까치의 이야기는 곤궁하나 호소할 곳도 없다는 것이요, 수렵을 따라가는 이야기, 반계에서 낚시하는 이야기는 결국 장기의 추천을 바란다는 것이다.(末乃自敍淪落也. 適越遊梁, 浪遊之迹. 知同畫虎, 謂召試不遇, 分等醯鷄, 謂抱道不行. 萍踪無託,

而回想舊居, 以張公吹噓之後, 騰躍終沮也. 從此碧海無涯, 青雲難上矣. 雖蒙顧遇提携, 亦自愧才疏未鍊耳. 哀猿驚鵲, 困窮莫訴, 陪獵釣溪, 終望張之見引也.)

##《독두심해》: 시가 세 단락으로 나뉜다. 첫 8구는 그가 귀하고 총애를 받을 수 있게 된 연유를 먼저 말하였다. 다음 16구는 장 씨를 송찬하는 본문이다. 뒤의 16구는 자신을 서술하면서 장기와도 연관된다. 시작하는 필세가 장활하니 얼핏 보아서는 그 끝을 엿볼 수가 없다. 전겸익의 전에서는 "장기가 전에 보배와 진부를 찾아와서 군주의 돌보심을 얻었다."라고 하여 은근히 풍자하는 것을 주된 뜻으로 보았다. 주학령 주에서는 "장기가 공주에게 장가들어 신분이 귀하여져서 금궁과 접할 수 있게 되었나."라고 하여 찬미하는 것을 주된 뜻으로 보았다. 내 생각에는 주학령의 설이 낫다. 대개 증시의 일반적인 뜻은 찬미가 주이지 풍자를 주로 하지 않으며, 게다가 이 시의 말투에 찬미하는 것은 보이지만 풍자하는 것은 보이지 않기 때문이다. '방장'과 '곤륜'을 말한 것은 당나라 사람들이 공주의 인척에 대하여 선가로 비유하는 경우가 많기 때문이다. 이 부분은 "세상의 아득하고 단절된 지역을 일반 사람들은 길을 몰라 갈 수 없는데 지금 도리어 혼인하여 은혜를 입었으니 그 천자를 가까이하여 귀하게 된 것이 어떠하냐? 하물며 문벌이 이미 고귀하고 유가의 풍도를 이을 수 있으니, 아름다움을 갖추었다고 말하지 않을 수 있겠는가?"라는 말이다. 이 2구는 간단하게 처리하고 갑자기 끝내어 군주를 우선하고 어버이를 뒤로 하였으니 작법이 근엄하다. '헌면' 2구는 한 가문에 높은 벼슬을 한 사람이 많다는 이야기로써 청직인 태상경에 선출되었음을 곁들여 드러내었다. '영관'과 '기악' 구는 본직을 드러내었다. '건필' 4구는 문재와 명망을 말하였다. '통적' 4구는 총애를 받아 친밀함을 말하였다. '능사' 4구는 명성, 공훈과 품계를 말하였다. '헌면' 구부터 여기까지는 곳곳

에서 그 꾸민 표현의 정채로움을 보게 된다. '적월' 구 이하에서 자신을 서술한 내용으로 들어간다. 이 4구는 몸소 겪은 일을 서술하면서, 멀리 떠돈 자취와 부를 바쳤으나 결국 실패한 일을 말하였다. '평범' 4구는 자기의 이야기에서 비롯하여 장 씨까지 함께 거론하여, 도처로 뛰어다니면서 아름다운 정의情誼를 늘 생각하였으니 장 씨가 일찍이 나를 밀어주었지만 자신은 끝내 떨치지 못했음을 말하였다. '도음' 구는 적인걸狄仁傑의 집에 그의 추천으로 발탁된 인재가 많다는 고사의 뜻을 은근히 담았다. '벽해' 4구는 결별하며 감격해하는 말이니, 우러러 접할 수 있는 길은 길이 끝나버렸지만 도와주신 정의는 몹시 잊지 못함을 말하였다. '벽해'와 '청운'은 또한 선가의 말을 빌려 쓴 것으로 이 시의 머리 부분과 조응한다. 마지막 4구는 울부짖으며 바라는 말을 하였는데 그 바라는 뜻이 비록 절실하여도 천부의 옥 같은 바탕이라고 자부하고 있으니, 품격이 또한 비루하지 않다. 전에 장기에게 바친 시(〈증한림장사학사기贈翰林張四學士垍〉)에서 "만약 산양의 모임을 기억하신다면 슬픈 노래를 한 번 들어주시면 됩니다."라고 하였으니, 아마도 장 씨가 일찍이 동료들 사이에서 두보를 칭찬하며 끌어준 적이 있었을 것이다. 그래서 뒷부분에서 그렇게 말한 것이다.(詩分三截, 起八句, 先言其得致貴寵之由. 次十六句, 頌張正文, 後十六句, 自敍雙綰. 起勢闊遠, 造次莫窺其涯涘. 錢箋謂, 垍嘗求致寶符得膺主眷, 意主含諷. 朱注謂, 垍由尙主身貴得接禁掖, 意主誇美. 愚按, 朱說爲長. 蓋贈詩通意, 主美不主諷, 而此詩語氣, 亦見美不見諷也. 其言方丈崑崙者, 唐人於貴主姻戚, 多以仙家比之. 言世間闊絶之區, 平人迷不能到, 今乃得合氣而承恩焉, 其爲親貴如何, 尤況門閥旣高, 儒風克繼, 可不謂備美者乎. 此二句單拖頓住, 先君後親, 法律森然也. 軒冕二句, 以一門貴仕之多, 陪出太常淸卿之選. 伶官夔樂, 點還本職. 健筆四句, 言文才華望. 通籍四句, 言寵遇親密, 能事四句, 言名勳階級. 自軒冕至此, 處處看其渲染精彩. 適越以下入自述, 此

四句敍身經之事. 言遠遊浪跡, 獻賦終落也. 萍泛四句, 由己合張. 言到處奔馳, 長懷雅誼, 而張嘗見推, 己終不振也. 桃陰, 隱寓公門桃李意. 碧海四句, 作決絶感激之詞, 言仰接之階, 則長已矣, 而援手之誼, 極不忘也. 碧海青雲, 亦借用仙家語, 與篇首照耀. 末四句作鳴號企望之詞, 望之雖切, 而以賦才玉質自待, 身分亦不卑矣. 向者贈張云, 倘憶山陽會, 悲歌在一聽. 意張曾於同官間稱引及之, 故後幅云爾.)

(이영주)

4. 上韋左相二十韻

위 좌상께 올리는 20운의 시

鳳曆軒轅紀[1] 龍飛四十春[2] 八荒開壽域[3] 一氣轉洪鈞[4]
霖雨思賢佐[5] 丹青憶舊臣[6] 應圖求駿馬[7] 驚代得騏驎[8]
沙汰江河濁[9] 調和鼎鼐新[10] 韋賢初相漢[11] 范叔已歸秦[12]
盛業今如此[13] 傳經固絶倫[14] 豫樟深出地[15] 滄海闊無津[16]
北斗司喉舌[17] 東方領搢紳[18] 持衡留藻鑒[19] 聽履上星辰[20]
獨步才超古[21] 餘波德照鄰[22] 聰明過管輅[23] 尺牘倒陳遵[24]
豈是池中物[25] 由來席上珍[26] 廟堂知至理[27] 風俗盡還淳[28]
才傑俱登用[29] 愚蒙但隱淪[30] 長卿多病久[31] 子夏索居頻[32]
回首驅流俗[33] 生涯似衆人[34] 巫咸不可問[35] 鄒魯莫容身[36]
感激時將晚[37] 蒼茫興有神[38] 爲公歌此曲[39] 涕淚在衣巾[40]

봉력이 헌원의 시대를 기록하였으니
용이 날아 사십 번의 봄이 지났는데,
팔황까지 태평성세의 나라가 열리고
한 기운이 하늘을 움직입니다.

오랜 비에 어진 신하를 생각하고
단청 그림 보며 옛 신하를 추억하였기에,
그림에 상응하는 준마를 구하여
세상이 놀라는 기린을 얻었습니다.

장강과 황하의 탁한 것을 싹 쓸어내고
솥 안의 새 것을 맛나게 하셨으니,
위현이 갓 한나라의 재상이 된 듯
범숙이 이미 진나라로 돌아간 듯.
성대한 업적이 지금 이와 같고
경서를 전해 받아 진실로 출중하였으니,
예장나무는 뿌리가 깊어 땅 위로 솟고
창해는 광활하여 끝이 없습니다.

북두성이 되어 목구멍과 혀를 맡고
동방에서 홀을 꽂은 신하를 거느렸으니,
저울을 가지고 밝게 살펴 선발하는 직위에 머무르고
신발 소리 들리면서 별자리에 오르십니다.
독보적으로 재주는 옛사람을 초월하고
넘치는 물결처럼 덕망은 이웃을 비추며,
총명함은 관노를 능가하고
편지글은 진준을 압도하십니다.
어찌 연못 속의 이무기이었겠습니까?
애초부터 자리 위의 귀한 보물이었으니,
조정은 지극한 다스림을 알게 되었고
풍속은 모두 순박함으로 돌아가게 되었습니다.

걸출한 인재는 모두 등용되었지만
어리석은 자만 홀로 숨어 지내는데,
사마상여처럼 병 많은 지 오래되었고

자하처럼 홀로 머무는 적이 많습니다.
돌이켜 보니 세속의 흐름을 좇아 달려가다
사는 게 뭇사람과 비슷해졌지만,
무함에게 물을 수도 없거니와
공자 맹자는 어디서도 몸이 받아들여지지 않았습니다.
때가 저물려 하니 감정은 격해지고
아득히 신들린 듯 흥이 일어나기에,
공을 위하여 이 노래를 부르는데
눈물이 옷자락에 떨어집니다.

이 시는 재상인 위견소韋見素에게 추천을 바라면서 바친 간알시이다. 태평성세에 재상이 된 위견소의 인품과 능력을 칭송한 뒤 자신을 이끌어주기를 바라는 마음을 표현하였다. 위견소는 자가 회미會微이며 진사에 급제한 뒤 문부시랑文部侍郎을 역임하였고 양국충에 의해 발탁되어 무부상서동중서문하평장사武部尙書同中書門下平章事에 제수되었다. 위견소는 공평무사한 인사로 많은 사람들의 칭송을 받았는데 십 년 동안 장안에 머물며 벼슬길을 찾던 두보는 그에게 마지막 기대를 걸며 이 시를 올렸다. 저작 시기는 천보 14년 봄으로 추정된다.

> 《보주두시》 사서를 살펴보건대, 천보 15년 7월 현종이 촉 땅으로 행차하여 파서군에 머무를 때 위견소를 좌상으로 삼았다. 이때는 천하가 위태롭고 어지러웠으니 이 시에서 말한 "팔황까지 태평성세의 나라가 열리고 한 기운이 하늘을 움직인다."라는 것과 맞지

않는다. 마땅히 이 시는 천보 13년 위견소가 동중서문하평장사일 때 준 것이니 그러므로 시에서 "위현이 갓 한나라의 재상이 되었다."라고 말하였다. 이 시의 제목에서 '좌상'이라고 한 것은 뒤에 편찬하며 서사할 때의 오류이다. 양권도는 천보 11년에 편재하였는데 이해에 위견소는 동평장사가 되지 않았다. 하물며 천보 15년에 위견소가 좌상이 되었을 때는 두보가 곧 반란군의 군영에 빠졌으니 시를 다시 줄 상황이 허용되지 않았을 것이다. "조정은 지극한 다스림을 알게 되었고 풍속은 모두 순박함으로 돌아가게 되었다."와 같은 것이 또 어찌 군대가 일어나 군주가 피신 가던 때의 말일 수 있겠는가?(按史. 天寶十五載七月明皇幸蜀次巴西郡, 以韋見素爲左相. 是時天下危亂, 不應詩云八荒開壽域, 一氣轉洪鈞. 當是天寶十三載見素同中書門下平章事時投之, 故詩曰, 韋賢初相漢. 今題曰左相, 乃後來編寫之誤. 梁權道編在十一載, 是年見素未同平章. 況天寶十五載見素爲左相時, 公旋陷賊營, 無容再投以詩. 如廟堂知至理, 風俗盡還淳, 又豈軍興人主播遷時語.)

《두시상주》 위견소가 처음 재상이 된 것은 천보 13년 가을이며, 시에서 '사십춘'이라고 하였으니 아마도 천보 14년 초봄에 지었을 것이다. 또 '수역', '홍균', '묘당', '풍속' 등의 구에도 난리를 걱정하는 말을 전혀 언급하지 않았다. 후에 좌상이 된 것은 지덕 2년이므로, 제목 중에서 '좌상'이라는 두 글자에 대하여 황학은 뒤에 소급하여 적은 것이라고 생각하였는데 옳다. 《구당서 · 직관지》에 의하면, 개원 원년 12월에 상서좌우복야를 좌우승상으로 고쳤으며, 천보 원년 2월에 시중을 좌상으로 고치고 중서령을 우상으로 고쳤으며, 지덕 3년에 옛 제도로 다시 바꾸었다. 〈현종기〉에 의거하면 천보 13년 가을 8월에 문부시랑 위견소가 무부상서동중서문하평장사가 되어 진희열을 대신하였다.(見素初入相, 在天寶十三載之秋, 詩云四十春, 蓋天寶十四載初春作. 且壽域, 洪鈞, 廟堂, 風俗等句, 絶不

及憂亂之詞. 後爲左相, 在至德二載, 題中左相二字, 黃鶴謂是後來追書, 是也. 舊書職官志, 開元元年十二月, 改尚書左右僕射爲左右丞相, 天寶元年二月, 侍中改爲左相, 中書令改爲右相, 至德三載復舊. 玄宗記, 天寶十三載秋八月, 文部侍郎韋見素爲武部尙書同中書門下平章事, 代陳希烈.)

주 석

1 鳳曆(봉력) - 세력歲曆을 가리킨다. 소호少皞의 시대에 봉조씨鳳鳥氏를 역정曆正으로 삼았기에 이렇게 불렀다. 軒轅(헌원) - 본래는 황제黃帝가 살았던 곳을 가리키는 말이었으나 후에 황제의 이름이나 호로 사용되었다. 봉력을 쓴 것은 본시 소호이나 그가 황제의 아들이므로 여기서 '헌원'을 언급한 것으로 보인다. 이 구는 황제 때부터 역법을 기록하기 시작하였다는 뜻인데, 여기서는 현종이 즉위하여 역법을 새로 정한 것을 말한다.

《좌전 · 소공昭公 17년》 우리 고조 소호지께서 즉위하시게 되자, 봉황새가 마침 날아왔으므로 새를 가지고 일을 기록하였으며 새의 관직을 만들어 새로써 관직의 이름을 지었다. 봉조씨는 역법을 주관하는 장관이었으며, 현조씨는 춘분과 추분을 관리하는 일을 맡았다. (我高祖少皞摯之立也, 鳳鳥適至, 故紀於鳥, 爲鳥師而鳥名. 鳳鳥氏曆正也, 玄鳥氏司分者也.)

《사기색은史記索隱》 (황제는) 헌원이라는 언덕에 살았으므로 이로써 이름으로 삼았고, 또 호로 삼았다.(居軒轅之丘, 因以爲名, 又以爲號.)

《두시언해》 황제 때에 봉황이 이르자 이로써 역법을 주관하는 관직의 이름으로 하였는데, 여기서 '봉력'은 빌려서 '당력'을 말한 것이다. (軒轅時, 鳳鳥至, 以名曆正之官, 鳳曆借言唐曆.)

2 龍飛(용비) – 용이 날다. 용은 제왕을 비유한다. 四十春(사십춘) – 사십 번의 봄. 현종은 개원 원년에 즉위하였으므로 천보 14년까지는 43년이지만 여기서는 대략적인 수를 말한 것이다.

3 八荒(팔황) – 팔방의 먼 땅. 壽域(수역) – 백성이 장수를 누리는 땅. 여기서는 태평성세를 가리킨다. 이 구는 사방팔방 먼 땅까지 태평성세를 누리게 되었다는 말이다.

4 一氣(일기) – 천지간에 가득 차 있는 큰 기운. 혹은 만물의 원기. 洪鈞(홍균) – 큰 녹로. 하늘을 가리키며 국가의 정권을 비유한다. 이 구는 하나의 큰 기운이 하늘을 운행한다는 뜻으로 나라가 잘 운영되고 있음을 말한다.

[八荒 2구] 현종이 재위한 40여 년 동안 그의 치적에 힘입어 온 땅이 태평하게 되었음을 말한 것이다. 이와 달리 재상이 된 위견소의 업적을 칭송한 말로 보는 설도 있는데 타당하지 않다.

《두공부초당시전》 위견소가 재상이 되어 천하의 원기를 조화시키고 하늘을 운용하여 만물을 빚어내었기에 마침내 팔방 먼 땅의 백성들로 하여금 모두 어질고 장수하는 경역에 오를 수 있도록 하였다.(謂見素爲相, 調和一元之氣運, 轉洪鈞以陶成萬物, 遂使八方荒遠之民, 咸躋于仁壽之域也.)

《구가집주두시》 조차공 주 시절의 태평함을 말한 것이다.(言時之治平也.)

《두억》 '팔황' 2구는 지극히 크고 아름다운 표현인데 '용비'에 근거하여 나온 것이다. 그런데 유신옹劉辰翁(수계는 그의 별호)은 재상의 업적을 칭송한 것으로 여겼으니 잘못이다.(八荒開壽域, 一氣轉洪鈞, 偉麗之極, 然根龍飛來, 而須溪以爲頌相業, 誤矣.)

#《두시상주》: 조정이 평안하고 시절이 태평하다는 것으로부터 서술을 시작하고 있다. 역법을 관장하는 책임자가 역을 기록한 지 이미 사십

여 번의 봄을 지냈다. 천하를 통치한 지가 오래되어 팔황이 함께 성세를 누리게 되었다. 봄의 화기가 이르렀기에 원기가 만물을 빚어내고 있다. 장연은 연초에 지은 것으로 여겼는데 옳다.(從朝寧昇平敍起. 歲正紀曆, 已四十餘春. 御世久, 故八荒同壽. 春和至, 故一氣鈞陶. 張綖謂歲初所作, 是也.)

5 霖雨(임우)－ 오래 내리는 비. 부열傅說의 고사에 따르면 어진 재상을 비유한다. 賢佐(현좌)－ 어질게 보좌하는 신하. 이 구는 큰 가뭄에 단비와 같은 훌륭한 신하를 생각하였다는 뜻이다. 이와 달리 천보 13년 장안에 비가 많이 내려서 세상이 어지러웠기에 위견소 같은 어진 재상을 필요로 했다는 뜻으로 보는 설도 있지만 취하지 않는다.

《서경 · 열명說命》 만약 큰 가뭄이 드는 해가 온다면 그대를 '임우'로 삼겠다.(若歲大旱, 用汝作霖雨.)

6 丹靑(단청)－ 그림. 여기서는 과거의 훌륭한 신하를 그린 그림을 가리킨다. 舊(구)－ '老'나 '直'으로 된 판본도 있다. 이 구는 훌륭한 신하의 초상화를 보면서 그 옛날의 신하를 그리워한다는 말이다.

《한서 · 조충국신경기전趙充國辛慶忌傳》 당초 조충국은 공덕이 곽광 등과 나란하여 미앙궁에 그려졌다. 성제 때 서강에 일찍이 위급한 상황이 있었는데, 주상은 장수를 지낸 신하를 그리워하여 조충국을 추모하여 찬미하고는, 곧 황문랑 양웅을 불러서 조충국의 그림에 따라 그를 송찬하는 글을 짓게 하였다.(初, 充國以功德與霍光等列, 畫未央宮. 成帝時, 西羌嘗有警, 上思將帥之臣, 追美充國, 乃召黃門郞楊雄卽充國圖畫而頌之.)

[霖雨 2구] 이 구의 원주에 "상공의 선친이 남기신 풍도와 업적을 지금까지 칭송한다.(相公之先人, 遺風餘烈, 至今稱之.)"라고 하였는데, 이에 따르면 이 두 구는 위견소의 부친인 위주韋湊를 황제가 그리워했다는 뜻이다. 이를 통해 그의 아들인 위견소가 재상에 임용될 수 있었던

상황을 이끌어낸다. 위주는 개원 연간에 태원윤太原尹을 지냈다. 이와 달리 위견소와 관련한 내용으로 보는 설이 있지만 취하지 않는다.

《두공부초당시전》 '현좌'와 '노신'은 위견소의 아버지 위주를 가리킨다. 그 남기신 풍도와 업적을 지금까지 사람들이 그리워함을 말한 것이니 부열과 한나라의 신하로써 비유한 것이다.(賢佐老臣指見素之父湊. 謂其遺風餘烈, 至今人思憶之, 故以傅說漢臣爲喩也.)

《두시상주》 《당서》에 "당시에 비가 60일이나 내려서 주상은 재상이 적임자가 아닌가 여겼다. 양국충이 위견소를 추천하며 들어가 아뢰니, 황제는 상왕(예종睿宗의 봉호)부의 관속이니 옛 은혜가 있다고 여기고는 마침내 등용하였다."라고 하였으니, 이 시에서 말한 "어진 재상을 생각하고", "옛 신하를 추억한다."는 것이다. 원주에서는 '노신'을 상공의 선친으로 보고 있는데 잘못이다.(唐書, 時雨潦六旬, 上嫌宰相非人. 楊國忠擧見素入白, 帝以相王府屬, 有舊恩, 遂用之. 所謂思賢佐, 憶舊臣也. 原注, 以老臣爲相公之先人, 誤矣.)

《구가집주두시》 조차공 주 위 구는 위견소를 등용하여 재상으로 삼은 것을 가리켜 한 말이다. 아래 구는 두보가 제목 아래에서 위견소의 선친이라고 스스로 주를 달지 않았다면 후학들이 알 방도가 없었을 것이다.(上句指言用見素爲相也. 下句非甫題下自注見素之先人, 則後學無由而見.)

《독두심해》 재상을 얻은 것을 송찬한 것이라고 한다면 (다음 구절의) '준마', '기린'을 쓴 것과 맞지 않는다. 그 부친에 대해서 말한 것으로 보아야만 딱 맞아떨어진다. 원주가 틀렸다고 논박하지 않는 것이 옳다.(頌得相, 不應用駿馬騏驎. 惟對其父而言, 乃見淸切. 勿駁原注爲是.)

7 應圖(응도) – 그림에 응하다. 이 구는 준마의 그림을 보고 그 그림에 맞는 말을 구한다는 뜻이다.

《구가집주두시》 조차공 주 위나라 조식이 문제에게 말을 헌상하면서 지은 표에 이르기를 "신은 선제 때에 대원의 자성마 한 필을 얻었는데, 모양새가 그림에 꼭 맞았습니다."라고 하였다.(魏曹植獻文帝馬表曰, 臣於先帝世, 得大宛紫騂馬一匹, 形法應圖.)

8 驚代(경대) – 한 시대를 놀라게 하다. 騏驎(기린) – 뛰어난 인물을 비유한다. '麒麟'으로 된 판본도 있다.

《두시상주》에 인용된 《진서陳書》 서릉의 모친 장 씨가 일찍이 꿈에 오색구름이 봉새로 변해 왼쪽 어깨 위에 앉는 것을 보고는 서릉을 낳았다. 나이가 몇 살 되었을 때에 집안사람이 서릉을 데리고 보지상인을 찾아뵈었는데 보지는 그의 머리를 쓰다듬으며 "천상의 석기린이다."라고 하였다.(徐陵母臧氏. 常夢五色雲, 化爲鳳, 集左肩上, 已而誕陵焉. 年數歲, 家人攜候寶誌上人, 寶誌摩其頂曰, 天上石麒麟也.)

[應圖 2구] 준마의 그림을 보고 실제 준마를 구하듯이 임금이 훌륭한 신하의 조건을 가지고 사람을 찾으니 마침내 세상을 놀라게 할 만한 어진 신하를 얻게 되었다는 뜻으로, 위견소가 재상으로 등용되었음을 말한다.

《두공부초당시전》 이 구는 아버지의 모습을 그려서 그 아들을 구하니 과연 위견소와 같은 어진 이를 얻게 되어 등용하여 재상으로 삼았다는 말이다. …… '기린'은 위견소를 비유한다.(此謂像父而求其子, 果得見素之賢, 用以爲相也. …… 騏驎喩見素也.)

9 沙汰(사태) – 쌀을 일어 돌을 가려내다. 좋지 않은 것을 가려낸다는 뜻이다. 河(하) – '湖'로 된 판본도 있다. 이 구는 위견소가 재상이 되어서 혼탁해진 정사를 바로잡았다는 뜻이다. 정사를 어지럽힌 재상 진희열陳希烈이 물러난 것을 가리킨다는 설도 있다.

《두공부초당시전》 위견소가 재상이 되니 백관을 승진시키거나 물러나게 함으로써 청렴한 자에게 상을 주고 탐욕스럽고 혼탁한 자를 제거할 수 있었다는 말이다.(言見素爲相, 得以進退百官, 獎淸廉而去

貪濁也.)

《두시상주》《삼국지 · 촉지》에 "주비가 이부상서가 되어 허정과 더불어 천하 선비의 진퇴를 함께 의논하였는데, 더럽고 탁한 것은 가려내고 숨어 등용되지 않은 자는 발탁하였다."라고 하였다. …… 당시 좌상 진희열이 태자태사가 되어서 정사를 그만두었다. 그래서 '사태강하탁'이라고 말하였다.(蜀志, 周毖爲吏部尙書, 與許靖共議進退天下之士, 沙汰穢濁, 顯拔幽滯. …… 時左相陳希烈以太子太師罷政事, 故曰沙汰江河濁.)

10 鼎鼐(정내) – 솥. '鼐'는 '鼎' 중에서 큰 종류를 가리킨다. 재상을 비유한다. 재상이 천하를 다스림에 있어 온갖 일을 헤아려서 처리하는 것이 마치 솥에서 음식의 맛을 내는 것과 같다고 해서 나온 말이다. 이 구는 위견소가 새로 재상이 되어서 조화롭게 재상의 직무를 다하게 되었다는 말이다.

《두공부초당시전》 재상이 된 것을 다시 비유한 것이다.《서경 · 열명說命》에 "고종이 꿈에 부열을 만나서 이르기를 '만약에 맛있는 국을 만들면 그대는 짠맛과 신맛을 내는 소금과 매실이 되어주시오'라고 하였다."라고 하였다.(復喩爲相也. 書, 高宗夢得說曰, 若作和羹, 爾惟鹽梅.)

《두시상주》에 인용된《한관의漢官儀》 삼공은 솥의 일을 거들어 맛을 낸다.(三公助鼎和味.)

11 韋賢(위현) – 한나라 사람으로 자는 장유長孺이다. 성품이 질박하고 욕심이 적었으며, 대대로 노시魯詩를 익혀 학문에 뜻이 돈독하였다. 소제昭帝 때 박사가 되었고 광록대부光祿大夫에 이르렀으며 곽광霍光 등과 함께 선제宣帝를 옹립하였다. 후에 채의蔡義를 대신하여 승상이 되었고 부양후扶陽侯에 봉해졌다.

12 范叔(범숙) – 범저范雎. 전국시대 위魏나라 사람으로 '叔'은 그의

자이다. 진秦나라 소왕昭王에게 원교근공책遠交近攻策을 제시하여 객경客卿에 제수되었으며 얼마 뒤에 재상이 되었고 응후應侯에 봉해졌다. 범씨는 원래 시위豕韋씨에서 나왔는데, 범숙으로 위현에 대를 맞추었으니 대구가 아주 공교롭다.

[韋賢 2구] 위견소를 위현과 범저에 비유하여 유능한 재상임을 칭송하였다.

《구가집주두시》 조차공 주 이 두 구는 그가 재상이 된 것을 찬미한 것이다.(此兩句言美其爲相也.)

《두시전주》 위견소가 비록 양국충에 의해 추천이 되었지만, 두보는 그가 공정한 마음을 가지고 양국충을 제거해 주기를 간절히 바랐다. 그래서 범숙의 비유가 있는 것이다. 양국충이 외척으로서 나라를 농단한 것은 양후가 진나라를 농단한 것과 같다. 이제 범숙이 이미 진나라에 귀의하였으니 양후가 어찌 조금이라도 피할 수 있겠는가? 속뜻을 감춘 말로 그를 권고한 것이다. 위견소가 비록 두보의 말을 쓸 수는 없었지만, 나라를 구하려는 두보의 마음 씀씀이가 이와 같았으니 천 년이 지났어도 감탄할 만하다.(見素雖爲國忠引薦, 公深望其秉正以去國忠, 故有范叔之喩. 蓋國忠以外戚擅國, 猶穰侯之擅秦也. 今范叔已歸秦矣, 穰侯其可少避乎. 蓋詭詞以勸之也. 見素雖不能用公言, 公之謀國用意如此, 千載而下, 可以感歎.)

《두시상주》 전겸익의 전에서는 "위견소가 양국충을 제거하는 것이 범숙이 양후를 제거한 것과 완전히 같기를 바라는 것이다."라고 하였는데 이는 왜곡된 설이다.(錢箋, 謂望見素去楊國忠, 一如范叔之去穰侯, 此曲說也.)

《독두심해》 이 견해(전겸익의 전)는 본래 명말의 상호질시하고 비방하는 나쁜 습관에서 나온 것이지만 본 구절에서는 실로 부합함이 있다. 하지만 정통적인 해설에 포함시킬 수는 없다.(此見解本出於明季傾軋之習. 然於本句實有會, 但不可入正講.)

13 盛業(성업)－ 성대한 업적.

14 絶倫(절륜)－ 남들보다 월등히 뛰어나다. 이 구는 위견소가 경서에 능통했음을 칭송한 것이다.

《구가집주두시》 위현은《예》와《상서》에 모두 통달하였는데, 막내 아들 위현성이 또 명경으로 벼슬하여 승상에 이르렀다. 그래서 추로 지역의 속담에 "아들에게 황금 만 바구니를 준다고 해도 경서 한 권만 못하다."라는 말이 있게 되었다.(韋賢兼通禮尙書, 少子玄成復以明經仕至丞相, 故鄒魯諺曰, 遺子黃金萬籯, 不如一經.)

《두공부초당시전》 경서를 전한다는 것은 옛날 위현 부자가 모두 경술로써 서로 이어서 한나라의 승상이 되었는데, 지금 위견소 부자 역시 그렇다는 말이다.(傳經者, 言昔韋賢父子皆以經術相繼爲漢相, 今見素父子亦然也.)

《독두심해》 역시 위현의 일을 전고로 사용하였다. 부자가 모두 경서에 능통함으로써 재상의 지위에 이르렀다. 이로 보건대 원주가 거짓이 아님을 더욱 알 수 있다.(亦用韋賢事. 父子皆以通經至相位. 觀此, 益知原注非僞.)

15 豫樟(예장)－ 나무 이름으로 좋은 재목이다. 이 구의 비유에 대해 여러 설이 있는데 결국 위견소를 칭송한 것이다.

《구가집주두시》 조차공 주　그 재목됨을 말한 것이다. 예장은 진귀한 재목으로서 자라는 것이 정말 어렵다.(言其材也. 豫樟珍材, 最難長.)

《독두심해》《고사전》에 "예장이라는 나무는 높은 산에서 난다."라고 하였다. 살펴보건대 이 구에도 세가의 후예라는 뜻을 띠고 있다.(高士傳, 豫樟之木, 生於高山. 按, 句意亦帶世胄言.)

《두시상주》 '심출지'는 학문에 뿌리가 있음을 말한 것이다.(深出地, 謂學有根柢.)

16 滄海(창해)－ 넓은 바다. 無津(무진)－ 끝이 없다.

《구가집주두시》 창해는 온갖 골짜기의 물이 귀착되는 곳이다. 그 깊이는 끝이 없다.(滄海, 百谷之所歸, 其淵不可津涯.)

《두시상주》 '활무진'은 그 도량이 아주 넓음을 말한 것이다.(闊無津, 謂度之汪洋.)

#《두시상주》: 이 단락은 그가 궁에 들어가 재상이 된 일을 서술하고 있다. 황제는 어진 신하를 생각하였고, 위견소는 선왕 때의 신하로서 등용되었다. '준마'와 '기린'은 그가 큰 임무를 잘 감당할 것을 비유한다. '사태' 구는 옛 재상이 이미 파직되었다는 말이고 '조화' 구는 새로 조정에 참여하여 갓 배수하였다는 말이다. '성업'은 범저를 이어받고, '전경'은 위현을 이어받는다. '심출지'는 학문에 뿌리가 있음을 말한 것이고, '활무진'은 도량이 매우 넓음을 말한 것이다.(此敍其入相之事. 帝思良佐, 而韋以舊臣登用, 駿馬騏驎, 比其充勝大任也. 沙汰, 舊相已罷. 調和, 新參初拜. 盛業, 承范. 傳經, 承韋. 深出地, 謂學有根柢. 闊無津, 謂度之汪洋.)

17 喉舌(후설)－ 목구멍과 혀. 왕명의 출납을 관리하는 재상을 가리킨다. 상서 등의 주요 관원을 가리키기도 한다. 위견소는 무부상서로서 재상을 겸하였다.

《후한서 · 이고전李固傳》 지금 폐하에게 상서가 있는 것은 하늘에 북두가 있는 것과 같습니다. 북두는 하늘의 목구멍과 혀이니 상서는 또한 폐하의 목구멍과 혀입니다.(今陛下之有尙書, 猶天之有北斗也. 斗爲天喉舌, 尙書亦爲陛下喉舌.)

18 搢紳(진신)－ 큰 띠에 홀을 꽂는다는 뜻으로 지위가 높은 신하를 뜻한다. '搢'은 '縉'으로 된 판본도 있다. 이 구는 주나라 필공이 동방의 여러 제후들을 거느리고 왕 앞으로 나아온 것처럼 위견소가 재상이 되어 여러 백관들을 거느리고 왕을 보좌했다는 뜻이다.

《서경 · 강왕지고康王之誥》 왕이 나가서 응문 안에 있는데 태보는 서방의 제후를 거느리고 응문 왼쪽으로 들어오고 필공은 동방의 제후를 거느리고 응문 오른쪽으로 들어왔다.(王出在應門之內. 太保率西方諸侯, 入應門左, 畢公率東方諸侯, 入應門右.)

《두공부초당시전》 위견소가 재상이 되어 백관을 인솔하여 입조했다는 말이다.(韋見素爲相, 率百官以來朝也.)

19 持衡(지형) – 저울을 지니다. 인재 선발을 담당한다는 말이다. 藻鑒(조감) – 품조감별品藻鑒別과 같은 말로 품평하고 감정하여 분별한다는 뜻이며 관리 선발에 밝게 살피는 것을 말한다. 이 구는 위견소가 관리를 선발함에 있어 공평하였음을 칭송하는 말이다.

《구당서 · 위견소전》 천보 9년 이부시랑으로 옮겼으며 은청광록대부가 더해졌다. 위견소는 어질고 너그러워 장자의 기풍이 있었으며 그의 생각이 타인과 저촉하지 않았다. 관원 선발을 관장하고 해가 누적되니 선발이 공평했기에 선비들이 그를 칭송하였다.(九載, 遷吏部侍郎, 加銀青光錄大夫. 見素仁恕長者, 意不忤物. 及典選累年, 銓敍平允, 人士稱之.)

20 聽履(청리) – 신발 소리를 듣다. 한나라 정숭鄭崇의 고사를 인용한 것으로 위견소가 황제에게 인정을 받는 신하라는 것을 말한다. 上星辰(상성신) – 별에 오르다. 황제 측근에 있다는 뜻이다.

《한서 · 정숭전》 동생 정립이 고무후 부희와 동문수학하여 서로 우의가 좋았다. 부희가 대사마가 되어 정숭을 추천하니 애제는 그를 발탁하여 상서복야로 삼았다. 자주 알현하여 간언을 하니 주상이 당초에는 그의 말을 받아들였다. 매번 알현할 때마다 가죽신을 끌며 걸어다녔는데, 주상은 웃으며 "나는 정 상서의 신발 소리를 안다."라고 하였다.(弟立與高武侯傅喜同門學, 相友善. 喜爲大司馬, 薦崇, 哀帝擢爲尙書僕射. 數求見諫爭, 上初納用之. 每見曳革履. 上笑曰, 我識鄭尙書履聲.)

《두시상주》 천자는 제좌라는 별자리로 본뜬 것이기에 '상성신'이라고 말한 것이다.(天子像帝座, 故云上星辰.)

21 才超古(재초고) – 재주가 옛사람을 뛰어넘다.

22 餘波(여파) – 넘치는 은택. 德照鄰(덕조린) – 덕이 이웃을 비추다. 이 구는 위견소의 은택이 이웃에까지 미친다는 말이다. 이와 달리 선대부터 위씨의 이웃인 두씨 집안에 은택이 있었다고 보는 설도 있다. 이 구는 '餘陰照北鄰'으로 된 판본도 있다.

《구가집주두시》 조차공 주 이는 그의 재덕을 거듭 찬미한 것이다.(此重美其才德也.)

《두시상주》 위씨와 두씨가 대대로 교유가 있었음을 말한다.(謂韋杜世交.)

23 管輅(관로) – 삼국시대 위魏나라 사람으로 자는 공명公明이다. 어릴 때부터 별자리 관찰을 좋아하였으며 성인이 되어서는 길흉을 판단하고 관상을 보는 일 등에 정통하였다.

《두시상주》에 인용된 《삼국지 · 위지》 관노는 별자리를 보는 것을 좋아하여 천문지리 변화의 법칙에 밝아 사람들이 그를 신동이라고 하였다. 또 스스로 이르기를 "하늘이 나에게 재능과 명철을 주었다." 라고 하였다.(管輅喜仰視星辰, 能明天文地理變化之數, 人號神童. 又自言天與我才明.)

《신당서 · 위견소전》 (지덕 원년) 시월 병신일에 어떤 별이 묘성을 범했다. 위견소가 숙종에게 말하기를 "묘성은 호인을 상징합니다. 하늘의 도가 그 재앙의 징조를 보여주어 사람에게 응할 것인데 안녹산이 장차 죽을 것입니다."라고 하였다. 황제가 말하기를 "그 날과 달을 알 수 있는가?"라고 하였다. 위견소가 말하기를, "복이 응하는 것은 덕에 있고 화가 응하는 것은 형벌에 있습니다. 묘성은 금이어서 불을 기피하는데 운행하여 불의 위치에 있게 되면 묘성이 황혼 무렵에 중천에 있게 되니 바로 그때입니다. 그 달에 죽을 것이고 그 날에 죽을 것인데 내년 정월 갑인일이 바로 안녹산이 죽는 날입니다."라고 하였다. …… 안녹산이 죽었는데 그 날과 달이 모두 맞았다.(十月丙申, 有星犯昴, 見素言於帝曰, 昴者, 胡也. 天道謫見, 所應在人, 祿山將死矣. 帝曰, 日月可知乎. 見素曰, 福應在德, 禍應在刑, 昴金忌火, 行當火位, 昴之昏中, 乃其時也. 旣死其月, 亦死其日. 明年正月甲寅, 祿山其殪乎. …… 及祿山死, 日月皆驗.)

24 尺牘(척독) – 서찰. 편지글. 倒(도) – 압도하다. 陳遵(진준) – 한나라 두릉杜陵 사람으로 자가 맹공孟公이며 글씨를 잘 썼다.

《한서 · 유협전游俠傳》 (진준은) 천성적으로 글씨를 잘 써서 사람들에게 서찰을 주면 받은 사람은 잘 간직하면서 이를 영광으로 여겼다.(性善書, 與人尺牘, 主者藏去以爲榮.)

《구가집주두시》 조차공 주 위견소는 틀림없이 글씨를 잘 썼을 것이다. 사서에 기록되어 있지 않은 것이 아쉬운데 공의 시를 통해서 알게 되었다.(見素必善書矣. 惜乎史所不載, 因公詩見之.)

25 池中物(지중물) – 못 속의 물건. 여기서는 승천하지 못한 이무기를 가리킨다.

《삼국지 · 오지吳志 · 주유전周瑜傳》 유비는 용맹스런 영웅의 자태가 있으면서 관우, 장비와 같은 용맹한 장수들을 데리고 있으니 아마도 교룡이 구름과 비를 얻어 마침내 못 속의 이무기로 남지는 않을 것이다.(劉備以梟雄之姿, 而有關羽張飛熊虎之將, 恐蛟龍得雲雨, 終非池中物.)

26 席上珍(석상진) – 자리 위의 보배. 유자의 고상한 도덕이나 높은 학문을 비유한다.

《예기 · 유행儒行》 "儒有席上之珍以待聘" 정현 주 '석'은 진열한다는 뜻이고 '진'은 선함이다. 옛 요순의 좋은 도를 펼쳐 놓고서 부름을 기다린다는 뜻이다.(席, 陳也, 珍, 善也. 鋪陳往古堯舜之善道, 以待聘召.)

[豈是 2구] 위견소가 애초부터 유자의 고상한 도덕과 높은 학문을 가지고 있었기에 이무기로 있지 않고 황제의 부름을 받아 높이 오를 수 있었다는 말이다.

27 廟堂(묘당)－ 종묘와 명당. 조정을 가리킨다. 至理(지리)－ 지극한 다스림. 또는 지극한 이치.

《구가집주두시》 조차공 주 '지리'는 곧 '지치'이다. 고종의 이름이 '치'였기에 당시 이를 피해서 바꾸었다.(至理卽至治也. 以高宗諱治, 故當時避改耳.)

28 還淳(환순)－ 순박한 상태로 돌아가다.

#《두시상주》: 이 단락은 위견소의 평소 인품과 덕망을 기록하였다. 일찍이 상서가 되었으므로 '북두'라고 하였고 또 병부를 겸하였으므로 '동방'이라고 하였다. '지형' 구는 이부에서 인재 선발을 담당한 것을 말하고 '청리' 구는 상서로서 궁궐에 오른 것을 말한다. '독보'는 재능이 출중했음을 말하고 '조린'은 위씨와 두씨가 대대로 교유가 있었음을 말한다. 관노보다 뛰어나다는 것은 천문에 정통함을 말한 것이고 진준을 압도한다는 것은 편지글에 뛰어남을 말한 것이다. 그 다음에는 때를 만나 높은 지위에 있으면서 임금을 바르게 하고 풍속을 선하게 할 수 있었다는 말이다.(此記其平時品望. 向爲尙書, 故云北斗. 又兼兵部, 故云東方. 持衡, 吏部典選也. 聽履, 尙書登殿也. 獨步, 謂才藝出人. 照鄰, 謂韋杜世交. 過管, 謂精於天文. 倒陳, 謂工於書翰. 下言乘時居位, 能正君而善俗.)

29 才傑(재걸)－ 걸출한 인재.

30 愚蒙(우몽)－ 무지몽매한 사람. 여기서는 두보 자신을 가리킨다. 隱淪(은륜)－ 숨어 가라앉은 모양. 또는 세상을 피하여 숨는 사람.

31 長卿(장경)－ 사마상여司馬相如. 장경長卿은 그의 자이다.

《구가집주두시》 사마상여는 항상 소갈병이 있었다.(司馬長卿常有消渴病.)

32 子夏(자하)－ 춘추시대 위魏나라 사람으로 성은 복卜이며 이름은 상商이다. 공자의 제자로 문학에 뛰어났다. 索居(삭거)－ 홀로 쓸쓸하게 살다. 頻(빈)－ '貧'으로 된 판본도 있다.

《예기 · 단궁檀弓》 자하가 말하기를 "내가 무리를 떠나서 홀로 산 지 오래 되었다."라고 하였다.(子夏曰, 吾離群而索居, 久矣.)

[長卿 2구] 병으로 오래 고생하였던 사마상여와 무리와 떨어져 홀로 살았던 자하를 인용하여 두보 자신의 병들고 외로운 삶을 비유하였다. 그러나 그 이면에는 두보에게 사마상여와 자하처럼 뛰어난 문학적 재능이 있다는 자부심이 담겨 있다.

《구가집주두시》 조차공 주 공은 두 사람으로 자신을 비유하였다.(公以二人自比也.)

33 回首(회수)－ 회상하다. 流俗(유속)－ 퇴폐한 세속. 또는 자신의 뜻을 버리고 세속의 이치를 좇아서 같이 흘러가는 것.

《두공부초당시전》 퇴폐한 세속과 함께 달리니 그 연루됨에서 벗어날 수 없다는 말이다.(言與流俗驅馳, 不能脫去其累也.)

34 衆人(중인)－ 여러 사람. 보통 사람.

《두공부초당시전》 가난하고 천한 것이 평민과 같다는 말이다.(言貧賤與平民等也.)

35 巫咸(무함)－ 무당 계함季咸을 말한다. 이 구는 하늘의 뜻은 알기 어렵다는 말이다.

《열자 · 황제黃帝》 신통한 무당이 제나라에서 와서 정나라에 머물렀다. 이름이 계함인데 사람의 생사, 존망, 화복, 수명을 알았다.(有神巫自齊來處於鄭, 命曰季咸, 知人生死存亡禍福壽夭.)

36 鄒魯(추로) – 추 땅과 노 땅. 각각 맹자와 공자의 고향이다. 이로써 공자와 맹자를 가리키고 나아가 유자를 뜻한다. 莫容身(막용신) – 몸이 전혀 받아들여지지 않다. 이 구는 공자나 맹자가 당시 세상에서 인정받지 못하였던 것처럼 두보 자신도 지금 이 시대에 전혀 인정받지 못하고 있다는 말이다.

《**장자 · 도척盜跖**》 (공자는) 노나라에서 두 번 쫓겨났고 위나라에서 벼슬하지 못했으며 제나라에서 곤궁하였고 진채에서 포위당하였으니 천하에 몸 둘 곳이 없었다.(再逐於魯, 削跡於衛, 窮於齊, 圍於陳蔡, 不容身於天下.)

37 時將晚(시장만) – 시기가 장차 늦으려 한다. 두보 자신이 이미 노쇠했음을 한탄하는 말이다.

38 蒼茫(창망) – 넓고 먼 모양. 아득한 모양. 興有神(흥유신) – 흥이 일어나는데 마치 신이 깃든 것 같다. 이 구는 두보가 감정이 격해져서 자신도 모르게 깊은 흥에 젖게 되었다는 것이다.

《**두억**》 '창망흥유신'은 아래의 '가차곡'을 이끌어낸다. 그리고 '차곡'은 바로 위좌상에게 바치는 이 시이다. '창망'은 뜻이 왕성하게 일어나는 모습이다.(蒼茫興有神起下歌此曲, 而此曲卽所上韋相詩. 蒼茫, 意興勃發之貌.)

39 公(공) – 위견소를 가리킨다. '君'으로 된 판본도 있다.

40 涕淚(체루) – 눈물. 衣巾(의건) – 옷과 수건.

#《두시상주》: 마지막 단락에서는 곤궁한 상황을 스스로 서술하면서 위재상에게 기대를 하고 있다. '등용'은 위를 이어받고 '은륜'은 아래를 이끌어 낸다. 병이 많은 채로 홀로 사니 쓸쓸함이 이미 심한데 또 쫓겨 사는 삶이라 자신을 의지할 만한 대책이 없다. 이러한 상황에 이르게 되니 하늘의 뜻을 묻기도 어렵고, 자신의 도는 허용되지 않게

되었으니 만감으로 시를 지으며 통곡의 눈물을 흘리는 것을 주체할 수 없다. 이러한 일련의 내용은 한 걸음씩 나아갈수록 더욱 긴박해져서 사정을 진술함이 가장 애절하다. 장연이 말하기를 "두보가 비록 나이가 들었고 벼슬을 구하는 것이 급했지만, 반드시 자신의 도에 부합한 자라야 비로소 그의 추천을 바랐기에 유독 위공에게만 이 노래를 불렀다."라고 하였다.(末乃自敍困窮, 而有望於韋相也. 登用承上, 隱淪起下. 多病索居, 廖落已甚. 且驅逐生涯, 資身無策, 至此則天意難問, 而吾道莫容矣, 故不禁感懷賦詩, 而聲淚交流. 此條一步敲緊一步, 乃陳情之最悲切者. 張綖曰, 公雖時邁, 急於求進, 然必吾道契合者, 然後望其汲引, 故獨與韋公歌此曲.)

##《독두심해》: 위견소에게 시를 바쳐서 재상이 된 것을 송축한 것이다. 시를 바친 것은 자신을 이끌어 주기를 바랐기 때문이다. 그래서 시의 처음에서는 그를 송축했고 중반에서는 재상의 직분이 어진 자를 포용하는 것에 있음을 말했으며 마지막에서 비로소 자신의 처지를 서술하여 뜻을 드러내었다. 처음 8구는 성세의 조정에서 재상을 택함에 있어 여러 세대에 걸친 오래된 신하를 잘 뽑았다는 것으로써 모두를 삼았으니 그 판을 여는 것이 크고 넓다. 다음 8구는 재상으로 알맞은 사람이 뽑혔다는 것과 그의 재주가 출중하다는 것으로 입론하고 있는데, '예장'과 '창해'의 두 구절이 절묘하니 하나는 세가의 자제가 숭고하다는 뜻으로 위를 맺고 하나는 흉금이 광대하다는 뜻으로 아래를 일으키고 있다. '북두' 12구는 오로지 허심한 마음으로 선비를 사랑한다는 것으로 칭송의 말을 하였다. 옛 주해에서는 모두 재주와 덕망을 범연하게 칭송한 것이라고 했는데 모두 격화소양이다. 시의 뜻은 대략 다음과 같다. 오늘날 지위가 재상을 겸하여 왕명을 담당하고 여러 인재를 이끌게 되었다. 가슴에는 공평무사한 저울을 지니고 있으며 사람들은 별자리로 오르는 신발 소리를 듣게 되니 천하가

높이 우러러보게 되었다. 위공과 같은 사람은 옛사람을 뛰어넘는 재주를 갖추고 있으며 이웃을 비추는 덕망을 가지고 있다. 설령 총명함이 세상에 다시없을 정도이지만 분명코 편지글로 아랫사람과 교유할 줄도 안다. 오늘 못 가운데 있는 모든 이무기들은 장래에는 모두 자리 위의 보배가 될 것이다. 용문에 오름을 함께 축하할 뿐 재주 때문에 화를 부를까 염려하지는 않는다. 바로 이러한 때에 오직 재상이 서둘러 현명한 사람을 가까이 하니 다투어 경쟁하는 선비들의 풍조가 불식되었다. 시에서 말한 '지지리'와 '진환순'이 바로 이것이다. 한유의 〈재상에게 올리는 글〉에서 '무성한 다북쑥'을 읊으며 '인재 기르는 것을 즐김'을 칭송하고 이것 외에 더 큰 일이 없다고 여긴 것은 바로 여기에서 탈태한 것이다. 이 단락은 글자마다 진실하고 필치마다 하늘을 넘어간다. 단지 칭송하는 것이 제 모습을 갖추었을 뿐 아니라 두보 자신에게 있어서 이끌어 주기를 바라는 마음이 이미 상대방에 대한 이야기로부터 다 기탁하여 드러났다. 아래 단락은 자신에 대한 서술로 바꾸어 들어가는데, 그저 자신의 영락함을 서술하기만 하면 될 뿐이지 동정을 구하는 말을 더 할 필요가 없다. 그래도 듣는 자의 마음이 이미 움직였으니 작자의 경지가 탁월하다. 이러한 용의는 원래 얼치기들이 알 수 있는 바가 아니다. 어느 날 이런 경지까지 시를 깨닫게 된다면 천 년의 두보가 자신의 글을 알아주는 벗으로 인정해 줄 것이다. '재걸' 이하는 시상을 이어 바꾸는 것이 경쾌하다. 마지막 4구는 두보가 감흥이 깊어 격앙되었음을 생각하게 한다.(上詩於韋, 頌入相也. 所以上詩, 望汲引也. 故篇首頌之, 中言相職在於容賢, 而末乃自敍見意. 起八句, 以盛朝擇相, 妙選世臣作冒, 開局閎敞. 次八句, 以枋用得人, 才猷出衆立論, 而豫章滄海二句妙絶, 一以世胄崇高意束上, 一以襟度宏遠意起下也. 北斗十二句, 純以虛懷好士爲頌揚之詞. 舊解俱謂泛推才望, 都是隔靴搔癢. 詩意蓋云, 今日位兼台省, 司王命而領群英. 胸持藻鑑之衡, 人聽星辰之履, 爲天下所仰望深矣. 如公

者, 具超古之才, 而有照鄰之德. 雖復聰明絶世, 定能尺牘下交. 凡此日池中之物, 皆將來席上之珍. 共慶登龍, 無悲懷璧. 在斯時也, 惟宰執急親賢, 斯士風息奔競. 所謂知至理, 盡還淳者此也. 昌黎上宰相書, 誦菁莪, 稱樂育, 以爲舍此宜無大者焉. 正脫胎於此. 此段字字徵實, 筆筆凌空. 不特頌揚得體, 而在我想望汲引之情, 已從對面全副託出. 下段, 轉入自己, 只消歷敍寥落, 不須更作乞憐語. 而聞者之心頭已動, 而作者之地步絶高. 此等用意, 原非餘子所知. 一朝領悟及此. 千年杜老, 其有相知定文之許哉. 才傑以下, 看其接遞輕矯. 結處四句, 想其興會激昂.)

(김성곤·임도현)

5. 沙苑行

사원의 노래

君不見左輔白沙如白水[1] 繚以周牆百餘里[2]
龍媒昔是渥洼生[3] 汗血今稱獻於此[4]
苑中騋牝三千匹[5] 豐草青青寒不死
食之豪健西域無[6] 每歲攻駒冠邊鄙[7]
王有虎臣司苑門 入門天廄皆雲屯[8]
驌驦一骨獨當御[9] 春秋二時歸至尊[10]
內外馬數將盈億[11] 伏櫪在坰空大存[12]
逸羣絶足信殊傑[13] 倜儻權奇難具論[14]
纍纍塠阜藏奔突[15] 往往坡陀縱超越[16]
角壯翻騰麋鹿遊[17] 浮深簸蕩黿鼉窟[18]
泉出巨魚長比人[19] 丹砂作尾黃金鱗
豈知異物同精氣[20] 雖未成龍亦有神

그대는 보지 못했는가, 좌보의 흰 모래가 흰 물과 같고
담으로 둘러쳐져 있는 것이 백여 리나 되는 것을.
용마는 예전에는 악와에서 났었지만
한혈마는 지금 이곳에서 바쳐진다고 말한다.
사원 중에는 칠 척의 큰 말과 암말이 삼천 필이고
가득한 풀은 푸르러 추워져도 시들지 않는다.
말을 먹여 크고 건장하게 되니 서역에도 없을 것이고

매년 말을 길들임이 변방에서 으뜸이다.

왕에게는 호랑이 같은 신하 있어 사원의 문을 지키고
문에 들어서면 천자의 마굿간에는 모두 구름이 모여 있는 듯한데,
숙상의 한 골상만이 유독 천자가 쓰시기에 마땅하여
봄가을 두 시절에 천자께로 간다.
안팎의 말의 수가 억에 가까우나
구유에 엎드리고 들에 있어 공연스레 많이 있을 뿐이다.
출중한 준족은 정말로 유달리 걸출하고
탁월하고 잘 달리는 모습은 이루 논하기가 어렵다.

첩첩이 겹쳐진 산언덕은 치달리는 것을 감추어 주고
때때로 울쑥불쑥한 곳에서 건너뛰는 것을 멋대로 할 수 있다.
건장함을 다투어 비등하면서 사슴과 함께 노닐고
깊은 못에 떠서는 큰 자라와 악어의 굴을 출렁거리게 한다.

못에서는 거대한 물고기가 나와 길이가 사람과 견줄 만한데
단사로 꼬리를 만든 듯하고 비늘은 황금빛이구나.
어찌 알리오, 사물은 달라도 정기를 같이하니
비록 용이 되지 못하였어도 신령함이 있음을.

이 시는 천자의 말 목장인 사원을 구경하면서 느낀 감상을 적은 것으로, 특히 황제가 타는 숙상 말에 대해서 칭송하였다. 당시 사원의 총책임자인 안녹산이 반역의 뜻을 가지고 있음을 풍자하는 뜻이

담겨 있다고 보는 주장도 있다. 사원은 섬서성 대려현大荔縣 남쪽에 있었으며 사원감沙苑監을 두어 말을 기르게 하였다. 저작 시기는 천보 13년으로 추정된다.

《보주두시》 마땅히 이는 천보 13년 군목도사가 군교에게 말을 점검해서 교부하도록 상주했을 때 지은 것이다. 하지만 양권도는 천보 14년에 편재하였는데, 그해에 안녹산이 반란을 일으킬 상황이 이미 이루어져서 위아래로 서로 근심하였으며, 과연 《시사》에서처럼 "계북에서 반란이 났다는 편지가 아직 오지 않았을 때 이미 경기 지역에서 관직을 그만둔 채 지내고 있었다."라고 하였으니 이러한 때에 어찌 또 사원의 말을 이와 같이 칭송하며 읊었겠는가?(當是天寶十三載群牧都使奏就群校交點馬時作. 而梁權道編在天寶十四載. 其年祿山反狀已成, 上下交憂, 果如詩史云, 薊北反書未聞, 已逸身畿甸, 則是時豈復誇詠苑馬如是也.)

《두시상주》 《수경주》에 "낙수는 동으로 사부의 북쪽을 지나는데 세속에서 사원이라고 부르는 곳이다."라고 하였고, 《원화군현지》에는 "사원은 동주 풍익현 남쪽 12리에 있으며 동서가 80리이고 남북이 30리이다. 그곳은 여섯 가지 가축을 기르기에 알맞아서 사원감을 두었다."라는 기록이 있다. 《태평환우기》에는 "사원은 옛 성이 조읍현 남쪽 17리에 있다."라는 기록이 있다.(水經注, 洛水東經沙阜北, 俗名沙苑. 元和郡縣志, 沙苑, 在同州馮翊縣南十二里, 東西八十里, 南北三十里, 其處宜六畜, 置沙苑監. 寰宇記, 沙苑, 古城在朝邑縣南十七里.)

《두시상주》에 인용된 노원창 주 당나라 때는 48명의 감독을 두어서 말을 길렀으며 원총감을 두었다. 천보 13년에 안녹산이 총감의 일을 주관하게 되자 두보는 〈사원의 노래〉를 지어서 이를 풍자하였다.(唐有四十八監以牧馬, 設苑總監. 天寶十三載, 以安祿山知總事, 公作沙苑行以諷之.)

주 석

1 左輔(좌보) – 사원이 있는 풍익을 가리킨다. 한나라 때 장안을 보위하기 위해 장안 동쪽의 경조윤京兆尹, 장릉 이북의 좌풍익左馮翊, 위성渭城 서쪽의 우부풍右扶風을 두었고 합쳐서 삼보三輔라고 하였다. 如白水(여백수) – '白如水'로 된 판본도 있다. 백수를 지명으로 보고 '백수까지 이르다'로 풀이하는 설도 있다.

《두공부초당시전》 전한 때 경조윤, 좌풍익, 우부풍을 삼보라고 했다. 동주는 이진에는 풍익군이있으므로 '좌보'라고 한 것이나.(前漢, 京兆尹, 左馮翊, 右扶風, 謂之三輔. 同州, 於昔爲馮翊郡, 故謂之左輔.)

《구가집주두시》 조차공 주 사원은 동주에 있는데 예전에는 풍익군이었다. 주 안에는 백수현이 있는데 그 물이 희기 때문에 그렇게 이름을 붙였다. 사원의 모래가 흰 것이 정말로 물의 흰 것과 같다는 말이다.(沙苑在同州, 於昔爲馮翊郡, 州有白水縣, 以其水白名之, 沙苑之沙白, 正如水之白.)

《두보전집교주》에 인용된 동양성董養性의 설 '백사'는 사원이다. '여'는 이르다는 뜻이다. 사원에서 백수까지 백여 리라는 말이다.(白沙卽沙苑. 如, 至也. 言自沙苑至白水百餘里.)

2 繚(료) – 두르다. 周牆(주장) – 둘러친 담.

3 龍媒(용매) – 준마를 가리킨다. 渥洼(악와) – 물 이름. 감숙성甘肅省 안서현安西縣에 있다.

《한서 · 예악지禮樂志》 천마가 왔는데 용을 오게 하는 매개이다.(天馬徠, 龍之媒.)

《한서 · 예악지禮樂志》 원수 3년 말이 악와의 물속에서 나왔기에

〈천마〉 노래를 지었다.(元狩三年, 馬生渥洼水中, 作天馬之歌.)

4 汗血(한혈) – 한혈마汗血馬. 대원大宛에서 나는 준마의 이름. 此(차) – 사원을 가리킨다.

5 騋牝(내빈) – 큰 말과 암말. 대체로 말을 가리킨다.

《시경 · 용풍鄘風 · 정지방중定之方中》 '騋牝三千' 모전毛傳 말이 7척이면 '래'라고 한다. 내마와 빈마이다.(馬七尺曰騋, 騋馬與牝馬也.)

《주례 · 하관夏官 · 수인廋人》 말이 8척 이상이면 '용'이라고 하고 7척 이상이면 '래'라고 하며 6척 이상이면 '마'라고 한다.(馬八尺以上爲龍, 七尺以上爲騋, 六尺以上爲馬.)

6 食(사) – 먹이다. 西域無(서역무) – '勝西域'으로 된 판본도 있다.

《구가집주두시》 조차공 주 추운 때에는 풀이 의당 시들지만 사원의 땅은 풀이 자라기에 적합하여 비록 추울 때라도 시들지 않는다. 이 풀을 말에게 먹이니 크고 건장하게 된다. 비록 서역의 말 산지일지라도 또한 이렇게 크고 건장한 말은 없다.(寒時草當死, 而沙苑之地宜草, 雖寒時而不死也. 以之食馬則豪健焉. 雖西域出馬之地, 亦無此豪健也.)

7 攻駒(공구) – 망아지를 거세하다. 길들이는 것이다. '攻'은 '收', '牧'로 된 판본도 있다. 邊鄙(변비) – 변방.

《주례 · 하관 · 수인》 '敎駣攻駒'에 대한 주 '공구'는 발길질하고 물어뜯는 말을 거세하는 것이다.(攻駒, 騬其蹄齧者.)

#《두시상주》: 첫 단락은 사원 중의 물과 풀에 관해 서술하였는데 좋은 말이 생산되는 까닭을 보여주고 있다.(首敍苑中水草, 見良馬所由産.)

8 天廐(천구) – 천자의 마구간. 雲屯(운둔) – 구름이 모여 있다. 여기서는 말이 많이 있는 것을 비유한 것이다.

9 驌驦(숙상) – 준마의 일종. '肅爽' 혹은 '驌騻'으로 적기도 한다. 骨

(골)－ 기골氣骨. 골상骨相. 御(어)－ 천자가 사용하다.

《좌전 · 정공定公 3년》 '有兩肅爽馬'에 대한 마융馬融의 소疏 '숙상'은 기러기이다. 그 날개가 비단과 같고 머리가 높고 목이 길다. 말이 그것을 닮았다.(肅爽, 雁也, 其羽如練, 高首修頸, 馬似之.)

10 歸(귀)－ '朝'로 된 판본도 있다. 至尊(지존)－ 지극히 존귀한 사람. 여기서는 현종을 가리킨다.

《구가집주두시》 조차공 주 호랑이 같은 신하가 관장하는 말이 비록 많지만, 그중에서 오직 숙상 한 종류의 골상만이 천자가 타는 데 쓰이므로 일 년에 봄가을 두 차례 진상한다.(虎臣所掌之馬雖多, 而其中唯驌驦一種之骨充御, 故一年之中春秋兩次進之.)

11 內外(내외)－ 경사의 안팎. 또는 궁궐의 안팎. 이 구는 '至尊內外馬盈億'으로 된 판본도 있다.

《구가집주두시》 왕수 주 개원 초에는 기르는 말이 24만 필이었는데 개원 13년에는 45만 필로 늘어났다.(開元初牧馬二十四萬匹, 十三年加至四十五萬匹.)

12 伏櫪(복력)－ 말구유에 엎드리다. 坰(경)－ 들판. 空大存(공대존)－ 부질없이 크게 존재하다. 쓸데없이 많기만 하다는 말이다. 이와 달리 태평성세를 표현하는 말이라는 설도 있다.

《구가집주두시》 조차공 주 구유 안과 들 밖에 부질없이 많이 존재하여도 숙상의 귀함만 못하다는 말이다.(言櫪中坰外空大存之而不如驌驦之貴也.)

《두억》 안에서는 말구유에 엎드려 있고 밖에서는 들판에 있는데 부질없이 많이 존재할 뿐이다. 이는 시절이 바야흐로 태평하니 소용이 없다는 말이다.(內而伏櫪, 外而在坰, 空大存耳, 謂時方太平, 無所用之也.)

13 逸羣(일군)－ 무리 중에서 빼어남. 絶足(절족)－ 빠른 발. 말이 빨리

달리는 것을 말한다. 殊傑(수걸)－ 특별히 걸출하다.

14 倜儻(척당)－ 뜻이 크고 기개가 있는 모양. 매이지 않는 모습. 탁월한 모습. 權奇(권기)－ 말이 잘 달리는 모습. 難具論(난구론)－ 일일이 모두 논하기가 어렵다.

안연지顔延之 〈자백마부赭白馬賦〉의 "雄志倜儻, 精權奇兮"에 대한 《문선》 장선張銑 주 '권기'는 잘 달리는 모습이다.(權奇, 善行貌.)

[內外 4구] 사원의 말 중에서도 숙상의 뛰어남에 관해 칭송한 것이다. 이와 달리 사원의 말이 다른 곳의 말보다 뛰어나다고 칭송한 것으로 볼 수도 있다.

#《두시상주》: 다음 단락에서는 마구간의 많은 말들 가운데서 숙상의 특별함을 형용하였다.(次從廐中多馬, 形驌驦之特異.)

15 纍纍(누루)－ 겹쳐 있는 모습. 䭰阜(퇴부)－ 지대가 높은 언덕. 奔突(분돌)－ 돌진하다.

16 坡陀(파타)－ 지세가 평탄하지 않은 곳. 물가의 모래사장으로 보는 설도 있다. 縱超越(종초월)－ 마음껏 뛰어넘다.

[纍纍 2구]

《구가집주두시》 조차공 주 대개 사원 중에서 높은 곳인 '퇴부'는 말이 돌진하는 것을 감출 수가 있으며, 약간 높은 곳인 '파타'는 말이 그곳을 뛰어넘을 수가 있다는 말인데, 이로써 말이 성품대로 하고 재질이 굳셈을 찬미한 것이다.(蓋言沙苑之地高者䭰阜, 則馬之奔突可藏, 稍峻處坡陀, 則馬乃能超越之, 以美馬適性且材健也.)

17 角壯(각장)－ 건장함을 다투다. 翻騰(번등)－ 날 듯이 뛰어오르다. '騰'은 '同'으로 된 판본도 있다.

《구가집주두시》 조차공 주 말이 그 건장함을 다투는 것이 사슴과 그 능력을 나란히 할 수 있음을 말하는데 사슴이 험한 곳을 잘 뛰어다니기 때문이다.(言馬之角鬪其壯, 可與麋鹿並其能, 以麋鹿善走險故也.)

18 浮深(부심) – 깊은 곳을 떠다니다. 簸蕩(파탕) – 물결을 일으키다. 黿鼉窟(원타굴) – 큰 자라와 악어의 굴.

《두공부초당시전》 '부심'은 물에서 목욕하는 것을 말한다.(浮深, 謂浴於水也.)

《구가집주두시》 조차공 주 말이 목욕할 때 깊은 곳에 떠다니면 바로 곧장 큰 자라와 악어의 굴을 뒤흔들게 된다. 또한 이로 인해 말이 많음을 보여준다.(言馬浴時浮於深處, 直至搖動黿鼉穴, 又因以見其多也.)

#《두시상주》: 이 단락은 사원에서 비등하는 자태를 극도로 묘사하였다. 채몽필이 말하기를 "'퇴부'는 사원 중의 산언덕인데 말이 돌진하는 것을 감춰줄 수 있으며, '파타'는 사원 중의 모래톱인데 말이 마음대로 뛰어넘을 수 있다."라고 하였다. 건장함과 맹렬함을 다투며 비등하니 사슴과 함께 노닐 수 있으며, 깊은 못에 떠 출렁거리니 곧장 큰 자라와 악어의 굴을 찾는다.(此極狀在苑飛揚之態. 夢弼曰, 䭔阜, 苑中山塢, 可以藏馬之奔突. 坡陀, 苑中沙汀, 可以縱馬之超越. 角壯猛而翻騰, 能與麋鹿同遊. 浮深淵而簸蕩, 直探黿鼉之窟.)

19 泉(천) – 못. '海'로 된 판본도 있다.

《두시상주》 주학령의 주에서 "두보의 〈유화문留花門〉 시에서 '사원은 맑은 위수에 임해 있어 못이 향기로우며 풀은 많고 깨끗하다' 하였다."라고 하였으니, '천'은 바로 사원의 못이다.(朱注, 公留花門詩云, 沙苑臨清渭, 泉香草豐潔, 則泉卽沙苑之泉也.)

《두공부초당시전》 말 중에서 뛰어난 것은 용이 될 수 있는데, 물고기 중에서 뛰어난 것도 역시 그렇다. 물고기가 커서 사람에게 견준다고 했으니 이것은 물고기 중에서 뛰어난 것이다.(馬之絶羣者能化龍,

魚之絶羣者亦然. 魚長比人, 此魚之絶羣者也.)

20 異物(이물) – 서로 다른 사물. 여기서는 말과 물고기를 가리킨다.

#《두시상주》: 마지막 단락에서는 물고기를 빌려 말을 형용한 것으로 위의 '용매'와 상응한다.《두억》에서 "못에서 큰 물고기가 나와 용의 정기에 감응되어 역시 신령한 존재가 된다. 말이 그 못 가운데서 물결을 일으킨 것도 알 수 있다."라고 하였다. 조차공이 말하기를 "용은 혹 물고기가 변한 것이기도 하고 혹 말이 변한 것이기도 하다. 그래서 다른 사물이지만 정기는 같다."라고 하였다.(末段借魚形馬, 與上龍媒相應. 杜臆, 泉出巨魚, 感龍精氣, 亦成神物, 而馬之簸蕩其中者可知已. 趙次公曰, 龍或魚所化, 或馬所爲, 故異物而同精氣.)

《두공부시집집주》: 이 말이 깊은 물에 떠 있을 때 붉은 꼬리에 황금 비늘을 가진 큰 물고기가 출현했는데, 아마도 이 물고기가 비록 아직 용이 되지는 않았지만 정기는 서로 감응할 수 있다는 말이니, 이로써 숙상이 용매가 됨을 깊이 찬미하였다.(言此馬浮深之時, 丹尾金鱗之巨魚出見, 蓋其物雖未成龍, 而精氣則能相感, 所以深美驌驦之爲龍媒也.)

##《두억》: 이 시는 먼저 사원의 광활함을 말하였고, 이어서 말 기르는 것이 번성하였음과 사원 중에 또한 높은 언덕이 있어 치달리는 것을 감춰줄 수가 있으며 울퉁불퉁한 지역은 맘대로 뛰어넘을 수 있다는 것을 말하였는데, 이것은 모두 실경을 기록한 것이다. '각장' 이하로부터 신비롭고 기이하게 변화하여 보통 사람의 생각 밖으로 뛰어넘고 있다.(此篇首言沙苑之寬闊, 繼言養馬之繁盛, 而苑中又有塠阜可臧奔突, 坡陁可縱超越, 此皆紀其實景. 至角壯以下, 變幻神奇, 超出常人意想之外.)

《두시상주》에 인용된 노원창 주: 안녹산이 총감의 일을 맡은 이래로 전투를 할 만한 건장한 말을 선발하여 범양으로 몰아가서 반란의 세력을 도울 수가 있었다. 이 시에서 "왕의 호랑이 같은 신하가 사원의 문을 지킨다."라는 것은 안녹산이 필요 없음을 보여준다. 또 "봄가을 두 번 천자에게 돌아간다."라고 하였는데, 안녹산이 사사로이 기를 수 있는 것이 아니었음을 보여준다. 마지막의 '큰 물고기'는 바로 안녹산을 가리킨다. 이 당시에 꼬리가 길어서 이미 드러났는데, 큰 물고기가 비록 용이 되지는 않았으나 그 붉은 꼬리와 황금 비늘은 신비로운 광채를 지니고 있는 것과 같아서 저룡(몸은 돼지이고 머리는 용인 동물)이 참람스럽게 진짜 용을 흉내 낼까 염려한 것이다.(自祿山知總監事, 選健馬堪戰者, 驅歸范陽, 得以助其叛勢. 篇中曰, 王有虎臣司苑門, 以見不須祿山也. 曰春秋二時歸至尊, 以見非祿山所得私畜也. 篇末巨魚, 正指祿山. 是時尾大已見, 巨魚雖不成龍, 砂尾金鱗, 似有神彩, 患豬龍之僭擬眞龍也.)

《독두심해》: 이 시는 사람을 놀라게 하는 시이다. 안녹산이 반란을 일으키려는 뜻이 이미 싹트고 있었는데 현종이 그로 하여금 총감의 일을 맡기자 사사로이 건장한 말을 선발하여 범양으로 몰아갔으니 이것은 호랑이를 기르면서 날개를 달아준 격이다. 작자는 이것을 우려하였다. 첫 단락은 주안점이 땅에 있으니 사원의 땅은 생육에 적합하여 국가의 사육과 방목이 이곳에 달려 있음을 말하였다. 그 다음 단락은 주안점이 말에 있으니 좋은 말은 황제의 방목지에 바쳐져야 하는 것이지 신하가 몰아서 사사로움을 취해서는 안 되는 것임을 말하였다. 이 두 단락은 굴곡 있게 서술되었지만 요컨대 아무 생각 없이 서술한 것은 아니다. 이 다음에 또 의외의 기이함이 드러난다. '누루' 4구는 바로 말 무리가 마음껏 뛰어놀 땅을 얻었다는 상황을 빌려서 제멋대로 고집을 부려 훈련시킬 수 없음을 분명히 드러내었다. 마지막 4구는 또 '깊은 물에 떠 있다'는 한마디를 빌려서 높이 떨쳐나는 기이한 뜻을 불쑥 드러냈다. 기괴하여 뜻을 파악할 수 없지만, 맥락을 자세히 찾아보면 '큰 물고기'라는 말의 복선이 이미 '용매' 2구에 있다. 말이 악와에 들어가면 신룡의 매개가 되는데, 말이 사원의 물에 떠 있으니 큰 물고기와 기가 합쳐진다. '큰 물고기'로 안녹산을 비유하는 그 핵심적인 내용이 이미 '왕유호신' 구에 있었다. 호랑이 같은 신하가 사원을 지킨다는 것은 일견 이 임무가 가볍지 않다는 것이지만 또 다시 보면 그 맡은 자가 적임자가 아니라는 것이다. 용이라고 말하지 않고 물고기라고 말했으니 필법이 얼마나 엄밀한가? 살펴보건대 안녹산은 본래 저룡의 정령인데 마땅히 〈봉동곽급사탕동령추작奉同郭給事湯東靈湫作〉 시를 참고해볼 만하다.(沙苑行, 危詞也. 祿山叛志已萌, 明皇使總監事, 私選健馬, 驅歸范陽, 是豢虎而傅之翼也. 作者有憂之. 首段重在地, 言沙苑土宜孳畜, 爲國家廏牧所由繫. 次段重在馬, 言良馬上供天閑, 非人臣驅策所得私. 此二段, 逶迤而來, 要非呆敍. 此後又意外出奇. 纍纍四句, 卽借馬羣得地, 顯出倔强難馴. 末四句, 又卽借浮深一語, 突出飛颺異志. 奇奇怪怪, 不可方物. 而細尋脈理, 其言巨魚, 伏線已在寵媒二句矣. 馬入渥洼, 神龍爲媒, 馬浮苑水, 巨魚合氣也. 其以巨魚比祿山, 點睛已在王有虎臣一句矣. 虎臣司苑, 一見此任非輕, 一見所任非人也. 不曰龍而曰魚, 筆法何等森嚴. 按祿山本豬龍之精, 當與靈湫詩參看.)

(김성곤 · 임도현)

6. 橋陵詩三十韻因呈縣內諸官

교릉시 30운을 지어 현내의 관리들에게 바치다

先帝昔晏駕[1] 玆山朝百靈[2] 崇岡擁象設[3] 沃野開天庭[4]
即事壯重險[5] 論功超五丁[6] 坡陀因厚地[7] 却略羅峻屛[8]
雲闕虛冉冉[9] 松風肅泠泠[10] 石門霜露白[11] 玉殿莓苔靑[12]
宮女晩知曙[13] 祠官朝見星[14] 空梁簇畫戟[15] 陰井敲銅甁[16]
中使日相繼[17] 惟王心不寧[18] 豈徒卹備享[19] 尙謂求無形[20]
孝理敦國政[21] 神凝推道經[22] 瑞芝產廟柱[23] 好鳥鳴巖扃[24]
高嶽前嵂崒[25] 洪河左瀅濙[26] 金城蓄峻趾[27] 沙苑交迴汀[28]
永與奧區固[29] 川原紛眇冥[30] 居然赤縣立[31] 臺榭爭岧亭[32]
官屬果稱是[33] 聲華眞可聽[34] 王劉美竹潤[35] 裴李春蘭馨[36]
鄭氏才振古[37] 啖侯筆不停[38] 遣詞必中律[39] 利物常發硎[40]
綺繡相展轉[41] 琳瑯愈靑熒[42] 側聞魯恭化[43] 秉德崔瑗銘[44]
太史候鳧影[45] 王喬隨鶴翎[46] 朝儀限霄漢[47] 客思迴林坰[48]
轗軻辭下杜[49] 飄颻凌濁涇[50] 諸生舊短褐[51] 旅泛一浮萍[52]
荒歲兒女瘦[53] 暮途涕泗零[54] 主人念老馬[55] 廨署容秋螢[56]
流寓理豈愜[57] 窮愁醉不醒[58] 何當擺俗累[59] 浩蕩乘滄溟[60]

선제께서 예전에 돌아가시어

이 산에서 온갖 신령의 조회를 받으시니,

높은 산은 무덤을 옹위하고

기름진 들에 천자의 뜰이 열렸습니다.
공사에 닥쳐서는 험난한 일에 당당히 맞서
공을 논하자면 오정을 능가하니,
험난한 산세가 두꺼운 땅에 붙어 있었고
빽빽이 줄지어 절벽이 둘러 있었습니다.

구름에 닿은 궁궐은 아스라이 높이 서 있고
소나무에 부는 바람은 엄숙히 서늘하니,
돌로 만든 문에 서리와 이슬이 하얗고
옥으로 된 내전에는 이끼가 푸릅니다.
궁녀는 늦게야 날 밝은 줄 알고
제사관은 아침에 별을 보기에,
빈 들보 아래 화려한 창이 모이고
어둑한 우물에 구리 물병이 부딪칩니다.

궁중의 내관이 날마다 이어지는 것은
왕께서 마음을 편히 하지 못해서이지만,
어찌 제사 갖추는 일만 걱정하겠습니까?
오히려 무형 중에서 찾겠다 하십니다.
효도로 다스려 국정을 돈독히 하시고
정신을 모아서 《도덕경》을 추론하시니,
상서로운 지초가 능묘의 기둥에서 자라고
좋은 새가 바위 빗장에서 웁니다.

높은 산이 앞에 우뚝 서 있고

큰 강이 왼쪽으로 소용돌이치며 흐르는데,
금성은 험준한 터에 쌓여 있고
사원은 굽이진 물가와 잇닿아 있습니다.
깊숙한 도성과 함께 영원히 견고할지니
내와 들이 어지러이 아득하고 어슴푸레하며,
적현이 엄연히 설치되어
누대와 정자가 다투어 높고 수려합니다.

관속들은 과연 관직에 어울려
명성이 진실로 들을 만하니,
왕 선생과 유 선생은 아름다운 대나무처럼 윤택하고
배 선생과 이 선생은 봄 난초처럼 향기로우며,
정 씨는 재주가 예로부터 뛰어나고
담후는 붓이 멈추지 않습니다.
글을 펼치면 필히 법도에 맞고
사물을 날카롭게 함이 늘 숫돌에 간 듯하며,
아름다운 수가 어지러이 펼쳐지고
고운 옥이 더욱 푸르게 빛납니다.
귀 기울여 노공의 교화를 듣고
덕망을 잡기는 최원의 좌우명입니다.
태사는 오리의 그림자를 살피는데
왕교는 학의 날개를 따라옵니다.

조정의 의례가 하늘의 은하수로 막혀 있어
나그네의 생각은 숲과 들로 돌아갔습니다.

불우한 처지로 하두성을 하직하고
바람에 나부끼며 탁한 경수를 건너니,
유생의 낡고 짧은 베옷에
떠돌아다니는 한 부평초 신세입니다.
흉년으로 아이들이 수척해져
황혼 길에 눈물 콧물을 떨구는데,
주인이 늙은 말을 염려하여
관사에 가을 반딧불이를 맞아 주셨습니다.
이리저리 떠도는 삶이 즐거울 리 있겠습니까?
곤궁한 시름에 취하여 깨어나지 못하니,
언제나 세속의 굴레에서 벗어나
호탕하게 창해에서 배를 탈 수 있을까요?

이 시는 두보가 예종睿宗의 무덤인 교릉橋陵을 제재로 삼아 지은 뒤 봉선현奉先縣의 관리들에게 보인 것이다. 전반부에 교릉의 형세와 침전을 지키는 일 및 황제의 효성 등을 서술하고 후반부에서 자신의 불우한 처지를 관리들에게 호소하며 은거의 뜻을 비치고 있다. 이 시의 저작 시기와 관련하여 《보주두시》에서는 천보 13년경으로 보았다.

> **《보주두시》** 양권도는 이 시를 천보 14년에 편입하였다. 그러나 두보가 14년 11월 겨울에 봉선현에 갔다. 그래서 이 시에서는 "관사에서 가을 반딧불이를 객으로 맞아 주셨다."라고 하였고, 또 안녹산의 일을 말하지 않고 단지 "흉년으로 아이들이 수척해졌다."라고만

말하고 있으니, 천보 13년 물가가 폭등하고 사람들이 대부분 먹을 것이 부족하던 때에 관리들을 찾아가 만나 보고서 이 시를 지은 것이 틀림없다.(梁權道編在天寶十四載, 然公以十四載十一月往奉先, 而此詩云廨宇客秋螢, 又不言祿山之事, 但言荒歲兒女瘦, 當是十三載物價暴貴, 人多乏食時, 往見諸官而作此詩.)

《보주두시》에 인용된 포표 주 개원 3년 6월에 예종이 죽자 10월에 교릉에 장사 지냈다.(開元三年六月, 睿宗崩, 十月, 葬橋陵.)

《두시상주》에 인용된 《신당서》 교릉은 봉선현에서 서북쪽으로 30리 떨어진 풍산에 있다.(橋陵, 在奉先縣西北三十里豊山.)

주석

1 先帝(선제) — 개원 3년에 죽은 예종을 가리킨다. 晏駕(안가) — 수레가 늦게 나오다. 황제가 죽은 것을 뜻한다. 신하들이 임금이 죽은 것을 차마 입으로 말하지 못하고 늦게 조정에 나오신다고 말한 데서 유래한다.

《한서 · 번쾌전樊噲傳》 '宮車晏駕' 주 임금이 막 죽었을 때, 신하된 심정으로는 오히려 천자의 수레가 늦게 나온다고 말한다.(王者初崩, 臣子之心猶謂宮車晚出.)

2 玆山(자산) — 이 산. 풍산豊山을 가리킨다. 朝百靈(조백령) — 온갖 신령을 조회시키다.

3 崇岡(숭강) — 높은 산. 象設(상설) — 본떠서 설치한 것. 여기서는 생전의 예종의 거처를 본떠 설치한 무덤을 가리킨다. 한편 왕릉 주변의 호신상이나 왕릉 좌우에 있는 산을 가리키는 말로 보기도 한다.

《초사장구楚辭章句 · 초혼招魂》 "象設君屋, 靜安閒些" 주 '상'은 본뜬다는 뜻이다. …… 그대를 위해 집을 만들면서 옛집을 본떴음을 말한다.(象, 法也. …… 言乃爲君造設屋宇, 法象舊廬.)

《두시상주》 '상설'은 석마 따위 들이다.(象設, 石馬之類.)

《두공부초당시전》 '상설'은 좌우의 산이 청룡이나 백호 따위의 모습을 하고 있는 것을 말한다.(象設, 謂左右之山, 象靑龍白虎之類也.)

4 天庭(천정) – 천자의 뜰. 원래는 묘당, 즉 조정을 뜻하나 여기서는 침묘의 제단을 가리킨다.

《두시언해》 '천정'은 곧 종묘의 뜰이다.(天庭, 卽廟庭也.)

5 卽事(즉사) – 일에 닥치다. 여기서는 왕릉을 세우는 공사를 시작하는 것을 뜻한다. 壯重險(장중험) – 여기서 '重'은 거듭이란 뜻이므로 '重險'이란 거듭된 험함, 즉 대단히 험한 일을 말한다. '壯重險'은 그러한 험한 일에 당당히 맞선다는 뜻이다.

6 五丁(오정) – 전설상의 다섯 장사. 여기서는 왕릉을 세운 사람들을 비유한다.

《두시상주》에 인용된 《화양국지華陽國志》 촉에 다섯 명의 장사가 있었는데, 산을 옮기고, 만 균의 무게를 들어올릴 수 있었다. 매번 왕이 죽으면 그때마다 그를 위해 길이가 3장이고 무게가 천 균인 큰 돌을 세워 묘지로 삼았다.(蜀有五丁力士, 能移山擧萬鈞, 每一王死, 輒爲立大石, 長三丈, 重千鈞, 爲墓志.)

7 坡陀(파타) – 높고 먼 모양. 왕릉이 있는 산의 모습. '陂陀'와 같다. 웅장한 왕릉을 가리키는 말로 보기도 한다. 因(인) – '用'으로 되어 있는 판본도 있다. 厚地(후지) – '厚力'으로 되어 있는 판본도 있다.

《두시상주》 '파타'는 산세가 높고 먼 것을 말한다.(陂陀, 言山勢迢遞.)

《두시언해》 '파타'는 높고 큰 모양으로 왕릉을 일컫는다.(坡陀, 高大貌, 謂陵也.)

8 却略(각략) – 빽빽이 늘어서 있는 모양. 또는 뒤에 서 있는 모양. 峻屛(준병) – 험준한 병풍. 절벽을 비유한다.

《구가집주두시》 조차공 주 옛 가사인 〈농서행〉에 "공손히 물러서 재배하고 꿇어앉은 뒤에 술잔을 드네."라는 말이 있는데, 여기에서의 뜻은 비록 건실한 부인이 손님을 대하며 공손하고 삼가는 모양을 말하지만, '각략'은 결국 물러선다는 뜻이다. 산이 물러나 뒤에 있으면 그 형세상 역시 그와 같다.(古歌辭隴西行云, 却略再拜跪, 然後持一杯, 此義雖言健婦對客恭敬謹節之貌, 却略乃退身之義也. 山之退而在後, 其勢亦然.)

《두시언해》 '각략'은 빽빽이 늘어선 모양이고, '병'은 석벽을 말한다. (却略, 森列貌, 屛, 謂石壁.)

[卽事 4구] 산세가 험난하고 절벽이 빽빽이 두르고 있는 땅에서 당당하게 맞서 공사를 하여 교릉을 만들었기에 그 공이 오정을 능가함을 말한다.

#《두시상주》: 앞 4단락은 교릉의 시말을 두루 서술하였다. 첫 단락에서는 왕릉의 광대함을 기록하고 있다. '백령'은 온갖 신들이 에워싸고 보호함을 말한다. '상설'은 석마 따위들이다. '천정'은 제단이 높다는 것이다. '즉사' 구는 왕릉을 세운 일이고, '오정' 구는 개척하고 뚫은 공을 말한다. '파타'는 산세가 높고 먼 것이며, '각략'은 산등성이가 뒤에서 둘러싸고 있음을 묘사한 것이다.(前四段, 歷敍橋陵始末. 首記山陵之闊大也. 百靈, 言諸神拱護. 象設, 石馬之類. 天庭, 壇宇之高. 卽事, 起陵之事. 五丁, 開鑿之功. 陂陀, 言山勢迢遞. 却略, 狀山背後擁.)

9 雲闕(운궐) – 구름에 닿을 듯이 높은 건물. 여기서는 높은 침전을 가리킨다. 冉冉(염염) – 아련한 모양. 흐릿한 모양.

10 肅(숙) – 엄숙한 모양. 泠泠(영령) – 서늘한 모양.

11 石門(석문) – 돌로 된 문. 여기서는 묘문墓門을 가리킨다. 霜露(상로) – '霜霧'로 되어 있는 판본도 있다.

12 玉殿(옥전)— 옥으로 만든 내전. 능묘를 미화한 말이다. 莓苔(매태)— 이끼.

13 宮女(궁녀)— 능묘에서 제사를 돕는 일을 맡은 여인. 晩知曙(만지서)— 늦게서야 새벽을 알다. 즉, 능묘 안에서 일을 하느라 날 밝은 줄도 모른다는 말이다. 한편 별다른 일이 없어 한가하다는 뜻으로 보는 설도 있으나 타당하지 않은 듯하다. '晩'은 '曉'로 되어 있는 판본도 있다. 그러면 일찍 일어나 부지런히 일을 한다는 뜻이 된다.

14 祠官(사관)— 제사를 관장하는 관리. '祠臣'으로 되어 있는 판본도 있다. 朝見星(조견성)— 아침에 별을 보다. 아침 일찍부터 일을 시작하는 것을 말한다.

[宮女 2구] 궁녀는 날 밝은 줄도 모르고 무덤 안에서 일을 하고, 제사관은 아침까지 별을 보며 열심히 일한다는 것을 말한다.

《두시상주》 사영운의 시(〈석문신영소주사면고산회계석뢰무림수죽시(石門新營所住四面高山迴溪石瀨茂林修竹詩)〉)에 "새벽에 거센 저녁 바람 소리를 듣고, 뒤늦게 아침 햇살을 본다."라는 구절이 있다. 이 시에서의 '만지서'와 '조견성'은 여기서 나왔다.(謝靈運詩, 曉聞夕飈急, 晩見朝日暾. 此詩晩知曙朝見星所自出.)

《구가집주두시》 조차공 주 앞 구는 일이 없기 때문에 늦게서야 새벽을 안다는 것이고, 뒤 구는 근면 성실하기에 일에 경건한 태도로 임한다는 것이다.(上以其無事, 晩而後知曉也, 下以其勤恪, 而虔于從事也.)

《두시언해》 궁녀와 사관이 각자 자기 직무에 충실하여 일찍부터 제사에 관한 일을 돌보는 것을 말한다.(言宮女祠官, 各勤其職, 早供祀事.)

15 簇畵戟(족화극)— 그림이 그려진 창이 모여 있다. 경비병들이 호위하며 서 있는 것을 말한다.

16 敲銅瓶(고동병) – 물 긷는 구리병을 두드리다. 제사에 쓸 물을 긷는 것을 말한다.

[空梁 2구]

《두보전집교주》에 인용된 채몽필 주 창을 줄지어 삼엄하게 호위함을 말한다. 우물물을 길어 제사에 공급함을 말한다.(謂列戟以森衛也, 謂汲井以供祭也.)

#《두시상주》: 이 단락에서는 침전을 적으면서 무덤을 지키는 일까지 언급하고 있다. '운궐'이 허공에 솟아 있다는 것은 높고 큼을 말한 것이고, '송풍'이 숙연한 것은 어둡고 추운 곳임을 말한다. '석문'이 차가우므로 서리와 이슬이 늘 맺혀 있고, '옥전'은 비어 있어서 이끼가 항상 푸르다. 무덤을 지키는 관리가 일찍 들어왔기에 대들보 사이에 창이 모이고, 궁녀가 세숫대야를 받들기에 구리로 만든 병으로 물을 긷는 것이다.(此記寢殿, 而及守陵之事. 雲闕凌虛, 言高大也. 松風肅然, 言陰寒也. 石門冷, 故霜露常凝. 玉殿空, 故莓苔常綠. 祠官早入, 故梁間簇戟. 宮女奉盥, 故銅瓶汲井.)

17 中使(중시) – 조정에서 파견한 사신. 내관. 日相繼(일상계) – 매일 파견되는 것을 말한다. '日夜繼', '日繼夜'로 되어 있는 판본도 있다.

《보주두시》 황희 주 당대부터 내관을 '중시'라 하였다.(自唐以來, 內官謂之中使.)

《두시상주》에 인용된 《당육전唐六典》 삭망과 원정, 동지와 한식 때면 늘 모든 왕릉에 제사를 지내지만, 교릉의 경우는 매일 음식을 진상하였다.(凡朔望, 元正, 冬至, 寒食, 皆修享於諸陵, 若橋陵則日獻羞焉.)

18 不寧(불녕) – 편안하지 않다. 현종이 선왕인 예종을 그리워하여 황릉에 대해 걱정하는 것이다.

19 卹(휼)－ 근심하다. 備享(비향)－ 제물이 잘 갖추어진 제사.

20 求無形(구무형)－ 무형 가운데서 구하다. 신령을 찾는 것을 뜻한다.

[豈徒 2구] 제사에서 물질적인 예를 갖출 뿐만 아니라 신령을 보고자 하는 마음에 정성을 다한다는 말이다.

《두시언해》 단지 제물을 제대로 갖춘 제사만을 걱정하지 않고 오히려 무형 속에서 신을 찾아 그 정성을 바친다는 말이다.(言不徒憂備物之享, 尙欲求神於無形, 而致其誠也.)

21 孝理(효리)－ 효도로 나라를 다스리다.

22 神凝(신응)－ 정신을 한 곳에 모으다. 推道經(추도경)－《도덕경》의 이치를 추구한다는 뜻으로 현종이 노자의《도덕경》에 주를 단 일을 말한다.

《두시상주》에 인용된《구당서》 천보 14년에《어주노자도덕경》과 그 해설서를 천하에 반포하였다.(天寶十四載, 頒御注老子道德經幷義疏於天下.)

23 瑞芝(서지)－ 상서로운 영지. 廟柱(묘주)－ 교릉묘橋陵廟의 기둥.

《두시상주》에 인용된《두시박의》《구당서》에 "천보 7년 3월에 대동전 기둥에 옥지가 났고, 천보 8년 6월에 또 옥지가 났다."라는 기록이 있다. 이 시에서 "종묘의 기둥에 자랐다."라고 하였으니 아마도 교릉에도 이런 일이 있었을 것이다.(舊唐書天寶七載三月, 大同殿柱産玉芝, 八載六月, 又産玉芝. 此云産廟柱, 蓋橋陵亦有之也.)

24 鳴(명)－ '巢', '宿'으로 되어 있는 판본도 있다. 巖扃(암경)－ 바위문. 여기서는 왕릉 입구를 가리킨다.

#《두시상주》: 이 단락에서는 천자의 효성을 적으면서 이에 감응하여 나타나는 상서로운 조짐까지 언급하고 있다. 사신을 파견하여 왕릉을 지키게 하나 임금의 마음은 편치가 않다. 단순히 제사를 갖추는 것으

로 의식을 삼지 않고 바로 무형의 것에서 보기를 원한다. '국정을 돈독하게 한다'는 것은 개원 때의 정치가 잘 된 것이요, '《도덕경》을 미루어 살핀다'는 것은 《노자》에 임금이 주를 단 것이다. '상서로운 지초'와 '좋은 새'는 왕릉 위의 상서로운 징조를 말한다.(此記聖孝, 而及感應之符. 遣使守陵, 而君心未安, 蓋不徒備享爲儀, 直欲視於無形矣. 敦國政, 開元致治也. 推道經, 御注老子也. 瑞芝好鳥, 言陵上禎祥.)

25 高嶽(고악) – 높은 산. 화산華山을 가리킨다는 설과 숭고산嵩高山을 가리킨다는 설이 있다. 嵂崒(율줄) – 산이 높고 험준한 모양.

《구가집주두시》 조차공 주 '고악'은 숭고산을 가리킨다.(高岳, 指嵩高山也.)

《두공부초당시전》 화산을 말한다.(謂華山也.)

26 瀅濙(형영) – 물이 소용돌이치는 모양. '瀅瀠'으로 되어 있는 판본도 있다.

《두공부초당시전》 작은 물의 모습이다. 황하를 말한다.(小水貌, 謂黃河也.)

27 金城(금성) – 만리장성을 가리킨다. 옛 주에서는 지명으로 보았는데, 난주蘭州의 속군이라는 설이 있고 경조부 화주華州의 속군이라는 설도 있다. 峻趾(준지) – 험준하고 높은 터.

《두시전주》 가의가 "관중은 견고하니 금성이 천 리에 뻗어 있다."라고 하였으니, 나는 장성을 가리킨다고 생각한다. 옛 주에서는 경조부 시평현의 금성을 인용하였지만 옳지 않다.(賈誼云, 關中之固, 金城千里, 愚謂指長城也. 舊注引京兆始平之金城, 非是.)

《구가집주두시》 두전杜田 주 금성은 지명이다. …… 당대에 금성은 난주의 군 이름이었다. 이 시에서는 금성으로 사원과 짝을 이루었으니 그것이 지명임을 알 수 있다.(金城, 地名也. …… 唐金城爲蘭州郡

名, 是詩以金城對沙苑, 則其爲地名, 可知矣.)

《구가집주두시》 조차공 주 금성은 교릉 서북쪽에 있고 서로 떨어진 거리가 먼데도 이를 언급하였다. 아마도 소위 '축준지'는 그 산이 금성에서부터 쭉 이어져 뻗어온 것을 뜻하는 것일 게다.(金城, 在橋陵之西北, 相去之遠, 乃言及之. 豈所謂蓄峻址者, 其山聯亘, 自金城來邪.)

《보주두시》 금성은 본래 수나라 시평현인데 경룡 4년에 중종이 금성공주를 토번에 보내면서 이곳에서 이별하였기에 금성현이라 고쳤고, 경조부 화주에 속했다. 또한 금성궁이 있는데 무덕 2년에 폐해졌다가 현경 3년에 다시 설치되었다. 교릉과 가까우므로 이곳을 가리켜 말한 것이 틀림없다. 수가(두전杜田)가 단 주는 틀렸다.(金城, 本隋始平縣, 景龍四年, 中宗送金城公主入蕃, 別於此, 因改爲金城縣, 屬京兆華州. 亦有金城宮, 武德二年廢, 顯慶三年復置. 與橋陵近, 故應指此而言. 如修可所注, 非.)

28 沙苑(사원)－ 위수渭水가의 지명으로 황궁의 말을 기르던 곳. 경조부 동주同州에 있었다. 迴汀(회정)－ 굽이도는 물가.

《구가집주두시》 조차공 주 사원은 동주에 있는데, (동주는) 옛날에 풍익군이었다.(沙苑, 在同州, 於昔爲馮翊郡.)

29 奧區(오구)－ 깊숙한 구역. 흔히 장안을 가리킬 때 쓰는 말이다.

장형張衡 〈서경부西京賦〉 광대하게 이어진 비옥한 들판이 있는데 그 전답은 상급 중의 상급으로, 이곳이야말로 땅 중에서 깊숙이 감춰진 구역이며 신령들이 사는 고지高地입니다.(爾乃廣衍沃野, 厥田上上, 寔爲地之奧區神皋.)

《두시언해》 〈서도부〉에 "방어를 도와주는 것은 천지간의 오묘한 땅이다."라 하였으니, 교릉의 땅이 서도와 더불어 영원히 견고할 것이라는 것을 말한다.(西都賦, 防禦之助, 則天地之奧區焉, 言橋陵之地, 與西都永固也.)

30 眇冥(묘명) – 어슴푸레하니 분명치 않은 모양.

31 居然(거연) – 엄연儼然히. 赤縣(적현) – 본래 중국을 가리키는 말로서 '적현신주赤縣神州'라는 말이 있다. 또 당대 현의 등급 중 하나이기도 하다. 여기서는 후자에 해당하며 봉선현을 가리킨다.

《구가집주두시》 조차공 주 지금의 포성현은 위대에는 본래 동주에 속했는데, 당 개원 4년에 현에 있는 풍산에 예종의 교릉을 세우고 봉선현으로 고쳤으며 여전히 경조부에 소속시켰다. 개원 17년에는 적현으로 승격시켰다.(今蒲城縣, 在魏本屬同州. 唐開元四年, 以縣之豊山, 建睿宗橋陵, 改爲奉先縣, 仍隷京兆府. 十七年, 昇爲赤縣.)

《독사방여기요讀史方輿紀要》"唐, 凡天下縣千五百七十有三" 주 경도가 다스리는 곳을 적현이라 하고, 통괄하는 곳을 기현이라 하고, 그 나머지는 망, 긴 및 상, 중, 하의 항목이 있어 모두 일곱 등급으로 나누었다.(京都所理曰赤縣, 所統曰畿縣, 其餘曰望, 曰緊, 及上中下之目, 凡分七等.)

32 臺榭(대사) – 누대와 정자 등의 건축물을 가리킨다. 岧亭(초정) – 높은 모양. 누대의 형태가 높고 빼어난 모습을 말한다.

#《두시상주》: 이 단락에서는 산천의 뛰어난 경치를 기록하면서 아울러 현의 등급을 바꾼 이유를 서술하고 있다. 산을 둘러싸고 강을 끼고 있으며 장성을 안고 사원을 두르고 있으니, 이 황릉에 제왕의 기운이 모여 있음을 알 수 있다. '영여' 2구는 지맥의 유장함을 거듭 말한 것이며, '거연' 2구는 그 규모가 크고 먼 것을 칭송한 것이다. '율줄'은 높이 솟은 모습이며, '형영'은 물이 감돌아 흐르는 모습이다. '묘명'이라고 한 것은 강물이 낮게 흐른다는 것이며, '초정'은 누대의 형세가 높고 수려하다는 것이다.(此記山川形勝, 而幷敍改縣之由. 拱嶽帶河, 抱城環苑, 見此陵爲王氣所鍾. 永與二句, 申言地脈之悠長. 居然二句, 稱其規模之弘遠. 崔崒, 聳峙貌. 瀅濴, 迴旋貌. 眇冥, 謂川流卑伏. 岧亭,

謂臺形高秀.)

33 官屬(관속)— 봉선현의 관리들을 가리킨다. 稱是(칭시)— 이에 어울리다. 즉, 직책에 어울린다는 말이다. 이와 달리 적현이라는 사실 또는 이곳의 풍경에 어울리다로 보는 설도 있다.

《두시상주》 '칭시'는 그 직책에 어울린다는 뜻이다.(稱是, 稱職也.)

34 聲華(성화)— 명예. 명성. 眞(진)— '宜'로 되어 있는 판본도 있다.

35 王劉(왕류)— 왕 씨와 유 씨. 아래에 나오는 배 씨 · 이 씨 · 정 씨 · 담 씨와 더불어 모두 봉선현의 관리들을 가리킨다. 美竹(미죽)— 아름다운 대나무. 절조를 비유한다.

36 春蘭(춘란)— 봄에 피는 난초. 고아한 명성을 비유한다.

[王劉 2구] 현의 관리인 왕 씨와 유 씨는 절조가 있고 배 씨와 이 씨는 명성이 있다는 것을 말한다.

《두시언해》 대나무는 절조를 비유하고 난초는 명성을 비유한다.(竹喩節操, 蘭喩聲譽.)

37 振古(진고)— 예로부터. '振'은 '自'의 뜻. 여기서는 원래부터 뛰어났다는 뜻이다.

《두공부초당시전》 그의 재주가 많다는 것을 말한다.(謂其才之多也.)

38 啖侯(담후)— 담 선생. 담조啖助를 가리킨다고 보는 견해가 있으나 확실치 않다. 筆不停(필부정)— 붓이 멈추지 않다. 즉, 글솜씨가 뛰어난 것을 말한다.

《두시상주》에 인용된 주학령 주 '담후'는 담조가 아닌가 한다. 《당서》에 "담조는 자가 숙좌이며 조주 사람이다. 경학에 널리 통달하였고 《춘추》 3가의 장단점을 잘 알아 해설집이라 불렸다."라는 기록이 있다.(啖侯, 疑卽啖助. 唐書, 啖助, 字叔佐, 趙州人, 淹該經術, 善爲春秋之三家短長, 號集傳.)

39 遣詞(견사) – 글을 짓다. 공문서를 작성하다. 中律(중률) – 격률에 맞다. 법도에 맞다로 보기도 한다.

40 利物(이물) – 사물을 예리하게 표현하다. 만인을 이롭게 하다로 보기도 한다. 發硎(발형) – 숫돌에 갈아내다. 즉, 칼날이 늘 날카롭다는 말이다. 사물을 표현하는 데 늘 정확하게 하였다는 것을 말한다. 일 처리가 정확함을 말하는 것으로 보기도 한다.

《장자 · 양생주養生主》 포정이 문혜군을 위해 소를 해부해 주었다. …… "이제 신의 칼은 19년이 되었고 해부한 소도 수천 마리가 됩니다만, 칼날은 마치 숫돌에 막 갈아낸 것과 같습니다."(庖丁爲文惠君解牛, …… 今臣之刀十九年矣, 所解數千牛矣, 而刀刃若新發於硎.)

[遣詞 2구] 현의 관리들이 말을 올바르게 하고 글을 적절하게 잘 짓는 것을 말한다.

《두시언해》 앞 구는 말을 하면 법도에 맞는다는 뜻이고 뒤 구는 일 처리에 있어 정확하게 재단했다는 뜻이다.(上句, 發言合法度也. 下句, 其制物有剸裁也.)

41 綺繡(기수) – 화려한 수. 展轉(전전) – 반복되고 변화하는 모양. 여기서는 화려한 무늬가 중첩된 것을 형용한다.

42 琳琅(임랑) – 아름다운 옥의 일종. 愈(유) – '逾'로 되어 있는 판본도 있다. 青熒(청형) – 푸른빛을 띤 모양.

〈서도부西都賦〉 "琳珉青熒" 안사고 주 색이 푸르면서도 빛이 있는 것이다.(色青而有光熒也.)

[綺繡 2구] 현의 관리들이 문장을 잘 짓고 성품이 온후한 것을 말한다.

《두시언해》 앞 구는 문장의 화려함을 비유하고, 뒤 구는 성격이 온순하고 순수한 것을 비유한다.(上句喩其文華也, 下句喩其溫粹也.)

43 側聞(측문) – 귀 기울여 듣다. 즉, 공손한 태도로 듣는다는 뜻이다. 魯恭(노공) – 후한 때 사람. 여기서는 봉선현의 관리를 비유한다.

《두공부초당시전》 후한 때 노공은 자가 중강으로 중모령에 임명되어 오로지 덕화로써 정치를 하였지 형벌에 의지하지 않았다. 메뚜기가 농사를 망쳐도 중모로는 날아들지 않았다. 하남윤 원안이 이를 듣고는 그것이 사실이 아닐 것이라 의심하여 인서연(형벌을 추구하는 관리) 비친을 시켜 친히 가서 살펴보게 하였다. 비 씨가 돌아와 세 가지 기이한 일을 원안에게 보고하고, 원안이 글을 올려 상황을 말하자 황제가 이를 기이하게 여겼다.(後漢魯恭, 字仲康, 拜中牟令, 專以德化爲理, 不任刑罰. 螟傷稼, 不入中牟. 河南尹袁安聞之, 疑其不實, 使仁恕掾肥親往廉之. 肥還以三異白安, 安上書言狀, 帝異之.)

44 崔瑗(최원) – 후한 때 사람. 봉선현의 관리를 비유한다.

《두시상주》에 인용된 《후한서》 최원은 수재에 천거되어 급령이 되어서는 좌우명을 지었다.(崔瑗擧茂才, 爲汲令, 作座右銘.)

[側聞 2구] 현의 관리들이 선정을 베풀고 덕업을 쌓은 것을 말한다.

《두시언해》 이는 현내 관리들의 선정과 근신을 찬미한 것이다.(此美縣官之善政與謹身也.)

45 太史(태사) – 관직 이름. 鳧影(부영) – 오리 그림자.

《구가집주두시》 조차공 주 후한 때 왕교는 하동 사람으로 현종 때 섭령이 되었다. 왕교는 신선술이 있어 매월 초하루와 보름날에 늘 섭현에서 궁궐로 찾아와 조알하였다. 천자가 그가 자주 오는데도 수레나 말이 보이지 않는 것을 이상히 여겨 태사를 시켜 몰래 감시하게 하였다. 그러자 태사는 그가 이를 때마다 오리 두 마리가 동남쪽에서 날아온다고 하였다. 그래서 오리가 오는 것을 살피다가 그물을 들어 던졌지만 신발 한 켤레만 얻었다. 이에 왕의 물품을 관리하는 관청에 명하여 살펴보게 하니 4년에 상서성 소속 관리에게 하사했던 신발이었다. 이 이야기는 《후한서 · 왕교전》에 실려 있지만 학에 관한 이야기가 없는데도 지금은 '왕교가 학의 날개를 따른다'라 하였으니, 다시 주 영왕의 태자인 왕자교의 고사를 덧붙인 것이다.(後漢王喬者, 河東人也, 顯宗世爲葉令. 喬有神術, 每月朔望, 常自縣詣臺朝, 帝怪其來數, 而不見車騎, 密令太史伺望之, 言其臨至, 輒有雙鳧從東南飛來, 於是候鳧至, 擧網張之, 但得一雙舃焉. 乃詔尙方診視, 則四年中所賜尙書官屬履也. 此載在後漢王喬傳, 然無鶴事, 今却云, 王喬隨鶴翎, 因更用周靈王太子王子喬事貼之也.)

46 王喬(왕교) – 고대의 신선인 왕자교. 鶴翎(학령) – 학의 날개.

《열선전列仙傳》 왕자교는 주 영왕의 태자인 진이다. 생을 잘 불어 봉황의 울음소리를 내었다. 이수와 낙수 일대에서 노닐었는데 도인 부구공이 데리고 숭산에 올라갔다. 뒤에 구산에서 흰 학을 타고 산꼭대기에 머물다가 며칠 뒤에 손을 들어 사람들과 작별하고 떠났다.(王子喬者, 周靈王太子晉也. 好吹笙作鳳鳴, 遊伊洛之間, 道人浮丘公, 接以上崇山. 後於緱山, 乘白鶴, 駐山頭, 數日, 擧手謝時人而去.)

[太史 2구] 현의 관리들이 세속적이지 않다는 것을 말한다. 여기에 나오는 왕교와 왕자교는 출전이 다르나 동일 인물로 간주하기도 한다. 두보 역시 동일 인물로 여기고 두 고사를 결합한 것으로 보인다.

《두시언해》 이는 현의 관리들이 신선의 풍모가 있어 세속적인 무리가 아님을 찬미한 것이다.(此美縣官之有仙骨而非俗流也.)

#《두시상주》: 이 단락에서는 현의 관리들을 찬미하고 있다. 왕 씨, 유 씨 등 여섯 사람은 모두 직무에 어울리며 명망이 있는 자이다. '견사' 4구는 그들의 문장을 칭송한 것이요, '측문' 4구는 그들의 정치를 서술한 것이다.(此贊美縣內諸公. 王劉六人, 皆稱職而有聲者. 遣詞四句, 稱其文章. 側聞四句, 敍其政事.)

47 朝儀(조의) – 조정의 의식. 霄漢(소한) – 은하수. 이 구는 두보 자신이

조정의 의식에 참여하지 못한다는 것을 말한다.

48 林坰(임경)－ 숲과 숲 밖의 지역. 속세에서 멀리 떨어진 세계를 가리킨다.

《이아 · 석지釋地》 '읍' 밖을 '교'라 하고, '교' 밖을 '목'이라 하며, '목' 밖을 '야'라 하고, '야' 밖을 '임'이라 하며, '임' 밖을 '경'이라 한다.(邑外謂之郊, 郊外謂之牧, 牧外謂之野, 野外謂之林, 林外謂之坰.)

[朝儀 2구] 두보 자신은 조정의 의식에 참여할 수 없어 은거를 생각했다는 것을 말한다.

《구가집주두시》 조차공 주 현을 다스리던 관리들은 조정에 드는데 두보는 참여할 수 없었다. 이것이 스스로 한탄한 이유이다.(知縣入朝, 而公不得預, 此所以自嘆也.)

《두시언해》 여기서 두보는 조회의 의식에 참여할 수 없음이 마치 은하수에 막힌 것과 같아서 산림으로 돌아가고 싶다고 말하고 있다. 이 아래는 모두 두보가 자신에 대해 서술한 것이다.(此甫言不得參會朝之儀, 如隔霄漢, 故欲歸山林也. 此下皆甫自敍.)

49 轗軻(감가)－ 길이 험하여 수레가 가기 힘든 모양. 뜻을 얻지 못하여 불우한 모양을 뜻한다. 下杜(하두)－ 성 이름. 두릉杜陵 아래에 있으며 두릉, 두곡杜曲과 통용되어 쓰인다.

《두시상주》에 인용된 《장안지》 하두성은 장안현에서 남쪽으로 15리 떨어진 곳에 있으며, 그 성은 둘레가 3리이다.(下杜城, 在長安縣南一十五里, 其城周三里.)

50 飄颻(표요)－ 바람에 나부끼는 모양. '飄搖'와 같다. 凌(릉)－ '陵'으로 되어 있는 판본도 있다. 濁涇(탁경)－ 물이 탁한 경수.

[轗軻 2구] 두보가 때를 만나지 못해 장안을 떠나 봉선현으로 온 것을 말한다.

《두시언해》 이는 두보가 두릉으로부터 봉선으로 왔기에 경수를 건넜다는 것이다.(此甫自杜陵來奉先, 故渡涇水也.)

51 諸生(제생)– 유생儒生. 평범한 선비를 가리킨다. 短褐(단갈)– 짧은 베옷. 가난한 사람이 입는 옷을 말한다. '裋褐'로 되어 있는 판본도 있다.

52 旅泛(여범)– 나그네로 떠도는 몸. 浮萍(부평)– 부평초. 정처 없이 떠도는 신세를 비유한다.

53 荒歲(황세)– 기근이 든 해. 가을 장마로 관중에 흉년이 들었던 것을 말한다.

54 暮途(모도)– 황혼 길. 즉, 만년을 뜻한다. 涕泗(체사)– 눈물과 콧물.

55 主人(주인)– 봉선현의 현령을 가리킨다. 여러 관리들을 가리킨다는 설도 있다. 老馬(노마)– 늙은 말. 두보 자신을 비유한다.

《두시상주》 '주인'은 봉선현령을 가리키다.(主人, 指奉先令.)

《독두심해》 '주인'은 여러 관리들을 가리킨다.(主人, 指諸官.)

《두시상주》에 인용된 《한시외전韓詩外傳》 전자방이 집을 나섰다가 길에서 늙은 말을 보자, 슬퍼하며 탄식하기를 "젊었을 때는 그 힘을 다 쓰게 하고 늙으면 그 몸을 버리는 일을 어진 이는 하지 않는다."라 하고는 한 꾸러미의 비단으로 그것을 사들였다.(田子方出, 見老馬於道, 喟然歎曰, 少盡其力, 老棄其身, 仁者不爲也. 束帛贖之.)

56 廨署(해서)– 관청. '廨宇'로 되어 있는 판본도 있다. 容(용)– 받아들이다. '寄', '客'으로 되어 있는 판본도 있다. 秋螢(추형)– 가을 반딧불이. 두보 자신을 비유한다. 일설에 책을 읽는 행위를 뜻하는 말로 보기도 한다.

《두공부초당시전》 썩은 풀이 반딧불이가 되기에 그 바탕이 아름답지 못하다. 두보는 이로써 자신을 비유하였으니, 관리들이 그의 자질이 아름답지 못하다 하여 천대하지 않고 받아들여 주었다는 것이다.

(腐草化爲螢, 其質不美, 甫自喩, 諸官不以其質不美而賤之而見容也.)

《구가집주두시》 조차공 주 '추형'은 차윤이 반딧불이를 모아 글을 읽었다는 고사를 말한다. 아마도 봉선현의 관청에서 묵으며 독서를 허가받은 것을 말하는 것일 게다.(秋螢, 乃車允聚螢事. 豈言客於縣宇而容其讀書乎.)

[主人 2구] 현의 관리들이 자신을 받아들여 접대해 주는 것을 말한다.

《두시언해》 말과 반딧불이는 모두 두보가 자신을 비유한 것이니, 이는 현의 관리들이 관청으로 받아들여 접대해 준 것을 말한다.(馬與螢, 皆甫自比, 此言縣官之容接官舍也.)

57 流寓(유우) – 정처 없이 떠돌면서 타향에 기거하는 것을 말한다. 愜(협) – 만족하다, 즐거워하다. 혹은 들어맞다, 합치되다.

58 窮愁(궁수) – 곤궁한 시름. 不(불) – '未'로 되어 있는 판본도 있다.

[流寓 2구] 정처 없이 떠도는 신세라서 늘 깊은 수심에 젖는다는 것을 말한다.

《두시언해》 이리저리 떠돌다 관청에 몸을 기탁한 것이 도리에 맞지 않기에 술에 취하여 깨지 못한 것처럼 지극히 근심에 젖었다는 것을 말한다.(言流離而僑寓官舍, 不合於理, 故憂愁之極, 如醉而未醒也.)

59 何當(하당) – 어찌하면 마땅히. 언제. 擺(파) – 떨쳐 버리다.

60 滄溟(창명) – 바다. 탈속적인 세계를 비유한다.

[何當 2구] 속세에서 벗어나 은거하고 싶은 마음을 말한 것이다.

《두공부초당시전》 정처 없이 떠도는 것은 형세상 부득이한 데서 나오는 것이니 두보가 어찌 이를 즐겨 했겠는가? 만일 속세의 굴레에서 벗어나 강호에서 마음 놓고 노닐 수 있다면, 이것이야말로 두보가 성품상 즐거워하는 일이니 오히려 속세의 굴레에 매여 있는 것을 한스러워할 것이다.(流寓者, 出於事勢不得已, 甫豈樂爲之. 苟能擺脫俗累, 優游於江湖之上, 乃甫性之所樂, 尙以俗累所拘爲恨矣.)

《두시언해》 세속적 굴레를 떨쳐 버리고 강호에서 노닐고 싶다는 것을 말한다.(言欲振脫世俗之累, 游於江湖也.)

#《두시상주》: 마지막 단락에서는 객지 생활을 하는 처지의 처량함을 서술하고 있다. 두보는 아직 관직을 받지 않았으므로 '조의' 2구가 있게 된 것이며, 장안으로부터 왔으므로 '하두' 2구가 있게 된 것이다. '제생' 4구는 정처 없고 쓸쓸하고 곤궁하고 늙은 것에 대한 느낌을 서술한 것이며, '주인' 4구는 가을날 타향에서 기거하는 일을 서술한 것이다. 마지막으로는 뜻을 얻지 못하여 자취를 감출 것을 생각하는 것이다.(末敍客況凄凉也. 公未受官, 故有朝儀二句. 來自長安, 故有下杜二句. 諸生四句, 飄零窮老之感. 主人四句, 秋日旅居之事. 末乃不得志而思遯迹矣.)

##《두시상주》에 인용된 호하객胡夏客 주: 이 시의 전반부는 단지 교릉을 읊었지 관리들에 대해서는 거의 언급하지 않았고, 뒤에서는 단지 관리들에 대해 읊었지 교릉에 대해서는 거의 언급하지 않았으며, 끝에서는 왕릉과 관리들 모두 언급하지 않고 단지 스스로 느낀 바를 읊었다. 이것이 두보가 스스로 이룬 장법이다.(此詩前半篇, 但詠橋陵, 略不及諸官, 後但詠諸官, 略不及橋陵, 結則陵與官皆不及, 但自作感慨. 此少陵自成章法也.)

《독두심해》: 두보는 무릇 유력하다가 이른 곳에서 반드시 시를 지었다. 처음에 봉선현에 이르러 교릉을 읊으며 그곳 땅과 일을 기록한 시를 지었으니 전반부가 이것이다. 두보는 친구를 만나 교제를 하면 반드시 시를 지었다. 봉선현으로 집을 옮겨 여러 관리들에게 드리며 그곳 주인에게 보답하고 사례하는 시를 지었으니 후반부가 이것이다. 본래 두 수인데 합쳐서 한 수로 만들었으니 독창적인 격식이다. 다만 중간의 '고악' 단락은 전반부의 꼬리로 삼을 수도 있고 또한 후반부의 머리로 삼을 수도 있으니, 곧 위아래의 긴요한 연결고리이다. '선제' 8구는 능묘를 좋은 땅에 만들었음을 말한다. '운궐' 8구는 능묘의 침전을 받드는 것을 말한다. '중시' 8구는 천자의 효성이 상서로움을 이루게 함을 말한다. 이상은 교릉을 읊은 것이다. '고악' 8구는 먼저 사방 형세의 빼어남을 말하고 뒤에 제도가 적현과 같은 것이 마땅함을 말하였다. 이른바 위아래의 연결고리이다. 그중의 '영여' 4구는 격구대隔句對이다. 이 뒤는 여러 관리들에게 바치는 본문으로 들어간다. '관속' 14구는 왕씨, 유씨 등 6인의 글재주와 덕화의 아름다움을 말한다. '조의' 8구는 영락하여 타향에 기거하기에 그들의 보살핌에 깊이 의지하는 심정을 스스로 말한 것이다. 그 가운데 "떠도는 삶이 어찌 즐겁겠습니까", "굴레에서 벗어나다", "호탕하게"라고 말한 것은 자신의 곤궁함을 스스로 격분하면서 세상을 벗어날 것을 기탁하여 말한 것이다. 비굴하게 꼬리를 흔드는 모습이 아니며 기골이 높다.(公凡遊歷所到必有詩. 初至奉先而詠橋陵, 爲紀地紀事之什, 前半是也. 公得朋舊周旋必有詩. 移家奉先而呈諸官, 爲報謝地主之什, 後半是也. 本是兩首, 合而爲一, 乃屬創格. 但中間高嶽一段, 可作前半之尾, 亦可作後半之頭, 則上下仍有關鍵. 先帝八句, 言製陵之得地. 雲闕八句, 言寢殿之供奉. 中使八句, 言聖孝之致祥. 以上詠橋陵. 高嶽八句, 先言四面形勢之勝, 後言制同赤縣之宜. 所謂上下關鍵者也. 其永與四句, 乃隔聯對. 此以後, 入呈諸官正文矣. 官屬十四句, 言王劉六人, 文才德化之美. 朝儀八句, 自言落魄寄家, 深賴存卹之情. 其云流寓豈愜, 擺累浩蕩, 乃自憤其窮, 而託言逃世, 不作搖尾態, 氣骨高.)

(김만원 · 강민호)

7. 送蔡希魯都尉還隴右因寄高三十五書記

도위 채희로가 농우로 돌아가는 것을 전송하고 그편에 서기인 고적에게 부치다

蔡子勇成癖[1] 彎弓西射胡[2] 健兒寧鬪死[3] 壯士恥爲儒[4]

官是先鋒得[5] 才緣挑戰須[6] 身輕一鳥過[7] 槍急萬人呼[8]

雲幕隨開府[9] 春城赴上都[10] 馬頭金匼匝[11] 駝背錦模糊[12]

咫尺雪山路[13] 歸飛靑海隅[14] 上公猶寵錫[15] 突將且前驅[16]

漢使黃河遠[17] 凉州白麥枯[18] 因君問消息[19] 好在阮元瑜[20]

채 선생은 용감함이 버릇이 되어
활을 당겨 서쪽으로 오랑캐를 맞혔으니,
건아는 싸우다 죽는 것을 편히 여기고
장사는 유생 노릇하는 것을 부끄러워하기 마련입니다.
관직은 선봉에 서서 얻었으니
재주가 싸움을 거는 데 필요해서지요.
몸이 가벼워 한 마리 새처럼 지나가고
창 놀림이 빨라 만인이 놀라 소리칩니다.

구름 같은 장막 속에서 개부를 따라
봄이 온 장안성으로 달려왔을 때,
말의 머리에 황금 장식이 둘러져 있었고,
낙타의 등은 비단으로 가려져 있었습니다.
설산 길을 지척으로 여겨

청해 구석으로 날 듯이 돌아갈 터인데,
상공께는 아직도 총애하여 내려질 명이 있으니
돌격 대장께서 우선 앞서 달려갑니다.

한나라 사신으로 먼 황하에 가시니
양주에 흰 보리가 마를 것인데,
그대를 통해 소식을 묻노니
잘 지내십니까? 완원유는.

이 시는 농우도로 돌아가는 채희로를 전송하며 그를 통해 고적에게 안부를 전하기 위해 지은 것이다. 이 시의 원주에 "당시 가서한이 상주하러 들어왔는데 칙명으로 채 선생에게 먼저 돌아가라고 하였다.(時哥舒入奏, 勅蔡子先歸.)"라는 말이 있다. 이 시의 저작 시기는 천보 14년 봄으로 추정된다. 천보 12년 봄이라는 설도 있으나 적절치 않은 것 같다. '都尉'는 무관의 벼슬 이름이다. '蔡希魯'의 '魯'는 '曾'으로 된 판본도 있다.

> 《두공부초당시전》 살펴보건대, 가서한이 개부의동삼사로서 스스로 막료를 선발할 수 있었기에 채희로는 도위가 되어 그의 휘하에 속하게 되었다. 천보 11년 겨울에 가서한을 따라 조정으로 들어오게 되어 이듬해 봄에 상도(장안)에 이르자 두보가 당시에 이 시를 지어 그가 막부로 돌아가는 것을 전송한 것이다.(按, 舒翰開府儀同三司, 得自選幕府士, 希魯爲都尉, 隷其麾下. 天寶十一載冬, 隨翰來朝, 明年春, 赴上都, 甫時作此詩, 以送其歸幕府也.)

《보주두시》 가서한이 천보 14년 봄에 조정에 들어오다가 도중에 풍질에 걸려 도읍에 머물자 칙명으로 도위인 채희로를 먼저 농우로 돌아가게 하였다. 그래서 시로 그를 전송한 것이다. 이해에 지은 것이 틀림없다.(哥舒翰天寶十四載春入朝, 道遇風疾, 留京師, 勅都尉蔡希魯先歸隴右, 故詩以送之, 當是其年作.)

《두시상주》에 인용된 주학령 주 《자치통감》에 의하면, 천보 14년 봄에 가서한이 조정에 들어오다가 도중에 풍질에 걸려 결국 장안에 머물게 되었다고 한다. 그래서 채희로가 먼저 돌아가게 되어 두보가 그를 전송한 것이다. 만약 11년에 조정에 들어왔다면 겨울이었으니, '봄이 찾아온 장안성으로 달려온다'라는 말과 들어맞지 않는다. 채몽필의 설은 옳지 않다. 《당서》에 의하면, 여러 부에는 절충도위 각 한 사람, 좌우 과의도위 각 한 사람이 있었는데, 매년 늦겨울에 절충도위가 오교의 무리를 이끌어 군진을 펼치고 전투하는 방법을 가르쳤다고 한다.(通鑑, 天寶十四載春, 哥舒入朝, 道得風疾, 遂留京師. 故蔡都尉先歸而公送之. 若十一載入朝, 乃在冬日, 與春城赴上都不合, 夢弼之說, 非是. 唐書, 諸府折衷都尉各一人, 左右果毅都尉各一人. 每歲季冬, 折衷都尉率五校之屬, 以敎其軍陣戰鬭之法.)

주 석

1 蔡子(채자) – 채 선생. '子'는 존칭이다. 成癖(성벽) – 버릇이 되다. 즉 매우 좋아하는 것을 말한다.

2 彎弓(만궁) – 활을 당기다. 射胡(석호) – 오랑캐를 맞히다. 오랑캐를 공격하다.

3 健兒(건아) – 건장한 남아. '健'은 '男'으로 된 판본도 있다. 寧(녕) – 편안하게 생각하다. '차라리 ……하다'로 볼 수도 있다.

4 壯士(장사)－ 건장한 사람. 恥爲儒(치위유)－ 유생 노릇하는 것을 부끄럽게 여기다. 즉, 무공을 세우는 것을 높이 산다는 뜻이다.

《구가집주두시》 조차공 주 '치위유', 이는 바로 '천하를 다스리려면 응당 긴 창과 큰 검을 써야지 어찌 붓을 쓸 것인가?'라는 유의 뜻이다.(恥爲儒, 此乃治天下當用長槍大劍, 何用毛錐子之類.)

5 官(관)－ '도위' 벼슬을 가리킨다. 先鋒(선봉)－ 선봉장.

《구가집주두시》 '선봉'은 전체 군대보다 앞서서 나가는 것을 말한다.(先鋒, 謂先師衆而行也.)

6 挑戰(도전)－ 싸움을 걸다.

《구가집주두시》 '도전'은 도발하여 싸우게 만드는 것이다.(挑戰, 挑之使戰.)

7 一鳥過(일조과)－ 한 마리 새가 지나가다. 동작이 매우 민첩한 것을 말한다.

8 槍急(창급)－ 창이 빠르다. 즉, 창을 쓰는 솜씨가 매우 빠른 것을 말한다. 여기서는 채희로의 창 솜씨를 칭찬한 것이다. 혹은 가서한이 놀라운 창 솜씨로 토번족吐蕃族을 격퇴시킨 사실을 가리킨다고도 보나 적절치 않다. 萬人呼(만인호)－ 만인이 소리치다. 많은 사람들이 경탄하며 소리치는 것이다. 이와 달리 적들이 무서워 소리치는 것으로 보기도 한다.

《보주두시》 〈현종실록〉에 "가서한이 하서아전장이 되었다. 토번족이 변방을 크게 약탈하자 가서한이 반단창을 들고서 그 예봉에 대적하여 격퇴시켰다."라고 하였다. 이는 그 사실을 쓴 것이다.(玄宗實錄, 翰爲河西衙前將. 吐蕃大寇邊, 翰持半段槍, 當其鋒, 擊之. 此用其事.)

《구가집주두시》 '호'는 놀라서 외친다는 뜻이다.(呼, 驚呼也.)

[身輕 2구]

《구가집주두시》 조차공 주 앞에서는 채희로가 관직을 얻게 된 이유를 서술했고, 이제 비로소 그를 칭찬하고 있다.(前敍其得官之因, 今方以美之也.)

#《두시상주》: 채희로로부터 서술하기 시작하여 그의 의지가 웅장하고 기개가 거센 것을 말하였다. '영투사'는 당시 한창 武武를 숭상하였다는 것이고, '치위유'는 세상이 점차 문文을 경시하였다는 것이며, '일조과'는 그의 기세가 빠른 것을 나타내고, '만인호'는 그의 창 솜씨가 날카로운 것을 두려워하는 것이다.(從蔡敍起, 言其志雄氣猛. 寧鬪死, 時方右武. 恥爲儒, 世漸輕文. 一鳥過, 見其勢疾. 萬人呼, 畏其鋒銳.)

9 雲幕(운막)－ 구름 장막. 이것은 군영軍營에 친 장막이 구름처럼 많음을 말한다. 開府(개부)－ 관직명인 개부의동삼사開府儀同三司. 장군 가운데 부府를 설치한 이들이나 문관 가운데 광록대부光祿大夫 이상을 일컫는 말로 그 의제儀制가 삼공三公과 같기 때문에 이러한 명칭이 붙었다고 한다. 여기서는 가서한을 가리킨다.

10 赴(부)－ '入'으로 된 판본도 있다. 上都(상도)－ 장안을 가리킨다.

《보주두시》 보응 원년 건묘월에 경조부를 상도로 삼았는데 이 시는 천보 14년에 지어졌는데도 앞서서 상도라 한 것은 어째서인가? 아마도 고시에서 도읍을 상도라 칭하는 일이 많았기 때문일 것이다.(寶應元年建卯月, 以京兆府爲上都, 而此詩天寶十四載作, 乃先言上都, 何耶. 蓋古詩號國都多曰上都.)

11 匼匝(갑잡)－ 빙 둘러 있는 모양. '周匝'과 같다. '帢匝'으로 되어 있는 판본도 있다.

《구가집주두시》 조차공 주 '금갑잡'은 황금 장식을 머리에 둘렀는데 그 형상이 촘촘하면서 빙 둘러 있는 것을 말한다.(金匼匝, 言金絡頭, 其狀密而匼匝.)

12 模糊(모호)— 가려진 모양. 비단으로 덮여 있는 모양을 가리킨다. 이와 달리 눈을 어지럽힐 듯한 모양을 가리키는 것으로 보기도 한다.

《구가집주두시》 조차공 주 낙타가 등에 물건을 지고 있는데 비단으로 덮었기에 이를 두고 '모호'하다고 한 것이다.(駝背負物, 而以錦帕蒙之, 此之謂模糊.)

《두시상주》 《신당서》에 "가서한은 농우에 있으면서 매번 사신을 조정에 들여보내 상소할 때에는 늘 흰 낙타를 타게 하였는데 하루에 오백 리를 달렸다."라고 하였다.(唐書, 哥舒翰在隴右, 每遣使入奏, 常乘白橐駝, 日馳五百里.)

13 咫尺(지척)— 여덟 치(八寸)와 열 치. 즉, 매우 가까운 거리를 뜻한다. 雪山(설산)— 서역에 있는 산 이름. '雪'은 '雲'으로 된 판본도 있다.

《구가집주두시》 유의공의 《광지》에 "서역에 백산이 있는데 일 년 내내 눈이 있어 설산이라고도 한다."라고 하였다.(劉義恭廣志曰, 西域有白山, 通歲有雪, 亦名雪山.)

14 靑海(청해)— 지금 청해성靑海省에 있는 호수. '靑'은 '西'로 된 판본도 있다. 隅(우)— 구석. 귀퉁이.

[咫尺 2구] 채희로가 농우도로 돌아가는 것을 말한다.

《구가집주두시》 조차공 주 이는 채희로가 먼저 칙명으로 농우로 돌아가는 것을 말한다. 설산을 지척이라 본 것은 멀다고 여기지 않은 것이다. 그래서 서해 구석으로 날아서 돌아간다는 것이다.(此謂希魯先勅還隴右. 視雪山咫尺, 不以爲遠, 故歸飛西海隅也.)

15 上公(상공)— 삼공의 대열에 있는 사람에 대한 칭호로 여기서는 가서한을 가리킨다. 猶(유)— 아직. '獨'로 되어 있는 판본도 있다. 寵錫(총석)— 총애하여 하사하다. 여기서는 왕이 총애하여 명을 내리는 것을 말한다. 이 구에 대해 옛 주에서는 가서한이 채희로에게 하사품을 내리는 것으로 보았으나 옳지 않다. 가서한이 왕의 총애를 받아 명을

기다리는 것으로 보아야 한다.

《구가집주두시》 조차공 주 옛 주에서는 채희로에게 상품을 하사하는 것이라 여겼으나 옳지 않다.(舊注以爲錫賚希魯, 非是.)

16 突將(돌장)– 돌격 대장. 거침없이 용맹한 장수임을 뜻한다. 여기서는 채희로를 가리킨다. 前驅(전구)– 앞서 달리다. 혹은 선봉장의 뜻으로 보기도 하는데 취하지 않는다.

[上公 2구] 가서한은 황명을 받기 위해 장안에 남고 채희로가 먼저 말을 타고 서역으로 돌아가는 것을 말한다.

《구가집주두시》 조차공 주 '상공'은 가서한을 말하는데 아직 황명이 다 내려지지 않아 잠시 머물러야 했기에, 채선생이 돌격 대장으로서 응당 가서 선봉이 되어야 하므로 먼저 돌아가는 것이다.(上公言哥舒翰, 猶有錫命未已, 固當少住, 則蔡子突將, 當往爲前驅, 以先歸.)

#《두시상주》: 두 번째 단락은 채희로를 전송하는 것을 서술하면서 그가 조정에 들어왔다가 농우로 돌아가는 것을 적고 있다. '개부'와 '상공'은 모두 가서한을 가리킨다. '총석'은 가서한이 여전히 남아 있음을 말한다. '전구'는 채희로가 혼자서 가는 것을 말한다.(次敍送蔡, 記其入朝歸隴. 開府上公, 俱指哥舒翰. 寵錫, 謂翰尙留. 前驅, 謂蔡獨往.)

17 漢使(한사)– 한나라 사신. 이 말에 대해서는 가서한을 가리킨다는 설과 채희로를 가리킨다는 설이 있다. 만일 가서한을 가리킨다고 한다면 이 구는 가서한이 황하의 발원지인 서역에서 멀리 떨어진 장안에 남아 있다는 뜻이 되고, 채희로를 가리킨다고 한다면 채희로가 서역까지 먼 여정을 겪어야 한다는 뜻이 될 것이다. 문맥상으로 볼 때는 후자가 더 적절할 듯하다. '漢水'로 되어 있는 판본도 있다.

《두시상주》에 인용된 《형초세시기荊楚歲時記》 한 무제는 장건을 시켜 대하국에 사신으로 가서 황하의 발원지를 찾게 하였다.(漢武帝令張騫使大夏, 尋河源.)

《두시상주》 '한시'는 채희로를 가리킨다.(漢使指蔡.)

《두공부초당시전》 이는 가서한으로 장건에 비유한 것이다. 가서한이 당시에 하서절도사였기에 황하가 멀다고 한 것이다.(此以翰喩張騫也. 翰時爲河西節度使, 故云黃河遠.)

《두시상주》 당나라의 농우도는 곧 한나라의 농서, 장액, 주천 등의 군으로 황하의 물줄기가 그 지역을 경유한다. 한수가 비록 농서에서 나오긴 하지만 한 구 안에 두 강물을 써서는 안 된다. 따라서 당연히 '한시'를 따르는 것이 옳다.(唐隴右道, 卽漢之隴西張掖酒泉等郡, 黃河之流, 經於其地矣. 漢水雖出隴西, 不應一句中用兩水, 故當從漢使爲是.)

《독두심해》 '수'는 '시'로 되어 있는 판본도 있는데 틀렸다. '한' 자는 중화라는 뜻으로 쓴 것이지 장강과 한수라 할 때의 '한'이 아니다. 옛날에는 모두 잘못 이해하였다. 황하의 발원지가 변경에 있어 중국의 강물 중에 이보다 먼 것이 없다는 뜻이다.(水一作使, 非. 漢字, 作中華字用, 非江漢之漢. 舊俱誤會. 河源在蕃境, 中國之水, 莫遠於此也.)

18 凉州(양주)－ 중국 서쪽의 지역 이름. 채희로가 돌아갈 곳을 가리킨다. 白麥(백맥)－ 서역에서 나는 보리의 일종. 이 구는 채희로가 도착할 때면 흰 보리가 익을 때라는 것을 말하는데, 계절적으로 여름인지 가을인지는 분명치 않다.

《두시언해》 도위인 채희로가 돌아갈 곳을 말한다.(言都尉所歸處.)

《구가집주두시》 두전杜田 주 당나라 진장기의 《본초》에 "소맥은 가을에 심고 여름에 익어 사계절의 기운을 받기에 한기와 온기를 겸유할 수 있으니 면이 뜨겁고 밀기울이 차가운 것은 당연히 그런 것이다. 황하와 위수 서쪽 지방의 백맥은 면이 차가운데 이는 그것이 봄에 심어져 두 계절(가을과 겨울)의 기운을 받지 못했기 때문이다." 라고 하였다. 지리지로 고찰해 보면 양주는 바로 황하와 위수 서쪽에 있다. 그곳에서 백맥이 나오는 것은 아마도 토지에 맞기 때문일 것이다.(唐陳藏器本草云, 小麥, 秋種夏熟, 受四時氣, 足兼有寒溫, 麵熱麩冷, 宜其然也. 河渭以西, 白麥麵凉, 以其春種, 闕二時之氣故也. 以地理志考之, 凉州正在河渭之西. 其出白麥, 蓋土地所宜.)

《두공부초당시전》 이 구는 두보가 그가 도착할 지역을 적으면서 또한 그가 도착할 시기를 적은 것이다.(此公記其地, 又紀其時.)

19 因君(인군)－ 그대로 인하여. 즉, 채희로를 통한다는 뜻이다. 消息(소식)－ 고적의 소식을 가리킨다.

20 好在(호재)－ 잘 있는가? 阮元瑜(완원유)－ 위魏나라 사람인 완우阮瑀. 여기서는 고적을 비유한다. 완우가 기실記室을 지냈고 고적도 서기를 맡았기 때문이다.

《두공부시집집주》 '호재'는 안부를 묻는 말이다.(好在, 乃存問之辭.)

《삼국지 · 위지 · 왕찬전王粲傳》 완우는 자가 원유이고 어려서 채옹에게서 수학하였다. 태조가 그를 사공군모좨주기실로 삼았다. 군사나 정치와 관련된 편지와 격문은 대부분 진림과 완우가 지은 것이다.(阮瑀, 字元瑜, 少受學於蔡邕. 太祖以爲司空軍謀祭酒記室, 軍國書檄, 多陳琳阮瑀所作.)

#《두시상주》: 끝에서는 고적에게 시를 보내는 뜻을 펴고 있다. 황하가 멀고 보리가 말랐다는 것은 변방이 가을이 되어 추워졌다는 것이다. 즉, 고적이 이곳에 머물기에 그의 소식을 묻고자 하는 것이다. '한시'는 채희로를 가리키고 '원유'는 고적을 가리킨다.(末致寄高之意. 河遠麥枯, 邊地秋寒也. 高適在此, 故欲問其消息. 漢使指蔡, 元瑜指高.)

##《독두심해》: 앞 8구는 채희로의 기개를 표현하고 있는데, 곧장 시상을 일으키는 법을 사용하였다. '신경' 2구는 절묘하다고 할 수 있다. 중간 8구에서 4구는 조정에 들어온 것을 서술하였고 4구는 농서로 돌아가는 것을 서술하여 갑자기 왔다가 갑자기 돌아가는데 주장主將 이야

기, 계절의 차례, 행색 묘사, 변경 묘사 및 한 사람은 남고 한 사람은 가는 일에 대하여 붓이 이르지 않는 것이 없다. 뒤 4구는 채희로로 인하여 고적에게 부치는 것이다. 먼저 멀리 생각하는 감개를 표현했다가 다음에 서로 안부를 묻는 뜻을 보여주는데 표일한 흥취가 나부낀다. 필력이 간략하면서 가파르다.(前八句, 表蔡子氣概. 用直起法. 身輕一聯叫絶. 中八句, 四敍入朝, 四敍歸隴. 瞥然而來, 瞥然而去. 而若主帥若時序若行色若地界, 及一留一行, 無筆不到. 後四句, 因蔡以寄高. 先致遙想之慨, 次見通候之意, 逸趣翩然. 筆力簡峭.)

(**김만원·강민호**)

8. 醉歌行

취하여 부르는 노래

陸機二十作文賦[1]　汝更少年能綴文[2]
總角草書又神速[3]　世上兒子徒紛紛[4]
驊騮作駒已汗血[5]　鷙鳥擧翮連靑雲[6]
詞源倒流三峽水[7]　筆陣獨掃千人軍[8]
只今年纔十六七[9]　射策君門期第一[10]
舊穿楊葉眞自知[11]　暫蹶霜蹄未爲失[12]
偶然擢秀非難取[13]　會是排風有毛質[14]
汝身已見唾成珠[15]　汝伯何由髮如漆[16]
春光潭沱秦東亭[17]　渚蒲牙白水荇靑[18]
風吹客衣日杲杲[19]　樹攪離思花冥冥[20]
酒盡沙頭雙玉甁[21]　衆賓皆醉我獨醒
乃知貧賤別更苦　呑聲躑躅涕淚零[22]

육기는 나이 스물에 〈문부〉를 지었지만
너는 나이가 더 적었을 때 글을 지을 줄 알았고,
어린 나이에 초서도 또한 귀신처럼 빨랐으니
세상의 아이들은 부질없이 많을 뿐이었지.
화류마는 망아지일 때도 이미 피땀을 흘리고
맹금은 날개를 들면 푸른 하늘에 닿는 법,
글의 근원은 삼협의 물줄기를 거꾸로 흐르게 하고

붓의 진영에서는 홀로 천 명의 군사를 쓸어버렸지.

지금 나이 겨우 십육칠 세이건만
석책으로는 조정에서 제일을 기약하였는데,
옛날 버들잎을 꿰뚫은 것 진실로 스스로 알거니와
잠시 서리 밟는 굽이 헛디뎠지만 아직 실패는 아니네.
뛰어난 재주가 우연히 발탁되는 일이 얻기 어려운 것은 아니니
바람을 치고 나는 새의 자질을 필시 가지고 있기 때문이라.
너 자신은 이미 뱉으면 구슬이 되는 것을 보는데
너의 백부는 어찌하여야 머리가 칠과 같아질 수 있으리?

봄빛이 진나라의 동정에 출렁이고
물가의 부들 싹은 하얗고 마름은 푸르다.
바람은 나그네 옷에 불고 해는 밝은데
나무는 이별하는 심사를 어지럽히며 꽃이 흐드러지게 피었다.
모래사장의 한 쌍의 옥병에 술이 다 떨어져서
뭇 손님들 모두 취했는데 나만 홀로 깨어 있구나.
빈천할 때의 이별이 더욱 쓰디씀을 알겠으니
울음소리 삼키고 머뭇거리면서 눈물 콧물을 떨어뜨린다.

원주에 "과거에 낙방하여 돌아가는 종질 근을 전별하다.(別從姪勤落第歸.)"라고 하였다. 따라서 이 시가 낙방하여 고향으로 돌아가는 종질 두근을 전별하는 자리에서 술에 취하여 쓴 것임을 알 수 있다. 천보 14년에 지은 것으로 추정된다.

《보주두시》에 인용된 서부徐俯 주 두보의 종질인 두근이 낙제하여 귀향하게 되자 두보는 이 시를 지어서 그를 송별하였다.(甫從姪杜勤落第歸, 甫作此以別之.)

《보주두시》 시에서 "봄빛이 진나라의 동정에 출렁인다."라고 했으니 의당 천보 14년 봄 장안에 있을 때 지은 것이리라. 《구당서》를 보면 천보 13년 가을 8월에 주상이 근정루에 가서 사과의 제거에 응시한 사람들을 시험하였다. 이에 앞서 천보 12년 가을 7월 천하에 사람을 천거하게 하였으나 향공을 얻지 못하여 국자학생을 보임할 필요가 있게 되었고, 그런 후에 과거를 실시하였다.(詩云, 春光淡蕩秦東亭, 當是天寶十四載春, 在長安作. 按史, 十三載, 秋八月, 上御勤政樓, 試四科制擧人. 前此十二載, 秋七月, 詔天下擧人, 不得鄕貢, 須補國子學生, 然後貢擧.)

주 석

1 陸機(육기) — 자는 사형士衡으로, 오吳나라와 진晉나라에 걸쳐서 활동한 문인이다. 文賦(문부) — 육기가 지은 부로, 문학 창작에 대하여 논의하였다.

《두시상주》에 인용된 장영서臧榮緖의 《진서晉書》 육기는 어려서 부친의 군사를 이어받아서 아문장군이 되었으나, 나이 스무 살일 때 오나라가 멸망하자 고향에 물러나서 동생 육운과 힘써 배웠다. 육기는 정리情理를 잘 이해하였고 문체에 대하여 심득하였으므로 〈문부〉를 지었다.(陸機少襲父兵爲牙門將軍, 年二十而吳滅. 退臨舊里, 與弟雲勤學. 機妙解情理, 心識文體, 故作文賦.)

2 更(갱) — 더욱. 綴文(철문) — 글을 엮다. 글을 짓다.

3 總角(총각) — 아이의 머리카락을 두 갈래로 갈라 머리 위 양쪽을 뿔처럼 동여맨 것. 소년을 지칭한다. 神速(신속) — 아주 빠른 것을

뜻한다.

《두시언해》 '총각'은 그 머리를 묶어서 두 뿔을 만드는 것이니, 동자의 모양새이다.(總角, 結其髮, 爲兩角, 童子之飾.)

《구가집주두시》 조차공 주 초서는 천천히 하여 공을 이루니 이른바 '서두르면 초서가 되지 않는다'는 것이 이를 두고 한 말이요, 빨리 하여 신묘함을 이루니 이른바 '일필로 변화시켜 글씨를 쓴다'는 것이 이를 두고 한 말이다.(草書以遲爲功, 所謂匆匆不及草書, 是也, 以速爲神, 所謂一筆變化書, 是也.)

4 徒紛紛(도분분) – 헛되이 어지럽다. 부질없이 많음을 뜻한다.

5 驊騮(화류) – 주나라 목왕穆王의 팔준마八駿馬 중의 하나. 좋은 말을 뜻한다. 駒(구) – 망아지. 汗血(한혈) – 피땀을 흘리다. 대원국大宛國의 한혈마汗血馬는 피땀을 흘린다고 하는데, 여기서는 이런 사실을 빌려서 종자가 좋은 말은 어릴 때부터 특별하다는 사실을 말한 것이다.

6 鷙鳥(지조) – 사나운 새. 맹금. 擧翮(거핵) – 날개를 들다. 즉 '날다'의 뜻이다. 連靑雲(연청운) – 높이 나는 것을 뜻한다.

[驊騮 2구] 두근이 나이가 어려도 재주가 뛰어남을 비유한 것이다.

《두시언해》 이것은 두근이 나이가 어려도 뛰어남을 비유한다.(此喩勤年少而俊邁也.)

7 詞源(사원) – 글의 근원. 문장이 솟아나오는 원천. 문장의 힘을 물에 비유한 말이다. '源'이 '賦'로 된 판본도 있다. 倒流(도류) – 거꾸로 흐르게 하다. '倒'가 '傾'으로 된 판본도 있다. 三峽(삼협) – 장강 상류의 세 협곡이다. 이 구는 두근의 글이 원천이 있어서 그것을 물에 견주어 말하면 삼협의 물을 거꾸로 흐르게 할 정도로 힘과 기세가 있다는 뜻이다.

《두시상주》에 인용된 《수서·문학전》 붓은 힘이 넘치고, 글은 근원이 마르는 일이 없다.(筆有餘力, 詞無竭源.)

《두공부초당시전》 이 구는 종질의 글의 원천이 장엄하여 삼협의 물일지라도 쳐서 격동시켜 거꾸로 흐르게 할 수 있다고 과장하여 칭찬한 것이다.(此夸大從姪詞源之壯嚴, 雖三峽之水, 可衝激而倒流矣.)

《두시상주》에 인용된 《익주기益州記》 명월협, 무산협, 광제협을 삼협이라고 한다.(明月峽巫山峽廣濟峽, 謂之三峽.)

8 筆陣(필진)– 필법을 전쟁에 비유한 것이다. 獨掃(독소)– 혼자서 쓸어버리다. '소'는 물리치는 것을 말한다. 千人軍(천인군)– 많은 군사를 뜻한다. 이 구는 두근의 서예 솜씨를 찬미한 것이다.

《두시상주》에 인용된 《법서法書》 왕희지의 〈제위부인필진도〉에 "종이는 진이요, 붓은 창칼이며, 먹은 투구와 갑옷이요, 벼루는 성과 해자이며, 재주는 장군이요, 마음은 부장이다."라고 하였다.(王羲之題衛夫人筆陣圖, 紙者陣也, 筆者刀矟也, 墨者鍪甲也, 硯者城池也, 本領者將軍也, 心意者副將也.)

《두공부초당시전》 또 그의 필력의 빠르고 날카로움은 비록 천 명의 군대일지라도 가히 지휘하여 혼자서 쓸어버릴 수 있다고 찬미한 것이다.(復美其筆力之快利, 雖千人之軍, 可指揮而獨掃矣.)

#《두시상주》: 먼저 두근의 재주가 훌륭함을 칭찬하였다. 위 두 구에서는 문장을 칭찬하고, 다음 두 구에서는 서법을 칭찬하였다. 화류의 망아지와 맹금의 날개는 어려서부터 기특한 기상이 있었음을 말한다. '도삼협'은 문세가 호탕함을 말하며, '소천군'은 초서가 종횡함을 말한다.(先贊勤才美. 上二稱文章, 次二稱書法. 驊駒鷙翮, 言少負奇氣. 倒三峽, 謂文勢浩瀚. 掃千軍, 謂草字縱橫.)

9 年(년)– '生'으로 된 판본도 있다. 纔(재)– 겨우.

10 射策(석책)– 옛날의 시험 방법의 일종이다. 시험 치는 사람으로 하여금 문제를 적은 여러 개의 간책簡策 중 하나를 골라서 답하게 하는

것이다. 君門(군문)－ 천자의 문. 조정을 가리킨다. 期(기)－ 기대하다. 기약하다.

《한서 · 소망지전蕭望之傳》'以射策甲科爲郎'의 안사고 주 '석책'이란 것은 어려운 물음이나 의심스러운 뜻을 간책에 적고, 그 대소를 헤아려 갑과 을의 과로 표기하고는 나열해 두어 드러나지 않게 하였다가, 시험을 보고자 하는 자가 있으면 그중에서 취하여 얻은 것을 풀게 하여 우열을 아는 것이다. 대책이란 정사와 경의를 공개적으로 물어서 각자로 하여금 그것에 대답하게 하여 그 문사를 보고 고하를 정하는 것이다.(射策者, 謂爲難問疑義, 書之於策, 量其大小, 署爲甲乙之科, 列而置之, 不使彰顯, 有欲射者, 隨其所取得而釋之, 以知優劣. 對策者, 顯問以政事經義, 令各對之, 而觀其文辭, 定高下也.)

11 穿楊葉(천양엽)－ 버들잎을 뚫다. 초나라 사람 양유기가 백 보 밖에서 화살을 쏘아 버들잎을 꿰뚫은 고사를 사용한 것이다. 이 구는 두근이 양유기의 궁술과 같은 정도의 숙련으로 학문을 성취하였다는 사실을 그 스스로 알고 있다는 뜻이다.

《두시상주》에 인용된 《전국책》 초나라에 양유기라는 사람이 있었는데 버들잎을 백 보 거리에서 쏘아도 백발백중이었다.(楚有養由基者, 去柳葉百步而射之, 百發百中.)

12 蹶(궐)－ 넘어지다. 엎어지다. 霜蹄(상제)－ 서리를 밟은 발굽. 未爲失(미위실)－ 아직 실패라고 생각할 필요가 없다는 뜻이다. 이 구는 앞의 '화류' 구를 이어받아 사람을 말에 비유한 것으로, 두근이 이번에 낙방한 것은 말이 서리를 밟다가 잠시 엎어진 것과 같으니 크게 실망하지 말라고 위로하는 내용이다.

《두시언해》 '잠궐상제' 구는 두근의 낙제가 실패로 칠 것이 못 됨을 비유한다.(暫蹶霜蹄, 喩勤落第未足爲失也.)

13 擢秀(탁수)－ 빼어난 재주가 발탁되다. 급제하는 것을 뜻한다. 非難取

(비난취) – 취하기 어려운 것이 아니다. 어렵지 않다는 뜻이다.

14 會是(회시) – 반드시. 마땅히. 排風(배풍) – 바람을 밀치다. 앞의 '지조' 구를 받아서 사람을 새에 비유한 것이다. 毛質(모질) – 우모羽毛의 바탕. 새의 자질.

[偶然 2구] 두근이 좋은 자질을 가지고 있어서 앞으로 크게 성공할 것이라고 위로하는 말이다.

《두시언해》 이 구절은 훗날에 빼어난 재주가 발탁되는 일을 얻는 것은 어렵지 않으니, 너는 붕새의 풍운을 밀쳐내는 깃털의 자질과 같은 것이 있다고 말한 것이다.(此言他日見擢英秀, 非難取也, 汝有如鵬鳥排擊風雲之毛質也.)

15 已(이) – '卽'으로 된 판본도 있다. 唾成珠(타성주) – 뱉은 침이 구슬이 되다. 원래 《장자》에 있던 말을 이용한 것으로, 두근의 뛰어난 창작 능력을 비유한다.

《장자 · 추수秋水》 그대는 저 침 뱉는 자를 보지 않았는가? 뿜을 때, 큰 것은 구슬 같고 작은 것은 안개 같아, 섞여서 떨어지는 것이 이루 헤아릴 수 없다네.(子不見夫唾者乎, 噴則大者如珠, 小者如霧, 雜而下者, 不可勝數也.)

《두공부초당시전》 종질이 입만 열면 구슬 같은 글을 이루어 훗날 반드시 귀하게 될 것을 찬미한 것이다. 진나라의 하후담이 말하기를 "침을 뱉으면 구슬을 이룬다."라고 하였다.(美從姪開口成文如珠, 它日必貴也. 晉夏侯湛曰, 咳唾成珠玉.)

16 如漆(여칠) – 옻칠 같다. 젊은 날의 머리를 뜻한다. 이 구절은 두보 자신이 늙어 머리가 센 것을 한탄하는 내용이다.

#《두시상주》: 다음으로 두근의 낙방을 위로하였다. 위에서는 평소의 일을 서술하였고, 여기서는 그가 시험에 임하였을 때의 일을 서술하였다. '천양' 구는 명중하는 솜씨를 말하며, '궐제' 구는 '화류'에 호응하

여 그가 때를 만나지 못하였음을 애석해하는 것이다. '탁수' 구는 알아주어 발탁하는 것이 때가 있으리라는 것을 말하며, '배풍' 구는 '지조'에 호응하여 그가 마침내는 현달하게 될 것을 기대하는 것이다. '타성주' 구는 입에서 나오는 대로 문장을 이룬다는 것이요, '발여칠' 구는 청년 시절이 다시 돌아오지 않는다는 것을 말한다.(次慰勤下第. 上是敍平日, 此乃敍其臨試. 穿楊, 言命中之技. 蹶蹄, 應驊騮, 惜其不遇也. 擢秀, 言識拔有時. 排風, 應鷙鳥, 望其終達也. 唾成珠, 矢口成章. 髮如漆, 青年莫返矣.)

17 潭沱(담타) - 원뜻은 파도 따라 일렁인다는 것이지만 여기서는 '담탕淡蕩'과 같은 뜻으로 봄빛이 화창한 모습을 말한다. '담'이 '淡'으로 된 판본도 있다. 秦東亭(진동정) - 진 지역의 동쪽 정자라는 뜻. '진'은 장안을 뜻한다. 이곳은 당시 떠나는 이를 전송하는 곳으로 이용되었다.

《두시언해》 '담타'는 바로 '담탕'이다. '동정'은 장안 성문 밖의 송별하는 곳이다.(潭沱, 卽淡蕩也. 東亭, 長安城門外送別處.)

18 渚蒲(저포) - 물가의 부들. 牙(아) - '芽'와 통하여 쓰인다. 荇(행) - 수초水草의 한 종류. 노랑어리연꽃.

19 杲杲(고고) - 해가 떠 있는 모양.

20 攪(교) - 어지럽히다. 冥冥(명명) - 꽃이 많이 피어 무성한 모양을 뜻한다. 이 구는 나무에 많이 핀 꽃이 이별의 심사를 어지럽힌다는 뜻이다.

《초사》 '深林杳以冥冥'의 주 '명명'은 초목이 무성한 것이다.(冥冥, 草木茂盛也.)

21 沙頭(사두) - 사주沙洲의 한쪽 끝.

22 呑聲(탄성) - 울음소리를 삼키다. 躑躅(척촉) - 머뭇거리다. 자리를 떠나지 못하는 모습이다. 涕淚(체루) - 콧물과 눈물.

#《두시상주》: 마지막에서는 이별할 때의 풍경과 일을 서술하고 있는데 정이 말 밖으로 넘치고 있다. 동정에서 전별을 하는데 부들과 마름이 한창 새롭다. '객의' 구와 '이사' 구는 두근이 장차 떠나려는 상황이다. 모두 취하였는데 홀로 깨어 있다는 것은 공이 차마 헤어지지 못하겠다는 것이다.(末敍別時景事, 情溢言表. 東亭餞別, 蒲荇方新, 客衣離思, 勤將去矣. 皆醉獨醒, 公不忍別也.)

##《독두심해》: 모두 세 번 운을 바꾸어 층차가 분명하다. 첫 단락에서는 그의 재주를 찬미하고 가운데 단락에서는 그의 뜻을 위로하고 뒤 단락에서는 그의 떠남을 애석해하였다. 반쯤 늙은 사람이 젊은이를 보내고 실의한 사람이 낙제한 사람을 보내니 정서가 절로 진하다.(凡三轉韻, 層次分明. 首贊其才, 中慰其意, 後惜其別. 以半老人送少年, 以落魄人送下第, 情緒自爾纏綿.)

(**이영주**)

9. 陪李金吾花下飮
이 금오를 모시고 꽃 아래에서 술을 마시다

勝地初相引[1]　徐行得自娛[2]　見輕吹鳥毳[3]　隨意數花鬚[4]
細草偏稱坐[5]　香醪懶再沽[6]　醉歸應犯夜[7]　可怕執金吾[8]

경치 빼어난 곳으로 당초에는 나를 이끌어 온 것이지만
천천히 거닐며 스스로 즐길 수 있게 되었다.
가벼운 것을 보아 새의 솜털을 불기도 하고
마음 내키는 대로 꽃술을 헤아리기도 한다.
가느다란 풀은 특히 앉기에 적당하여
향기로운 막걸리는 다시 사오기 게을러진다.
취하여 돌아가면 응당 야간 통행금지를 범할 것이니
정말 집금오가 두렵구나.

이 시는 금오대장군인 이사업과 함께 야외에서 꽃을 구경하고 술을 즐기면서 지은 것이다. 저작 시기는 천보 14년 봄으로 추정한다. '李金吾'는 천보 10년 표기좌금오대장군驃騎左金吾大將軍에 임명된 이사업李嗣業을 가리킨다.

> 《보주두시》 시에서 "취하여 돌아가면 응당 야간 통행금지를 범할 것이니 정말 집금오가 두렵구나."라고 하였으니 틀림없이 장안에서 지은 것이다. '금오'는 이사업이다. 이 시는 천보 14년 봄에 지어졌다.(詩云, 醉歸應犯夜, 可怕李金吾, 當在長安作. 金吾, 李嗣業也.

天寶十四載春作.)

《보주두시》 이사업은 좌금오대장군이 되었는데, 안녹산이 반란을 일으켜 장안과 낙양이 함락되자 주상이 영무에 있으면서 이사업을 부르니 행재소로 나아가 알현하였다. 시기로 따져보건대 '이금오'는 이사업이다.(李嗣業爲左金吾大將軍. 祿山反, 兩京陷, 上在靈武, 詔嗣業, 赴行在謁見. 以時論之, 李金吾爲嗣業也.)

주 석

1 勝地(승지)－ 경치가 뛰어난 곳. 이 구는 처음에는 이사업이 두보를 이끌어서 좋은 경관에서 노닐게 되었다는 말이다.

2 徐(서)－ '余'로 된 판본도 있다. 이 구는 노닐다 보니 두보가 스스로 즐기게 되었다는 말이다. 이하의 두 구는 스스로 즐기는 상황이다.

3 見輕(견경)－ 가벼운 것을 보다. 가벼이 날리는 것을 보았다는 말이다. 鳥毳(조취)－ 새의 솜털. 바람에 날려 떨어지는 꽃잎을 비유한다는 설도 있다.

4 數(수)－ 헤아리다. 花鬚(화수)－ 꽃술.

5 偏(편)－ 특히. 매우. 뜻밖에. 稱(칭)－ 적합하다. 이 구의 '偏稱坐'가 '稱偏坐'로 된 판본도 있다.

《두시상주》에 인용된 조차공 주 '편칭'은 특히 적합하다는 말이다. 두보의 시에서는 자주 '편' 자를 사용하는데, '편권', '편성', '편말' 등과 같다.(偏稱, 言偏宜. 公詩常用偏字, 如偏勸, 偏醒, 偏秣.)

6 香醪(향료)－ 향기로운 술.

[細草 2구]

《구가집주두시》 조차공 주 이것은 술을 마시다가 파할 무렵 가느다란 풀 위에서 쉬었는데 오직 이곳이 특별히 좋았기에 앉게 되자 일어날 생각이 없어졌으니 비록 술이 다 떨어졌어도 또한 다시 사오는 일이 게을러진다는 말이다.(此飮酒闌珊而歇於細草之上, 惟其偏可於此, 坐則不思起矣. 雖酒盡亦懶再沽也.)

《두보전집교주》에 인용된 고신 주 꽃이 핀 경치를 탐해 구경하다 보니 술 마시는 일에 또한 게을러진 것이다.(貪花之勝, 併飮酒亦懶也.)

7 犯夜(범야) – 야간에 통행을 금지한 명령을 어기다.

8 可怕(가파) – 매우 두렵다. 이와 달리 '어찌 두려워하겠는가'로 풀이하는 설도 있다. 執金吾(집금오) – 벼슬 이름. '執'은 '李'로 된 판본도 있다. 진秦나라에서는 중위中尉를 두어서 경사를 순찰하게 하였는데 한나라 무제 때 집금오로 이름을 바꾸었다. 금오봉金吾棒을 잡고서 비상사태를 제어하였다. 여기서는 이사업을 가리킨다.

《두시상주》 위술의 《서경기》에 "경성의 거리에는 금오가 있어 새벽과 밤에 소리를 전하며 야간 통행을 금하였다. 오직 정월 보름밤만 칙령으로 금오가 통행금지를 풀어주도록 허락하였는데 전후 각 하루씩이었다."라고 되어 있다. …… 《후한서 · 백관지》 응소의 주에 "쇠로 만든 병기와 가죽 갑옷을 입고서 비상사태를 제어한다. '오'는 제어한다는 뜻의 '어'와 같다."라고 하였다.(韋述西京記, 京城街衢, 有金吾, 曉暝傳呼, 以禁夜行. 唯正月十五夜, 勅許金吾弛禁, 前後各一日. …… 後漢志, 應劭注, 執金革以禦非常. 吾, 猶禦也.)

《구가집주두시》 조차공 주 '가파'라고 말한 것은 두려워하지 않는다는 뜻이다.(言可怕, 則不怕之也.)

[香醪 3구]

《두공부초당시전》 술을 다시 사오기에 게으르다는 말은 술을 마시고 취해 돌아가면 늦어서 금오의 야간 통행금지 명령을 어길까 두렵다는 것으로 이것은 금오를 놀리는 것이다.(酒懶再沽, 恐飮而醉歸, 晩而犯金吾禁之令, 此所以戱金吾也.)

#《두시상주》: 위 4구는 꽃 아래에서 노닌 것이고, 5, 6구는 꽃 아래에서 술을 마신 것이며, 마지막은 취한 후의 우스갯소리이다. 처음에는 이씨를 모시고 동행하였으므로 '상인'이라고 하였으며 나중에는 조용히 홀로 구경하였으므로 '자오'라고 하였다. 입으로 가볍게 날리는 새의 솜털을 불고 꽃망울을 터뜨린 꽃술을 속으로 헤아린다. 한적한 중에 사물을 완상하는 즐거움을 세세하게 적었는데 위에서 말한 '자오'이다. '칭좌'는 더불어 앉기에 좋다는 말이고 술 사는 것에 게으르다는 것은 취했으니 술을 사올 필요가 없다는 말이다.(上四, 花下之遊. 五六, 花下之飮. 末乃醉後謔詞. 始則陪李同行, 故曰相引. 旣則從容獨覽, 故曰自娛. 口吹輕颺之鳥毳, 意數吐萼之花鬚. 細寫閑中玩物之趣, 所謂自娛也. 稱坐, 謂與坐相宜. 懶沽, 謂醉不須沽.)

《독두심해》: 여덟 구가 물이 흘러넘치듯이 시상이 이어져 내려간다. 3, 4구는 사물을 묘사하는 표현인데, 의도가 있는 듯 없는 듯하다. '새의 솜털'은 바로 꽃잎인데 바람에 불려 떨어지니 가볍게 날려가는 것이 보이고, 꽃술이 드러나니 그래서 마음대로 헤아려 보는데 뜻이 반드시 헤아리는 데 있는 것은 아니다. "다시 사오기 게으르다."라고 하였는데 이미 취한 것이다. 맺는 말은 우스갯소리이다.(八句流衍而下. 三四, 體物屬詞, 有意無意. 鳥毳, 卽花片也. 因風吹落, 見其輕颺而去, 而花鬚露矣, 因隨意數之, 意非必於數也. 懶再沽, 已醉矣. 結語, 謔詞.)

(**김성곤 · 임도현**)

10. 官定後戱贈

관직이 정해진 뒤 장난삼아 주다

不作河西尉[1] 凄涼爲折腰[2] 老夫怕趨走[3] 率府且逍遙[4]
耽酒須微祿[5] 狂歌託聖朝[6] 故山歸興盡[7] 回首向風飇[8]

하서위를 맡지 않은 것은
처량하게 허리를 굽혀야 하기 때문이지.
늙은이 분주히 뛰어다닐까 두려웠는데
율부는 그런대로 한가로우리.
술을 즐기려면 적은 봉록이나마 필요하여
미친 듯 노래하며 성스런 조대에 몸을 기탁하니,
고향 산천에 돌아갈 흥취 다하여
고개 돌려 돌개바람 바라본다.

원주에 "당시에 하서위를 그만두고 우위율부병조가 되었다.(時免河西尉, 爲右衛率府兵曹.)"라고 하였다. 따라서 이 시는 천보 14년 10월경, 이미 제수된 하서위의 관직을 사양하고 우위율부병조의 관직을 택하면서 그 관직을 택한 이유와 그때의 심정을 나타낸 작품이다. 시제의 '贈'은 일반적으로 남에게 준다는 의미로 쓰이는데 여기서의 '戱贈'은 장난삼아 자신에게 시를 지어 준다는 뜻이다.

《보주두시》 포표의 주에 부를 바친 것은 천보 13년의 일이라 하였는데 잘못이다. 살펴보건대 공이 천보 10년에 〈삼대례부〉를 바치자 주상이 집현원에 대기시키고 문장을 시험하게 하였다. 천보 13년에 다시 〈봉서악부〉를 바쳤는데 그 표문에서 '(장안의) 한 필부'라고 하였으니 그때는 아직 관직을 얻지 못하였다. 우위율부참군으로 바뀐 것은 바로 천보 14년의 일이다. (〈기부서회사십운夔府書懷四十韻〉에서) 이른바 "옛날 하서위를 그만두자 처음으로 계북(안녹산의) 군대가 일어났다."라고 한 것이 이것이니 이 시는 마땅히 천보 14년에 지은 것이다. 관직이 아직 정해지지 않았을 때 공이 최국보崔國輔, 우휴열于休烈 두 학사에게 증여한 시(〈봉류증집현원최우이학사奉留贈集賢院崔于二學士〉)에서 "고향 산에 약물이 많다." "고향에 돌아갈 깃발을 정돈하려 한다."라고 하였는데 지금 이 시에서는 "술을 즐기려면 적은 봉록이나마 필요하여 미친 듯 노래하며 성스런 조대에 몸을 기탁하니, 고향 산천에 돌아갈 흥취 다하여 고개 돌려 돌개바람 바라본다."라고 하였으니 아마도 관직이 이미 정해졌을 것이다.(鮑注謂獻賦在天寶十三載, 非. 按, 公十載獻賦, 上令待詔集賢院試文章. 十三載再進封西嶽賦, 表上云一匹夫, 則其時未得官. 改衛率府參軍, 乃在十四載. 所謂昔罷河西尉, 初興薊北師, 是也. 此詩當作於天寶十四載. 方官未定時, 公贈崔于二學士詩云, 故山多藥物, 欲整還鄉旆. 而今詩云, 耽酒須微祿, 狂歌託聖朝. 故山歸興盡, 回首向風飇. 蓋官已定也.)

《구가집주두시》 조차공 주 이는 공이 스스로에게 준 것이다. 그래서 '희'라고 하였다.(此公自贈耳, 故云戲也.)

《두시상주》에 인용된 《두억》 '희증'이란 공이 스스로에게 준 것이다. 만당 사람들의 '자이', '자증' 등의 시제는 이것을 따른 것이다. (戲贈, 公自贈也. 晚唐人自貽自贈等題本此.)

주 석

1 河西尉(하서위)– 하서현의 현위縣尉.

2 折腰(절요)– 허리를 굽히다.

《진서晉書 · 도연명전陶淵明傳》 도잠이 팽택령이 되었는데 군에서 보낸 독우가 이르렀다. 관리가 "의관을 정제하고 그를 만나야 합니다."라고 아뢰자 도잠은 탄식하며 "내가 쌀 다섯 말 때문에 허리를 굽히고 굽실거리며 시골의 어린애를 섬길 수는 없다."라고 말하고는 곧 벼슬을 그만두고 〈귀거래사〉를 지었다.(陶潛爲彭澤令, 郡遣督郵至. 吏白, 應束帶見之. 潛歎曰, 吾不能爲五斗米折腰, 拳拳事鄕里小兒. 卽解印, 賦歸去來詞.)

3 老夫(노부)– 늙은이. 여기서는 두보 자신을 가리킨다. 趨走(추주)– 분주히 뛰어다니다. 일에 쫓겨 바쁘게 돌아다니는 것을 말한다.

4 率府(율부)– 관서명. 진나라 때 오율부五率府가 있었으니 좌위율左衛率, 우위율右衛率, 전위율前衛率, 후위율後衛率, 중위율中衛率이 그것이다. 남북조 및 수대를 거치면서 조금씩 변화하여 당대에 이르러서는 십율부十率府로 되었다. 바로 좌우위율左右衛率, 좌우사어율左右司禦率, 좌우청도율左右淸道率, 좌우감문율左右監門率, 좌우내율左右內率이 그것인데 모두 태자의 속관으로 동궁의 병장兵仗, 의위儀衛 및 문금門禁, 요순徼巡, 척후斥候 등의 일을 맡았다. 율부의 지위는 하서위보다 조금 위인 정팔품하에 속한다. 《두시상주》에서는 '率'의 음을 솔로 보았다.

[不作 4구] 하서위를 사양하고 우위율부병조를 택한 것에 대한 두보 자신의 설명이다. 현위가 되어서 소인배들에게 허리를 굽히기 싫은데다가 백성들을 들볶는 번거로운 일을 해야 하는 현위의 직책에 비하여 율부의 직위는 아주 한가하기 때문에 율부를 택하였다는 말이다.

《두시언해》 이것은 하서위가 되면 분주히 돌아다녀야 하는 수고가 있을까 두렵고 율부는 한직이므로 마음대로 할 수 있다는 말이다.(此言爲河西尉, 恐其奔走之勞, 率府閑曹, 得自肆也.)

5 須(수)－ 필요로 하다. 구하다. 바라다.

6 狂歌(광가)－ 미친 듯이 노래 부르다.

[耽酒 2구] 율부라는 관직을 얻은 이유를 술을 마련하기 위함이라고 자조하고 있는데 이는 자신의 웅대한 포부를 펴기에는 직위가 너무 형편없음을 반어적으로 표현한 것이다.

7 故山(고산)－ 옛 산. 즉 고향의 산천. 歸興盡(귀흥진)－ 돌아갈 흥취가 다하다. 돌아가고 싶은 생각이 사라지다.

8 風飇(풍표)－ 돌개바람.

[耽酒 4구]

《구가집주두시》 조차공 주 적은 봉록이 필요했기 때문에 다시 고향 산에 돌아갈 흥취가 사라지고 다만 바람을 맞으며 고개 돌려 바라볼 뿐이라는 말이다.(謂須微祿故無復歸山之興, 但臨風回首而已.)

《두시경전》 하나의 관직으로 초라하게 되어 돌아갈 계획에 때가 없으니 다만 바람을 맞으며 탄식할 뿐이다.(言一官潦倒, 歸計無時, 惟有臨風歎息而已.)

#《두시상주》: 공이 하서위를 사양하고 율부에 취임한 것은 아마도 아무 구속도 받지 않고 자유롭게 술을 마시고 함부로 노래 부를 수 있음을 취한 것일 뿐이리라. 그러나 또한 부득이하여 이렇게 한 것이기 때문에 고향 산을 돌아보는 감개가 있는 것이다. 살펴보건대 조차공 주에서는 "관직이 아직 정해지지 않았을 때 공은 〈봉류증집현원최우이학사〉시에서 '고향 산에 약초가 많다', '고향으로 돌아갈 짓발을 정돈하려 한다'고 말하였는데 이제 관직이 정해지고 나니 다시 고향 산으로

돌아갈 흥취가 사라지고 다만 바람을 맞으며 고개 돌려 바라볼 뿐이라고 하였다."라고 하였다.(公辭尉而就率府, 蓋取逍遙自在, 得以飮酒狂歌耳. 然亦不得已而爲此, 故有回首故山之慨. 按, 趙注云, 方官未定時, 公贈崔學士詩云, 故山多藥物, 欲整還鄕旆. 今官已定, 無復歸山之興, 唯有臨風回首耳.)

《독두심해》: 이는 자기를 변명하는 시이다. 하서위는 다른 사람 밑에 속한 관리이다. 율부는 확실히 한가로운 관직이다. 위 4구는 하서위를 그만두고 율부에 나아가는 까닭을 밝혔다. 5, 6구는 자신에게 주는 말로서 일생에 대한 총평이라고 할 수 있다. 결말에서 돌아갈 수 없다고 말하였는데 언외에는 바로 오래 머무는 것을 즐거워하지 않는 뜻이 있다. 관직이 비록 정해졌지만 여전히 뜻은 얻지 못한 것이다. (此解嘲之什也. 尉職爲人屬吏. 率府定是閒曹. 上四, 明辭就之故, 五六, 自贈語也, 可作一生總贊. 結言不得歸, 言外正有不樂久居之情. 官雖定, 仍未得志耳.)

《두억》: 만약 돈을 버는 것으로 말한다면 하서위를 맡는 것은 그리 처량한 일은 아니다. 그가 '처량'하다고 한 것은 하서위 일을 하면서 허리를 굽히고 또 분주히 돌아다닐까 두려워하는 것으로, 율부병조가 그런대로 '소요'할 수 있는 것만 못하다. '소요'는 '처량'과 상반된다. 율부의 봉록은 매우 적지만 술을 즐기는 비용을 제법 감당할 수 있는 데다가 미친 듯 노래하며 스스로를 성스런 조대에 부칠 수 있다는 것은 조정이 미친 듯 부르는 노래로 죄를 삼지는 않는다는 말로, 바로 '소요'를 보인 곳이다. 처음에는 본래 돌아가고자 하였으나 지금 적은 봉록을 얻어 돌아가려는 흥취가 마침내 다하였으니 기꺼이 고개를 돌려 돌개바람을 향해 바라보는 것이다. '돌개바람을 향한다'고 말하였으니 율부 역시 그가 바라는 바는 아님을 알겠다. 가난 때문에 벼슬하는 것으로 부득이해서이다. 불평의 뜻이 언외에 갖추어져 있다. (시제의)

'증' 자는 잘못이며 마땅히 '희제'로 해야 한다.(若論得錢, 則爲尉頗不凄涼, 其云凄涼者, 爲折腰且怕趨走, 不如率府兵曹且得逍遙, 逍遙與凄涼反. 率府之祿甚微, 頗堪爲耽酒之需, 而且得狂歌以自託於聖朝, 謂朝廷不以狂歌爲罪也. 正見逍遙處. 初本欲歸, 今得微祿, 歸興遂盡, 甘回首以向風飇耳. 曰向風飇, 知率府亦非所欲, 爲貧而仕, 不得已也. 不平之意, 具在言外. 贈字有誤, 當是戲題.)

(이석형)

11. 去矣行
떠나감을 읊은 노래

君不見韝上鷹[1]　一飽卽飛掣[2]
焉能作堂上燕[3]　銜泥附炎熱[4]
野人曠蕩無靦顔[5]　豈可久在王侯間[6]
未試囊中餐玉法[7]　明朝且入藍田山[8]

그대는 보지 못했는가! 토시 위의 매는
일단 배부르면 즉시 날아가 버리는 것을.
어찌 집 안의 제비가 되어
진흙 물고서 뜨거운 기운에 붙어 있을 수 있으리오.
야인은 마음 넓고 호탕하여 부끄러운 얼굴 없으니
어찌 왕후의 사이에서 오래 있을 수 있으리오.
주머니 속의 옥 먹는 법을 아직 시험해보지 못했으니
내일 아침 곧 남전산으로 들어가리라.

이 시는 두보가 귀족들 사이에서 구차하게 사는 삶을 청산하고 산림으로 돌아가려고 하는 심정을 노래한 것이다. 이 시의 창작 시기에 대해서는 천보 14년 설과 광덕廣德 2년 설이 있다.

《구가집주두시》 포흠지鮑欽止 주 천보 14년 을미년에 공은 나이 44세로 율부의 직위에 있으면서 자주 부와 송을 올렸으나 채록되지 못하였으므로 사직하고자 마침내 〈거의행〉을 지었다.(天寶十四

載, 歲次乙未, 公年四十四, 在率府, 數上賦頌, 不蒙采錄, 欲辭職, 遂作去矣行.)

《보주두시》 양권도는 천보 14년 장안에서 지은 시에 편입하고 있으니 포씨의 주와 같다. 아마도 "내일 아침 곧 남전산으로 들어가리라."라는 구 때문에 그렇게 말한 것이 아니겠는가? 그러나 "그대는 보지 못했는가! 토시 위의 매는 일단 배부르면 즉시 날아가 버린다는 것을. 어찌 집 안의 제비가 되어, 진흙 물고서 뜨거운 기운에 붙어 있을 수 있으리오."라는 구절을 음미해보면 어찌 장안에 있을 때의 말이겠는가? 공은 장안에 있을 때 부를 바치고 시를 보내며 오직 임금과 재상이 자신을 알아주지 못할까 봐 걱정하였으나 끝내 그러한 일은 없었다. 어찌 토시 위의 배부른 매와 같았겠는가? 뜨거운 기운에 붙어 있는 제비와 같음을 면하지 못하였다. 마땅히 광덕 2년 엄무의 막부에 있을 때 지은 것이다. 그래서 영태 2년 정월에는 마침내 완화계로 돌아갔던 것이다. "남전산으로 들어간다."라고 말한 것은 단지 위의 '찬옥' 구를 이은 것일 따름이다. 정말로 떠나가서 남전의 사람이 된다는 것이 아니다.(梁權道編在天寶十四載長安詩內, 與鮑注同. 豈非以明朝且入藍田山故云. 然味君不見鞲上鷹, 一飽則飛掣. 焉能作堂上燕, 銜泥附炎熱, 豈是在長安時語. 公在長安上賦投詩, 唯恐君相莫我知, 而卒無其遇, 豈類鞲鷹之飽, 未免如附炎之燕. 當是廣德二年在嚴武幕中作. 所以永泰二年正月遂歸溪上. 入藍田山云者止是承上餐玉之句耳. 非眞去爲藍田之人也.)

주 석

1 鞲(구) – 버랭이. 매사냥을 할 때 팔을 보호하기 위하여 만든 가죽 토시.

2 飛掣(비철) – 날아가다. 번개처럼 빨리 날아가다.

[君不見 2구]

《두시상주》에 인용된 호하객 주 버랭이 위의 매가 배가 불러 날아간다고 하였는데, 이것은 아마도 한때 우연히 격앙하여 한 말일 것이다. 그러나 공은 고적을 보내는 시에서 "배고픈 매가 고기를 배불리 먹지 못하면, 날개를 기울여 사람을 따라 난다."(〈송고삼십오서기십오운送高三十五書記十五韻〉)라고 하였고, 또 "늙은 준마는 천 리를 생각하고, 굶주린 매는 한 번 불러 주기를 기다린다."(〈증위좌승장제贈韋左丞丈濟〉)라고 하였으니 자신을 비유하고 남을 비유함에 있어 모두 이러한 표현을 사용하였다.(鞲鷹飽飛, 此或一時偶激之言. 但公送高適詩云, 飢鷹未飽肉, 側翅隨人飛, 又云, 老驥思千里, 飢鷹待一呼, 自喩喩人皆用此.)

3 焉(언) – 어찌. 堂上燕(당상연) – 집 위의 제비. 아첨하는 소인배들을 비유한다.

4 附炎熱(부염열) – 덥고 뜨거운 기운에 붙어 있다. 여기서는 세도가들 사이에서 구차하게 사는 삶을 비유한다.

[君不見 4구]

《구가집주두시》 조차공 주 매가 배가 불러 날아가는 것처럼 살지 제비가 연연해하며 붙어 있는 것을 배우지는 않겠다 하니, 이는 곧 현인과 의사가 권세 있고 부귀한 집에 아부하지 않는다는 뜻이다.(如鷹之飽而飛, 不若學燕之戀而附, 此乃賢人義士不阿附於權貴之門也.)

5 野人(야인) – 두보 자신을 가리킨다. 曠蕩(광탕) – 넓고 호탕한 모양. 성정이 광달하고 매어 있지 않은 모습을 가리킨다. 靦顔(전안) – 부끄러운 얼굴. 뻔뻔스러운 얼굴.

《두공부초당시전》 '야인'은 두보가 스스로를 말한 것이다.(野人, 甫自謂也.)

6 王侯(왕후) – 왕과 제후. 세도 높은 사람들을 가리킨다. 광덕 2년에

지었다는 설을 따르면 엄무를 가리킨다.

《두공부초당시전》 두보는 평소 엄무와 서로 친하였는데 엄무가 성도를 다스리게 되자 두보는 가서 그에게 의지하였다. 엄무는 두보를 불러 참모 겸 검교공부상서원외랑으로 삼았는데 이것이 굶주린 매가 고기를 포식하였다는 비유이다. 두보는 일찍이 술에 취해 엄무의 침상에 올라 눈을 부라리고 바라보며 말하기를 “엄정지에게 이런 자식이 있구나.”라고 말하였다. 엄무는 칼로 그를 죽이려고 하였으나 엄무의 어머니 덕분에 살 수 있었다. 두보는 이 때문에 떠나고 싶은 마음이 있었다. 그래서 이 시를 지었다.(甫素與武相善, 武鎭成都, 甫往依焉. 武辟甫爲參謀檢校工部尙書員外郎, 是飢鷹飽肉之譬也. 甫嘗醉登武床瞋視曰, 嚴挺之有是兒. 武杖劍欲殺之, 賴嚴母救免. 甫是以有去志, 故作是詩.)

7 餐玉法(찬옥법) – 옥을 먹는 방법. 선가에는 옥을 갈아서 먹는 비법이 있다.

《두공부초당시전》 옥은 양의 정기 중에서 순일한 것인데 가루를 내어 먹으면 사람으로 하여금 윤택이 나게 하고 늙음을 몰아낸다. 선가에 옥을 먹는 비법이 있다.(玉者, 陽精之純, 屑而食之, 令人色潤却老, 仙家有餐玉之法.)

8 藍田(남전) – 남전산을 가리킨다. 남전산은 장안 근처에 있는 산인데, 옥으로 유명하다.

《두시상주》에 인용된 〈장안지長安志〉 남전산은 장안현 동남쪽 30리에 있으며, 일명 복거산이라고 한다. 그 산에서는 옥이 나오므로 옥산이라고도 한다.(藍田山, 在長安縣東南三十里, 一名覆車山, 其山産玉, 亦名玉山.)

《두시상주》에 인용된 〈삼진기三秦記〉 옥 중에서 아름다운 것을 ‘구’라고 하고, 그 다음 것을 ‘남’이라고 한다. 이 지역에서 아름다운 옥이 나오기 때문에 그렇게 부른 것이다.(玉之美者曰球, 其次曰藍.

以地出美玉故名.)

《위서魏書 · 이선전李先傳》 이봉자의 아들 이예는 자가 원개이다. …… 마침내 장안에서 머물렀다. 매번 고인의 옥을 먹는 법을 흠모하다가 마침내 남전산을 찾아갔다. 몸소 땅을 파서 환옥, 벽옥이나 잡기 모양의 크고 작은 것을 백여 개나 얻었고 거칠고 검은 것도 약간 얻어서 바구니에 넣어 돌아왔는데, 집에 와서 보니 모두 광채가 있어 즐길 만하였다. 이예는 70개를 부수어 가루로 만들어서 날마다 복용하고 나머지는 사람들에게 많이 베풀었다.(鳳子子預, 字元愷. …… 遂居長安, 每羨古人餐玉之法, 乃採訪藍田, 躬往攻掘, 得若環璧雜器形者大小百餘, 稍得粗黑者, 亦篋盛以還, 而至家觀之, 皆光潤可玩. 預乃椎七十枚爲屑, 日服食之, 餘多惠人.)

#《두시상주》: 이 시는 관직을 그만두고자 하여 지은 것이다. 위의 네 구는 '비'에 속하고 아래 네 구는 '부'에 속한다. 차라리 날아가는 매가 될지언정 아부하는 제비가 되지 않는 것은 야인의 성품이 호탕하여 제후의 문전에서 부끄러운 얼굴을 하는 것을 달갑게 여기지 않기 때문이다. 남전산에서 옥을 먹겠다는 것은 아마도 그 일을 핑계로 세상을 버리고 숨으려는 것이다.(此詩欲去官而作也. 上四屬比, 下四屬賦. 寧爲鷹之颺, 不爲燕之附, 以野性曠蕩, 不屑靦顔侯門也. 餐玉藍田, 蓋將託之以遁世矣.)

《독두심해》: 포흠지는 "천보 14년 공은 율부의 직위에 있었는데, 사직하고자 하여 〈거의행〉을 지었다."라고 하였다. 《두억》에서는 "'마음 넓고 호탕하여 부끄러운 얼굴 없다'는 것은 호연지기를 갖추어 드러낸 것이다."라고 하였다. 살펴보건대, '옥을 먹다', '산에 들어간다'는 것은 핑계를 대어 떠나고자 한 것이다.(鮑欽止曰, 天寶十四載, 公在率府, 因欲辭職, 作去矣行. 杜臆, 曠蕩無靦顔, 具見浩然之氣. 按, 餐玉, 入山, 託詞以去也.)

(박석 · 최석원)

12. 夜聽許十一誦詩愛而有作

밤에 허 선생이 시를 낭송하는 것을 듣고 몹시 좋아서 짓다

許生五臺賓[1] 業白出石壁[2] 余亦師粲可[3] 身猶縛禪寂[4]
何階子方便[5] 謬引爲匹敵[6] 離索晚相逢[7] 包蒙欣有擊[8]
誦詩渾遊衍[9] 四座皆辟易[10] 應手看捶鉤[11] 淸心聽鳴鏑[12]
精微穿溟涬[13] 飛動摧霹靂[14] 陶謝不枝梧[15] 風騷共推激[16]
紫燕自超詣[17] 翠駮誰剪剔[18] 君意人莫知[19] 人間夜寥闃[20]

허 선생께서는 오대산의 손님으로
업을 깨끗이 하고 석벽에서 나왔는데,
저는 또한 승찬과 혜가를 스승으로 삼으면서도
몸이 여전히 선적에 매여 있습니다.
어찌하면 그대의 득도한 방편을 밟아
외람되이 이끌려 필적하는 상대가 될 수 있을까요?
사람들 곁을 떠나 쓸쓸히 살다 늦게서야 그대를 만났는데
몽매한 이를 포용해 주시니 즐겁게 깨우침을 받았습니다.

시를 낭송함에 두루 여유가 넘쳐
자리한 사람들이 다 놀라서 피하는데,
손이 뜻대로 응하니 허리띠 고리 두드리는 솜씨를 보는 듯하고
마음을 맑게 하니 화살이 울리는 것을 듣는 듯합니다.
정미함은 천지자연의 기운을 뚫고

날아 움직임은 벽력을 꺾으니,
도연명과 사영운도 대항하지 못하고
〈국풍〉, 〈이소〉와 함께 추숭하여 드날릴 만합니다.

자연이 절로 날쌔게 달려가거늘
취박을 누가 다듬어줄 수 있겠습니까?
그대의 뜻을 아는 이 없으니
인간 세상은 밤처럼 고요하기만 합니다.

이 시는 두보가 천보 14년 장안에 있을 때 허 씨가 시를 낭송하는 것을 듣고서 즐거운 마음이 일어남과 동시에 느낀 감회가 있어 지은 것이다. '許十一'은 '許十' 혹은 '許十損'으로 되어 있는 판본도 있다. '十一'과 '十'은 모두 친척 형제 중 몇째인지를 가리키지만, '損'이 이름을 가리키는지는 확실하지 않다.

《보주두시》 천보 14년에 장안에서 지은 것이다. 옛 편차를 따른다. 허씨는 틀림없이 오대산에 살면서 불학을 공부한 사람이다. 그러기에 "업을 깨끗이 하고 석벽을 나왔다."라고 한 것이다.(天寶十四載, 長安作. 從舊次. 許十當是居五臺學佛者, 故云業白出石壁.)
《독두시설》 어떤 판본에는 제목이 '許十損'으로 되어 있는데 그렇다면 이름이 '損'이다. 그러나 아직 명확한 증거는 없으므로, 설화나 정분 등이 시는 전하지 않아도 이름이 없어지지 않은 것만 못하다. 다행과 불행이 어찌 이처럼 다르단 말인가?(一本題作許十損, 則是名損, 然亦尚無明證, 則並不如薛華鄭賁等, 詩雖不傳, 名猶不沒, 幸不幸何殊若此.)

주 석

1 許生(허생)－ 허 선생. 五臺(오대)－ 산 이름. 賓(빈)－ 손님. 여기서는 허 선생이 스님이 아니라 불도를 닦기 위해 잠시 기거했기에 쓴 말이다.

《두시상주》에 인용된 《수경주水經注》 오대산은 다섯 개의 산봉우리가 우뚝 솟아 있기에 '오대'라고 부른다. 이 산은 자부산이라고도 하는데 신선이 거처한다. 그중 북대산은 바로 문수사리가 늘 독룡을 진압하던 곳이다.(五臺山, 五巒巍然, 故謂之五臺. 此山名爲紫府, 仙人居之, 其北臺之山, 卽文殊師利常鎭毒龍之所.)

2 業白(업백)－ 업을 깨끗이 하다. 出石壁(출석벽)－ 석벽에서 나오다. 오대산에서 나와 장안으로 온 것을 말한다.

《구가집주두시》 불경에서 좋은 업을 백업이라 하고 나쁜 업을 흑업이라 한다.(佛經以善業爲白業, 惡業爲黑業.)

《구가집주두시》 조차공 주 허 씨가 오대산에 머물며 업을 깨끗하게 닦고서 나왔다는 것을 말한다. 달마가 일찍이 말하길 "마땅히 백업에 부지런히 힘쓰고, 삼보를 지켜 견지해야 한다."라고 하였다. 《열자》에 "조양자가 중산에서 사냥을 하였는데 풀을 가져다 늘어놓고 숲에 불을 지피자 불길이 1백 리까지 퍼졌다. 그러자 한 사람이 석벽에서 나와 연기를 따라 오르내렸다."라는 기록이 있다. 오대산은 아라한이 있는 곳인데 허 선생을 '오대빈'이라고 한 것은 그가 오대산에 은거했기에 그렇게 이름한 것이며, 마침내 '출석벽'이라 한 것은 결국 신비롭게 하기 위해서이다.(言許生客居五臺, 行業精白而出也. 達磨嘗曰, 當勤白業, 護持三寶也. 列子載, 趙襄子狩于中山, 藉芿燔林, 扇赫百里, 有一人從石壁中出, 隨煙上下也. 五臺山, 阿羅漢所在, 謂許生爲五臺賓, 因其隱迹五臺而名之, 遂云出石壁, 乃所以神異之也.)

3 粲可(찬가)－ 승찬僧粲과 혜가慧可.

《두시상주》에 인용된 《구당서》 달마가 혜가에게 전수하였는데, 혜가는 일찍이 자신의 왼쪽 팔을 잘라 불법을 구하였다. 혜가는 찬에게 전수하였고 찬은 도신에게 전수하였으며 도신은 홍인에게 전수하였다.(達磨傳慧可, 慧可嘗斷其左臂以求法. 慧可傳璨, 璨傳道信, 道信傳弘忍.)

4 縛禪寂(박선적) – 선적禪寂에 매이다.

[許生 4구] 두보도 허 씨처럼 불교 공부를 하였는데 허씨는 경지에 올랐지만 두보 자신은 아직 그렇지 못하다는 것을 말한다.

《구가집주두시》 조차공 주 '찬가'는 두 사람의 이름이다. '선적'은 병렬된 두 글자이다. '찬'은 승찬이고, '가'는 혜가이다. 《전등록》을 살펴보면 진정 달마와 세대가 서로 인접해 있다. 두보는 허 씨와 함께 성공性空을 공부하였다는 것을 말하던 터라 시어에서 이를 썼다. "허 선생은 이미 업이 깨끗하여 나섰는데 나는 아직도 선공에 매여 벗어나지 못하고 있다."라는 것은 또한 스스로 부끄럽게 여기는 말이다. '縛' 자는 불경에서 나왔다. 대개 이것으로 '解' 자와 대를 이룬다. 불경의 말에 "선을 탐하여 집착하면 보살박이다."라는 것이 있는데, 선에 매이면 벗어날 수가 없게 된다.(粲可, 二人之名. 禪寂, 是兩字也. 粲則僧粲, 可則慧可. 按傳燈錄正與達磨世次相接. 公方言與許生共學性空事, 故詩語用此. 許生已業白而出, 吾猶縛禪空而未脫, 亦自慊之辭. 縛字出佛書. 蓋以對解. 其語曰, 貪著禪味, 是菩薩縛. 縛禪, 則不能解矣.)

5 階(계) – 단계를 밟다. 즉 그러한 과정을 거친다는 뜻이다. 子方便(자방편) – 그대의 방편. 즉 허 씨가 득도한 방법을 가리킨다. 전자방의 방편이란 풀이도 있으나 옳지 않다.

《구가집주두시》 위 문후는 전자방을 스승으로 섬겼다.(魏文侯師田子方也.)

《구가집주두시》 조차공 주 옛 주에서는 전자방이라 여겼으나 틀렸다.(舊注以爲田子方, 非.)

6 謬引(유인) – 잘못 이끌리다. 외람되이 지도를 받다. 이는 실제로 잘못 이끌린다는 말이 아니라, 허 씨를 높이고 자신을 낮추기 위한 겸손한 표현이다. 匹敵(필적) – 상대. 허 씨에 필적할 만한 경지에 오르는 것을 말한다.

[何階 2구] 허 씨가 득도한 과정을 거쳐 자신도 같은 경지에 이르기를 바라는 마음을 담고 있다.

《구가집주두시》 조차공 주 어떤 단계를 거쳐야 그대가 보여준 방편을 행하여 이로써 상대가 될 수 있겠느냐고 말하는 것일 게다.(蓋言有何因階, 得子垂方便之行, 而以之爲匹也.)

7 離索(이삭) – 사람들 곁을 떠나 쓸쓸히 사는 것을 말한다.

《예기 · 단궁檀弓》 자하가 말하길, "내가 사람들 곁을 떠나 쓸쓸히 산 지 실로 오래되었다."라고 하였다.(子夏曰, 吾離群索居, 亦已久矣.)

8 包蒙(포몽) – 몽매한 사람을 끌어안다. 여기서는 허 씨가 두보 자신을 이끌어 주는 것을 가리킨다. 有擊(유격) – 깨우쳐줌이 있다. '擊'은 '계몽啓蒙'의 뜻이다. 이 구는 허 씨의 가르침으로 깨우침을 얻는 것을 말한다.

《주역 · 몽괘蒙卦》 구이효九二爻. 몽매한 사람을 끌어안으면 길하다.(九二. 包蒙, 吉.)

《주역 · 몽괘》 상구효上九爻. 몽매함을 깨우쳐 주다.(上九. 擊蒙.)

[離索 2구] 사람들을 멀리하고 살다가 허 씨를 만나 가르침을 받아 깨닫게 되었다는 말이다.

《두공부초당시전》 두보 스스로 "내가 사람들 곁을 떠나 쓸쓸히 산 지 오래되어 나를 이끌어 줄 사우가 없었는데, 이제 서로 만난 것이 늦은 감이 있지만 허 선생께서 몽매한 나를 포용해 줌에 힘입어

내가 깨우친 바가 있다."라고 말하고 있다. 그래서 두보는 기쁜 마음으로 그가 시를 읊조리는 것을 듣고 깊이 깨닫게 된 것이다.(甫自言, 我離群索居, 久矣, 無師友相漸摩, 今日相逢, 恨得之晩, 賴許生包函蒙昧, 有所叩擊. 是故, 甫欣然聽其誦詩, 深有開發.)

#《두시상주》: 첫 단락에서는 허 씨가 선리에 정통한 것을 서술하였다. 전겸익 전에 "'빈'이라고 한 것은 잠시 머무는 것이고, '출'이라고 한 것은 나가 노니는 것이다. 허 선생이 유력한 것이 또한 담란曇鸞이 오대산에 잠시 머물렀다가 뒤에 석벽으로 옮긴 것과 같지 않겠는가?" 라고 하였다. 허 씨의 업은 이미 깨끗한데 자기는 여전히 선에 매여 있으니, 지금 무엇을 계단이나 사다리로 삼아 그대의 방편을 얻어 내가 필적하도록 이끌어 주심을 받을 수 있겠는가?(首敍許精禪理. 錢箋, 曰賓, 則暫住也, 曰出, 則出遊也. 得非許生遊歷, 亦如鸞公之少住臺山, 後移石壁者歟. 許業已白, 而己猶縛於禪, 今何所階梯, 得子方便之門, 而謬引我匹敵乎.)

9 渾(혼)－ 거의. 다. '混'으로 되어 있는 판본도 있다. 遊衍(유연)－ 여유가 있는 모양. 느긋하면서 거침이 없음을 말한다.

10 皆(개)－ '俱'로 되어 있는 판본도 있다. 辟易(벽역)－ 피하여 바꾸다. 즉, 그의 솜씨에 놀라고 주눅이 들어 자리를 피해 다른 곳으로 옮기는 것을 뜻한다.

《두공부초당시전》 '벽역'이라는 것은 놀라고 두려워 물러난다는 뜻이다.(辟易者, 驚懼退却之義也.)

11 應手(응수)－ 손으로 호응하다. 여기서는 떠오른 시상을 글로 잘 표현해내는 것을 말한다. 捶鉤(추구)－ 허리띠 고리를 두드리다. 솜씨가 숙련되어 능수능란함을 비유한다.

《장자 · 지북유知北遊》 대사마의 집에서 허리띠 고리를 두드리는 자는 나이가 80이 되어도 조금의 실수가 없었다.(大馬之捶鉤者, 年八

十矣，而不失毫芒.)

12 淸心(청심)－ 마음을 맑게 하다. 허 씨가 맑은 시상을 떠올리는 것을 말한다. 듣는 두보의 마음 자세를 표현한 것으로 볼 수도 있다. 鳴鏑(명적)－ 화살을 울리다. 소리내어 우는 화살. 이 구 역시 시가 훌륭함을 말한다.

《사기 · 흉노전匈奴傳》 묵돌이 소리 나는 화살을 만들어 기병들의 활쏘기를 훈련시키며 명령하길 "소리 나는 화살이 맞히는 것을 힘을 다해 다 맞추지 않는 자는 목을 베리라."라고 하였다.(冒頓乃作爲鳴鏑，習勒其騎射，令曰，鳴鏑所射而不悉射者，斬之.)

[應手 2구] 허 씨가 시 짓는 데 능숙하고 그의 시의 풍격이 맑다는 것을 말한다.

《구가집주두시》 조차공 주 앞 구는 허 씨의 시가 숙련됨을 말하고, 뒤 구는 그의 시가 맑다는 것을 말한다. 이 또한 고인이 말한 "좋은 시는 맑고 성숙하여 탄환과 같다."라는 의미와 같다.(上句言其詩之熟也，下句言其詩之淸也. 此亦古人所謂，好詩淸熟如彈丸之意.)

13 精微(정미)－ 시가 정교하고 미묘한 것을 말한다. 溟涬(명행)－ 천지가 형성되기 전의 혼돈의 상태인 자연의 기운. 널리 자연의 기운을 가리킨다. 조차공은《장자 · 재유在宥》에 '행명'이란 말이 있는 것을 보고 '명행'이《장자》에서 나온 것이 아니라 두보가 만든 말이라 하였으나,《장자 · 천지天地》에 '溟涬然弟之哉'라 하여 '명행'이라 쓰인 예가 있다. 아마 '명행'과 '행명'은 의미가 같은 말로 쓰였던 것 같다.

《장자 · 재유》 그대의 형체를 버리고 그대의 총명함을 뱉어내며, 세상 사람들과 외물을 잊고 자연의 기운에 크게 합치되다.(墮爾形體，吐爾聰明，倫與物忘，大同乎涬溟.)

《보주두시》에 인용된 조차공 주 옛 주에서는《장자》를 인용하고 있으나 결국 틀렸다. 본래 두보에게서 나온 것으로 그는 함부로 뒤집어 쓰지 않는다.(舊注引莊子, 終非. 本出杜公, 不敢倒用也.)

14 飛動(비동) – 날아 움직이다. 시에 생동감이 넘치는 것을 말한다. 摧霹靂(최벽력) – 벼락을 꺾다. 시의 작법이 신기하고 힘이 있는 것을 비유한다.

[精微 2구] 허 씨의 시가 심원하고 생동감 있으며 신기한 것을 말한다.

《구가집주두시》 조차공 주 '명행'은 천지가 처음 생겼을 때의 기운인데 그것을 뚫을 수 있다는 것은 그 뜻이 심원함을 말한다. '벽력'은 사물을 떨게 하는 소리인데 도리어 이를 꺾는다는 것은 그 구법이 신묘한 것을 말한다.(溟涬者, 天地初起之氣, 而可穿之, 言其意思深遠也. 霹靂者, 所以震物之聲, 而反摧之, 言其句法神妙也.)

15 陶謝(도사) – 진晉나라 때 시인인 도연명陶淵明과 송宋나라 때 시인인 사영운謝靈運을 말한다. 枝梧(지오) – 버티다. 대항하다.

《구가집주두시》 조차공 주 '도사'는 두 사람의 성씨로 도잠과 사영운이다.(陶謝, 二人之姓, 陶潛謝靈運也.)

16 風騷(풍소) – 《시경》의 〈국풍〉과 굴원의 〈이소〉. 推激(추격) – 추숭하여 높여주다.

[陶謝 2구] 허 씨의 재주가 크고 시가 고고高古한 것을 말한다.

#《두시상주》: 둘째 단락은 허 씨가 시를 낭송하는 것을 듣는 것을 말하고 있다. 허 선생이 스스로 그의 시를 읊어 시가 혼성하게 흘러나왔다. '유연'은 여유가 있는 모양이다. '벽역'은 놀라 피하는 모양이다. '추구'는 공력이 숙련되었음을 비유한다. '명적'은 기지가 민첩함을 비유한다. '천명행'은 생각이 조화와 통함을 말한다. '최벽력'은 기세가 벼락을 누름을 말한다. 아래로는 도연명과 사령운을 능가하고 위로는 〈국풍〉과 〈이소〉를 계승했다는 것은 그의 재주가 크고 기풍이 예스러운 것을 말한다. '지오'는 대항한다는 말과 같다. '추격'은 존중하여

힘껏 드날린다는 말이다.(次言聽許誦詩. 許生自誦其詩, 渾渾然流出. 遊衍, 從容貌. 辟易, 驚避貌. 捶鈎, 喻功之純熟. 鳴鏑, 喻機之迅捷. 穿溟涬, 謂思通造化. 摧霹靂, 謂勢壓雷霆. 下凌陶謝, 上繼風騷, 言其才大而氣古. 枝梧, 猶云抵當. 推激, 謂推尊而激揚之.)

17 紫燕(자연) – 준마의 이름. 자연류紫燕騮. '燕'은 '鸞'이나 '鷰'으로 되어 있는 판본도 있다. 超詣(초예) – 먼 곳으로 매우 빨리 달려가는 것을 뜻하는 말로, 여기서는 시가 심원한 것을 말한다.

《구가집주두시》 두전杜田 주 《서경잡기》에 "한 문제가 대代로부터 돌아오며 좋은 말 아홉 마리를 소유하였는데 모두 천하의 준마였다. …… 그중 여섯째 말의 이름이 자연류이다."라는 기록이 있다.(西京雜記, 漢文帝自代還有良馬九, 皆天下之駿, …… 六名紫鷰騮.)

《두공부초당시전》 '鷰'은 구본에는 '鸞'으로 되어 있으나 잘못이다. 구양수歐陽修는 '鷰'으로 하였다. 지금은 이를 따른다.(鷰, 舊作鸞, 非. 歐作鷰, 今從之.)

《두시상주》 구본에는 '鸞'으로 되어 있지만, 구양수의 가본에는 '鷰'으로 되어 있고 《정이》도 마찬가지다.(舊作鸞, 歐公家本作鷰, 正異同.)

《구가집주두시》 조차공 주 '紫鸞'으로 하는 것이 맞다. '鸞鳳'이라 할 때의 '鸞'이다. 두전은 '紫鷰'이라 하였으나 잘못이다. 대개 두보의 이 시를 두고 고시라고 하긴 하나 처음 두 구부터 매번 대우를 쓰고 있고, 구안句眼과 평측이 서로 이어져 있다. 만약 '紫鷰'이라 한다면 비단 뜻이 어그러질 뿐만 아니라 구안을 잃게 된다. 왜냐하면, 난과 봉의 명칭은 비록 색깔에 붉은빛이 많은 것을 봉이라 하기에 매양 단봉이라 말하고, 색깔에 푸른빛이 많은 것을 난이라 하기에 매양 청란이라 말하며, 봉이 오색을 띠면서 자줏빛이 많은 경우 난작鸞鷟이라 말하긴 하지만 이전 사람들이 자란작紫鸞鷟이라 말한 적은 없다. 그런데 두보는 〈북정北征〉시에서 '天吳及紫鳳, 顚倒在短褐'이라 하여 봉에 대해 자줏빛을 말하고 있으니, 이제 '紫鸞自超詣'라 한 것은 분명히 '紫鳳'이란 명칭과 같은 것이다. 두전의 《주두시보유정류註杜詩補遺正謬》는 권 머리에서 "구양공 집안의 선본에는 '騖'으로 되어 있다."라고 말하며 결국 한 문제의 아홉 말 가운데 하나가 자연류라는 고사를 인용하였고, 채백세의 《정이》 역시 '紫騖'이라 하였다. 그렇다면 평측이 서로 이어지지 않을 뿐만 아니라, 두 구 모두 말에 대해 말하게 되니 졸렬하지 않겠는가? '紫鸞'을 써서 '翠駮'에 대를 이루어 두 사물로 비유한 것이다.(作紫鸞者, 是. 鸞鳳之鸞. 杜田以爲紫騖, 誤矣. 蓋公此篇, 雖云古詩, 自首兩句而下, 每每用對, 而句眼平仄相連. 若作紫騖, 非止義錯, 而失句眼矣. 何則, 鸞鳳之名, 雖曰色多丹者曰鳳, 故每言丹鳳, 色多青者曰鸞, 故每言青鸞, 如鳳五色而多紫者曰鸑鷟, 但前人未嘗言紫鸑鷟, 而杜公於北征詩曰, 天吳及紫鳳, 顚倒在短褐, 則在鳳言紫矣. 今曰紫鸞自超詣, 固亦如紫鳳之稱. 杜田正誤, 於卷首云, 見歐陽家善本作騖, 遂引漢文帝九馬之一曰紫騖騮, 而蔡伯世正異, 亦作紫騖, 如此, 則平仄不相連, 又兩句皆言馬, 不亦拙乎. 紫鸞用對翠駮, 以兩物比之.)

18 翠駮(취박) – 푸른빛이 도는 말 비슷한 짐승. 전설 속의 신마神馬. 剪剔(전척) – 잘라내다. 이에 대해서는 말갈기를 자르고 털을 깎는다는 풀이도 있고, 말갈기를 자르고 말발굽을 깎는다는 풀이도 있다. 여기서는 시를 바로잡아 주는 것을 비유한다.

《두시상주》 여기서 이른 '취박'은 곧 취황, 취룡의 뜻이다.(此云翠駮, 卽翠黃翠龍之意.)

《두시상주》에 인용된 《이아익爾雅翼》 육박六駮은 말과 흡사한데 흰 몸에 검은 꼬리가 있고, 뿔이 하나 나 있으며, 톱니 같은 어금니와 호랑이 발톱을 하고 있다. 울음소리는 북소리 같고 호랑이나 표범을 잡아먹기 좋아한다. 대개 '駮'은 털이 난 짐승으로 볼 만하면서도 말과 비슷하여, 말 중에 색깔이 이와 비슷한 것은 '駮'으로 이름 짓는다.(六駮, 如馬, 白身黑尾, 一角, 鋸牙虎爪, 其音如鼓, 喜食虎豹. 蓋駮, 毛物, 旣可觀, 又似馬, 故馬之色相類者以駮名之.)

《장자 · 마제馬蹄》 백락이 말하길, "나는 말을 잘 관리하여 털을 지지고 잘라 주고 말발굽을 깎아 주고 고삐를 매 준다."라고 하였다. (伯樂曰, 我善治馬, 燒之, 剔之, 刻之, 雒之.)

《두공부초당시전》 말갈기를 자르고 말발굽을 깎다.(剪其鬣, 剔其蹄.)

[紫燕 2구] '紫燕'과 '翠駮' 모두 허 씨를 비유한다는 설(《두시상주》)과, '紫燕'은 허 씨를 비유하고 '翠駮'은 두보를 비유한다는 설(《두공부초당시전》)이 있다. 그렇다면 전자의 경우는 "자연이 절로 날쌔게 달려가거늘, 취박을 누가 다듬어 줄 수 있겠습니까?", 즉 "허 선생의 시가 절로 뛰어나거늘 누가 허 선생의 시를 손댈 수 있겠습니까?"라고 해석되고, 후자의 경우는 "자연은 절로 날쌔게 달려가지만, 취박을 누가 다듬어 주겠습니까?", 즉 "허 선생의 시는 절로 뛰어나지만 저의 시는 허 선생이 아니면 누가 손질해 주겠습니까?"라고 해석된다. 전자가 더 타당할 듯하다.

19 君意(군의) - 그대의 뜻. 즉, 허 씨가 시에 담은 뜻을 말한다.

20 寥闃(요격) - 조용하다.

#《두시상주》: 마지막에서는 허 선생을 칭찬하며 밤에 시를 듣는다는 의미로 귀결하고 있다. '자초예'는 홀로 특출할 수 있다는 뜻이고, '수전척'은 고칠 필요가 없다는 뜻이다. 시어의 미묘함이 이와 같아도, 만약 지기를 만나지 못하면 밤에 쓸쓸히 지내는 것과 거의 다를 바 없다. 두보는 아마도 스스로 소리를 아는 사람으로 자처하였을 것이다. 뛰어오르는 것을 '초'라고 하고, 멀리 가는 것을 '예'라고 한다. '전'은 말갈기를 잘라내는 것을 말하고, '척'은 털을 깎는 것을 말한다. (末贊許生, 歸結夜聽之意. 自超詣, 獨能超出也. 誰剪剔, 無待改削也.

詩意之妙如此, 使不遇知己, 幾於淸夜寂寥, 公蓋自託爲知音也. 騰逸曰超, 遠造曰詣. 剪謂薙其鬃, 剔謂刷其毛.)

《두공부초당시전》: 허 선생은 자연과 같아 초연히 멀리 달려가는데, 두보 자신은 취박과 같아 누구에게 의지하여 자신의 갈기를 자르고 말발굽을 깎을 것인가? 그래서 허 선생이 다듬어 주기를 희망하는 것이다. 그러나 허 선생은 시에 깊은 뜻이 있어도 애석하게 당대에 알아주는 이가 없으니, 아마도 당시 사람들의 몽매함이 밤에 고요한 것과 같거늘 누가 흑백을 가려 주겠는가라는 말이다.(言許生如紫鷰, 超然遠到, 甫如翠駮, 仗誰剪其鬣, 剔其蹄. 乃有望於許生之拂拭也. 然許生詩有深意, 惜乎當世莫能知之, 蓋世人蒙昧, 如夜之寂闃, 誰辨黑白.)

##《두시상주》에 인용된 왕사석王嗣奭의 평어: 두보는 스스로 "말이 사람을 놀라게 하지 않으면 죽어도 쉬지 않겠다."(〈강상치수여해세료단술江上値水如海勢聊短述〉)라고 하였고, 또한 "침울돈좌하고 때에 따라 민첩하여 양웅揚雄, 매고枚皐에게 미칠 수 있다."(〈진조부표進鵰賦表〉) 고 하였다. 평소 자부함이 이와 같았으니 응당 일체를 다 아래로 보았을 것이다. 지금 허 씨의 시를 듣고 진심으로 인정하며 탄복하고 있으니 단지 입에서 나온 말이 아니다. 그가 다른 사람의 시를 칭찬함에 이와 같은 경우가 오히려 많다. 평생 선을 좋아하고 현자를 생각하며 정성으로 추구하고 즐겨 취했는데 종래의 시인들에게서 부족한 점이다. 너그럽고 기백이 큰 대신의 풍도이며, 진정한 시인이로다.(公自謂語不驚人死不休, 又云沈鬱頓挫, 隨時捷給, 揚枚可企. 平日自負如此, 定應俯視一切. 今聽許詩, 實心推服, 不啻口出. 其稱他人詩, 類此尙多. 生平好善懷賢, 誠求樂取, 從來詞人所少. 蓋休休大臣之度也, 詩人乎哉.)

《독두심해》: 황학은 이르길, 허십일은 마땅히 오대산에 거하면서 불교를 배운 자라고 하였다. 내가 살피건대, 두보도 또한 선리에 정통하였기에 첫 단락에서 이로써 발단을 삼았다. '하계' 4구는 우연히 만나 선을 이야기하는 것을 빌려 중간의 시 낭송하는 것을 곁들여 일으키고 있으니 결국 주된 문장은 아니다. 중간 단락에서는 시 듣는 것을 정면으로 묘사했고, 끝에서는 지음으로 자부하며 결말을 맺었다. '응수' 2구에서는 낭송하는 자와 듣는 자의 신태身態와 정신이 다 드러난다. '정미' 4구는 시가 '초예'한 곳이다. '자연' 2구는 어기가 전환되면서 허씨의 시가 절로 묘하지만 그 묘함을 찾아낼 수 있는 자는 적음을 말하고 있다. 결말에서는 반대로 뒤집는 수법을 쓰고 있다. '야요격' 구는 의경이 고적孤寂하여 제목의 '야' 자를 이로써 공교롭게 파제하고 있다.(鶴云, 許十一, 當是居五臺學佛者. 愚按公亦妙解禪理, 故前段因以發端. 而何階四句, 卽借邂逅談禪, 陪起中幅誦詩, 要非正文也. 中段正寫聽詩而末以知音自許作結. 應手二句, 誦者聽者身段神情俱見. 精微四句, 詩之超詣處也. 紫鷰二句, 語氣轉側, 言許詩自妙, 而抉剔其妙者少也. 結用反跌法. 夜寥闃句, 意境廓然, 恰好借點夜字.)

(김만원 · 강민호)

13. 戱簡鄭廣文兼呈蘇司業

장난삼아 정 광문에게 편지를 쓰고 아울러 소 사업에게 보이다

廣文到官舍[1] 繫馬堂階下[2] 醉則騎馬歸[3] 頗遭官長罵
才名三十年[4] 坐客寒無氈[5] 賴有蘇司業[6] 時時乞酒錢[7]

광문이 관사에 이르러서는
말을 마루 계단 아래에 매어놓고,
술 마셔 취하면 말 타고 돌아가니
꽤나 관장의 욕을 먹었다.
재주와 명성으로 삼십 년이건만
앉은 객이 추워도 담요가 없을 지경,
그래도 소 사업이 있어서
때때로 술값을 준다.

광문관박사 정건에게 보내면서 아울러 국자사업 소원명에게도 보여준 시이다. 정건과 소원명은 모두 두보의 지인이다. 작시 시기는 천보 14년, 안녹산의 난이 일어나기 전으로 추정된다.

정건은 형양滎陽 사람이다. 시詩, 서書, 화畵에 모두 뛰어나서 삼절三絶이라고 칭하여졌다. 현종이 그의 재주를 아껴서 광문관을 설치하고 그를 박사로 삼았다. 소원명은 무공武功 사람으로 자가 약부弱夫이다. 천보 연간에 진사가 되었고, 후에 국자사업, 지제고知制誥, 비서소감秘書少監 등을 역임하였다.

시제에서의 '簡'은 '편지를 보내다'의 뜻이고, 편지의 내용이 바로 이 시이다.

《보주두시》《당서》를 보면, 소원명은 태자유덕으로 있다가 동평태수로 나갔다. 당시 제양태수 이릉李陵(《신당서》에 의하면 '傞'이다)이 두 현을 더 거느리기를 요청하자 하남채방사로 하여금 다섯 태수와 의논하게 하였으나 결정할 수가 없었고, 끝내는 제양군을 없애버렸다. 〈지리지〉에서 "천보 13년에 없앴다."라고 하였다. 소원명을 불러 국자사업을 삼았는데, 안녹산이 경사를 함락시켰을 때 소원명은 반군의 벼슬을 받지 않았다. 숙종이 두 경사京師를 수복한 뒤에 고공랑으로 발탁하였다. 따라서 사업이 된 것은 안녹산의 난이 일어나기 전의 일이다. 지금 시제에서 '소 사업'이라고 말했으니 의당 천보 14년에 지었으리라.(按唐史, 蘇源明以太子諭德, 出爲東平太守. 時濟陽太守李陵, 請增領二縣, 詔河南採訪使與五太守議, 不能決, 卒廢濟陽. 志云, 天寶十三載廢. 召源明爲國子司業. 祿山陷京師, 源明不受僞署. 肅宗復兩京, 擢考功郎, 則爲司業在祿山未亂之前. 今詩題云蘇司業, 當是十四載作.)

주 석

1 廣文(광문) – 광문관박사 정건을 가리킨다.

2 繫(계) – '置'로 된 판본도 있다.

3 則(즉) – '卽'으로 된 판본도 있다. 騎馬歸(기마귀) – 말 타고 집으로 돌아간다는 뜻이다.

4 三十(삼십) – '四十'으로 된 판본도 있다.

5 坐客(좌객) – 정건의 집을 방문한 손님을 뜻한다. 氈(전) – 털 담요.

이 구는 정건이 아주 빈한한 생활을 하였음을 말한다.

[才名 2구] 이 두 구는 《신당서》의 〈정건전〉에도 인용되었다.

《**두공부초당시전**》 《신당서 · 정건전》을 보면, 정건은 벼슬을 하고 있을 때 빈한하였지만 담담하였다고 하면서 두보가 전에 그에게 시를 주면서 '재주와 이름이 삼십 년이건만, 앉은 손이 추워도 담요가 없을 지경'이라고 말한 것을 인용하였다. 그러니 공의 시가 정말로 시사임을 알겠다.(按唐書鄭虔傳, 虔在官貧約, 澹如也, 乃引杜甫嘗贈以詩曰, 才名三十載, 坐客寒無氈, 則知公之作, 眞詩史也.)

6 賴(뢰) – '近'으로 된 판본도 있다.

7 乞(기) – 주다. '與'로 된 판본도 있다.

《**두시상주**》 《한서 · 주매신전》 '吏卒更乞匄之'에 대하여 안사고는 "'乞'는 '기'로 읽고 '주다'의 뜻이다."라고 하였다. 그리고 《광운》에서 "'乞'는 '사람에게 주다'의 뜻이다."라고 하였다.(朱買臣傳, 吏卒更乞匄之, 顏師古曰, 乞, 讀作氣, 與也. 廣韻, 乞, 與人也.)

#《두시상주》: 네 구 지나서 운을 바꾸었다. 위에서는 정건에게 장난삼아 편지한 내용으로 그의 제멋대로 행동하는 모습을 묘사하였고, 아래는 아울러 소원명에게 주는 것으로 그 사귐의 정을 찬미하였다.(四句轉韻. 上戲簡鄭, 摹其狂態.下兼呈蘇, 美其交情.)

《독두심해》: 두 사람의 제멋대로 행동하는 모습과 협기俠氣 있는 모습이 생생하다.(兩人狂態俠態如生.)

(**이영주**)

14. 夏日李公見訪

여름날 이공이 나를 방문하다

遠林暑氣薄[1] 公子過我遊[2] 貧居類村塢[3] 僻近城南樓[4]

傍舍頗淳樸[5] 所須亦易求[6] 隔屋喚西家[7] 借問有酒不[8]

牆頭過濁醪[9] 展席俯長流[10] 淸風左右至 客意已驚秋[11]

巢多衆鳥鬪[12] 葉密鳴蟬稠[13] 苦遭此物聒[14] 孰謂吾廬幽[15]

水花晩色靜[16] 庶足充淹留[17] 預恐樽中盡[18] 更起爲君謀[19]

번 숲이라 더운 기운이 엷어
공자가 우리 집에 들러 노니는데,
빈한한 거처는 시골 동네를 닮았고
외진 곳이라 성의 남루에서 가깝네.
이웃집은 자못 순박하여
필요한 것은 또한 쉽게 구할 수 있기에,
집 너머로 서쪽 이웃을 불러서
술이 있는지를 물었더니,
담장으로 탁주를 주기에
자리를 깔고 긴 강물을 굽어보네.

맑은 바람이 좌우에서 불어오니
손님의 마음 이미 가을인가 놀라네.
새 둥지가 많아 뭇 새들이 싸우고
나뭇잎이 무성하여 우는 매미가 많은데,

이것들의 시끄러움으로 괴로우니
누가 내 집이 조용하다 하겠는가마는,
연꽃은 저녁 빛이 고요하여
오래도록 머무를 만한데,
술동이 빌까 미리 걱정되어
다시 일어나 그대를 위해 준비하네.

이 시는 여름날 이공이 두보의 집을 방문하자 그와 함께 한때를 즐기는 정경을 적은 것이다. '李公'은 태자가령太子家令을 지낸 이염李炎으로 보인다. 태자가령은 태자 집안의 음식, 식량, 창고 등을 관할하였다. 저작 시기는 천보 말년으로 추정된다.

《보주두시》 "빈한한 거처는 시골 동네를 닮았고 외진 곳이라 성의 남루에서 가깝다."라고 하였으니 바로 장안성 남쪽에 있을 때이다. 지금 시제에서 "이공이 나를 방문하다."라고 하였는데 "이 가령이 나를 방문하다."로 된 판본도 있다. 《종실세계표》를 살펴보면 오직 채왕의 계보에 이염이 있어 태자가령이 되었고 양황제의 계보에 이평이 있어 태자가령이 되었으며 영왕을 계승하였다. 그러나 이평은 원래 양황제로부터 5대 떨어져 있어서 두보와 같은 시대가 아니니 아마도 이염인 듯하다. 천보 14년에 지은 것이다.(以貧居類村塢, 僻近城南樓, 則是在長安城南. 今詩題云李公見訪, 一云李家令見訪, 按宗室世系表, 唯蔡王房有炎爲太子家令, 讓皇帝房有平爲太子家令嗣寧王. 然平原去讓皇帝五世, 不與公同時, 疑是李炎. 在天寶十四載作.)

주 석

1 遠林(원림)－ 먼 숲. 장안성에서 멀리 떨어진 숲을 가리킨다.

2 公子(공자)－ 이공을 가리킨다.

3 貧居(빈거)－ 빈한한 거처. 여기서는 두보의 거처를 가리킨다. 村塢(촌오)－ 촌락. 시골 동네.

4 僻(벽)－ 후미지다. 城南樓(성남루)－ 장안성의 남쪽 누대. 두보는 장안성 남쪽의 위두韋杜(하두성下杜城)에 살았다.

5 傍舍(방사)－ 옆집.

6 所須(소수)－ 필요로 하는 것. '須'는 '願'으로 된 판본도 있다.

7 隔屋(격옥)－ 집 너머. 이웃집을 가리킨다.

8 不(부)－ 문장 끝에서 의문문을 만든다.

9 牆頭(장두)－ 담장 위. 過(과)－ 옮기다. 건네준다는 뜻이다. 濁醪(탁료)－ 탁주.

10 長流(장류)－ 긴 강물. 여기서는 하두성의 번천樊川을 가리킨다.

《구가집주두시》 조차공 주 두릉의 번향에 번천이 있는데, 휼수는 번천에서 서북쪽으로 흘러서 하두성을 지난다. 그러므로 시구에 '전석부장류'라는 것이 있으니 아마도 그 거처가 이곳에 해당할 것이다.(杜陵之樊鄕, 有樊川, 而潏水則自樊川西北流, 經下杜城. 然則詩句有展席俯長流者, 豈其居當此地耶.)

#《두시상주》: 첫 연에서는 제목의 내용을 집어서 말했으며 '빈거' 이하는 '원림'을 이어받는다. 이 단락은 살고 있는 곳의 경치와 일을 서술하고 아울러 머무르게 하며 술을 마시는 정을 서술하였다. 신함광이 말하기를 "'격옥' 구와 '장두' 구는 촌가의 정겨운 일을 완연하게 그려냈는데 시어가 질박함을 꺼려하지 않는다."라고 하였다.(首聯點題.

貧居以下, 承遠林. 此敍所居景事, 而兼述留飮之情. 申涵光曰, 隔屋喚西家, 牆頭過濁醪, 畵出村家情事宛然, 語不嫌質.)

11 客意(객의) – 손님의 마음. '客'은 이공을 가리킨다. 驚秋(경추) – 가을이 왔는가 하며 놀라다. 그곳이 매우 시원하다는 뜻이다.

12 鬪(투) – '喧'으로 된 판본도 있다.

13 稠(조) – 많다.

14 遭(조) – 만나다. 당하다. '道'로 된 판본도 있다. 聒(괄) – 떠들썩하다. 시끄럽다.

15 謂(위) – '語'로 된 판본도 있다. 幽(유) – 조용하다. 그윽하다.

16 水花(수화) – 연꽃. 晩色(만색) – 저녁 때의 모습. 靜(정) – '淨'으로 된 판본도 있다.

《고금주古今注》 부용은 '하화'라고도 한다. 못 가운데서 자라며 열매를 '련'이라고 한다. 꽃 가운데서 가장 빼어난 것으로 '수지', '수화'라고도 한다.(芙蓉, 一名荷華. 生在池澤中, 實曰蓮. 花之最秀異者, 一名水芝, 一名水花.)

17 庶(서) – 거의. 바라건대. 足(족) – 충분하다. 充淹留(충엄류) – 오랫동안 머물 뜻을 채워주다.

18 預恐(예공) – 미리 염려하다.

19 謀(모) – 도모하다. 술을 준비하는 것을 가리킨다.

#《두시상주》: '청풍' 이하는 '서기박'을 이어받는다. 이 단락은 여름날의 경물을 서술하고 아울러 술을 권하는 마음을 언급하였다. 《두억》에서 "'차물괄'은 '매미'와 '새'를 이어받은 것으로 반대 상황을 말해 그 '조용함'을 드러내고 있다. '만색정'은 또 전환하는 말이 되어서 글에 돈좌의 운치가 있게 되었다."라고 하였다. 맑은 바람이 좌우에서 불어

와 바야흐로 서늘한 기운이 옷깃을 헤치는 것이 좋다. 홀연 새가 싸우고 매미가 울어 또 요란한 소리가 귀에 시끄럽게 들림을 느끼게 된다. 연꽃의 저녁 빛을 보게 됨에 이르러서는 소란스러움이 고요함을 방해하지 않아 그윽한 뜻이 여전히 남아 있다. 눈앞의 경물을 대상으로 하여 이처럼 곡절하고 생동감 있게 그려내었다. 시상의 배치를 잘할 줄 아는 자에게는 곳곳이 모두 시의 재료가 된다.(淸風以下, 承暑氣薄. 此敍夏時景物, 而幷及勸飮之意. 杜臆, 此物聒, 承蟬鳥, 反言以見其幽. 晩色靜, 又作轉語, 文有頓挫之致. 淸風左右至, 方喜凉氣披襟, 忽而鳥鬪蟬鳴, 又覺繁聲聒耳. 及看水花晩色, 則喧不礙靜, 幽意仍存. 卽見前景物, 寫得曲折生動如斯. 知善布置者, 隨處皆詩料也.)

《독두심해》: 이 시는 마치 도연명의 시를 흉내 낸 듯한데 두보의 본색은 아니다. 당시 이런 종류의 시는 오직 왕유나 저광희儲光羲 무리가 잘 지었다.(詩似擬陶, 非老杜本色. 當時此種, 惟王右丞儲太祝輩擅長.)

(김성곤·임도현)

15. 天育驃圖歌

천육의 날쌘 말 그림의 노래

吾聞天子之馬走千里[1]　今之畵圖無乃是[2]
是何意態雄且傑[3]　駿尾蕭梢朔風起[4]
毛爲綠縹兩耳黃[5]　眼有紫焰雙瞳方[6]
矯矯龍性含變化[7]　卓立天骨森開張[8]
伊昔太僕張景順[9]　監牧攻駒閱淸峻[10]
遂令大奴字天育[11]　別養驥子憐神駿[12]
當時四十萬匹馬[13]　張公歎其材盡下[14]
故獨寫眞傳世人[15]　見之座右久更新[16]
年多物化空形影[17]　嗚呼健步無由騁[18]
如今豈無騕褭與驊騮[19]　時無王良伯樂死卽休[20]

천자의 말은 천 리를 달린다고 내가 들었는데
지금의 그림이 바로 그 말이 아닌가.
이는 어찌나 기상과 자태가 씩씩하고 걸출한지
갈기와 꼬리가 요동치니 삭풍이 일어나네.
털은 청록색이고 두 귀는 누런데
눈에는 자색 화염이 일고 두 눈동자가 모나네.
도도한 용의 성정은 변화를 머금고
우뚝한 천골은 삼연하게 펼쳐져 있네.

예전에 태복 장경순은
말 기르는 일을 감독하며 망아지를 길들임에 그 청준함을 살폈는데,
마침내 큰 종으로 하여금 천육에서 기르게 하여
각별히 준마를 길러내 그 빼어난 자태를 아꼈다지.
당시 40만 필의 말에 대해
장공은 그 재주가 모두 못한 것에 감탄하고,
그래서 유독 참모습을 그려내어 세상 사람들에게 전하였는데
자리 오른쪽에 두고 보니 오래될수록 더욱 새로웠다지.

해도 많이 가고 말도 사라져 공연히 모습만 남았으니
오호! 건장한 걸음은 치달릴 수가 없구나.
지금 어찌 요뇨와 화류가 없으랴마는
이 시절 왕량과 백락이 없으니 죽고 나면 그만이로구나.

이 시는 천자의 마구간에서 기른 날랜 준마의 그림을 보고 지은 것이다. 준마의 탁월한 모습을 예찬하는 한편 두보 자신의 회재불우의 심정도 기탁하고 있다. '천육天育'은 궁궐의 마구간을 가리켜 말한 것이다. '천자가 기르는 말'로 보는 설도 있다. '표驃'는 빨리 달리는 준마를 말한다. 작시 시기는 천보 말년으로 추정된다. 제목이 '天育驃騎歌'로 된 판본도 있다.

《보주두시》 《당회요》에 보면 정관 21년 8월 17일에 골리간이 조공을 보내와 말을 바쳤다. 그중에 말 열 필이 특히 뛰어났으므로 태종이 각기 이름을 지어주었는데 그 여섯 번째가 '비하표'였다.

《신당서》, 《구당서》, 《당회요》 등 여러 책을 살펴보니 당나라 때 '천육'으로 마구간의 이름을 삼은 것은 없다. 분명 천보 말년에 지은 것이다. 그래서 시에서 "자리 오른쪽에 두고 보니 오래될수록 더욱 새로웠다.", "해도 많이 가고 말도 사라져 공연히 모습만 남았다."라는 구절이 있는 것이다.(唐會要, 貞觀二十一年八月十七日, 骨利幹遣朝貢獻馬, 其中十疋尤駿, 太宗各爲製名, 其六曰飛霞驃. 按新舊史唐會要諸書, 唐無天育名廐. 當是天寶末年作, 故詩云, 見之座右久更新, 年多物化空形影.)

《두시상주》 황학의 주에서는 "이 시는 마땅히 천보 말년에 지어진 것이다."라고 하였다. 왕수는 "천육은 마구간의 이름이다."라고 하였다. 《당서·병지兵志》에 의거하면 모두 열두 개의 마장이 있었고 두 곳의 마구간을 만들었는데, 하나는 '상린'이라 했고 하나는 '봉원'이라 했다. 그 후에 단지 팔방과 팔감을 증설하였지, 역시 '천육'으로써 마구간을 이름한 것은 없었다. 의당 이는 천자가 기르는 말을 이르는 것일 뿐이다. 지금 살펴보건대 '표'는 빨리 달린다는 뜻이니, '표기'는 '비기'라고 말하는 것과 같다. 동방삭에게 〈답표기난〉이 있고, 한나라 때는 '표기장군'의 칭호가 있었다. 또 당나라 정관 연간에 골리간이 바친 말 열 필이 특히 뛰어났으므로 태종이 각기 이름을 지어주었는데, 그 여섯째 말이 '비하표'였다.(鶴注, 此當是天寶末年作. 洙曰, 天育, 馬廐名. 據唐志, 總十二門(閑의 잘못)者爲二廐, 一曰祥麟, 一曰鳳苑. 其後但增八坊八監, 亦無以天育爲廐者, 當是云天子所育之馬而耳. 今按, 驃, 疾走也. 驃騎猶云飛騎. 東方朔有答驃騎難. 漢有驃騎將軍之號. 又唐貞觀間, 骨利幹所貢馬十疋尤駿, 太宗各爲製名, 其六曰飛霞驃.)

《독두심해》 왕수는 "천육은 마구간의 이름이다."라고 했는데, 주학령은 여러 책에서 (그러한 기록을) 고찰할 수가 없다고 말했다. 내가 생각건대 당시 천자의 마구간을 일컫는 속명이 아니었나 한다.(洙曰, 天育, 廐名. 朱氏謂諸書無攷. 愚按, 疑是當時稱天廐之俗名.)

《독두시설》 지금 살펴보건대 '천자가 기르는 말'이라고 하는 말이 있다고 해서 잘라서 '천육'이라고 말하는 것도 오히려 합당치 않은 것 같다. 게다가 이 시에서 '수령대노자천육'라고 하였는데 '자' 자는 또한 기른다는 뜻이니, 이는 천자가 기르는 말을 기른다는 말이니 표현이 더욱 중복된다. 아마도 '천육'은 혹 마구간의 이름일 터인데 오래지 않아 없앴기 때문에 《당서 · 병지》에서 기록하지 못했을 것이다.(今按, 因天子所育之馬, 截稱天育, 似尙不合, 且詩云, 遂令大奴字天育. 字, 亦育也, 是云育天子所育之馬, 語尤近複. 疑天育或廐名, 惟不久卽廢, 唐志遂失載也.)

주 석

1 天子之馬(천자지마) – '天馬之子'로 된 판본도 있다. 走千里(주천리) – 천 리를 달리다.

《두시상주》에 인용된 《목천자전穆天子傳》 천자의 말은 천 리를 달리는데 맹수를 능가한다.(天子之馬, 走千里, 勝猛獸.)

2 今之畵圖(금지화도) – 작자의 눈앞에 펼쳐 있는 그림을 가리킨다. 無乃是(무내시) – 바로 이것이 아니겠는가? 여기서 '이것'은 앞 구에서 말한 천 리를 달리는 천자의 말을 가리킨다.

3 意態(의태) – 말의 기상과 자태를 두고 한 말이다.

4 騣尾(종미) – 말의 갈기와 꼬리. '騣'이 '鬉'으로 된 판본도 있다. 蕭梢(소초) – 흔들리는 모습. 朔風起(삭풍기) – 북풍이 일어나다. 말의 기세를 비유적으로 표현한 것이다. 이와 달리 북풍 속에서도 갈기와 꼬리를 곧게 세울 수 있다고 풀이할 수도 있다.

《구가집주두시》 조차공 주 《신이경》에 대원마는 갈기가 무릎까지 닿고 꼬리는 땅에까지 늘어진다고 기재되어 있으니 긴 갈기와 꼬리가 요동을 치면 삭풍을 일으킬 수 있다. 삭풍을 말한 것은 가장 혹독하고 매서운 것이기 때문이다.(神異經載大宛馬鬣至膝, 尾委於地, 則鬉尾之長者, 蕭梢搖動可起朔風, 言朔風, 最慘烈者.)

《두시상주》 '소초'는 말갈기와 꼬리가 요동치는 모습으로, 비록 삭풍을 만나도 똑바로 세울 수 있다는 말이다. 진사도가 말하기를 "훌륭한 말은 추위를 겁내지 않는다. 바람 속에 울고 눈을 밟으면 더욱 정신이 난다."라고 하였다.(蕭梢, 鬣尾搖動之貌, 雖遇朔風而能竪起也. 陳師道曰, 馬之良者不怕寒, 嘶風踏雪, 愈有精神.)

5 綠縹(녹표) – 청록색 또는 청황색. '縹'가 '驃'로 된 판본도 있다.
《두공부초당시전》 '표'는 청황색이다.(縹, 靑黃色也.)
《두시상주》에 인용된 《목천자전》 위나라 때에 선비족이 천리마를 헌상하였는데, 흰색에 두 귀가 누런색이었기에 '황이'라고 이름하였다.(魏時鮮卑獻千里馬, 白色, 兩耳黃, 名曰黃耳.)

6 紫焰(자염) – 자줏빛 화염. 雙瞳方(쌍동방) – 두 눈동자가 모가 나다.
《두시상주》에 인용된 《상마경相馬經》 눈은 높아야 하고, 눈자위는 모져야 한다. 빛나는 눈동자는 마치 달아놓은 방울에서 자줏빛 화염이 일어나는 듯해야 한다.(眼欲得高, 眶欲得端, 光睛欲得如懸鈴紫焰.)

7 矯矯(교교) – 헌걸차고 도도한 모습. '矯然'으로 된 판본도 있다. 龍性(용성) – 용과 같은 성질. 뛰어난 말을 가리켜 한 말이다. 含(함) – '合'으로 된 판본도 있다. 이 구는 도도한 용마의 신태神態가 변화무쌍하다는 말이다. '矯矯龍性'이 '矯龍性逸'로 된 판본도 있다.

8 卓立(탁립) – 우뚝이 솟다. 天骨(천골) – 하늘이 내린 골상. 준마의 신체를 가리킨다. 森開張(삼개장) – 삼엄하게 펼쳐지다. 그림 속 말

의 빼어난 골격이 엄숙하고 장엄하게 펼쳐져 있다는 말이다.

#《두시상주》: 앞 단락에서는 그림 속 말을 기록하였다. 맨 먼저 '천자의 말'을 언급한 것은 이 그림이 천자가 기르는 말을 보고 그렸기 때문이다. '종미' 이하는 모두 그 '기상과 자태의 씩씩함과 걸출함'을 그린 것이다.(前記畵中之馬. 首提天子之馬, 此圖爲天育設也. 騣尾以下, 皆寫其意態之雄傑.)

9 伊(이) – 발어사로서 특별한 의미가 없다. 太僕(태복) – 당나라 때 궁중의 말을 관리하던 벼슬. 張景順(장경순) – 인명. 개원 연간에 태복太僕을 지냈다.

《구가집주두시》 조차공 주 '태복'은 관명이다. 《당서·병지》에 이르기를 "밀 사육을 감독하는 제도를 보면 그 관원의 동솔은 태복이 한다."라고 하였다. 지금 두보의 시에서 말한 '태복 장경순'은 의당 개원 시절 태복을 지낸 성은 장이고 이름은 경순이란 사람이다. 옛 주에서는 착오가 있어 자가 '경순'인 '장만세'로 여겨서 배우는 사람들을 오도하게 되었다. 장만세가 태복을 지냈으나 그는 본시 정관 때 사람이었다. 지금 살펴보건대 장열이 개원 13년에 지은 〈농우감목송덕비서〉를 보면 "개원 원년 기르는 말이 24만 필이었는데, 개원 13년에는 40만 필이 되었다. 주상께서 돌아보시며 태복소경겸진주도독감목도부사 장경순에게 '내 말이 얼마나 되는가! 번성함은 경의 힘이오'라고 하였다. 장경순이 대답하기를 '황제의 힘이요, 왕모중王毛仲의 명령으로 인한 것입니다. 신이 무슨 힘이 있겠습니까?'라고 하였다."라는 기록이 있다.(太僕, 官名. 唐兵志云, 監牧之制, 其官領以太僕. 今公詩所謂太僕張景順, 自是開元時太僕姓張名景順者也. 舊注便差排作張萬歲字景順, 誤學者矣. 萬歲爲太僕, 自是貞觀時人. 今按, 張說作開元十三年隴右監牧頌德碑序云, 元年牧馬二十四萬匹, 十三年乃有四十萬匹. 上顧謂太僕少卿兼秦州都督監牧都副使張景順曰, 吾馬幾何, 其蕃育, 卿之力也. 對曰, 帝之力也, 仲之令也, 臣何力

之有.)

10 監(감) – '考'로 된 판본도 있다. 攻駒(공구) – 망아지를 길들이다. '攻'은 '收', '神'으로 된 판본도 있다. 閱淸峻(열청준) – 맑고 높음을 살피다. 말의 기상이 맑고 자태가 고상한지를 살핀다는 말이다.

《두시상주》에 인용된 《주례周禮 · 하관夏官》의 '廋人, 掌教駣攻駒'에 대한 주 '공구'는 발로 차고 물어뜯는 망아지를 거세하여 길들이는 것이다. 두 살 된 것을 '구'라고 하고 세 살 된 것을 '조'라고 한다.(攻駒, 騬其蹄齧者閑之. 二歲曰駒, 三歲曰駣.)

《구가집주두시》 조차공 주 말도 역시 기상이 청결하고 높은 것을 귀하게 여긴다. 세속의 말처럼 살이 많은 것은 이른바 '청준'이 아니다.(馬亦貴淸潔峭峻, 若俗馬多肉, 非所謂淸峻矣.)

11 大奴(대노) – 종 중에서 나이와 경험이 많은 이를 가리킨다. 여기서는 장경순 밑에서 말을 돌보던 종을 가리킨다. 관노의 신분으로 마장과 마구간을 관리했던 왕모중王毛仲이라는 특정 인물을 가리키는 것으로 보는 설도 있으나 타당치 않은 것으로 보인다. 字(자) – 기르다. '守'로 된 판본도 있다.

《한서 · 창읍왕전昌邑王傳》의 '使大奴善以衣車載女子'에 대한 주 무릇 대노라고 한 것은 종 가운데서 특히 나이가 많은 자를 두고 한 말이다.(凡言大奴者, 謂奴之尤長大者也.)

《구가집주두시》 조차공 주 '대노'는 왕모중이다. 왕모중은 고구려 사람으로 아버지가 사건에 연루되어 적몰되어 관노가 되었다. 《당서 · 병지》에 "왕모중이 안팎의 마장과 마구간을 관장하였다."라고 하였다. 이른바 '천육'은 틀림없이 마구간의 이름이다. '대노'의 호칭은 두보가 왕모중이 꺼리는 바를 직접적으로 범하여 말한 것으로 아마도 또한 시를 통하여 드러내 역사의 기록이 되게 하고자 했던 것 같다. 이는 또한 이보국을 가리켜 "관중의 어린놈이 기강을 망친다."라고 한 것과 같으니, 그가 환관으로서 마장과 마구간의 어린놈이 된 내력을 말한 것이다.(大奴, 王毛仲也. 毛仲, 高麗人, 父坐事, 沒爲官奴. 唐兵志云, 毛仲領內外閑廐. 所謂天育, 必廐名矣. 大奴之稱, 公直犯毛仲之所諱而言, 蓋亦欲因詩而著爲史矣. 亦猶言李輔國而曰關中小兒壞紀綱, 謂其以閹奴爲閑廐小兒故也.)

《두시상주》에 인용된 호진형胡震亨 주 '대노'는 장경순 휘하의 말을 기르는 종일 뿐이다. 조차공의 주에서는 왕모중을 가리킨다고 하였다. 왕모중의 부친이 일에 연루되어서 비록 일찍이 적몰되어 관노가 되었지만, 왕모중은 당시 바로 곽국공으로서 안팎의 마장과 마구간을 관장하고 있었다. 장경순은 바로 그의 관속이었는데 어떻게 '대노'라고 부르고 그로 하여금 천육을 지키라고 명할 수 있었겠는가?(大奴, 張景順之牧馬奴耳. 趙注指王毛仲. 毛仲父坐事, 雖嘗沒爲官奴, 然是時正以霍國公領內外閑廐, 景順乃其屬也, 豈得稱爲大奴, 令之守天育乎.)

12 驥子(기자) – 준마. 神駿(신준) – 자태가 걸출하다. 준마의 빼어난 자태를 묘사한 말이다. '駿'은 '俊'으로 된 판본도 있다.

[遂令 2구] 장경순이 큰 종을 시켜 표마驃馬를 특별히 천육에서 기르게 하였다는 말이다. 이와 달리 큰 종을 시켜 천육에서 여러 준마를 기르도록 하였는데 그중 특별히 표마를 길러서 그 자태를 아꼈다는 것으로 풀이할 수도 있다.

《독두시설》 지금 살펴보건대 제목에서 '천육표'라고 하였으니 표기가 천육에 속한 것이 분명한데 어찌 천육에서 여러 말을 길렀으며 표기를 기른 곳이 별도의 다른 한 장소라고 말할 수 있겠는가? 이는 아마도 두 구를 나누어서 해석한 오류에서 나온 것이리니, 기실 마땅히 합쳐서 해석해야 한다. 큰 종으로 하여금 별도로 준마를 선발하게 하였다는 말이니 준마가 바로 표기이고 '각별히 길렀다'는 것은 '천육'을 받아서 한 말이니 표기를 별도로 기른 장소이다.(今按題云天育驃, 明驃騎屬天育, 豈得謂天育乃養群馬, 而驃騎則別爲一處耶. 此蓋

誤以二句分解, 其實當合解, 言令大奴選別驥子, 養于天育, 驥子卽驃騎, 別養承天育言, 卽別養驃騎之處也.)

13 四十萬匹馬(사십만필마) – 당시 당나라에 있던 말을 통틀어 말한 것이다. 이와 달리 천육에서 큰 종이 기른 말을 가리킨다는 설도 있지만 옳지 않다.

14 歎(탄) – 감탄하다. 其材盡下(기재진하) – 40만 마리 말의 재질이 장경순이 특별히 기른 준마보다 못하다는 뜻이다.

15 寫眞(사진) – 실물대로 그려내다.

16 座右(좌우) – 좌우명座右銘처럼 자리 가까이에 놓고 늘 염두에 두었다는 말이다. 久更新(구갱신) – 오래될수록 더욱 새롭다. 오래도록 더욱 새롭다. 장경순이 그림을 대할 때마다 늘 생동감을 느꼈다는 말이다.

#《두시상주》: 다음 단락에서는 말을 그린 이유를 서술하였다. 두 번째로 '태복'이 '감목'한 사실을 언급한 것은 아마도 그림이 장공에게서 기원했기 때문일 것이다. 주학령 주에서는 "살펴서 오직 청준한 것만을 취하고, 살이 많은 보통 말은 싫어하였다."라고 하였다. 천육에서 길러지는 것은 여러 말들이며, 별도로 준마로 길러진 것이 표기이다. '사십만'이라고 한 것은 여러 말들을 가리키며, "유독 참모습을 그려내었다."라는 것은 표기를 가리킨다.(次敍畵馬之由. 再提太僕監牧, 蓋圖起於張公也. 朱注, 簡閱唯取淸俊, 惡凡馬之多肉耳. 字於天育者, 群馬也. 別養驥子者, 驃騎也. 四十萬, 指群馬, 獨寫眞, 指驃騎.)

17 年多(연다) – 시간이 오래 지나다. 物化(물화) – 죽다. 形影(형영) – 모습. 여기서는 표기를 그린 그림을 가리킨다. 이 구는 세월이 흘러 준마는 죽어 없어지고 준마의 모습을 그린 그림만이 남아 있다는 뜻이다.

18 無由騁(무유빙) – 달릴 방도가 없다.

《두공부초당시전》 장경순이 그 형상을 그려서 세상에 전하였으나 이 말은 이미 없어져 단지 모습만이 남아 있으니 비록 저 그림 속에 건장하게 걸을 수 있는 다리가 있다고 하지만 무슨 수로 그 재주를 발휘하여 세상에서 쓰이게 할 것인가. 이제 두보가 시에서 이를 언급한 것은 대체로 당시에 인재가 없음을 슬퍼했기 때문이리라.(景順畵其形狀以傳于世, 然此馬已化, 空留形影, 雖彼圖有健步, 何由騁其才爲世所用哉. 今子美之言詩及此, 蓋傷當世之乏才也.)

19 如今(여금) – 지금. 騕褭(요뇨) – 준마의 이름. 하루에 만 팔천 리를 달린다고 한다. 驊騮(화류) – 준마의 이름. 주周 목왕穆王이 천하를 두루 돌아다닐 때 탔던 여덟 마리 준마 중의 하나.

20 時(시) – 이 시절. 이 시대. 王良(왕량) – 춘추시대 때 말을 잘 몰았던 사람. 伯樂(백락) – 주나라 때 말을 잘 감정했던 사람. 말에 관한 일에 널리 밝은 사람을 가리킨다.

《구가집주두시》 조차공 주 한유의 글에 "세상에 백락이 있은 후에 천리마가 있는 법, 천리마는 항상 있건만 백락은 항상 있는 것은 아니다."라는 말이 있는데, 이것이 바로 "어찌 요뇨와 화류가 없으랴마는 이 시절 왕량과 백락이 없다."라는 것과 같은 말이다.(韓退之有言曰, 世有伯樂, 然後有千里馬. 千里馬常有, 而伯樂不常有. 此乃豈無騕褭驊騮, 而時無良樂之謂.)

《두시상주》에 인용된 구양씨歐陽氏의 주 왕량은 말을 잘 몰았고, 백락은 말을 잘 감정하였다.(王良善御, 伯樂善相馬.)

#《두시상주》: 마지막 단락은 그림을 어루만지며 탄식을 한 것으로, 대체로 말을 알아보는 자를 만나기가 어려움을 슬퍼하며 불우함을 스스로 개탄하였다. '다년물화'라고 말했으니, 시를 지은 때가 개원 연간으로부터 멀리 떨어졌음을 알겠다.(末乃撫圖興歎, 蓋傷知馬者難逢, 而自

慨不遇也. 曰多年物化, 知作詩時去開元間遠矣.)

##《독두심해》: 그림은 장태복에 의해 전해졌으니 이때로부터 거의 20년이 되었다. 처음에서는 준마의 참모습을 그려내는 것에서 구상하였고, 가운데에서는 그림을 그리게 된 이유를 서술하였으며, 마지막에서는 '예전에는 있었지만 지금은 없어진 것'에 대한 감개를 기탁하였으니, 절로 옛 그림을 노래하는 체례이다. 고염무는 장경순에게 공을 돌리고 왕모중을 큰 종이라고 폄훼하였다고 했는데, 시의 중간 부분이 그림 그리는 일을 실제로 서술한 것임을 알지 못한 것 같으니 아마도 잠꼬대가 아니겠는가? 처음 2구로 한 번 제기하였다. 다음 6구는 모두 진짜 말의 출중함을 생생하게 그려내었는데, 오히려 '시하' 두 글자를 써서 이끌어 내었으니 구절마다 진짜 말을 말하면서도 바로 그 구절이 모두 그림 속의 말이다. '이석' 이하는 서사체이다. '열청준'이라는 세 글자로 제기하였다. 말을 자세히 살핀 후에 비로소 '사십만 필'을 '대노'에게 맡기고 유독 준마를 각별히 길러 내었다고 하여 그 '빼어난 자태'를 형상화하였으니, 이 말과 이 그림이 모두 천고에 뛰어남을 알게 되고, 이 그림의 내력이 더욱 극명하게 밝혀진다. 그 맥락의 영활함을 보자면 "참모습을 그려내어 세상에 전한다."라는 말은 첫 단락에 호응하여 돌아갔고, "자리 오른쪽에서 더욱 새롭다."라는 말은 마지막 단락을 돋우어 이끈다. 마지막에서는 다시 말 그림만 공연스레 남았다는 말로부터 특별한 재주를 가진 자는 늘 있어 왔다는 말로 바꾸어 나간다. 그림 속의 말을 위해 한마디 말을 전하면서, 또한 뛰어난 선비를 위해 한 가지의 억울함을 호소하였는데 또한 시의 머리 부분과 마침 잘 호응한다. 그 담긴 뜻은 비장하고 그 운용한 법은 변화무쌍하다.(畫爲張太僕所傳, 去此且卄年矣. 首從寫眞作意, 中述作畫之由, 末就今昔有無寄慨, 自是題舊畫體也. 顧炎武謂歸功景順, 斥王毛仲爲大奴, 似未解中幅爲實敍畫事, 得非寱語

耶. 起二句一提, 下六句, 都將眞馬出色寫生, 卻用是何兩字領起, 則句句說眞馬, 卽句句是畵馬也. 伊昔以下, 乃敍事體. 以閱淸峻三字作提, 閱之旣審, 遂將四十萬匹付之大奴. 獨取別養驥子, 狀其神駿. 覺此馬此畵俱橫絶千古, 而此圖來歷更極明悉. 至其筋脈靈動, 則寫眞傳世, 應還首段, 座右更新, 挑動末段也. 結更從畵馬空存, 翻出異材常有來. 旣爲畵馬轉一語, 亦爲奇士吗一屈, 又恰與篇首呼應. 其寓意也悲矣, 其運法也化矣.)

(김성곤 · 임도현)

16. 驄馬行

총마의 노래

鄧公馬癖人共知[1] 初得花驄大宛種[2]
夙昔傳聞思一見[3] 牽來左右神皆竦[4]
雄姿逸態何崷崒[5] 顧影驕嘶自矜寵[6]
隅目青熒夾鏡懸[7] 肉鬉碨礌連錢動[8]
朝來少試華軒下[9] 未覺千金滿高價[10]
赤汗微生白雪毛[11] 銀鞍却覆香羅帕[12]
卿家舊賜公取之[13] 天廄眞龍此其亞[14]
晝洗須騰涇渭深[15] 夕趨可刷幽并夜[16]
吾聞良驥老始成[17] 此馬數年人更驚[18]
豈有四蹄疾於鳥[19] 不與八駿俱先鳴[20]
時俗造次那得致[21] 雲霧晦冥方降精[22]
近聞下詔喧都邑[23] 肯使麒麟地上行[24]

등공의 애마벽은 사람들이 다 아는데
화총마 대원국 종자를 처음으로 얻었다.
옛날에 전해 듣고 한번 보고자 하였는데
끌고 오니 좌우의 사람들 정신이 다 송연해진다.
웅장한 모습과 빼어난 자태 어찌 그리도 출중한지
그림자 돌아보고 뽐내듯 울면서 스스로 총애를 자랑하는데,
각진 눈은 푸르게 빛나 두 개의 거울이 걸려 있는 듯하고

살갈기는 우뚝 서 있어 연이어진 엽전이 움직이는 듯하다.

아침에 잠시 화려한 난간 아래서 시험해보니
천금으로도 높은 값을 채울 수 있으리라 생각되지 않는다.
붉은 땀이 흰 눈 같은 털에 미세하게 생겨나는데
은 안장에 도리어 향기로운 비단 띠를 덮었다.
경의 집에 옛날 하사된 것을 공이 취하였으니
천자 마구에는 참 용이요 이것은 그 버금이라.
낮에 씻기려면 경수 위수의 깊은 데로 달려가야 하고
저녁에 달리면 유주 병주에서 밤에 빗질을 할 수 있다.

좋은 천리마는 늙어서야 비로소 완성된다고 내가 들었으니
이 말은 몇 년이면 사람들이 더욱 놀라게 될 것이다.
어찌 새보다 빠른 네 발굽을 가지고 있으면서
팔준마와 함께 앞장서서 울지 않겠는가?
시속이 경솔하니 어떻게 이르게 할 수 있겠는가?
구름 안개로 어둑할 제 비로소 정령을 내릴 것이다.
조서가 내려 도읍이 떠들썩하다고 근자에 들었는데
기린이 땅 위로 걸어 다니게 내버려두려 하겠는가?

원주에 "태상경 양 씨가 칙명으로 하사받은 말인데 이등공이 그것을 좋아하여 차지하고는 두보에게 시를 짓도록 명하였다.(太常梁卿敕賜馬也. 李鄧公愛而有之, 命甫製詩.)"라고 하였다. '이등공'의 '등'은 봉지의 이름이고 '공'은 작호爵號인데 구체적으로 어떤 인물인지

는 알 수 없다. '총마'는 청백색의 말이다. 이 시는 이등공이 소유하고 있는 총마의 뛰어난 자질을 찬미하고 그것이 크게 쓰일 것이라고 말하여 이등공이 천자에 의해 중용될 것이라는 뜻을 나타내고 있다. 두보가 이등공의 탐욕스러움을 암암리에 비방하는 내용을 담고 있다는 견해도 있으나 이 작품이 간알시의 일종이라는 점에 비추어 볼 때 무리한 해석으로 보인다. 이 시의 저작 시기를 황학은 천보 14년으로 보았다.

《**보주두시**》 이 시는 바로 천보 14년에 지은 것이다.(此詩乃天寶十四載作.)

주 석

1 馬癖(마벽) – 말을 지나치게 좋아하는 성벽. 애마벽愛馬癖.

《**두공부초당시전**》 말은 바로 양경이 왕에게서 하사받은 것으로 남에게 줄 수가 없는 것이다. 등공이 그것을 좋아하여 취한 것은 옳은 일이 아니다. 그리하여 공의 시에서 '등공의 애마벽'이란 말로 그것을 기롱하였다.(馬乃梁卿受賜於君, 不可以予人. 鄧公愛而取之, 非是. 故公詩以鄧公馬癖譏之也.)

2 花驄(화총) – 무늬가 있는 총마驄馬. 준마의 일종이다. 大宛(대원) – 서역의 나라 이름. 좋은 말이 많이 나는 것으로 유명하다.

《**두시상주**》 당 태종이 늘 타던 말에 옥화총이라 부르는 것이 있었다. 《명황잡록》에 "주상께서 타시는 말에 옥화총, 조야백이 있다."라고 하였다. 《한서 · 서역전》에 "대원국에는 훌륭한 말들이 많은데 높은 산 위에 말이 있어서 얻을 수가 없었다. 그래서 오색 암말을 가져다가 그 산 아래에 두었더니 함께 모여 망아지를 낳았다. 이를 천마자라고 부른다."라고 하였다.(唐太宗常所乘馬, 有名玉花驄者. 明皇雜錄, 上

所乘馬, 有玉花驄照夜白. 漢書西域傳, 大宛國多善馬, 嶠山上有馬不可得. 因取五色牝馬置其下, 與集生駒, 號天馬子.)

3 夙昔(숙석) – 옛날. 이 구는 두보가 옛날에 등공의 총마가 대원국의 종자라는 소문을 전해 듣고 그 말을 한번 보고 싶었다는 말이다. 이와 달리 등공이 옛날에 총마의 소문을 듣고 한번 보고 싶어 했다는 뜻으로 보는 견해도 있으나 취하지 않는다.

4 神皆竦(신개송) – 정신이 다 송연竦然해지다.

5 崷崒(추줄) – 무리 가운데서 우뚝 뛰어나다. 높은 모양. 여기서는 말이 출중함을 나타낸다.

《두시상주》 '추줄'은 무리 가운데서 우뚝 뛰어난 것이다.(崷崒, 聳然出群也.)

《두시언해》 '추줄'은 높은 모양이다.(崷崒, 高貌.)

6 顧影(고영) – 그림자를 돌아보다. 의기양양한 모습 또는 자부하는 모습이다. 驕嘶(교시) – 뽐내며 울다.

《구가집주두시》 조차공 주 사람에게 그림자를 돌아보며 스스로를 어여삐 여기는 경우가 있거니와 말에 있어서도 그러한 것은 당연하다. 그리하여 '스스로 총애를 자랑한다'는 구절에 '그림자를 돌아본다'는 글자를 사용한 것이다.(在人有顧影自憐者矣, 在馬亦宜然. 故於自矜寵, 使顧影字也.)

《두공부초당시전》 '고영'은 짝할 만한 것이 없음을 말한다.(顧影, 謂無儔匹也.)

7 隅目(우목) – 말의 각진 눈. 青熒(청형) – 말의 눈이 푸르게 빛나는 것을 말한다. 夾鏡懸(협경현) – 좌우에 걸려 있는 두 개의 거울처럼 준마의 눈이 빛나는 것을 말한다.

《두시상주》에 인용된 〈서경부西京賦〉 '隅目高匡'의 주 '우목'은 눈에 각이 있는 것이다.(隅目,目有角也.)

《두시상주》에 인용된 〈서도부西都賦〉 '琳珉青熒'의 주 '청형'은 색이 푸르고 광택이 있는 것을 말한다.(青熒, 言色青而有光熒也.)

안연년顏延年 〈자백마부赭白馬賦〉 두 눈동자는 거울을 양쪽으로 끼고 있는 듯하고, 두 광대뼈는 달을 모아 놓은 듯하다.(雙瞳夾鏡, 兩權協月.)

8 肉騣(육종) – 말의 목살이 갈기처럼 솟아오른 곳으로 그 위에 털이 나 있다. 이것은 준마의 특징이다. '騣'은 옛 판본에 '駿'으로 되어 있었는데 '騣'이 맞다. 碨礧(외뢰) – 높낮이가 고르지 않은 모양. 여기서는 육종이 돌기한 모양을 말한다. 連錢(연전) – 무늬나 형상이 마치 엽전이 연이어진 것과 같은 것으로 말의 무늬가 훌륭함을 말한다. 이런 무늬를 가진 말을 '연전총連錢驄'이라 하는데, 명마에 속한다.

《구가집주두시》 '肉駿'은 마땅히 '肉騣'으로 해야 한다. 동파가 말하기를 "내가 기하에 있을 때 진주에서 한 마리 말을 진상한 것을 보았는데 살가죽이 소의 목 아래에 늘어져 있는 턱살 같은데 한쪽으로 비스듬하게 서서 뒤집어져 있고 살 끝에는 털이 나 있었다. 변방 사람들은 '이것이 육종마다'라고 하였다. 이에 등공의 총마를 노래한 '肉騣碨礧連錢動'은 '肉騣'으로 되어야 옳다는 것을 알게 되었다."라고 하였다. 그러나 당 개원 29년 3월 활주자사 이옹이 바친 말이 육종에 기린 가슴을 하고 있었다는 것이 《당서》에 이미 기재되어 있다. 동파선생이 아마 우연히 (이 기록을) 기억하지 못한 것일 것이다.(肉駿當作肉騣. 東坡有說云, 余在岐下, 見秦州進一馬, 騣如牛項下垂胡, 側立顛倒, 毛生肉端. 蕃人云, 此肉騣馬也. 乃知鄧公驄馬行肉騣碨礧連錢動, 作肉騣是也. 然唐開元二十九年三月, 滑州刺史李邕獻馬, 肉騣麟臆, 已載於唐史矣. 先生豈偶不憶邪.)

《두시언해》 '육종'은 살이 돌기하여 불쑥한 것이다. '연전'은 말의 털 무늬가 엽전 모양처럼 연이어진 것이다.(肉騣, 肉突起碨礧然也.

連錢, 馬毛文如錢形而連也.)

《두시상주》에 인용된《이아주爾雅注》 말의 빛깔에 짙고 얕은 아롱진 무늬가 물고기 비늘과 같은 것이 있으니 지금의 연전총이다.(馬色有深淺斑駁如魚鱗, 今連錢驄也)

#《두시상주》: 이 단락은 바탕과 모습이 범상치 않음을 말하였으니 처음 보았던 때의 관점에서 총마를 묘사한 것이다.(此言質相之不凡, 就初見時寫驄馬)

9 少(소) – 잠시. '久'로 된 판본도 있다. 軒(헌) – 수레. 또는 난간.

《두시상주》 '헌'은 수레이다.(軒, 軒車也.)

10 未覺(미각) 구 – 말의 가치가 천금에 그치는 정도가 아니라는 말이다.

《두시상주》에 인용된《한자韓子》 말이 사슴과 비슷한 것은 값이 천금이다.(馬似鹿者, 直千金.)

《한서 · 서역전》 무제가 사신을 보내어 천금을 가지고 대원국의 훌륭한 말을 요구하였다.(武帝遣使持千金請大宛善馬.)

11 赤汗(적한) – 붉은 땀. 대원국에서 나는 천마天馬는 피가 섞인 붉은 땀을 흘린다고 한다.

《두시상주》에 인용된《동관한기東觀漢記》 무제의 〈천마가天馬歌〉에 "천마가 붉은 땀으로 젖는다."라고 하였다. 오늘 그러한 사실을 친히 목격하였으니 피가 앞쪽 어깨 위의 작은 구멍으로부터 나왔다.(武帝歌, 天馬霑赤汗. 今親見其然. 血從前髆上小孔中出.)

12 却(각) – 도리어. 帕(파) – 수건. 말의 등에 두른 띠를 가리킨다.

13 卿家(경가) – 양 씨梁氏를 가리킨다. 公(공) – 이등공을 가리킨다. 取之(취지) – '能取' 혹은 '有之'로 된 판본도 있다. 조차공은 '能取'로 보고 이등공이 술수를 써서 이 말을 양경으로부터 빼앗은 것을 가리킨다고 해석하였다. 이 구는 양경이 왕으로부터 하사받은 말을 등공

이 차지하였음을 말하였다.

14 天廐(천구) – 천자의 마구간. 眞龍(진룡) – 참된 명마. '龍'은 명마를 가리킨다.

《두시상주》에 인용된 《주례周禮》 무릇 말이 8척 이상이면 '용'이다.(凡馬八尺以上爲龍.)

[卿家 2구]

《구가집주두시》 조차공 주 '천구진룡'이란 천자가 부리는 말이다. '진룡'의 버금이니 본디 천자가 하사한 바가 아니라면 신하가 어찌 또한 그것을 얻어 소유하겠는가? 오직 천자가 하사한 뒤에야 태상 양경이 그것을 얻은 것이다. 지금 "경의 집에 옛날 하사된 것을 공이 취할 수 있었다."라고 말하였으니 아마도 권세로 그를 압박한 것이 아니면 이익으로 그를 꾀어 온갖 계략으로 그를 걸려들게 한 것일 것이다. 이것이 "취할 수 있었다."라고 말한 까닭일 것이다.(天廐眞龍則天子所御之馬也. 眞龍之亞, 自非天子所賜, 人臣豈亦得而有之哉. 唯天子之賜而後太常梁卿得之. 今云卿家舊賜公能取, 蓋非以勢迫之, 則以利誘之, 以百計中之矣. 此其所以謂能取乎.)

15 晝洗(주세) – 낮에 말을 씻기는 것을 말한다. 涇渭(경위) – 경수와 위수.

《독두심해》 경수와 위수는 장안의 두 강이다.(涇渭, 長安二水.)

16 夕(석) – '朝' 혹은 '晨'으로 된 판본도 있다. 幽幷(유병) – 유주와 병주.

《독두심해》 유주와 병주는 조 땅으로 안녹산이 절도사로 진수하던 곳이다.(幽幷, 趙地, 乃安祿山節鎭處.)

[晝洗 2구]

《구가집주두시》 조차공 주 대체로 그 (말이) 가는 것이 빠른 것을 말한 것이다.(大率言其行之疾也.)

《두공부초당시전》 경수와 위수는 서쪽에 있고 유주와 병주는 북쪽에 있는데 서로 수천 리나 떨어져 있다. 낮에 경수와 위수에서 씻기고 밤에 유주와 병주에서 빗질한다는 것은 그것이 빠름을 말한 것이다.(涇渭二水在西, 幽幷二州在北, 相去幾千里. 晝洗涇渭, 夜刷幽幷, 言其疾也.)

#《두시상주》: 이 단락은 말의 재주와 힘이 특출함을 말하였으니 처음 시험할 때의 관점에서 총마를 묘사한 것이다. 붉은 땀을 흘리고 은안장을 얹었다는 것은 그것이 높은 가치가 있음을 보여준다. 낮에는 경수와 위수에 있고 밤에는 유주와 병주에 있다는 것은 그것이 참된 명마임을 말한다.(此言才力之特殊, 就初試時寫驄馬. 流朱汗而被銀鞍, 此見其高價. 晝涇渭而夜幽幷, 此言其眞龍.)

17 驥(기)－ 천리마.

18 更(갱)－ 더욱.

19 疾於鳥(질어조)－ 새보다 빠르다.

20 八駿(팔준)－ 주 목왕의 팔준마. 즉 적기赤驥, 도려盜驪, 백의白義, 유륜踰輪, 산자山子, 거황渠黃, 화류驊騮, 녹이騄耳를 말한다. 주 목왕은 천하를 순행함에 팔룡八龍의 준마를 타고 다녔다 한다. 先鳴(선명)－ 먼저 달려가서 울다.

[豈有 2구]《두시언해》에서는 "어찌 네 발굽이 새보다 빠를 뿐이리오? 팔준마와 더불어 함께 가지 아니하고 먼저 울리라."라고 번역하였는데 합당하지 않다.

21 造次(조차)－ 황급하다. 경솔하다. 이 구는 세속 사람들이 황급히 쉽게 얻으려고 하나 그럴 수 없다는 말이다.

22 雲霧晦冥(운무회명)－ 구름 안개로 빛이 가리어져 어두컴컴하다. 降精(강정)－ 정령精靈을 내리다. 이 구를 근거로 이 시는 안녹산의 난이 일어나기 전에 두보가 이를 먼저 감지하고 당시 시대상을 반영한 것으로 보기도 한다.

《두시상주》에 인용된 두수가杜修可 설 《서응도》에서 용마라는 것은 하수의 정령이라고 하였다.(瑞應圖, 龍馬者河水之精.)

《두시상주》에 인용된 《춘추고이우春秋考異郵》 땅이 달의 정령을 낳아 말이 된다. 달의 수가 열둘이므로 말은 열두 달 만에 태어난다.(地生月精爲馬, 月數十二, 故馬十二月而生.)

《두시언해》 달의 정령이 내려와 말을 낳는다.(月精降而生馬.)

23 下詔(하조) – 조서를 내리다.

24 肯使(긍사) – '知有'로 된 판본도 있다. 麒麟(기린) – 여기서는 총마를 가리킨다.

《두시상주》에 인용된 《옥편》 '기린'은 등이 검은 말이다.(麒麟, 馬黑脊.)

《두시상주》에 인용된 《이아익爾雅翼》 기린은 잘 달리기 때문에 훌륭한 말 역시 기린이라고 한다.(麒麟善走, 故良馬亦名爲麒麟.)

[近聞 2구]

《두공부초당시전》 당시 조서를 내려 그것을 취하여 천자의 말로 삼을 것이라는 말이다. 두보는 말에 기탁하여 등공이 세상에서 용납할 수 있는 바가 아니고 장차 천자의 조서에 응하여 달려가 황제의 뜰을 밟을 것임을 비유하였다.(謂時下詔取之, 以爲天子之馬矣. 甫托馬以喩鄧公非塵世所能合, 將膺天子之詔, 而騰踏帝庭矣.)

#《두시상주》: 마지막 단락에서는 기이한 재목은 당연히 크게 쓰일 수 있을 것임을 말하였으니 바로 말을 빌려 이등공을 칭송한 것이다. 늙어서 더욱 놀라게 할 것이라는 것은 대기만성이란 말이다. 팔준마와 같이 운다는 것은 임금의 부림을 충당할 수 있다는 말이다. 구름과 안개가 내린다는 것은 그 태어남이 우연이 아니라는 말이다. 도읍에 조서를 내렸다는 것은 조정에 알려졌다는 것이다.(末言奇材當得大用, 乃借馬以頌李. 老更驚, 大器晩成. 八駿鳴, 可充君馭. 雲霧降, 其生

不偶. 詔都邑, 見知於朝也.)

##《구가집주두시》 조차공 주: 나는 일찍이 이 한편의 대의를 논해본 적이 있다. 말은 바로 태상 양경이 임금에게서 하사받은 것이다. 임금이 하사한 물건은 남에게서 취할 수도 없고 남에게 줄 수도 없다. 이등공이란 사람이 그것을 좋아하여 차지하였으니 그가 취한 것은 옳은 일이 아니다. 그러한 까닭에 공의 시에서는 첫머리에 '등공의 애마벽'이란 말로 그것을 기탁했던 것이다. 또 '숙석전문사일견'이라고 말하였으니 그가 그것을 욕심낸 것은 오래된 일이다. 또 '경가구사공능취'라고 말한 것은 등공이 권세와 지위로 그것을 취하여 양경이 임금이 하사한 옛 물건을 보전할 수가 없게 되었다는 것을 보여준다. 또 '기유사제질어조'라고 말하고서 '긍사기린지상행'에 이르기까지의 6구는 그 뜻이 말의 신준함이 이와 같으니 또한 신하가 차지할 수 있는 것이 아니고 지존께서 부리는 것이 마땅하다는 말이다. 또 경이 임금에게서 하사받았는데 공이 차지할 수 있었고 공의 요구를 거절할 수 없어서 경의 집안에서 하사품을 빼앗은 것이니 반드시 군왕의 조서를 내려 다시 그것을 취해야 하는 것이 마땅하다는 것을 말하고 있다. 아, 자신의 소유가 아닌 것을 취하는 것을 도둑이라 하거니와, 공의 시에서 글을 미묘하게 하고 뜻을 완곡하게 하여 경계하여 바로잡는 뜻을 기탁하였으니 저 등공이라는 자가 부끄러움을 알지 못할 수가 있었겠는가?(竊嘗論此一篇之大意. 馬乃太常梁卿所受賜於君者也. 君賜之物, 不可以取, 亦不可以予. 李鄧公者乃愛而有之, 則其取之, 非是. 故公詩首託之以鄧公馬癖而已. 且曰宿昔傳聞思一見, 則其欲之也, 舊矣. 又曰卿家舊賜公能取, 則見鄧公以勢位取之, 而梁卿不能保君賜之舊物矣. 又曰豈有四蹄疾於鳥, 至肯使麒麟地上行六句, 其意以言馬之神駿如此, 亦非人臣得而有之, 當爲至尊之御. 且以言卿受賜於君, 公能取之, 而不能拒公, 旣奪賜於卿家, 宜必爲君

王之詔, 復取之矣. 嗚乎, 取非其有, 謂之盜. 公之詩微文婉義, 而寓箴規之意. 彼爲鄧公者能不知恥乎.)

《독두심해》: 또한 안녹산이 반란을 일으키려 할 때 지은 것이다. 이등공은 필시 노장일 것이다. 그 때문에 "늙어서야 비로소 완성된다."라는 구가 있는 것이니, 늙어서 더욱 씩씩해야 할 것이라는 뜻을 기탁하였다. 앞 두 단락은 서사이고 뒤 한 단락은 의론이다. 구조오는 말하기를 첫 단락은 바탕과 모습이 범상치 않음을 말하였으니 말을 보았을 때의 관점에서 총마를 묘사하였고, 둘째 단락은 재주와 힘이 특출함을 말하였으니 말을 시험할 때의 관점에서 총마를 묘사하였다고 하였다. 내가 살펴보건대, 앞 단락은 '고영교시' 한마디 말에서 의기양양한 기상이 범상치 않음을 드러내었고 다음 단락은 첫 2구에서 필세가 한번 멈칫했다가 '적한' 2구에서 필세가 한 번 도약하였다. 경수와 위수에서 씻고 유주와 병주에서 빗질한다는 것은 뜻이 아마도 안녹산을 암암리에 겨냥한 것인 듯하다. 그렇기 때문에 뒷부분에서 의론을 발하여 눈빛이 사방으로 투사되었으니 한편으로는 이등공이 때를 타서 떨쳐 일어나려는 생각을 격발하였고 한편으로는 이 말이 즉일에 공을 세우는 만남이 있을 것이라는 것을 나타내었다. 팔준마와 앞장서서 운다고 말하고 조서를 내렸다는 소식을 근자에 들었다고 말한 것은 요컨대 공명이 멀지 않다는 뜻을 보이고 있다. 뜻이 안녹산에게 있음이 확실하니 다시 여러 허자가 서로 고무하고 격려하고 있음을 보라.(亦是祿山將反時作. 李必老將, 故有老始成句, 寓老當益壯意. 前兩段敍事, 後一段議論. 仇云, 首段言質相不凡, 就見馬時寫. 次段言才力殊特, 就試馬時寫. 愚按, 前段, 顧影驕嘶一語, 顯出顧盼非常, 次段, 起二句, 筆勢一跌. 赤汗二句, 筆勢一躍. 洗涇渭而刷幽幷, 意蓋暗射祿山也. 故後幅發議, 眼光四射, 一以激鄧公乘時奮起之思, 一以表此馬有卽日見功之會. 曰八駿先鳴, 曰近聞下詔, 總見功名不遠意. 意在祿

山, 信矣. 更看數虛字相鼓勵.)

《두억》: 이 시는 앞에서 '초득'이라 말하고 뒤에서 '구물'이라 말하여 서로 조응하였다. 등공이 평소 애마벽이 있어서 애초에 일찍이 한 마리 대원국 화총을 얻었는데 내가 옛날에 (화총에 대해) 전해 듣고 한번 볼 수 있었으면 하고 생각하다가 끌어오자 정신이 송연해졌다는 말이다. '웅자' 4구는 화총의 신준함을 극도로 형용하였는데 '그림자를 돌아보고 뽐내며 운다'는 한마디 말은 특히 생동감이 느껴지며, 이는 옛날의 화총이 이와 같았음을 말한다. 오늘 아침에 이르러 비로소 천자가 하사한 말을 가지고 화려한 집 아래에서 시험해보니 붉은 땀이 눈같이 하얀 털에 흘러 천금의 가치가 나갈 만큼 귀하다. 바로 경의 집에 옛날 하사한 것과 같은 것인데 오늘 그것을 취할 수 있었으니 참으로 '천자 마구간의 참 용'에 버금가는 것이다. 그것이 은 안장에 띠를 덮은 것은 천자가 하사하였기 때문에 그러한 것이다. 유신옹은 긴요한 내용이 없다고 하였는데 시를 아는 사람이 아니다. '천구진룡'까지 말하여 비로소 그것이 천자가 하사한 것이라는 것을 밝히 드러냈으니 또한 도치법이다. '조래' 두 자는 신구를 분별한 것이다. 단지 대완종을 형용하였을 뿐인데 천자가 하사한 말이라는 것이 저절로 드러났으니 또한 손님을 빌려 주인을 형용하는 묘사법이다.(此詩前云初得, 後云舊物, 相照應. 言鄧公素有馬癖, 故初嘗得一大宛花驄, 我昔傳聞, 思得一見, 牽來神悚. 雄姿四句, 極狀花驄之神俊, 而顧影驕嘶一語, 尤覺生動. 言昔之花驄如此, 至于今朝, 始將勅賜之馬, 試于華軒之下, 則赤汗雪毛, 千金價重, 正與卿家舊物相同, 而今能取之, 眞天廐眞龍之亞也. 其銀鞍覆帕, 以勅賜故然. 而須溪以爲無緊要, 非知詩者. 說到天廐眞龍, 始明著其爲勅賜, 亦倒挿法. 朝來二字, 分別新舊. 只形容大宛種, 而勅賜之馬自見, 亦借客形主之法.)

(**이석형**)

17. 魏將軍歌

위 장군의 노래

將軍昔著從事衫[1]　鐵馬馳突重兩銜[2]
被堅執銳略西極[3]　崑崙月窟東嶄巖[4]
君門羽林萬猛士[5]　惡若哮虎子所監[6]
五年起家列霜戟[7]　一日過海收風帆[8]
平生流輩徒蠢蠢[9]　長安少年氣欲盡[10]
魏侯骨聳精爽緊[11]　華嶽峯尖見秋隼[12]
星纏寶校金盤陀[13]　夜騎天駟超天河[14]
欃槍熒惑不敢動[15]　翠蕤雲旓相蕩摩[16]
吾爲子起歌都護[17]　酒闌插劍肝膽露[18]
鉤陳蒼蒼玄武暮[19]　萬歲千秋奉明主
臨江節士安足數[20]

장군께서 예전에 막료의 옷을 입고
철마를 치달리며 두 재갈을 겹치시고는,
견고한 갑옷 입고 날카로운 병기를 잡고 서쪽 끝을 정벌하셔서
곤륜산과 월굴이 동쪽에 우뚝하였습니다.

궁문의 우림군 일만의 맹사
사납기가 으르렁대는 호랑이 같지만 그대가 맡으셨습니다.
오 년 만에 집안을 일으켜 서릿발 같은 창을 진열하게 되었으니

하루에 바다를 지나 돛을 거두셨습니다.

평소의 동년배들은 부질없이 법석을 떨었고
장안의 젊은이들은 기가 다 꺾이니,
위후께서는 기골이 빼어나고 정신이 빈틈없어
화악 봉우리 꼭대기의 가을 매를 보는 듯합니다.

별이 두른 듯한 보옥 장식에 금으로 꾸민 반타
밤에 천마를 타고 은하수를 건너가니,
혜성과 화성이 감히 움직이지 못하고
푸른 깃발과 구름 깃발이 서로 흔들리며 부딪힙니다.

제가 그대를 위해 일어나 도호를 노래하니
술이 거나해져 검을 꽂고 간담을 드러내는데
구진이 밝게 빛나고 현무궐에 날이 저뭅니다.
천년만년 영명하신 주군을 받들 것이니
임강의 절사가 어찌 꼽을 만하겠습니까?

이 시는 위 장군의 연회에서 그의 이력과 공적을 칭송하고 그가 계속 주군에게 충성하기를 바라며 지은 것이다. '魏將軍'이 누구인지는 자세히 알 수 없으나 서쪽 변방에서 큰 공을 세우고 뒤에 궁궐의 우림군을 통솔한 사람으로 보인다. 이 시는 안녹산의 난이 일어나기 전인 천보 말엽에 장안에서 지은 것으로 보인다. 하지만 기주夔州가 임강군臨江軍이라고도 불린다는 것을 근거로 대력 2년에 기주에서 지었다는 설이 있고, 대력 3년에 형남에서 지었다는 설도 있다. 또한 기주가 임강군으로 불린다는 것은 잘못이라는 반론도 있다.

《두시상주》 주학령의 주에 "이 시에서는 위 장군이 먼저 서쪽 변방에서 공을 세우고 후에 금군의 궁궐 경호를 맡은 것을 말하고 있는데 전란에 대해서는 전혀 언급하지 않았으니 아마도 안녹산이 아직 반란을 일으키기 전에 지은 것일 것이다."라고 하였고, 《두공부초당시전》에서도 천보 말년에 편입하였다. 이제 이를 따른다.(朱注, 此詩言魏將軍先立功西陲, 後統禁軍宿衛, 絶不及喪亂事, 蓋祿山未反時作也. 草堂本編在天寶末年, 今從之.)

《보주두시》 기주는 일찍이 임강군으로 불린 적이 있는데 이 시에서 "임강의 절사가 어찌 꼽을 만하겠습니까?"라고 하였고, 서사천 또한 "두보 스스로 임강의 절조 있는 선비라 자칭하였다."라고 하였으니 마땅히 대력 2년에 지은 것이다. 그러나 양권도는 대력 3년에 형남에서 지은 것으로 편재하였다.(夔州嘗號臨江軍, 而此詩云, 臨江節士安足數, 徐師川亦云, 甫自稱臨江節士, 當是大歷二年作. 而梁權道編在三年荊南作.)

《구가집주두시》 조차공 주 옛 주에 "기주는 임강군이라고도 한다."라고 했는데 잘못이다. 대개 임강군은 오늘날 강서에 속하고 기주는 영강군이라 불렀다.(舊注, 謂夔州號臨江軍, 非. 蓋臨江軍, 今屬江西, 而夔州則號寧江軍也.)

주 석

1 著(착) – 옷을 입다. 從事衫(종사삼) – 종사가 입는 옷. 군복을 지칭하는 말로 볼 수도 있다. 종사는 주의 장관의 막료를 가리킨다.

《두공부초당시전》 위 장군이 어려서 원수의 막부에서 막료가 되었다는 것을 말한다.(謂魏幼爲幕官於元帥府耳.)

《두시상주》 '종사삼'은 결국 군복이다.(從事衫乃戎衣.)

《독두시설》 이제 살펴보건대 '종사삼'은 원래 전적으로 가리키는 것이 있는 것이 아니다. 장군을 받아서 말할 경우 군복이라 여겨도 되는 것이다.(今按從事衫, 原非有所專指, 承將軍言, 以爲戎衣亦可.)

2 鐵馬(철마)－ 철갑을 두른 말. 말 색깔이 쇠와 같으면서 쇠처럼 튼튼해 보이는 말로 풀이하기도 한다. 重兩銜(중량함)－ 두 개의 재갈로 거듭 물리다. 아마도 전장에서 잘 달리게 하기 위해 재갈을 이중으로 물린 듯하다.

《두부초당시전》 육좌공의 〈석관명〉에 '철마천군'이란 구절이 있는데, 이선의 주에 "철갑을 두른 말이다."라고 하였다.(陸佐公石闕銘, 鐵馬千群, 李善注, 鐵甲之馬也.)

《두시상주》에 인용된 《설문해자》 여마는 짙은 검정색이고, 철마는 붉은 검정색이다.(驪馬, 深黑色. 鐵馬, 赤黑色.)

《두시상주》에 인용된 주유朱儒 주 그 말의 색깔이 철과 같음을 취한 것이기도 하며, 또한 그 견고하고 씩씩함이 철과 같음을 취한 것이기도 하다.(取其馬色如鐵, 亦取其堅壯如鐵.)

《구가집주두시》 말이 이중으로 된 재갈을 무는 것은 전투마의 차림새이다.(馬勒重銜, 則戰馬之飾也.)

《두시언해》 전투가 급박해지면 말에 재갈을 이중으로 사용한다.(戰急則馬用雙銜勒.)

3 被堅(피견)－ 갑옷을 입다. 執銳(집예)－ 예리한 병기를 손에 들다. 西極(서극)－ 서쪽 끝 변방 지역.

《구가집주두시》에 인용된 《한서》 안사고 주 '피견'은 갑옷을 말한 것이고, '집예'는 날카로운 병기를 말한 것이다.(被堅, 謂甲冑. 執銳, 謂利兵.)

4 崑崙(곤륜) – 산 이름. 月窟(월굴) – 달이 머무는 동굴이라는 뜻으로 극서極西 지역을 비유한다. 嶄巖(참암) – 험준한 모양. 뾰족하게 솟은 모양. 이 구의 의미에 대해서는 '곤륜산이 월굴의 동쪽에 높이 솟아 있다'는 풀이와 '곤륜산과 월굴이 동쪽에 높이 솟아 있다'는 풀이가 있다. 여기서는 후자를 취한다.

《두시상주》 '참암'은 산의 바위가 높고 험준한 모양이다.(嶄巖, 山石高峻貌.)

《구가집주두시》 조차공 주 곤륜산은 중국에서는 본래 서쪽에 있지만 월굴과 비교하면 오히려 동쪽에 있다. 양웅의 '서압월굴' 구의 주에 "월굴이란 달이 생기는 곳이다."라고 하였는데, 지금 시에서 "곤륜산이 월굴의 동쪽에 우뚝하다."라고 한 것은 아마도 곤륜산이 월굴의 동쪽에 있으면서 그 형상이 높은 것을 말하는 것일 것이다.(崑崙, 於中國固在西矣, 而比之月窟, 則猶在東也. 揚雄西壓月窟注, 月窟者, 月之所生也. 今云, 崑崙月窟東嶄巖, 蓋言崑崙在月窟之東, 其形嶄巖然也.)

#《두시상주》: 첫 단락에서는 그가 서쪽 변경에서 공을 세운 것을 서술하고 있다. '종사삼'은 처음에 막부의 관직을 지냈음을 말한다. '중량함'은 전투마를 단단히 제어하려는 것이다. 오자량의 주에 "장군이 땅을 공략하여 서쪽 끝에 이르러 곤륜산과 월굴을 돌아보았기에 도리어 동쪽에 있는 것이다."라고 하였다.(首敍其立功西陲. 從事衫, 初爲幕府官職也. 重兩銜, 戰馬欲其牢固也. 吳子良曰, 將軍略地至西方之極, 回視崑崙月窟, 反在東矣.)

5 君門(군문) – 궁문宮門. 羽林(우림) – 금군의 명칭. 새처럼 빠르고 숲처럼 많다는 뜻. 또는 의장대가 숲처럼 많다는 뜻으로 보기도 한다.

《한서 · 백관공경표百官公卿表》 안사고 주 '우림' 또한 경호를 맡는 관리이며, 이는 그들이 새처럼 빠르고 숲처럼 많다는 것을 말한다.

일설에 의하면 '우'는 왕의 우익이 되는 것이라고도 한다.(羽林, 亦宿衛之官, 言其如羽之疾, 如林之多也. 一說, 羽, 所以爲王者羽翼也.)
《두공부초당시전》 궁궐의 경호대가 숲처럼 많다는 말이다.(謂禁苑之羽衛如林也.)

6 惡(악) – 사납다. 악독하다. 哮虎(효호) – 으르렁거리는 호랑이. 성격이 거칠고 용맹한 금군을 비유한다.

[君門 2구] 위 장군이 우림군을 통솔하는 것을 말한다.
《구가집주두시》 조차공 주 이 두 구는 위 장군이 어전에서 군대를 감독하는 것을 말한다.(此兩句言將軍監軍於殿前也.)

7 起家(기가) – 집안을 일으키다. 列霜戟(열상극) – 서릿발 같은 창을 나열하다. '상극'은 창의 날이 예리하고 흰 것을 말한다.
《두시상주》에 인용된 소옹邵雍 주 관직의 품계가 삼품이 된 뒤에 문에 계극棨戟(적흑색의 비단으로 싼 나무창)을 진열한다.(官階三品, 然後門列棨戟.)

8 過海(과해) – 바다를 지나다. 즉, 청해靑海를 건너온 것을 말한다. 서역 정벌을 마치고 다시 고구려와 싸우기 위해 동해를 건넌 것으로 보는 설도 있으나 취하지 않는다. 收風帆(수풍범) – 배의 돛을 거두다. 즉, 목적지에 도착한 것을 말한다.
《구가집주두시》 조차공 주 '바다를 지나 돛을 거두셨습니다'라는 것은 서쪽 변방에서 전쟁을 끝내고 서해를 지나 돌아왔기에 그 돛을 거둘 수 있었다는 것이다. '서쪽 끝을 정벌하셔서'라는 말의 뒤를 이은 것이므로 서해를 지난 것이다. 혹은 하루에 바다를 지나 돛을 거두었다는 것은 또한 그가 빨리 돌아온 것을 형용하기 위한 것이리라.(過海收風帆, 則有事於西極, 旣了, 過西海而還, 其帆可收矣. 所以承略西極之下, 則爲過西海. 或於一日之中, 過海收帆, 又以形容其速返.)

《두공부초당시전》 위 장군이 동쪽으로 고구려를 정벌하였는데 속전속결에 뛰어났다는 것을 말한다.(言將軍東伐高麗, 而利於速戰也.)

[五年 2구] 위 장군이 서역을 정벌하고 돌아와 높은 지위에 오른 것을 말한다.

《구가집주두시》 조차공 주 앞 구는 위 장군이 갑작스레 신분이 높아진 것을 말하고, 뒤 구는 위 장군이 멀리 정벌에 나섰다가 빨리 돌아온 것을 말한다.(上句言將軍之驟貴, 下句言將軍遠征而速返也.)

#《두시상주》: 둘째 단락에서는 그가 돌아와 금군을 거느리게 되었음을 적고 있다. 5년 만에 집안을 일으켰다는 것은 갑자기 승진하여 귀해진 것이요, 하루에 바다를 지났다는 것은 청해로부터 돌아온 것이다.(次記其歸領禁軍. 五年起家, 驟躋顯貴也. 一日過海, 歸自靑海也.)

9 流輩(유배)－ 동년배. 蠢蠢(준준)－ 시끄럽게 법석을 떠는 모양. 자질구레한 모양.

10 氣欲盡(기욕진)－ 기세가 다하려 하다. 즉, 기가 꺾인 것을 말한다.

《구가집주두시》 조차공 주 '기욕진'은 장군의 부귀와 공명을 보고서 그렇게 된 것이다.(氣欲盡, 則觀將軍富貴功名而然矣.)

《두공부초당시전》 장안의 젊은이들이 장군을 한 번 보고서 사나운 기가 그 때문에 다 없어진 것이다.(長安少年, 一見將軍, 而猛氣爲之盡喪矣.)

11 骨聳(골용)－ 기골이 빼어나다. 精爽(정상)－ 정신. 혹은 정신이 분명한 상태.

12 華嶽(화악)－ 화산華山. 秋隼(추준)－ 가을 매. 가장 기세가 당당할 때의 매. 위 장군의 용맹스런 기풍을 비유한다.

《두시언해》 '준'은 사나운 새로서 그 용맹함을 비유한 것이다.(隼, 鷙鳥, 喩其勇也.)

《구가집주두시》 '추준'은 가을철의 매이다. 무릇 맹금은 가을에 건장해진다.(秋隼, 淸秋之隼鳥. 凡鷙鳥, 以秋而健.)

#《두시상주》: 이 단락에서는 그의 영걸한 기상이 남들보다 뛰어남을 말하고 있다. '기욕진'은 그의 부귀공명에 물러선다는 말이다. '화악 봉우리'는 그 기골이 빼어나다는 것을 비유하고, '추준'은 그의 정신을 비유한다.(此言其英氣過人. 氣欲盡, 讓其富貴功名也. 華峯, 比其骨聳. 秋隼, 比其精爽.)

《구가집주두시》 조차공 주: 이 네 구절을 통해 장군이 장안에 있다는 것을 미루어 알 수 있다.(此四句, 可推見將軍之在長安也.)

13 星纏(성전) – 별처럼 둘러 있다. 寶校(보교) – 정교하고 아름다운 장신구. 말안장의 장식물. 《두시상주》에서는 "의당 '鉸'로 써야 한다.(當作鉸.)"고 하였다. 金盤陀(금반타) – 금으로 장식한 말안장.

《독두시설》 시에서 '성전'이라 한 것은 머리 가운데에서 툭 튀어나와 햇빛이 비추면 별처럼 반짝이는 것일 것이다.(詩云星纏, 蓋當顱突起, 日光射之, 灼爍如星也)

《두시상주》에 인용된 전겸익 전 〈자백마부〉에 "마구馬具로는 금갑金甲과 조갑組甲을 갖추어 입혔으며, 동시에 홍색과 청색을 발라 장식했다. 온갖 보석 장식들이 별처럼 반짝이며 얽혀 있고, 아로새긴 채색 무늬들이 노을처럼 펴졌다."라고 하였다. 그 주석에 "금갑과 조갑, 홍색과 청색으로 그 장비를 꾸미고, 별과 노을처럼 펴진 것은 아마도 말의 장식이다."라고 하였다.(赭白馬賦, 具服金組, 兼飾丹雘. 寶鉸星纏, 鏤章霞布. 注, 以金組丹雘, 飾其裝具, 如星霞之布, 蓋馬裝也.)

《두시상주》 《신당서新唐書·식화지》에 이르길 "이전에 각 화로에서 주조한 돈은 비뚤고 조잡했으니 부서진 돈과 불상을 녹인 것으로 이를 '반타'라고 불렀다."라고 하였는데, 용어가 자못 서로 부합한다. 대개 말안장과 굴레를 장식할 때 동으로 금을 섞어 만들었다.(唐書食

貨志云, 先是諸鑪鑄錢窳薄, 鎔破錢及佛像, 謂之盤陀. 語頗相合. 蓋雕飾鞍勒, 以銅雜金爲之.)

《두시언해》 '보교'와 '반타'는 모두가 말안장 위의 장식물이다.(寶校盤陀, 皆馬鞍上粧飾.)

14 天駟(천사) – 하늘에 있는 별 이름. 여기서는 천자의 마구간에 있는 말을 비유한다. 天河(천하) – 은하수. 여기서는 황실 전용 수로를 비유한다. 이 구는 위 장군이 말을 타고 궁궐을 경비하는 것을 말한다. 이와 달리 위 장군이 말을 타고 도적을 토벌하는 것을 말하는 것이라는 해석도 있다.

《구가집주두시》 사윤師尹 주 은하수 가운데의 네 별을 '천사'라 한다.(漢中四星曰, 天駟.)

《구가집주두시》 조차공 주 '천사'는 장군의 말이 바로 천자의 마구간에 있는 말임을 말하고, '은하수를 건넌다'는 것은 도읍을 하늘에 비유한 것이다. 이로써 장군이 밤에 말을 탔다고 하였으니 아마도 집금오가 순찰을 도는 일과 같은 것일 것이다.(天駟, 言將軍之馬, 乃御廐之馬也. 超天河, 則以帝京之地, 比天上, 以言將軍夜騎之, 豈若金吾巡邏之事邪.)

《두공부초당시전》 이 구는 위 장군이 임금이 하사한 말을 타고서 도적을 토벌한 것을 말한다.(此言魏將軍躍御賜之馬, 以討賊也.)

15 欃槍(참창) – 혜성의 일종으로 전쟁의 전조라고 여겨지는 별. 熒惑(형혹) – 화성의 별칭.

《사기·천관서天官書》 화성이 나타나면 전쟁이 나고, 들어가면 전쟁이 끝난다.(熒惑出則有兵, 入則兵散.)

16 翠蕤(취유) – 푸른 깃발. 雲旓(운소) – 구름이 그려진 깃발. 相蕩摩(상탕마) – 서로 흔들리며 마주치다. 깃발들이 많아서 서로 부딪치는 모양을 말한다. 느긋하고 한가로운 모습으로 보는 설도 있다.

《구가집주두시》 '취유'와 '운소'는 모두 깃발이고, '상탕마'는 느긋하고 한가로운 모양이다.(翠蕤雲旓, 皆旗也. 相蕩摩, 舒閑貌.)

[欃槍 2구]

《구가집주두시》 조차공 주 '참창'은 요사스러운 별로 도적이나 난폭한 무리를 비유하고, '형혹'은 화성으로 강포한 자들을 비유하며, '불감동'은 장군의 위세를 두려워하는 것을 말한다. '천사'와 '천하'의 아래에서 받기 때문에 다시 하늘의 별로써 말하고 있다. '취유'와 '운소'로 장군이 세운 깃발을 나타냈는데 모두가 천자 군대의 의장이다.(欃槍, 妖星, 以比寇亂. 熒惑, 火星, 以比强暴, 不敢動, 言畏其威也. 以承天駟天河之下, 故復用天星言之. 翠蕤雲旓, 以見將軍所建之旗, 皆天兵之儀也.)

#《두시상주》: 이 단락에서는 그 위세가 환난을 그치게 할 수 있음을 말하고 있다. '성전'은 말 장식을 비유하고, '천사'는 천자의 말을 비유하며, '천하'는 천자가 사용하는 수로를 비유한다. '참창'과 '형혹'은 도적을 비유하고, '취유'와 '운소'는 의장을 말한다. 이는 모두 경비군의 모습을 묘사한 것이다.(此言其威能弭患. 星纏, 喩馬飾. 天駟, 喩御廐. 天河, 喩御河. 欃槍熒惑, 比戎寇. 翠蕤雲旓, 言儀仗. 此皆狀其宿衛軍容也.)

17 歌都護(가도호) – 도호를 노래하다. '도호'는 위 장군을 비유한다고 볼 수도 있고, 〈정도호가丁都護歌〉를 가리키는 것으로 볼 수도 있으나 궁극적으로 위 장군을 칭송하기 위한 것이라는 점에서는 같다.

《구가집주두시》 조차공 주 '도호'는 한대의 관직이다. 한나라가 왕길을 시켜 흉노족의 남북 두 길을 관리하였다. 그래서 '도호'라 한다.(都護, 漢官也. 漢遣王吉護匈奴南北兩道, 故曰都護.)

《두시상주》에 인용된 송 무제의 〈정도호가〉 독호가 북쪽으로 전쟁을 나가니, 선봉대가 평정하지 못하는 것이 없다.(督護北征去, 前鋒無

不平.)

18 酒闌(주란) – 술자리가 끝나려 하다. 肝膽露(간담로) – 간담을 드러내다. 즉, 마음을 진솔하게 다 보여주는 것을 말한다. 이 구는 위 장군이 진심을 토로하였다는 뜻이다.

《두시상주》에 인용된 《한서》 주 '주란'에서 ('란'은) 드물다는 말이다. 술을 마시는 자 중에서 반은 파하고 반은 남은 것을 말한다. 이를 '란'이라 한다.(酒闌, 言希也, 謂飮酒者半罷半在, 謂之闌.)

19 鉤陳(구진) – 별 이름. 금위군을 상징한다. 蒼蒼(창창) – 밝게 빛나는 모양. 玄武(현무) – 궁궐 이름. 별 이름으로 보기도 한다. '玄武暮'에 대해 《두시상주》에 "옛 판본에는 '風玄武'로 되어 있지만 왕완석王安石의 설을 따라 '玄武暮'로 한다."라고 하였다.

《구가집주두시》 조차공 주 '구진'은 별 이름이다. 《진서 · 천문지》에 "구진육성은 자궁 안에 있다. 그래서 어전 앞에도 구진이 있으니 이것으로 하늘을 본뜬 것이다."라고 하였다. '창창'은 그것이 밝게 빛나는 것을 말한다. 육수의 〈석궐명〉에 '구진을 장악한다'라는 말이 있는데, 주에 "구진은 병사들이 호위하는 형상이다. 그래서 왕된 자가 이를 장악하는 것이다."라고 하였다 '현무'는 궁궐 이름이다. 《삼보구사》에 "미앙궁 북쪽에 현무궐이 있다."는 기록이 있다. 옛 판본에서는 잘못하여 '무' 자로 운을 삼아 '풍현무'라 하였지만 전혀 이치에 맞지 않고 배우는 이들을 그르치게 할 뿐이다. '구진'을 썼기에 밝게 빛난다 하였고 '현무'를 썼기에 날이 저문다고 하였으니, 술이 거나해져 검을 꽂을 때가 이와 같음을 말한다.(鉤陳, 星名. 晉天文志, 鉤陳六星, 在紫宮中, 故天子殿前, 亦有鉤陳, 所以法天也. 蒼蒼, 言其明也. 陸倕石闕銘云, 把鉤陳, 注, 鉤陳, 兵衛之象, 故王者把焉. 玄武者, 闕名. 三輔舊事曰, 未央宮北有玄武闕. 舊本誤以武字爲韻, 云風玄武, 極無義理, 徒誤學者. 以鉤陳則蒼蒼, 以玄武則暮, 言當酒闌挿劍之時如此.)

《보주두시》에 인용된 왕수 주 '현무'는 또한 밝은 별이다.(玄武, 亦明星也.)

《두시상주》 '구진'과 '현무'는 하늘 위에 우림성이 있기 때문에 유사한 것으로 언급한 것이다.(鉤陳玄武, 因天上有羽林星而類及之.)

20 臨江節士(임강절사)－ 송나라 육궐陸厥의 〈임강왕절사가臨江王節士歌〉에 나오는 절개 있는 선비. 원래는 임강왕과 절사라는 별개의 인물이었는데 한 사람으로 잘못 합쳐졌다는 설도 있고, 절사를 두보로 보는 설도 있다. 安足數(안족수)－ 어찌 족히 꼽을 수 있겠는가? 즉 대단한 인물로 거론할 가치도 없다는 뜻이다.

《구가집주두시》 두전杜田 주 〈고악부〉에 송나라 육궐의 〈임강왕절사가〉가 실려 있는데 "절개 있는 선비가 비분강개하니 머리칼이 위로 모자를 뚫는다."라는 구절이 있다.(古樂府載宋陸厥臨江王節士歌曰, 節士慷慨, 髮上衝冠.)

《두시상주》 《한서 · 예문지》에 "〈임강왕〉 및 〈수사절사가〉시 네 편"이라는 말이 있다. …… 주학령은 《두공부시집집주》에서 "《한서》에 '경제가 태자를 폐하고 임강왕에 봉하였는데 뒤에 종묘의 빈터를 침범하여 궁을 지은 것 때문에 입궐하라는 부름을 받자 자살하였다. 당시 사람들이 이를 슬퍼하여 그를 위해 노래를 지었다'는 기록이 있다. '수사절사'는 누군지 알 수 없으나 본래는 두 사람으로 덧붙여 말했기에 '및'이라 한 것인데, 육궐이 이를 합해 한 사람으로 하였으니 정말 잘못이다. 유신이 〈애강남부〉에서 '임강왕에게 근심에 젖어 부른 노래가 있다'고 한 것 또한 이 때문에 서로 잘못을 연습沿襲하여 온 것이다."라고 하였다.(漢藝文志有臨江王及愁思節士歌詩四篇. …… 朱注, 漢書, 景帝廢太子爲臨江王, 後坐侵廟堧爲宮, 徵入自殺, 時人悲之, 故爲作歌. 愁思節士無考, 本是二人, 累言之故曰及, 陸厥合之爲一, 甚誤. 庾信哀江南賦, 臨江王有愁思之歌, 又因此而相沿耳.)

[萬歲 2구] 위 장군이 언제나 천자를 받들 것이니 임강의 절사도 이만 못할 것이라는 말이다. 한편 '임강절사'를 두보 자신을 비유하는 말로 보아 "위 장군은 언제나 천자를 받들 터인데 자신이 어떻게 그와 견줄 수 있겠는가?"라고 해석하기도 한다. 여기서는 전자를 취한다.

《구가집주두시》 조차공 주 이 두 구의 경우 앞 구는 장군이 늘 어전에서 군대를 감독하여 경비를 서는 것을 말하고, 뒤 구는 장군이 바로 천자의 절사로 단지 임강왕의 절사에 비견되는 것만은 아니라는 것을 말한다.(此兩句, 上則言將軍常監軍於殿前爲宿衛, 末則言將軍乃天子之節士, 非特臨江王節士比也.)

《보주두시》에 인용된 서부徐俯 주 기주는 임강군이라고도 한다. …… 두보 스스로 임강의 절사를 자칭한 것이다.(夔州號臨江軍. …… 甫自稱臨江節士.)

#《두시상주》: 마지막 단락에서는 그의 충성과 용기가 크게 쓰일 만하다는 것을 칭송하고 있다. 조차공은 말하길 "술이 거나해지고 칼을 뺀 때를 당하여 구진이 밝게 빛나고 현무궐에 날이 저문다."라고 하였다. '만세춘추'는 마땅히 늘 천자를 위해 경비를 서야지 다만 임강왕의 절사에 그쳐서는 안 됨을 말한다.(末稱其忠勇可以大用. 趙曰, 當酒闌拔劍之時, 以鈎陳則蒼蒼, 以玄武則暮. 萬歲千秋, 言宜長爲天子宿衛, 非特臨江王節士而已.)

##《독두심해》: 이 노래는 아마도 악부 〈정도호가〉의 체재를 모방하여 위 장군을 송찬한 것이다. 그래서 '위자가도호'라는 구가 있다. 그 제목에서 명명한 것을 보면 분명히 옛사람과 함께 각자 스스로 하나의 악부를 이루고자 한 것이다. 첫 8구는 그의 이력을 서술하였는데 서극에서 종사한 것이니 옛날 일이며 배필이다. '우림'의 군대를 감독하는 것은 현재의 일이며 주필이다. '곤륜'산인데 '동쪽에 우뚝하였다'라고 했으니 서쪽 극지이다. '오년기가'는 '종사삼'과 호응한다. 예전

에는 보좌하는 장수였는데 지금은 자신이 개부이다. '일일과해'는 '약서극'과 호응하며 예전에는 청해에서 공을 세웠는데 지금은 돛을 거두고 경사로 돌아온 것이다. 중간의 두 단락은 위 장군을 송찬하는 본문이다. 앞 4구는 기개 있고 정신이 빼어남을 말하며, 뒤 4구는 곧 실제의 일과 경물이니 바로 그 정신이 관직에 임한 데서 드러난 것이다. 끝 5구는 모여 술 마시고 노래를 드린 뜻을 스스로 밝힌 것이다. '창창'이라 하고, '저문다'라고 한 것은 바로 주연이 다 하려는 때를 가리킨다. '구진', '현무'라고 한 것은 별자리로써 금군을 반영한 것으로 또한 계절을 드러낸 것이다. 결미에서는 그가 한마음으로 주군을 받들어 만대에 빛이 되어야지 다만 일개 절사에 그쳐서는 안 된다고 면려하고 있다. '임강절사'는 차용한 것이다.(此歌蓋仿樂府丁都護歌之體, 以頌魏將軍者, 故有爲子歌都護之句. 觀其命題, 明欲與古人各自成一樂府也. 首八句, 敍其履歷, 而從事西極, 乃昔日事, 是陪筆. 監軍羽林, 則現在事, 是主筆. 崑崙而曰東嶄巖, 西之極也. 五年起家, 與從事衫應. 昔爲偏裨, 今自開府也. 一日過海, 與略西極應, 昔立功靑海, 今收帆歸京也. 中兩段, 頌魏正文. 前四言氣岸精爽, 而後四則皆實事實景, 正精爽之見於莅官者. 末五句, 自明會飮贈歌之意. 曰蒼蒼, 曰暮, 正指酒闌時. 曰鉤陳玄武, 又以星象映宿衛, 且顯時令也. 結乃勉其一心奉主, 萬世爲昭, 非特如一節之士而已. 臨江節士, 借用.)

(김만원 · 강민호)

18. 白水明府舅宅喜雨得過字

백수 명부인 외숙의 집에서 비가 옴을 기뻐하며 운자로 '과' 자를 얻다

吾舅政如此[1] 古人誰復過 碧山晴又濕 白水雨偏多[2]
精禱旣不昧[3] 歡娛將謂何[4] 湯年旱頗甚[5] 今日醉絃歌

우리 외숙 다스림이 이와 같으니
옛사람 누가 또 능가하리오?
푸른 산은 개었다가 또 젖으니
백수에는 비가 유독 많구나.
정성스레 기도한 것 어둡지 않으니
기쁨과 즐거움이 장차 어떠하겠는가?
탕 임금의 시대에는 가뭄이 자못 심하였더니
오늘에는 취하여 거문고 타고 노래 부른다.

백수현의 현령인 외숙 최 씨의 집에서 가뭄 끝에 비가 온 것을 보고 기뻐하는 시이다. '백수'는 섬서성에 있는 현으로, 봉선현의 북쪽에 있다.

시제의 '得過字'는 여러 사람과 함께 시를 지을 때 이 '과' 자를 운자로 얻게 되었다는 뜻이다. 외숙 최 씨에 대하여 최씨 집 열아홉째라는 설이 있는데, 뒤에 나오는 〈백수최소부십구옹고재삼십운白水崔少府十九翁高齋三十韻〉에서 최씨 집 열아홉째가 소부인 것으로 보아, 이 시의 최 씨와 최씨 집 열아홉째는 다른 인물일 것이다.

작시 시기는 천보 14년으로 추정된다. 천보 13년으로 추정하는 설도 있다.

《보주두시》 시에 이르기를 "정성스레 기도한 것 어둡지 않으니, 기쁨과 즐거움이 장차 어떠하겠는가? 탕 임금의 시대에는 가뭄이 자못 심하였더니, 오늘에는 취하여 거문고 타고 노래 부른다."라고 하였으니, 시를 짓기 전에 비가 안 오는 것을 걱정하였던 것이다. 그런데 《신당서》, 《구당서》에 모두 가뭄을 기록하지 않았으니, 아마도 가뭄이 심하지 않아서 기록하지 않은 것이리라. 〈구일양봉선회백수최명부九日楊奉先會白水崔明府〉 시로써 따져 보건데, 의당 천보 13년에 지었으리라.(詩云, 精禱旣不昧, 歡娛將謂何, 湯年旱頗甚, 今日醉絃歌, 則作詩前閔雨, 而新舊史俱不書旱, 豈旱不甚, 故不書. 以九日楊奉先會白水崔明府詩論之, 當在天寶十三載作.)
《두시상주》 공이 백수와 봉선을 왕래한 것은 천보 14년이다. 이해 겨울에 또 봉선으로 가족을 찾아갔다가, 다음 해 여름에 가족들을 이끌고 백수로 갔다. 소보의 주에 의하면 '백수'는 지금의 섬서 서안부에 있었고, 공의 외숙은 최씨 집 열아홉째 어른이다.(公往來于白水奉先, 在天寶十四載, 是冬又探家於奉先, 次年之夏, 則携家赴白水矣. 邵注, 白水, 在今陝西西安府. 公舅是崔十九翁.)

주 석

1 政(정) - 다스림. 정무. 如此(여차) - 천지신명이 감응하여 비를 내리게 하는 정도임을 말한다.
《구가집주두시》 비가 기도에 감응한 것을 기뻐하여 그 정치를 찬미한 것이다.(喜雨之應禱, 故美其政也.)

[吾舅 2구] 최 명부의 정무 수행이 훌륭하다고 찬양하였다.

2 白水(백수) 구－ 백수현 일대에 비가 특히 많이 내렸음을 말한다. [碧山 2구]

《보주두시》에 인용된 요절饒節 설 '벽산청우습'은 비가 많지 않은데 백수현에 가장 많이 왔음을 말한다.(碧山晴又濕, 言雨不多而於白水縣最爲優渥也.)

3 精禱(정도)－ 정성스런 기도. 정신을 집중한 기도. 不昧(불매)－ 어둡지 않다. 영험하다는 뜻이다. 이 구는 기도에 감응하여 비가 왔음을 말한다.

《두시언해》 기도하여 비를 얻었음을 말한다.(言祈禱而得雨也.)

4 謂何(위하)－ 어떠한가.

5 湯年(탕년)－ 탕 임금의 시절.

《여씨춘추 · 순민順民》 큰 가뭄이 들자, …… 탕 임금은 몸소 상림에서 기도하였다.(天大旱, …… 湯乃以身禱於桑林.)

#《두시상주》: 수련에서는 명부를 칭송하였다. 제3, 4구는 빗속의 경치이다. 아래 네 구는 비가 오는 것을 기뻐하는 뜻이다. 정성스레 기도하여 비가 오게 하였으니 이것이 바로 다스림이 고인에 견줄 수 있는 점이다.(首聯稱明府. 三四, 雨中之景. 下四, 喜雨之意. 精禱致雨, 此卽政比古人處.)

《구가집주두시》: 탕 임금 시절에 칠 년의 가뭄이 있었다. 이 시에서 먼저 "정성스럽게 기도한 것이 어둡지 않았다."라고 하였으니 기도하여 비를 얻은 것이다. 그래서 '취현가'의 구가 있다. 《논어 · 양화陽貨》에 "현가의 소리를 듣다."라는 말이 있다.(湯有七年之旱. 此詩先言精禱不昧, 卽禱而得雨也. 故有醉絃歌之句. 論語, 聞絃歌之聲.)

《독두심해》: 당시에 필시 백수현이 가뭄에 힘들었을 것이다. 최 명부가 백성을 위해 정성스레 기도하여 비가 오게 되었기에 이 시를 지어 찬미하였다. 수련에서 바로 '정政' 자를 제시하여 주지를 얻게 되었지만, 도리어 대뜸 말하여 기발하다는 느낌을 주었다. 제5, 6구에 이르러 시제의 뜻을 다 드러내었다. "기쁨과 즐거움이 어떠한가?"는 "즐거운 심사를 지탱할 수 없다."라고 말하는 것과 같다. 마지막 연은 시상을 맺으면서 '기쁨'의 뜻을 채웠다.(時必白水苦旱, 崔明府爲民精禱致雨, 故作此美之. 首卽提出政字, 便得主腦, 卻以劈空見奇. 至五六點破. 歡娛謂何, 猶云樂不可支也. 末聯, 收足喜意.)

(**이영주**)

19. 九日楊奉先會白水崔明府

구월 구일 봉선의 양 현령이 백수의 최 명부와 모이다

今日潘懷縣[1]　同時陸浚儀[2]　坐開桑落酒[3]　來把菊花枝
天宇淸霜淨[4]　公堂宿霧披[5]　晩酣留客舞[6]　鳧舃共差池[7]

오늘 회현의 반 현령이
준의의 육 현령과 때를 같이 하는데,
앉아서 상락주를 여니
와서 국화 가지를 잡는다.
하늘에는 맑은 서리 깨끗하고
관청에는 묵은 안개가 걷히니,
늦도록 취하고는 객을 머물게 하여 춤을 추는데
오리 신발도 함께 들쭉날쭉 움직인다.

이 시는 중양절에 봉선현령 양 씨가 베푼 잔치에 두보가 백수현령 최 씨와 함께 참석하여 지은 것이다. 당시 두보는 가족과 함께 장안에서 봉선으로 거처를 옮긴 상태였다. 저작 시기는 대체적으로 천보 말년으로 추정한다. 봉선현령은 두보의 아내인 양 씨의 친척인 것으로 보이며 백수현령 최 씨는 두보의 외숙인 최욱崔頊을 가리킨다. '명부明府'는 현령의 존칭이다. 봉선현과 백수현은 인접한 현으로 장안 북동쪽에 있었다.

《보주두시》 안녹산이 천보 14년 11월에 반란을 일으켰다. 두보는 식구들을 먼저 봉선으로 가게 하였다. 혹자는 두보가 집안 사람들을 보내느라 봉선현에 이르렀으므로 이 작품이 있게 되었다고 말한다. 그러나 이때는 〈자경부봉선현영회오백자自京赴奉先縣詠懷五百字〉시에서 “세모에 온갖 풀들 시들고 질풍은 높은 산을 찢는다. 하늘의 거리 어둠이 짙은데 나그네는 한밤중에 출발했다.”라고 하였으므로 이 시와는 내용과 시기가 모두 맞지 않는다. 살펴보건대 〈교릉시삼십운인정현내제관橋陵詩三十韻因呈縣內諸官〉시에 “흉년으로 아이들이 수척해졌다.”, “관사에 가을 반딧불이를 맞아주었다.”라는 구절이 있어 때가 여기와 맞는다. ‘흉년’은 천보 13년의 기근을 말한다. 시에서 또 “왕 선생과 유 선생은 아름다운 대나무처럼 윤택하다.”라고 하였는데, ‘왕’과 ‘양’은 음이 같으므로 마땅히 한 곳은 틀렸을 것이다. 때는 아마도 천보 13년에 지었을 것이다. 최 씨와 양 씨는 모두 현령이다. 그래서 “오리 신발이 함께 들쭉날쭉 움직인다.”라고 말한 것이다. 뒤에(바로 앞의 시이다) 〈백수명부구택희우白水明府舅宅喜雨〉가 있는데 바로 최 씨이다.(安祿山以天寶十四載十一月反. 公遣家先往奉先, 或謂公送家至縣, 故有此作. 然是時有自京赴奉先詠懷詩云, 歲暮百草零, 疾風高岡裂, 天衢陰崢嶸, 客子中夜發. 與此詩語與時俱不合. 按橋陵詩呈縣內諸官, 而有荒歲兒女瘦, 廨宇容秋螢, 時與此合, 荒歲謂十三載饑也. 詩又云, 王劉美竹潤, 王與楊音同, 當有一誤. 時蓋十三載作也. 崔與楊皆邑宰, 故云鳧舃共參差. 後有白水明府舅宅喜雨詩, 卽崔也.)

《두공부초당시전》 이 시가 지어진 것은 마땅히 천보 14년 9월이다.(詩作當在天寶十四載九月.)

주 석

1 潘懷縣(반회현)－ 진晉나라 회현현령을 지냈던 반악潘岳을 가리킨다. 여기서는 양 씨를 가리키는 것으로 보인다.

《진서晉書 · 반악전潘岳傳》 반악은 재주와 명망이 세상에 으뜸이어서 많은 이들로부터 질시를 당하였으므로 마침내 십 년 동안 실의하여 떠돌다가 세상에 나와 하양의 현령이 되었다. 재주를 가졌으나 답답하게도 뜻을 얻지 못하였다. …… 회현의 현령으로 옮겼다.(岳才名冠世, 爲衆所疾, 遂栖遲十年, 出爲河陽令, 負其才而鬱鬱不得志. …… 轉懷令.)

2 陸浚儀(육준의)－ 진晉나라 준의현령을 지낸 육운陸雲을 가리킨다. 여기서는 최 씨를 가리키는 것으로 보인다.

《진서 · 육운전陸雲傳》 (육운은) 얼마 뒤에 관부의 속관으로서 태자사인이 되었다가, 지방으로 나가 준의의 현령에 보임되었다. 현은 도회지의 요지에 자리하고 있었으므로 다스리기 어렵기로 소문이 나 있었으나, 육운이 도착하자 관청이 엄정해져서 아랫 사람들이 속일 수가 없었고, 저자에서는 이중 가격이 사라졌다.(俄以公府掾爲太子舍人, 出補浚儀令. 縣居都會之要, 名爲難理, 雲到官肅然, 下不能欺, 市無二價.)

3 桑落酒(상락주)－ 술 이름.

《두시상주》에 인용된 《월령광의月令廣義》 진晉나라 선제 때 강족 사람이 상락주를 헌상하였는데 중양절에 백관에게 하사하여 마시게 하였다.(晉宣帝時, 羌人獻桑落酒, 九日以賜百官飮.)

《두시상주》에 인용된 《수경水經 · 하수주河水注》 하동군 사람 유백타가 황하의 물을 떠서 향기로운 술을 빚었는데 뽕잎이 떨어지는 때에 익었으므로 그렇게 이름하였다.(河東郡民劉白墮, 采挹河流, 醞成芳酎, 熟於桑落之辰, 故名.)

[坐開 2구] 양 현령이 술자리를 차려 놓자 최 현령이 와서 노닐게 되었다는 뜻이다.

《구가집주두시》 조차공 주 유신의 〈취포주사군걸주시〉에서 "포성에 뽕잎이 떨어지고 파수 강기슭에 국화꽃 피는 가을"이라고 하였다. 대개 뽕잎이 떨어지면 국화꽃이 피는 때이다. 뽕잎이 떨어지는 때가 되면 술이 익게 되니 곧 술을 마실 때가 된 것이다.(庾信, 就蒲州使君乞酒詩曰, 蒲城桑葉落, 灞岸菊花秋. 蓋桑葉落, 則菊花開之時. 當桑葉落而酒熟, 乃飮酒之候矣.)

4 天宇(천우) – 하늘을 가리킨다. 천하를 뜻하기도 한다.

5 公堂(공당) – 관청의 건물을 가리킨다. 宿霧(숙무) – 아직 남아 있는 시난 밤의 안개.

《구가집주두시》 조차공 주 '공당'은 양 봉선현령의 공당이다.(公堂, 則楊奉先之公堂也.)

6 晩酣(만감) – 늦도록 술을 마셔 취하다. 留客舞(유객무) – 객을 머물게 하여 춤을 추다. 여기서 '客'은 두보 자신을 가리킨다.

《독두심해》 살펴보건대 '유객'의 '객'은 두보가 자신을 말한 것이다.(按留客之客, 公自謂.)

7 鳧舃(부석) – 오리 신발. 왕교의 고사에 나오는 말로, 여기서는 현령인 양 씨와 최 씨를 왕교에 비유하여 칭송한 것이다. 差池(치지) – 들쭉날쭉 일정하지 않은 모양. 두 사람이 두보와 함께 술에 취해 추는 춤의 모습을 형용한 것이다.

《후한서 · 방술전方術傳》 왕교는 하동 사람이다. 현종 때에 섭현葉縣의 현령이 되었다. 왕교는 신통술이 있었는데 매월 초하루와 보름이면 항상 섭현으로부터 조정에 이르러 조회하였다. 황제는 그가 자주 왔지만 수레와 말이 보이지 않는 것을 기이하게 여겨 몰래 태사로 하여금 그를 살펴보게 하였다. 태사가 말하기를 그가 도착할 때마다 동남쪽에서 오리 두 마리가 날아온다고 하였다. 이에 오리가 오는 것을 기다려 그물을 펼쳤으나 신발 한 짝만을 얻었을 뿐이었다. 곧바로 상방(임금의 기물을 관장하는 관청)으로 하여금 살펴보게 하니, 현종 4년 중에 상서성의 관속에게 하사한 신발이었다.(王喬者, 河東人也. 顯宗世, 爲葉令. 喬有神術, 每月朔望, 常自縣詣臺朝. 帝怪其來數而不見車騎, 密令太史伺望之. 言其臨至, 輒有雙鳧從東南飛來. 於是候鳧至, 擧羅張之, 但得一隻舃焉. 乃詔尙方診視, 則四年中所賜尙書官屬履也.)

《두공부초당시전》 '치지'는 춤추는 모습을 말한 것이다.(差池, 言舞之貌也.)

#《두시상주》: 이는 반악과 육운으로써 양 씨와 최 씨를 칭송한 것이다. '상락주'와 '국화 가지'는 구월 구일의 일이고, 서리가 깨끗하고 안개가 걷힌다는 것은 구월 구일의 경치이다. 저녁 늦도록 취하여 머물게 하고 마시며, 취하여 비틀거리며 춤을 추니 그 객을 아끼는 마음이 지극하다. 본시 양 씨는 주인이고 최 씨는 손님이다. 그래서 반악으로 양 씨를 비유했고, 육운으로 최 씨를 비유했다. '앉은 것'은 양 씨에게 속하고, '온 것'은 최 씨에 속한다. '서리'와 '안개'의 한 연은 비록 눈앞의 경치를 말한 것이지만 또한 두 사람이 외모는 엄숙하고 맑으며 마음은 탁 트였음을 보여준다.(此以潘陸稱楊崔也. 桑酒菊枝, 九日之事. 霜淨霧披, 九日之景. 晩酣留飮, 而醉舞差池, 其愛客之情至矣. 本是楊主崔賓, 故潘比楊, 陸比崔, 坐屬楊, 來屬崔. 霜霧一聯, 雖云卽景, 亦見二君之外肅淸而中洞達.)

《독두심해》: 당시 혹 봉선에 있었으면 양 씨가 주인이고 최 씨가 손님일 것이며, 혹 백수에 있었으면 최 씨가 주인이고 양 씨가 손님일 것이다. 모두 가능하니 천착하지 않는다. 총괄해서 말하자면 반악은 주인을 비유하고 육운은 손님을 비유하며, '앉다'는 주인에게 속하고 '오다'는 손님에게 속한다. 구조오의 주에서는 5, 6구가 비록 눈앞의 경치를 말한 것이지만 또한 두 사람의 엄숙하고 맑음과 탁 트였음을 보여 준다고 하였다. 살펴보건대 '유객'의 '객'은 두보가 스스로를 말한 것이고, '부석'은 또 최 씨와 양 씨를 끌어당겨서 합쳐 말한 것이다.(時或在奉先, 則楊主崔賓, 或在白水, 則崔主楊賓, 俱可不泥. 總之, 潘比主, 陸比賓, 坐屬主, 來屬賓也. 仇注, 五六雖云卽景, 亦見二公之肅淸洞達. 按, 留客之客, 公自謂. 梟舃, 又挽合崔楊.)

(**김성곤·임도현**)

20. 自京赴奉先縣詠懷五百字
경사에서 봉선현으로 가며 느낀 바를 읊은 500자의 시

杜陵有布衣[1] 老大意轉拙[2] 許身一何愚[3] 竊比稷與契[4]
居然成濩落[5] 白首甘契闊[6] 蓋棺事則已[7] 此志常覬豁[8]
窮年憂黎元[9] 歎息腸內熱[10] 取笑同學翁[11] 浩歌彌激烈[12]
非無江海志[13] 蕭灑送日月[14] 生逢堯舜君[15] 不忍便永訣[16]
當今廊廟具[17] 構厦豈云缺[18] 葵藿傾太陽[19] 物性固難奪[20]
顧惟螻蟻輩[21] 但自求其穴 胡爲慕大鯨[22] 輒擬偃溟渤[23]
以玆悟生理[24] 獨恥事干謁[25] 兀兀遂至今[26] 忍爲塵埃沒[27]
終愧巢與由[28] 未能易其節[29] 沈飮聊自遣[30] 放歌破愁絶[31]
歲暮百草零[32] 疾風高岡裂[33] 天衢陰崢嶸[34] 客子中夜發[35]
霜嚴衣帶斷 指直不能結[36] 凌晨過驪山[37] 御榻在嵽嵲[38]
蚩尤塞寒空[39] 蹴踏崖谷滑[40] 瑤池氣鬱律[41] 羽林相摩戛[42]
君臣留歡娛[43] 樂動殷膠葛[44] 賜浴皆長纓[45] 與宴非短褐[46]
彤庭所分帛[47] 本自寒女出[48] 鞭撻其夫家[49] 聚斂貢城闕[50]
聖人筐篚恩[51] 實願邦國活[52] 臣如忽至理[53] 君豈棄此物[54]
多士盈朝廷 仁者宜戰慄[55] 況聞內金盤[56] 盡在衛霍室[57]
中堂有神仙[58] 烟霧蒙玉質[59] 煖客貂鼠裘[60] 悲管逐淸瑟[61]
勸客駝蹄羹[62] 霜橙壓香橘[63] 朱門酒肉臭[64] 路有凍死骨
榮枯咫尺異[65] 惆悵難再述[66] 北轅就涇渭[67] 官渡又改轍[68]
羣水從西下[69] 極目高崒兀[70] 疑是崆峒來[71] 恐觸天柱折[72]

河梁幸未拆[73] 枝撐聲窸窣[74] 行李相攀援[75] 川廣不可越[76]
老妻寄異縣[77] 十口隔風雪[78] 誰能久不顧[79] 庶往共饑渴[80]
入門聞號咷[81] 幼子餓已卒[82] 吾寧捨一哀[83] 里巷亦嗚咽[84]
所愧爲人父 無食致夭折[85] 豈知秋禾登[86] 貧窶有倉卒[87]
生常免租稅[88] 名不隸征伐[89] 撫跡猶酸辛[90] 平人固騷屑[91]
默思失業徒[92] 因念遠戍卒[93] 憂端齊終南[94] 澒洞不可掇[95]

두릉에 있는 포의가
늙어감에 생각이 갈수록 서툴기만 하다.
자부함이 얼마나 어리석었던가
은근히 직과 설에 견주었지.
결국 크기만 할 뿐 쓸모없는 것이 되어서는
흰머리에도 고생함을 달갑게 여기는데,
관을 덮어야 일이 끝나리니
이 뜻이 펼쳐지기만을 항상 바라네.

해가 다하도록 백성을 걱정하여
탄식하느라 속이 탔지만,
함께 공부한 사람들에게 비웃음을 사니
큰 노랫소리가 더욱 격렬해지네.
강과 바다에서 살자는 뜻을 가지고
자유롭게 세월을 보내고자 함이 없진 않았지만,
살아서 요순과 같은 임금을 만나니
차마 영원히 떠나지를 못한 것이라네.

지금 조정은 잘 갖추어져서
집을 이루는 데 어찌 빠진 것이 있겠느냐마는,
아욱은 태양을 향해 기울어지는 법
만물의 본성은 진실로 빼앗기 어려운 것이라네.

생각건대 땅강아지와 개미의 무리들은
단지 스스로 자신의 굴만을 챙길 뿐이거늘,
어째서 큰 고래를 사모하여
매번 바다에 눕고자 했던가?
이로써 삶의 이치를 깨닫고는
간알 일삼는 것을 유독 부끄러워하여,
고생하며 마침내 오늘까지 이르러
티끌 속에 묻혀 있음을 참고 있네.
끝내 소보와 허유에게는 부끄러우나
아직 그 절개를 바꿀 수가 없어,
술에 취하여 아쉬우나마 마음을 달래고
마음껏 노래를 불러 극심한 근심을 깨트리네.

세모에 온갖 풀이 시들고
질풍은 높은 산을 찢으며,
하늘의 거리는 어둠이 짙은데
나그네는 한밤중에 출발했네.
서리가 심해 허리띠가 끊어지건만
손가락이 곱아서 맬 수가 없고,
새벽에 여산을 지나는데

천자의 어탑이 높은 산에 있었네.

천자의 깃발은 차가운 하늘에 가득하고
병사들은 미끄러운 벼랑과 골짜기를 밟고 가는데,
요지에는 증기가 피어오르고
우림군은 병기가 서로 부딪혔네.
임금과 신하가 머물러 즐기느라
음악 소리가 드넓은 곳에서 성대한데,
목욕을 하사받은 이는 모두 관의 끈이 긴 높은 관리이고
연회를 허여받은 이는 짧은 갈옷 입은 백성이 아니었네.

조정에서 나눠주는 비단은
본시 가난한 여인에게서 나온 것이니,
그 지아비의 집을 채찍으로 후려쳐
긁어모아 궁궐에 진상한 것이었네.
성인이 광주리로 내려주시는 은혜는
실로 나라가 살게 하려는 것인데,
신하가 만일 그 지극한 이치를 소홀히 여긴다면
어찌 임금이 이 물건을 내버리는 것이 아니겠는가?
많은 선비들이 조정에 가득 차 있는데
어진 사람이라면 마땅히 두려워 벌벌 떨어야 할 것이었네.

하물며 내전의 금 쟁반이
모두 위씨와 곽씨의 집에 있다고 들었음에랴.
중당에 선녀가 있어

향불 연기가 옥 같은 몸을 덮었으며,
담비 갖옷으로 손님을 따뜻하게 하고
구슬픈 피리 가락이 청아한 슬 가락을 따라 나올 때,
손님에게 낙타 발로 만든 국을 권하고
서리 맞은 등자가 향긋한 귤을 누르고 있다지.
붉은 문에는 술과 고기 냄새가 진동하지만
길바닥에는 얼어 죽은 송장이 있어,
영화와 시듦이 지척에서 다르기에
서글퍼 더 이야기하기가 어려웠네.

수레를 북쪽으로 몰아 경수와 위수로 나아가
관도에서 다시 방향을 바꾸었네.
여러 물줄기가 서쪽에서 내려오는데
눈 닿는 데까지 바라보니 물결 높이가 높아서,
공동산이 떠내려올 것 같았으니
하늘 기둥을 들이받아 꺾을까 두려웠네.
다행스레 다리는 아직 무너지지 않았지만
지탱하고 있는 교각에는 소리가 삐걱삐걱 났기에,
행인들이 서로 의지하였지만
강물이 넓어 건널 수 없을 것 같았네.

늙은 아내는 타향에 부쳐 살고 있어
열 식구가 바람과 눈 속에 떨어져 있으니,
뉘라서 오랫동안 가족들을 돌보지 않을 수 있으랴
내가 가서 배고프고 목마름을 함께하기를 바랐네.

문을 들어서자 통곡 소리 들리는데
어린 아들은 굶주려 이미 죽었으니,
내 어찌 한바탕 슬퍼하지 않겠는가
마을 골목의 사람들도 함께 오열하였네.
부끄러운 것은 사람의 아비가 되어서
먹을 것이 없어서 요절하게 한 것이니,
어찌 알았으랴, 가을 벼가 익었지만
가난하여 이런 변고가 생길 줄을.

살면서 항상 조세를 면하고
이름은 징병 대상에 기록되지 않았으나,
지나온 자취를 더듬어 보면 그래도 맵고 쓰리니
평민들은 진실로 처량하리라.
생업을 잃은 이들을 조용히 생각하고
그 김에 멀리서 수자리 서는 병졸들을 생각하노라니,
근심스러운 마음이 종남산과 같아
끝없이 이어져 떨칠 수가 없구나.

이 시는 천보 14년 겨울 두보가 가족들을 만나기 위해 장안을 떠나 봉선으로 가면서 보고 느낀 것과 도착한 뒤의 감회를 적은 것이다. 먼저 자신의 평소의 뜻을 서술하고, 이어서 여산驪山 화청궁華淸宮에서 목도한 현종 일행의 환락에 대한 불만을 기술하고, 봉선에 도착한 뒤 굶어 죽은 자신의 막내아들로 인한 슬픔을 적었다. 시의 마지막에서 두보는 자신의 개인적 불행을 넘어 광범위한 소외

계층에 대해 근심하고 염려하였다.

《두공부시집집주》 《구당서 · 현종기》에 따르면, 천보 14년 겨울 10월 임진일에 화청궁으로 행차하였으며 11월 병인일에 안녹산이 반란을 일으켰다. 살펴보건대 두보가 봉선으로 가고 있을 때 현종은 당시 바로 화청궁에 있었다. 그래서 시에서 여산의 일을 말한 것이 특히 상세하다. 또 살펴보건대 11월 9일에 안녹산이 반란을 일으키자 소식을 담은 글이 장안에 도착하였는데, 현종은 여전히 믿지 않았다. 그래서 여기서는 '즐기느라' '긁어모아' 난리가 곧 있게 될 것이다라는 말만 하고 안녹산 반란의 상황은 언급하지 않았다.(舊書玄宗紀, 天寶十四載冬十月壬辰, 幸華淸宮. 十一月丙寅, 祿山反. 按, 公赴奉先, 玄宗時正在華淸, 故詩中言驪山事特詳. 又按, 十一月九日, 祿山反. 書至長安, 玄宗猶未信. 故此言歡娛聚斂, 致亂在旦夕, 而不及祿山反狀也.)

《보주두시》 여대방呂大防, 채흥종, 노은, 양권도는 모두 천보 14년 11월에 지은 것으로 여기고 있다. 지금 고찰해보니 시에서 단지 멀리서 수자리 서는 병졸을 말하였고, 아울러 '즐기느라' '긁어모은' 것이 난리를 일으키는 원인이 됨을 언급하여 서술하였을 뿐, 안녹산의 일에 대해서는 언급하지 않았다. 아마도 안녹산이 반란을 일으켰다는 글이 아직 도착하지 않았을 때 이 시를 쓴 것이 아니겠는가? 《당사습유》에서 안녹산이 반란을 일으켰다는 글이 알려지지 않았을 때 두보가 이미 경기 지역으로 잠적했다고 하였는데 아마도 옳을 것이다.(呂汲公蔡興宗魯訔梁權道, 皆謂在天寶十四載十一月作. 今考詩中但言遠戍之卒, 及述歡娛聚斂以致亂之因, 而不及祿山之事, 豈非祿山反書未至時賦此. 唐史拾遺云, 祿山反書未聞, 公已潛畿甸, 或是.)

《두시전주》 서위 때 포성현은 동주에 속했다. 개원 4년에 봉선현으로 바꾸고 경조부에 예속시키고서 예종의 교릉을 받들게 하였다. 개원 17년에 승격되어 적현이 되었다. 장안으로부터 백오십 리 떨어져 있다.(西魏, 蒲城縣, 屬同州, 開元四年, 改爲奉先縣, 移隸京兆府, 以奉睿宗橋陵. 十七年, 昇爲赤縣, 去長安一百五十里.)

주 석

1 杜陵(두릉)— 지명. 두보가 당시 거처하던 곳. 布衣(포의)— 베옷. 평민을 비유한다.

《한서 · 지리지》 '杜陵'의 주 옛날 두백국이 있던 곳인데 한나라 선제를 이곳에 장사 지냈기에 두릉이라고 하였다. 장안 남쪽 50리 되는 곳에 있다.(古杜伯國, 漢宣帝葬此, 因曰杜陵, 在長安南五十里.)

《두억》 당나라의 서경은 바로 지금의 서안부이다. 서안부의 성 동쪽에 파릉이 있는데 문제를 장사 지낸 곳이다. 파릉 남쪽 5리 떨어진 곳이 바로 낙유원인데 선제가 쌓아서 능을 만들고 두릉이라고 했다. 두릉 동남쪽으로 십여 리 되는 곳에 또 한 개의 약간 작은 능이 있는데, 허씨 황후를 장사 지낸 곳이며 소릉이라고 부른다. 소릉의 동쪽이 바로 두곡이며, 소릉의 서쪽이 바로 두보의 고택이다. 두보가 자신을 '소릉야로'라고 부른 것은 이 때문이다.(唐之西京, 卽今西安府. 府城之東有灞陵, 文帝所葬. 灞南五里卽樂遊原, 宣帝築以爲陵曰杜陵. 杜陵東南十餘里, 又有一陵差小, 許后所葬, 謂之少陵. 陵之東卽杜曲, 陵西卽子美舊宅, 子美自稱少陵野老以此.)

2 老大(노대)— 연로하다. 意轉拙(의전졸)— 생각이 갈수록 서툴러지다.

3 許身(허신)— 자처하다. 자신을 인정하다. 一何愚(일하우)— 얼마나 어리석은가. '愚'가 '過'로 된 판본도 있다.

4 竊比(절비)— 마음속으로 ~에 비유하다. 稷與契(직여설)— 직과 설. 모두 순임금의 어진 신하들로 직은 농사일을 관장하였으며 설은 교육

을 관장하였다

5 居然(거연) – 결국. 문득. 濩落(확락) – 원래는 매우 넓은 모양을 뜻하는데, 여기서는 너무 크거나 넓어서 쓸모가 없는 모습을 뜻한다.

《두시상주》에 인용된 장연 주 '확락'은 매우 넓은 모습이다.(濩落, 廓落也.)

《장자 · 소요유》 혜자가 장자에게 말하였다. "위왕이 나에게 큰 박의 종자를 주었다. 내가 그것을 심었더니 자라나 열매가 맺혔는데 다섯 석이나 되는 큰 용량이었다. 그것으로 물이나 음료를 담자니 그 단단하고 무거운 것을 들 수가 없고, 그것을 갈라서 바가지를 만들자니 너무 넓적하여 물을 담을 수가 없다. 이 박은 휑하니 크지 않은 것은 아니지만, 나는 그것이 쓸모없다고 여겨 깨뜨려 버렸다." …… 장자가 말하였다. "지금 그대에게 다섯 석 용량의 박이 있다면 어째서 그것으로 큰 통을 만들어 그걸 타고 강과 호수를 떠다닐 생각을 하지 않는가? 오히려 그 박이 넓적하여 물을 담을 수 없다고 걱정만 하니 그대는 옹졸한 마음을 가지고 있구나."(惠子謂莊子曰, 魏王貽我大瓠之種, 我樹之, 成而實五石, 以盛水漿, 其堅不能自擧也. 剖之以爲瓢, 則瓠落無所容. 非不呺然大也, 吾爲其無用而掊之. …… 莊子曰, 今子有五石之瓠, 何不慮以爲大樽, 而浮乎江湖. 而憂其瓠落無所容, 則夫子猶有蓬之心也夫.)

6 甘(감) – 달게 여기다. '苦'로 된 판본도 있다. 契闊(결활) – 고생하다.

7 蓋棺(개관) – 관 뚜껑을 덮다. 죽는 것을 의미한다. 已(이) – 끝나다. 이 구는 죽어야 일이 끝난다는 말이다. 이와 달리 죽은 뒤에 비로소 평가가 된다고 보는 설도 있다.

《구가집주두시》 조차공 주 《한시외전》에 실린 공자의 "끊임없이 배우니 관을 덮어야 비로소 끝날 것이다."라는 말을 바꾼 것이다.(變韓詩外傳所載孔子云, 學而不已, 闔棺乃止之語也.)

《두시상주》에 인용된 《송서宋書》 유의가 말하기를 "대장부는 관을 덮고 난 뒤에 일이 비로소 정해진다."라고 하였다.(劉毅曰, 大丈夫蓋棺, 事乃定矣.)

8 此志(차지) - 이 뜻. 여기서는 직과 설로 자처한 두보 자신의 큰 뜻을 가리킨다. 覬豁(기활) - 넓게 펼쳐지기를 바라다.

[蓋棺 2구]

《두시언해》 이 구는 두보가 관을 덮어야 만사가 비로소 정해지는 까닭에 직과 설의 뜻을 넓게 펼치기를 항상 바란다고 말한 것이다.(此甫言蓋棺萬事方定, 故稷契之志常覬望展布也.)

#《두시상주》: 앞 세 단락은 '느낀 바를 읊는 것'으로부터 서술하기 시작했다. 이 단락은 평소에 지닌 큰 뜻을 스스로 기술한 것이다. 두보는 세속을 좇아서 공적을 세우려 하지 않고 반드시 성현의 공업을 기대하였다. 생각이 서툴다고 말한 것은 직과 설에 견주는 것에 있어서이다. "고생함을 달갑게 여긴다."라는 것은 생각이 서투름을 편안히 여긴다는 것이며, "펼쳐지기만을 항상 바란다."라는 것은 직과 설이 되기를 바란다는 것이다.(前三段, 從詠懷敘起. 此自述生平大志. 公不欲隨世立功, 而必期聖賢事業. 所謂意拙者, 在比稷契也. 甘契闊, 安於意拙. 常覬豁, 冀成稷契.)

9 窮年(궁년) - 해가 다하도록. 평생토록. 黎元(여원) - 일반 백성.

10 腸內熱(장내열) - 속이 타다. '腸'이 '腹'으로 된 판본도 있다.

11 取笑(취소) - 비웃음을 사다. 同學翁(동학옹) - 함께 공부한 친구들을 가리킨다.

12 浩歌(호가) - 큰 소리로 부르는 노래. 彌(미) - 더욱.

[取笑 2구]

《두공부초당시전》 두보의 뜻은 임금과 백성에 있었으나 함께 공부한 이들은 오히려 경멸하며 비웃었다. 두보는 이 마음을 쏟아낼 방도가 없어 크게 노래를 부르는 것으로 표현하여 그 매서운 뜻을 더욱 스스로 격앙시킬 뿐이었다.(甫志在君民, 而同學之人反輕笑之, 甫此懷無所寫, 形於浩歌, 愈自激昂其義烈而已.)

13 江海志(강해지)－ 강과 바다에서 세월을 보내려는 뜻. 벼슬하지 않고 초야에 묻혀 살려는 뜻을 말한다.

《구가집주두시》 조차공 주 《장자》에서 "늪지로 가서 한정하고 텅 빈 곳에 살면서 한적한 곳에서 낚시나 하면서 무위의 삶을 살 뿐이다. 이는 강해의 선비, 세상을 피하여 사는 사람, 한가로운 사람이 좋아하는 것이다."라고 하였으니, 이로써 '강해지'의 의미를 알 수 있다.(莊子曰, 就藪澤, 處閒曠, 釣魚閒處, 無爲而已矣. 此江海之士, 避世之人, 閒暇者之所好也, 可以見江海志之義矣.)

14 蕭灑(소쇄)－ 세속의 얽매임을 벗어나서 자유롭게 지내는 모습. 送日月(송일월)－ 세월을 보내다. '送'이 '迭'로 된 판본도 있다.

15 堯舜君(요순군)－ 요임금과 순임금. 여기서는 현종을 가리킨다. '舜'이 '爲'로 된 판본도 있다.

16 永訣(영결)－ 영원히 이별하다.

17 廊廟(낭묘)－ 궁중의 건물과 태묘. 조정을 가리킨다.

《두공부초당시전》에 인용된 〈숙손통전叔孫通傳〉 낭묘의 재목은 한 나무의 가지만은 아니며, 제왕의 공업은 한 선비의 지략만이 아니다.(廊廟之材, 非一木之枝, 帝王之功, 非一士之略.)

18 構厦(구하)－ 큰 집을 짓다. 豈云缺(기운결)－ 어찌 빠진 것이 있겠는가? '云'은 뜻 없이 쓰인 조사이다.

19 葵藿(규곽)－ 아욱. 원래는 아욱과 콩잎이지만 여기서는 전자의 의미만 가진다. 접시꽃과 콩잎이라는 설도 있다.

《두시상주》 '규곽' 구는 임금을 훌륭한 임금으로 만들고 싶어하는 마음을 스스로 비유한 것이다.(葵藿, 自比致君之念.)

《두공부초당시전》 조식의 〈구통친표〉에 "마치 아욱이 잎을 기울이는 것과 같으니, 태양이 비록 돌려서 비추지 않을지라도 그것을 향하는 것은 정성 때문입니다."라고 하였다.(曹植求通親表, 若葵藿之傾, 太陽雖不爲回光, 然向之者, 誠也.)

20 物性(물성)－ 만물의 품성. 難奪(난탈)－ 빼앗기 어렵다. '難'이 '莫'으로 된 판본도 있다.

#《두시상주》: 이 단락은 뜻이 현군을 만나 백성을 구하는 것에 있음을 말한 것이다. 직과 설이 되고자 하였으니 아래로는 백성을 구하고 위로는 요순을 보필함이 마땅하다. 이것이 작품 전체의 큰 뜻이다. 강해의 선비는 세상을 버리지만 두보는 현군을 사모함이 절실하여 차마 잊지 못했다. 조정의 신하들은 하는 일도 없이 그 자리를 차지하고 있지만 공은 지극한 성품에 근거하여 감히 속이지 않았다. 이는 두 가지 양상으로 대비하여 함께 공부한 이들의 의구심을 풀어준 것이다. '큰 노랫소리가' '격렬해진다'는 것은 바로 '느낀 바를 읊는' 까닭을 말해준다. 현종이 처음 나라를 다스릴 때에는 정관 때와 거의 같았으나 만년에 이르러 덕을 잃어 마침내 환난의 단초를 만들게 되었다. "살아서 요순과 같은 임금을 만나다."라고 말한 것은 그가 고치고 깨달아서 스스로 새롭게 되어 다시 훌륭한 군주가 되기를 바란 것이니, 간절하게 충애하는 그 정성은 맹자가 제나라 왕에게 바란 것과 같은 뜻이다.(此志在得君濟民. 欲爲稷契, 則當下救黎元, 而上輔堯舜, 此通節大旨. 江海之士遺世, 公則切於慕君而不忍忘, 廊廟之臣尸位, 公則根於至性而不敢欺. 此作兩形, 以解同學之疑. 浩歌激烈, 正言詠懷之故. 明皇初政, 幾侔貞觀, 迨晩年失德, 而遂生亂階. 曰生逢堯舜君, 望其改悟自新, 復爲令主, 惓惓忠愛之誠, 與孟子望齊王同意.)

21 顧(고) – 돌이켜 보다. 생각하다. 螻蟻輩(누의배) – 땅강아지와 개미의 무리. 미력한 존재를 비유한다.

22 大鯨(대경) – 큰 고래. 대단한 존재를 비유한다.

23 擬(의) – 하려하다. 흉내내다. 偃(언) – 눕다. 살다. 마음대로 행한다는 뜻이다. 溟渤(명발) – 큰 바다.

[顧惟 4구] 조정이나 번진에서 자신만을 도모하는 무리를 땅강아지나 개미와 같은 하찮은 존재에 비유한 뒤 이들이 분수에 맞지 않게 고래가 바다에서 활개 치듯이 마음대로 날뛰는 상황을 비판한 것이다. 이와 달리 두보 자신을 땅강아지나 개미와 같은 하찮은 존재에 비유하여 그저 분수에 맞춰 살 것이지 왜 직과 설 같은 큰 신하가 되려고 하였는가라고 자책하는 뜻으로 보는 설도 있으나 취하지 않는다.

《두시상주》 조정에 있는 자들은 땅강아지나 개미가 고래를 흉내내는 것과 같다.(居廊廟者, 如螻蟻擬鯨.)

《구가집주두시》 조차공 주 '땅강아지와 개미의 무리'는 분수를 지키지 않는 사람들을 말한다. 이는 번진 중에서 감히 스스로 강대함을 꾀하는 무리들을 가리켜 한 말로, 두보는 그들을 땅강아지나 개미처럼 하찮게 여길 뿐이다. 그들은 의당 스스로 그치고서 각기 구멍을 찾아 편안히 살면 될 것인데, 저들은 어째서 꼭 고래가 큰 바다에 사는 것을 부러워하여 흉내 내려고 하느냐는 말이다.(螻蟻輩, 以言不安分之人. 此指言藩鎭敢自彊大之徒, 公直眇之如螻蟻. 謂其當自止, 各求穴以安耳, 而彼何爲必欲慕學大鯨之處大海乎.)

《두공부초당시전》 '땅강아지와 개미'는 만물 중에서 미약한 것으로 두보가 자신을 비유한 것이다. 고래는 큰 물고기로 큰 바다에서 활개 치는 것이 당연한 이치이다. 두보의 뜻은 임금을 요순에 이르게 하고 백성을 윤택하게 하는 것에 있었다. 그 뜻이 심히 컸으나 다시 자책하여 말하기를 "나는 진실로 땅강아지나 개미와 같은 작은 무리라서 오직 스스로 자신의 구멍을 추구할 수 있을 뿐이니 어떻게 감히 큰 고래를 과하게 흉내 내어 큰 바다에서 활개 치려고 하겠는가."라고 한 것이다.(螻蟻, 物之微者, 甫自喩. 鯨鯢, 大魚, 偃蹇滄海, 理之常也. 甫志在於致君澤民, 其志甚大, 復自責曰, 我誠螻蟻小輩, 但可自求其穴, 何敢過擬大鯨而偃蹇於滄溟哉.)

24 玆(자) – 이것. 여기서는 앞에서 말한 '누의배'들이 활개 치는 것을 가리킨다. 悟生理(오생리) – 살아가는 이치를 깨닫다. '悟'가 '悞'로 된 판본도 있다.

25 干謁(간알) – 고관이나 권력자들을 찾아가 추천을 부탁하는 일.

26 兀兀(올올) – 고생하는 모습. 애쓰는 모습.

《두시상주》 '올올'은 고생스럽다는 뜻이다.(兀兀, 卽契闊之意.)

27 忍(인) – 감내하다.

[以玆 4구]

《두시언해》 이는 두보가 곤궁함과 영달함의 이치를 스스로 깨달아서 마침내 자신의 분수에 만족하여, 권세가들에게 간알함으로써 부귀를 구하지 않고 고생스럽고 가난하게 살면서 먼지 속에 빠져 있음을 달갑게 여긴다는 것이다.(此甫自悟窮達之理, 遂安分而不干謁勢要, 以求富貴, 兀兀窮居, 甘爲汨沒塵埃也.)

28 巢與由(소여유) – 소보巢父와 허유許由. 요임금 시대의 은자.

《두공부초당시전》에 인용된 황보밀皇甫謐의 《일사전逸士傳》 소보는 요임금 때의 은자이다. 요임금이 허유에게 임금 자리를 물려주려 하자 허유가 이 일을 소보에게 말하였다. 소보는 "너는 친구가 아니다."라고 하고는 청령수에 들러 귀를 씻었다.(巢父者, 堯時隱人也. 及堯讓位許由也, 由以告巢父. 巢父曰, 汝非友也, 乃過淸泠之水, 洗其耳.)

29 易其節(역기절) – 그 절조를 바꾸다. 여기서 '절조'는 임금을 요순과 같이 만들고 백성을 구하려는 원대한 뜻을 가리킨다.

30 沈飮(침음) – 취하도록 술을 마시다. 自遣(자견) – 스스로 근심을 풀다. '遣'이 '適'으로 된 판본도 있다.

31 放歌(방가) – 마음껏 소리 지르며 노래를 부르다. 속 시원히 노래하다. 破(파) – '頗'로 된 판본도 있다. 愁絶(수절) – 극도의 근심.

《두시상주》에 인용된 《두억》 '파수破愁'로 쓰는 것이 옳다. 만약 '파수절頗愁絶'이라고 말하게 되면 말이 오히려 유치해질 것이다.(作破愁爲是, 若云頗愁絶, 語反稚矣.)

#《두시상주》: 이 단락은 뜻을 품고도 펼칠 수가 없음을 스스로 슬퍼한 것이다. 나아가 임금이 요순이 될 수 있도록 도모할 수도 없고 물러나 소보나 허유가 될 수도 없으니, 또한 직과 설이 되고자 하던 애초의 소원을 그저 저버리게 되었다. 조정에 있는 자들은 땅강아지나 개미가 고래를 흉내 내려는 것과 같으니 두보는 심히 수치스러워 그들에게 간알하는 것을 달갑게 여기지 않는다. 강과 바다에서 노니는 것은 소보와 허유가 은거한 것과 같은데, 두보는 비록 부끄러워하면서도 자신의 절조를 바꾸려 들지 않는다. 여전히 쌍관의 형식을 써서 윗글의 뜻을 거듭 말하였다. 마음껏 노래를 불러 근심을 없앤다는 것은 '느낀 바를 읊는 것'에 의지하여 마음을 달래고자 하는 것이다.(此自傷抱志莫伸. 旣不能出圖堯舜, 又不得退作巢由, 亦空負稷契初願矣. 居廊廟者, 如螻蟻擬鯨, 公深恥而不屑干. 遊江海者, 若巢由隱身, 公雖愧而不肯易. 仍用雙關, 以申上文之意. 放歌破愁, 欲藉詠懷以遣意.)

32 零(령) – 시들다.

33 疾風(질풍) – 거센 바람. 高岡裂(고강렬) – 높은 산이 찢어지다. 바람이 센 것을 과장하여 표현한 것이다.

34 天衢(천구)－ 하늘의 거리. 하늘이 넓어서 마음대로 다닐 수 있는 것이 세상의 넓은 거리와 같다는 말이다. 또는 황제가 있는 수도. 崢嶸(쟁영)－ 매우 어두운 모습.

35 客子(객자)－ 나그네. 여기서는 두보를 가리킨다. 中夜(중야)－ 한밤중.

《두공부초당시전》 '객자'는 두보가 자신을 말한 것이며, 경사로부터 길을 떠난 것이다.(客子甫自謂, 自京發程也.)

36 指直(지직)－ 손가락이 곱다. 추위에 손가락이 뻣뻣해진 것을 말한다. 能(능)－ '得'으로 된 판본도 있다.

37 凌晨(능신)－ 새벽. 驪山(여산)－ 장안 동쪽에 있는 산 이름. 산 아래 온천에 현종의 행궁인 화청궁이 있었다.

《태평환우기太平寰宇記》 여산은 소응현에서 동남쪽으로 2리 떨어진 곳에 있는데, 바로 남전산이다.(驪山, 在昭應縣東南二里, 卽藍田山也.)

《옹록雍錄》 온천이 여산에 있어서 경사와 매우 가깝다. 진나라, 한나라, 수나라, 당나라 때부터 황제가 모두 일찍이 행차하여 노닐었는데, 유독 현종이 특히 사치하였다. 대체로 산에다가 궁궐을 세웠는데 백관의 여러 부서가 모두 가도 각기 머물 곳이 있었다. 시월에 가서 그해가 다 되어야 환궁하였다. 또 양귀비로 인해 그 사치하고 방탕함이 더욱 두드러져서 대체로 궁전이 여산 전체를 둘러쌌으며 담장이 그 밖으로 빙 둘러 쳐 있었다. 관풍루 아래에는 또 협성(성벽 사이에 낸 길로 현종만 행차하던 길이었다)이 있어서 궁중으로 통할 수 있었다.(溫泉在麗山, 與帝都密邇. 自秦漢隋唐, 人主皆嘗遊幸, 惟玄宗特侈. 蓋卽山建宮, 百司庶府皆行各有寓止. 自十月往, 至歲盡乃還宮. 又緣楊妃之故, 其奢蕩特爲章著, 大抵宮殿包裹麗山一山, 而繚墻周徧其外. 觀風樓下又有夾城, 可通禁中.)

38 御榻(어탑)— 천자가 사용하는 긴 의자. 嵽嵲(절얼)— 산이 높은 모양. 이 구는 현종이 여산에 있었다는 말이다.

#《두시상주》: 가운데 네 단락은 '경사에서 봉선으로 가다'는 것으로 도중에 본 일을 기록하였다. 이 단락에서는 여산을 지나면서 비분이 생긴 것을 말하였다. 세모에 어둡고 바람이 분 것은 곧 한겨울이 될 것이기 때문이다. 밤에 출발하여 새벽에 지나게 된 것은 경사로부터 60리밖에 떨어지지 않았기 때문이다.(中四段, 自京赴奉先, 記中途所見之事. 此則過驪山而有慨也. 歲暮陰風, 將涉仲冬矣. 夜發晨過, 去京止六十里也.)

39 蚩尤(치우)— 고대 제왕의 이름. 황제黃帝와 탁록涿鹿에서 싸웠는데 당시 치우가 안개를 만들어 천지를 가득 채웠다고 한다. 전쟁의 기운을 상징하기에 그 모습을 군대 깃발에 많이 그렸다. 여기서는 천자의 행렬에 있는 깃발을 가리킨다. 안개 또는 깃발에 서려 있는 기운 등으로 보기도 한다. 塞(색)— 가득 채우다.

《두시상주》 '색한공'은 깃발이 하늘을 덮었다는 말이다.(塞寒空, 旌旗蔽天也.)

《구가집주두시》 조차공 주 '치우'는 천자의 수레를 앞에서 인도하는 깃발이다.(蚩尤, 乘輿前導之旗也.)

《두시상주》에 인용된 《황람皇覽》 치우의 무덤은 동군 수장현 감향성 안에 있는데 높이가 일곱 장이다. 백성들이 항시 10월에 제사를 지냈는데 비단과 같은 붉은 기운이 나왔다. 백성들이 그것을 '치우기'라고 이름하였다.(蚩尤塚, 在東郡壽張縣闞鄉城中, 高七丈, 民常十月祀之, 有赤氣出, 如匹練帛, 民名爲蚩尤旗.)

《두보전집교주》에 인용된 요내姚鼐 설 대체로 치우가 안개를 만들 수 있으니, 이 구는 그저 안개가 차가운 하늘을 덮고 있다는 말일 뿐이다.(蓋蚩尤能作霧, 此但言霧塞寒空耳.)

40 蹴踏(축답)－ 밟다. 崖谷(애곡)－ 벼랑과 계곡.

[蚩尤 2구] 현종을 보위하는 행렬의 모습을 표현한 것이다. 이와 달리 두보가 안개 가득한 추운 계곡을 가는 모습을 표현한 것으로 볼 수도 있다.

《두시경전》 두 구는 호위 군사들의 고생스러움을 말한 것이다.(二句言衛士之苦.)

41 瑤池(요지)－ 주周 목왕穆王이 서왕모西王母를 만났다는 전설상의 연못으로 곤륜산崑崙山에 있다고 한다. 여기서는 현종과 양귀비가 놀고 있는 여산 화청궁을 뜻한다. 鬱律(울률)－ 연기가 위로 피어오르는 모습.

《두시상주》 '울률'은 온천의 수증기가 피어오르는 것이다.(鬱律, 溫泉氣升.)

42 羽林(우림)－ 우림군. 천자를 호위하는 금위군. 摩戞(마알)－ 서로 부딪히다. 여기서는 우림군의 무기가 서로 부딪히는 것이다.

《두시상주》 '마알'은 호위 군사가 매우 많다는 말이다.(摩戞, 衛士衆多.)

43 君臣(군신)－ '聖君'으로 된 판본도 있다.

《두시상주》 임금과 신하가 즐긴다고 하였는데 나랏일을 걱정하지 않는다는 말이다.(君臣歡娛, 不恤國事.)

44 樂(악)－ 음악. 여산 화청궁에서 연주되는 음악을 뜻한다. 殷(은)－ 성대하다. 크게 울리다. 膠葛(교갈)－ 광대한 모습. 넓고 거대한 화청궁의 모습을 묘사한 것이다. 이와 달리 하늘이나 산의 넓은 곳을 가리킨다고 보는 설도 있다. '樛嵑' 혹은 '嶱嵑'로 된 판본도 있다.

《두시상주》 〈상림부〉의 '장악호교갈지우'에 대한 주에서 '교갈'은 광대한 모습이라고 하였고, 곽박 주에서는 '널따랗고 깊은 모습'이라고 했다. 〈남도부〉의 '기산즉공요갈갈'에 대한 주에서 ('갈갈'은) '산의 바위가 높은 모습'이라고 했다.(上林賦, 張樂乎膠葛之寓. 注, 膠葛, 廣大貌. 郭璞注, 曠然深貌也. 南都賦, 其山則崆嶢嶱嵑. 注, 山石高峻貌.)

《진서晉書 · 혁련발발재기赫連勃勃載記》 따뜻한 궁궐은 광대하고 서늘한 궁전은 높다랗다.(溫宮膠葛, 涼殿崢嶸.)

《구가집주두시》 조차공 주 음악 소리가 크게 울려서 온청궁과 높은 산에 들린다는 말이다.(樂聲之喧殷, 聞於溫湯與山嶱也.)

《두시경전》 그 소리가 멀리까지 들린다는 말이다.(謂其聲遠聞.)

45 賜浴(사욕) – 천자가 신하들에게 온천욕을 허락하였다는 뜻이다. 長纓(장영) – 긴 갓끈. 대체로 고위 관원을 비유하는데, 여기서는 화청궁에 따라간 현종의 시종관을 뜻한다.

《두공부초당시전》 《당서》를 살펴보건대 천자는 10월에 화청궁으로 가서 시종관에게 온천욕을 하사하였다고 한다.(按唐書, 天子十月幸華淸宮, 賜從臣浴.)

46 短褐(단갈) – 짧은 갈옷. 가난한 사람을 비유한다. '短'이 '수裋'로 된 판본도 있는데 이는 '해진 옷'이라는 뜻이다.

[賜浴 2구]

《두공부초당시전》 현종이 온천욕을 하사한 여러 신하들은 모두 갓끈이 긴 인사들이고, 짧은 갈옷을 입은 천한 사람은 연회에 참여할 수 없었다는 말이다.(謂玄宗賜浴羣臣, 皆長纓之士, 短褐賤者不獲與宴也.)

《두시상주》 "목욕을 하사받다.", "연회를 허여받다."라는 것은 시종관들이 천자에게 아부하여 총애를 받았다는 말이다.(賜浴與宴, 從官邀寵也.)

#《두시상주》: 이 단락은 여산에서 놀며 행차한 행적을 적은 것이다.

위 4구는 추위에 고생함을 걱정하지 않음을 보여준 것이고 아래 4구는 욕정을 멋대로 하고 황음하며 즐기는 것을 꾸짖은 것이다.(此記驪山遊幸之迹. 上四, 見不恤苦寒, 下四, 譏恣情荒樂.)

47 彤庭(동정)- 붉은색을 칠한 뜰. 천자의 뜰로 궁중을 의미한다.

《두공부초당시전》 '동정'은 천자의 뜰로서 붉은색으로 장식한다.(彤庭, 天子之庭, 以丹飾之也.)

48 寒女(한녀)- 가난한 여인.

49 鞭撻(편달)- 채찍으로 때리다. '撻'이 '箠'로 된 판본도 있다.

50 聚斂(취렴)- 세금과 공물을 긁어모으다. 貢(공)- 공물을 바치다. 城闕(성궐)- 도읍. 또는 궁궐.

51 聖人(성인)- 여기서는 천자를 가리킨다. 筐篚恩(광비은)- 천자가 광주리에 예물을 담아 신하들에게 하사하는 은혜를 말한다. '筐篚'는 각각 네모진 대나무 광주리와 둥근 대나무 광주리이다.

《두시상주》에 인용된 《자치통감》 주 당나라 사람들은 천자를 칭하여 모두 '성인'이라고 말하였다.(唐人稱天子, 皆曰聖人.)

《두시상주》에 인용된 〈녹명鹿鳴〉의 《모시毛詩》 서 폐백을 광주리에 채워서 그 후한 뜻을 행한다.(實幣帛筐篚, 以將其厚意.)

52 願(원)- '欲'으로 된 판본도 있다.

53 如(여)- 만약. 忽至理(홀지리)- 지극한 이치를 소홀히 여기다. 여기서 '지극한 이치'는 임금이 신하들에게 예물을 하사하는 것의 의미가 신하로 하여금 나라를 살리기 위해 충성하게 하려는 데 있다는 것이다.

《두시상주》 이 구절은 감히 임금을 비난할 수가 없어 신하에 의탁하여 비판한 것이다.(此不敢斥言君, 故託臣以諷.)

54 此物(차물)- 천자가 하사한 비단 등을 가리킨다.

55 戰慄(전률) – 두려움에 벌벌 떨다.

[聖人 6구]

《두공부초당시전》 〈녹명〉 시는 문왕과 무왕이 여러 신하 및 훌륭한 손님들을 위해 잔치를 열고 폐백을 광주리에 채워서 그 후한 뜻을 행할 때 노래한 것이다. 대개 성인이 광주리의 은혜를 베푸는 것은 상을 마구 주는 것에 구차히 힘쓰는 것이 아니고, 실로 충신이 그 마음을 다할 수 있게 하여 나라의 백성을 살리고자 하는 것일 뿐이다. 지금 현종은 세금을 거두는 신하로 하여금 백성들을 채찍질하여 수탈하게 하고는 공도 없는 이에게 나누어 하사하여 이 물건을 받게 하였다. 이는 나라를 살리는 이치를 소홀히 한 것이다. 임금이 하사하는 일을 몰래 함부로 하였으니 이는 이러한 광주리에 담아 하사하는 은혜의 뜻을 저버린 것이다. 많은 선비가 조정에 가득해도 감히 이로써 임금께 간언하는 자가 없고, 오직 어진 자만이 그 변고가 있을 것을 헤아리나니 이것이 국가를 위해 두려워 벌벌 떠는 까닭이다.(鹿鳴之詩, 文武所以宴羣臣嘉賓, 實幣帛于筐篚, 以將其厚意. 蓋聖人筐篚之恩, 非苟務爲濫賞, 實欲忠臣得盡其心, 存活邦國之民而已. 今玄宗使聚斂之臣, 鞭撻誅求, 分賜無功而受此物, 是忽其活邦國之理也. 君所賜潛濫, 是棄此筐篚之恩也. 多士盈庭, 無敢以此諫君, 惟仁者測其有變, 所以爲國家戰慄也.)

#《두시상주》: 이 단락은 당시에 함부로 하사품을 내린 일을 나무란 것이다. 위 4구는 일을 기록한 것이고 아래 6구는 기탁하여 비판한 것이다. 광주리로 하사하는 것은 나라를 살리고자 하는 것인데, 지금 여러 신하가 모두 소홀히 여기며 알지 못하였으니 이러한 물품은 어찌 헛되이 버린 것이 아니겠는가? '전률'은 의당 그 뜻에 부합하게 보답하고자 함을 생각해야 한다는 것이다. 나대경이 말하기를 "이 단락에서 말한 것은 바로 (맹창孟昶 〈반령잠頒令箴〉에 있는) '너의

봉록은 백성의 기름이다'의 뜻이다. 사대부가 이것을 외워 또한 송연히 두려워해야 할 것이다."라고 하였다.(此譏當時賜予之濫. 上四敍事, 下六託諷. 筐篚賜予, 欲其活國, 今諸臣皆玩忽不知, 則此物豈虛擲者乎. 戰慄, 當思報稱也. 羅大經曰, 此段所云, 卽爾俸爾祿, 民脂民膏之意, 士大夫誦此, 亦可以悚然懼矣.)

56 內金盤(내금반) – 궁궐의 금쟁반. 여기서는 천자가 쓰는 기물을 뜻한다. '內'는 궁궐을 뜻한다.

《두시상주》 '내금반'은 상방(천자의 물건을 담당하는 관청)의 기물이다.(內金盤, 尙方器用.)

57 衛霍室(위곽실) – 위청衛靑과 곽거병霍去病의 집. 위씨와 곽씨는 한나라 왕실의 외척으로 권세를 누렸다. 여기서는 양국충의 무리를 비유한다.

《구가집주두시》 위청과 곽거병은 모두 황후의 친척으로서 귀해졌는데 이로써 양국충의 무리를 비유하였다.(衛靑霍去病, 皆以后戚而貴, 以比楊國忠矣.)

58 中堂(중당) – 집의 중앙에 있는 건물. 또는 당 가운데. 有(유) – '舞'로 된 판본도 있다. 神仙(신선) – 신선 같은 사람. 여기서는 양귀비 및 그 자매들을 가리킨다. '有'가 '舞'로 된 판본의 주석에서는 양국충의 집에서 춤추고 노래하는 여인으로 보기도 한다.

59 烟霧(연무) – 향불 연기를 가리킨다. 여인의 얇은 옷을 비유하는 것으로 볼 수도 있다. 蒙(몽) – '散'으로 된 판본도 있다. 玉質(옥질) – 백옥같이 흰 피부를 말한다.

《두시상주》 '연무'는 당 위의 향불 연기를 가리킨다.(烟霧, 指堂上香烟.)

[中堂 2구]

《두공부시집집주》 '신선'과 '옥질'은 양귀비와 그 여러 자매를 가리킨다.(神仙玉質, 指貴妃及諸姨也.)

《두시언해》 이는 노래하고 춤추는 양국충 여인의 아름다움을 말한 것이다. 혹자는 양귀비를 가리킨다고 한다.(此言國忠歌姬舞妓之美. 或云, 指貴妃.)

60 煖客(난객)－ 손님을 따뜻하게 해주다. '客'이 '蒙'으로 된 판본도 있다. 貂鼠裘(초서구)－ 담비 가죽으로 만든 옷.

《보주두시》 왕수 주 《위서》에서 "선비족이 사는 곳에 담비가 있는데 가죽과 털이 부드러워서 천하 사람들이 그것으로 가죽옷을 만들었다."라고 하였다.(魏書曰, 鮮卑有貂鼠子, 皮毛柔軟, 故天下爲裘.)

61 悲管(비관)－ 슬픈 가락을 연주하는 관악기. 淸瑟(청슬)－ 맑은 가락을 연주하는 슬.

62 駝蹄羹(타제갱)－ 낙타의 발을 끓여서 만든 국. 진귀한 음식이다.

63 霜橙(상등)－ 서리 맞은 등자橙子. 등자는 귤과 비슷하며 유자처럼 향기롭다.

[中堂 6구]

《구가집주두시》 조차공 주 '춤추는 신선과 같은 여인', '담비 갖옷', '낙타 발로 만든 국', '서리 맞은 등자', '향기로운 귤'은 모두 부귀한 집안의 일이다.(舞神仙, 貂鼠裘, 駝蹄羹, 霜橙, 香橘, 皆富貴家事也.)

64 朱門(주문)－ 붉은 칠을 한 문. 부귀한 집의 문을 의미한다. 肉(육)－ '炙'로 된 판본도 있다. 臭(취)－ 냄새.

65 榮枯(영고)－ 초목의 무성함과 시듦. 사람의 부귀와 쇠락을 비유한다. 여기서는 양국충 무리의 영화로움과 일반 백성들의 고달픔을 가리킨다. 이와 달리 양국충 무리와 두보 자신의 처지를 각각 가리킨다는 설도 있다. 咫尺(지척)－ 아주 가까운 거리.

66 惆悵(추창)－ 실의하여 서글퍼하다.

[榮枯 2구]

《구가집주두시》 조차공 주 두보는 자기 자신과 위에서 말한 부귀한 자가 한쪽은 영화롭고 한쪽은 시들었으나 겨우 지척의 사이일 뿐이라고 말하였다. 이것이 서글퍼한 까닭이다. 혹자는 말하기를 "위에서 '주문'이라고 말한 경우는 '영'을 설명한 것이고, '동사'를 말한 경우는 '고'를 설명한 것이다. 공은 그 지척 사이에서 서로 다른 것을 민망히 여겼기에 서글퍼하였다."라고 하고 있다. 그러나 '더 이야기 하기가 어렵다'라고 했으니 자기 자신에 대해 스스로 말한 것으로 봐야 비로소 의미가 있다.(公言其與上之富貴者, 一榮一枯, 才咫尺之間耳. 此所以惆悵也. 或云, 如上言朱門者, 是之謂榮, 言凍死者, 是之謂枯. 公憫其咫尺之間有異, 故惆悵之焉. 然謂之難再述, 則在其身自言, 方有意義.)

#《두시상주》: 이 단락은 당시 황후 친척의 사치를 풍자한 것이다. 앞 8구는 일을 서술한 것이고 뒤 4구는 기탁하여 풍자한 것이다. 주학령 주에 "위씨와 곽씨는 모두 한나라의 외척인데 이로써 양국충을 비유하였다. '신선', '옥질'은 양귀비와 여러 자매를 가리킨다."라고 하였다. 공훈이 있는 임금의 친인척이 사치하고 백성의 곤궁을 생각지 않으니 그 난리가 일어난 데에는 이유가 있는 것이다. '분백'과 '금반' 두 항목은 바로 여산에서 잔치하며 상을 주는 것을 가리킨다.(此刺當時后戚之奢. 前八敍事, 後四託諷. 朱注, 衛霍皆漢內戚, 以比楊國忠. 神仙玉質, 指貴妃諸姨. 勳戚奢侈而不念民窮, 其致亂蓋有由矣. 分帛金盤二條, 卽指驪山宴賞.)

《두억》: 천보 8년 황제가 백관을 이끌고 왼쪽 창고를 시찰한 뒤 나라의 쓸 것이 풍성하다고 생각하고는 총애하는 집안에 상으로 하사한 것이 한이 없었다. 천보 10년 황제는 안녹산에게 집을 지어 주었는데, 극도로 웅장하고 화려하게 만들기만 할 뿐 재력을 아끼지 말도록 하였다.

집이 지어지자 휘장과 그릇 등을 갖추어 그 안에 가득 차게 하였는데 궁중일지라도 그만 못할 정도였다. 안녹산의 생일에 황제와 양귀비가 의복과 보배로운 기물, 술과 음식을 매우 후하게 하사하였다. 그러므로 붉은 뜰의 조정에서 비단을 나눠준 것, 위씨와 곽씨의 금쟁반, 붉은 문의 술과 음식 등의 말은 모두 실제의 일을 말한 것이다. 그래서 '시사'라고 칭하는 것이다.(天寶八年, 帝引百官觀左藏, 帝以國用豐衍, 賞賜貴寵之家無有限極. 十載, 帝爲安祿山起第, 但令窮極壯麗, 不限財力. 旣成, 具幄帟器皿充牣其中, 雖禁中不及. 祿山生日, 帝及貴妃賜衣服寶器酒饌甚厚. 故彤庭分帛, 衛霍金盤, 朱門酒食等語, 皆道其實, 故稱詩史.)

67 北轅(북원) – 수레를 북쪽으로 향하다. 또는 북쪽으로 가는 수레. 就(취) – 나아가다.

68 官渡(관도) – 관에서 설치한 나루터. 지명으로 보기도 한다. 改轍(개철) – 수레의 방향을 바꾸다.

《두시언해》 '관도'는 지명이다.(官渡, 地名也.)

[北轅 2구]

《구가집주두시》 조차공 주 지금 두보가 경사에서 봉선현으로 가고 있으므로 반드시 동쪽에서 북쪽으로 꺾어야 한다. 그러므로 여기서 '북원'이라고 말하였다. '관도'는 경수와 위수 두 강에 관이 설치한 나루터이다.(今公自京赴奉先縣, 必自東而折北, 故於此言北轅矣. 官渡, 則涇渭二河, 官所置渡也.)

69 羣水(군수) – 여러 물줄기. '水'가 '冰'으로 된 판본도 있다.

70 極目(극목) – 시력이 미치는 곳까지 멀리 바라보다. 崒兀(줄올) – 높이 솟은 모양. 여기서는 얼음이나 물결을 두고 한 말이다.

71 崆峒(공동) – 공동산.

《두시상주》 지리지에 "경수는 안정군의 견두산에서 발원한다."라고 하였는데, 바로 공동산이다.(地志, 涇水發源安定郡幵頭山, 卽崆峒山.)

《구가집주두시》 조차공 주 《당서 · 지리지》의 '경주 안정군'을 살펴보면 보정현 밑에 공동산이 적혀 있다.(按唐志涇州安定郡, 而於保定縣之下載有崆峒山.)

72 天柱(천주)– 전설상에 나오는 하늘을 받치는 기둥. 또는 인근에 있는 천주산을 가리키는 것으로 볼 수도 있다.

《두시상주》 《수경주》에 "장화가 동방삭의 《신이경》을 인용하여 '곤륜산에 구리 기둥이 있는데, 그 높이가 하늘까지 닿아 있다. 이른바 천주라고 한다'라고 하였다."라는 기록이 있다. 《열자》에는 "공공씨가 노하여 부주지산을 들이받아 천주가 꺾이고 지유(대지를 지탱하는 동아줄)가 끊어졌다."라는 기록이 있다. 지금 살펴보건대, 산양현에 천주산이 있고 장안 경내에 속해 있다. 《두억》에서는 "천주가 꺾인다는 것은 은어로서 국가가 장차 전복될 것을 염려한 것이다."라고 하였다.(水經注, 張華敍東方朔神異經曰, 崑崙有銅柱焉, 其高入天, 所謂天柱也. 列子, 共工氏怒而觸不周之山, 折天柱, 絶地維. 今按, 山陽縣有天柱山, 屬長安境內. 杜臆, 天柱折, 乃隱語, 憂國家將覆也.)

[羣水 4구] 여러 물줄기의 물결이 높아서 마치 공동산이 떠내려와 하늘 기둥을 부러뜨릴 것 같다는 말이다. 하지만 '水'가 '冰'으로 된 판본을 따르면, 여러 얼음덩이가 강물에 떠내려오는데 공동산과 같이 커서 하늘 기둥을 부러뜨릴 것 같다는 뜻이 되며, 의미가 더 순통하다.

《구가집주두시》 조차공 주 "수레를 북쪽으로 몰아 경수와 위수로 나아간다."라고 하였으니 경수와 위수를 건넜을 것이고, 이로 인하여 얼음이 높이 솟아 있는 것을 보게 되었는데, 그 모습이 공동산이 떠내려오는 것과 같았다는 말이다. 공동산은 본래 올 수가 없는 것인데, 산과 관련하여 '날아다닌다', '옮겨간다'는 말이 있으니 '온다'고 말하는 것도 이치에 닿는다. 먼저 얼음을 보고 공동산이 흘러온다고 말하였으니 다시 가탁하여 천주를 들이받는다고 말할 수가 있다. 이것은 시인이 형세를 과장한 것이다.(北轅就涇渭, 則因經度涇渭, 見冰之崢嶸, 其狀如崆峒山之流來. 崆峒固不能來, 而山蓋有飛走移徙, 則有來之理矣. 旣以冰爲崆峒山之來, 則又可寓言其觸天柱矣. 此詩人張大之勢也.)

73 河梁(하량) – 다리. 拆(탁) – 부서지다.

74 枝撑(지탱) – 버팀목. 여기서는 교량을 받치고 있는 교각을 의미한다. 다리가 지탱한다는 뜻으로 풀이할 수도 있다. 窸窣(실솔) – 조그맣게 나는 소리. 또는 소리가 불안한 모양. 여기서는 교각이 흐르는 물결에 흔들리는 소리를 가리킨다.

《두시상주》 '지탱'은 교량에 이리저리 세워진 기둥이다. '실솔'은 다리가 움직이면서 소리가 나는 것이다. …… '실솔'은 아마도 당나라 사람들의 방언일 것이다.(枝撑, 河梁交柱. 窸窣, 橋動有聲也. …… 窸窣, 蓋唐人方言也.)

《두공부시집집주》 '실솔'은 소리가 불안한 것이다.(窸窣, 聲不安也.)

75 行李(행리) – 행인. '李'가 '旅'로 된 판본도 있다. 攀援(반원) – 의지하다. 서로 붙잡고 가는 것을 의미한다. 또는 따라가다.

76 不(불) – '且'로 된 판본도 있다.

[羣水 8구]

《두억》 '군빙종서하'를 옛날에는 '수水'로 잘못 적었는데 지금 바로잡는다. 얼음덩이가 높다랗게 서쪽에서 강물을 따라 내려오는데 공동산을 밀며 내려오는 듯하니 비록 천주일지라도 부딪히면 꺾일 것 같은데 다행히도 교량은 아직 부서지지 않았다. 그러나 억지로 지탱하느라 소리가 이미 삐걱삐걱 나는데 대단히 위험하다. 하지만 행인들은 서로 붙잡아 의지하며 잠시라도 지체하려 들지 않는다.

다리가 한 번 끊어지면 내가 넓어서 건너갈 수가 없기 때문이다.(羣冰從西下, 舊誤作水, 今改正. 謂冰澌崒兀, 從西順流而下, 疑推崆峒而來, 雖觸天柱, 猶恐其折, 而猶幸河梁之未拆也. 然勉强枝撑, 聲已窸窣, 其險極矣. 乃行旅攀援而來, 不肯少待, 爲河梁一斷, 川廣而不可越故也.)

#《두시상주》: 아래 세 단락은 봉선에 도착한 뒤 자신의 처지를 슬퍼하고 남의 처지를 걱정하는 것으로 '느낀 바를 읊는' 본뜻이다. 이 단락에서는 여행 도중의 급박한 상황을 추억한 것이다. 위 6구에서는 물의 기세를 말하였고, 아래 4구에서는 행인을 말하였다. 여러 물이 서쪽에서 흘러와 이렇듯 물결이 사나우나 다행히도 교량은 부서지지 않았다. 붙잡아 의지하며 다투어 물을 건너는 것은 내가 넓어서 뛰어넘을 수가 없기 때문이다. 주학령 주에서 "안녹산의 반란에 관한 글이 이르자 황제는 비록 믿지 않았으나 한때 사람들은 겁이 나서 동요하여 황하의 다리를 끊어 도망쳐 숨을 여지를 만들자는 의론이 일었다. 그래서 행인들이 서로 붙잡아 의지하며 급히 건넌 것이니, '하량' 구를 보면 알 수 있다."라고 하였다.(下三段, 至奉先而傷己憂人, 仍是詠懷本意. 此憶途次倉皇情狀. 上六言水勢, 下四言行人. 羣水西來, 其洶湧如此, 猶幸河梁未拆耳. 攀援爭渡, 爲川廣不能飛越也. 朱注, 祿山反書至, 帝雖未信, 一時人情恇擾, 議斷河橋, 爲奔竄地, 所以行李攀援而急渡也, 觀河梁幸未拆句可見.)

77 寄(기) – 붙어살다. 두보의 식구들이 봉선에 임시로 거처를 정해 산 것을 말한다. '旣'로 된 판본도 있다. 異縣(이현) – 다른 고을. 타지를 뜻한다. 여기서는 봉선현을 가리킨다.

78 十口(십구) – 열 식구. 두보의 가족을 말한다. 隔風雪(격풍설) – 눈바람이 부는 추위 속에 떨어져 있다는 말이다.

79 不顧(불고) – 돌보지 않다.

80 庶(서) – 바라다. 共饑渴(공기갈) – 굶주림과 목마름을 같이 하다. 고생을 같이 겪는다는 말이다.

81 號咷(호도) – 통곡하다.

82 餓(아) – '饑'로 된 판본도 있다. 卒(졸) – 죽다.

83 寧(영) – 어찌. 捨(사) – 버리다. 하지 않는다는 말이다. 一哀(일애) – 한바탕 슬퍼하다.

84 里巷(이항) – 마을 골목. 여기서는 골목에 있는 마을 사람들을 뜻한다. 亦(역) – '猶'로 된 판본도 있다.

85 夭折(요절) – 어려서 죽다.

86 秋禾登(추화등) – 가을 벼가 익다. 벼를 수확할 때가 되었다는 말이다. '禾'가 '未'로 된 판본도 있다.

87 貧窶(빈구) – 가난함. 倉卒(창졸) – 변고. 여기서는 두보의 어린 자식이 죽은 일을 가리킨다.

《두시상주》 '창졸'은 요절을 두고 한 말이다.(倉卒, 謂夭折.)

[豈知 2구]

《두시언해》 이는 가을 곡식이 익을 무렵에 집안에 굶어 죽는 갑작스러운 재앙이 생기게 될 줄을 몰랐다는 말이다.(此言不知秋熟之時, 家有饑死急猝之禍也.)

#《두시상주》: 이 단락은 집안사람들의 곤궁한 정황을 적은 것이다. 위 4구는 도중에서 탄식한 것이며, 아래 8구는 집에 도착하여서 슬퍼한 것이다. 《두억》에 "부모 자식과 부부의 정을 적고 있는데 그 비참함을 극도로 표현하였다. 타향에 붙어살았으므로 가을 곡식이 비록 익었지만 가난에서 벗어나지 못했다."라고 하였다.(此述家人困窮境況. 上四在途而歎, 下八至家而悲. 杜臆, 敍父子夫婦之情, 極其悲慘. 寄跡他鄉,

故秋禾雖登, 而無救於貧.)

88 生(생)－ 살다. 常(상)－ '當'으로 된 판본도 있다. 免租稅(면조세)－ 세금을 면제받다. 두보가 관직에 있었으므로 세금을 면제받을 수 있었다는 말이다.

89 隸(예)－ 장부에 이름을 올리는 것을 말한다.

90 撫跡(무적)－ 자취를 더듬다. 살아온 자취를 반추한다는 말이다. 猶(유)－ '獨'으로 된 판본도 있다. 酸辛(산신)－ 시고 맵다. 괴롭고 슬프다는 말이다.

91 平人(평인)－ 평민. 두보를 가리키는 것으로 보는 설도 있으나 취하지 않는다. 騷屑(소설)－ 처량한 모습. 또는 분잡하고 소란스러운 모습. 심사가 어수선한 모습.

《두시상주》 '소설'은 어수선한 모습이다.(騷屑, 紛擾之貌.)

92 默思(묵사)－ 조용히 생각하다. 失業徒(실업도)－ 생업을 잃은 무리. '徒'가 '途'로 된 판본도 있다.

93 遠戍卒(원수졸)－ 멀리 가서 수자리 사는 병졸.

94 憂端(우단)－ 근심스러운 심사. 齊(제)－ 나란하다. 같다. '際'로 된 판본도 있다. 終南(종남)－ 장안 남쪽에 있는 큰 산의 이름.

95 澒洞(홍동)－ 서로 이어져 끝이 없는 모습. 물의 기세가 흉용하는 모습으로 보는 설이 있지만 취하지 않는다. 掇(철)－ 없애다. 또는 수습하다.

《두시상주》 '홍동'은 물의 기세가 흉용하는 모습이다. 이 구절은 '우단'을 받아서 한 말로 근심하며 번민한다는 뜻이다.(澒洞, 乃水勢洶湧之貌. 此承憂端來, 是憂思煩懣之意.)

#《두시상주》: 마지막 단락은 어지러운 세상을 걱정하는 것으로 맺고

있는데 자신과 세상에 대한 근심이 깊어졌다. 천보 말에 변방의 장수들은 전쟁을 함부로 일으켰기에 백성들은 조세와 병역으로 고달팠다. 두보는 그런 일에 해당하지 않았어도 오히려 생활이 고달팠는데 하물며 가난한 백성 중에서 생업을 잃거나 멀리 가서 수자리 사는 사람들은 어떠했겠는가? 생각이 여기까지 미치니 근심이 산처럼 쌓여 떨칠 수가 없다. 이 또한 '백성을 걱정한다'는 뜻으로 돌아가 호응한 것이다.(末以憫亂作結, 身世之患深矣. 天寶季年, 邊帥窮兵, 故民苦租稅征伐. 公在事外, 尙且酸辛, 況窮民之失業遠戍者乎. 念及此, 而憂積如山, 不能掇去. 又回應憂黎元意.)

##《독두심해》: 이 작품은 두보 시집 중 첫 부분에 있는 대문장이고 두보 평생의 큰 본령이다. 모름지기 하나의 큰 기백으로 읽어 가야지 주학령이나 구조오 등 여러 주석서처럼 자잘하게 찢어 읽어서는 결코 안 된다. 전체 작품은 그저 세 개의 큰 단락이다. 첫째 단락에서는 뜻을 품고 국도를 떠나는 심정을 밝혔으며, 중반에서는 임금과 신하가 즐거움을 탐닉하는 과오를 개탄하였고, 마지막에서는 집에 도착하여 애통해하고 고통스러워하는 감정을 서술하였다. 서두에서는 '자부하여', '직과 설에 견준다'는 두 구로 총괄하여 이끄는데 종소리로 음악을 시작하는 것과 같고, 결미에서는 "근심스러운 마음이 종남산과 같다" 두 구로 총괄하여 거두니 옥경을 쳐서 음악을 마치는 것과 같다. 그 직과 설의 마음과 근심의 절절함은 나라는 사치하지만 백성은 곤궁하다는 것에 있다. 백성은 나라의 근본이기에 특히 그가 심히 위태롭게 여기고 극히 염려하는 대상이다. 그래서 서두에서 국도를 떠나간다고 말하면서 "해가 다하도록 백성을 걱정한다."라고 했고, 중반에서는 즐거움을 탐닉하는 것을 개탄하면서 "본시 가난한 여인에게서 나온 것이다."라고 했으며, 마지막에서는 집에 도착했음을 서술하면서 "생업을 잃은 이들을 조용히 생각한다."라고 하여 하나의

작품에서 세 번 뜻을 밝혔다. 그런즉 그가 '직과 설에 견준다'라고 말한 것은 과연 허언이 아니니 맺힌 '근심스러운 마음'은 끝내 다할 때가 없을 것이다. 첫 번째 큰 단락은 아직 경사를 나가기 전의 일에 관한 것인데 그저 《맹자 · 공손추하公孫丑下》의 '제나라를 떠나 주읍에서 머문다'는 편 등을 응용하여 나온 것이다. 이 단락은 직과 설에 대한 평소의 뜻을 말한 것으로 '근심스러운 마음'이 아침저녁으로 있었다는 것이다. '의전졸' 세 글자가 전체를 함축하는 말이다. '거연' 4구는 또 이 단락을 일으키는 말이고 '우려원'이 이 단락의 핵심 내용이다. '비무' 4구는 멀리 떠나 은거하고 싶지만 차마 하지 못한다는 말이다. '당금' 4구는 임금님 은혜를 사모하는 지극한 마음을 표현하였다. '고유' 4구는 분수를 헤아려서 관직을 그만둔다는 말이다. '이자' 4구는 호방하게 돌아가 은거하겠다는 기개이다. '종괴' 4구는 비록 몸을 숨기겠다는 절조를 가지고 있지만 여전히 차마 버리지 못하는 뜻을 품고 있다는 뜻이다. '비무' 구부터 여기까지는 한 기운으로 읽어 내려가지만 곡절을 보여주고 있다. 주석가들이 '누의배'가 조정에 있는 자를 가리킨다고 여겼지만 크게 틀린 말이다. 가운데 큰 단락은 도중에 맞닥뜨린 상황인데 그저 《맹자 · 양혜왕하梁惠王下》의 '설궁', '명당'에 관한 편을 번안한 것이다. 이 단락은 직과 설의 충성스러움을 말한 것으로 '근심스러운 마음'이 목격한 것에 의한 것이다. '세모' 4구는 경사를 나갈 때의 경물과 일을 제기한 것으로 필력이 우뚝하다. '상엄' 2구는 위로는 '한밤중'을 잇고 아래로는 '새벽'을 일으킨다. '여산을 지난다'가 바로 이 단락에서 감개하는 근원이다. '치우' 4구는 깃발과 호위 무사의 성대함을 묘사하였다. '군신' 4구는 이 단락의 핵심 내용으로 이하의 내용은 모두 '긴 갓끈'과 '연회를 허여받다'에 나누어 호응한다. '동정' 4구는 '광주리'의 유래를 추론하여 함부로 낭비해서는 안됨을 보여준다. '성인' 4구는 여러 신하에게 후하게 하사하는 것은 그들이 나라를 살리기를 바라기 때문인데 만일 함께 향락을 일삼는다면 내던져 버리는 것과 같다는 말이다. 이는 신하를 책망함으로써 임금을 비판하는 것이다. '다사' 2구는 위 단락의 '분백'을 매듭지으면서 아래 단락의 연회를 하사한 내용으로 넘어간다. '위곽'과 '신선'은 연회를 하사한 내용에 관한 것으로 이를 빌려 여러 양씨를 지적하였다. '난객' 4구는 격구대인데 연회를 허여받은 여러 사람들을 총괄적으로 말하였다. '주문' 4구는 궁박한 백성의 이야기로 형용하여 군주의 측은함을 권고한 것인데, '영고'와 '지척'은 바로 자신에 관한 이야기와 대비하면서 또 아래 단락을 암암리에 이끌어낸다. 이상의 '분백'과 연회를 하사한 두 내용은 의미로 보면 병렬적이지만 형세로 보면 한쪽으로 치우쳐 있는데 작가가 영활하게 표현한 부분이다. 마지막의 큰 단락은 집에 도착했을 때의 일을 서술한 것으로 봉선에 간 이유를 정면으로 말하였으니, 나라를 걱정하면서 집안을 돌보지 않는 것은 인정이 아니라는 것이다. 이는 비록 자신 한 몸에 대한 '근심스러운 마음'이지만 뒷부분에서는 또 곤궁한 백성들에 관한 이야기로 돌아가니 여전히 직과 설과 같은 이가 항상 마음에 두고 있는 것이다. '북원' 2구는 여산을 지나간 뒤 봉선으로 가는 길을 말끔히 제기하였다. '군빙' 8구는 가는 동안의 모습을 수식하여 표현한 것인데 결코 빠트릴 수 없는 부분이다. '노처' 4구는 도중에 부인을 돌아보며 그리워한 것이다. '입문' 4구는 집에 도착한 뒤 맞닥뜨린 나쁜 일이다. '소괴' 4구는 아들이 죽은 것을 빌려 집안이 가난하다는 것으로 내달려 내려갔으니 바로 이 단락의 핵심 내용이다. '생상' 4구는 자신이 가난하다는 것에서 결말의 뜻을 이끌어 내고 있는데, 조세와 병역을 면제받은 일반인도 여전히 이러한 고통을 면하지 못한다는 말이다. 아래에서 '실업도'는 바로 조세를 면제받지 못한 이들이고 '원수졸'은 바로 징병 대상에 항상 기록된 이들이다. 이는 앞 단락의 '백성', '가난한 여인' 등과 바로 뜻이 일관하는데, 이 단락에서는 곁들여 언급한 내용이지만 시 전체로 보면 도리어 핵심 내용이다. 당시 안녹산이 반란을 일으켰다는 소식이 도착했지만 이 시에서 언급하지 않았는데, 아마도 이 시는 평생 임금을 훌륭한 임금에 이르게 하고 백성을 윤택하게 하겠다는 본래의 생각을 스스로 서술하는 것이기에 각각 주안점을 두는 바가 있게 하려고 했기 때문이리라.(是爲集中開頭大文章, 老杜平生大本領. 須用一片大魄力讀去, 斷不宜如朱仇諸本, 瑣瑣分裂. 通篇只是三大段. 首明賫志去國之情, 中慨君臣耽樂之失, 末述到家哀苦之感. 而起手用許身比稷契二句總領, 如金之聲也. 結尾用憂端齊終南二句總收, 如玉之振也. 其稷契之心, 憂端之切, 在於國奢民困. 而民惟邦本, 尤其所深危而極慮者. 故首言去國也, 則曰窮年憂黎元, 中慨耽樂也, 則曰本自寒女出, 末述到家也, 則曰默思失業徒. 一篇之中, 三致意焉. 然則其所謂比稷契者, 果非虛語, 而結憂端者, 終無已時矣. 首大段, 在未出京前, 直從孟子去齊宿晝等篇脫出. 此稷契之素志, 憂端之在夙昔者. 意轉拙三字, 全局函蓋. 居然四句, 又爲本段提筆. 憂黎元爲本段主筆. 非無四句, 欲高蹈而不忍也. 當今四句, 戀君恩之至性也. 顧惟四句, 揣分引退之詞. 以茲四句, 浩然歸隱之概. 終愧四句, 雖秉藏身之節, 仍懷不舍之志也. 自非無至此, 一氣讀下, 乃見曲折. 注家以螻蟻輩指居廟廊者, 大乖口吻. 中大段是中途所觸, 直從孟子雪宮明堂等篇翻出. 此稷契之忠悃, 憂端之在目擊者. 歲暮四句, 提起出京景事, 筆力聳拔. 霜嚴二句, 上承中夜, 下起凌晨, 而過驪山, 乃本段感事之根. 蚩尤四句, 狀旌旗衞士之盛. 君臣四句, 爲本段主筆. 以下皆分應長纓與宴也. 彤庭四句, 推筐篚之由來, 以見不堪暴殄也. 聖人四句, 言厚賜諸臣, 望其活國. 如共佚豫, 便同棄擲矣. 此以責臣者諷君也. 多士二句, 束上分帛, 渡下賜宴. 衛霍神仙, 就賜宴上借點諸楊. 暖客四句, 隔聯對法, 統言與宴諸人. 朱門四句, 以窮民相形, 勸人主之惻隱也. 而榮枯咫尺, 亦正與己相對, 又暗挑下段矣. 以上分帛賜宴二條, 意平而局側, 文家化板法也. 末大段, 敍至家時事. 正言赴奉先之故. 戀國而不顧家者, 非情也. 此雖一己之憂端, 而後

文復轉到民窮上, 仍然稷契之存心也. 北轅二句, 提淸過驪山後赴奉先之路. 群冰八句, 點綴行役景色, 自不可少. 老妻四句, 在途內顧之思. 入門四句, 到家所值惡趣. 所愧四句, 借子死跌落家貧, 乃本段主筆. 生常四句, 就身貧引動結意. 言免租免役之平人, 猶不免如此之苦. 下文失業徒, 乃不免租稅者. 遠戍卒, 乃常隸征伐者. 此正與前幅黎元寒女等意一串. 在本段爲帶筆, 在全篇卻是主筆也. 時祿山反信卽至矣. 篇中不及之. 蓋此詩乃自述生平致君澤民之本懷, 意各有主也.)

(**김성곤 · 임도현**)

21. 奉先劉少府新畫山水障歌

봉선 유 소부의 새로 그린 산수화 병풍을 읊은 노래

堂上不合生楓樹[1]	怪底江山起煙霧[2]
聞君掃却赤縣圖[3]	乘興遣畫滄洲趣[4]
畫師亦無數[5]	好手不可遇[6]
對此融心神[7]	知君重毫素[8]
豈但祁岳與鄭虔[9]	筆跡遠過楊契丹[10]
得非玄圃裂[11]	無乃瀟湘翻[12]
悄然坐我天姥下[13]	耳邊已似聞淸猿[14]
反思前夜風雨急[15]	乃是蒲城鬼神入[16]
元氣淋漓障猶濕[17]	眞宰上訴天應泣[18]
野亭春還雜花遠	漁翁暝踏孤舟立[19]
滄浪水深靑溟闊[20]	欹岸側島秋毫末[21]
不見湘妃鼓瑟時[22]	至今斑竹臨江活[23]
劉侯天機精[24]	愛畫入骨髓[25]
自有兩兒郎[26]	揮灑亦莫比[27]
大兒聰明到[28]	能添老樹巓崖裏[29]
小兒心孔開[30]	貌得山僧及童子[31]
若耶溪[32]	雲門寺[33]
吾獨胡爲在泥滓[34]	靑鞋布襪從此始[35]

대청 위는 단풍나무가 자라기에 합당치 않거늘
괴이하다, 어떤 강과 산이길래 연무가 일어나나?
그대가 적현도를 그렸다는 말을 듣고
흥이 나서 창주의 정취를 그리게 한 것이다.

화사야 정말로 무수하지만
좋은 솜씨는 만날 수가 없지.
여기에 마음과 정신이 녹아 있는 것을 대하고 보니
그대가 붓과 비단을 중히 여김을 알겠다.
어찌 단지 기악과 정건 정도리오?
필적이 양결단을 훨씬 넘어섰다.

현포의 산을 찢어 온 것 아닌가?
바로 소상의 물이 뒤집어진 것 아닌가?
쓸쓸하게도 나를 천모산 아래에 앉히니
귓가에 이미 맑은 원숭이 소리 들리는 듯하구나.
돌이켜 어젯밤에 비바람 급하였던 것 생각하니
바로 포성에 귀신이 든 것이라.
원기가 넘치니 병풍이 여전히 젖어 있는 듯
조화옹이 올라가 하소연하니 하늘이 응당 울었으리라.

들의 정자에 봄이 돌아오니 갖가지 꽃이 멀리 보이고
어옹은 저녁 무렵 외로운 배를 밟고 서 있다.
창랑은 물이 깊고 푸른 바다처럼 광활한데
비스듬한 언덕과 기울어진 섬은 가을 털의 끝과 같다.

상비가 슬을 타던 때는 보지 못하였지만
지금도 반죽은 강가에 자라있다.

유후는 천부의 영성이 정미하여
그림을 사랑함이 골수에 들었으니,
절로 두 아들을 둠에
그림이 또한 견줄 상대가 없더라.
큰 아들은 아주 총명하여
능히 늙은 나무를 멧부리와 낭떠러지 속에 더해 넣고,
작은 아들은 마음의 눈이 열려
산승과 동자를 그려내었다.

약야계
운문사.
나만 유독 무엇 때문에 진흙 속에 있나?
푸른 신발, 베 버선 차림 이제부터 시작하리라.

봉선현의 소부인 유단劉單의 산수화 병풍을 찬양한 시로, 저작 시기는 천보 14년으로 추정된다. '소부'는 현위의 별칭이다. '산수장'은 산수를 그린 병풍이다.

이 시는 두보의 제화시 중 걸작으로, 단순히 그림 속의 경물을 사실적으로 서술한 것이 아니라, 묘사, 비유, 과장, 연상 등 다양한 수법을 사용하여 그림 속의 기운이 생동함을 표현하였다.

시의 시작 부분에서 '돌올지필突兀之筆'을 사용하여 특이하고 힘찬 필세로 그림의 기운이 생동함을 알려주고, 이후 '번등지필飜騰之筆'을 써서 화가의 재능, 그림의 우수함, 화가의 아들이 함께 그렸다는 사실 등 여러 내용을 다양한 각도에서 언급하였으며, 끝부분에서 '일탕지필逸宕之筆'을 써서 자기 자신의 이야기로 전환하면서 시를 끝맺어, 전체 시상의 흐름에 두시의 독특한 장법을 구사하였다.

《보주두시》 양권도는 지덕 2년 경사로 돌아왔을 때 지은 것에 편입하였으나, 공이 숙종을 호종하여 경사로 돌아왔을 때는 한참 어수선하였으니 유 소부가 어찌 산수를 그려서 병풍을 만들었겠는가? 응당 먼젓번 봉선에 갔던 날 그림을 그린 것이니 안녹산이 아직 반란을 일으키기 전으로 천보 14년이다. 그래서 시의 끝에서 "나만 유독 무엇 때문에 진흙 속에 있나. 푸른 신발, 베 버선 차림 이제부터 시작하리라."라고 하였던 것이요, 피난 간 일과 좌습유가 된 일은 전혀 언급하지 않았던 것이다.(梁權道編在至德二年還京時作. 公扈從肅宗歸京師時, 正紛擾, 劉少府豈應畫山水爲障, 當是先赴奉先日作畫, 在祿山未反前, 是天寶十四年, 故終曰, 吾獨胡爲在泥滓, 青鞋布襪從玆始, 不曾言避亂與爲拾遺也.)

《두시상주》 《두공부초당시전》에서 〈자경부봉선현영회오백자自京赴奉先縣詠懷五百字〉 뒤에 편입하였는데 시 속에 '포성', '풍우'의 구가 있기 때문이다. 《문원영화文苑英華》의 주에서 "봉선현위 유단의 집에서 지은 것이다."라고 하였다.(草堂詩箋編在自京赴奉先之後, 以詩中有蒲城風雨句也. 英華注, 奉先尉劉單宅作.)

《두공부시집집주》 《문원영화》의 시제에서 '신화산수장가봉선위류단택작'이라 하였다.(英華題云, 新畫山水障歌奉先尉劉單宅作.)

주 석

1 堂上(당상) – 대청 위. '上'은 '中'으로 된 판본도 있다. 合(합) – 합당하다.

2 底(저) – '何'와 같은 뜻의 방언이다. 江山(강산) – '山川'으로 된 판본도 있다.

《두시상주》 당의 방언인 '底' 자는 '何' 자로 풀이한다.(唐方言底字作何字解.)

[堂上 2구] 병풍의 산수 그림이 실재하는 산수인가 의심이 들 정도로 생동감이 있다는 뜻이다.

《두시상주》 언뜻 보고 괴이하다고 하여, 그림의 형세가 특이함을 강조하여 말하였다.(乍見而怪, 甚言作勢之異.)

3 掃却(소각) – 그려내다. '掃'는 붓을 휘두르는 동작을 뜻한다. '却'은 여기서는 '了'의 뜻으로 쓰였다. 赤縣圖(적현도) – '적현'은 경기 지역의 속현을 뜻하기도 하고 중국의 옛 칭호인 적현신주赤縣神州의 줄임말이기도 하다. 유단이 봉선의 현위이고, 봉선이 경기 지역에 위치한다는 사실을 고려할 때 여기서는 전자가 합당할 것이다. 따라서 '적현도'는 봉선현의 산수도이다. 그리고 이 그림은 이 시에서 읊은 산수화와는 별개의 그림이다. 화산을 그린 그림이라는 설도 있으나 타당치 않다.

《두시상주》 '적현도'는 다른 한 폭의 그림이다.(赤縣圖, 別是一幅.)

《두시상주》 《두시전주》에서 "유 씨는 봉선의 현위로 그 고을의 산수를 그렸다. 그래서 '적현도'라고 한 것이다."라고 하였다. 《사기》에 의하면 추연이 중국을 일러 적현신주라고 하였다. 조차공은 "경읍 속현에 '적'이 있고 '기'가 있는데, 인구가 많은 곳이 '적'이다."라고 하였다.(錢箋, 劉爲奉先尉, 寫其邑之山水, 故曰赤縣圖. 史記, 鄒衍謂中國名赤縣神州. 趙曰, 京邑屬縣有赤有畿, 其浩穰者爲赤.)

《두공부초당시전》 적현도는 바로 화산을 그린 것이다.(赤縣圖乃畫華山也.)

4 乘興(승흥) – 흥을 타다. 흥취가 생겨서 어떤 행위를 하는 것을 뜻한다. 遣(견) – 시키다. 두보가 유단에게 시킨 것이다. 滄洲趣(창주취) – 병풍 속의 산수화를 두고 한 말이다. '창주'는 은자가 사는 물가를 뜻한다. 이를 지명으로 보는 설도 있으나 타당치 않다. '洲'가 '州'로 된 판본도 있다.

《두시상주》 '창주취'는 병풍 속의 산수를 가리킨다.(滄洲趣, 指屛中山水.)

《두공부초당시전》 《지리지》에 의하면 '창주'는 바로 경성군이다. 춘추전국시대에 제, 조 두 나라의 접경 지역이었고 진나라 때 거록, 상곡 두 군의 지역이었다. 한나라 고조가 발해군을 설치하였고 당나라 때에 창주가 되었다.(地理志, 滄洲乃景城郡, 春秋戰國時, 爲齊趙二國之境, 秦, 鋸鹿上谷二郡地, 漢高祖置渤海郡, 唐爲滄洲('州'의 잘못).)

[聞君 2구] 두보가 유단이 적현도를 그렸다는 말을 듣고 흥이 나서 그에게 병풍의 산수화를 다시 그리게 했다는 뜻이다

#《두시상주》: 첫머리에서는 병풍의 산수를 서술하였다.(首敍屛障山水.)

5 畵師(화사) – 화가.

6 好手(호수) – 좋은 솜씨. 또는 좋은 솜씨를 가진 사람.

7 融心神(융심신) – 마음과 정신을 융합하다. 이 구는 다음 구와 대장인 것으로 보아 '이 그림의 마음과 정신이 융합된 경지를 대하다' 또는 '여기에 마음과 정신이 융합되어 있음을 보다'로 풀이하는 것이 옳다. 이와 달리 '이 그림을 대하자 마음과 정신이 융합하였다'로 풀이하고

마음과 정신이 융합한 주체를 두보로 보거나 유단으로 보는 설 등이 있으나 타당하지 않다.

8 毫素(호소) – 붓과 비단. 모두 그림에 필요한 것이어서 그림을 뜻한다.

[畵師 4구]

《구가집주두시》 조차공 주 대체로 공의 말뜻은, 유공을 만나 창주의 정취를 그리게 하였는데, 유공이 이 그림을 대하고 마음과 정신이 녹아든 것은 다른 이유가 아니라 유공의 마음도 또한 그의 그림을 중히 여기고 그것을 즐겨 하였기 때문이라는 말이다.(蓋公之意, 言旣遇劉公遣畵滄州趣矣, 劉公對此圖而心神融釋, 無他, 劉公之心亦重其毫素而樂爲之也.)

9 祁岳(기악) – 당시의 유명한 화가이다. 鄭虔(정건) – 당시의 유명한 화가로, '시서화삼절詩書畵三絶'이라는 칭호를 받았다. 두보와 친분이 있었다.

《구가집주두시》 '기악'과 '정건'은 당시의 뛰어난 화가들이다.(祁岳鄭虔, 當時善畵者.)

《신당서 · 문예전》 정건은 산수를 잘 그렸고 글씨 쓰기를 좋아하였다. …… 일찍이 스스로 그의 시를 쓰고 그림을 함께 그려서 바쳤더니 황제가 그 끝에 '정건삼절鄭虔三絶'이라고 크게 썼다.(虔善圖山水, 好書. …… 嘗自寫其詩幷畵以獻, 帝大署其尾曰, 鄭虔三絶.)

10 遠過(원과) – 훨씬 능가하다. 楊契丹(양결단) – 수대의 뛰어난 화가로 참군을 지냈다. '契'의 음을 《두시상주》에서 '乞結反'이라 하였다. 수나라 양소라고 하는데 틀린 설이다.

《독두심해》에 인용된 《후화록後畵錄》 수나라의 참군인 양결단은 여섯 가지 화법畵法을 자못 갖추었고 골기가 아주 풍부하다.(隋參軍楊契丹, 六法頗該, 殊豊骨氣.)

《두공부초당시전》 양소는 수나라에서 그림을 잘 그린다고 일컬어졌다. 그 그림이 거란에 전해졌기 때문에 그것이 칭호가 되었다.(楊素在隋稱善畵, 其畵傳於契丹, 故以爲號.)

[豈但 2구] 유단을 저명한 다른 화가와 견주어 그의 솜씨를 칭송한 것이다.

《두공부초당시전》 유단의 필적이 양 씨를 능가하니 기악과 정건은 말할 게 없다고 한 것이다.(言劉之筆迹過於楊, 則祁鄭不足道也.)

#《두시상주》: 이 단락은 그의 필의가 초절함을 찬양한 것이다.(此贊其筆意超絶.)

11 玄圃(현포) - 신화에 보이는 지명으로 곤륜산에 있다. 신선이 산다고 하며, '현포縣圃'라고도 한다. 裂(열) - '坼'으로 된 판본도 있다. 이 구는 그림 속의 산이 마치 신화 속의 현포를 떼어다가 갖다 놓은 것 같다는 뜻이다.

12 瀟湘(소상) - 소수와 상수. 모두 동정호洞庭湖의 남쪽에 위치한 강들이다. 翻(번) - 물이 뒤집히다. 이 구는 소상의 물이 흘러들어 온 것 같다는 뜻이다.

13 悄然(초연) - 쓸쓸한 모양. 天姥(천모) - 절강성에 있는 산으로 섬계剡溪 부근에 있다. 두보가 전에 유람한 적이 있었다. 따라서 그림 속의 산수를 보고 이 산이 생각났던 것이다.

《두시전주》 〈장유壯遊〉에서 '돌아가는 배의 돛이 천모산을 스쳤다'고 하였으니, 아마도 옛날 노닐던 곳이리라. 그래서 '쓸쓸하게도 나를 천모산 아래에 앉히다'라고 하였다.(壯遊詩, 歸帆拂天姥, 蓋舊遊之地, 故云, 悄然坐我天姥下也.)

14 淸猿(청원) - 처량한 소리로 우는 원숭이.

15 反思(반사) - 돌이켜 생각하다.

16 乃(내) – '恐'으로 된 판본도 있다. 蒲城(포성) – 봉선의 옛 이름. '蒲'가 '滿'으로 된 판본도 있다.

《두시경전》 '포성'이 바로 봉선이다.(蒲城卽奉先.)

17 元氣(원기) – 천지의 근본 기운. 우주의 원기. 淋漓(임리) – 물 같은 것이 뚝뚝 떨어지는 모습. 원기가 넘치는 모습.

18 眞宰(진재) – 참된 주재자. 조화신이다. 上訴(상소) – 하늘에 올라가 하소연하다. 天應泣(천응읍) – 앞 구의 '濕'과 호응하는 말이다. 구름도 없이 비가 내리는 것을 '天泣'이라고 한다는 설이 있다.

《두시언해》 '진재'는 조화신이니, 하늘에 올라가서 유단의 화필이 조화의 솜씨를 빼앗았음을 하소연한 것이다.(眞宰, 造化神, 上訴畵筆之奪造化也.)

《구가집주두시》 조차공 주 본조 사람 전희백의《통미지》에 이르기를, "구름 없이 비 내리는 것을 '천읍'이라 한다."라고 하였다.(本朝錢希白, 洞微志曰, 無雲而雨, 謂之天泣.)

[反思 4구] 유단의 그림이 인간의 솜씨를 뛰어넘은 것이라고 찬양하는 내용이다.

《두시상주》 예전에 창힐이 글자를 만들자 하늘에서 곡식이 비처럼 내렸고 귀신이 밤에 울었다고 하는데, 이 구들은 그 이야기의 뜻을 몰래 이용한 것이다.(昔倉頡作字, 天雨粟, 鬼夜哭. 此暗用其意.)

#《두시상주》: 이 단락은 산수의 신령스럽고 기이함을 형용한 것이다. '현포' 구와 '소상' 구는 먼 지역의 경치를 들어 견준 것인데, 그 자취가 선계와 같음을 말한다. '풍우' 구와 '포성' 구는 가까운 지역의 경치를 들어 견준 것인데, 그 기교가 조화의 솜씨를 빼앗았음을 말한다.(此形容山水之神奇. 玄圃瀟湘, 擧遠景以相擬, 言其迹侔仙界. 風雨蒲城, 擧近景以相擬, 言其巧奪化工.)

19 暝(명)－ 때가 저녁 무렵임을 뜻한다.

20 滄浪(창랑)－ 강 이름. 靑溟(청명)－ 바다를 뜻한다. 《문원영화》에서는 이 구절이 '滄浪之水淸且闊'로 되어 있다.

《두공부초당시전》 '창랑'은 강 이름이다.(滄浪, 水名.)

《두시상주》 '창랑'은 초 지역에 있다. '청명'은 바다를 가리킨다.(滄浪在楚. 靑溟指海.)

21 攲岸側島(의안측도)－ 비스듬한 언덕과 기울어진 섬. '측'을 물가 쪽으로 치우쳐 있는 상태를 묘사하는 것으로 볼 수도 있다. 《문원영화》에서는 '攲峰側岸'으로 되어 있다. 秋毫末(추호말)－ 가을 털의 끝. 그림의 형체가 세미함을 말한다.

22 湘妃(상비)－ 상수의 여신 이름. 전설에 의하면 순임금의 비인 아황娥皇과 여영女英이 순임금이 죽었다는 소식을 듣고, 상수에 빠져 죽어 여신이 되었다고 한다. 鼓瑟(고슬)－ 슬을 타다. 《초사》에 상수의 신이 슬을 타는 이야기가 있다.

《초사 · 원유遠遊》 상수의 신령에게 슬을 타게 하다.(使湘靈鼓瑟兮.)

23 斑竹(반죽)－ 반점이 있는 대나무로, 상수 일대에서 난다. 반점은 상비가 순임금이 죽었다는 소식을 듣고 흘린 눈물의 자국이라는 전설이 있다.

《두시상주》에 인용된 《박물지博物志》 순임금이 창오에서 죽자 두 비가 울어 눈물을 대에 뿌리자 대가 모두 얼룩이 졌다.(舜崩於蒼梧, 二妃啼, 以淚揮竹, 竹盡斑.)

#《두시상주》: 이 단락은 산수 가운데의 경물을 갖추어 그렸다. '정자의 꽃' 구와 '언덕과 섬' 구는 산에 속하고, '어옹의 배' 구와 '창랑과 청명' 구는 물에 속한다. '상수의 대가 강가에 있다'라는 말은 또 산수를 아울러 반영하였다. 위의 두 단락은 앞의 '창주취'와 호응한다.(此備

寫山水中景物. 亭花岸島, 屬山. 漁舟滄溟, 屬水. 湘竹臨江, 又兼映山水. 上二段, 應前滄洲趣.)

24 劉侯(유후)－ 유단劉單. '侯'는 남자에 대한 존칭이다. 天機(천기)－ 타고난 영성靈性. 천부적인 재질. 精(정)－ 정미精微하다.

25 入骨髓(입골수)－ 골수에 들다.

26 兒郞(아랑)－ 아들.

27 揮灑(휘쇄)－ 붓을 휘두르고 먹물을 뿌리다. 그림 그리는 것을 뜻한다. 亦莫比(역막비)－ 유단 아들의 그림 또한 견줄 자가 없다는 뜻이다.

[自有 2구] 유단이 뛰어난 화공畵工이다 보니, 그의 두 아들도 절로 막강한 그림 실력을 갖추게 되었다는 뜻이다.

28 聰明到(총명도)－ 총명이 지극하다. 아주 총명한 것을 뜻한다.

29 巓崖(전애)－ 멧부리와 낭떠러지.

30 心孔(심공)－ 마음 구멍. 심안心眼.

31 貌得(막득)－ 묘사해내다. 형상을 그려내다.

#《두시상주》: 이 단락은 유 소부로 인하여 그의 아들까지 아울러 언급한 것으로, 앞의 '화사' 단락과 호응한다.(此因少府而幷及其子, 應前畵師一段.)

32 若耶溪(약야계)－ 회계會稽에 있는 시내 이름.

《독두심해》에 인용된 《수경주》 '약야계'는 위로 초현 마계를 이어받는다. 시냇물이 지극히 맑아 뭇 산들의 모습이 거꾸로 비치는데 이를 들여다보면 그림 같다.(若耶溪, 上承樵峴麻溪, 溪水至淸, 照衆山倒影, 窺之如畵.)

33 雲門寺(운문사)－ 회계에 있는 절 이름.

《독두심해》에 인용된 《수경주》 산음현 남쪽에 옥순, 죽림, 운문, 천주 등의 정사가 있다.(山陰縣南有玉筍竹林雲門天柱精舍.)

34 胡(호) – '何'로 된 판본도 있다. 泥滓(이재) – 진흙.

35 靑鞋(청혜) – 푸른 신발. 짚신. 은사의 차림새이다. 布襪(포말) – 베로 만든 버선. 역시 은사의 차림새이다.

《두시언해》 '청혜'는 짚신이다.(靑鞋, 芒鞋.)

#《두시언해》: 약야계와 운문사는 모두 회계에 있다. …… 이 단락은 두보가 세속을 벗어나 이곳에 가서 노닐겠다는 것이다.(若耶溪雲門寺皆在會稽. …… 此, 甫欲脫塵泥而往遊於此也.)

《두시상주》: 이 단락은 그림을 보고 세상 밖에 몸을 기탁할 것을 생각한 것이다. 앞의 '천모' 두 구와 호응한다.(此見畵而思託身世外, 應前天姥兩句.)

##《두억》: 그림을 그리는 데에는 여섯 가지 법이 있다. '기운생동'이 그 첫째이고, '골법용필'이 그 다음이다. 두보는 화법으로 시를 짓는 법을 삼아서, 전편에 모든 글자가 도약하여 천부의 영성이 넘쳐난다. 그래서 그 '기운'이 보인다. 바로 '대청 위는 단풍나무가 자라기에 합당하지 않다'라고 하여 시상을 돌연히 일으켜 하늘에서 내려온 듯하고, 조금 뒤에 홀연히 '어젯밤 비바람이 급하였던' 이야기로 들어가고, 다시 조금 뒤에 홀연히 두 아이가 그림 그리는 이야기로 들어가니, 시상이 급작스럽게 억양 변화하여, 그것이 어디서 왔는지를 알 수 없다. 그래서 그 '골법'이 보인다. 끝부분에서 산승을 그린 이야기로 인하여 운문사와 약야계의 이야기로 바꾸고는 푸른 신발과 베 버선의 이야기로 끝내버리고 마니, 모두 화법의 '경영위치'의 묘를 얻었다.(畵有六法, 氣韻生動第一, 骨法用筆次之. 杜以畵法爲詩法, 通篇字字跳躍, 天機盎然, 見其氣韻. 乃堂上不合生楓樹, 突然而起, 從天

而下. 已而忽入前夜風雨急, 已而忽入兩兒揮灑, 突兀頓挫, 不知所自來, 見其骨法. 至末因貌山僧, 轉雲門若耶, 青鞋布襪, 闃然而止, 總得畵法經營位置之妙.)

《독두심해》: 당시 공이 봉선에 있었는데 소부가 대청에 병풍을 펼쳐놓고 공에게 시가詩歌를 지어달라고 요구했던 것이다. 시를 시작하면서 새 병풍을 두고 상상으로 추측하는 표현을 하여 의아하게 여기는 듯한 말을 하기를, "연무는 원래 깊은 숲에서 나오는 것이고, 대청 위는 나무가 자라기에 합당치 않은데 어찌하여 자욱하게 홀연 일어나는가?"라고 하였다. 아래 2구는 바로 그림 이야기로 낙착되었는데, 다시 다른 그림의 이야기로 이 그림의 이야기를 일으켰으니, 이는 본제를 드러내는 부분이다. 여기에서 시상의 흐름이 한 번 멈춘다. '화사' 4구는 그림이 좋다는 사실을 범연하게 말하였고, 여기에서 다시 한번 멈춘다. '기단' 6구는 병풍 속의 산수의 형세에 대해 통괄하여 형용하였고, 여기에서 다시 한번 멈춘다. '반사' 4구는 또 이곳의 최근 있었던 일에서 기이한 발상을 하였는데, 시상을 도치하고서, "산수의 기이함이 이와 같으니, 어찌 인공으로 할 수 있겠는가? 바로 원기가 넘친 것으로 하늘이 눈물을 흘린 것이니, 어젯밤 포성의 비바람은 바로 이 때문이다."라는 뜻을 말하였다. 이것이 이른바 본지풍광(본래의 면목)이라는 것이고, 여기에서 다시 한번 멈춘다. '야정' 6구에서 비로소 그림 속의 경물을 그렸다. 이전의 것은 모두 상상에 의한 것이고 이 부분이 실제를 묘사한 것이다. 이 단락에 이르러 그림에 대한 서술은 이미 끝났고, 여기에서 다시 한번 멈춘다. '유후' 8구는 소부가 그림에 뛰어나다는 사실을 분명하게 드러내면서 아울러 그의 자식도 언급하였다. 앞의 '화사' 한 단락과 더불어 장법을 이루고, 여기에서 다시 한번 멈춘다. 마지막 부분에서 갑자기 그림으로 인해 세속을 떠나려는 생각을 하게 되니, 붓을 입에 머금고 막연해지는 정취가 더욱 일어난다.(時公在奉先, 少府列障於其堂, 要公作歌. 起就新障作虛摹勢, 爲若疑若訝之詞, 謂煙霧本出於深林, 堂上不合生樹, 何爲迷離忽起乎. 下二句, 乃落出畫來, 又以別幅起本幅, 此出題處也, 一頓. 畫師四句, 泛言畫好, 又一頓. 豈但六句, 就障上山水之勢, 統爲形容, 又一頓. 反思四句, 又就本處近日事, 發出奇想, 筆法倒裝. 言山水之奇如此, 豈人工能事哉. 乃元氣淋漓, 而天爲雨泣. 前夜蒲城風雨, 職是故耳. 此所謂本地風光也, 又一頓. 野亭六句, 纔寫畫中景物. 前皆虛擬, 此乃實描也. 至此敍畫已竟, 又一頓. 劉侯八句, 明點少府之工畫, 而幷及其子. 與前畫師一段作章法, 又一頓. 末忽因畫而動出世之思, 更有含毫邈然之趣.)

(이영주)

22. 奉同郭給事湯東靈湫作

곽 급사가 탕동 영추에서 지은 시에 받들어 화답하다

東山氣濛鴻[1] 宮殿居上頭[2] 君來必十月[3] 樹羽臨九州[4]
陰火煮玉泉[5] 噴薄漲巖幽[6] 有時浴赤日[7] 光抱空中樓[8]
閬風入轍跡[9] 曠原延冥搜[10] 沸天萬乘動[11] 觀水百丈湫[12]
幽靈斯可怪[13] 王命官屬休[14] 初聞龍用壯[15] 擘石摧林丘[16]
中夜窟宅改[17] 移因風雨秋[18] 倒懸瑤池影[19] 屈注滄江流[20]
味如甘露漿[21] 揮弄滑且柔[22] 翠旗澹偃蹇[23] 雲車紛少留[24]
簫鼓蕩四溟[25] 異香泱漭浮[26] 鮫人獻微綃[27] 曾祝沉豪牛[28]
百祥奔盛明[29] 古先莫能儔[30] 坡陀金蝦蟆[31] 出見蓋有由[32]
至尊顧之笑[33] 王母不遣收[34] 復歸虛無底[35] 化作長黃虯[36]
飄飄靑瑣郎[37] 文采珊瑚鉤[38] 浩歌淥水曲[39] 淸絶聽者愁[40]

동쪽 산은 기운이 흐릿하고
궁전이 그 꼭대기에 있는데,
임금이 오는 것은 반드시 10월
깃을 세우고 구주를 내려다본다.
땅 속 불이 옥 같은 샘물을 데우니
용솟음쳐 바위 깊은 곳에 넘쳐나고,
때로 붉은 해를 씻겨서
빛이 공중의 누각을 품는다.

낭풍에 수레바퀴 자국 들고
광원으로 계속 유심한 곳을 찾아가는데,
하늘에 들끓듯 만승의 수레가 움직이고
물을 바라보니 백 장 깊이의 못이다.
그윽한 신령은 괴이하게 여길 만하여
왕은 관속들에게 휴식을 명하신다.
애초에 듣기로 용이 강력한 힘을 써서
돌을 가르며 숲과 언덕을 망가뜨리고,
한밤중에 동굴 집을 고쳐서
가을 비바람을 따라 옮겨 왔다 한다.
요지의 그림자 거꾸로 비치고
물이 굽어 맑은 강으로 흘러들어 간다.
맛은 감로수와 같고
손으로 저어보니 매끈하고 부드럽다.

비취 깃발 높이 펄럭이고
구름수레 어지러이 잠시 머무니,
피리와 북소리가 사해를 진동하고
기이한 향기 넓게 떠 있다.
교인은 얇은 비단을 바치고
여러 축사는 큰 소를 물에 넣는데,
온갖 길조가 성명한 시대에 생겨나니
옛 선대에 이와 필적할 시대는 없었다.
울퉁불퉁한 금 두꺼비
나타남은 아마 이유가 있을 것인데,

지존께서 그를 돌아보고 웃으시고
왕모께서 거두어들이지 않으시니,
다시 바닥없는 텅 빈 땅으로 돌아가
긴 누런 이무기가 될 것이다.

빼어난 청쇄문의 낭관은
그 문채가 산호 고리 같은데,
〈녹수〉 곡조를 크게 부르는데
지극히 맑아 듣는 이가 시름겹다.

이 시의 저작 시기는 천보 14년 10월 혹은 두보가 봉선으로 갈 때인 11월쯤으로 추정되는데 바로 안녹산의 난이 일어나기 직전이다. '곽 급사'에 대해서는 자세하지 않다. '급사'는 관직 이름으로 급사중給事中을 말한다. '탕동'은 장안 동쪽 60리에 있는 여산 온천의 동쪽을 말한다. '영추'는 그곳에 있었던 신령한 연못을 말하며 전설에 의하면 그 안에 용이 살고 있었다고 한다. 두보와 곽 급사가 이곳에 와서 곽 급사가 먼저 시를 짓고 이에 두보가 창화한 것이다. 시에서는 여산 화청궁의 형세와 현종이 매년 10월 이곳에 행차할 때의 모습, 그리고 영추에서 용에게 제사하는 의식의 성대함을 묘사하였고 아울러 현종과 양귀비의 안녹산에 대한 무분별한 총애가 결국 안녹산의 반역을 불러올 것임을 예견하고 있다.

《보주두시》 '영추'는 여산 온천의 동쪽에 있다. 양권도는 천보 14년에 편재했다. 그러나 이해 2월 안녹산 모반의 정황이 이미 드러났고, 공은 11월 봉선으로 가면서 지은 시(〈자경부봉선현영회오백자自京赴奉先縣詠懷五百字〉)에 여산 행차의 폐단을 분명하게 말하였으니 이 시는 반드시 그해에 지은 것은 아니고 마땅히 천보 13년일 것이다.(靈湫, 在驪山溫湯之東. 梁權道編在天寶十四載. 然是年之二月祿山反狀已著, 公十一月往奉先有詠詩, 歷言驪山遊幸之弊矣. 此詩未必在其年作, 當在十三載.)

《두시상주》 안녹산의 반란은 천보 14년 11월의 일로 이 시는 마땅히 그해 10월에 지은 것이다. 이 당시 반란 소식이 아직 이르지 않았으나 반역의 흔적은 이미 싹이 텄으니 시 가운데의 '하마', '장규'라는 말을 보면 알 수 있다. 양권도의 편차를 따르는 것이 옳다. '동'은 화답한다는 말이다. '영추'는 못 이름이다.(安祿山反, 在天寶十四載十一月, 此詩當是其年十月作. 此時反信未至, 而逆迹已萌, 觀篇中蝦蟆長虬可見, 依梁編爲是. 同, 和也. 靈湫, 水池名.)

《두시경전》 '탕동'이란 여산 온천의 동쪽이다. 용이 사는 곳이라 생각하였으므로 '영추'라고 불렀다. 이는 봉선으로 갈 때 지은 것이다.(湯東, 驪山溫湯之東也. 以龍所居, 故謂之靈湫. 此往奉先時作.)

《두억》 제목이 온천 동쪽의 영추를 위주로 하였으니 온천을 노래한 것이 아니다. 그런 까닭에 시 가운데 영추가 바뀌고 옮긴 것과 용의 신령스럽고 괴이함에 대하여는 상세히 서술하였지만, 온천은 단지 '음화' 몇 마디뿐으로 이로써 '영추'를 이끌어내고 있다.(題主湯東之靈湫, 非詠湯泉也. 故篇中詳敍湫之改移, 與龍之靈怪, 而湯泉只陰火數語, 以引起靈湫.)

주 석

1 東山(동산) – 여산을 가리킨다. 여산은 장안 동쪽 60리에 있었는데 온천이 있어서 산 위에 화청궁華淸宮을 짓고 매년 10월이면 현종이

이곳으로 와서 추위를 피하였다. 濛鴻(몽홍)－ 혼돈의 모양. 사물의 구별이 확실하지 않은 모양. '鴻濛'으로 된 판본도 있다. 이 구는 온천에서 내뿜는 수증기로 말미암아 여산의 형세가 마치 운무에 둘러싸여 있는 것처럼 분명치 않음을 가리킨다.

《두시상주》 동산은 바로 여산이다. 《술정기》에 "장안 동쪽은 여산이고 서쪽은 백록원이다."라고 하였다. 《회남자 · 정신훈精神訓》에 "아직 하늘과 땅이 생기지 않았을 때에는 기운이 뒤섞이고 질펀하여 아무도 그 문을 알지 못하였다."라고 하였다. 조차공 주에 "'기몽홍'이란 산의 형세가 마치 운무에 덮여 있는 것 같다는 말이다."라고 하였다.(東山, 卽驪山也. 述征記, 長安東則驪山, 西則白虎(鹿의 오자)原. 淮南子, 未有天地之時, 濛鴻鴻洞, 莫知其門. 趙注, 氣濛鴻, 山形如蒙雲霧也.)

《두공부초당시전》 '몽홍'은 바로 온천의 기운이다.(濛鴻, 乃湯泉之氣也.)

2 宮殿(궁전)－ 여산에 있는 온천궁, 즉 화청궁華淸宮을 말한다.

《두시상주》에 인용된 《당서》 여산궁은 정관 18년에 설치하였는데 함형 2년에 온천궁이라 부르기 시작하였고 천보 10년에 화청궁이라 고쳐 불렀다. 더운 물이 솟아오르는 우물을 정리하여 못으로 만들었으며 산을 빙 둘러 궁실을 줄지어 세웠다.(驪山宮, 貞觀十八年置, 咸亨二年始名溫泉宮, 天寶十載改曰華淸宮. 治湯井爲池, 環山列宮室.)

3 君來(군래) 구－ 현종이 매년 10월에 여산의 온천에 갔다는 말이다. '반드시 10월'이라고 한 것은 매년 정해진 기일에 현종이 영추의 용에게 제사하러 여산을 찾아갔기 때문이다.

《두시상주》에 인용된 《장안지》 개원 뒤에 황제는 매년 10월에 온천에 행차하여 그해가 다 지나고 나서 돌아갔다.(開元後, 帝每歲十月幸溫湯, 歲盡而歸.)

《두억》 천자가 용에게 제사하기 위하여 왔으므로 정해진 기일이 있었고 그래서 '반드시 10월'이라고 말한 것이다.(天子爲祭龍而來, 故有定期, 而云必十月.)

4 樹羽(수우) – 깃을 세우다. 일반적으로 깃을 세워 장식한 보개葆蓋를 말한다. '수우'가 깃으로 장식된 천자의 보개나 천자 호위군인 우림군羽林軍의 깃발을 가리키는 것으로 볼 수도 있지만, '수우'의 출전인 《시경·주송·유고有瞽》에서 '수우'는 종鐘이나 경磬을 매어다는 곳에 오색 깃을 꽂아 장식하는 것을 가리키는 것이고 〈유고〉 시는 태조太祖의 묘廟에서 음악을 합주할 때 부르던 것이라는 것을 참고할 때, 군대의 깃발을 가리키는 것이라기보다는 현종이 10월에 여산에 가서 용에게 제사하기에 앞서 음악 연주를 곁들인 일종의 천자로서의 통치 의식 혹은 제사 의식을 행하는 것을 가리키는 것이 아닐까 추측해 볼 수도 있다.

《두시상주》 '수우'는 깃털을 세워 장식한 보개를 말한다.(樹羽, 立羽葆蓋也.)

《시경·주송·유고》 "崇牙樹羽"의 모전毛傳 '樹羽, 置羽也.'에 대한 공영달孔穎達 소疏 ('수우'는) 오색의 깃털을 세워 꽂아서 그것을 장식하는 것이다.(樹置五采之羽, 以爲之飾.)

5 陰火(음화) – 땅속의 불. 또는 땅속의 열기. 유황硫黃의 별명別名. 玉泉(옥천) – 맑은 샘을 가리킨다.

《두시상주》 《박물지》에 "무릇 물의 근원에 유황이 있으면 그 샘이 따뜻하다."라고 하였기 때문에 땅속의 불이 데우는 것 같다고 말한 것이다.(博物志, 凡水源有硫黃, 其泉則溫, 故云陰火若煮.)

6 噴薄(분박) – 용솟음치다. 漲(창) – 물이 넘쳐흐르다. 巖幽(암유) – 암벽 깊숙한 곳.

7 浴赤日(욕적일) – 붉은 해를 목욕시키다. 붉은 해를 목욕시킨다는

말은 여산의 온천을 천상의 해가 목욕한다는 함지咸池에 비유한 것이다.

《산해경》 (해는) 양곡에서 나와 함지에서 목욕한다.(出於暘谷, 浴於咸池.)

8 空中樓(공중루) – 공중의 누각. 여산의 꼭대기에 있는 누각들을 가리킨다.

《두시상주》에 인용된 《장안지》 여산에는 관풍루, 갈고루가 있다.(驪山有觀風樓羯鼓樓.)

[有時 2구] 여산의 온천과 그곳의 궁전을 찬미한 것이다.

《구가집주두시》 조차공 주 대체로 해의 빛이 나오고 그 빛이 누각을 비춘다고 하였으니 이 샘이 바로 함지인 것이다.(蓋言日色出, 光照樓閣, 此泉正是咸池耳.)

#《두시상주》: 첫 단락에서는 (현종이) 여산에 수레를 타고 행차한 것을 서술하였다. '음화' 이하는 온천의 빼어난 경치를 기록하였다. 용에게 제사하는 것에는 기일이 있었으므로 오는 것이 반드시 10월인 것이다. 산세가 가장 높았기 때문에 아래로 구주를 내려다본 것이다. '음화' 구는 샘이 따뜻한 것을 말하였고, '분박' 구는 샘물이 용솟음치는 것을 말하였다. 천자가 목욕하는 곳이었기 때문에 붉은 해에 비유하였다.(首敍駕幸驪山. 陰火以下誌湯泉勝景. 祭龍有期, 故來必十月. 山勢最高, 故下臨九州. 陰火, 言泉之溫. 噴薄, 言泉之湧. 天子所浴, 故比之赤日也.)

9 閬風(낭풍) – 산 이름. 낭풍전閬風巔을 말한다. 낭풍전은 곤륜산의 꼭대기에 있다는 선인이 사는 곳이다. 轍跡(철적) – 수레바퀴 자국.

《두시상주》에 인용된 《십주기十洲記》 곤륜산은 3각의 선궁仙宮이 있는데 그중 한 각은 정북으로 낭풍전이라고 부르고, 한 각은 정서로 현무당이라고 부르고, 한 각은 정동으로 곤륜궁이라고 부른다.(崑崙

三角, 其一角正北曰閬風巓, 其一角正西名曰玄武堂, 其一角正東名曰崑崙宮.)

10 曠原(광원) – 광활한 들판. 곤륜산 동북쪽 선궁 이름이라고도 한다. '曠'은 '廣'으로 된 판본도 있다. '原'은 '野'로 된 판본도 있으나 잘못이다. 延(연) – 이어지다. 계속되다. 冥搜(명수) – 유심한 곳을 찾아가다.

《두공부초당시전》 혹자는 광원이 곤륜산 동북쪽 선궁 이름이라고 한다.(或謂廣原崑崙東北角名也.)

《두시상주》에 인용된 《목천자전穆天子傳》 군옥의 산 서쪽으로부터 서왕모의 나라에 이르기까지 삼천 리이며 서왕모의 나라에서부터 북으로 광원의 들판, 나는 새들이 날개를 쉬는 곳에 이르기까지는 천구백 리이다. 주의 왕도로부터 대광원에 이르기까지는 만사천 리이다.(自群玉之山以西, 至於西王母之邦, 三千里. 自西王母之邦, 北至於曠原之野, 飛鳥之所解羽, 千有九百里. 宗周至於大曠原, 萬四千里.)

[閬風 2구] 현종이 여산 온천에 갔다가 영추로 찾아간 것을 주 목왕이 곤륜산으로 서왕모를 찾아간 것에 비유하였다. 사치스런 외유에 대한 풍자의 의도가 깔린 것으로 보기도 한다.

《구가집주두시》 조차공 주 이 구절은 수레를 타고 멀리 나아가 유심한 곳을 찾아가는 것을 말하였다. 여산에서부터 나오는 것이 마치 장차 곤륜을 찾아가고 광원에서 노니는 것 같으니 이것이 그가 유심한 곳을 찾아가려 한다고 말한 까닭이다. …… 공이 시에서 의도적으로 반드시 낭풍을 말하려고 한 것은 주 목왕이 일찍이 서쪽으로 가 곤륜의 언덕에 이르러 서왕모를 만난 적이 있기 때문이다.(以言乘輿遠詣而冥搜也. 自驪山而出, 若將訪崑崙而遊廣原, 此所以言其欲冥搜也. …… 公詩意必言閬風者, 以周穆王嘗西征至崑崙墟, 見西王母也.)

《두공부초당시전》 이것은 현종이 수레를 타고 여산 온천으로 행차했다가 나오는 것이 마치 장차 곤륜의 낭풍에 깊이 들어가고 멀리 광원의 들판을 찾아가려는 것과 같으니, 옛날 주 목왕이 팔준마의 수레를 몰고 달려가 곤륜의 위에 오른 것과 같다는 말이다.(此言玄宗乘輿幸驪山湯泉而出, 若將深入于崑崙之閬風, 而遠訪于廣原之野, 如昔周穆王駕八駿之乘驅馳, 而升崑崙之上也.)

《두시경전》 주 목왕에 비유하여 도에 지나친 놀이를 풍자한 것이다.(以周穆爲比, 取諷荒游.)

11 沸天(비천) – 하늘에 끓어오르다. 소리가 떠들썩함을 형용하는 말이다. '沸'는 '拂'로 된 것도 있으나 '沸'로 보는 것이 옳다. 이 구는 현종의 행차로 만승의 수레가 움직일 때 나는 시끄러운 소리가 하늘에까지 떠들썩하다는 말이다.

《두시상주》 만승의 수레가 움직이면 덜컹덜컹 소리가 나니 마땅히 '비천'이라고 해야 한다.(萬乘動, 則轟然有聲, 當作沸天.)

12 百丈湫(백장추) – 백 장 깊이의 연못. 1장은 10척. 《장안지》에 영수泠水를 백장수百丈水라고 부른다는 기록이 있는데 '백장추'가 이것을 가리키는 것인지는 확실하지 않다.

《두시상주》에 인용된 《장안지》 '泠水'는 '零水'라고도 하는데 임동현 동쪽 35리에 있으며 또한 '백장수'라고도 한다.(泠水, 一曰零水, 在臨潼縣東三十五里, 亦曰百丈水.)

13 幽靈(유령) – 그윽한 신령. '靈湫'로 된 판본도 있다. 斯(사) – '新'으로 된 판본도 있다. 怪(괴) – '佳'로 된 판본도 있다.

14 官屬休(관속휴) – 관속들이 쉬다.

《두억》 '왕명' 구는 휴식하고 목욕하고서 제사를 드리는 것을 말한다.(王命官屬休, 謂休沐以致祭.)

[幽靈 2구] 영추의 용이 기이하여 왕이 신하들에게 제사 준비를 하게

한 것을 말한다.

15 初聞(초문) – 당초에 듣다. 즉 옛날에 들은 것을 썼음을 말한다. 用壯(용장) – 강력한 힘을 사용하다.

《두시상주》 '초문'은 옛날에 들은 것을 기억하여 썼다는 것이다.(初聞, 追敍昔聞也.)

16 擘石(벽석) – 돌을 가르다. 바위를 쪼개다. 林丘(임구) – 숲과 언덕. 산림을 말한다.

17 窟宅(굴택) – 동물이 사는 굴. 용이 사는 동굴 집을 가리킨다.

18 移(이) – 옮기다. 용이 영추를 옮겨 왔다는 전설을 가리킨다.

《두시상주》에 인용된 《극담록劇談錄》 함통 9년 봄, 화음현 남쪽 10여리 떨어진 곳에 어느 날 저녁 비바람이 사납게 불었는데 용이 연못을 옮겨서 멀리서부터 이르렀다. 이보다 앞서 산 가 언덕과 구릉의 높고 낮은 곳에는 물이 저장되어 있는 곳이 없었다. 이날 밤 아득히 몇 길 높이의 작은 산을 따라 동서로부터 곧게 남북으로 두루 걸쳐서 산봉우리의 풀과 나무는 하나도 상한 것이 없었으며, 푸른 물결이 이는 굽은 연못은 맑기가 물길을 파서 터놓은 것 같았다.(咸通九年春, 華陰縣南十餘里, 一夕風雨暴作, 有龍移湫, 自遠而至. 先是厓壟高亞, 無貯水之所. 此夕迥從數丈小山, 自東西直亘南北. 峰巒草樹, 一無所傷, 碧波迴塘, 湛若疏鑿.)

19 倒懸(도현) – 거꾸로 매달다. 온천궁이 영추에 거꾸로 비친 것을 말한다. 瑤池(요지) – 고대 전설 가운데 나오는 곤륜산 위의 연못으로, 서왕모가 주 목왕에게 연회를 베풀었던 곳이다. 여기서는 여산의 온천궁을 가리킨다. 영추로 보는 설도 있다.

《목천자전》 을축일에 천자가 요지 가에서 서왕모에게 술잔을 건넸다.(乙丑, 天子觴西王母於瑤池之上.)

《두시경전》 요지 그림자를 거꾸로 매달았다는 것은 궁전이 아래에 비친 것을 말한다.(倒懸瑤池影, 謂宮殿下映.)

20 屈注(굴주)－ 영추의 물줄기가 꺾이어 창강으로 흘러들어 감을 말한다. 滄江(창강)－ 맑고 푸른 강물. '滄'은 '蒼'으로 된 판본도 있다.

21 甘露漿(감로장)－ 감로수.

22 揮弄(휘롱)－ 휘저어 만져 보다.

#《두시상주》: 이 단락은 영추에 잠시 행차한 것을 기록하였다. '초문' 이하는 영추의 용이 신령스럽고 기이하다는 것과 영추의 물이 맑고 깨끗하다는 것을 썼다. '낭풍', '광원'은 도에 지나친 외유를 풍자한 것이다. 만승의 존귀함을 굽히어 영추에 가서 제사하는 것은 일이 기만에 가깝기 때문에 괴이하게 여길 만하다고 말한 것이다. '거꾸로 된 그림자'는 궁전이 아래에 비친 것을 말한다. '굴주'는 여러 물줄기가 세차게 흘러가는 것을 말한다.(此記駐蹕靈湫. 初聞以下, 誌湫龍神異, 及湫水之潔淸. 閬風曠原, 借諷荒遊. 屈萬乘之尊, 而往祀靈湫, 事近矯誣, 故曰可怪. 倒影, 謂宮殿下映. 屈注, 謂衆水奔赴.)

23 翠旗(취기)－ 비취의 깃으로 장식한 깃발. 澹(담)－ 움직이다. 偃蹇(언건)－ 높은 모양. 제멋대로 구는 모양. 여기서는 깃발이 높이 펄럭이는 모양을 말한다.

《장문부長門賦》'澹偃蹇而待曙兮'의 이기李奇 주 '담'은 '동'과 같다.(澹, 猶動也.)

《두시상주》에 인용된 《광아廣雅》 '언건'은 제멋대로 움직이는 모양이다.(偃蹇, 夭矯也.)

《두시언해》 '언건'은 높은 모양이다.(偃蹇, 高貌.)

24 雲車(운거)－ 구름수레. 구름 모양을 그린 수레. 양귀비의 수레를 말한다.

25 蕩(탕)－ 진동하다. 四溟(사명)－ 사해四海.

26 泱漭(앙망) – 광대한 모양.

27 鮫人(교인) – '천선泉先', '천객泉客'이라고도 하는 전설 가운데의 인어. '鮫'는 '蛟'로 된 판본도 있다. 微綃(미초) – 가는 비단. '微'는 '徵'으로 된 판본도 있다.

《두시상주》에 인용된 《술이기述異記》 '교인'은 바로 '천선'인데 '천객'이라고도 부른다. 남해에서는 교초사가 나는데 천선이 물속에서 짠 것으로 일명 '용사'라고도 한다. 그 값은 백여 금이나 되며 그것으로 옷을 해 입으면 물에 들어가도 젖지 않는다.(鮫人, 卽泉先也, 又名泉客. 南海出鮫綃紗, 泉先潛織, 一名龍紗, 其價百餘金, 以爲服, 入水不濡.)

28 曾(층) – 본래는 '거듭'이란 뜻인데 여기서는 《두시언해》를 따라 '여러 명의', '많은'의 의미로 해석하는 것이 자연스럽다. 祝(축) – 축사祝史. 즉 기도를 맡아보는 신관神官을 말한다. 豪牛(호우) – 털이 더부룩하게 난 큰 소.

《목천자전》 '曾祝佐之'의 곽박郭璞 주 '曾'은 '重'과 같다. '축'은 축사를 말한다.(曾, 猶重也.祝, 謂祝史.)

《목천자전》 '天子與之豪馬豪牛'의 곽박 주 '豪'는 '髦'와 같다.(豪, 猶髦也.)

[鮫人 2구] 비단을 바치는 것은 예물을 바치는 것을 가리키고 소를 물에 잠근다는 것은 희생을 드리는 것을 말한다.

《두공부초당시전》 교인이 비단을 바치는 것으로써 예물을 삼고 …… 여러 축사가 소를 물에 잠그는 것으로써 희생을 삼는 것이다.(鮫人獻綃以爲幣也. …… 曾祝沈牛以爲牲也.)

[翠旗 6구]

《두시상주》에 인용된 오견사의 〈두시논문〉 비취 깃발 구름수레는 호위대가 머무는 것이다. 피리소리 북소리와 기이한 향, 얇은 비단을 바치고 소를 물에 잠그는 것은 제사 의식이 풍성하고 정결한 것이다.(翠旗雲車, 羽衛遲留也. 簫鼓異香, 貢綃沈牛, 祀典豊潔也.)

29 百祥(백상)－ 온갖 상서로운 일. 奔(분)－ 달리다. 여기서는 '많이 발생하다' 또는 '향해서 달려가다'라는 의미이다. 盛明(성명)－ 성대하며 밝은 곳. 태평한 시대를 말한다.

30 古先(고선)－ 옛날 선대. 儔(주)－ 짝하다.

31 坡陀(파타)－ 울퉁불퉁한 모양. 金蝦蟆(금하마)－ 금 두꺼비. 안녹산을 가리킨다. 이와 달리 금 두꺼비를 상서로운 징조의 하나로 보는 설도 있으나 합당하지 않다.

《두시언해》 '파타'는 평평하지 않은 모양이다. 금 두꺼비는 안녹산을 비유한다.(坡陀, 不平貌. 金蝦蟆, 喩安祿山.)

《구가집주두시》 조차공 주 '파타' 구가 '백상' 구의 아래에 있으니 (금 두꺼비를) 상서로운 것으로 여긴 것이다. 《당서 · 오행지》에도 역시 두꺼비의 빛깔이 금과 같은 것에 대한 기록이 있으니 이 금 두꺼비는 아마도 실제 있었던 일이었을 것이다. 혹자는 여산 위에 그것을 기록한 옛 비석이 있었다고 말한다.(坡陀金蝦蟆, 於百祥奔盛明之下, 則所以爲祥矣. 唐五行志亦有載蝦蟆色如金者, 則此金蝦蟆蓋是實事. 或云, 驪山上有古碑載之.)

32 出見(출현)－ 나타나다. 안녹산이 나와 왕을 알현함을 비유한 것으로 볼 수도 있다. 由(유)－ 이유.

《두시상주》에 인용된 반홍潘鴻 주 《당서 · 오행지》에 의하면 신룡 연간에 위수에 두꺼비가 있었는데 크기가 세발솥과 같았고 마을 사람들이 모여 구경하자 며칠이 지나 자취를 감췄다고 한다. 이것은 위후 때의 일인데, '파타금하마'는 아마 이러한 부류일 것이다. 안녹산이 후궁을 더럽히고 어지럽혔으므로 이러한 징조가 나타났으니 적천에서 거위가 나타난 것과 더불어 같은 부류로 보고 함께 살필 만한 것이었다. 그런 까닭에 '출현개유유'라고 한 것이다.(按五行志, 神龍中, 渭水有蝦蟆, 大如鼎, 里人聚觀, 數日而失, 此韋后時事. 坡陀金蝦蟆, 蓋其類也. 祿山濁亂宮闈, 故有此應, 可與翟泉鵝出, 同類竝觀, 故曰出見蓋有由.)

33 至尊(지존) – 여기서는 현종을 말한다.

34 王母(왕모) – 서왕모. 여기서는 양귀비를 가리킨다. 遣(견) – 사람을 시키다. '肯'으로 된 판본도 있다. 收(수) – 거두다. 잡아들이는 것을 말한다.

《구가집주두시》 조차공 주 '왕모'는 양귀비를 말한다. 위에서 이미 연못을 요지에 비유하였으니 여기에서 '왕모'를 쓴 것은 더욱 마땅하다.(王母, 言貴妃也. 上旣以湫比瑤池, 則此用王母尤宜.)

35 虛無底(허무저) – 텅 비어 바닥이 없다. 《두시언해》에서는 밑이 없는 땅이라고 했다. 여기서는 안녹산이 절도사로 있던 범양을 가리킨다.

36 長黃(장황) – '龍與'로 된 판본도 있다. 虯(규) – 뿔 없는 용. 이무기. 이 구는 안녹산이 반란을 일으켜 칭제稱帝할 것이라는 것을 비유한다.

[坡陀 6구] 안녹산이 현종의 소환에 응하여 알현하러 나왔을 때 그를 잡아들이라는 양국충의 간언을 무시하고 그를 다시 놓아 보내어 그로 하여금 반란을 일으키게 한 것을 비유하고 있다.

《두시언해》 현종이 온천에 행차하자 양국충은 안녹산이 필시 의심을 하여 소환을 명령하면 반드시 오지 않을 것이라고 상주하였다. 황제가 소환하자 안녹산은 양국충의 꾀를 알아차리고 곧바로 이르렀다. 황제는 그를 보고 크게 기뻐하였고 양귀비 역시 그를 총애하였다. 안녹산은 되돌아가서는 반란을 일으켰다. 그렇기 때문에 나타남에 이유가 있고 변화하여 누런 이무기가 될 것이라고 한 것이다.(玄

宗幸溫湯, 楊國忠奏, 祿山必疑, 命召則必不至. 帝召, 祿山知國忠之謀, 卽至, 帝見而大喜, 貴妃亦寵愛之. 還歸而反. 故云出見之有由, 化作黃虬.)

#《두시상주》: 이 단락은 친히 영추에 제사 지내는 것을 기록하였다. '백상' 이하는 '하마'라는 재앙의 징조를 빌려 '장규'의 위험을 걱정하였다.(此記親祀靈湫. 百祥以下, 借蝦蟆咎徵, 而患長虬之不測.)

37 飄飄(표표)ㅡ 빼어난 모양. '飄颻'로 된 판본도 있다. 靑瑣郎(청쇄랑)ㅡ 청쇄문靑瑣門의 낭관郎官. 여기서는 곽 급사를 가리킨다.

《두시상주》에 인용된 《궁궐부宮闕簿》 청쇄문은 남궁에 있다.(靑瑣門在南宮.)

《두시상주》에 인용된 《한구의漢舊儀》 급사황문시랑은 매일 저녁 청쇄문을 향하여 절을 하였는데 그를 일러 석랑이라고 하였다.(給事黃門侍郎, 每日暮, 向靑瑣門拜, 謂之夕郎.)

《두공부초당시전》 '청쇄랑'은 곽 급사를 가리킨다.(靑瑣郎, 指郭給事也.)

38 珊瑚鉤(산호구)ㅡ 산호로 된 고리.

《두시상주》에 인용된 조차공 주 '산호구'는 《찬이기》에 나오는데 숭악이 딸을 시집보내는 고사를 기록하여 "주 목왕이 술잔을 잡고 서왕모에게 노래하기를 청하자 산호 고리로 술잔을 두드리면서 노래를 불렀다."라고 하였다.(珊瑚鉤出纂異記, 載嵩嶽嫁女事云, 周穆王把酒請王母歌, 以珊瑚鉤擊杯而歌.)

[飄飄 2구] 곽 급사의 문장이 산호로 만든 고리처럼 귀하다고 칭찬한 것이다.

《두공부초당시전》 곽 급사는 문장을 잘 써서 귀하게 여길 만한 산호 고리 같다는 말이다.(謂郭給事之能爲文章, 如珊瑚鉤之可貴也.)

39 浩歌(호가)ㅡ 큰 소리로 노래하다. 淥水(녹수)ㅡ 곡 이름. 영추를 노래

한 곽 급사의 시를 가리킨다.

《두공부초당시전》 '녹수'는 바로 백아의 높은 산과 흐르는 물을 표현한 음악으로 후인들이 금곡으로 만들어 녹수라고 이름 붙인 것이다. (渌水, 卽伯牙高山流水之音, 後人製爲琴曲, 名曰渌水.)

40 淸絶(청절) – 노랫소리가 지극히 청아하다.

[浩歌 2구] 곽 급사의 노랫소리가 매우 맑아서 그 노래를 듣는 사람들이 모두 시름에 잠기게 된다는 말이다.

《두공부초당시전》 급사의 노래가 청아함이 뛰어나서 듣는 이들이 시름에 잠기게 되니 그것에 미칠 수 있는 것이 없다는 말이다.(言給事歌詩淸雅絶倫, 聽者愁, 莫能及也.)

#《두시상주》: 마지막 단락은 곽 급사의 시를 칭찬하여 서로 화답하는 뜻을 맺어 내었다. 노래를 듣고 슬픔을 일으키는 것은 시사에 느낌이 있기 때문이다.(末贊郭詩, 結出相和之意. 聽歌生愁, 有感時事也.)

##《두시상주》에 인용된 노원창 주: '10월'은 때가 아님을 기롱하였고, '해를 씻김'은 존귀함을 더럽힌 것을 풍자하였다. '낭풍', '광원' 구는 도에 지나친 놀이를 풍자한 것이다. 굴택을 고치고 옮겼다는 것은 변괴를 기록한 것이다. 예물을 바치고 소를 물에 잠그는 것은 기만을 밝힌 것이다. 두꺼비의 출현은 안녹산을 가리키는데, 지존이 웃었다는 것은 두꺼비를 총애한 것이요, 왕모가 거두어들이지 않았다는 것은 두꺼비를 놓아준 것이다. 생각해보건대 달 가운데 금 두꺼비가 있었으니 바로 달을 먹는 존재이다. 달은 음의 정기이니 양귀비가 그것을 닮았다. 안녹산은 금중에서 밤을 새웠으니 이는 두꺼비가 달을 먹은 것이 된다. 현종은 두꺼비로 여기고 그것에 소홀히 대하였으므로 마침내 긴 이무기가 되어 제어하기 어렵게 되었다. 영추를 노래한 이 시는 곡돌사신曲突徙薪의 뜻을 은근히 깨우쳐 준 것이다. (十月, 譏非時. 浴日, 諷褻尊. 閬風廣漠, 刺荒遊. 改移窟宅, 志變異.

獻幣沉牛, 明矯誣. 蝦蟆出, 指祿山也. 至尊笑, 寵蝦蟆也. 王母不收, 縱蝦蟆也. 考月中有金蝦蟆, 乃蝕月者. 月爲陰精, 貴妃似之. 祿山通宵禁中, 是爲蝦蟆蝕月. 玄宗以蝦蟆忽之, 竟爲長蚪難制. 靈湫一篇, 其曲突之諷歟.)

《독두심해》: 명황은 매번 양귀비와 온천으로 행차하였고 이리하여 영추에 머물며 경솔하게 제사 예식을 거행하였다. 이 시는 바로 그 일을 기록하여 풍자한 것이다. 온천에 목욕하는 것은 배필이고 영추에 행차한 것이 정문이다. 첫 8구는 목욕하는 온천에 들른 일을 드러내었다. '몽홍'은 음사淫邪한 기운이다. '궁전(이 꼭대기에 있음)'은 도에 지나친 제도이다. '반드시 10월'은 잦은 것이다. '구주를 내려다봄'은 과시하는 것이다. '음하' 2구는 온천을 그려냈다. '유시' 2구는 불경스러운 목욕을 비유하였다. 이 아래는 영추의 행차로 끌어 들어갔다. '낭풍', '광원'은 빌려서 비유함이 매우 적절하다. '사가괴'는 시상을 한번 돋우어 낸 것이고, '관속휴'는 한 번 멈춘 것이다. '초문' 이하는 영추의 유래 및 내려다보면서 친히 제사 지내는 일을 상세히 서술하였다. '용이 강력한 힘을 쓰는 것'에 대해 '들었다'고 말하였으니 사실 여부는 아직 알 수 없다는 말이다. '돌을 가르고' 동굴을 옮겨온 뒤로부터 그 땅에 마침내 연못이 있게 되었고 그 물은 요지에 견줄 수 있었다는 등은 영추의 내력을 기록한 것이다. '취기'에서 '막능주'까지는 제사에 임하여 기이한 일이 생긴 것을 서술하였다. 살펴보건대 전겸익의 《전주두시》에서는 《장안지》에 의거하여 다음과 같이 말하였다. "온천은 음반고성 동문 밖에 있었다. 정관 연간에 천자의 수레가 동문으로부터 (온천에) 들어오는데 물이 갑작스럽게 불어나고 돼지와 같은 형상을 한 동물이 상문(《두시전주》에는 '土門'으로 되어 있음)에 누워있는 것이 보였다. 유사에게 명하여 제사를 지내게 하니 그 동물이 일어나 북쪽으로 향하였다. 개원 8년에 천자의 수레가 남쪽으로부터 들어오는데 흑풍이 동북쪽에서부터 일어나서 갑자기 성에 가득 차니 따르는 관리들이 서로 찾지를 못하였다. 당시에 학사 왕한이 시(〈답객문答客問〉)를 지어 '용이 온천에서 뛰어오르자 구름이 점차 돌아오고, 용이 향전에서 날자 기운이 다시 돌아온다'고 하였다." 또 살펴보건대 《녹산사적》에서는 "임금이 안녹산에게 연회를 베풀자 안녹산이 술에 취하여 누워서 돼지 모습에 용 머리로 변하였는데 임금은 '저것은 돼지용일 뿐이니 할 수 있는 일이 없을 것이다'라고 하였다."라고 하였다. 이에 근거하면 연못 가운데 있는 것은 확실히 안녹산에 대한 징험인데 명황은 조금도 경계할 줄 모르고 마음대로 한가로이 즐기고 놀았으니 탄식할 만하다. 그런 까닭에 아래 글에서 또 두꺼비가 이무기로 되었다는 한 단락으로 변화시켜 깊이 그것을 걱정한 것이다. 고찰해 보건대 금 두꺼비는 바로 달 가운데서 달을 먹는 동물이고 달은 양귀비의 상이다. 안녹산이 금중에서 밤을 새우고 후궁이 홀로 어지러운데 임금은 양귀비를 총애하였기에 문책하지 않았다. 두꺼비는 또한 그와 같은 부류로 든 것일 것이다. 또 《통감》에 의하면, 양국충이 "안녹산이 반드시 반란을 일으킬 것이고 폐하께서 시험 삼아 그를 부르신다면 반드시 오지 않을 것입니다."라고 말하였는데 안녹산은 명을 듣고 즉시 이르러 주상이 더욱 그를 가까이하고 신뢰하였으며 이어서 범양으로 돌아가게 하였다. 안녹산은 놀라며 기뻐하면서 빠르게 말을 몰아 관을 빠져나갔고 다음 해에 마침내 반란을 일으켰다. 지금 시에 지존이 돌아보며 웃었고 왕모가 거두어들이지 않았다고 하였으니 생각건대 온 조정이 그를 거두어들이자고 논의하였을 텐데 양귀비가 몰래 주상을 권하여 그를 놓아 보내게 한 것일 것이다. 아, 말의 뜻이 은미하구나. 마지막에는 곽 급사에 화답하는 뜻을 곁들이고 있다. '녹수곡'은 반드시 곽 급사의 시만을 오로지 가리키는 것은 아니다. 두 사람이 영추를 화답하며 노래한 것에 한없는 깊은 시름이 남아 있음을 총괄하여 말한 것이다.(明皇每

與妃子行幸湯泉, 因而駐蹕靈湫, 褻擧祀禮, 詩乃紀其事以爲諷也. 浴湯泉是陪筆, 幸靈湫是正文. 起八句, 揭過浴泉事. 濛鴻, 淫氣也. 宮殿, 荒制也. 必十月, 頻也. 臨九州, 誇也. 陰火二句, 刻劃湯泉. 有時二句, 比擬褻浴. 此下引入幸靈湫. 閬風曠原, 借喩深切. 斯可怪, 一挑. 官屬休, 一頓. 初聞以下, 詳敘靈湫之由及臨觀親祀之事. 龍用壯而曰聞, 是與否未可知之詞也. 自擘石移窟之後, 其地遂有湫, 其水可比瑤池等, 此志湫之來歷也. 翠旗至莫能儔, 述臨祀之致異也. 按錢箋, 長安志, 湯泉在陰盤故城東門外. 貞觀中, 乘輿自東門入. 水暴漲, 見物狀如豬, 當上門臥. 命有司致祭, 其物起向北. 開元八年, 乘輿自南入. 黑風從東北起, 倏忽滿城, 從官相失. 時學士王翰作詞曰, 龍躍湯泉雲漸回, 龍飛香殿氣還來. 又按祿山事蹟, 帝宴祿山, 祿山醉臥, 化爲豬而龍頭. 帝曰, 渠豬龍耳, 無能爲也. 據此, 則湫中之物, 信爲祿山之應矣. 明皇毫不知警. 漫遑嬉遊, 可歎也. 故下文又幻出蝦蟆化虯一段以深惕之. 考金蝦蟆乃月中蝕月之物. 月, 貴妃象也. 祿山通宵禁中, 宮闈獨亂, 帝以寵貴妃故不問, 蝦蟆亦擧其類歟. 又通鑑, 國忠言, 祿山必反, 陛下試召之, 必不來. 祿山聞命卽至, 上益親信之. 續遣歸范陽. 祿山驚喜, 疾驅出關. 明年遂反. 今詩曰, 至尊顧笑, 王母不收. 意擧朝議收之, 妃陰勸上縱遣之歟. 噫, 詞旨微矣. 末帶和郭意. 滁水曲, 不必專指郭詩. 總言兩人和歌靈湫, 有無限深愁在.)

(이석형)

23. 後出塞五首

변새를 나가다 뒤 5수

男兒生世間　及壯當封侯[1]　戰伐有功業[2]　焉能守舊丘[3]
召募赴薊門[4]　軍動不可留[5]　千金裝馬鞭[6]　百金裝刀頭[7]
閭里送我行[8]　親戚擁道周[9]　斑白居上列[10]　酒酣進庶羞[11]
少年別有贈[12]　含笑看吳鉤[13]

남아가 세상에 나면
장성해서는 의당 공후에 봉해져야 하는 법.
전쟁에 나서면 공업을 세울 수 있으니
어찌 고향 땅만 지킬 수 있으리.
모병하여 계문으로 가는데
군대가 이동하니 머물 수가 없다.
천금으로 말채찍을 장식하고
백금으로 칼을 장식한다.
마을에서는 떠나는 나를 전송하느라
친척들이 길가에 가득 모였다.
노인이 상석에 앉아
술이 거나해지자 갖가지 음식을 권하고,
젊은 사람이 각별히 준 게 있어
웃음 머금고 보검을 바라본다.

이 작품은 〈전출새구수前出塞九首〉와 마찬가지로 한 종군자의 종군 과정을 묘사한 것이다. 시제의 '출새出塞'는 한대漢代 악부의 제명題名이다. 앞에 지은 '출새', 즉 〈전출새〉와 구분하기 위하여 '後' 자를 붙였다.

이 시의 저작 시기에 대해서는 여러 가지 이설이 있는데, 그중 안녹산이 반란을 일으킨 천보 14년 겨울에 지은 것이라는 구조오의 설과 안녹산이 장차 반란을 일으키려고 하던 시점에 지었다는 포기룡의 설 두 가지가 참고할 만하다. 이 시의 창작 의도는 저작 시기가 언제이냐에 따라 달라지는데, 구조오의 설을 따르면 안녹산의 군대에 종군하다가 탈출한 병사의 이야기를 통하여 안녹산의 실상을 폭로하고 아울러 안녹산이 반란한 이유가 당 현종이 변방에서 전쟁을 일으켜 공을 세우기를 좋아하여 변방의 장수를 총애한 탓임을 풍자하려는 것이고, 포기룡의 설을 따르면 현종의 잘못을 지적하면서 장차 반란의 조짐이 있다는 사실을 깨우쳐 주려는 것이다. 양륜도 포기룡의 편차를 따랐는데, 이 설이 더 타당한 것으로 보인다.

〈전출새〉와 비교하면 〈전출새〉는 가서한哥舒翰의 군대에 종군한 이야기이고, 이 시는 당시 계문에 있었던 안녹산의 군대에 종군한 이야기이다. 그리고 〈전출새〉가 매 수 8구의 단편인 데 비하여 이 시는 매 수의 편폭이 길다. 두 시의 표현 수법은 기본적으로 유사하나 〈전출새〉의 종군자가 강제로 징집된 자인데 반하여 이 시 속의 종군자는 자발적으로 모병에 응하였기에 인물의 형상과 심리 묘사에 차이를 보인다.

《보주두시》 (〈전출새〉와) 동일하게 건원 2년에 지었다.(同是乾元二年作.)

《두시상주》 포흠지가 말하기를 "천보 14년 3월 임오 날에 안녹산이 해, 거란과 황수에서 전투를 하여 패배시켰다. 그래서 〈후출새 5수〉가 있게 되었으니, 군대를 내어 어양으로 나아간 것이다."라고 하였다. 그러나 지금 마지막 수를 보면 이는 안녹산이 거병擧兵하여 반란을 일으킨 이후의 일을 말하였으니, 의당 천보 14년 겨울에 지은 것이다.(鮑欽止曰, 天寶十四載三月壬午, 安祿山及奚契丹戰於潢水, 敗之. 故有後出塞五首, 爲出兵赴漁陽也. 今按末章, 是說祿山擧兵犯順後事, 當是天寶十四載冬作.)

《독두심해》 안녹산이 변방에서의 전공으로 총애를 얻어서 자주 해와 거란을 침략하였고, 낙양에서 병사를 징발하고 상을 무겁게 하여 장사將士를 맞아들였다. 조정에서 그의 뜻을 따라주니 뜻이 더욱 교만해져서 마침내 반란을 결행하였다. 그래서 이 시를 지어 풍자한 것이니, 의당 안녹산이 장차 반란을 일으키려고 할 때이다. 제본諸本 중에서는 반란을 일으킨 후에 편재한 것도 있고 진주 시기에 편재한 것도 있는데, 이는 크게 잘못된 것이다.(安祿山以邊功市寵, 數侵掠奚契丹, 徵兵東都, 重賞要士. 朝廷狥之, 志益驕而反遂決矣. 故作是詩以諷. 當在祿山將叛之時. 諸本或編叛後, 或編秦州, 大謬.)

《두시경전》 이는 의당 안록산이 장차 반란을 일으키려고 할 때이다. 편년은 포기룡을 따른다.(此當在祿山將叛之時, 編從浦本.)

《독두시설》 《두시상주》에서 포흠지의 "천보 14년 3월 안녹산이 해와 거란을 황수에서 패배시켰다. 이 시는 어양으로 군대를 출동시켰던 일 때문에 지은 것이다."라는 설을 인용하면서도, 마지막 수가 안녹산이 반란을 일으킨 이후의 일인 것에 의거하면 의당 천보 14년 겨울에 지은 것이라고 하였다. 지금 보건대, 포흠지의 설은 본시 틀렸다. 그러나 반란 후에 지은 것이라고 한 것도 또한 여전히 옳지 않다. 제4수의 '주장위익숭' 등의 구에 의거하면, 이는 안녹산이 반란을 일으킬 뜻이 있음을 말한 것이다. 마지막 수의 '좌견유주기' 등의 구는 그가 반드시 반란을 일으킬 것이라고 곧바로 말하였다. 그러나 아직은 반란을 일으키지 않았을 때이다. 그래서 '중야간도귀' 등의 구가 있는 것이니, 만약 이미 반란을 일으켰다면 어찌 여전히 돌아올 수 있었겠는가? 이것에는 반드시 실제로 해당하는 사람이 있었을 것이다. 시는 아마도 그가 돌아와서 서술한 이야기에 따라 지은 것이리니, 앞 세 수는 다만 출병하여 군중에 있을 때의 일이고, 뒤 두 수는 안녹산이 반드시 반란을 일으킬 것임을 말한 것이다. 포흠지의 설은 다만 제1수에 의거하였고, 이 구조오의 주는 또 다만 마지막 수에 의거하였다. 그래서 모두 사실에 부합하지 않는다.(注引鮑欽止說, 天寶十四載三月, 安祿山敗奚契丹于潢水, 此詩爲出兵漁陽作. 據末章是祿山反後事, 當是十四載冬作. 今按鮑說固非, 然謂反後作, 亦尚未是. 據四章主將位益崇等句, 是言祿山有反志, 末章坐見幽州騎等句, 則直言其必反, 然尚在未反時也, 故有中夜間道歸等句, 若已反, 豈尙能歸耶. 此必實有其人, 詩蓋卽其歸所述而作, 前三章第言出兵在軍中事, 後二章則言祿山之必反也. 鮑說但據首章, 此注又但據末章, 故皆不合.)

주 석

1 及壯(급장) 구- 여러 주석가들이 반초班超와 양송梁竦의 고사를 암용暗用한 것으로 보았다.

《두공부초당시전》 후한의 반초는 자가 중승이고, 큰 뜻이 있었다. 늘상 관청에서 글쓰는 일로 품을 팔았는데, 붓을 던지고 탄식하며 "대장부가 마땅히 부개자와 장건을 본받아 이역에서 공을 세워 공후에 봉해져야지, 어찌 오래도록 붓과 벼루를 일삼겠는가?"라고 말하였다. 양송은 자가 안정이고, 그의 재주를 자부하였다. 일찍이 높은 곳에 올라 멀리 바라보며 탄식하면서 "대장부가 세상에 살면서, 살아서는 공후에 봉해져야 하고 죽어서는 묘당에서 음식을 받아야 할 것이니, 주현의 일은 사람을 헛되이 수고롭게 할 뿐이다."라고 말하였다.(後漢班超, 字仲升, 有大志, 常爲官傭書, 投筆, 歎曰, 大丈夫當效傅介子張騫, 立功異域, 以取封侯, 安能久事筆硯間乎. 梁竦, 字安定, 自負其才, 嘗登高遠望, 歎息言曰, 大丈夫居世, 生當封侯, 死當廟食, 州縣之職, 徒勞人耳.)

2 戰伐(전벌) 구 – 전쟁에 참여하면 공을 세울 수 있다는 뜻이다.

3 焉(언) – 어찌. 舊丘(구구) – 고향을 뜻한다.

《두시상주》에 인용된 《광아廣雅》 '구丘'는 '거주하는 곳'의 뜻이다.(丘, 居也.)

4 召募(소모) – 모병募兵하다. '召'가 '占'으로 된 판본도 있다. 薊門(계문) – 관關 이름. 연 지역에 있었다. 안녹산의 근거지를 뜻한다.

《두공부초당시전》 '계'는 …… 연 땅이다.(薊, …… 燕地.)

《두시상주》에 인용된 《일통지一統志》 예전의 계문관은 지금의 순천부 계주에 있었다.(古薊門關, 在今順天府薊州.)

5 軍動(군동) 구 – 군대가 이동하기 때문에 따라나서야 한다는 뜻이다.

6 馬鞭(마편) – 말채찍. '鞭'이 '鞍'으로 된 판본도 있다.

7 刀頭(도두) – 칼자루의 끝이라는 뜻으로 칼을 말한다. 칼자루의 고리를 뜻하여 무사히 돌아오라는 바람을 담은 것으로 볼 수도 있다.

《분문집주두공부시》에 인용된 왕수王洙 주 당나라의 자사가 관찰사를 뵐 때면, 모두 다 액건額巾을 쓰고 발에 가죽신을 신고 칼자루를 쥐고 길 왼편에서 기다려 맞이한다.(唐刺史見觀察使, 皆抹首, 靴足, 握刀頭, 候路左.)

《구가집주두시》 조차공 주 옛 주에서는 당나라의 자사가 관찰사를 뵐 때 모두 다 칼자루를 쥐고 길에서 맞이한 일을 인용하였는데,

비록 '도두' 자를 증명하였을지라도, 틀린 것이다. '도두'가 먼저 나온 것으로는 고악부에 '하당대두도何當大刀頭('언제나 돌아올까'라는 뜻인데, 이는 '鐶(칼자루의 고리)'의 음이 '還'과 같은 것을 이용한 표현이다)'가 있다.(舊注引, 唐刺史見觀察使, 皆握刀頭, 候路. 雖有證刀頭字, 非是. 若刀頭所先, 則古樂府有何當大刀頭矣.)

8 閭里(여리) – 마을을 뜻한다. '여'와 '이'는 원래 25가의 마을 단위 이름이다. '여'는 마을 골목 입구의 문을 뜻하기도 한다.

《두시상주》《주례周禮 · 대사도》에서 "5가가 '비'가 되고, 5비가 '여'가 된다."고 하였고, 《주례 · 수인》에서는 "5가가 '인'이 되고, 5인이 '이'가 된다."라고 하였으니, 여와 이는 모두 25가이다. '향'에서는 여라 하고, '수'에서는 이라 하는 것이다. 25가가 골목을 공유하고 골목 입구에 문이 있다.(大司徒, 五家爲比, 五比爲閭. 遂人, 五家爲隣, 五隣爲里, 閭里皆二十五家, 鄕謂之閭, 遂謂之里, 二十五家共有巷, 巷首有門.)

9 擁(옹) – 사람이 가득한 것을 뜻한다. 道周(도주) – 《시경》에 쓰인 말로서, '길가'를 뜻한다. 이 구절은 '친척들이 길가에서 나를 둘러싸다'라고 풀이할 수도 있다.

《시경 · 당풍唐風 · 유체지두有杕之杜》 '生於道周'의 모전毛傳 '주'는 '굽이'라는 뜻이다.(周, 曲也.)

《두공부초당시전》 '도주'는 '길가'이다.(道周, 道邊也.)

10 斑白(반백) – 머리가 희끗희끗한 노인. 上列(상렬) – 상석上席을 뜻한다.

11 酒酣(주감) – 술자리가 한창 무르익은 것을 뜻한다. 進庶羞(진서수) – 갖가지 음식을 들이다. 노인이 떠나는 이에게 음식을 권하는 것을 뜻한다.

12 贈(증) – 젊은이가 떠나는 이에게 증정한 것으로 아래 구의 오구吳鉤

이다.

13 吳鉤(오구) — 좋은 칼을 뜻한다. '구鉤'는 끝이 굽은 칼로, 도검의 일종이다.

《두시상주》에 인용된 《오월춘추吳越春秋》 합려가 금구를 만들라고 나라 안에 명하고서, "좋은 구를 만드는 자에게 일백 금을 상으로 주겠다."라고 영을 내렸다. 어떤 사람이 그의 두 아들을 죽이고 그 피를 쇠에 칠하여 두 자루 구를 만들어서 바쳤다. 왕이 "어떤 점이 뭇 구와 다르냐?"고 하였더니, 구를 만든 장인이 두 아들의 이름을 불렀다. "오홍아, 호계야. 내가 여기에 있다. 왕께서 너희의 신통함을 모르시는구나." 소리가 입에서 그치자, 두 자루 구가 모두 날아 아비의 가슴에 붙었다. 오왕이 크게 놀라서 일백 금을 상으로 주었다.(闔閭命於國中作金鉤, 令曰, 能爲善鉤者賞百金. 有人殺其二子, 以血釁金成二鉤, 獻之. 王曰, 何以異於衆鉤乎. 鉤師呼二子名, 吳鴻, 扈稽, 我在此, 王不知汝之神也. 聲絶於口, 兩鉤俱飛, 着父之胸. 吳王大驚, 賞之百金.)

《두시경전》에 인용된 《몽계필담夢溪筆談》 오구는 칼 이름이다. 칼날이 굽었다. 지금 남만이 이를 사용하는데, 갈당도라고 한다.(吳鉤, 刀名也, 刃彎. 今南蠻用之, 謂之葛黨刀.)

[斑白 4구]

《두시상주》 늙은이는 자애로워 오직 음식만을 주었고, 젊은이는 영준하고 용감하여 오구를 준 것이다. 웃음을 머금은 것은 받고서 마음에 들었기 때문이다.(老者慈愛, 唯贈飮食, 少年英銳, 故贈吳鉤. 含笑者, 受而會意也.)

#《두시상주》: 제1수에서는 모병에 응한 일을 기술하였다. 위 8구는 종군하는 자가 공을 세우게 되는 것을 기뻐하는 것이요, 아래 6구는 전송하는 자들이 그 행색을 북돋아 준 것이다.(首章, 記應募之事. 上八, 從軍者喜於立功. 下六, 送別者壯其行色.)

《두억》: 계문으로 소집한 자는 안녹산이다. 세력이 이미 강성하였으나 당초에는 아직 반역을 꾀하지 않았다. 그래서 장사 중에 공명에 뜻이 있는 자가 기꺼이 그를 따랐다. 그 장식의 성대함과 전송의 정성스러움이 〈전출새〉와는 크게 다르다. 젊은이가 증정한 것은 더욱 사람으로 하여금 기세를 더하게 한다.(召赴薊門者, 安祿山也, 勢已强盛, 而初尙未有反謀, 故壯士有志功名者, 樂于從之. 其裝飾之盛, 餞送之勤, 與前出塞大不同. 少年之贈, 尤使人增氣.)

《독두심해》: 제1수는 바로 신이 나는 표현을 하였다. 교만한 장수를 따라 간 것은 상을 받기 쉽고 공을 세우기 쉬웠기 때문인 것이다. 첫 4구는 전체 시의 머리 부분이다. '소모' 4구는 사건을 잘 제시하여 시의 내용을 생동감 있게 하였다. '여리' 구부터 끝까지는 보조적인 내용을 써서 주인공의 행색을 도드라지게 하였는데, 그 가운데에서 다시 노인과 젊은이 두 이야기로 나누어 더욱 주의하여 안배하였다. 마지막 부분의 표현은 신나고 즐거워하는 것으로 바로 '급장' 구와 짝을 이루어 조응한다. '부계문'에서 시 전체의 요지를 밝혔다.(首章, 便作高興語, 往從驕帥者, 賞易邀, 功易就也. 起四句, 作冒頭. 召募四句, 點事生色. 閭里至末, 以旁筆襯行色. 就中又分出老小兩層, 加意挑剔. 結語肉飛眉舞, 恰與及壯封侯對照. 赴薊門, 點眼.)

其二

朝進東門營[1] 暮上河陽橋[2] 落日照大旗[3] 馬鳴風蕭蕭[4]
平沙列萬幕[5] 部伍各見招[6] 中天懸明月 令嚴夜寂寥[7]
悲笳數聲動[8] 壯士慘不驕[9] 借問大將誰 恐是霍嫖姚[10]

아침에 동문의 군영에 나아가
저녁에 하양교를 오른다.
지는 해는 큰 기에 비치고
말이 울고 바람이 분다.
광활한 모래밭에는 만 개의 장막이 늘어서고
부대는 각기 점호를 받는다.
중천에는 밝은 달이 걸리고
군령이 엄하여 밤이 적막하다.
애절한 호가 소리 몇 가락 울리니
장사는 슬퍼져 씩씩하지 못하다.
묻노니 대장은 뉘신가?
아마도 곽 표요일 것이다.

주 석

1 東門營(동문영) – 동문의 군영軍營. 동문은 낙양의 성문으로, 《두시전주》 등에서는 상동문上東門으로 간주하였다.

《두공부초당시전》 동문은 낙양의 문이다.(東門, 洛都之門也.)

《두시전주》에 인용된 《태평환우기太平寰宇記》 상동문은 낙양의 동쪽 문이다. 후에 또 동양문으로 바뀌었다.(上東門, 洛陽東面門也. 後又改爲東陽門.)

2 河陽橋(하양교) – 하양의 부교浮橋. '하양'은 지명으로 낙양 부근이다.

《두공부초당시전》 '하양'은 낙수의 북쪽이다.(河陽, 洛水之陽也.)

《두시전주》에 인용된 《통전通典》 하양현은 예전의 맹진이다. 후에는 또 부평진이라 하였다. 강에 걸쳐진 부교가 있는데 바로 두예가 만든 것이다.(河陽縣, 古孟津, 後亦曰富平津. 跨河有浮橋, 卽杜預所建.)

[朝進 2구] 군영에 들어가서 길을 떠나게 되었음을 말한다.

3 大旗(대기)— 큰 기. 대장大將의 기를 뜻하는 것으로 볼 수도 있다.

4 蕭蕭(소소)— 바람 부는 소리. 여러 주석가들이 이 구의 표현을 《시경·소아小雅·거공車攻》의 '蕭蕭馬鳴'에 근거한 것으로 보았다. 그렇다면 원래는 말이 우는 소리를 뜻하는 '소소'를 이 시에서는 바람 소리로 바꾸어 변화를 준 것이다. 그러나 '소소'가 원래 바람 소리를 표현할 때도 쓰였기 때문에 주석가들의 그러한 견해를 따르지 않아도 무방하다.

《구가집주두시》 조차공 주 《시경·소아·거공》에서 "蕭蕭馬鳴, 悠悠旆旌.(히이잉 말 울음소리, 펄럭이는 깃발)"이라고 하였는데 시끄럽지 않음을 말한다. 형가의 노래에 "風蕭蕭兮易水寒.(바람이 불고 역수가 차다.)"이라는 말이 있다.(車攻, 蕭蕭馬鳴, 悠悠旆旌. 言不讙譁也. 荊軻歌, 風蕭蕭兮易水寒.)

5 平沙(평사)— 광활한 사막. 萬幕(만막)— 군막이 많음을 뜻한다.

6 部伍(부오)— '部'와 '伍'는 모두 군대의 편제 이름이다. 연용하여 편제된 부대를 뜻한다. 見招(견초)— 점호를 받는 것을 뜻한다.

《두공부시집집주》 '부오'는 '부곡행오('부', '곡', '행', '오'는 모두 군대의 편제 이름으로 군대를 뜻함)'이다.(部伍, 部曲行伍也.)

《구가집주두시》 조차공 주 사졸이 많으니 장수가 각기 군막을 두었다. 그래서 한 부대의 사졸들을 각기 불러서 확인하고 그 군막에 거처하게 한 것이다.(士卒之多, 則將各有幕, 故一部伍之人, 各相招認, 以居其幕也.)

7 令(영)— 군령軍令.

[中天 2구] 군령이 엄격함을 표현한 것이다.

《구가집주두시》 조차공 주 다만 달이 중천에 걸려 마침 이 밤을 비추고 있는 것이 보일 뿐, 사람이 떠들지 않으니 군령이 엄격함을 알 수 있다.(但見月懸中天, 正照此夜, 而人不囂譁, 則令嚴可知也.)

8 悲笳(비가) – 슬픈 소리를 내는 호가胡笳. 호각을 뜻하는 것으로 본 설도 있다.

《두시상주》에 인용된 《사기·악서樂書》 호가는 피리와 비슷한데, 구멍이 없다.(胡笳, 似觱篥而無孔.)

9 不驕(불교) – 사기가 떨어진 것을 뜻한다.

《두공부초당시전》 장사들이 호각 소리 울리는 것을 듣고 슬픈 마음에 낯빛을 잃고 각기 고향 생각을 하게 됨을 말한다.(謂壯士聞角聲之動, 慘然無顔色, 各起故鄉之思也.)

10 霍嫖姚(곽표요) – 한漢 무제武帝 때의 명장인 곽거병霍去病이다. 그는 표요교위嫖姚校尉를 지냈다. 이 시에서는 안녹산을 비유하는 것으로 보는 설이 있는데, 안녹산이 표기대장군驃騎大將軍의 작호를 얻었고 곽거병도 표기장군驃騎將軍을 지낸 사실을 고려할 때 일리가 있다. 그러나 《독두심해》는 모병하여 군대를 통솔한 장군을 가리킬 뿐, 안녹산을 가리키는 것은 아니라고 하였다. 또 양국충을 비유한 것으로 보는 설도 있다. '표요'는 《사기》의 안사고 주에 의하면 원래 '날쌘 모습(勁疾之貌)'을 뜻하는 말이다.

《두시상주》에 인용된 《사기》 곽거병이 말타기와 활쏘기를 잘하여 표요교위가 되었다.(霍去病善騎射, 爲剽姚校尉.)

《두시상주》에 인용된 《신당서》 안녹산이 입조하여 황제의 물음에 답한 것이 황제의 뜻에 맞아 표기대장군으로 승진하였다.(祿山入朝, 奏對稱旨, 進驃騎大將軍.)

《두시설》 '공시'라고 말한 것은 그 직책은 맞지만 그 사람인가는 확실하지 않다는 것이다.(曰恐是者, 其官則是, 其人未必是也.)

《두공부초당시전》 전한의 표요교위인 곽거병은 황후의 친척으로 높은 자리에 이르렀다. 그래서 그를 양국충에 견준 것이다. 그런데 양국충은 총애를 입어 승진하였으나, 교만하고 포악하여 사졸을 돌보지 않았기에 사졸이 모두 그를 미워하였다. 그래서 이 구가 있는 것이다.(前漢嫖姚校尉霍去病, 以椒房之親, 而致顯位, 故比之楊國忠. 然國忠以寵幸進, 驕暴不恤士卒, 士卒皆疾之, 故有是句.)

《두시상주》에 인용된 호자胡仔 설 《한서》의 '표요嫖姚'를 복건은 음이 '표요飄颻'라고 하였고, 안사고는 '표嫖'는 음이 '빈모절頻妙切'이고 '요姚'는 '양소절羊召切'이라 하였다. 순열의 《한기》에는 또 '표요票颻'로 되어 있다. 두시에서는 매번 평성으로 썼으니, 아마도 복건의 음을 취한 것이리라.(漢書, 嫖姚, 服虔音飄颻, 師古音嫖, 頻妙切, 姚, 羊召切. 荀悅漢紀, 又作票颻, 杜詩每作平聲用, 蓋取服音耳.)

#《두시상주》: 제2수에서는 도중의 일을 기록하였다. 위 6구는 저녁 무렵의 경치와 일이고, 아래 6구는 밤중의 정경이다. 위에서는 군용軍容의 정숙함을, 아래에서는 군령의 삼엄함을 말하였다. 장연의 주에서 "장군이 곽 표요와 같다는 것은 아마도 한 무제漢武帝가 변방을 개척함에 있어 곽거병이 멀리 나가 수고를 하였으므로 이에 기탁하여 말한 것이다."라고 하였다.(二章記在途之事. 上六薄暮景事, 下六夜中情景. 上言軍容之整肅, 下言軍令之森嚴. 張綖注, 將似霍嫖姚, 蓋武皇開邊, 而去病勤遠, 故託言之.)

《두억》: 호령의 엄격함이 또한 군중에서 늘상 있는 일임을 말하면서 삼엄하고 엄숙하게 묘사하였다. 앞 편에서 매우 쉽게 공후에 봉해질 것을 말할 때는 기백이 대단하였다. 그러나 여기에 이르러서는 슬퍼져 기운이 빠졌으니, 가락도 진실로 이와 같아야 하고 정경도 또한 절로 이와 같은 것이다.(言號令之嚴, 亦軍中常事, 而寫得森肅. 前篇唾手封侯, 何等氣魄, 而至此慘不驕, 節奏固應如是, 而情景亦自如是也.)

《독두심해》: 제2수는 군용을 그렸고, 또 군사를 징발한 지점을 분명히 지적하여 드러내었다. 앞뒤의 각 수가 모두 극히 신이 나 있기에 이렇게 단속해 두는 일이 없을 수가 없다. '군영에 나아갔다'는 말은 처음 대오에 나아갔다는 것이다. '다리에 올랐다'는 말은 처음 길에 올랐다는 것이다. 해가 져서 날이 저물려 하니 장막을 늘어놓고 군영을 안돈해야 한다. 처음 종군한 자는 규율에 익숙하지 않으니 부대에서 점호를 해야만 한다. 이때에는 아직 소란스럽다고 느껴졌지만, 밤이 되자 아무 소리도 없이 적막해졌다. '비가'는 고요한 군영의 표지이다. '대장'은 모병하여 군대를 통솔하는 장군을 가리킨다. 그래서 '표요'로 그를 견주었다. 대체로 곽거병은 일찍이 대장군 위청을 따라 변새에 갔던 자이다. 주석가들이 바로 안녹산을 가리킨다고 하였는데 잘못이다. 이때에는 아직 그곳에 이르지 않았다. 모름지기 층차가 정밀함을 보아야 하고 또 경물을 끼워 넣고 서사를 끼워 넣어 소리가 있고 형체가 있음도 보아야 한다.(二章, 寫軍容也, 又點清徵兵之地. 前後各章, 俱極有興, 不可無此約束. 進營, 始就伍也, 上橋, 初登程也. 落日將暮, 則須列幕安營. 初從軍者紀律未嫺, 故部伍須招. 此時尙覺囂擾, 入夜則寂無聲矣. 悲笳, 靜營之號也. 大將, 指召募統軍之將, 故以嫖姚比之. 蓋去病嘗從大將軍衛青出塞者. 注家卽指祿山, 非. 時尙未到也. 須看層次精密, 又須看夾景夾敍, 有聲有形.)

其三

古人重守邊[1] 今人重高勳[2] 豈知英雄主[3] 出師亘長雲[4]
六合已一家[5] 四夷且孤軍[6] 遂使貔虎士[7] 奮身勇所聞[8]
拔劍擊大荒[9] 日收胡馬羣[10] 誓開玄冥北[11] 持以奉吾君[12]

옛사람은 변방 수비를 중히 여겼는데
지금 사람은 공훈을 높이 세우기를 중히 여긴다.
어찌 알았으랴, 영걸하신 군주께서
긴 구름이 뻗어 있듯이 많은 군대를 내게 될 줄을.
온 세상이 이미 한 집안이 되었는데도
사방 오랑캐 지역에서 또 군대가 고립되었으니,
마침내 비와 호랑이 같은 용사로 하여금
몸을 떨쳐서 들은 것을 용감히 행하게 하였다.
검을 빼 들고 불모의 땅을 쳐서
매일 오랑캐 말의 무리를 거두며,
현명의 북쪽을 개척하여
우리 임금께 바치리라 맹세한다.

주 석

1 守邊(수변) – 변방을 지키다. 적이 침공하는 것을 막을 뿐 공격하지 않는 것을 뜻한다.

2 人(인) – '日'로 된 판본도 있다. 重高勳(중고훈) – 전쟁을 일으켜 큰 공훈을 세우는 것을 중하게 여긴다는 뜻이다.

[古人 2구] 당시의 풍조를 비판한 것이다.

《구가집주두시》 변방을 지키는 것을 중히 여기면 그 강역을 지키고 말 뿐이다. 공훈을 높이기를 중히 여기면 공을 추구하여 일을 만들게 된다. 이것이 후세에 병력을 소진하면서 전쟁을 함부로 일으키는 군주가 나오게 된 까닭이다.(重守邊, 保其疆埸而已, 重高勳, 則邀功而生事. 此, 後世所以有窮兵黷武之君也.)

3 英雄主(영웅주) – 영명하고 걸출한 군주.

4 出師(출사) – 군대를 내다. 출병出兵하다. 亘(긍) – 뻗치다. '끝이 없다'는 뜻으로 풀이하는 설도 있다. '直'으로 된 판본도 있다. 이 구는 출동한 군대가 긴 구름처럼 이어져 있다는 뜻으로 군대가 많음을 비유한다.

[豈知 2구] 영토를 넓히고자 전쟁을 일으키는 군주를 풍자하는 뜻이 담겨 있다.

《구가집주두시》 조차공 주 이 구는 큰일 벌이기를 좋아하고 공 세우기를 즐겨하는 군주를 기롱한 것이다. 지금 사람들이 큰 공훈 세우기를 중히 여기는 것은 영걸英傑한 군주가 많은 군대를 내어 긴 구름처럼 이어져서이니, 그렇다면 높은 공훈을 세우지 않을 수 없는 것이다.(此譏好大喜功之主也. 今人所以重高勳者, 以英雄之主出師之多, 連亘長雲, 則高勳不可不建矣.)

5 六合(육합) – 천지天地와 사방四方. 온 세상을 뜻한다. 이 구는 천하를 통일하여 한 집안이 되었다는 뜻이다.

6 四夷(사이) – 사방의 오랑캐. 孤軍(고군) – 외로운 군대. 원군援軍이 없음을 뜻한다. 이 구는 당나라가 무리하게 군대를 동원하여 오랑캐와 전쟁을 치르다가 군대가 적지에 갇히게 되었음을 말한다. 이와 달리 사방의 오랑캐가 지금 외로운 신세가 되었다는 뜻으로 풀이하는 설도 있다.

《두억》 '고군'이란 구원해 줄 이가 없음을 말한다.(孤軍, 謂無救援.)

7 貔虎士(비호사) – 비貔와 호랑이 같은 군사. 용사를 뜻한다. '비'는 범과 비슷하게 생긴 맹수이다. '貔'가 '螭'로 된 판본도 있다. '虎'가 '武'로 된 판본도 있다.

8 奮身(분신) – 몸을 떨치다. 勇所聞(용소문) – 귀로 들은 일에 대하여

용감하게 나서다. '소문所聞'은 황제가 사방의 오랑캐를 쳐부수려고 한다는 소식을 뜻한다. '소문'을 '일이 있다고 들은 곳'으로 풀이하기도 한다.

[六合 4구] 군주의 어리석은 생각으로 인하여 아래 사람들이 전공戰功을 세우기를 좋아하게 되었다는 사실을 지적한 것이다.

《구가집주두시》 조차공 주 온 세상이 한 집안이 되었으니 나라의 안팎에 환난이 없다. 안팎에 환난이 없으니 사방의 오랑캐의 군대가 고립되었다. 이와 같으니 군대를 쓸 필요가 없는데도 여전히 군대를 계속해서 쓰고 있다. 그래서 사졸들이 모두 떨쳐 일어나 용감하게 그가 일이 있다고 들은 곳으로 가게 되었다. 뒤에서 말한 바 '대황'과 '현명북'이 그곳이다.(六合一家, 則內外無患矣. 內外無患, 則四夷之軍孤. 如此, 則不必用兵, 而尙用之不已, 故士卒皆奮起勇往其所聞之處矣. 後所謂大荒玄冥北, 是也.)

《두공부초당시전》 좋은 장군은 오직 국경을 지키는 것을 힘쓸 뿐, 전공을 탐내지 않는다. 그러나 걸출한 군주인 한 무제나 당 태종 같은 이는 모두 먼 변방에서 무력을 남용하기를 좋아한다. 게다가 한때의 공 세우기를 좋아하는 신하들이 그 책모를 도와 이루어서 헛되이 구름 같이 많은 군대를 출동시킬 뿐, 온 천하가 이미 한 집안이니 굳이 외로운 군대를 끌고 깊이 사방 오랑캐 땅에 들어가 백성을 수고롭게 하고 무리를 움직일 필요가 없음을 전혀 생각지 않는다. 이는 뜻을 기탁하여 현종이 서북방에서 변방을 개척하다가 끝내 안녹산이 몰래 군대를 출동시키게 한 것을 풍자한 것이다.(良將惟務守邊疆, 不貪戰功, 英雄之主, 如漢武帝唐太宗, 皆好窮兵於遠, 加以一時喜功之臣, 佐成其謀, 徒以出師, 如雲之盛, 殊不念六合已一家, 何必提孤軍, 深入四夷, 而勞民動衆哉. 此, 託意以諷玄宗開邊於西北, 終致祿山之竊發也.)

《두시경전》 목숨을 가벼이 여기고 용맹을 파는 자가 모두 주상의 뜻을 듣고 일어난 것을 말한다.(言輕生賈勇者, 皆聞主上意旨而起.)

9 大荒(대황) – 먼 변방.

《구가집주두시》 조차공 주 대황은 서쪽 변방이 모두 해당한다.(大荒, 西邊之地, 皆是矣.)

10 日收(일수) 구– 날마다 오랑캐를 쳐서 군마를 빼앗아 온다는 뜻이다. 이 구를 안녹산의 일과 관련이 있는 것으로 보는 설도 있다.

《두시경전》에 인용된 《녹산사적祿山事蹟》 안녹산이 화를 일으킬 마음을 품고서 선우 호진의 큰 말을 길러 전투를 익히게 한 것이 수만 필이었다.(祿山包藏禍心, 畜單于護眞大馬, 習戰鬪者數萬匹.)

11 開(개) – 개척하다. 玄冥北(현명북) – 현명玄冥이 주재하는 북쪽 땅. '현명'은 북방의 신의 이름이다.

《구가집주두시》 조차공 주 현명은 북방의 신이다. '현명북'은 바로 현명이 주재하는 북쪽 땅이다.(玄冥, 北方之神. 玄冥北, 則玄冥所主之北地也.)

《두시경전》에 인용된 《회남자》 북방은 물이다. 그곳의 황제는 전욱이고, 그 보좌하는 이는 현명이다.(北方, 水也. 其帝顓頊, 其佐玄冥.)

12 持以(지이) 구– '영토를 개척하여 그것을 우리 군주에게 바치다'라는 뜻이다.

#《두시상주》: 제3수는 변방의 장수가 일을 일으키는 것을 기롱한 것이다. 네 구마다 뜻을 바꾸고 있다. 당시 조정은 큰일 벌이기를 좋아하여 변방의 장수들이 공을 추구하게 만들었다. '기지'구, '수사'구는 바로 윗사람이 행하면 아래에서 본받는 것을 보여준다. 마지막에서는 영토를 개척하여 군주의 뜻을 받들려는 것을 말하였다. 대체로 군주의 나쁜 짓에 영합하면 화가 백성에게 미치게 된다.(三章, 譏邊將生事也. 各四句轉意. 當時朝廷好大, 以致邊將邀功, 曰豈知, 曰遂使, 正見上行下效也. 末言闢土奉君, 蓋逢君之惡, 禍及生民矣.)

《두억》: “지금 사람이 공훈을 높이 세우기를 중히 여긴다.”라는 것은 바로 곽 표요 등의 일이다. 영걸한 군주가 한번 이런 사람을 얻게 되면 군대를 긴 구름보다 더 뻗칠 정도로 많이 출동시켜 숱한 생명이 죽게 된다는 것을 어찌 알리오? 온 세상이 한 집안이 되고 사방의 오랑캐가 외로운 군대가 되었으니 바로 태평세월을 편안히 누릴 수 있다. 그런데 공을 세우기를 좋아하는 자들은 이런 소식을 듣고서 우리 쪽에 믿을 게 있고 저쪽에 이용할 기회가 있다 생각하니, 용사가 몸을 떨치고 용맹을 팔아 칼을 뽑아 깊이 들어가서 오랑캐의 말을 거두어들이고 북방을 개척하여 자기 군주의 뜻을 받들어 공으로 삼는다. 이는 바로 제1수의 “전쟁에 나서면 공업이 있게 된다.”라는 뜻이다.(今人重高勳, 正霍嫖姚等事. 豈知英雄主, 一得此人, 則出師之盛, 亘於長雲, 多少生命殉之哉. 六合一家, 四夷孤軍, 正可安享太平, 而喜功者聞之, 謂我有恃, 彼有可乘. 貔虎之士, 奮身賈勇, 拔劍深入, 收胡馬, 開玄冥, 奉吾君以爲功, 此正首章戰伐有功業者也.)

《독두심해》: 제3수는 적을 치는 일에 대해 그렸다. 순전히 가상하여 지은 내용을 사용하였는데, 풍자를 담은 뜻이 바로 여기에서 드러난다. 그 장법이 더욱 굴곡이 있고 기이하니, ‘수비를 중히 여긴다’는 말로 ‘공훈을 중히 여기는 것’을 돋우어 드러내어, 주지가 다 제시되었다. ‘영걸한 군주’가 ‘군대를 내는 것’은 본래 바로 이어지는 내용인데, 도리어 ‘기지’ 두 자를 썼기에 드러내 놓고 질책한 흔적이 없다. ‘긍장운’ 이하는 ‘수사’ 구와 이어져야 마땅한데, 도리어 ‘육합’ 두 구를 써서 그 안에서 맥락을 차단하였으니, 또 은연중에 이 일이 쓸데없는 것임을 보여준다. 그리고 ‘고군’ 아래에서는 ‘공훈을 높이 세우는 것을 중시하는’ 취지를 써서 한 번 시상을 전환하면서 단락을 지어야 할 듯한데, 도리어 또 ‘수사’ 한 구를 바로 이었으니, 이 가운데 또 무한한 함축이 있다. 두보의 재능으로 어찌 문맥이 순통한 글을 짓는 것이 어려워 이렇게 끊어졌다 이어졌다 하는 글을 지었겠는가? 그 삼키고 토하는 묘한 작용은 단지 심사를 이해하는 사람에게만 말할 수 있다. 뒤에서는 싸워 개선하는 말을 하는데, 군주가 실제로 이를 유도한 것이다. 묘하게 '봉오군' 세 자로 이끌어 내었지만, 묘하게 또 드러나지 않는다.(三章, 寫到擊敵之事, 純用虛構, 而含諷之旨, 卽從此露出. 其章法更屈曲出奇. 以重守剔重勳, 主意提破矣. 英主出師, 本是直接. 卻下豈知二字, 便無顯斥之痕. 亘長雲下, 宜接遂使句矣, 卻用六合兩句, 橫鯁在中, 又隱然見此擧之多事. 且孤軍下, 似宜用重高勳意作一轉落, 卻又直接遂使一句, 此中又有無限含蓄. 以少陵之才, 豈難作條暢文字, 而斷續如此. 其呑吐妙用, 但可與會心人道. 後作敵凱語, 君實導之也. 妙以奉吾君三字逗出, 妙又不露.)

其四

獻凱日繼踵[1] 兩蕃靜無虞[2] 漁陽豪俠地[3] 擊鼓吹笙竽[4]
雲帆轉遼海[5] 粳稻來東吳[6] 越羅與楚練[7] 照耀輿臺軀[8]
主將位益崇[9] 氣驕凌上都[10] 邊人不敢議[11] 議者死路衢[12]

개가를 바치는 것 나날이 이어지더니
두 오랑캐는 조용하여 근심이 없어졌다.
어양은 호협의 땅
북을 치고 생황과 피리를 분다.
구름 같은 돛이 요해로 수송하니
쌀이 동오에서 오고,

월나라 비단과 초나라 비단은
종의 몸에 빛난다.
주장은 지위가 더욱 높아지니
의기가 교만해져 장안을 능멸한다.
변방의 사람들 감히 말하지 못하니
말하는 자는 길거리에서 죽게 된다.

주 석

1 獻凱(헌개) – 개가凱歌를 바치다. 군대가 전쟁에서 이겨 개가를 부르는 것을 말한다. 繼踵(계종) – 발뒤꿈치를 잇다. 여기서는 승리를 알리는 사자使者가 계속하여 이르는 것을 뜻한다.

《주례·춘관春官·대사악大司樂》 왕의 군대가 크게 승리를 바치면 개선凱旋 음악을 연주하게 한다.(王師大獻, 則令奏凱樂.)

2 兩蕃(양번) – 두 오랑캐. 두 변방으로 풀이할 수도 있다. 해와 거란을 가리킨다. 無虞(무우) – 근심거리가 없다. 이 구는 두 오랑캐를 이겨 변방이 안정되었음을 뜻한다.

《두공부시집집주》에 인용된 《구당서·북적전北狄傳》 해와 거란, 두 나라는 언제나 서로 표리表裏를 이루어 양번이라 불렀다.(奚與契丹, 兩國常遞爲表裏, 號曰兩蕃.)

《두시언해》 '양번'은 토번과 해, 거란을 가리킨다.(兩蕃, 指吐蕃與奚契丹.)

《두공부초당시전》 서쪽과 북쪽의 변방이 편안해졌음을 말한다.(謂西北蕃已寧矣.)

[獻凱 2구] 안녹산이 해와 거란을 격파한 일과 관련이 있다.

《두공부시집집주》 《신당서 · 안녹산전》에서 "…… 천보 4년에 해와 거란이 공주를 죽이고 반란을 일으켰다. …… 8월에 (안녹산이) 거란의 여러 추장을 속여서 크게 술자리를 마련하여 독을 타고는, 취하자 그 머리를 모두 베고, 먼저 수천 명을 죽여 그 귀를 궐 아래에 바쳤다." 라고 하였다. 《자치통감》에서 "천보 13년 4월에 안녹산이 해와 거란을 격파하고 그 왕 이일월을 포로로 잡았다고 상주하였다. 14년 4월에 해와 거란을 격파하였다고 상주하였다."라고 하였다.(新書, 安祿山傳 …… 四載, 奚契丹殺公主以叛 …… 八月, 紿契丹諸酋, 大置酒毒焉. 既酣, 悉斬其首, 先殺數千人, 獻馘闕下. 通鑑, 十三載四月, 祿山奏擊破奚契丹, 虜其王李日越, 十四載四月, 奏破奚契丹.)

3 漁陽(어양) — 지명. 당나라 때에 유주에 해당한다. 당시 안녹산의 근거지였다. 豪俠地(호협지) — 호협한 기풍이 있는 곳.

《두시상주》에 인용된 《한서 · 지리지》 어양군은 진나라 때에 설치하였고, 유주에 속한다.(漁陽郡, 秦置, 屬幽州.)

《두공부초당시전》 '호협'이란 힘으로 남의 위급함을 돕는 것을 말한다.(豪俠, 謂能以力俠助人急難也.)

4 笙竽(생우) — '생'과 '우'는 둘 다 악기 이름이다. 이 구는 군중에서 악기를 연주하며 잔치하는 것을 말한다. 이와 달리 군대가 개선할 때의 상황을 묘사한 것으로 보는 설, 백성들이 즐기는 모습을 묘사한 것으로 보는 설 등도 있다.

《두공부초당시전》 ('격고'구는) 개선할 때 음악을 연주하는 것을 말한다.(言凱旋奏樂也.)

《구가집주두시》 조차공 주 어양에서 생황과 피리를 부는 것은 바로 연계 지역이 또한 회복되어 백성들이 즐기는 것이다.(漁陽吹笙竽, 則燕薊亦復而民樂也.)

5 雲帆(운범) — 높은 돛. 배를 뜻한다. 轉(전) — 옮기다. 여기서는 물자를 수송해 가는 것을 의미한다. 遼海(요해) — 요동遼東 지역을 뜻한다.

이 구는 물자가 요해로 수송되어 옴을 말한다.

《두공부초당시전》 요해는 바로 요동군이다.(遼海, 乃遼東郡.)

《두시상주》 요동은 남쪽으로 발해에 임하고 있어서, 요해라고 한다.(遼東, 南臨渤海, 故曰遼海.)

6 粳稻(갱도)－ 벼. 쌀을 뜻한다. 東吳(동오)－ 지금의 강소성江蘇省 일대를 가리킨다.

[雲帆 2구]

《두시언해》 이 구절은 동오의 쌀을 옮겨 보내어 어양의 안녹산의 군대에 공급하는 것을 말한다.(此言轉輸東吳之米, 以供漁陽祿山之兵也.)

《독두심해》에 인용된 수학령 주 수당 때에 양주에 창고를 두어 해운을 대비하였다. 안녹산이 범양을 진수鎭守할 때 강회에서 실어 나르니 천 리에 끊이지 않았다.(隋唐時於揚州置倉, 以備海運. 祿山鎭范陽, 江淮輓輸, 千里不絶.)

7 越羅(월라) 구－ '나羅'와 '연練'은 모두 좋은 비단의 일종이며, '월越'과 '초楚'는 그것의 생산지이다.

8 照耀(조요)－ 빛나다. 비치다. 輿臺(여대)－ 하인. 《좌전 · 소공昭公7년》의 기록에 의하면 '여'와 '대'는 모두 비천한 사람의 등급을 나타내는 명칭이다. 여기서는 안녹산의 수하 병졸을 뜻한다. 軀(구)－ 몸.

《좌전 · 소공7년》 왕의 신臣이 공이고, 공의 신이 대부이고, 대부의 신이 사이고, 사의 신이 조이고, 조의 신이 여이고, 여의 신이 예이고, 예의 신이 요이고, 요의 신이 복이고, 복의 신이 대이다.(王臣公, 公臣大夫, 大夫臣士, 士臣皁, 皁臣輿, 輿臣隷, 隷臣僚, 僚臣僕, 僕臣臺.)

《두시상주》 《신당서》에서 "천보 13년에 안녹산이 앞뒤로 공을 세운 장사들을 아뢰고, 세 품계를 뛰어넘은 벼슬을 청하였다. 이에 뛰어넘어 장군이 된 자가 500여 명이고, 중랑장이 된 자가 3,000여 명이었다.”라고 하였으니, 이른바 ‘종의 몸에 빛난다’는 것이다.(唐書, 天寶十三載, 祿山奏前後立功將士, 請超三資告身. 於是超授將軍五百餘人, 中郎將三千餘人. 所謂照曜輿臺也.)

[越羅 2구]

《두시언해》 이 구절은 전사들에게 상을 주어, 비록 여대 같은 천한 종들도 모두 아름다운 옷을 걸쳤음을 말한다.(此言賞賜戰士, 雖輿臺僕隷之賤, 皆被美服也.)

9 主將(주장)－ 안녹산을 가리킨다. 位益崇(위익숭)－ 지위가 더욱 높아지다.

《두시상주》《신당서》에서 “천보 7년에 안녹산은 철권을 하사받고, 유성군공에 봉해졌다. 9년에 동평군왕으로 승진하였다.”라고 하였으니, 이른바 ‘주장은 지위가 더욱 높아진다’는 것이다.(唐書, 天寶七載, 祿山賜鐵劵, 封柳城郡公. 九載, 進爵東平郡王. 所謂主將益崇也.)

10 凌(능)－ 능멸하다. 上都(상도)－ 장안을 가리킨다.

《두억》 ‘상도’는 경사를 말한다.(上都, 謂京師.)

11 邊人(변인)－ 변방 사람. 안녹산의 관할 구역에 있는 사람을 뜻한다. 議(의)－ 의론하다. 이 구는 안녹산의 잘못을 누구도 공공연하게 지적하지 못하는 것을 뜻한다.

12 死(사)－ 죽다. 살해되다. 路衢(노구)－ 큰길을 뜻한다.

[邊人 2구]

《두시상주》에 인용된 《녹산사적祿山事蹟》 안녹산이 범양으로 돌아간 뒤에 반역의 뜻과 행동을 점차 드러내었다. 사자가 이르면 병이라 칭하며 맞이하지 않고 준비를 한 후에야 만났는데, 다시는 신하의 예를 하지 않았다. 안녹산이 반역할 것이라고 말하는 자가 있으면 황제가 반드시 결박하여 그에게 보냈는데, 길 위의 사람들이 눈짓만 할 뿐 감히 말하는 자가 없었다.(祿山自歸范陽, 逆節漸露, 使者至,

稱疾不迎, 成備而後見之, 無復臣禮. 或言祿山叛者, 帝必縛送之, 道路相目, 無敢言者.)

#《두시상주》: 제4수에서는 주장主將이 교만하여 모반하려함을 풍자하였다. 여덟 구에서 한 번 끊어진다. 변방에 경계할 일이 없어져 마음대로 즐기며, 상을 함부로 주어 군인들의 마음을 충족시키고 형벌을 엄하게 하여 여러 사람들의 입을 막게 되자, 안녹산의 반역의 형세가 이루어졌던 것이다.(四章, 刺將驕欲叛也. 在八句一斷. 當邊庭無警, 恣意歡娛, 濫賞以給軍心, 而嚴刑以箝衆口, 祿山叛逆之勢成矣.)

《두억》: '개가를 바치는 것이 이어진다'는 것은 바로 윗 수의 '우리 임금을 받든다'는 말을 이어받은 것이다. 도운 자가 많았지만 공은 또 주장主將에게 모두 돌아가서 지위가 더욱 높아지고 의기가 더욱 교만해졌던 것이다. …… '장안을 능멸한다'는 것은 군주를 아랑곳하지 않는 마음이 있음을 밝힌 것이다. 길 가는 사람이 이를 알아도 감히 논의하지 못하고, 논의하면 큰길에서 베어 공개적으로 그 죄를 다스렸으니 거리낌이 없기가 극도에 이른 것이다. 그러나 궁궐이 만 리나 떨어져 있으니 어떻게 알겠는가?(獻凱繼踵, 正頂上章奉吾君來. 輔助者衆, 功又總歸主將, 而位益崇, 氣益驕, …… 凌上都, 明有無君之心矣. 行道之人知之而不敢議, 議則斬于通衢, 明正其罪, 無忌憚之極也. 君門萬里, 何從知哉.)

《독두심해》: 제4수는 거짓으로 공을 훔치고 은택을 함부로 베푼 것에 대해 말하였다. 그 김에 교만하여 능멸하는 기세를 드러내었는데, 근심하는 마음이 이미 이 부분에서 드러난다. 조정에서 그를 곡진하게 받들었는데, 그 갖가지 양태를 다 형용하였다. 그의 요행은 바로 우리의 어리석음 때문이다. 시를 맺는 말이 특히 묘하다. 본래는 당시 실제로 있었던 일인데, 작자는 하고자 하는 말이 너무 노출되었다고 생각하여 도리어 이 일을 빌려 시상을 줄여 마무리하였다. 아래 수에서 도망친 군사에게 가탁한 말을 살펴보면, 여기에서는 붓을 마음대로 놀릴 수 없었다는 사실을 알 수 있다.(四章, 說到冒功濫恩, 隨手逗出驕凌之勢, 殷憂已見於此. 朝廷曲意奉之, 形容盡態. 彼之倖, 正我之愚也. 結語尤妙. 本是當時實事, 而作者卻以所言太露, 借此縮住. 觀下章假詞於逃軍, 知此處不得縱筆矣.)

其五

我本良家子[1] 出師亦多門[2] 將驕益愁思 身貴不足論

躍馬二十年[3] 恐孤明主恩[4] 坐見幽州騎[5] 長驅河洛昏[6]

中夜間道歸[7] 故里但空村[8] 惡名幸脫免[9] 窮老無兒孫[10]

나는 본래 양가의 자제
출병한 것 또한 여러 군문이었다.
장수가 교만하여 근심이 더해지니
몸이 귀해지는 것은 논할 것도 없다.
말을 달린 지 이십 년
현명한 군주의 은혜를 저버릴까 두렵다.
유주의 기병이
길게 달려가 낙양을 먼지로 어둑하게 할 것을 곧 보게 될 터.
한밤중에 사잇길로 돌아오니
고향은 다만 텅 빈 마을이다.
악한 이름은 다행스레 벗어났으나
다 늙은 몸에 자손도 없게 되었다.

주 석

1 良家子(양가자) — 양가의 자제.

《두공부초당시전》 한나라의 조충국이 여섯 군의 양가의 자제로써 선령을 정벌하였다. 현종이 변방을 개척하면서 장정을 뽑아서 갔기 때문에 '양가자'라 한 것이다.(漢趙充國, 以六郡良家子, 伐先零, 而玄宗開邊, 抽丁以行, 故云良家子也.)

2 出師(출사) — 출병하다. 多門(다문) — 여러 장군에게 소속되었음을 말한다. '門'은 장군의 군문軍門을 뜻한다. 《두시상주》 등에 의하면 이는 《좌전 · 성공成公16년》의 '晉政多門(진나라 정령政令이 여러 가문에서 나오다)'에서 유래한 표현이다. '다문'을 '여러 차례'라고 풀이하는 설도 있으나 합당하지 않다. 이 구는 여러 장군에 소속되어 출병 경험이 많다 보니 장군의 의도가 옳은지 그른지 분별할 수 있는 능력이 있다는 사실을 암시한다.

《독두시설》 '我本良家子, 出師亦多門'에 대하여, 구조오의 주는 《좌전》의 '晉政多門'을 인용하였다. 지금 살펴보건대 이는 다만 글자를 인증引證한 것일 뿐, 시의 뜻이 아니다. 시의 뜻으로서 '다문'은 지금 사람들이 '多次(여러 차례)'라고 말하는 것과 같다. 그래서 아래에서 '약마이십년'이라고 한 것이다. 만약 다만 이번에만 출병하였다고 한다면, 안녹산이 해와 거란을 격파한 것이 이해 3월이었으니, 혹 모병한 것이 이 앞의 일이라 할지라도 20년이라고 말할 수는 없는 것이다.(我本良家子, 出師亦多門. 注引左傳, 晉政多門. 今按, 此第引證字面, 非詩意也. 詩意多門, 猶今人言多次, 故下云, 躍馬二十年. 若但此次出師, 則祿山破奚契丹, 在此年三月, 卽或召募在先, 亦不得言二十年也.)

[將驕 2구] 주장主將인 안녹산이 교만해지니 모반이라도 할까 더욱 근심이 되고, 따라서 자기의 일신이 부귀해지는 일은 논의할 것도 못

된다는 뜻이다.

3 躍馬(약마) – 말을 달리다. 말을 뛰게 하다. 이 구는 오랜 기간 군대에 있었음을 뜻한다. 채택蔡澤의 말을 전고典故로 사용하여 신분이 귀한 것을 뜻한다는 설도 있으나, 옳지 않다.

《구가집주두시》 채택이 말하기를 "(출세하여) 말을 뛰게 하여 질주하게 된다면, 사십삼 년도 충분하다."라고 하였다.(蔡澤曰, 躍馬疾驅, 四十三年, 足矣.)

4 孤(고) – 저버리다. 明主恩(명주은) – 현명한 군주의 은혜.

[躍馬 2구] 종군자從軍者를 두고 한 말이다. 양국충을 비난한 것으로 보는 설도 있으나, 옳지 않다.

《두공부초당시전》 (채택이 말했던) "말 달리고 고기 먹는다."라는 것은 그 신분의 귀함을 말한다. 양국충이 백성을 몰아 변방을 개척하여 구차하게 부귀를 얻었으니 이는 현명한 군주의 은혜를 저버린 것이다.(躍馬食肉, 言其貴也. 國忠驅民開邊, 苟取富貴, 寔辜明主之恩也.)

5 坐見(좌견) – 곧 보게 되다. 幽州騎(유주기) – 안녹산의 군대를 가리킨다. '유주'는 안녹산의 본거지로, 제4수의 '어양漁陽'이 바로 여기에 속한다.

《독두심해》 '坐見'은 '行見(곧 보게 되다)'이나 '立見(곧 보게 되다)'이라는 말과 같으니, 그 시기가 이미 임박하였다는 것이다.(坐見, 猶言行見立見, 其期已迫也.)

6 長驅(장구) – 길게 몰아가다. 군대가 멀리 가는 것을 뜻한다. 河洛(하락) – 황하와 낙수洛水. 낙양 일대를 가리킨다. 昏(혼) – 병마兵馬가 일으킨 먼지가 자욱하여 어둡게 보이는 것을 뜻한다.

《독두심해》 '하락'은 바로 동도 지역이다. 유주로부터 장안에 도달하고자 하면 반드시 하락을 먼저 거쳐야 한다.(河洛卽東都之地. 自幽州

抵長安, 必先河洛.)

《두시상주》 하남 낙양은 바로 동도 지역이다.(河南洛陽, 卽東都之地.)

[坐見 2구] 당시 안녹산이 반란을 일으켜서 낙양을 함락시킬 것을 예견한 말이다.

《두시전주》에 인용된 《녹산사적祿山事蹟》 11월 9일에 안녹산이 반군을 일으키고 …… 기병과 보병 십만을 아울러 북을 울리며 행군하여 서쪽으로 갔다.(十一月九日, 祿山起反兵, …… 馬步相兼十萬, 鼓行而西.)

《두시상주》에 인용된 《신당서》 천보 14년에 안녹산이 하북의 여러 군을 함락시키고 12월에 동경을 함락시켰다.(天寶十四載, 安祿山陷河北諸郡, 十二月陷東京.)

7 中夜(중야)— 한밤중. 間道歸(간도귀)— 샛길로 돌아오다. 남들의 시선을 피해서 몰래 돌아온 것을 뜻한다.

8 故里(고리) 구— 고향 마을의 주민들이 모두 난을 피해 떠나갔음을 말한다.

《두공부초당시전》 주민들이 모두 오랑캐를 피해 떠나갔음을 말한다.(謂居民盡避胡也.)

9 脫免(탈면)— 벗어나다. 면하다. 이 구는 반란군에 가담했다는 악명은 다행히 피할 수 있었다는 뜻이다.

10 窮老(궁로)— 다 늙다. 또는 '곤궁하고 늙다'의 뜻이다. 이 구로 보아 도망쳐 온 자의 처자가 살해되었을 가능성이 있다.

《구가집주두시》에 인용된 소식蘇軾의 설 이 시를 자세히 음미해보니, 아마도 안녹산이 반란을 일으켰을 때에 그 장수 중에 탈출하여 고향으로 돌아가서 안녹산이 그 처자를 다 죽인 자가 있었을 것이다. 그 이름을 드러내지 않았으니 정말로 안타깝다.(詳味此詩, 蓋祿山反

時, 其將有脫身歸國, 而祿山盡殺其妻子者, 不出姓名, 亦可恨也.)

[惡名 2구] 양국충의 일로 보는 설도 있으나, 옳지 않다.

《두공부초당시전》 양국충이 비록 안녹산과 달리 반역했다는 오명을 받지 않았지만, 자손이 반군에 의해 주살된 것은 어쩔 수 없었음을 말한 것이니, 하늘과 사람 사이의 응보의 이치를 가히 경계하지 않을 수 있겠는가?(言國忠雖異於祿山, 不負叛逆之名, 奈何子孫亦爲賊所屠滅, 天人報應之理, 可不戒哉.)

#《두시상주》: 마지막 수에서는 군사 중에서 반역에 따르지 않은 자를 칭찬한 것이다. 이 수는 6구에서 나뉜다. 양가의 자제이니 자못 충의를 알았다. 그래서 몸이 귀해지는 것을 도모하지 않고, 오직 나라를 배반할까 두려워하였다. 군적에서 도망쳐 돌아와 처자식이 살육당하기까지 하였으니, 진실로 군주의 은혜를 저버리지 않을 수 있었던 것이다.(末章, 褒軍士之不從逆者. 此在六句分截. 良家子, 則頗知忠義矣, 故不圖身貴, 唯恐負國. 至於逃籍而歸, 妻孥被戮, 眞能不孤主恩矣.)

《두억》: 바로 제1수와 서로 수미를 이룬다. 첫 수는 나아감을 위주로 하니, 뜻이 공을 세움에 있다. 마지막 수는 물러남을 위주로 하니 뜻이 절조를 세움에 있다. 이들은 나라에 있어서 둘 다 없어서는 안 되는 것이다. 그런데 공의 뜻은 뒤의 사람의 경우에 중점을 두었다.(正與第一章相爲首尾, 首章主進, 志在立功, 尾章主退, 志在立節. 此國家兩不可無, 而公意歸重於後一人也.)

《독두심해》: 마지막 수에서 어떻게 붓을 댈 것인가? 글의 흐름이 여기에 이르면 안녹산이 곧 반란을 일으키리라는 사실을 다 말하지 않을 수 없다. 그러나 앞 수에서 "말하는 자는 길거리에서 죽게 된다."라고 하였는데, 작자만 유독 이를 두려워하지 않겠는가? 그리고 문장가 또한 한 입 바로 소리쳐야 한다는 법도 없다. 두보의 묘한 솜씨는 가탁한 말로 그 뜻을 전달한 점에 있다. '양가의 자제'라고 하였으니 평소 예의를 아는 자일 것이다. '또한 여러 군문이었다'라고 하였으니 주장主將의 심사를 익히 본 자일 것이다. 심사를 익히 보았으니 근심이 더해졌고, 평소 예의를 알았으니 의롭지 않은 방법으로 귀하게 되는 것을 부러워하지 않았다. '은혜를 저버릴까 두려워한다'는 말은 '논할 것도 없다'는 말뜻을 거듭한 것이고, '기병이 길게 달려간다'는 말은 '근심이 더해진다'는 말뜻을 거듭한 것이다. '좌견'은 '행견行見' 또는 '입견立見'이라는 말과 같은 것으로 ('곧 보게 된다'는 뜻이니) 그 시기가 이미 박두하였다는 것이다. 뒷부분 4구는, 이 말이 도망친 군사의 입에서 나온 것이며, (이 시에서) 그것을 그대로 기록한 것일 뿐이라는 사실을 대체로 보여준다. "다 늙은 몸에 자손도 없다."라고 하였으니, 비록 금하는 말을 하여 죽게 되어도 또한 아쉬울 게 없다는 사실을 보여준다. 작자가 확실하게 말을 했으면서도 확실하게 말한 적이 없는 셈이니, 이는 허공 안으로 몸을 날려 올라가는 묘한 비결이다. 그리고 이른바 말을 한 자는 죄가 없으되 들은 자는 족히 경계할 수 있다는 것이다. 애석하구나, 이 시의 해설자들이 천 년 세월동안 이를 알지 못하고 있었으니. 다섯 수의 시를 총괄하여 보면 글의 흐름이 한 걸음 나아갈수록 더욱 긴박하고 국면은 하나하나 갈수록 더욱 위태하다.(卒章如何着筆. 文勢至此, 不得不說破祿山卽反矣. 然前章云, 議者死路衢, 作者獨不畏之乎. 且文章家亦無一口直喊之理也. 公妙在託詞以達之. 曰良家子, 素知禮義者也. 曰亦多門, 習見主君心事者也. 習見心事, 故益愁. 素知禮義, 故不慕非義之貴. 恐孤恩, 申不足論. 騎長驅, 申益多愁. 坐見, 猶言行見立見, 其期已迫也. 後四句, 蓋以見此語出之逃軍之口, 述而誌之云爾. 曰窮老無兒孫者, 見雖爲犯諱之言, 死亦無所顧惜也. 作者實實說出, 實實不曾說出, 是爲空裏騰身妙訣, 所謂言之者無罪, 聞之者足以戒也. 惜乎解者千年夢夢. 總看五詩. 文勢一步緊一步, 局勢一着危一着.)

##《두시전주》: 〈전출새〉는 진롱의 병사를 징발하여 교하로 간 일 때문에 지은 것이고, 〈후출새〉는 동도의 병사를 징발하여 계문으로 간 일 때문에 지은 것이다.(前出塞, 爲徵秦隴之兵, 赴交河而作. 後出塞, 爲徵東都之兵, 赴薊門而作也.)

《두시상주》에 인용된 장연張綖 주: 《춘추좌전》에 "전쟁은 불과 같아서 거두지 않으면 스스로를 태운다."라고 하였다. 앞 4수는 현종이 전쟁을 함부로 일으키고 거두지 않으며 변방의 장수를 지나치게 총애하여서 그들의 교만 방자하여 윗사람을 가벼이 여기는 마음을 열어주었음을 드러내었다. 마지막 수에서는 안녹산의 반란을 직접적으로 드러내어 현종이 스스로를 불사른 재화災禍를 보여주었다.(左傳, 兵猶火也, 不戢自焚. 前四章, 著明皇黷武不戢, 過寵邊將, 啓其驕恣輕上之心. 末章, 直著祿山之叛, 以見明皇自焚之禍也.)

《두시설》: 〈전출새〉와 〈후출새〉는 모두 현종이 군대를 함부로 쓴 일을 풍자하였다. 교하의 군역軍役은 수자리로 보내진 것이라 그 말이 원망하는 어투이고, 계문의 군역은 모병에 응한 것이어서 그 말이 자랑스러워하는 어투이다. 그런데 두 오랑캐가 비록 조용해졌지만 안녹산이 이어서 반란을 일으켰으니, 이는 여우와 토끼 굴을 쓸데없이 뒤지느라 호랑이와 이리가 문 안에 있다는 사실을 모른 것이다. 시는 다만 그 일을 자세히 갖추어 진술하였을 뿐이지만, 풍자하는 뜻이 절로 언외에 드러난다.(前後出塞, 皆諷明皇黷武之事. 交河之役以遣戍, 故其辭怨, 薊門之役以召募, 故其辭夸. 然兩蕃雖靜, 祿山繼反, 是徒搜狐兎之穴而不知虎狼之在門內也. 詩但具其事, 而諷刺之意自見於言外.)

《독두심해》: 다섯 수의 시가 〈전출새〉처럼 층차를 따라 시상을 써 내려갔다. 단, 교하의 군역軍役은 그 정상情狀이 괴롭기에 집을 떠나 길에서 있었던 일에 대한 서술이 특별히 상세하고, 계문의 군역은 그 기상이 호매하기에 길을 가는 행정行程에 대한 서술이 비교적 소략하다. 또 하서河西와 농우隴右에서의 변경 개척은 그 화가 오히려 늦게 나타나는 것이기에 여유롭게 뒤에 넣고서 군주가 공 세우기 좋아하는 마음을 막았지만, 어양에서 반란을 서두르는 것은 그 화가 이미 급박한 것이기에 간절하게 자세히 진술하여 흉한 칼날이 즉시로 치열할 것임을 밝혔다. 근심하는 마음이 다급할수록 표현이 더욱 직설적이어서 조이가 (주周나라 문왕에게) 달려가 말한 고충이 담겨 있다.(五詩如前出塞, 逐層下. 但交河之役, 其情苦, 故敍別家在路特詳. 薊門之役, 其氣豪, 故敍跋涉行程較略. 又河隴之開邊, 其禍猶緩, 故紆徐入後, 以遏人主喜功之心. 漁陽之促叛, 其禍已迫, 故懇切具陳, 以明卽日兇鋒之熾. 憂愈急, 詞愈危, 有祖伊奔告之苦衷焉.)

《독두심해》: 구조오는 전겸익 전주箋注가 '幽州騎'의 주에서 《녹산사적》의 "14년 11월에 기병과 보병 십만이 북을 울리며 행군하여 서쪽으로 갔다." 등의 말을 인용한 것에 미혹되어, 마침내 이 시를 군대를 일으켜 반란을 일으킨 이후에 지은 것이라 하였다. 한번 생각해보자. 반란이 이미 일어나 북소리가 땅을 울리고 난리가 극도에 이르러서, 비록 우환 거리를 길렀던 것을 다시 후회한다 하여도 이미 일이 미리 방지할 수 있는 경우와는 다른데, 어찌 여유롭게 지난 일을 논하기를 앞의 4수와 같이 할 것인가? 또 이런 상황에 이르러 화란禍亂을 직접 진술하는 데에 무슨 거리낄 게 있다고 굳이 한 도망친 군인의 말에 가탁하여 은밀한 풍자를 하겠는가? 하물며 병사를 모집한 사람이 이미 반란을 일으켰는데, 또 무엇 때문에 종군자를 대신하여 출새시를 지어야 하겠는가? 또 전겸익, 주학령, 노원창盧元昌 제본諸本은 모두 이 시를 진주시 안에 편입하였는데, 노원창은 현종이 안녹산을 총애하여 맡긴 것을 돌이켜 풍자한 것이라 하였으니 이는 더욱 한스럽다. 공의 시는 현종이 나라를 잃은 이후로는 다만 애통해 하는 말과 격동激動해 하는 말만 있지 결코 한 마디도 풍자하거나 기롱하는 말이 없으니, 이는 국풍國風 시인의 충후한 정신이 남아 있는 것이다. 하물며 공이 진주에 있을 때는 건원 2년이니, 이때는 숙종이 한창 양제에게 미혹되어 남내에 문안 가지 않아서 부자간에 이미 틈이 생겼다. 그런데 공이 도리어 상황이 패망한 연유를 돌이켜 진술하여 부친을 원망하는 당시 군주의 허물을 더욱더 이끌었다고 하면, 그것은 과연 무슨 심사이겠는가?(仇氏惑於錢箋, 幽州騎之注, 引祿山事蹟, 十四載十一月, 馬步十萬鼓行而西等語, 遂謂此詩是擧兵犯順後作. 試思反叛旣起, 鼙鼓動地, 搶攘極矣. 雖復悔及養癰, 亦已事殊曲突, 尙何須從容追論如前四章耶. 且至此何嫌直陳禍亂, 而必託一逃軍口語以爲隱諷耶. 況募兵之人已反矣, 更何須代從軍者作出塞詩也. 又錢朱盧諸本, 皆以此詩編秦州詩內. 盧元昌以爲追諷玄宗寵任祿山, 此尤可恨. 公詩自玄宗失國後, 但有哀痛語感激語, 並無一語涉刺譏者, 此風人忠厚之遺也. 況公在秦州, 係乾元二年. 是時肅宗方惑於良娣, 不朝南內, 父子已成隙矣. 公反追述上皇喪敗之由, 益啓時君懟親之罪, 果何心歟.)

《두시경전》: 당시 동도 낙양에서 징발한 병사가 계문으로 가면서 지은 것이다. 안녹산이 변방에서의 공로로 은총을 사고 중한 상으로 장사將士를 불러들였는데, 조정에서는 그의 뜻을 곡진하게 잘 따라주었기에 그의 뜻이 더욱 교만해졌고 결국 반란을 일으키게 되었다. 그래서 이 시를 지어 풍자한 것이다. 이 시는 의당 안녹산이 반란을 일으키려고 할 즈음에 지었을 것이기에, 편차는 포기룡 본을 따른다.(時徵東都之兵赴薊門而作. 祿山以邊功市寵, 重賞要士, 朝廷曲意循之, 志益驕而反遂決矣, 故作是詩以諷. 此當在祿山將叛之時, 編從浦本.)

(**이영주**)

24. 蘇端薛復筵簡薛華醉歌
소단과 설복의 주연에서 설화에게 전해준 취가

文章有神交有道[1]　端復得之名譽早[2]
愛客滿堂盡豪傑[3]　開筵上日思芳草[4]
安得健步移遠梅[5]　亂揷繁花向晴昊[6]
千里猶殘舊冰雪[7]　百壺且試開懷抱[8]
垂老惡聞戰鼓悲[9]　急觴爲緩憂心擣[10]
少年努力縱談笑[11]　看我形容已枯槁[12]
座中薛華善醉歌[13]　歌辭自作風格老[14]
近來海內爲長句[15]　汝與山東李白好[16]
何劉沈謝力未工[17]　才兼鮑照愁絶倒[18]
諸生頗盡新知樂[19]　萬事終傷不自保[20]
氣酣日落西風來[21]　願吹野水添金杯[22]
如澠之酒常快意[23]　亦知窮愁安在哉[24]
忽憶雨時秋井塌[25]　古人白骨生靑苔
如何不飮令心哀

글에는 신이 있고 사귐에는 도가 있나니
소단과 설복은 그것을 얻어 일찍부터 이름이 알려졌네.
손을 사랑하여 집에 가득하니 모두가 호걸인데
잔치는 정월 초하루라 향그런 풀이 그립구나.

어찌하면 튼튼한 걸음 걷는 이 얻어 먼 곳의 매화 옮겨와서
무성한 꽃을 어지럽게 꽂고 맑게 개인 하늘을 향하리오.

천 리에 아직도 묵은 얼음과 눈이 남아 있으니
백 동이 술로 잠시 회포 풀어보고자 하네.
늙은 나이 되니 전쟁의 슬픈 북소리 듣기 싫은데
급한 술잔이 날 위해 절구질하듯 근심스런 마음 느긋하게 해주네.
젊은이들은 힘써 담소를 즐겨야 할지니
내 모습 이미 시들어 말랐음을 보시게.

좌중에서 설화는 취가를 잘 부르는데
노랫말을 스스로 지었더니 그 풍격 노성하였네.
근래에는 세상에서 장구를 지음에
그대와 산동 이백이 뛰어나다네.
하손, 유효작, 심약, 사조는 능력이 아직 공교롭지 못하고
재주는 포조를 겸하고 있으니 근심하여 쓰러지겠지.

여러 선비들 새로 사귀는 즐거움을 자못 다하고 있으나
만사가 끝내 슬픈 것은 스스로 보전하지 못했기 때문이라.
술기운 얼큰한데 해는 지고 서풍이 불어오니
들판의 물을 불어 금 술잔에 더해졌으면.
승수와 같은 술이면 항시 마음 즐거워지나니
곤궁의 시름이 어디에 있는지 알리오.
홀연 비올 적 가을 묘지 무너졌던 일 생각나는데
고인의 백골엔 푸른 이끼 자라고 있었으니

어찌 술 마시지 않고 마음 슬프게 하리요.

이 시는 두보가 전란 중에 소단과 설복이 베푸는 주연에 같이 참석하였던 설화에게 써서 전해준 것이다. 이 시의 저작 시기는 천보 15년 정월 초하루로 추정된다. 시제의 '簡'은 편지를 보낸다는 뜻인데, 여기서는 써서 전해주었다는 의미이다.

소단에 대해서는 기록이 따로 없고 《구당서 · 양관전楊綰傳》에 보인다. 양관은 처음에 문정文貞이라는 시호가 내려졌으나 대종代宗이 양관의 어짊을 높이 평가하여 시호를 문간文簡으로 고치려고 하였다. 그때 소단이 반대하여 폄적당하였다는 기록이 있다. 설화에 대해서는 독고급獨孤及의 《연집시서燕集詩序》에 우금오창조右金吾倉曹를 지냈다는 기록이 있을 뿐이다. 설복의 생애에 대해서는 상세하지 않다.

《보주두시》 양권도는 지덕 2년 반군에게 억류되어 있을 때 지은 시라고 하였다. 그러나 시 가운데 반군에게 억류되었다는 내용이 없다. 천보 15년 정월 초하루에 지은 것 같다. 이 당시에 바야흐로 안녹산을 쳤다. 그래서 '전쟁의 슬픈 북소리 듣기 싫다'라고 말한 것이다. 만약 경사가 이미 함락되었는데 성안에 있었다면 시에서 한 마디라도 언급이 없을 리가 없다.(梁權道云至德二年賊中作, 然詩中無陷賊之意, 似是天寶十五載正月朔日. 是時方討祿山, 故云, 惡聞戰鼓悲, 若京師已陷, 身在城中, 不應詩中無一語及之.)

《구당서 · 양관전》 비부낭중 소단은 성품이 거칠고 방자하여, 양관의 어짊을 질투하고 멋대로 모독하여 (시호와 관련한) 의론을 달리하였다. 황제는 노하여 소단을 광주원외사마로 폄적하였다.(比部

郎中蘇端, 性疏狂, 嫉其賢, 乃肆毁黷, 異同其議. 上怒, 貶端爲廣州員外司馬.)

《두시상주》에 인용된 독고급의 《연집시서》 우금오창조인 설화가 관서의 공당에서 아무개와 만났다.(右金吾倉曹薛華, 會某某於署之公堂.)

주 석

1 有神(유신) – 신묘한 경지가 있다. "글을 쓰면 신들린 듯하다(下筆如有神)"(〈봉증위좌승장이십이운奉贈韋左丞丈二十二韻〉)나 "높게 노래하니 귀신이 든 듯하다(高歌有鬼神)"(〈취시가醉時歌〉)와 같은 의미로서 신의 도움이 있는 듯하다는 뜻으로 보는 설도 있다.

2 得之(득지) – 그것을 얻다. 여기서 그것이란 문장의 신묘한 경지와 벗과 사귀는 데 있어서 도의가 있음을 말한다.

3 傑(걸) – '翰'으로 되어 있는 판본도 있다.

4 上日(상일) – 정월 초하룻날을 말한다. 해가 떠오를 때를 가리킨다는 설도 있다. '日'은 '月'로 되어 있는 판본도 있다. 思芳草(사방초) – 향기로운 풀을 그리워하다. 아직 정월 초하룻날이어서 봄풀이 돋지 않아 그리워하는 것을 말한다. 혹은 '방초'를 현명하고 덕이 있는 사람을 비유하는 것으로 볼 수도 있다.

《구가집주두시》 조차공 주 《서경》에 '정월상일'이라는 구가 있는데 공안국의 주에서 상일은 초하룻날이라고 하였다. 그래서 《옥촉보전》에서는 정월 초하루를 상일이라 하였다.(書曰正月上日, 孔安國注曰, 上日, 朔日也. 故玉燭寶典以正月一日爲上日.)

《두공부초당시전》 '상일'은 해가 떠오르는 때이다. 그러므로 아래에 '해가 지다', '바람이 분다'는 구가 있다. '향그런 풀을 그리워하다'는 감상할 만한 꽃이 없는 것을 탄식한 것이다. 그러므로 아래에 이어서

'멀리 매화를 옮기다'라는 구가 있다.(上日謂日出時也. 故下有日落風來之句. 思芳草, 歎無花可賞也. 故下繼有遠移梅之句.)

5 安得(안득) - 어찌 ~ 할 수 있으리오. 健步(건보) - 잘 걷는 사람.

6 晴昊(청호) - 맑게 개인 하늘.

#《두시상주》: 첫 단락에서는 소단과 설복이 잔치를 연 것을 서술하였다. 위 3구는 주인과 객을 포괄하는 것이고 아래 3구는 시절과 경치를 드러낸 것이다. '유신', '유도'라는 것은 두 사람이 마음이 합치됨이 우연이 아니라는 것을 말한다.(首敍端復筵宴. 上三該主賓, 下三點時景. 有神有道, 言兩人契合非偶.)

7 猶殘(유잔) - 아직 남아 있다. 舊冰雪(구빙설) - 묵은 얼음과 눈. 이 구는 날씨가 풀리지 않아 묵은 얼음과 눈이 아직도 남아 있다는 뜻이다. 묵은 얼음과 눈이 진정한 교우지도交友之道를 비유하는 것으로 보고, 이 세상에 아직도 진정한 교우지도가 남아 있다는 뜻으로 보는 설도 있지만 무리한 것으로 보인다.

《두공부초당시전》 옛날에 얼음과 눈의 사귐이라는 말이 있는데 날씨가 추워져도 바뀌지 않는 것을 말한다.(古者有氷雪之交, 言其歲寒不改也.)

8 試(시) - 시험 삼아 하다. 이 구는 술로 한번 회포를 풀어보고자 한다는 뜻이다. '시'를 시험 삼아 맛보다는 뜻으로 보아 잠시 술을 마시고 회포를 푼다는 뜻으로 풀이할 수도 있다.

9 垂老(수로) - 늙어가다. 惡聞(오문) - 듣기를 싫어하다.

10 急觴(급상) - 급히 술을 마시다. 술 위에 깃털을 띄운 술잔으로 보는 설도 있다. '急'은 '羽'로 되어 있는 판본도 있다. 緩(완) - 느긋하게 하다. 擣(도) - 절구질하다. 근심스런 마음이 마치 절구질을 하듯 두근거린다는 뜻이다.

《시 · 소아 · 소변小弁》 내 마음의 시름이여, 괴로운 것이 절구질하는 듯하네.(我心憂傷, 惄焉如擣.)

《두공부초당시전》 '급상'이란 새의 깃털을 술 위에 띄워 놓은 것을 말한다. 깃털이 가라앉으면 벌을 줌으로써 술을 빨리 마시라는 뜻을 보여주는 것이다. 혹은 '우자'라고 하였다. 두보는 근심스러운 마음이 절구질하는 것 같아 '급한 술잔'으로 그 근심을 풀어놓을 수가 있었다.(急觴者, 謂以鳥羽致之酒上, 羽沉則罰, 以示其急飮. 或云羽子. 甫以憂心如擣, 藉急觴, 故能寬其憂也.)

11 努力(노력)－ 힘쓰다. 여기서는 행락에 힘쓰는 것을 말한다. 縱談笑(종담소)－ 마음껏 담소하다.

12 枯槁(고고)－ 영락하여 생기가 없다.

《초사楚辭 · 어부사漁父辭》 안색은 초췌하고 모습은 영락하여 생기가 없다.(顔色憔悴, 形容枯槁.)

[少年 2구] 담소를 나누며 행락하는 젊은이들 속에서 늙어가는 자신의 모습을 보고 느낀 안타까운 심사를 표현하였다. "젊은이들은 힘써 맘껏 담소하는데, 내 모습을 보니 이미 시들어 말랐네."라고 풀이할 수도 있다.

《두억》에 인용된 장연張綖의 《두시통杜詩通》 '소년'은 좌중의 젊은이들을 이른다. 응당 힘써 담소하고 때에 맞추어 즐겨야 할 것이니, 내가 이미 늙어 맞출 수 없음이 보이지 않는가.(少年謂坐間少年, 當勉爲談笑, 及時行樂, 不見我旣老而無及乎.)

#《두시상주》: 둘째 단락은 잔치 자리를 대하여 느낀 감정이다. 봄에 아직 한기가 남아 있으니 진실로 술을 빌어 회포를 펼침이 마땅하다. 살아서 세상의 난리를 만났으니 또 술을 빌어 근심을 느긋하게 함이 마땅하다. 젊음은 쉬이 늙어지니 마음껏 술 마시고 즐겁게 웃는 것만 한 것이 없다. 세 가지 층차를 만들어 뜻을 그리고 있다.(次則當筵有

感. 春帶餘寒, 固當借酒舒懷. 生逢世亂, 又當藉酒寬憂. 少易成老, 不如縱酒歡笑. 作三層寫意.)

13 善(선) – '能'으로 되어 있는 판본도 있다.

14 歌辭(가사) – '辭歌'로 되어 있는 판본도 있다. 風格老(풍격로) – 풍격이 노성하다. 이 구는 설화가 나이가 어림에도 불구하고 가사의 풍격이 노성함을 말한다. "노랫말이 노성한 풍격을 절로 이루다."로 풀이할 수도 있다.

15 爲長句(위장구) – 장구를 짓다. 여기서 장구는 칠언가행을 말한다. '爲'는 '無'로 되어 있는 판본도 있다.

16 山東李白(산동이백) – 산동 사람 이백. '山東'은 '東山'으로 되어 있는 판본도 있다. 산동과 동산에 대해서는 여러 설이 있다.

《두시상주》에 인용된 양신楊愼 주 이 시는 본래 동산 이백으로 되어 있는데, 속본에서 산동으로 고쳤다. 악사는 《이백집》 서문에서 말하기를 "이백이 천하를 객으로 떠돌았는데 노래 부르는 가기들이 절로 따랐기에 사안의 풍류를 흉내 내어 스스로 동산이라 칭하니 당시 사람들이 마침내 동산 이백으로 불렀다."라고 하였다. 두보의 시구는 바로 이 자호로 그를 칭한 것일 뿐이다. 세상에서는 알지 못하고 망령되이 고쳤기에 근세에 지은 《일통지》에서는 마침내 이백을 산동 인물에 열입하고서는 오히려 두시를 인용하여 증거로 삼고 있으니 오해로 말미암은 억설에 가깝다.(此詩本是東山李白, 俗本改作山東. 樂史序李白集云, 白客遊天下, 以聲妓自隨, 效謝安石風流, 自號東山, 時人遂以東山李白稱之. 子美詩句, 正因其自號而稱之耳. 流俗不知而妄改, 近世作一統志, 遂以李白入山東人物, 而反引杜詩爲證, 幾於郢書燕說矣.)

《두시전주》 《구당서》에 의거하면 이백은 산동인이다. 부친이 임성위를 지냈으므로 그곳에 살았다. 전이錢易(자는 희백希白)의 《남부

신서》 역시 마찬가지다. 원진이 쓴 〈두공부묘지〉에서도 '산동인 이백'이라고 적고 있다. 대개 이백이 조래산에 은거했을 때 당시 사람들이 모두 산동인으로 그를 불렀으며, 따라서 두시에서도 '산동 이백'이라 말한 것이다. 증공은 《구당서》가 잘못되었다고 하였고, 전이는 도리어 세상 사람들이 이백을 촉사람이라고 말하는 것이 잘못되었다고 하였는데, 모두 틀렸다. 근세의 양신은 이양빙, 위호의 서문에 근거하여 동산 이백으로 하고자 했다. 이양빙이 말하기를 "노래하고 시를 읊을 때에 누차 동산이라 칭하였다."라고 하였고 위호는 "행적이 사영운을 닮아서 세상에서 이동산이라 불렀다."라고 했다. 이 역시 우연히 이름한 것이니 어찌 그것에 근거하여 칭호를 삼을 수 있겠는가? 양 씨는 기이한 것을 좋아하여 설을 왜곡하니 나는 취하지 않는 바이다.(按舊書, 白, 山東人, 父爲任城尉, 因家焉. 錢希易('白'의 잘못)南部新書亦同. 元微之作杜工部墓志亦云, 山東人李白. 蓋白隱於徂徠, 時人皆以山東人稱之, 故杜詩亦曰山東李白. 鞏以舊史爲誤, 而希易('白'의 잘못)反以世稱蜀人爲誤, 皆非也. 近時楊愼, 據李陽冰, 魏顥序, 欲以爲東山李白. 陽冰云, 歌詠之際, 屢稱東山, 顥云, 迹類謝康樂, 世號爲李東山, 此亦偶然題目, 豈可援據爲稱謂乎. 楊好奇曲說, 吾所不足取也.)

17 何劉沈謝(하류심사) – 하손何遜, 유효작劉孝綽, 심약沈約, 사조謝朓를 가리킨다. 力未工(역미공) – 작시 능력이 아직 뛰어나지 못하다는 뜻이다. 《두시언해》에서처럼 힘써도 뛰어나지 못하다는 뜻으로 풀이할 수도 있다.

《구가집주두시》 《양서梁書》에 보면 하손은 여덟 살에 시를 지을 줄 알아 글을 짓고 시를 읊을 때마다 범운은 매번 찬탄하였고 심약 또한 그를 좋아하였다. 하손은 문장이 유효작과 함께 세상에서 중시되어 세상에서는 하유라고 칭하였다. 세조는 글을 지어 논하여 말하기를 "시가 많으면서 잘하는 사람은 심약이고, 적으면서 잘하는 사람은 사조, 하손이다."라고 하였다. 또한 유효작은 일곱 살에 글을 지을 줄 알았는데 매번 한 편을 지을 때마다 아침에 이루면 저녁에 두루 퍼졌다. 호사가들이 모두 외우고 읊조려 변방에까지 전사되어 알려졌다. 또한 〈심약전〉에는 사조는 시를 잘 지었고 임방은 문장에 능하였는데 심약은 이 둘을 겸하였으나 능가하지는 못하였다고 하였다. (梁書, 何遜八歲能賦詩, 一文一詠, 范雲輒嗟賞, 沈約亦愛其文. 遜文章與劉孝綽, 並見重於世, 世謂之何劉. 世祖著篇論之云, 詩多而能者, 沈約, 詩少而能者, 謝朓何遜. 又劉孝綽七歲能屬文, 每作一篇, 朝成暮遍. 好事咸誦諷, 傳寫流聞絶域. 又沈約傳, 謝元暉善爲詩, 任彦昇工於文章, 約兼而有之, 然不過也.)

《두억》 시의 재주에는 두 가지가 있는데 재주가 화려한 경우가 있고, 재주가 힘찬 경우가 있다. 하 씨와 유 씨 등은 재주가 화려한 경우에 불과하니 이 때문에 힘이 아직 부족하여 견식이 뛰어난 이들에게 웃음거리가 되는 것이다.(詩才有二, 有才華, 有才力. 何劉數子, 不過才華, 是以其力未工, 而見笑于大方也.)

18 才兼鮑照(재겸포조)－ 재주는 포조를 겸하다. 설화의 시가 포조의 재주를 지니고 있다는 말이다. 포조는 남조 송 원가元嘉 때의 시인으로서 악부와 가행체에 능하였다. 愁絶倒(수절도)－ 근심하여 쓰러지다. '수절'은 지극히 근심한다는 말이다. '절'을 '도'에 붙여 기절하여 쓰러진다는 뜻으로 보기도 한다. '수절도'의 주체에 대해서는 여러 설이 있는데 여기서는 포조로 보는 설을 취한다. 이와 달리 여러 시인들이 아주 시름하여 쓰러진다는 뜻으로 풀이할 수도 있지만 취하지 않는다.

《두시언해》 이는 포조가 설화의 글을 보면 틀림없이 매우 걱정하여 땅에 쓰러질 것임을 말한 것이다.(此言鮑照見薛華, 當愁絶而倒地也.)

《두공부초당시전》 설화가 가시를 잘 짓는 것을 찬미한 것인데 다섯 사람이 그를 보면 틀림없이 근심이 극에 달해 땅에 쓰러질 것이라는 말이다.(美薛華善歌詩, 使五子見之, 當愁絶而倒地矣.)

《두시상주》 '수절도'는 시인들이 미치지 못할까 걱정한다는 것이다.(愁絶倒, 詩家愁爲不及也.)

《두시상주》에 인용된 계동計東의 말 장구는 칠언가행을 말하며 이백이 가장 뛰어났던 것이다. 이백의 장구는 그 근원이 포조에게서 나왔다. 그래서 하·유·심·사는 오직 오언에만 능하고 칠언은 힘이 뛰어나지 못하다고 말하였으니, 반드시 포조의 칠언악부, 예컨대 〈행로난〉 류와 같을 수 있어야만 비로소 절묘하다고 할 수 있다.(長句謂七言歌行, 太白所最擅場者. 太白長句, 其源出於鮑照, 故言何劉沈謝, 但能五言, 於七言則力有未工, 必若鮑照七言樂府, 如行路難之類, 方爲絶妙耳.)

#《두시상주》: 이는 설화에게 써서 보낸 것이다.(此乃致簡薛華.)

19 新知樂(신지락) – 새로 사귀는 즐거움.

《초사 · 소사명小司命》 즐거움은 새로 사귀는 것보다 더 즐거운 것이 없구나.(樂莫樂兮新相知.)

20 終傷不自保(종상불자보) – 끝내 스스로 지키지 못하는 것을 슬퍼하다.

[諸生 2구]

《두시상주》 '새로 사귀는 즐거움'은 주인과 손님이 서로 사귀게 되었음을 말한다. '스스로 지키지 못함'은 난리가 걱정스럽다는 말이다.(新知樂, 謂主賓相得. 不自保, 謂亂離可憂.)

21 氣酣(기감) – 술기운이 얼큰하게 오르다.

22 添(첨) – '注'로 되어 있는 판본도 있다. 이 구는 들판의 물을 모두 끌어와 술로 삼아 마시고 싶다는 뜻이다.

[氣酣 2구]

《두시상주》 바람이 불어와 물결이 움직이는 것을 보고 곧 술잔에 더하여 술로 삼을 것을 생각하였다. 결국 많이 마셔 마음을 느긋하게 하려는 것일 따름이다.(見風吹水動, 便想添杯作酒, 總是欲多飮以寬懷耳.)

23 如澠之酒(여승지수)－ 승수와 같이 많은 술. '승'은 제나라의 하천 이름이다. 常快意(상쾌의)－ 항상 마음을 즐겁게 하다.

《좌전 · 소공昭公》 승수와 같은 술이 있다.(有酒如澠.)

24 亦知窮愁(역지궁수)－ '未知窮達'로 되어 있는 판본도 있다. '亦'이 '不'로 되어 있는 판본도 있으며, '知'가 '如'로 되어 있는 판본도 있다. '궁수'는 곤궁의 시름을 가리킨다.

25 秋井(추정)－ 귀인의 무덤을 가리킨다. 가을날 쓰지 않는 우물을 가리키는 것으로 보는 설도 있다. 塌(탑)－ 무너지다.

《두시상주》에 인용된 장연張綖 주 '정'이란 귀인의 무덤이다. 마치 지금의 '금정'이라는 말과 같다. 초나라 사람들은 모두 초왕의 무덤을 '정상'이라고 하였다.(井是貴者之墓, 猶今言金井也, 楚人皆謂楚王墳爲井上.)

《독두심해》 내 생각에는 쓰지 않는 우물을 가리키는 말이다.(愚意卽作廢井說.)

#《두시상주》: 마지막에서는 취가의 뜻으로 맺었다. '새로 사귄 즐거움'은 주인과 손님이 서로 사귀게 되었음을 말하며 '스스로 지키지 못함'은 난리가 걱정스럽다는 말이다. '기감' 4구는 '신지락'을 잇고, '홀억' 3구는 '불자보'를 잇는다. 이 단락에서 근심하고 즐거워하는 것은 앞에서 슬퍼하고 웃는 것과 상응한다. 장원의 주에 "백골에 푸른 이끼 나는 것은 인생에서 벗어날 수 없으니, 이로써 스스로를 위로할 수 있다."라고 하였다.(末結醉歌之意. 新知樂, 謂主賓相得. 不自保, 謂亂離可憂. 氣酣四句, 承新知樂. 忽憶三句, 承不自保. 此處憂樂, 與前悲

笑相應. 遠注, 白骨靑苔, 人生不免, 亦可以自遣矣.)

##《두억》: 시는 성정으로부터 나온다. 지금 좋은 때 훌륭한 친구들이 한 집에 모이니 어찌 즐거운 일이 아닌가? 그런데 회포를 열었다고 하였다가 곧 전쟁의 슬픈 북소리라는 말로 이었고, 새로운 사귐을 즐긴다고 하였다가 곧 스스로 보전할 수 없다는 말로 이었으니 진정 스스로의 시를 지었다고 하겠다. 끝부분 또한 취가이니 비록 "곤궁함과 근심이 어디에 있겠는가."라고 말하였지만 긴 노래로써 울음을 대신하였으니 공이 〈자경부봉선현영회오백자自京赴奉先縣詠懷五百字〉에서 말한바 "마음껏 노래 불러 더할 수 없는 근심을 깬다."라는 것이다.(詩出自性情, 今佳辰勝友, 會集一堂, 豈非快事, 而開懷抱卽接以戰鼓悲, 樂新知卽接以不自保, 才是做自家詩. 末後亦作醉歌, 雖云窮愁安在, 而以長歌當哭, 公所云放歌破愁絶者也.)

《두시상주》: 두시는 구성이 엄정하고 맥락이 유창하게 관통하는데 율시만 그런 것이 아니다. 가행체의 시상 배치에도 각각 조리가 있다. 이 시의 경우, 맨 먼저 소단과 설복을 내세웠는데 이들은 주인이다. 다음에는 설화를 내세웠는데 이는 손님이다. 또 젊은이 여러 사람을 들었으니 일시의 좌객들을 아울러 언급한 것이다. 그 슬픔과 웃음, 근심과 즐거움을 말함에 있어 허리와 꼬리에서 또 서로 조응을 하니 이 시를 잘 알면 작법을 깨달을 수 있을 것이다.(杜詩格局整嚴, 脈絡流貫, 不特律體爲然, 卽歌行布置, 各有條理. 如此篇首提端復, 是主, 再提薛華, 是賓, 又拈少年諸生, 則兼及一時座客. 其云悲笑憂樂, 腰尾又互相照應, 熟此可悟作法矣.)

《독두심해》: 소단과 설복 등 여러 선비들은 모두 나이가 젊고 글솜씨가 능통하였으니, 두보가 이들을 대하고서 늙고 보잘것없음을 한탄하는 마음이 생겨났다. 모두 취한 이후에 말한 것들인데, 다만 술에 취한 상태를 빌려 그것을 가리고자 하였다. 첫 1구에서 절반은 소단과 설복의 글재주를 제시하였고, 절반은 주인과 손님의 연회를 제시하여 결국 전편의 강령이 되었다. 다음 구는 바로 소단과 설복을 나타내어 내용의 전개가 긴밀하고 탄탄하며, 주인을 먼저 드러내었다. 제3구는 자신과 설화를 겸하여 숨겨놓았고, 제4구는 연회를 연 일을 지적하면서 지나가는데, 단지 이 하나의 시작 부분이 바로 구절구절의 중요한 연결고리가 된다. '안득' 이하는 취기를 북돋아주는 흥을 설정하여 만들고, 취하게 되는 원인을 미루어 말하여 자신의 이야기를 이 부분에 안배하여 두었다. '좌중' 이하는 별도로 설화를 드러내면서 좌중의 손님들을 다음에 두었다. 그리고 '제생' 구에서 곧바로 소단과 설복에 대해 전체적으로 마무리하고, '만사' 구에서 취한 뒤의 마음을 곧바로 일으키고 있으니, 붓을 놀림이 마치 이화창의 창술 같다. 살펴보니 세 사람을 나누어 두 곳으로 만들고서 자신은 중간에 끼워 넣었는데, 마지막 문단의 술에 취한 심사는 끼워 넣은 단락 내에 바로 뿌리를 숨겨두었으니, 변화가 있는데다가 또 세밀하기도 하다.(蘇薛諸生. 皆年少能文, 公對之, 動歎老嗟卑之感, 一於醉後發之, 直欲以醉鄉冥之也. 首一句, 半提蘇薛文才, 半提主賓宴會, 遂爲全篇綱領. 次句, 卽表端復, 鬬筍緊健. 先主人也. 三句, 兼伏己與薛華. 四句, 點過開筵事. 只此一冒, 便句句筋節. 安得以下, 擬助醉之興, 推取醉之因, 將自身安放於此. 座中以下, 另表薛華, 次座客也. 而諸生句隨手總束端復, 萬事句隨手蹴起醉懷, 使筆正似梨花鎗矣. 看他將三人分作兩處, 自身夾入中間, 而末段之一醉懷, 正伏根於夾入一段內, 卽變化, 復細密.)

(박석 · 최석원)

25. 晦日尋崔戢李封

회일에 최집과 이봉을 찾다

朝光入甕牖[1] 尸寢驚敝裘[2] 起行視天宇[3] 春氣漸和柔

興來不暇懶[4] 今晨梳我頭 出門無所待[5] 徒步覺自由[6]

杖藜復恣意[7] 免値公與侯[8] 晚定崔李交[9] 會心眞罕儔[10]

每過得酒傾[11] 二宅可淹留[12] 喜結仁里歡[13] 況因令節求[14]

李生園欲荒[15] 舊竹頗修修[16] 引客看掃除[17] 隨時成獻酬[18]

崔侯初筵色[19] 已畏空樽愁[20] 未知天下士[21] 至性有此不[22]

草芽既青出 蜂聲亦暖遊[23] 思見農器陳 何當甲兵休[24]

上古葛天民[25] 不貽黃屋憂[26] 至今阮籍等[27] 熟醉爲身謀

威鳳高其翔[28] 長鯨呑九州[29] 地軸爲之翻 百川皆亂流

當歌欲一放[30] 淚下恐莫收[31] 濁醪有妙理[32] 庶用慰沉浮[33]

아침 햇빛이 옹기 창문에 비쳐 들어
죽은 듯 자다가 낡은 갖옷을 박찼다.
일어나 걸으며 하늘을 살펴보니
봄기운이 점점 온화해진다.
흥이 찾아오니 게으를 겨를이 없어
오늘 새벽에 내 머리를 빗었다.
문을 나섬에 기다릴 것 없으니
맨 걸음에 자유로움을 느낀다.

명아주 지팡이 짚고 또 제멋대로인 것은
공公과 후侯를 만날 일 없기 때문이다.
늘그막에 최집, 이봉과 사귀게 되었는데
마음 통하는 것이 참으로 짝할 이 드물다.
매번 들러서 술을 마실 수 있어
두 집은 오래 머물러 있을 만하다.
어진 마을에 사는 즐거움 맺는 것도 기쁜데
하물며 명절이라 하여 초대되었음에랴.

이생李生의 동산은 거칠어지려 하는데
오래된 대나무는 제법 늘씬늘씬하다.
손을 맞아들이며 소제하는 것 보고
때를 좇아 술잔을 주고받는다.
최후崔侯는 막 잔치를 베푸는 얼굴빛에
벌써 술동이가 빌까 걱정한다.
모르겠다, 천하의 선비 중에
지극한 성품이 이런 사람이 있을는지.

풀싹은 이미 푸르게 돋았고
벌도 윙윙거리며 따뜻한 데서 노닌다.
농기구 진열된 것 보고 싶은데
언제 전쟁이 그치려나?
상고에 갈천葛天의 백성들은
천자에게 시름을 끼치지 않았는데,
지금 완적阮籍의 무리들

깊이 취하여 자신을 위해 도모하는구나.

위엄스런 봉황이 높이 날아가자
큰 고래가 구주九州를 삼켰다.
지축은 그 때문에 뒤집혀
온갖 강물이 어지러이 흐른다.
노래하는 자리에서 한 가락 하고 싶지만
흐르는 눈물 거두지 못할까 두렵다.
탁한 술에 묘한 이치 있으니
이것으로 부침하는 신세 위로하였으면.

이 시는 회일에 친구인 최집과 이봉의 집에 초대되어 함께 술을 마시는 즐거움과 봄을 맞이하여 어수선한 시국을 걱정하는 마음을 표현한 것이다. 저작 시기는 천보 15년 봄으로 추정된다. 당시 두보는 봉선에 있었으며 안녹산의 군대가 동관潼關을 공격하였다. '회일'은 음력 정월 그믐을 말하는데 당대에는 이날을 명절로 지냈다. 최집과 이봉이 누구인지는 자세하지 않다.

《보주두시》 '회일'은 정월 그믐날을 말한다. 마땅히 건원 원년 경사에 돌아왔을 때 지은 것이다.(晦日, 謂正月晦日. 當是乾元元年歸京師時作.)
《두시상주》에 인용된 노원창 주 이 시는 제가가 건원 원년 봄 공이 바야흐로 간관의 관서에 있을 때에 편입시켰는데, 이때는 두 경사가 수복되고 안녹산은 죽었으니 시 가운데 '큰 고래가 삼켰다', '지축이 뒤집혔다'와 같은 말은 쓸 수가 없다. 범온范溫은 지덕 2년 봄에 편입시켰는데, 이 때는 두보 자신이 반군의 수중에 빠져 있었으니 어떻게 명절이라 하여 술 마시는 일을 할 수 있겠는가? 또 조정의 관리들이 반군에 항복하였으니 어떻게 '공후'로써 그들을 지목할 수가 있겠는가? 틀림없이 천보 15년 〈소단설복연간설화취가蘇端薛復筵簡薛華醉歌〉와 같은 시기에 지은 것이다. 이해 정월 안녹산은 그의 장수들을 보내어 동관을 쳤다.(此詩諸家編入乾元元年春, 公方在諫垣, 此時兩京復, 祿山亡, 詩中不得作長鯨呑, 地軸翻等語. 范氏編至德二載春, 此時身陷賊中, 豈能爲令節之飮. 且朝官降賊, 豈得以公侯目之. 斷是天寶十五載, 與蘇端薛復筵爲一時作. 是年正月, 祿山遣其將寇潼關.)

《두시경전》 황학의 주에 "당나라는 정월 회일을 명절로 삼았다."라고 하였는데 시에 "어진 마을에 사는 즐거움 맺는 것도 기쁘다."라는 구가 있으니 마땅히 봉선에서 지은 것이다.(鶴注, 唐以正月晦日爲令節, 詩有喜結仁里懽, 當在奉先作.)

주석

1 甕牖(옹유) – 옹기의 주둥이를 가지고 만든 창. 은자의 가난한 집을 가리킨다. '옹유'의 출전에 대하여 《두시상주》를 포함한 대부분의 주석에서 《예기 · 유행儒行》의 '봉호옹유蓬戶甕牖'를 들고 있는데 《장자 · 양왕讓王》에 나오는 은자 원헌原憲의 집을 묘사한 것에서 그 출전을 찾는 것이 자연스러워 보인다. 뒤에 나오는 '장려杖藜' 역시 원헌의 모습을 묘사한 것에서 따온 것이기 때문이다.

《두시언해》 '옹유'는 옹기의 주둥아리로 창을 만든 것이다.(甕牖, 以甕口爲牖也.)

《장자 · 양왕》 원헌이 노나라에 살았는데 …… 옹기 창을 낸 두 개의 방은 갈포葛布로 창을 가리고 있었다.(原憲居魯, …… 而甕牖二室, 褐以爲塞.)

2 尸寢(시침) – 죽은 듯이 곤하게 잠을 자다. '尸'는 '方' 혹은 '宴'으로 된 판본도 있다. 驚敝裘(경폐구) – '경'은 놀라 일어나는 것이다. '폐구'는 낡은 갖옷을 말하는데 아마 덮고 잤던 것 같다. 낡은 갖옷을 덮고 누워 자다가 햇빛이 비쳐 들어오자 놀라 일어난 것이다. 갖옷을 입고 자다가 놀라 일어난 것으로 보는 설도 있고, 아침 햇빛에 놀라 일어나 낡은 갖옷을 입은 것으로 보는 설도 있다.

《두시상주》 '시침'은 《논어 · 향당鄕黨》의 '잘 때는 죽은 사람처럼 누워 자지 않는다'는 말을 반대로 사용한 것이다.(尸寢, 反用論語寢不尸.)

《두시상주》 '경폐구'는 아침 햇살이 비쳐 들어와 놀라 일어난다는 말이다.(驚敝裘, 朝光入而驚起也.)

《두시경전》에 인용된 장연張綖 주 생각하건대 갖옷을 걸치고 누워 있다가 햇살을 보고 놀라 일어난 것이다.(想披裘而臥, 見日驚起耳.)

《두공부초당시전》 두보가 마침 죽은 듯이 잠을 자다가 아마 새벽 햇살이 창에 들어온 것을 보고 놀라 일어나 갖옷을 입은 것이리라.(甫正比尸寢, 或見晨光入牖, 驚起而衣被裘也.)

3 天宇(천우) – 하늘.

4 興來(흥래) – 흥이 찾아오다. 흥이 일어나다. '興來'는 '得興' 또는 '乘興'으로 된 판본도 있다.

[興來 2구]

《두공부초당시전》 살펴보건대 시집에 있는 (〈병적屛跡〉) 시에 "백년 인생 언제나 취하여 한 달 동안 머리를 빗지 않는다."라는 구절이 있는데, 지금은 흥이 찾아와 게으름을 피우지 않으니 이는 머리를 빗고 찾아갈 사람이 있기 때문이다.(按, 集有詩云, 百年渾是醉, 一月

不梳頭. 今興來不懶, 是以梳頭而有所尋也.)

5 無所待(무소대) – 기다릴 바가 없다. 수레나 시종들을 기다리지 않는다는 말이다.

《두공부초당시전》 수레나 시종을 기다리지 않는다는 말이다.(謂不待車從也.)

6 徒(도) – '徙'로 된 판본도 있다.

#《두시상주》: 첫 단락은 회일의 나들이에 대하여 적었다.(首敍晦日出遊.)

7 杖藜(장려) – 명아주로 만든 지팡이를 짚다. 恣意(자의) – 제멋대로 행동하다.

《장자 · 양왕》 원헌은 자작나무 껍질 모자를 쓰고 뒤축 없는 신을 신은 채 명아주 지팡이를 짚고 문에서 맞이하였다.(原憲華冠縰履, 杖藜而應門.)

8 免値(면치) – 만나는 것을 면하다. 만날 일이 없다는 말이다. 公與侯(공여후) – 공公과 후侯. 높은 관직에 있는 사람들을 말한다.

《두공부초당시전》 길에서 공후를 만나도 서로 인사할 일 없다는 말이다.(謂道遇公侯, 免相揖也.)

9 晩(만) – 늘그막에. 定崔李交(정최리교) – 최집, 이봉과 사귐을 맺다. 이 구는 늘그막에 최집, 이봉 두 사람과 사귀게 되었다는 말이다.

10 會心(회심) – 마음이 통하다. 罕儔(한주) – 견줄 만한 사람이 드물다.

11 過(과) – 들르다. 傾(경) – 술잔을 기울이다. '喫'으로 된 판본도 있다.

12 淹留(엄류) – 오래 머무르다.

13 仁里歡(인리환) – 어진 마을의 즐거움. 살기 좋은 마을에서 마음이 맞는 이들과 교유하는 즐거움을 말한다.

14 令節(영절) – 명절. 求(구) – 초대하다.

《두시상주》 '영절구'는 회일이기 때문에 초대하여 머무르게 한 것이다.(令節求, 因晦日而邀留也.)

《보주두시》 당나라는 정월 회일을 명절로 삼았는데, 덕종德宗 정원貞元 5년 정월 11일에 이르러 칙명을 내려 "지금 이후로는 2월 1일을 중화절로 삼는다. 이전의 칙령에서 세 명절(정월 그믐, 3월 3일, 9월 9일)에 집회를 갖는다고 하였는데, 이제 중화절로 회일을 대신하는 것이 마땅하다."라고 하였다.(唐以正月朔('晦'의 잘못)日爲令節, 至正('貞'의 잘못)元五年正月十一日, 勅, 自今以後以二月一日爲中和節, 先勅三令節集會, 今宜以中和節代晦日.)

#《두시상주》: 이 단락은 최집과 이봉 두 사람의 집에 찾아간 것이다. 공후는 모두 지기가 아닌 까닭에 만날 일이 없다는 탄식이 있는 것이다.(此往尋崔李二家. 公侯皆非知己, 故有免值之歎.)

15 李生(이생) – 이봉을 말한다. '생'은 재학才學이 있는 사람을 일컫는 말인데 일반적으로 독서인을 칭하는 말로 쓰인다. 欲荒(욕황) – 거칠어지려 하다. 황폐해지려 하다. 가꾸고 돌보는 사람이 없어서 동산이 황폐해지는 것을 말한다. 만물이 시들어 버린 것으로 보는 견해도 있다.

《두공부초당시전》 온갖 사물이 시들어 영락한 것을 말한다.(謂百物凋零也.)

16 舊(구) – 오래되다. '有'로 된 판본도 있다. 修修(수수) – 길고 아름다운 모양.

《두공부초당시전》 이생이 어려운 역경 속에서도 굽히지 않는 절개를 가지고 있음을 비유한 것이다.(喩李生有歲寒之節也.)

17 引客(인객) – 손님을 맞아들이다. 看(간) – 보다. 掃除(소제) – 소제하다. 쓸고 치우다. 손님을 맞아 집안을 청소하는 것을 말한다. 이

구는 이생이 두보를 맞이하면서 집안 청소하는 것을 살피는 것을 말한다.

18 隨時(수시) – 때를 따라. 시절을 좇아. 여기서의 '시'는 바로 시 제목의 회일을 가리킨다. 獻酬(헌수) – 손님과 주인이 술잔을 주고받다.

19 崔侯(최후) – 최집을 가리킨다. '후'는 옛날 사대부에 대한 존칭이다. 아마도 최집은 이전에 관직을 맡은 적이 있었거나 당시 관직에 있었던 듯하다. 初筵色(초연색) – 처음 자리에 앉아 잔치를 시작할 때의 얼굴빛을 말한다.

20 空樽愁(공준수) – 술동이가 비었을 때 느끼는 시름.

《두시상주》에 인용된 장번張璠의 《한기漢記》 공융이 태중대부에 배수되자 매번 탄식을 하며 말하기를 "자리에 손님이 항상 가득 차고 술동이에 술이 비지 않으니 나는 걱정이 없다."라고 하였다.(孔融拜大中大夫, 每嘆曰, 坐上客常滿, 樽中酒不空, 吾無憂矣.)

[崔侯 2구] 최집의 집에 놀러간 것을 쓴 것이다. 최집이 자기 집에서 잔치를 벌일 때면 잔치가 시작되기도 전에 벌써 술동이에 술이 모자라 손님의 흥이 깨어질 것을 걱정하는 얼굴빛을 지었다는 말이다. 이와 달리 최집과 함께 이봉의 집에 갔을 때 최집의 반응을 쓴 것으로 보는 설도 있으나 합당치 않다.

《두공부초당시전》 최집은 잔치가 시작될 때 그 낯빛이 오직 술이 동이 나 손님을 맞기에 부족할까 두려워하였으니 그의 벗을 아낌이 이와 같았다.(崔於筵初, 其色惟恐酒盡, 不足延客, 其相愛如此也.)

《두시상주》 최집은 본래 손님인데 도리어 술동이가 빌 것을 두려워하였으니 외적인 격식을 생략하고 진솔한 성품을 나타낸 것이다.(崔本爲客, 却畏酒空, 略形迹而見眞性矣.)

21 天下士(천하사) – 재덕才德이 비범한 선비를 말한다.

《사기 · 노중련추양열전魯仲連鄒陽列傳》 처음에는 선생이 평범한 사람인 줄 알았는데 나는 오늘에서야 선생께서 천하의 선비라는 것을 알게 되었습니다.(始以先生爲庸人, 吾乃今日知先生爲天下之士也.)

22 至性(지성) – 지극한 성품. 즉 타고난 뛰어난 성품을 말한다. '至'는 '志'로 된 판본도 있다. 不(부) – 압운자로 쓰였기 때문에 평성이다.

이 단락은 두보가 회일에 이봉과 최집 두 사람의 집에 찾아간 상황을 각각 나누어 설명한 것이다. 이봉에 대하여는 그의 소탈한 성격과 두보와의 격의 없는 관계를, 최집에 대하여는 그의 벗을 아끼는 지극한 성품을 표현하였다.

《두시상주》 이 단락은 객을 좋아하는 두 사람의 정의情誼를 보여주고 있다.(此見兩人好客之誼.)

23 暖遊(난유) – 따뜻한 데서 노닌다는 뜻이다.

[草芽 2구]

《두공부초당시전》 회일에 이미 봄빛이 돌아 동식물이 모두 그 생기를 얻었음을 말한 것이다.(謂晦日已有春色, 動植皆得其性也.)

24 何當(하당) – 어느 때. '하일何日', '하시何時'와 같다. 甲兵(갑병) – 갑옷과 병기. 전쟁을 가리킨다.

[思見 2구]

《두공부초당시전》 전쟁을 끝내고 백성들이 모두 각자의 일을 즐길 수 있게 하고자 함을 말한다.(謂欲休兵, 使民皆樂其業也.)

25 葛天民(갈천민) – 갈천씨葛天氏의 백성. 상고 태평 시대의 사람들을 가리킨다. 갈천씨는 전설상의 고대 황제 이름이다. 일설에는 고대의 부락 이름이라고도 한다. '民'은 '氏'로 된 판본도 있다.

《두시상주》에 인용된 《제왕세기帝王世紀》 대정씨로부터 갈천씨에 이르기까지 모두 염제라고 부른다.(大庭氏至葛天氏, 皆號炎帝.)

26 黃屋(황옥) — 고대 제왕 전용의 황색 비단으로 만든 수레 덮개를 말한다. 여기서는 천자를 가리킨다. '屋'은 '綺'로 된 판본도 있다.

《두시상주》에 인용된 이비李斐의 《한서음의漢書音義》 '황옥'은 수레 위의 덮개로 천자의 의장이며 황색 비단으로 안감을 삼는다.(黃屋, 車上蓋, 天子之儀, 以黃繒爲裏.)

[上古 2구]

《두공부초당시전》 오늘날 세속이 경박하고 사람들이 협잡을 일삼아 걸핏하면 난을 일으켜 천자로 하여금 몽진하게 한 것을 슬퍼한 것이다.(傷今俗薄人詐, 動輒爲亂, 故使天子蒙塵也.)

27 阮籍(완적) — 삼국 위魏나라의 위씨尉氏 사람으로 자는 사종嗣宗이다. 죽림칠현의 한 사람이다.

《두시상주》에 인용된 《완적전阮籍傳》 완적이 본래 세상을 구제할 뜻이 있었는데 위진의 교체 시기에 속하여 천하에는 변고가 많아 명사 가운데 온전하게 몸을 보전한 사람이 적었다. 완적은 이로 말미암아 세상사에 관여하지 아니하고 마침내 얼큰하게 술을 마시는 것으로 일상을 삼았다. 종회가 자주 시사를 가지고 그에게 물어 그 가부에 따라서 그에게 죄를 뒤집어씌우려고 했지만 얼큰히 취함으로써 모면할 수가 있었다.(籍本有濟世志, 屬魏晉之際, 天下多故, 名士少有全者, 籍由是不與世事, 遂酣飮爲常. 鍾會數以時事問之, 欲因其可否而致之罪, 以酣醉獲免.)

[上古 4구]

《두공부시집집주》 상고 시대라야 황제가 비로소 근심이 없을 수 있거니와 지금이 어느 때인가? 그런데도 완적의 무리들은 다만 술에 빠져 자신만을 도모하고 있다는 말이다. 자신이 최집, 이봉 등과 더불어 천자를 위해 걱정을 나눌 수 없음을 한탄한 것이다.(言上古之世, 黃屋始可無憂. 今何時乎. 而阮籍之流, 止沉飮以謀身. 嘆己與崔

李輩, 無能爲天子分憂也.)

#《두시상주》: 이 단락은 봄 경치를 바라보며 시사를 슬퍼한 것이다.(此, 對春而慨時事.)

28 威鳳(위봉) – 위의威儀를 갖춘 봉황. 옛날에는 봉황이 위의를 갖추고 있다고 보았다. 高其翔(고기상) – 높이 날아가다. '高其'가 '自高'로 된 판본도 있다. 이 구는 현자들이 은둔한 것을 말한다.

《두시상주》《한서 · 효경기》에 "남군에서 백호와 위봉을 잡아 보물로 삼았다."라고 했는데 진작은 "(위봉은) 봉황 가운데 위의를 갖춘 것이다."라고 하였다.(漢孝景紀, 南郡獲白虎威鳳爲寶. 晉灼曰, 鳳之有威儀者也.)

《두시경전》 이 구는 현인이 은둔한 것을 말한다.(句謂賢人隱遯.)

29 長鯨(장경) – 긴 고래. 큰 고래를 말한다. 여기서는 안녹산을 비유한다. 呑(탄) – 삼키다. 九州(구주) – 구주는 천하를 뜻한다. 고대에는 중국을 아홉 개의 주로 나누었다. 그 명칭은 책마다 차이가 있는데 《서경 · 우공禹貢》에는 기冀, 연兗, 청靑, 서徐, 양揚, 형荊, 예豫, 양梁, 옹雍으로 되어 있다.

30 當歌(당가) – 노래하는 자리를 만나다. 술자리에서 노래하는 상황이 된 것을 말한다. 一放(일방) – 한 번 노래하다.

31 收(수) – 거두다. 눈물을 거둔다는 말이다.

32 濁醪(탁료) – 흐린 술. 막걸리.

33 庶(서) – 바라다. 用(용) – '與'로 된 판본도 있다. 沉浮(침부) – 세속에서 부침하는 신세를 뜻한다.

#《두시상주》: 이 단락은 난리를 슬퍼하고 술을 빌어서 근심을 달래는 것이다. 위의를 갖춘 봉황이 높이 날아가 버려 큰 고래가 삼키게 되었다는 것은 대체로 현인이 떠나가서 반군이 들끓게 되었다는 것으

로 장구령이 재상에서 파직된 경우가 이에 해당한다. 땅이 뒤집어지고 강물이 어지럽게 흐르는 것은 윗 단락의 '갑병'과 호응한다. 흐린 술을 가지고 자위하는 것은 윗 단락의 '숙취'와 호응한다.(此傷亂而借酒遣憂也. 威鳳高翔, 以致長鯨呑噬, 蓋賢人去而盜賊熾, 如張九齡之罷相是也. 地翻川亂, 應上甲兵. 濁醪用慰, 應上熟醉.)

《두시경전》: 마지막 단락은 봄 경치를 마주하며 시사에 대하여 느낀 바를 적은 것이다. (이백의 〈宣州謝朓樓餞別校書叔雲선주사조루전별교서숙운〉 시에) 이른바 "술잔을 들어 시름을 녹여도, 시름은 더욱 깊어진다."라는 것이다.(末對春景而感時事. 所謂擧杯消愁愁更愁也.)

##《독두심해》: 층차를 두고 기술하기 시작하여 '최집, 이봉'과 '마음이 통한다'는 사실을 말한 곳에 이르러 시상이 한 번 멈추었고, 이어서 아래에는 '술을 마신 일'을 함께 제시하고 다시 두 사람을 나누어 표현하여 한 단락을 이루었다. '초아' 이하는 시사를 생각하며 슬퍼하여 '흐린 술'을 빌어 운명에 맡겨버리는 것을 돕도록 하였다. 그런데 우회적이고 곡진하여 근심이 바야흐로 길다. '위의를 갖춘 봉황이 높이 날아간다'는 것은 치세의 기운이 이미 멀어졌음을 비유하여 말한 것인데 또한 자신과 최집, 이봉 등이 직권을 얻지 못하였다는 뜻을 몰래 담고 있다.(層次敍起, 到點落崔李會心處一頓, 接下合提得酒, 復分表兩君, 作一段. 草芽以下, 撫時感事, 假濁醪以爲任運之助. 而紆廻繾綣, 憂正長也. 威鳳高翔, 喩言治運旣遠, 亦隱寓己與崔李輩不得事權意.)

《구가집주두시》 조차공 주: 이 시의 첫 단락은 대체로 일을 서술하였고, 아래 단락에서는 사물로 인하여 감회를 느끼고 마침내 술에 그것을 부쳐서 스스로를 달래고 있다. 봄이 되어 밭에 농사일이 있을 즈음인데 전쟁이 그치지 않으니 나라를 걱정하고 임금을 생각함에 가슴

속에 감개가 없을 수 없었던 것이다.(此篇初段蓋敍事耳. 下段因物感懷而終付之於酒以自遣也. 當春有事乎田疇之際, 而甲兵不休, 憂國念君, 不能無慨乎中矣.)

(이석형)

26. 白水崔少府十九翁高齋三十韻

백수현의 최 소부 고재에서 지은 30운의 시

客從南縣來[1] 浩蕩無與適[2] 旅食白日長 況當朱炎赫[3]
高齋坐林杪[4] 信宿游衍闃[5] 淸晨陪躋攀[6] 傲睨俯峭壁[7]
崇岡相枕帶[8] 曠野迴咫尺[9] 始知賢主人[10] 贈此遣愁寂[11]
危階根靑冥[12] 曾冰生淅瀝[13] 上有無心雲 下有欲落石
泉聲聞復息[14] 動靜隨所激[15] 鳥呼藏其身 有似懼彈射[16]
吏隱適情性[17] 玆焉其窟宅[18] 白水見舅氏[19] 諸翁乃仙伯[20]
杖藜長松下[21] 作尉窮谷僻 爲我炊雕胡[22] 逍遙展良覿[23]
坐久風頗怒[24] 晩來山更碧 相對十丈蛟[25] 欻翻盤渦坼[26]
何得空裏雷[27] 殷殷尋地脈[28] 烟氛靄崷崒[29] 魍魎森慘戚[30]
崑崙崆峒巔[31] 回首如不隔[32] 前軒頹反照[33] 巉絶華嶽赤[34]
兵氣漲林巒[35] 川光雜鋒鏑[36] 知是相公軍[37] 鐵馬雲霧積[38]
玉觴淡無味[39] 胡羯豈强敵[40] 長歌激屋梁[41] 淚下流衽席[42]
人生半哀樂 天地有順逆 慨彼萬國夫[43] 休明備征狄[44]
猛將紛塡委[45] 廟謀蓄長策[46] 東郊何時開[47] 帶甲且未釋[48]
欲告淸宴罷[49] 難拒幽明迫[50] 三歎酒食傍[51] 何由似平昔[52]

객이 남쪽 마을로부터 왔는데
마음이 불안하여 쾌적한 것이 없었다.
떠돌며 먹자니 한낮이 긴데

하물며 태양이 이글거리는 여름을 맞았음에랴!

고재가 숲 끝에 걸려 있는데
이틀을 묵으면서 유람을 하지 못하다가,
맑은 새벽에 외숙부를 모시고 산에 올라
깎아지른 절벽을 호기롭게 굽어본다.
높은 산들은 서로 베고서 두르고 있고
넓은 들은 지척에 둘러 있으니,
비로소 알겠구나, 어진 주인이
이곳을 주어 시름과 고독을 풀게 했음을.

높은 계단은 푸른 하늘에 뿌리를 내려
두터운 얼음인 듯 서늘한 기운이 이는데,
위로는 무심한 구름이요
아래로는 떨어질 듯한 바위가 있다.
샘물 소리는 들리다가 사라지니
시끄럽다 조용해지는 것은 부딪히는 데 따라서이고,
새는 소리 내며 몸을 숨기나니
쏘아 맞출까 두려워하는 듯하다.

관리로서 은거하는 것이 성정에 맞으니
이곳이 그 집이로다.
백수에서 외숙부를 뵈었는데
여러 노인들이 바로 신선이시더라.
높다란 소나무 아래서 명아주 지팡이 짚고

깊은 골짜기 궁벽한 곳에서 현위가 되시어,
나를 위해 고미밥을 지어주시니
소요하면서 좋은 만남을 펼치노라.

오래도록 앉아 있으니 바람이 자못 거세졌는데
저녁이 되자 산은 더욱 푸르다.
마주 대한 것은 열 길이나 되는 용
갑자기 소용돌이를 뒤집어 터뜨리니,
어떻게 공중의 우레를 얻어
으르렁거리며 지맥을 찾게 했을까?
안개가 높은 곳까지 자욱하니
산도깨비도 삼연히 무서워하고,
곤륜산과 공동산의 정상이
고개를 돌려 보면 앞에 있는 듯하다.

앞창에 되비친 햇살이 떨어지며
높디높은 화악이 붉게 물든다.
무기의 기운이 숲과 산에 가득하고
시냇물 빛에는 창과 화살촉이 뒤섞여 있는 듯하여,
상공의 군대
그 철마가 구름과 안개처럼 모여 있음을 알겠다.
옥잔의 술도 싱거워 맛이 없지만
오랑캐가 어찌 강적이리오?
긴 노랫소리가 집 대들보에 부딪히고
눈물이 흘러 자리를 적신다.

인생에는 슬픔과 기쁨이 반반이요
천지에는 순조로움과 거스름이 있기 마련이라,
감개하노니 저 만국의 장부들이
태평한 시절에 오랑캐 정벌을 준비하여,
용맹한 장수들이 많이 모였고
조정에는 훌륭한 책략이 쌓였는데,
동쪽 들은 언제나 열릴런가?
입은 갑옷도 아직 벗지 못하는구나.

맑은 잔치 파한다고 고하려 함은
어둠이 찾아오는 것을 막을 수 없어서라.
술과 밥을 두고 세 번이나 탄식하나니
어떻게 해야 옛날과 같아지려나?

이 시는 두보가 천보 15년 여름, 피난 중에 봉선현奉先縣에서 가족을 데리고 백수현白水縣으로 외숙부인 최 씨를 찾아갔을 때 지은 것이다. 시 속에 여정의 어려움, 고재의 경물, 외숙부의 환대와 연회, 전란의 시국에 대한 걱정 등을 다양하게 서술하고서 예전과 같은 태평성세를 염원하며 끝맺고 있다. 시제의 '소부'는 현위縣尉의 별칭이고, '십구'는 형제간의 순서이다. '고재'는 서재가 산 높은 곳에 있어서 그렇게 부른 듯하다. 한편 고유명사로서 서재의 이름으로 보기도 한다.

《보주두시》 왕수 주에 "천보 15년 5월에 지었다. 백수현은 풍익군

동주에 속한다. 진 문공 때 청수를 쪼개 백수를 설치했는데 바로 한대의 팽아현이다."라고 하였고, 포표 주에 "숙종 원년은 현종 천보 15년이다. 병신년 5월, 두보는 나이 마흔다섯으로 봉선현에 있었는데, 외숙부인 최 씨가 백수현의 현위였기에 백수를 찾아갔다가 이 시를 지은 것이다."라고 하였다.(洙曰, 天寶十五載五月作. 白水屬馮翊郡同州. 秦文公分靑水爲白水, 卽漢彭衙. 鮑曰, 肅宗元年, 乃明皇天寶十五載也. 歲次丙申五月, 公年四十有五, 在奉先, 以舅崔公爲白水縣尉, 故適白水, 有是詩.)

주 석

1 客(객) – 두보 자신을 가리킨다. 南縣(남현) – 남쪽 마을. 여기서는 봉선현을 가리킨다. 봉선현이 백수 남쪽에 있어서 이런 말을 썼다. 한편 봉선현의 옛 이름인 '남백수현南白水縣'에서 따온 것이라는 설도 있다.

《두공부초당시전》 남현은 봉선현을 말한다. 봉선현은 백수 남쪽에 있다.(南縣謂奉先縣也. 奉先在白水之南.)

《두시전주》 《환우기》에 "포성현은 본래 한 중천현 지역이었다. 후위가 백수현을 쪼개 남백수현을 설치했는데, 백수의 남쪽에 있다는 이유로 그런 이름을 지었다. 폐제 3년에 포성으로 바꿨고, 개원 때 봉선으로 바꿨다."라는 기록이 있다. 두보는 봉선현으로부터 오며 옛 이름을 따랐기에 '남'이라 한 것이다.(寰宇記, 蒲城縣, 本漢重泉縣地. 後魏分白水縣置南白水縣, 以在白水之南爲名. 廢帝三年, 改爲蒲城, 開元中, 改爲奉先. 公從奉先來, 循其舊名, 故曰南.)

2 浩蕩(호탕) – 아득히 넓은 모양. 여기서는 마음이 안정되지 못하고 어수선한 모양을 뜻한다. 與(여) – 나와 더불어. 나에게. 適(적) – 적합하다. 쾌적하다. 《두시언해》에서는 '가다'라는 뜻으로 풀이하기

도 하였다.

《문선》 사조謝朓 〈화왕저작팔공산和王著作八公山〉 시 '浩蕩別親知'의 이선李善 주 한 엄기의 〈애시명〉에 '지호탕이상회'라는 구절이 있는데 왕일의 주에 "마음이 흔들려 망연히 수심에 젖은 채 초나라를 생각하는 것이다."라고 하였다.(漢嚴忌哀時命, 志浩蕩而傷懷, 注, 中心浩蕩, 罔然愁思, 念楚國也.)

3 朱炎(주염)– 여름을 뜻한다.

《구가집주두시》 조차공 주 양 원제의 《찬요》에 "여름을 '주하'라 하기도 하고, '염하'라 하기도 한다."라는 말이 있다.(梁元帝纂要, 夏曰朱夏炎夏.)

#《두시상주》: 첫 단락에서는 고재에 온 자취를 서술하면서 아울러 계절을 기록하였다. 《두억》에 "두보는 한창 피난 중이었기에 '호탕'이라든지 '여식'이란 말이 있게 된 것이다."라고 하였다.(首敍來踪, 兼記時候. 杜臆, 公方避亂, 故有浩蕩旅食之語.)

4 坐(좌)– 건물이 위치하고 있음을 말한다. 두보가 앉은 것으로 보기도 한다. 林杪(임초)– 숲 속의 나뭇가지 끝. 서재가 높은 곳에 위치하고 있는 것을 말한다.

5 信宿(신숙)– 이틀 묵다. 游衍(유연)– 마음껏 노닐다. 闃(격)– 비다. 단절되다. 유람을 하지 못했다는 말이다.

《구가집주두시》 《좌전》에 "이틀 묵는 것을 '信'이라 한다."라고 하였다.(左傳, 再宿曰信.)

《시경 · 대아大雅 · 판板》 넓은 하늘이 훤하여, 그대의 노니는 데에 미친다.(昊天曰旦, 及爾游衍.)

《구가집주두시》 조차공 주 (이 구절은) 고재에서 이미 이틀을 묵었지만 유람을 하지 못했다는 것을 말한다.(言於高齋已再宿矣, 而未嘗得遊歷也.)

6 陪(배)– 모시다. 최 씨를 모신 것을 말한다. 躋攀(제반)– 오르며 잡아당기다. 등산하는 행위를 말한다.

7 傲睨(오예)– 오만하게 보다. 즉 호기로운 기분으로 본다는 뜻이다. 峭壁(초벽)– 깎아지른 듯이 높은 절벽.

8 枕帶(침대)– 베고서 두르다. 이 구는 산이 첩첩이 쌓인 채 연이어져 있음을 뜻한다.

9 迴(회)– 둘러 있다. '迥' 또는 '懷'로 되어 있는 판본도 있다. 이 구절은 넓은 들판이 가까이 보이는 것을 말한다.

《구가집주두시》 조차공 주 들이 비록 넓기는 하지만 지척처럼 가깝게 품고 있다는 말이다.(言野雖曠遠, 而懷之若咫尺也.)

10 賢主人(현주인)– 어진 주인. 최 소부를 가리킨다.

11 遣(견)– 풀게 하다.

#《두시상주》: 이 단락은 고재에서 본 먼 경관을 서술한 것이다. 당시 두보는 고재에 기거하고 있었으므로 아침저녁으로 뛰어난 경치를 둘러볼 수 있었다. '증차견수'라고 말한 것은 몸을 맡겨 거처하게 된 것을 기뻐한 것이다.(此敍高齋遠景. 時公寄寓高齋, 故得朝夕覽勝, 曰贈此遣愁, 喜託居也.)

12 危階(위계)– 높은 계단. 靑冥(청명)– 푸른 하늘을 가리킨다. 산의 숲을 가리키는 것으로 보기도 한다. 이 구는 계단이 높은 곳에 있음을 말한다.

《두시상주》 '청명'은 나무의 색깔을 말한다.(靑冥, 言樹色.)

《두공부초당시전》 이는 서재 건물이 높아서 푸른 구름이 아득히 떠 있는 곳에 위치하고 있다는 것을 말한다.(此言齋館之高, 據于靑雲杳冥之際也.)

13 層冰(층빙)– 층층의 얼음. 여기서는 숲의 그늘에서 나오는 기운을 비유한다. 淅瀝(석력)– 기운이 서늘한 모양.

《두공부초당시전》 높아서 차가운 기운이 사람에게 엄습하는 것이 얼음 같음을 말한다.(言高而冷潤之氣襲人如氷也.)

14 息(식)– 그치다. 멈추다. '急'으로 되어 있는 판본도 있다.

15 動靜(동정)– 움직임과 고요함. 물의 소리가 있고 없는 것으로 볼 수도 있고, 물의 흐름을 표현한 말로 볼 수도 있을 듯하다. 激(격)– 부딪치다. '擊'으로 되어 있는 판본도 있다.

《두시언해》 물소리가 나고 안 나는 것이 바위에 부딪히는 데 따라 있고 없고 하는 것이다.(泉聲動靜, 隨所激石而有無也.)

16 彈射(탄석)– 탄환으로 쏘아 맞추다. 사냥을 뜻한다.

[泉聲 4구] 《두공부초당시전》에서는 물소리를 사람의 마음과 연계시키고, 새의 움직임을 최 소부의 입장과 연계시켜 해석하기도 하였다.

《두공부초당시전》 '동정' 구는 경물이 혹은 움직이고 혹은 조용한 것이 눈으로 보는 것에 따라 생긴다는 말이다. 물소리가 혹은 들렸다가 혹은 들리지 않았다가 하는 경우는 마음이 고요하면 들리고 마음이 격동하면 들리지 않는다는 것이다. 물소리가 있고 없고 하는 것은 샘물에 달려 있는 것이 아니라 대개 사람의 동정이 어떠한가에 달려 있는 것이다. 샘물은 감정이 없는 것인데도 그러하거늘 하물며 새는 지각이 있으니 숨었다 나타났다 하는 것이 어찌 사람 때문이 아니겠는가? 이제 그 소리는 들리되 그 몸이 보이지 않는 것은 사냥할까 두려워하기 때문이다. 새조차도 근심할 줄 아는데 하물며 사람은 만물의 영장이니 어찌 참언을 피해 은거하며 관리 생활을 하지 않을 수 있겠는가?(動靜, 言景物或動或靜者, 隨所目擊而生. 如泉聲或聞或不聞, 心靜則有聞, 心動則無聲. 泉聲之有無, 不在於泉, 蓋因人之動靜如何耳. 泉無情之物, 尙然, 況鳥有知, 一隱一見, 豈不隨人. 今聞其

聲, 不見其身, 由懼彈射故也. 鳥尙愁, 況人之靈於物者, 其可不避讒搆而隱爲吏乎.)

#《두시상주》: 이 단락은 고재에서 본 가까운 경관을 묘사한 것이다. 앞의 네 구는 본 것을 적은 것이요, 뒤의 네 구는 들은 것을 적은 것이다. '청명'은 나무의 색깔을 말한 것이고, '층빙'은 숲의 그늘을 비유한 것이다. 샘물 소리는 그윽하고 세밀하게 묘사하였고, 새소리는 슬프고 처량하게 말하였다.(此摹高齋近景. 上四記所見, 下四記所聞. 靑冥, 言樹色. 層氷, 比樹陰. 泉聲寫得幽細, 鳥呼說得慘悽.)

17 吏隱(이은) – 관리인 은자. 벼슬을 지니고 있으면서도 은자처럼 생활하는 사람. 최 소부를 가리킨다. 適(적) – 맞다. '通' 또는 '道'로 되어 있는 판본도 있다. 이 구는 관리로서 은거하는 사람에게 이런 곳이 그의 성정에 맞다고 해석할 수도 있다.

18 窟宅(굴택) – 동굴 집. 은자의 거처.

19 舅氏(구씨) – 외숙부 최 소부를 가리킨다. 다른 외숙들을 포함하여 가리키는 것으로 볼 수도 있다.

20 諸翁(제옹) – 뭇 노인들. 최 소부와 여러 외숙들을 함께 가리킨다. 乃(내) – 곧. 바로. 仙伯(선백) – 신선의 수장. 일반적으로 신선을 뜻한다.

《두시경전》 '선백'은 도원 속의 사람을 말하는 것 같다.(仙伯猶言桃源中人.)

[白水 2구] 백수현에서 최 소부를 뵈니 그를 포함한 여러 외숙들이 모두 신선 같다는 말이다.

《구가집주두시》 외숙부를 뵙고 나서 다시 다른 어른들도 만나니 모두가 신선이라는 뜻이다.(旣見舅氏, 又相遇諸公, 皆仙伯也.)

《두공부초당시전》 외숙부는 최 소부를 가리킨다. 최 씨가 신선들의 수장이라는 것을 말한다.(舅氏指崔少府也. 言崔氏爲神仙之伯焉.)

《두시상주》에 인용된 주학령 주 매복이 남창위가 되었는데 사람들이 전하기를 신선이라고 하였다. 최 씨가 백수위였기에 '선백'이라는 말로 칭한 것이다.(梅福爲南昌尉, 人傳以爲仙. 崔是白水尉, 故以仙伯稱之.)

《독두시설》 '제옹'은 곧 여러 외숙이고 '선백'은 바로 여러 외숙을 칭하는 말이다. 아마도 그들이 난을 피해 안전하게 지내는 것을 비유한 것이다. 또 (구조오는) 주학령의 설을 인용하였는데, 그렇다면 이는 단지 최 소부만을 두고 하는 말이니 '제옹'이라는 말과 어울리지 않게 된다.(諸翁卽諸舅, 仙伯乃稱諸舅, 蓋比其避亂安居也. 又引朱說……, 則是但稱少府, 于諸翁字不合矣.)

21 杖藜(장려)－ 명아주로 만든 지팡이를 짚다. 下(하)－ '陰'으로 되어 있는 판본도 있다.

22 炊(취)－ 밥을 짓다. 雕胡(조호)－ 줄풀에서 나는 쌀의 일종. 고미菰米. '彫胡'라고도 한다. 최 소부가 자신을 잘 대해 주었다는 의미가 담겨 있다.

《구가집주두시》 조차공 주 '조호'는 줄풀에서 나는 쌀이다. 밥을 지으면 매우 기름지다.(雕胡, 菰米也. 爲飯極滑.)

《두시상주》에 인용된 송옥宋玉의 〈풍부風賦〉 주인의 딸이 신을 위해 고미밥을 지어 주었다.(主人之女, 爲臣炊雕胡之飯.)

23 良覿(양적)－ 좋은 만남. 반가운 해후.

#《두시상주》: 이 단락에서는 외숙부가 정성스럽게 대해 준 애정을 기술하였다. 최옹이 현위로 있고 여러 외숙들이 그곳에 있었는데, 난을 피하여 상봉하였기에 반가운 만남을 기뻐한 것이다.(此述舅氏款待之情. 崔翁作尉, 諸舅在焉, 避亂相逢, 故喜良覿.)

24 怒(노)－ '愁'로 되어 있는 판본도 있다.

25 十丈蛟(십장교)－ 열 길 되는 교룡. 폭포수를 비유하는 말로 보인다.

26 欻(훌)－ 갑자기. 盤渦(반와)－ 소용돌이. 坼(탁)－ 터지다. 폭포가 떨어져 격하게 소용돌이를 일으키는 모습을 형용한다.

[相對 2구] 이 이하는 안녹산의 난에 대한 근심을 경물 묘사에 투영한 것으로 보는 설이 있다.

27 空裏雷(공리뢰)－ 공중의 우레.

28 殷殷(은은)－ 우르릉하고 천둥이 칠 때 나는 소리. 尋地脈(심지맥)－ 지맥을 찾다. 우레 같은 폭포수 소리가 땅 밑에까지 울리는 것을 말한다.

육우陸友《연북잡지硏北雜志》 오흥 사람이 말하길 "장마 때 벼락이 치면 반드시 지맥이 열려 그 때문에 산에서는 홍수가 발생한다."라고 하였다.(吳興人說, 久雨遇雷, 地脈必開, 山爲之發洪.)

[何得 2구] 계곡 밑에서 우레 같은 소리가 들리기에 이를 의아하게 여겨, 교룡이 우레 소리를 내며 지맥을 찾는 것인가 하고 상상해 본 것이다. 한편 두보가 지맥을 찾는 것으로 보는 설도 있으나 취하지 않는다.

《구가집주두시》 조차공 주 갑자기 천둥소리가 들리지만 어디서 일어나는지를 모르기에 괴이하게 여긴다. 이에 우르릉거리는 소리를 판별하며 지맥이 있는 곳을 찾는 것이다.(忽聞雷聲, 不知起於何處, 故怪之. 於此辨其殷殷之聲, 而尋地脈所在.)

[相對 4구]

《두공부초당시전》 '십장교'는 안녹산을 비유한다. 여기서부터는 안녹산의 반란을 기탁하고 있다. '공리뢰'는 안녹산의 군대가 위력을 떨치는 것을 비유한다. 당시 경사가 안녹산에게 짓밟혀 마치 소용돌이가 교룡에 의해 뒤집어지는 듯하였는데, 하물며 반군의 위력이 엄청나 향하는 곳마다 모두 격퇴시켰으니 마치 천둥소리가 지맥을 찾아오는 듯하다는 것이다.(十丈蛟喩祿山也. 此已下寓意祿山之叛. 空裏雷, 以喩祿山兵威之震. 時京師蹈於祿山, 如盤渦爲蛟所翻, 況兵威振赫, 所向皆摧, 如雷聲尋地脈而來也.)

29 烟氛(연분)－ 안개. '氛'은 '氣'로 되어 있는 판본도 있다. 靄(애)－ 자욱하다. '藹'로 되어 있는 판본도 있다. 崷崒(추줄)－ 산이 높은 모양. 이 구는 안개가 높은 곳까지 끼어 있음을 말한다.

30 魍魎(망량)－ 산천의 정괴精怪. 산도깨비. 森(삼)－ 삼연森然히. 으스스한 모양. 빽빽하고 많은 모양으로 보는 설도 있다.

《두시상주》 《좌전》 '魑魅魍魎'의 두예杜預 주에 "망량은 시내와 못의 신이다."라고 하였다. 《회남자》에는 "모습은 세 살 된 어린아이 같고 피부가 적흑색에 눈이 붉고 귀가 길며 아름다운 머리카락을 하고 있다."라는 말이 있다.(左傳, 魑魅魍魎, 注, 魍魎, 川澤之神也. 淮南子, 狀如三歲小兒, 赤黑色, 赤目, 長耳, 美髮.)

《구가집주두시》 '망량'은 산속의 영물이다.(魍魎, 山中之物.)

[烟氛 2구]

《구가집주두시》 조차공 주 높은 곳까지 자욱하다는 것은 안개의 기운이 덮고 있기 때문에 자욱한 것이고, 삼연히 무서워한다는 것은 안개 속에서 천둥소리를 듣기 때문에 그런 것이다. '森'은 많다는 것을 말하려는 것이다.(藹崷崒, 以烟氛之氣所冒, 藹藹然也. 森慘戚, 以在烟氛之間, 聞雷聲而然也. 森, 以言其多矣.)

《두공부초당시전》 요사한 기운이 어지러이 일어나자 도깨비와 같은 사악한 것들이 모두 그것에 붙어 혼란을 일으킨다는 것을 말한다.(言妖氣紛起, 而魍魎邪物, 皆附之而爲亂.)

31 崑崙崆峒(곤륜공동)－ 곤륜산과 공동산. 여기서는 백수현에 있는 산들을 비유한다.

32 如(여)－ '知'로 되어 있는 판본도 있다. 不隔(불격)－ 떨어져 있지

않다. 얼마 떨어져 있지 않은 것을 말한다.

[崑崙 2구]

《두공부초당시전》 곤륜산과 공동산 아래로 다시 토번이 쳐들어와 약탈할까 근심하는 것은 그들과 서로 연합할 것이기 때문이라는 말이다.(言崑崙崆峒之下, 復恐吐蕃入寇, 與之相連結故也.)

#《두시상주》: 이 단락은 산 속의 변화무쌍한 모습을 서술한 것이다. 바람이 거세게 불고 물이 격하게 출렁이므로 교룡이 소용돌이를 터뜨리고, 천둥이 치고 안개가 자욱하여 산도깨비도 무서워하는 것이다. 《두억》에서 "경치를 묘사하면서도 시사를 아울러 반영하여 말이 비와 부를 포함하고 있다는 것이 바로 이런 경우이다. 구름 낀 봉우리가 높이 솟은 것이 마치 곤륜산과 공동산 같아서 고개를 돌리면 얼핏 보일 듯하다."라고 하였다.(此述山中變幻之狀. 風狂水激, 故蛟坼盤渦. 雷動烟迷, 故魍魎慘戚. 杜臆, 謂寫景而兼影時事, 語含比賦, 是也. 雲峰矗峙, 如崑崙崆峒, 回首恍見焉.)

33 前軒(전헌) – 앞창. 頹(퇴) – 떨어지다. 빛이 아래로 비치다. '摧'로 되어 있는 판본도 있다. 反照(반조) – 서쪽으로 지는 해의 햇살이 반대편에 반사되어 비치는 것을 뜻한다.

《두시상주》 주학령의 주에 "화산이 백수현의 동남쪽에 있다."라고 했다. 그래서 앞창에 보이는 것이다.(朱注, 華嶽在白水東南. 故見於前軒.)

《두시경전》 '퇴'는 아래로 비치는 것이다.(頹, 下照也.)

《구가집주두시》 조차공 주 《이아》에 "낙조 때의 햇살이 동쪽에 되비치는 것을 '반영'이라 한다."라는 말이 있다.(爾雅, 落光反照於東, 謂之反景.)

34 巉絶(참절) – 우뚝 솟은 모양. 華嶽(화악) – 화산華山.

35 兵氣(병기) – 무기에서 뿜어져 나오는 기운. 漲(창) – 가득하다. 林巒

(임만)– 숲과 산봉우리. 산림을 가리킨다.

36 鋒鏑(봉적)– 칼날과 화살촉.

[兵氣 2구] 안녹산을 진압하기 위한 가서한哥舒翰의 군대가 가까운 곳에 주둔하고 있음을 말한다.

《두공부시집집주》 당시 가서한이 20만 군대를 이끌고 동관을 지키고 있었는데, 동관은 화주에 속하여 백수현과 가깝기에 무기의 기운이 이처럼 성대하게 보인 것이다.(時哥舒翰統兵二十萬守潼關, 潼關屬華州, 與白水近, 故見兵氣之盛如此.)

37 相公(상공)– 재상으로서 공작에 봉해진 사람. 가서한을 가리킨다. 한편 양국충을 가리킨다고 보는 설도 있으나 취하지 않는다.

《구가집주두시》 조차공 주 '상공'은 가서한을 두고 한 말이다. …… 가서한의 전기에 의하면 천보 14년에 안녹산이 반란을 일으키자 황제가 가서한을 불러 태자선봉병마원수에 임명하여 동관을 지키게 하였고, 이듬해에 상서좌복야 동중서문하평장사로 승진시켰다고 한다. 그래서 '상공군'이라고 말한 것이다.(相公, 指言哥舒翰. …… 按翰傳, 天寶十四載, 祿山反, 帝召翰拜太子先鋒兵馬元帥, 守潼關. 明年, 進拜尙書左僕射同中書門下平章事. 故云相公軍也.)

《두시상주》 고염무가 말하길 "전대에 재상에 임명된 사람은 반드시 공작에 봉해졌기에 '상공'이라고 불렀다. 만약 왕에 봉해지면 '상왕'이라고 불렀다."라고 하였다.(顧炎武曰, 前代拜相者必封公, 故稱之曰相公, 若封王則稱相王.)

《독두시설》 이제 고염무의 설에 의거한다면 여기서의 상공은 가서한을 가리키는 것이 아니다. 《구당서》에 의하면 안녹산이 반란을 일으키자 가서한을 태자선봉병마원수에 임명하고 이듬해 상서좌복야 동중서문하평장사에 승진시켰다고 한다. 비록 재상직을 겸하기는 했지만 이는 직접 담당한 것이 아니니 실권이 없는 직함인 셈이다. 하물며 가서한은 천보 13년에 이미 서평군왕에 봉해졌으니 고염무의 말대로라면 의당 상왕이라고 불러야 할 것이다. 여기서의 '상공군'은 양국충이 동관으로 차출하여 파견한 병사들을 가리킨다. 그러기에 아래에 '만국'이니 '묘모'니 하는 구절이 있는 것이다.(今按顧說, 則此相公非指翰矣. 舊唐書, 祿山反, 以翰爲先鋒兵馬元帥, 明年, 進位尙書左僕射同中書門下平章事, 雖兼相職, 然但遙領, 猶虛銜也. 況翰于天寶十三載, 已封西平郡王, 如顧說, 則又當稱相王. 此相公軍, 當指楊國忠調赴潼關之兵, 故下有萬國及廟謀等句.)

38 雲霧(운무) – 구름과 안개. 병사들이 매우 많은 것을 비유한다. '雲'은 '烟'으로 되어 있는 판본도 있다.

[知是 2구] 가서한의 군대가 건재한 상태임을 말한다.

《보주두시》 가서한의 군대가 아직 패하지 않았다는 것을 가리킨다. 6월 병술일에 가서한은 안녹산과 영보현의 서쪽 평원에서 싸우다가 패했다.(指哥舒翰軍未敗而言也. 六月丙戌, 翰與祿山戰于靈寶西原, 敗績.)

39 玉觴(옥상) – 옥으로 만든 술잔. 술을 가리킨다. 최 소부가 차려준 것이기에 이렇게 미칭한 것이다. 無味(무미) – 맛이 없다. 두보가 술맛을 느끼지 못함을 말한다. 이와 달리 '옥상'을 황제가 차린 것으로 보고 술맛을 느끼지 못하는 주체를 천자로 보는 설도 있다.

40 胡羯(호갈) – 호족胡族과 갈족羯族. 모두 북쪽 변방에 사는 민족들인데 여기서는 안녹산을 비하하여 한 말이다.

《두시상주》에 인용된 《당서唐書》 안고경이 안녹산을 꾸짖으며 말하길 "너는 본래 영주에서 양이나 치던 갈 종놈이다."라고 하였다.(顔杲卿罵祿山曰, 汝本營州牧羊羯奴.)

[玉觴 2구] 안녹산 때문에 근심에 젖긴 하지만 가서한이 있어 안녹산이 결코 대적하지 못할 것이라는 것을 말한다.

《구가집주두시》 조차공 주 천자가 일 때문에 늦게 식사를 하여 어주임에도 불구하고 맛이 없긴 하지만 상공의 군대가 있으니 안녹산 또한 대적할 수가 없다는 것을 말한다. 시인이 왕의 근심을 생각하여 풀어주려고 한 말이다.(言至尊旰食, 雖御酒而無味, 然有相公之軍, 胡羯亦不足敵. 詩人念王之憂而寬之之語也.)

《독두시설》 이제 시의 의미를 살펴보면 단지 스스로 술을 마시고 싶은 마음이 없다는 것을 말하는 것이 틀림없다. 전반부에서 한창 고재의 경관을 서술하다가 그 김에 화산의 무기 기운을 보게 되었고, 결국 보잘것없는 오랑캐들을 어찌 이처럼 미친듯이 날뛰게 만들었는가 하는 데까지 느낌이 미친 것이다. '나를 위해 고미밥을 지어준다'고 한 것은 술을 마시고 싶은 마음은 없고 단지 밥을 배불리 먹고 싶다는 것을 말하고, 아래 '長歌' 2구는 술을 차려 놓고 소리 높여 노래를 부르니 자신도 모르게 눈물이 흘렀다는 것을 말한다. 만약 이 구절이 천자가 늦게 식사를 하게 된 것을 말하는 것이라면 위와 아래의 의미가 모두 연결되지 않는다.(今按詩意, 當只自言無心飮酒耳. 前半方敍高齋之景, 因望見華岳兵氣, 遂感及區區胡羯, 何使之猖猖如此. 云爲我炊雕胡, 是言無心飮酒, 但欲飽飯也. 下長歌二句, 則言置酒高歌, 不覺淚下. 若此句謂天子旰食, 上下意俱不貫矣.)

41 激屋梁(격옥량)— 집의 대들보에 부딪치다. 노랫소리의 여운이 길게 맴도는 것을 뜻한다.

《두시상주》에 인용된 《열자列子》 한아가 옹문에 들러 노래를 팔아 밥을 구했는데, 이미 떠나도 여운이 대들보를 감돌았다.(韓娥過雍門, 鬻歌假食, 既去而餘音繞梁.)

42 衽席(임석)— 방석.

[知是 6구]

《두공부초당시전》 '상공'은 가서한을 가리킨다. …… 안녹산이 본래 '호'족 출신이기에 '호갈'이라 한 것이다. 두보는 고재에서 잔치에 참여하였다가 눈을 들어 경사를 향하며 안녹산이 함부로 반역을 일으킨 것을 멀리서 생각하게 되었고, 술을 마셔도 그 때문에 맛이 없었던 것이다. 다시 오랑캐가 끝내 반드시 패할 것이니 어찌 강적이 되겠느냐고 생각하였기에 감개가 일어 그 때문에 길게 노래를 부르니 대들보의 먼지가 흔들렸던 것이다. 또 그 때문에 눈물을 흘리며 천자가 피신하고 백성들의 삶이 편안하지 못한 것을 마음 아파한 것이다.(相公指哥舒翰也. …… 祿山本胡人, 故云胡羯. 甫宴于高齋, 擧目與京城相對, 遙思祿山僭逆, 飮酒爲之無味. 復思胡羯, 終必敗之, 豈爲强敵, 是以感慨, 爲之長歌, 激動梁塵. 又爲之下淚, 痛傷天子播越, 生民不安其居也.)

#《두시상주》: 이 단락은 화산을 바라보면서 시사를 개탄한 것이다. 화산에 병사들이 모여 있는 것은 가서한이 동관을 지키는 것이다. 옥잔의 술이 맛이 없다는 것은 천자가 정사를 돌보느라 늦게 식사하는 것이다. 그러나 궁 밖에서 군사를 전담하는 일에 알맞은 사람이 있으니 안녹산은 대적할 거리가 못 될 것이다. 또 승부를 헤아리기 어려울까 걱정되어 눈물이 자리에 떨어진다는 말을 한 것이다.(此望華山而慨時事. 華嶽屯兵, 哥舒守關也. 玉觴無味, 天子旰食也. 但專閫有人, 則祿山不足敵矣. 又恐勝負難測, 故有淚下衽席之語.)

43 慨(개)— 감개하다. '개탄하다'로 풀이하는 설도 있다. 萬國夫(만국부)— 여러 나라의 사내들. 즉 여러 지역에서 차출된 군사들을 가리킨다.

44 休明(휴명)— 아름답고 밝다. 태평한 시절을 뜻한다. 狄(적)— 오랑캐. '敵'으로 되어 있는 판본도 있다.

[慨彼 2구] 예전 태평한 시절에 각 지역의 장부들이 오랑캐 정벌에 대비했다는 말이다. 이와 달리 현재의 일로 보기도 한다.

《구가집주두시》 조차공 주 안녹산의 난이 예상하지 못한 가운데 일어났기에 천하가 태평한 때임에도 결국은 오랑캐 정벌을 준비하게 되었다는 것을 말한다.(言祿山之禍, 起於不測, 方天下休明之際,

而乃備征狄也.)

45 紛(분) – 많은 모양. 塡委(전위) – 가득 쌓이다. 이 구는 장군들이 많이 모인 것을 뜻한다.

46 廟謀(묘모) – 종묘의 도모. 조정의 책략. 長策(장책) – 훌륭한 계책.

47 東郊(동교) – 동쪽 교외. 여기서는 가서한이 지키던 동관潼關을 가리킨다. 나아가 그 너머의 동경東京까지 포함하는 것으로 볼 수 있다.

《구가집주두시》 조차공 주 동쪽 교외는 동관을 가리킨다. 그곳이 장안의 동쪽에 있기 때문에 동쪽 교외라 한 것이다.(東郊, 指言潼關, 以其在長安之東, 故曰東郊.)

《두시경전》 당시에 동경이 이미 반군에게 함락되었다.(時東京已陷於賊.)

48 帶甲(대갑) – 갑옷을 두르다. 未(미) – '來'로 되어 있는 판본도 있다.

[猛將 4구] 장군과 재상이 협력하여 전쟁을 끝내길 바라고 있다. 그러나 그 실현 방법으로 두보가 수비에 치중할 것을 주장한다고 보는 설이 다수지만, 두보가 적극적인 공격을 주장한다고 보는 설도 있다.

《독두시설》 앞에서 '오랑캐가 어찌 강적이리오?'라고 했고 '맹장' 4구와 이어지고 있는 것을 살펴보면, 그 당시에 가서한은 동관을 굳게 지키며 끝내 나가서 싸우지 않았고 이광필과 곽자의 역시 동관을 고수할 것을 청하였지만, 두보는 그 계획을 모두 알지 못했던 것 같다. 그래서 '오랑캐가 강하지도 않은데 현재 화산에 이처럼 많은 군대가 주둔하고 있고 맹장들 또한 동관을 가득 메웠으니, 어째서 견고하게 지키기만 하며 싸우지 않는가? 아마도 조정의 계획에 달리 계책이 있겠지. 그러나 이처럼 서로 대치한다면 동쪽 교외가 언제 열릴 것이며, 저 각지에서 모여 갑옷을 입고 지키는 이들 또한 언제 그것을 벗어버릴 수 있겠는가?' 하고 의아해하는 것이다. 뜻은 바로 견고하게 지키기만 하며 싸우지 않는 것은 잘못이라는 것이다.

대개 반군이 처음 일어났을 때 피차의 상황을 깊이 아는 자가 아니면 왕왕 싸움을 겁내다가 적의 힘을 키워주는 것을 옳지 않다고 여기니 이 또한 인지상정이다. 뭇 설들은 지나치게 두보를 높여 그 역시 동관을 굳게 지키기를 원했고, 가서한, 이광필, 곽자의와 의견이 일치하였다고 여겼기에 이 시에 대해 왜곡된 설명을 많이 하였다. 그럼으로써 앞뒤의 문맥을 제대로 다 연결시키지 못하게 된 것이다. 《두시상주》에서는 노원창의 설을 인용하였는데 뜻은 엇비슷하나 말은 오히려 모호하다.(今按上言胡羯豈强敵, 接此四句, 似其時哥舒翰扼守潼關, 堅不出戰, 李光弼郭子儀, 亦請固關而守, 公皆未知其謀. 故疑胡羯非强, 今華岳屯兵如此之盛, 猛將又塡于潼關, 何以堅守不戰, 豈廟謨別有長策乎. 然如此相持, 則東郊何時可開, 彼萬國征夫帶甲而守者, 亦何時可釋乎. 意正以堅守不戰爲非也. 蓋當寇兵初起, 非深知彼此形勢者, 往往以怯戰養寇爲不然, 此亦人情所同. 諸說過推重公, 謂公亦欲固守潼關, 與哥舒李郭, 意見相合, 故于此詩多作曲說, 以致前後詞意皆不接貫. 此引盧說, 意亦相類, 唯語尙渾.)

#《두시상주》: 이 단락에서는 장수와 재상이 서로 협력하여 난리를 바로잡기를 바라고 있다. 지난날 장정들이 준비하여 정벌하였기에 지금 역적들이 관문을 범해도 노련한 장수들이 오히려 적을 막을 수 있다. 그러나 반드시 조정의 묘책은 마땅함을 얻어야 비로소 동경을 회복할 수 있을 것이다. '전위'라고 하였으니 이광필과 곽자의에게 함께 의지해야 한다는 것을 알 수 있고, '장책'이라 하였으니 오직 양국충이 계책을 잘못 쓸까 두려워한 것이다.(此冀將相協謨以靖亂. 向日丁夫, 備以征伐, 今逆賊犯關, 宿將猶可禦寇, 然必廟謨得宜, 始能恢復東京. 曰塡委, 見當兼依李郭. 曰長策, 惟恐國忠失計也.)

《두공부초당시전》: 두보 스스로 다음과 같이 한탄하였다. 세상의 사내들을 나라가 평안할 때에 은덕을 베풀어 어루만져 주지 못하고 도리어 사방의 오랑캐들을 정벌하는 길로 내몰고는, 구름처럼 많은 맹장들과 훌륭한 계책이 있어 사방을 통제할 수 있다고 공연히 믿고 있었다. 그러나 하루아침에 안녹산이 이 틈을 타 반란을 일으키니 동쪽 교외가 이 때문에 열리지 못하고, 갑옷을 입은 사내들이 언제 갑옷을 벗고 태평성대의 백성이 될 수 있겠는가?(甫自歎, 萬國之夫, 當國家休明之時, 不能推恩撫恤, 反驅之征伐四夷, 徒恃猛將如雲, 廣謀長策, 可以控御四方. 一旦祿山乘隙反叛, 東郊爲之不開, 帶甲之夫, 何時得解甲, 而爲太平之民乎.)

49 罷(파) – 파하다. 끝내다. '疲'로 되어 있는 판본도 있다.

50 幽明迫(유명박) – 어둠과 밝음이 핍박하다. 여기서는 낮이 지나고 밤이 오는 것을 말한다. '유명'이라고 한 것은 단순히 '주야晝夜'보다는 시국의 상황을 함축한 다층적인 의미를 가지는 듯하다. 밤이 다 지나고 새벽이 오는 뜻으로 보는 설도 있고, 밤낮으로 근심이 마음을 짓누른다는 뜻으로 보는 설도 있다.

《구가집주두시》 조차공 주 '유명박'은 아직 깊이 이해하지 못하겠다. 아마도 밤이 다 지나고 새벽이 다가온 것을 말하는 것일 게다.(幽明迫所未深解. 豈言夜已盡而曉逼之耶.)

《두공부초당시전》 밤낮으로 근심이 사람의 마음을 짓누른다는 뜻이다.(日夜憂迫於人.)

《두시경전》에 인용된 장진張縉 주 '유명'은 앞 단락의 '정적' 여러 구를 가리키는데 천도와 인사가 모두 근심스러움을 말한다.(幽明, 卽指上文征狄數句, 謂天道人事皆可憂也.)

51 三歎(삼탄) – 세 번 탄식하다. 음식 앞에서 세 번 탄식한다는 말은 《좌전》에 나온다. 그러나 여기서는 말만 빌려 썼을 뿐, 내용상 관계가 있는 것은 아니다.

52 平昔(평석) – 옛날.

[三歎 2구] 잔치 자리에서 음식을 들면서 옛날처럼 태평한 시기가 오기

를 바라는 마음을 표현하고 있다.

《구가집주두시》 조차공 주 (《좌전 · 소공28년》에 보이는) 염몰과 여관이 음식을 대하고서 세 번 탄식한 것을 빌려 쓴 것이다. 지금 두보가 한탄한 것은 옛날 태평하던 때와 다른 것을 한탄한 것이다.(借用閻沒女寬, 當饋而三歎. 今公所歎, 歎其不若往日太平之時也.)

#《두시상주》: 마지막에서는 최 소부의 잔치 자리로 끝을 맺었는데, 창졸간에 방황하는 뜻을 담고 있다. 어둠이 깔리며 밤이 되어 잔치가 파함을 고한다. 그런데 낮과 밤이라 말하지 않고 어둠과 밝음이라 말하였으니 역시 근심과 슬픔 속에 한 말이다. 잔치가 끝나기까지 세 번이나 탄식한 것은 술을 마셔도 흥을 다하지 못해서이다.(末結少府席上, 有倉卒彷徨之意. 暝色向幽, 故淸宴告罷. 不曰晝夜而曰幽明, 亦愁慘中語. 宴終三歎, 飮不盡興也.)

##《두시상주》에 인용된 노원창 주: 고재에서 기식할 시기에 가서한이 한창 동관을 지키고 있었는데, 이광필과 곽자의가 모두 굳게 관문을 지킬 것을 청하였으나 양국충은 가서한이 자신을 해칠지도 모른다고 두려워하여 나가서 싸울 것을 재촉하였다. 장군과 재상이 불화하여 동관이 위태롭게 된 것이다. 시에서 말한 '지시상공군, 철마운무적'은 동관을 지키는 것이 오히려 믿을 만하다는 것이고, '맹장분전위, 묘모축장책'은 마땅히 장수와 재상이 서로 협조하고 화합해야 한다는 것이고, '동교하시개, 대갑차미석'은 마땅히 창을 베고 갑옷을 깔고 지내면서 방비에 게을러서는 안 된다는 말이다. 마지막에서 '삼탄주식방, 하유사평석'이라 한 것은 다시 군대의 일을 장수가 주관하지 못하고 조정의 계책이 실패하면 동관이 반드시 함락될 것을 안 것이다.(高齋旅食時, 哥舒正守潼關, 李郭皆請固關而守, 國忠恐翰圖己, 促之出戰. 將相不和, 潼關危矣. 詩云, 知是相公軍, 鐵馬雲霧積, 謂守關猶足恃也. 猛將紛塡委, 廟謀畜長策, 謂當將相協和也. 東郊何時開, 帶

甲且未釋, 謂宜枕戈衽甲, 勿懈於防也. 終曰, 三歎酒食傍, 何由似平昔, 又知閫任不專, 廟謨失策, 潼關必潰也.)

《독두심해》: 다만 외숙부에게 의지하여 고재에서 잔치를 하며 쓴 시인데 중간에 무궁한 비유와 무수한 파란이 있어 결국 사람으로 하여금 그 끝을 다 알지 못하게 한다. 크게 나누면 무릇 네 단락이다. 첫 단락은 찾아오게 된 자취부터 말하여 고재를 주어 머무르게 한 것에 이르렀는데 간접적으로 최옹에 부합한다. 다음 단락에서는 고재의 경물부터 말하여 식사를 차려 대접한 것에 이르렀는데 분명하게 최옹을 지적하였다. 또 그 다음 단락에서는 오랫동안 앉아 있어 경물이 바뀐 것에서 느껴 발동한 깊은 정회를 써내었다. 끝 단락에서는 마음이 슬퍼져 연회를 끝내는 상황에서 도리어 최옹이 자신을 정성껏 대한 것을 돌아보고 있다. 이것이 대체적인 개요이다. 자세히 풀이하면 근심스럽고 위태로운 상황 속의 절절한 사려, 난리를 피한 고독한 자취, 군대의 형세상 승부의 기미, 세상 운수의 순환에 대한 바람이 나그네 고재에서 벗들이 잔치하는 이야기 뒤에 다 모여 있다. 그러나 시절이 위태로워 피하는 일을 묘사할 때 직접적인 언급을 피하고 다만 고재 앞의 경물을 빌려 그것을 형상화하고 있다. 더운 날인데도 그 환경이 도리어 서늘하여 샘물이 그치고 새가 숨으니 이는 모두 자취를 숨긴 영상으로 '위계근첨명' 한 단락의 의경이다. 군대의 형세와 세상의 운수를 묘사할 때 또한 오래 앉았을 때 바람이 급한 것을 빌려 적의 세력이 창궐함을 드러내었다. 곧장 다시 높은 창에서 화악을 바라보는 것을 빌려 관군의 세력이 성하여 그들을 제압할 것을 상상하였다. 이후에 난리 속에서 치세를 그리워하는 심정으로 그것을 거듭하여 세 번 탄식함에 이르렀다. 이것이 '좌구풍파노'에서 끝 단락에 이르는 의경이다. 요약하면 무한한 의경이 개두의 '호탕무여적'과 결미의 '하유사평석' 두 구 속에 모두 포섭된다. 그리고 앞의 고미밥을 짓는 것과 뒤의 맑은 연회를 파한 것도 또한 조응하는 중요 부분이다. 아! 이와 같은 시는 나 또한 그것을 아는 자가 드문 것을 탄식한다.(祇是相依舅氏高齋淸宴之詩耳, 中有無窮比例, 無數波瀾, 遂令人莫窮其涯際. 粗分之, 凡四段. 首從來踪說到贈齋爲寓, 虛合崔翁. 次從齋景說到設飧相待, 明點崔翁. 又次從坐久境遷, 寫出感發深情. 末則就情悲徹宴, 反顧崔翁見款. 此其大略也. 細繹之. 憂危之切慮, 避亂之孤踪, 兵形勝負之機, 世運循環之望, 幷集於客齋朋宴之餘. 然其寫時危而引避也, 但借齋頭之景形之. 當暑而境反凜冽, 則泉息鳥藏, 皆是匿跡之影像矣. 是危階根淸冥一段意境也. 其寫兵形與世運也, 亦借坐久風急, 顯出賊勢猖狂. 旋又借高軒望嶽, 摹擬出官軍勢盛以壓之. 而後申之以在亂思治之情, 以致其三歎焉. 是坐久風頗怒至末一段意境也. 要之, 無限意境, 總攝於開首之浩蕩無與適, 結尾之何由似平昔兩句中. 而前之吹雕胡後之罷淸宴, 又其照應關目處. 噫. 如此詩, 吾亦歎知之者鮮矣.)

《두시경전》: 아침 일찍부터 저녁까지 겪었던 많은 기이한 경물과 기이한 정회를 다 묘사하고 결말에서 시절을 아파하는 본의로 귀결하였으니 더욱 깊은 식견과 큰 근심이 보인다. 서술 차례가 착종되어 파란이 온갖 양상을 이루고 있다.(自早至晩, 備寫所歷多少奇景奇情, 結歸傷時正意, 尤見深識隱憂. 敍次錯綜, 波瀾萬狀.)

(**김만원·강민호**)

27. 三川觀水漲二十韻

삼천에서 물이 불어나는 것을 보며 지은 20운의 시

我經華原來[1] 不復見平陸[2] 北上惟土山[3] 連天走窮谷[4]
火雲出無時[5] 飛電常在目 自多窮岫雨[6] 行潦相豗蹙[7]
蓊匌川氣黃[8] 羣流會空曲[9] 淸晨望高浪 忽謂陰崖踣[10]
恐泥竄蛟龍[11] 登危聚麋鹿[12] 枯査卷拔樹[13] 礧磈共充塞[14]
聲吹鬼神下[15] 勢閱人代速[16] 不有萬穴歸[17] 何以尊四瀆[18]
及觀泉源漲 反懼江海覆 漂沙圻岸去[19] 漱壑松柏禿[20]
乘陵破山門[21] 迴斡裂地軸[22] 交洛赴洪河[23] 及關豈信宿[24]
應沉數州沒[25] 如聽萬室哭 穢濁殊未淸[26] 風濤怒猶蓄[27]
何時通舟車 陰氣不黲黷[28] 浮生有蕩汨[29] 吾道正羈束[30]
人寰難容身[31] 石壁滑側足[32] 雲雷屯不已[33] 艱險路更跼[34]
普天無川梁[35] 欲濟願水縮 因悲中林士[36] 未脫衆魚腹
擧頭向蒼天 安得騎鴻鵠

내가 화원을 지나오니
평지를 다시 보지 못하였다.
북으로 올라갔더니 오로지 흙산 뿐
연일 깊은 골짜기를 달렸다.
불구름이 무시로 출몰하고
나는 번개가 항상 눈 앞에 있었다.

깊은 산의 비가 많아
길 위로 물이 서로 부딪치며 흐른다.
거세게 소용돌이 이루며 흘러 냇물은 누런데
여러 물줄기가 빈 굽이로 모여든다.
이른 새벽 높은 물결을 보니
홀연 어두운 절벽 무너질까 생각된다.
막힐까 두려워 교룡은 숨고
높은 곳에 올라 사슴이 모여 있다.
뗏목이 뽑힌 나무를 말아버렸고
바위 더미가 모두 물길을 막아버렸다.
소리는 귀신을 불어 내려오게 하는 듯하고
기세는 사람 세대를 경과하여 빨리 가는 듯하다.
수많은 구멍의 물이 돌아가지 못한다면
어떻게 네 개의 큰 강을 존귀하게 할 수 있겠는가?

샘의 근원이 불어나는 것을 보니
오히려 강과 바다가 뒤집힐까 두렵구나.
모래를 휩쓸어 강 언덕 없어지고
골짜기를 씻어 송백이 대머리가 되었다.
타고 넘어 산의 문을 깨뜨리고
빙빙 돌면서 지축을 찢는구나.
낙수와 만나 황하로 달려가는데
동관에 이르는 것 어찌 두어 밤이 걸리리.
응당 많은 고을이 물에 잠길 것이니
만 집의 곡소리 듣는 듯하구나.

더럽고 혼탁한 것이 전혀 맑아지지 않는데
바람과 파도는 노기를 오히려 쌓는다.
어느 때나 배와 수레가 통하며
음기가 흐리거나 더럽지 않을까.

떠다니는 인생에 파도가 사납게 일어
나의 도는 한창 얽매여 있구나.
세상에서는 용신하기 어렵고
석벽은 기울여 딛는 발을 미끄럽게 한다.
구름과 우레가 끊임없이 머물러 있으니
험난하여 길은 더욱 가기 힘들다.

온 천하에 다리가 없어져
건너고자 하면 물이 줄어들기를 바랄 뿐.
이 때문에 숲속의 군사들이
뭇 물고기 뱃속을 벗어날 수 없음을 슬퍼하노라.
고개 들어 푸른 하늘을 향하나니
어떻게 하면 큰 기러기를 탈 수 있을까?

이 시는 두보가 부주로 가는 피난길에서 삼천의 물이 불어나는 것을 보고 수해를 걱정하여 지은 것이다. 물이 불어난 상황을 자세하게 묘사한 뒤 이로 인해 고통받는 백성들을 걱정하고는 자신의 뜻을 펼 수 없는 상황을 개탄하였다. 시제에서는 20운이라고 하였으나 실제로는 23운인데 성수成數로 말한 것으로 보인다. 저작 시기는 천보 15년 여름에서 가을로 넘어가는 시기로 보인다.

《보주두시》 삼천은 당조에서는 부군에 속하였고 낙교군이다. 《구당서》에서는 화지수, 흑수 및 낙수 세 강이 함께 모이는 곳이어서 이렇게 이름하였다고 하였다. 포표와 양권도는 모두 천보 15년에 지은 것으로 보았다. 채흥종은 5월 부주로 피난갈 때에 이 시를 지었다고 하였으나 노은은 7월 부주에 머무를 때 이 시를 지었다고 하였다. 그런데 시에서 "나는 화원을 지나왔다."라고 했다. 살펴보건대 공이 천보 14년 11월 장안에서 봉선으로 갔고, 다음 해 여름 봉선에서 백수로 갔으며, 〈백수최소부십구옹고재삼십운白水崔少府十九翁高齋三十韻〉 시를 지을 때가 이미 5월이었다. 공이 다시 백수에서 부주로 갔으므로 화원을 돌아서 경유하게 되었던 것이다. 이해에 사서에서는 수재나 호우에 대한 기록이 없으나 이 시에서는 수재가 심하다고 말하고 있다. 〈팽아행〉을 살펴보면 역시 "열흘에 반은 천둥과 함께 비가 내렸다.", "온종일 갔어도 몇 리 정도였다."라고 하였으며, 그래서 이 시에서도 "구름과 우레가 끊임없이 머물러 있다."라고 한 것이다. 이는 공이 백수를 떠나 북쪽으로 가다가 수해를 만난 것으로 또한 사서의 빠진 것을 보충할 수 있다. 부주는 풍익현의 북쪽이며 팽아현 또한 풍익현, 백수현의 북쪽이니 아마도 영무로 가던 때에 지난 곳이 이와 같을 것이다. '화원'이라고 말한 것은 화원군을 말하는데, 북쪽으로 방주에 이르는 길이 180리이고 방주에서 북쪽으로 부주에 이르는 것이 100리밖에 안 되며, 풍익은 화원의 동쪽 180리에 있다. 아마도 공은 백수로부터 서북쪽으로 화원에 이르고, 다시 화원에서 북쪽으로 방주에 이르렀으며 다시 방주로부터 북쪽으로 부주에 이른 것이 아닌가 한다. 뒤에 〈옥화궁〉 시가 있으니 방주에 이른 것이 확실함을 알 수 있다. 옥화궁은 방주 의군현에 있다.(三川, 唐屬鄜郡, 爲洛交郡.

舊史云, 華池水黑水及洛水之三水同會, 因名. 鮑注與梁權道所編, 皆以爲天寶十五載作. 蔡興宗以爲五月避地鄜州有此作, 而魯訔以爲七月寓于鄜州有此作. 然詩云我經華原來. 按公天寶十四載十一月, 自京兆之奉先, 明年夏自奉先之白水, 賦高齋時, 已是五月. 又自白水至鄜州, 故回經華原. 是年史不書水幷雨, 而今詩言水爲甚. 考彭衙行亦云, 一旬半雷雨, 竟日數里間, 故此詩亦云, 雲雷屯不已, 是公去白水北行卽値水, 亦可以補史之闕. 鄜州在馮翊之北, 而彭衙亦在馮翊白水縣之北, 殆是赴靈武時所經如此. 其曰華原者, 謂華原郡, 北至防州百八十里, 防北至鄜百十里耳, 馮翊在華原東百八十里, 豈非公自白水西北至華原, 又自華原北至防, 復自防北至鄜也. 後有玉華宮詩, 可知至防無疑. 玉華宮在防州宜君縣.)

《구가집주두시》 조차공 주 이 시는 '즉사체물卽事體物' 즉 눈 앞의 사물을 보이는대로 묘사하여 생생하게 표현하는 수법의 시로서, 구법이 웅혼하여 이 시를 읽는 자들이 물이 불어난 삼천의 매우 놀라운 광경을 보게 된다. 피난할 때에 지은 것이어서 "오히려 강과 바다가 뒤집힐까 두렵다.", "어느 때나 배와 수레가 통할까?" 등의 구절이 있으며, 또 '숲속의 군사들'까지 걱정하고 있다.(此篇卽事體物之詩, 句法雄渾, 讀之者見漲川之足駭矣. 作當避寇時, 故有反懼江海覆與何時通舟車之句, 又憂及中林士也.)

주 석

1 華原(화원) – 현 이름. 두보가 부주로 가는 길에 경유한 곳이다. **《두시상주》에 인용된 《장안지》** 화원현은 본래 한나라 대우현 지역이다. 수나라 개황 6년에 이양을 고쳐서 화원현으로 하였다. 정관 17년에 옹주에 속하게 되었으며, 대족 원년에 경조부에 예속되었다.(華原縣, 本漢祋祤縣地, 隋開皇六年, 改泥陽爲華原縣. 貞觀十七年, 屬雍

州. 大足元年, 隸京兆府.)

2 平陸(평륙)– 평평한 땅.

3 土山(토산)– 흙산. 토문산土門山으로 보는 설이 있지만 지리적으로 시의 내용과 맞지 않는다.

《두시상주》에 인용된《원화군현지》 토문산은 화원현 동남쪽 4리에 있다.(土門山, 在華原縣東南四里.)

4 連天(연천)– 연일. '하늘과 닿다'로 풀이할 수도 있다. 窮谷(궁곡)– 깊은 골짜기. '窮'은 '穹'으로 된 판본도 있다.

《두시상주》 '연천'은 연일의 뜻이다.(連天, 連日也.)

[北上 2구]

《두공부초당시전》 궁벽한 땅으로 숨어 도망하였음을 말한다.(言逃竄窮僻之地也.)

5 火雲(화운)– 불구름. 무더운 여름의 구름을 말한다. 出無時(출무시)– 무시로 출현한다. '無時出'로 된 판본도 있다.

《구가집주두시》 조차공 주 여름 구름을 가리켜서 '화운'이라고 한다.(夏雲謂之火雲.)

#《두시상주》: 첫 단락은 산길을 갈 때의 경관과 일을 적었는데, 이것이 물이 불어난 연유이다.(首敍山行景事, 此水漲之由.)

6 自(자)– 인하여, 때문에. 또는 절로. 窮岫雨(궁수우)– 깊은 산봉우리의 빗물.

7 行潦(행료)– 길가에 흐르는 빗물. 豗蹙(회축)– 물결이 서로 세차게 부딪히는 것을 말한다.

《두시상주》 '회'는 물이 서로 부딪히는 것이고, '축'은 물이 서로 가까이서 압박하는 것이다.(豗, 水相擊. 蹙, 水相迫.)

8 蓊匌(옹합)– 물이 콸콸 흘러가며 소용돌이를 이루는 모습. 川氣黃(천

기황) – 냇물의 색깔이 누렇다.

《두시상주》 '옹합'은 물기운이 성하여 소용돌이를 이루는 것이다.(蓊匌, 水氣蓊鬱而匌匝也.)

9 空曲(공곡) – 비어 있는 굽어진 곳. 이 구절은 물줄기가 본래 흐르던 시내를 넘쳐 흘러서 비어 있는 굽어진 곳으로 흘러든다는 뜻이다.

《구가집주두시》 조차공 주 대체로 비어 있는 굽어진 곳이다.(大抵空虛曲折處耳.)

10 謂(위) – 생각하다. 陰崖踣(음애복) – 어두운 절벽이 무너지다.

11 恐泥(공니) – 물길이 막힐 것을 두려워하다. '泥'는 '막히다', '정체되다'의 뜻이다. 竄(찬) – 숨다. 이 구를 군자가 안녹산의 군대를 피하여 숨은 것을 비유하는 것으로 보는 설도 있다.

《두시상주》에 인용된 주학령 주 《광운》에서 "'니'는 '정체되다', '빠지다'의 뜻이다."라고 하였고, 《논어 · 자장子張》에는 "멀리 가는데 지체될까 염려한다.(致遠恐泥.)"라는 말이 보이는데 이 시에서는 이 글자를 차용한 것이다.(廣韻, 泥, 滯也, 陷也. 論語, 致遠恐泥, 此借用其字.)

《두공부초당시전》 군자가 도망하여 반군을 피하는 것을 비유한 것이다.(喩君子棄竄避賊也.)

12 登危(등위) – 높은 곳에 오르다. 이 구절 역시 비유적으로 해석하기도 한다.

《두공부초당시전》 백성들이 노인과 어린애를 데리고 들판에 모여 있는 것을 비유한 것이다.(喩小民携持老幼, 聚于原野也.)

13 枯查(고사) – 대나무로 엮은 뗏목. 또는 늙은 나무의 가지 끝. '查'는 '槎'와 같다. 이 구절은 뗏목이 뿌리 뽑힌 나무와 엉켜 있다는 뜻이다. 이와 달리 뿌리 뽑힌 나무가 뗏목처럼 떠다니는 것으로 보기도 한다.

《두시상주》 뗏목이 물에 떠서 뽑힌 나무와 함께 휘어져 있다.(枯槎浮

水, 與拔樹俱卷.)

《독두심해》 '고사' 구는 도치된 것으로, 말려져 있는 뿌리 뽑힌 나무가 뗏목처럼 떠다닌다는 말이다.(枯査句倒裝, 言卷去之拔樹, 浮若枯査也.)

14 礧磈(뇌외)– 돌덩어리. 또는 울퉁불퉁한 모양. 共充塞(공충색)– 함께 물길을 막고 있다.

《독두심해》 '공충색'은 돌과 나무가 서로 엇걸려서 막혀 있다는 것이다.(共充塞者, 石與樹交横壅塞也.)

15 聲吹(성취) 구– 물소리가 커서 마치 하늘의 귀신을 불어서 내려오게 하는 듯하다는 말이다.

16 閱(열)– 경험하다. 이 구는 물살이 빨라서 마치 사람 세대가 빠르게 지나가는 듯하다는 말이다. 이와 달리 기세가 마치 사람 세대가 빠르게 지나가는 것을 보는 듯하다고 풀이할 수도 있다.

[聲吹 2구] 물이 세차게 흘러가는 모습을 그 기세와 소리로써 표현한 것이다. 이 역시 비유의 뜻으로 해석하기도 한다.

《구가집주두시》 조차공 주 '성취' 구는 물소리가 크다는 것이고, '기열' 구는 물살이 빠름을 말한 것이다.(聲吹鬼神下, 言其聲之吼. 勢閱人代速, 言其流之疾.)

《독두심해》 물소리가 높은 곳에서 부딪히며 떨어지니 마치 귀신을 불어서 내려오게 하는 것과 같고, 물의 기세가 급하게 달려 흐르니 마치 사람의 세대를 겪으며 빨리 옮겨가는 것과 같다.(水聲高處衝落, 直吹鬼神使下, 水勢迅疾奔流, 如閱人代速移也.)

《두공부초당시전》 안녹산의 군대가 먼 길을 달려와서 해를 넘겨 두 수도를 함락하였는데, 그 신속함이 귀신이 내려가는 것과 같다. 당나라 때는 '세世' 자를 피하여 '인人'으로 고쳐 썼다. 경성의 사람과 물건이 불에 타고 노략질 당하여 거의 없어지게 되어, 옛날 한창 번성하던 때와 같지 않다. 그 형세를 보면 어찌 세대가 바뀜이 이처럼 (물이 흘러가는 것처럼) 빠른 것이 아니겠는가?(祿山之兵, 長驅而來, 逾年而陷二京, 其疾速如鬼神之下也. 唐諱世, 改作人. 京城民物, 焚劫殆盡, 已非昔日繁庶, 觀其勢, 豈非人代變更若是之速耶.)

17 萬穴歸(만혈귀) – 만 개의 동굴이 돌아가다. 수많은 산의 동굴에서 나온 물이 더 큰 물로 나아간다는 뜻이다.

18 四瀆(사독) – 네 개의 큰 강물. 장강, 황하, 회수, 제수를 말한다.

[不有 2구] 수많은 골짜기에서 나온 물이 큰 강으로 흘러들어가지 못하니 네 강이 존귀해질 수 없다는 말이다. 이와 달리 "큰 강으로 돌아갈 수많은 골짜기의 물이 있지 않으면 어찌 네 개의 큰 강이 존귀하겠는가."로 해석할 수도 있지만 취하지 않는다. 이 역시 비유적인 의미를 띤 것으로 보기도 한다.

《두공부초당시전》 '사독'은 온갖 물줄기가 존귀하게 여기는 것이므로 그래서 만 개의 굴에서 나온 물이 모두 그곳으로 돌아가는 것이다. 현종에게 백성을 포용하고 길러주는 덕이 없었으니, 만방의 백성들이 마음을 귀의하지 않음이 마땅하며, 이것이 안녹산으로 하여금 멀리서 달려올 수 있게 한 것임을 비유한 것이다.(四瀆爲衆流之尊, 故萬穴皆歸之. 喩玄宗無容民蓄衆之德, 宜萬方之民所不歸心, 是使祿山得以長驅而來也.)

《구가집주두시》 조차공 주 공의 시는 난리 중에 지어진 것으로, 백성이 돌아간다는 것으로써 왕을 높이고자 함에 뜻이 있다.(公之詩, 作於亂離之中, 意在衆所歸往, 以尊王也.)

#《두시상주》: 이 단락은 산골짜기의 물이 불어난 것을 기록하였다. 물이 산 안으로 흘렀기에 냇물의 기운이 누렇게 되었다. 물결이 산기슭까지 밀려들었기에 어두운 절벽이 무너질 것 같다. 교룡은 물길이 막힐 것을 두려워하고, 사슴은 높은 곳에 오른 것은 물을 두려워하였기

때문이다. 뗏목이 물에 떠서 뿌리 뽑힌 나무와 함께 모두 휘어져 있고 울퉁불퉁한 바위가 물꼬를 막았다는 것은 그 물결치는 모습을 극언한 것이다. 물소리가 격렬하게 부딪혀 귀신을 울리는 듯하고, 물살이 빠르게 변하는 것이 세대가 홀연히 바뀌는 것과 같다. 오직 네 강으로 달려 돌아갈 수 있어야 한번에 아래로 흘러갈 수 있는 것이다.(此記山水之漲. 水流山內, 故川氣帶黃. 浪浸山根, 故陰崖如踣. 蛟龍恐泥, 麋鹿登高, 畏水故也. 枯槎浮水, 與拔樹俱卷. 磊魂沙石, 忽塡水口, 極言其簸蕩也. 水聲衝激, 如泣鬼神, 水勢變遷, 忽移人世, 惟有奔歸四瀆, 可以一洩下流耳.)

19 漂沙(표사) – 모래를 휩쓸어 가다. '떠다니는 모래'로 보는 설도 있으나 취하지 않는다. 圻岸去(은안거) – 강 언덕이 없어지다. '圻'은 '垠'과 같아서 여기서는 강의 경계, 즉 강 언덕을 뜻한다. '岸去'는 '去岸'으로 된 판본도 있다. 이 구는 강물이 모래를 휩쓸어서 강 언덕이 유실된 상태를 말한 것이다.

《두시상주》에 인용된 《옥편》 '은圻'은 '은垠'과 같아서 '강 언덕', '경계'의 뜻이다.(圻與垠同, 岸也, 界也.)

20 漱壑(수학) – 골짜기를 씻다. 松柏禿(송백독) – 소나무와 측백나무가 잎이 떨어져 버렸다는 뜻이다. 이 구는 강물이 골짜기를 휩쓸고 지나가 나무가 벌거숭이가 되었다는 뜻이다.

21 乘陵(승릉) – 타고 넘다. 물결이 높이 출렁이는 모습을 형용한 것이다. '陵'은 '凌'으로 된 판본도 있다. 山門(산문) – 산의 문. 산봉우리가 문처럼 양쪽으로 솟은 것인데 여기서는 산을 범연히 가리킨다. 토문산으로 보는 설이 있으나 지리적으로 시의 내용과 맞지 않는다.

《독사방여기요讀史方輿紀要 · 섬서陝西 · 서안부西安府 · 요주耀州》 토문산은 요주의 동남쪽 4리에 있는데, 양쪽 낭떠러지에는 흙이 쌓여 있고 그 가운데는 마치 문과 같이 뚫려 있어서 행인들이 그 가운데로 지나간다.(土門山, 州東南四里, 積土兩崖, 中豁如門, 行者經其中.)

《두공부시집집주》 '산문'은 토문산이다.(山門, 卽土門山也.)

《독두시설》 '승릉파산문'에 대해《두시상주》의 주에서는 주학령의 설을 인용하여 "산문은 토문산이다."라고 하였다. 지금 살펴보건대 '산문'은 의당 범칭으로서 〈송번이십삼시어부한중판관送樊二十三侍御赴漢中判官〉의 '산문만중폐'와 같은 것이다. 그래서 아래 구절의 '회알렬지축' 또한 실제로 지명을 가리키는 것이 아니다.(乘陵破山門, 注引朱說, 山門, 卽土門山. 今按山門, 當是泛言, 猶送樊侍御詩, 山門萬重閉也, 故下句迴斡裂地軸, 亦不實指地名.)

22 迴斡(회알) – 회전하다. 물이 소용돌이를 일으키는 것을 표현한 것이다. 裂地軸(열지축) – 지축을 찢다. '裂'은 '倒'로 된 판본도 있다.

23 交洛(교락) – 낙수洛水와 교차하다. 삼천의 물이 낙수의 물과 합류한다는 말이다. 赴洪河(부홍하) – 황하로 나아가다. '洪河'는 황하를 가리킨다.

《독두심해》《구당서》에서 "낙교현은 부주에 속한다. 낙수와 교차하기에 이렇게 이름하였다."라고 하였다. 살펴보건대 이 낙수는 부주의 경내에서 나와서 아래로 흘러 또한 황하로 들어가는데 하남의 낙수가 아니다. 시의 뜻은 현의 이름을 가리켜 말한 것이 아니며 거세게 불어난 물이 낙수와 교접하여 황하로 간다는 말일 뿐이다.(舊書, 洛交縣屬鄜州, 洛水之交, 故名. 按, 此洛水, 出鄜州境. 下流亦入於河, 非河南之洛水也. 詩意不指縣名言, 謂驟漲之水, 交接於洛, 以赴黃河耳.)

24 及關(급관) – 동관潼關에 이르다. 信宿(신숙) – 이틀을 묵다. 이 구는 삼천의 물살이 급하여 짧은 시간 안에 장안의 관문인 동관에 이르게 될 것이라는 뜻이다.

《두공부초당시전》 '관'은 동관을 말한다. 두 번 묵는 것을 '신'이라고 한다.《당서·지리지》에 의하면 동관은 화주의 화음현에 있다.(關謂

潼關也. 再宿曰信. 唐地理志, 潼關在華州之華陰縣.)

《독두심해》 주학령의 주에서 "'관'은 동관을 말하는데 화주에 있다." 라고 하였다. 살펴보건대 '관'은 황하가 돌며 굽어지는 곳에 있는데 부주에서 멀다. 여기서는 그 물결이 급함을 형용한 것이다.(朱注, 關謂潼關, 在華州. 按, 關當河水轉屈處, 去鄜州尙遠. 此則形容其流之急.)

25 應沉(응침) 구 – 삼천의 많은 수량이 이런 기세로 흘러가면 많은 고을이 물에 잠기게 될 것이라는 말이다.

《두공부시집집주》 낙수는 부주의 백오산에서 발원하여 칠저수와 합쳐지고, 동주의 조읍현에 이르러 황하로 들어가는데, 그 물의 형세가 가장 크고 거세게 된다. 그래서 여러 고을이 물에 잠기게 될 것이라는 걱정을 하였다.(洛水發源鄜州白於山, 合漆沮水, 至同州朝邑縣入河, 其勢最大而疾, 故有數州沈沒之懼焉.)

26 穢濁(예탁) – 더럽고 탁하다. 殊未淸(수미청) – 전혀 맑아지지 않는다. 이 구는 거센 물결이 가라앉지 않아 계속 더럽고 탁하게 흐른다는 말이다. 비유적 의미로 해석하기도 한다.

《두공부초당시전》 적이 평정되지 않았음을 말한 것이다.(言賊未平也.)

27 怒猶蓄(노유축) – 노기를 오히려 쌓는다. '蓄'은 '畜'으로 된 판본도 있다. 이 구도 비유적 의미로 해석하기도 한다.

《두공부초당시전》 토번이 다시 그 위세를 돕고 있음을 비유한 것이다.(喻吐蕃復佐其威也.)

28 不(불) – '亦'으로 된 판본도 있다. 黲黷(참독) – 흐리고 더럽다. '黲'은 '墋'으로 된 판본도 있다.

[何時 2구]

《구가집주두시》 조차공 주 냇물이 불어나 범람하여 배나 수레가 통하지 못한다. 이 구의 뜻은 어느 때에나 물이 줄어들어 배와 수레가 다닐 수 있으며, 음기가 걷혀서 흐려 비가 오는 일이 없겠는가 하고 묻는 것이다.(以川漲泛濫, 故舟車不通. 今句之義, 問何時得水落而舟車可通耳, 陰氣開朗而不黲黷以爲雨也.)

《보주두시》에 인용된 사씨 주 남북이 가로막혀서 배와 수레가 통하지 않는데 '하시'라고 말한 것은 난리에 물려서 다스려지기를 바라는 말이다.(南北阻隔, 舟車不通, 而云何時者, 厭亂願治之辭也.)

#《두시상주》: 이 단락은 강물이 불어난 것을 적었다. '강과 바다가 뒤집힌다'는 것은 거꾸로 흐르는 듯함이 있다는 것이다. '표사'는 그 물결이 충돌함을 말하고, '수학'은 물결이 멋대로 흔듦을 말한다. '파산'은 물결이 높이 솟구침을 말하고, '열지'는 물결이 깊이 들어감을 말한다. '황하로 나아가서' '동관에 이른다'는 것은 물살이 급함을 말한 것이며, '여러 주가 물에 잠긴다'는 것은 수해가 크다는 것을 말한다. '예탁' 4구는 물이 불어난 것이 가라앉지 않음을 걱정한 것으로 역시 아래의 구를 이끌어내고 있다.(此記川水之漲. 江海覆, 有似倒流也. 漂沙, 言其突衝. 漱壑, 言其横撼. 破山, 言其高湧. 裂地, 言其深入. 赴河及關, 言其勢急. 數州沈沒, 言其害大. 穢濁四句, 憂水漲未平, 亦以起下.)

29 蕩汩(탕율) - 파도가 사납게 이는 것.

《구가집주두시》 조차공 주 '蕩汩'의 '汩'은 두 음이 있다. 하나는 음이 '골'이며 '다스리다' 또는 '매몰시키다'의 뜻이다. 하나는 음이 '율'이며 '물이 흘러간다'는 뜻이다. 《문선》에 '즐율瀄汩'이 있고 또 '역율淢汩'이 있다. 여기서는 물의 '蕩汩'이니 '율'의 음을 따르는 것이 맞다.(蕩汩, 汩有兩音. 一音古忽切, 治也, 又汩沒也. 一音越律切, 水流也. 選有瀄汩, 又有淢汩. 今言水之蕩汩, 當從越律之音.)

30 吾道(오도) - 나의 길. 나의 도. 羈束(기속) - 얽어매다. 묶다.

[浮生 2구]

《두보전집교주》에 인용된 노원창 주 떠다니는 인생이 정처 없이 떠돌고 내 도를 펼 수 없음을 스스로 한탄한 것이다.(自嘆浮生漂蕩, 我道局促.)

31 人寰(인환) – 인간 세상. 難容身(난용신) – 용신하기 어렵다. 몸을 붙이고 살아가기가 어렵다.

32 側足(측족) – 기울여 딛는 발. 조심스럽게 가는 모습이다.

33 屯不已(둔불이) – 머물러 있어 끊임이 없다. '屯'은 '此'로 된 판본도 있다.

34 跼(국) – 몸을 구부리다. 길을 가기가 어렵다는 말이다.

#《두시상주》: 이 단락은 난리를 피하다가 수재를 만나게 된 것을 슬퍼한 것이다. '탕율'은 위의 내용을 이어받는다. '얽매여 있어' '용신하기 어렵다'는 것은 뒤에서 전란에 쫓긴다는 것이고, '기울여 딛는 발'과 '길이 험난하다'는 것은 앞에서 큰 물에 막혔다는 것이다.(此傷避亂而遭水患也. 蕩汩承上. 羈束難容, 後逼兵戈, 側足路艱, 前沮水澇也.)

35 普天(보천) – 온 천하.

36 中林士(중림사) – 숲속의 병사들. 또는 숲속에 사는 선비. '中林'은 '林中'과 같다.

[擧頭 2구]

《두공부초당시전》 홍혹이 한 번 날면 천 리를 가는데 무슨 수로 탈 수 있겠는가? 홍혹이 높이 날아 멀리 떠난 후에야 재앙으로부터 벗어날 수 있는데, 다만 고개를 들고 저 하늘을 바라보는 것은 어찌할 바가 없어서 하늘에 하소연하는 것이다.(鴻鵠一擧千里, 何由騎跨. 鴻鵠高飛遠擧, 然後可以脫禍. 但擧頭向彼蒼, 無可奈何而訴於天也.)

#《두시상주》: 마지막에서는 또 온 세상 사람이 물에 빠지는 것에 대한 개탄이 있다. 떠돌며 도망하는 중에 물을 건너고자 하나 방도가 없다. 이로 인하여 숲에 머물고 있는 병사들이 물고기가 되는 신세를 면치 못할 것을 탄식하였다. 이것이 바로 백성의 곤경을 자기의 곤경처럼 생각하는 마음이다. 앞의 〈자경부봉선현영회오백자自京赴奉先縣詠懷五百字〉 시에서 "생업을 잃은 이들을 조용히 생각하고, 그 김에 멀리서 수자리 서는 병졸들을 생각한다."라고 한 것 또한 바로 이런 뜻이다.(末復有擧世淪胥之慨. 流離奔走中, 欲濟無由, 因歎林居之士, 不免爲魚, 此卽饑溺一體之心也. 前赴奉先詩云, 默思失業徒, 因念遠戍卒, 亦是此意.)

##《두시상주》에 인용된 노원창 주: 당시 안녹산이 난을 일으켜 중국에는 정국이 혼란한 모습이 있었다. 작품 중에서 '성취' 구는 음이 자라고 양이 쇠함을 뜻하며, '기열' 구는 세상사가 상전벽해와 같이 변함을 뜻한다. "어떻게 네 개의 큰 강을 존귀하게 할 수 있겠는가."라는 것은 다시 천자를 조알하지 못한다는 말이고, "오히려 강과 바다가 뒤집힐까 두렵다."라는 것은 중원이 외적에게 침입당한다는 말이다. "구름과 우레가 끊임없이 머물러 있다."라는 것은 제후를 세움이 평안치 않다는 말이고 "온 천하에 다리가 없다."라는 것은 구원해 줄 사람이 없다는 말이다. 말의 뜻이 분명하다.(時祿山作亂, 神州有板蕩之象. 篇中云聲吹鬼神下, 陰長陽消也. 勢閱人大速, 世事滄桑也. 何以尊四瀆, 無復朝宗也. 反懼江海覆, 中原陸沈也. 雲雷屯不已, 建侯不寧也. 普天無川梁, 拯挽無人也. 語意顯然.)

《독두심해》: 이는 일을 기록하고 사물을 읊은 시이다. 첫 6구는 오는 길을 말끔히 서술하였는데 쓰임에 따라 거꾸로 소환하여 읊는 방법을 사용했다. '자다' 12구는 산 안에 물이 불은 것을 기술하였는데 앞의 6구는 전체적인 모습이고 뒤의 6구는 곡절하게 묘사한 것이다. '기운이 누렇다', '빈 굽이'라고 하였으니 확실히 이는 산 안의 사나운 물이다. '막힐까 두렵다'는 것은 교룡의 마음을 헤아린 것이고 '높은 곳에 오른다'는 것은 사슴의 모습을 그린 것이다. '고사' 구는 도치된 것으로, 말려져 있는 뿌리 뽑힌 나무가 뗏목처럼 떠다닌다는 말이다. '모두 물길을 막아버렸다'는 것은 바위와 나무가 서로 엉켜서 가로막은 것이다. 물소리가 높은 곳에서 부딪히며 떨어지니 마치 귀신을 불어서 내려오게 하는 것과 같고, 물의 기세가 급하게 달려 흐르니 마치 사람의 세대를 경험하며 빠르게 옮겨가는 것과 같다. '불유' 4구는 위를 버려두고 아래를 제기한다. '표사' 12구는 평원에 물이 불어난 것을 기술하였는데, 앞의 4구는 산에서부터 평원에 이르는 과정을 세밀히 묘사하였고 가운데 4구는 내와 평원에 물이 가득찼음을 형용하였으며 뒤의 4구는 또 총괄하여 매듭지으면서 몰래 다음으로 건너간다. '부생'부터 마지막까지 12구는 물이 불어난 것을 보며 느낀 감회인데 모두 자신의 신세와 백성들의 삶으로부터 설정하였지만 한마디 한마디마다 물이 불어난 것을 엇섞어 비추고 있다. 이는 또한 서술에 비유를 끼워 넣으며 묘사하는 방법이다. 수식이 빼어나서 날고 움직이는 것과 같으니, 한유의 〈석정연구〉 등의 시와 송나라 원나라 이래의 영물시의 비조이다.(是紀事賦物之詩. 起六, 敍淸來路, 隨用反呼法. 自多十二句, 記山內水漲. 前六統領, 後六曲描. 氣黃空曲, 確是山內暴水. 恐泥, 揣蛟龍之情. 登危, 寫麋鹿之狀. 枯查句倒裝, 言卷去之拔樹, 浮若枯查也. 共充塞者, 石與樹交橫壅塞也. 水聲高處衝落, 直吹鬼神使下, 水勢迅疾奔流, 如閱人代速移也. 不有四句, 撇上提下. 漂沙十二句, 記原隰水漲. 前四, 刻劃由山及原, 中四, 形容川原瀰漫, 後四, 又是總束暗度. 浮生至末十二句, 乃觀漲之情, 都從身世民生設想, 而語語交映水漲. 斯又正喩夾寫之法. 雕鏤刻深, 仿像飛動, 遂爲昌黎石鼎聯句等詩及宋元以來體物律古之祖.)

(**김성곤·임도현**)

28. 月夜

달밤

今夜鄜州月[1] 閨中只獨看[2] 遙憐小兒女[3] 未解憶長安[4]
香霧雲鬟濕[5] 清輝玉臂寒[6] 何時倚虛幌[7] 雙照淚痕乾[8]

오늘 밤 부주에 뜬 달
규중에서 혼자서만 바라보고 있으리.
멀리서 어린 자식들을 가여워 하나니
장안의 지아비 그리는 어미의 마음 알지 못하리라.
향기로운 안개에 구름 같은 머리가 축축하고
맑은 달빛 아래 옥 같은 팔은 차가울 터,
어느 때나 훤히 비치는 휘장에 기대어
함께 달빛 받으며 눈물 자국 말릴까?

안녹산의 난 때 두보는 장안이 함락되기 전에 가족을 부주로 피난시켰으나 자신은 반군에게 붙잡혀 장안에 억류되고 말았다. 이 시는 이때 달을 보며 부주에 있는 부인을 그리며 지은 것이다. 창작 시기는 천보 15년 가을로 추정된다.

《보주두시》 지덕 원년 8월, 부주에서 행재소로 가다가 반군에게 붙잡혔을 때 지었다. 그러므로 시에서 "멀리서 어린 자식들을 가여워 하나니 장안의 지아비 그리는 어미의 마음 알지 못하리라."라고 하였다. 지덕 원년은 곧 천보 15년이다.(至德元載八月, 自鄜州赴行

在, 爲賊所得時作. 故詩云, 遙憐小兒女, 未解憶長安. 至德元載, 卽天寶十五載.)

《두공부초당시전》 천보 15년 여름 5월에 공은 가족을 부주로 피난시켰다. 가을 8월에 몸을 빼 조정으로 가다가 혼자 적중에 떨어졌다.(天寶十五載夏五月, 公以家避亂鄜州. 秋八月挺身赴朝廷, 獨轉陷賊中.)

주 석

1 鄜州(부주) – 지금의 섬서성陝西省 부현富縣. 당시 두보의 가족은 부주의 서북쪽 30리에 있는 강촌羌村에 있었다.

《두공부시집집전》 부주 낙교군은 관내도에 속한다.(鄜州洛交郡, 屬關內道.)

2 閨中(규중) – 부녀자의 거처. 여기서는 두보의 부인이 있는 곳을 가리킨다. 只獨看(지독간) – 그저 혼자서만 달을 바라보다.

《두공부초당시전》 '규중'은 그 집사람을 가리킨다. 두보가 적중에 있으면서 부주를 그리워한 것이다.(閨中, 指其家也. 公在賊中而懷鄜州也.)

3 遙憐(요련) – 멀리서 가여워하다. 멀리 있는 대상을 가여워하다. 小兒女(소아녀) – 어린 자식들.

4 未解(미해) – 할 줄 모르다. 알지 못하다. 憶(억) – 그리워하다. 이 구는 아이들이 어려서 장안의 남편을 걱정하는 어머니의 심정을 이해하지 못한다는 말이다. 아이들이 어려서 장안에 있는 아버지를 그리워할 줄 모른다는 것으로 보기도 한다.

《구가집주두시》 조차공 주 아이들이 부주에 있으면서 장안의 상황과 적중에 있는 아버지의 소식을 걱정할 수 없음을 말한 것이다.(蓋言兒女在鄜州, 不能念長安之如何與公之在賊中消息也.)

[遙憐 2구] '요련'의 주체는 두보 자신이며 '미해'의 주체는 어린 자식들이고 '억'의 주체는 부인이다. 자식들이 너무 어려서 장안에 있는 남편, 즉 두보를 걱정하는 어머니의 마음을 이해할 줄 모른다는 말이다.

《두억》 아이들이 아직 어려서, 이 때문에 부인이 단지 혼자서만 보는 것이다.(兒女尙小, 此其只獨看者也.)

《두율계몽杜律啓蒙》 어산공이 말하길, "'요련' 2구는 그 어미가 어째서 장안을 그리워하는지 모른다는 말이다. 이렇게 해야 위의 '독간'을 따를 수 있고, 또 아래로 '운환', '옥비'에 이어질 수 있다."라고 하였다. 보통의 견해는 단지 어린 자식들이 장안을 그리워할 줄 모른다고 말할 뿐인데, 이러면 다음 연과의 맥락이 이미 끊어지게 된다.(漁山公曰, 遙憐小兒女, 未解憶長安者, 未解其母之何以憶長安也. 如此旣可上跟獨看, 亦可下接雲鬟玉臂云云也. 常解但謂小兒女不能憶長安, 則與下聯之脈已隔斷矣.)

5 香霧(향무) – 향긋한 안개. 안개를 시적으로 표현한 것이다. 머릿기름의 향내가 안개 속에 스민 것이라고 보기도 한다. 雲鬟(운환) – 높이 틀어 올린 고리형의 머리 양식.

《두시상주》 이제 살펴보건대 안개는 본래 향기가 없는데, 향기는 쪽 진 머리에 바른 기름에서 나온 것이다.(今按, 霧本無香, 香從鬟中膏沐生耳.)

6 淸輝(청휘) – 맑은 달빛. 玉臂(옥비) – 옥처럼 흰 팔.

[香霧 2구] 오래도록 달을 바라보는 부인의 모습을 상상하여 서술하였는데, 그만큼 두보에 대한 그리움이 깊은 것을 뜻한다.

《두억》 쪽 진 머리가 축축하고 팔이 차가운 것은 달을 바라본 지 오래되어서이니 그리워하며 바라봄이 지극한 것이다.(鬟濕臂寒, 此看月之久, 憶望之至也.)

7 何時(하시) – 어느 때. '時'가 '當'으로 된 판본도 있다. 虛幌(허황) –

훤히 비치는 휘장. 달빛이 비쳐 드는 휘장을 가리킨다. 전란으로 인해 사람이 없어진 고향 집의 휘장으로 보는 설도 있다.

《보주두시》에 인용된 사씨 주 당시 도적이 난을 일으켜 두보는 가족을 부주에 맡겼다. 안녹산이 도성을 함락했을 때, 두보의 고향은 불타고 약탈당하여 다 없어졌다. '허황'은 사람이 없음을 말한다.(時寇亂, 甫以家寄鄜州. 祿山陷都城, 甫故里焚刼蕩盡. 虛幌, 謂無人也.)

8 雙照(쌍조) – 함께 달빛을 받다.

#《두시상주》: 공이 달을 대하여 부인을 그리워한 것이다. 앞에서 오늘밤의 달을 말한 것은 홀로 바라보는 부인을 위해 그 심사를 묘사한 것이고, 뒤에서 앞으로의 달을 말한 것은 함께 달빛을 받는 상황을 통해 마음을 위로한 것이다. 《두억》에서 "공은 본래 집을 그리워한 것인데 도리어 집사람이 자신을 그리워한 것으로 상상했으니 이미 한 층 나아간 것이다. 아이들이 그리워할 줄 모른다고 생각한 데 이르러서는 또 한 층 나아간 것이다."라고 하였다. 머리가 축축하고 팔이 차가운 것은 달을 본지 오래됐다는 것으로, 달빛이 좋을수록 괴로움도 더욱 커지니 시어는 아름다워도 그 감정은 슬프다. 마지막에서 또 만났을 때 달을 보며 근심을 푸는 상황을 상상했는데, 말의 의미가 완곡하고 절실하여 이 양반이 지극히 사랑하고 있음을 보여준다.(公對月而懷室人也. 前說今夜月, 爲獨看寫意. 末說來時月, 以雙照慰心. 杜臆, 公本思家, 偏想家人思己, 已進一層. 至念及兒女不能思, 又進一層. 鬟濕臂寒, 看月之久也, 月愈好而苦愈增, 語麗情悲. 末又想到聚首時, 對月舒愁之狀, 詞旨婉切, 見此老鍾情之至.)

《두억》: 뜻은 본디 집을 그리워하는 것인데 도리어 집사람이 자신을 그리워하는 것으로 상상했으니 이미 한 층 나아간 것이다. 아이들이 그리워할 줄 모른다고 생각한 것에 이르러서는 또 한 층 나아간 것이다. 유신옹(劉辰翁, 수계는 그의 자호)이 말한 "완곡할수록 더 애잔하다.”는 것이 바로 이것이다. ‘운환’과 ‘옥비’는 말은 아름답지만 뜻은 더욱 애잔하다. ‘쌍조’에 이르러 스스로 위안을 삼을 수 있겠으나 여전히 ‘누흔’이란 말을 덧붙이고 있어 〈희관즉도부제단편喜觀卽到復題短篇〉의 “배를 대니 서럽기도 하고 기쁘기도 하다.”나 〈강촌羌村〉의 “놀라움이 진정되어 눈물을 닦는다.”와 같이 모두 지극한 정이다. 맹자가 “궁박한 백성들은 호소할 데가 없다.”라고 하였는데 대체로 사람은 고난에 처해 있더라도 친한 사람이 있어 말을 나누게 된다면 그럭저럭 살아갈 수 있지만 지아비가 없는 과부라면 괴로움을 누구에게 토로하랴. 지금 규중에서 달을 보고 있는 사람은 아이들이 아직 어려 비록 아비가 장안에 있다는 것을 말해주어도 전혀 이해하지 못할 것이니, 지아비가 있어도 없는 것과 같아, 그 고통을 이루 다 말할 수 있겠는가. 달은 본디 마음을 아프게 하는 것인데도 도리어 ‘향무’, ‘청휘’라고 하였다. ‘향무’는 ‘운환’과 서로 어울리지만 그 ‘젖어옴’은 어쩔 수 없는 것이고, ‘청휘’는 ‘옥비’와 서로 비치는 것이지만 그 ‘한기’는 이길 수 없는 것이니, 이는 오래도록 바라보았기 때문이다. 달이 즐거운 것인 듯하지만 실은 괴로운 것이다. 훗날 서로 만나 함께 휘장에 의지하여 있을 때, ‘향무’와 ‘청휘’야 지금보다 덜하지는 않을 것이지만 오늘의 고통을 추억하노라면 또한 먼저 눈물을 떨어뜨리고 나서야 눈물이 마를 것이니, 비록 즐겁다 한들 그 고통은 잊을 수 없을 것이다. 그러나 달을 오래도록 보는 것이 싫지는 않을 것이다. 시의 뜻이 또한 둘로 층차가 졌으며 정과 일을 묘사함이 곡진하다.(意本思家, 而偏想家人之思我, 已進一層. 至念及兒女不能思, 又進一層. 須溪云, 愈緩愈悲, 是也. 雲鬟玉臂, 語麗而情更悲. 至於雙照, 可以自慰矣, 而仍帶淚痕說, 與泊船悲喜, 驚定拭淚同. 皆至情也. 孟子言窮民無告, 蓋人處苦難, 若有親人講話, 猶可過日, 若寡婦無夫, 苦向誰說? 今閨中看月者, 兒女尙小, 雖與言父在長安, 全然不解, 有夫而與無夫同, 其苦可勝道邪? 月本傷神, 而偏說到香霧淸輝. 香霧與雲鬟相宜, 而

無奈其濕也, 淸輝與玉臂相映, 而不勝其寒也. 以看之久也, 月似可快而實苦也. 至他日相會, 幷倚虛幌, 香霧淸輝, 不減於今, 然追思今日苦, 亦必先墮淚而後乾, 雖樂而不能忘其苦也. 然不厭於久看矣. 意亦兩層, 描寫情事曲盡.)

《독두심해》: 마음이 이미 정신을 몰아 저쪽으로 갔으니 시가 그쪽으로부터 날아왔다. 서글픔과 처완함이 은미하면서도 지극하며 정밀함과 아름다움이 비할 데가 없이 뛰어나다. 또 이 시의 묘미는 한 글자도 달빛으로부터 비쳐 나오지 않은 것이 없다는 데 있다.(心已馳神到彼, 詩從對面飛來. 悲婉微至, 精麗絶倫. 又妙在無一字不從月色照出也.)

(강성위 · 김수희)

29. 哀王孫

왕손을 슬퍼하다

長安城頭頭白烏[1]　夜飛延秋門上呼[2]
又向人家啄大屋[3]　屋底達官走避胡[4]
金鞭折斷九馬死[5]　骨肉不得同馳驅[6]
腰下寶玦青珊瑚[7]　可憐王孫泣路隅[8]
問之不肯道姓名[9]　但道困苦乞爲奴[10]
已經百日竄荊棘[11]　身上無有完肌膚[12]
高帝子孫盡隆準[13]　龍種自與常人殊[14]
豺狼在邑龍在野[15]　王孫善保千金軀[16]
不敢長語臨交衢[17]　且爲王孫立斯須[18]
昨夜東風吹血腥[19]　東來橐駝滿舊都[20]
朔方健兒好身手[21]　昔何勇銳今何愚
竊聞天子已傳位[22]　聖德北服南單于[23]
花門剺面請雪恥[24]　愼勿出口他人狙[25]
哀哉王孫愼勿疏[26]　五陵佳氣無時無[27]

장안성 위 머리 흰 까마귀
한밤 연추문으로 날아와 그 위에서 울고,
다시 인가로 날아가 큰 집의 지붕을 쪼아대니
지붕 아래 고관대작 오랑캐를 피해 달아났다네.

금 채찍 부러지고 아홉 마리 말도 죽으니
골육이 함께 말을 달릴 수 없었다네.
허리에 찬 보결은 푸른 산호빛인데
가련하다! 왕손은 길모퉁이에서 울고 있구나.
물어보아도 이름은 말하려 하지 않고
고달프니 노비로 삼아 달라는 말만 하네.
이미 백여 일을 수풀 속에서 숨어 지낸 탓인지
몸에는 온전한 살갗이 없구나.
고제의 자손은 모두 높은 코를 지녔거니와
천자의 자손이라 자연 보통 사람과는 다르네.
승냥이와 이리 성읍에 있고 용은 들판에 있으니
왕손께서는 천금같이 귀한 몸을 잘 보호하시라.

감히 교차로에서 길게 이야기할 수 없는 처지라
그저 왕손을 위해 잠시 서 있는데,
지난밤 동풍에 피비린내 불어오더니
동쪽에서 온 낙타가 옛 도읍에 그득하고,
북방을 지키는 늠름한 병사 뛰어난 무예를 지녔는데
지난날 용감무쌍하더니 오늘은 어찌 그리 어리숙한지.
듣자하니 천자께서 이미 보위를 넘기셨고
그 성스러운 덕이 북으로 남선우를 신하로 복종시켰다지요.
회흘은 얼굴 가죽을 잘라내며 설욕할 것을 청하고 있으니
삼가 발설하여 타인이 노리지 못하도록 하시기를.
슬프다! 왕손께서는 삼가 소홀히 하지 마시라
오릉의 훌륭한 기운 사라졌던 적 없었으니.

이 시는 두보가 피난길에서 우연히 만난 왕손을 동정하고 또한 후일을 위하여 자중할 것을 당부한 작품이다. 왕손이 구체적으로 누구였는지는 알 수 없다. 이 시가 지덕 연간에 지어진 것은 확실하나, 지덕 원년 9월에 지었다는 설과 지덕 원년 7월에 지었다는 설이 있다.

《보주두시》 시에서 "듣자하니 천자께서 이미 보위를 넘기셨다."라고 하였으니 마땅히 지덕 원년 7월의 작품이다.(詩云竊聞太子已傳位, 當在至德元載七月作.)

《두시상주》 당 명황이 서쪽으로 행차한 것은 천보 15년 6월 12일이고, 숙종이 즉위하여 지덕으로 연호를 바꾼 것은 7월 갑자일이다. 이 달 정묘일 안녹산이 사람을 시켜 곽국 장공주와 왕비, 부마 등을 살해하였다. 기사일에 또 왕손 및 군현주 20여 명을 살해하였다. 시에서 "이미 백여 일을 수풀 속에서 숨어지냈다."라고 하였으니, 아마도 9월 중일 것이다. 이 시는 필시 이때 지어진 것이다.(明皇西狩, 在天寶十五載六月十二日. 肅宗卽位, 改元至德, 在七月甲子. 是月丁卯, 祿山使人殺霍國長公主及王妃駙馬等. 己巳, 又殺王孫及郡縣主二十餘人. 詩云已經百日竄荊棘, 蓋在九月間也. 詩必此時所作.)

《두시상주》에 인용된 《구당서》 천보 15년 6월 9일 동관이 함락되었다. 12일 새벽 주상은 연추문을 통해 빠져나갔지만, 친왕, 비빈과 공주, 왕손 이하 많은 사람들이 따라가지 못했다.(十五載六月九日, 潼關不守. 十二日凌晨, 上自延秋門出. 親王妃主王孫以下, 多從之不及.)

《두시상주》에 인용된 《당감唐鑑》 양국충이 촉 지방으로 피난하자는 계책을 먼저 내어놓았고, 임금도 거기에 동의하였다. 갑오일 저녁에 진현례에게 육군六軍을 정돈하고 마구의 말 900여 마리를 고르라는 명령을 내렸는데, 바깥사람들은 이를 알지 못하였다. 을미일 이른 새벽 임금은 오직 귀비 자매와 왕자, 비빈과 공주, 황손, 양국충, 위견소, 진현례와 가까운 환관, 궁인만을 거느린 채 연추문을 빠져나갔다. 비빈과 공주, 왕손 가운데 궁궐 밖에 있던 자들은 모두 버려두고서 떠났다.(楊國忠首倡幸蜀之策, 帝然之. 甲午旣夕, 命陳玄禮整比六軍, 選廐馬九百餘, 外人皆莫知也. 乙未黎明, 帝獨與貴妃姊妹, 王子妃主皇孫, 楊國忠, 韋見素, 陳玄禮及親近宦官宮人, 出延秋門. 妃主王孫之在外者, 皆委之而去.)

주석

1 城頭(성두) – 성 머리. 성 위. 頭白烏(두백오) – 머리가 흰 까마귀. 상서롭지 못한 새로 반란을 도모하는 무리를 비유한다. '頭'는 '多' 혹은 '頸'으로 된 판본도 있다.

《두시상주》에 인용된 양신楊愼 주 《삼국전략》에 의하면 후경이 왕위를 찬탈하고 주작문을 단장하라는 명령을 내렸는데, 그 날 수만 마리의 머리 흰 까마귀가 주작문의 누대에 모여들어, 당시의 동요에서 이를 "머리 흰 까마귀 주작을 스치고, 오나라에 돌아가네."라고 노래하였다고 한다. 두보의 시에서는 아마도 이 고사를 끌어다 쓴 것으로, 후경으로써 안녹산을 비유하고 있다.(三國典略, 侯景簒位, 令飾朱雀門, 其日有白頭烏萬計, 集於門樓. 童謠曰, 白頭烏, 拂朱雀, 還與吳. 此蓋用其事, 以侯景比祿山也.)

《구가집주두시》 조차공 주 머리 흰 까마귀가 우는 것은 상서롭지 못한 일이다. …… 혹자는 '頭' 자를 마땅히 '頸'으로 바꿔야 한다고 했다. 대개 까마귀 가운데는 머리가 흰 것이 없기 때문이다.(頭白烏號, 不祥也. …… 或謂頭字當作頸, 蓋烏無頭白者.)

2 延秋門(연추문) – 당대 장안 궁원의 서쪽에 있던 문 가운데 하나. 본래 궁원의 서쪽에는 문 두 개가 있었는데, 그중 북쪽 문이 현무문이고 남쪽 문이 연추문이다.

《두시상주》에 인용된《옹록雍錄》 현종이 촉 지방으로 행차할 적에 궁원의 서문으로 나갔다. 당대에는 궁원의 연추문이고, 한대에는 도성의 직문이었다. 그 문을 빠져 나와서는 편교를 통하여 위수를 건넜고, 함양에서 마외를 향하여 서쪽으로 갔다.(玄宗幸蜀, 自苑西門出. 在唐爲苑之延秋門, 在漢爲都城直門也. 旣出, 卽由便橋渡渭, 自咸陽望馬嵬而西.)

3 向(향) – '來'로 된 판본도 있다. 啄大屋(탁대옥) – 큰 집의 지붕을 쪼다.

4 達官(달관) – 높은 관직에 있는 벼슬아치. 胡(호) – 중국 북쪽에 살던 이민족을 통칭하는데, 여기서는 안녹산을 가리킨다.

《두공부초당시전》 안녹산은 본래 호인이므로 '피호'라고 한 것이다.(祿山本胡人, 故云避胡.)

[又向 2구]

《두공부초당시전》 당시에 달관들이 안녹산의 난을 피하여 달아났기 때문에 집 안에는 아무도 없었고 이에 까마귀들이 모두 내려와 음식을 먹을 수 있었던 것이다.(時達官避祿山之難, 屋底無人, 烏盡下啄食.)

#《두시상주》: 이 시는 왕손이 곤경에 처한 것을 보고 지은 것이다. 첫 단락에서는 재난의 조짐을 회상하였다.(此見王孫顚沛而作也. 首段憶禍亂之徵.)

5 金鞭(금편) – 금으로 만든 채찍. 여기서는 임금의 수레를 모는 것을 비유한 것이다. 折斷(절단) – '斷折'로 된 판본도 있다. 九馬(구마) –

아홉 마리의 말. 한 문제에게 명마 아홉 마리가 있었는데, 후에는 이 '구마'로 임금의 수레를 모는 말을 지칭하였다. 혹은 말 열 마리 중에서 아홉 마리가 죽은 것으로 보아 수레를 급히 몰아가는 것을 비유한 것으로 보기도 하나 합당하지 않다. 앞의 '九'는 '廐'로 된 판본도 있다.

《두시상주》에 인용된 《서경잡기西京雜記》 문제는 대代로부터 올 때 좋은 말 아홉 필이 있었는데, 이는 각각 부운, 적전, 절군, 일표, 자연류, 녹리총, 용자, 인구, 절진이라고 불렀고 이를 합쳐 '구일'이라고 하였다.(文帝自代來, 有良馬九匹, 曰浮雲, 曰赤電, 曰絶群, 曰逸驃, 曰紫燕騮, 曰綠螭驄, 曰龍子, 曰驎駒, 曰絶塵, 號爲九逸.)

《두공부초당시전》 현종이 도망할 때 황급히 멀리 가서 숨으려 하였기에, 말에 채찍질을 하여 빨리 달리게 하였고 중간에 멈추거나 쉴 수가 없었다. 그래서 금 채찍이 부러지고 열 마리 말 중에서 아홉을 죽게 하였다.(方玄宗之出奔, 急欲遠遁, 鞭馬疾驅, 不得停歇, 故金鞭爲之斷折, 十馬而死其九也.)

6 骨肉(골육) – 골육지친. 가까운 친족. 得(득) – '待'로 되어 있는 판본도 있다. 馳驅(치구) – 말이나 수레를 빨리 몰다.

7 玦(결) – 패옥의 일종. 고리 모양인데 한 쪽이 트여 있다. 靑珊瑚(청산호) – 푸른 산호. 여기서는 왕손이 허리에 차고 있는 보결의 색깔이 푸른빛을 띠고 있음을 말한다.

《두공부초당시전》 여러 왕들이 길에 떠돌아다닐 적에 허리에 보결을 차고 있었는데 그 색깔이 산호의 푸른빛과 같았다.(諸王流離于道, 腰下寶玦, 其色如珊瑚之靑也.)

8 王孫(왕손) – 왕의 자손. 泣路隅(읍로우) – 길모퉁이에서 울다. 이 구는 왕손이 갈 곳을 잃어 헤매고 있었음을 말한다.

9 道(도) – 말하다.

10 乞爲奴(걸위노)－ 노비가 될 것을 구걸하다.

11 已經百日(이경백일)－ 이미 100일이 지나다. 현종이 장안을 떠나 촉으로 간 것이 6월 12일이므로, 현재의 시점은 9월 하순경으로 추정된다. 竄荊棘(찬형극)－ 가시나무 덤불에 몸을 숨기다.

12 無有完肌膚(무유완기부)－ 온전한 살갗이 없다. 100여 일을 헤매고 다녔으므로 그 몰골이 처참해진 것이다.

13 高帝(고제)－ 한나라의 고조. 여기서는 한나라 고조를 들어 당나라 고조를 가리킨 것이다. 隆準(융절)－ 높은 코. '隆'은 '高'로 된 판본도 있다.

《구가집주두시》 한 고조의 모습은 높은 코에 용의 얼굴이었다. 응소의 주에 '융隆'은 높은 모양이라고 하였고, 이배는 '절準'은 코라고 하였다.(漢高祖爲人隆準而龍顔. 應劭注曰: 隆, 高也. 李裴曰: 準, 鼻也.)

14 龍種(용종)－ 용의 종자. 곧 천자의 자손을 지칭한다.

15 豺狼(시랑)－ 승냥이와 이리. 잔악하고 무도한 자를 비유한다. 여기서는 안녹산의 반군을 가리킨다. 龍(용)－ 용. 임금을 비유한다. 여기서는 현종을 지칭한다.

《두공부초당시전》 시랑은 도적을 비유하고 용은 천자를 비유한다. 시랑이 읍에 있다는 것은 도적이 득세하였음을 말하는 것이고, 용이 들판에 있다는 것은 천자가 있어야 할 곳을 잃어버렸음을 말한다.(豺狼喩盜賊, 龍喩天子. 豺狼在邑, 言盜賊得勢, 龍在野, 言天子失所也.)

16 千金軀(천금구)－ 천금같이 귀한 몸. 왕손의 귀한 신분을 말한 것이다.

#《두시상주》: 이 단락은 일을 서술한 것이다. 당시에 환란을 피해서 몸을 숨긴 행적을 기록한 것이다. '금편' 4구는 임금이 도망가기에

급한 나머지 왕손을 버려두고서 떠난 일을 말한 것이다. '문지' 4구는 고통의 소리와 아울러 낭패 당한 모습을 상세히 그린 것이다. '고제' 4구는 왕손의 모습이 특이해서 반군들에게 잡힐까 걱정한 것이다. 몸조심하라고 말한 것은 그를 위태롭게 여긴 것이다.(次段敍事, 記當時避亂匿身之迹. 金鞭四句, 言上皇急於出奔, 致委王孫而去. 問之四句, 備寫痛苦之詞, 幷狼狽之狀. 高帝四句, 恐其相貌特殊, 而爲賊所得, 曰愼保軀, 危之也.)

17 長語(장어) – 길게 이야기하다. 交衢(교구) – 길이 교차하는 곳. 교차로. '구衢'는 네거리를 뜻한다.

《두공부초당시전》 길게 이야기한다는 것은 곧 쓸데없는 말을 하는 것이다.(長語乃剩言也.)

18 斯須(사수) – 잠시. 잠깐 동안.

[不敢 2구]

《두공부초당시전》 두보가 왕손과 더불어 문답을 하면서 감히 사사로운 이야기를 하지 못하고, 그저 잠시 함께 서 있었던 것은 혹시 간사한 자가 엿볼까 염려해서이다.(甫與之問答, 不敢私言, 但共立少須, 恐爲奸人窺伺故也.)

19 東風(동풍) – '春風'으로 된 판본도 있다. 동쪽은 안녹산이 쳐들어온 방향을 가리키는 것으로 보인다. 血腥(혈성) – 피비린내. 이 구는 당시 무자비한 살육이 있었음을 암시한다.

《구가집주두시》 조차공 주 동풍은 마땅히 동방의 바람이다. 봄을 말하는 것이 아니다.(東風應是東方之風, 非言春也.)

20 橐駝(탁타) – 낙타. '橐'은 '駱'으로 된 판본도 있다. 舊都(구도) – 옛 도읍. 여기서는 안녹산의 반군에게 점령당한 장안을 가리킨다.

《구가집주두시》 포표鮑彪 주 동쪽에서 온 낙타는 반군이 동도로부터 들어온 것을 말한다.(東來橐駝, 謂賊自東都進也.)

《두시상주》 장안이 당시 안녹산에게 함락되었기에 '구도'라고 한 것이다.(長安時爲祿山所陷, 故曰舊都.)

[昨夜 2구]

《두시상주》에 인용된 《당서·사사명전史思明傳》 안녹산이 양경을 함락하고서 낙타로 궁궐 창고의 진귀한 보물을 범양으로 운반하였는데 끝날 줄을 몰랐다.(祿山陷兩京, 以橐駝運御府珍寶於范陽, 不知紀極.)

21 朔方(삭방) – 북쪽. 북방. 健兒(건아) – 건장한 청년. 여기서는 군대에 동원된 병사를 말한다. 身手(신수) – 재주. 기예. 무예를 말한다.

《두공부초당시전》에 인용된 《빈지邠志》 빈군은 처음에는 영주에 주둔하였는데 삭방군이라고 불렸다. 명령이 있으면 정벌에 나가고, 명령이 없으면 들어와 수자리를 살았다.(邠軍始鎭靈州, 謂之朔方軍, 有命則征伐, 無命則入守.)

《두시상주》 당시 가서한이 하농, 삭방의 병사 그리고 번병 총 20여 만 명을 거느리고 반군을 막았는데, 동관에서 패배하였다.(時哥舒翰將河隴朔方兵及蕃兵共二十萬拒賊, 敗績於潼關.)

《두시상주》에 인용된 《당서》 천보 14년 경사에서 10만 명을 모집하여 천무건아라고 불렀다.(天寶十四載, 京師召募十萬, 號天武健兒.)

[朔方 2구]

《두공부초당시전》 가서한이 삭방의 병사를 거느리고 동관을 지켰는데, 하루 만에 반군에게 패하니 마치 (반군이) 무인지경에 들어오는 것 같았다. 지난 날 토번을 지킬 때는 천하의 정예병사라 일컬어졌는데, 오늘은 어찌 패배하여 모두 반군에게 돌아갔는가. 그래서 어리석다고 한 것이다.(哥舒翰領朔方兵守潼關, 一日爲賊所敗, 如入無人之境. 昔禦吐蕃, 稱爲天下精兵, 今何敗北, 皆歸於賊, 故云愚也.)

22 天子(천자) – '天'은 '大'로 된 판본도 있다. '천자'일 경우는 현종玄宗을

가리키고, '大子'일 경우는 숙종肅宗을 가리킨다. 傳位(전위)- 현종이 숙종에게 양위한 것을 말한다. 혹은 숙종이 현종에게서 왕위를 물려받은 것을 말하는 것으로 볼 수도 있다.

《두시상주》 '전위'란 숙종이 영무에서 즉위한 것이다.(傳位, 肅宗卽位靈武也.)

23 聖德(성덕)- 임금의 성스러운 덕. 노원창은 이를 현종의 덕으로 보았다. 숙종의 덕으로 보는 설도 있다. 服(복)- 복종시키다. 南單于(남선우)- 한나라 때는 흉노에 남북의 구별이 있었는데, 남쪽의 추장이 바로 남선우이다. 여기서는 회흘의 추장을 말한다.

《두시상주》에 인용된 노원창 주 당 현종이 출발할 즈음에 태자에게 유시하기를 "서북 지방의 여러 오랑캐들을 내가 평소에 두텁게 위무하였으니 네가 반드시 그들을 쓸 수 있을 것이다."라고 하였다. 이것이 이른바 임금의 덕이 북으로 선우를 복종시켰다는 것이다.(明皇臨行, 諭太子曰, 西北諸胡, 我撫之素厚, 汝必得其用. 所謂聖德北服單于也.)

《구가집주두시》 한 선제 때에 선우가 남북으로 나뉘어서 각각 그것으로써 이름을 삼았다.(漢宣帝時, 單于分南北, 各以爲號.)

《두공부초당시전》 남선우는 바로 회흘이다.(南單于卽回紇也.)

24 花門(화문)- 지명. 당나라 외곽에 위치한 지역으로 천보 연간에 회흘에게 빼앗겼다. 이후에는 이 '화문'으로 회흘을 지칭하였다. 剺面(이면)- 얼굴을 벗기다. 즉 얼굴의 가죽을 잘라내는 것을 말한다. 회흘족은 큰 슬픔을 만났을 때 이러한 행위로 슬픔을 드러내었다. 혹은 자신의 진심이나 결심을 드러낼 때에도 이런 행동을 하였다. 雪恥(설치)- 치욕을 씻어내다.

《두시상주》에 인용된 《당서》 감주에 화문산보가 있는데, 동북으로 천 리를 가면 회흘의 아장에 도착한다.(甘州有花門山堡, 東北千里, 至回鶻衙帳.)

《두공부초당시전》 화문은 회흘의 지명인데, 회흘은 화문으로써 스스로의 이름을 삼았다.(花門, 乃回紇地名. 回紇以花門自號.)

《두시상주》 '이면'은 그 얼굴 가죽을 잘라낸다는 말로 진실된 정성을 보이는 것이다.(剺面, 謂披其面皮, 示誠悃也.)

《구가집주두시》에 인용된 《후한서》 경병이 세상을 떠났는데, 흉노족이 이 소식을 듣고서 온 나라가 슬퍼하며 곡을 하였고 어떤 이는 얼굴 가죽을 잘라내며 피를 흘리기까지 하였다.(耿秉卒, 匈奴聞之, 擧國號哭, 或至剺面流血.)

《두시상주》에 인용된 《구당서》 숙종이 즉위하고 9월에 남쪽으로 팽원에 행차하였고, 사신을 파견하여 회흘과 화친을 맺었다. 지덕 2년 2월 그 수령이 조정으로 들어와 알현하였다.(肅宗卽位, 九月南幸彭原, 遣使與回紇和親. 二載二月, 其首領入朝.)

25 狙(저) – 몰래 노리다. 혹은 몰래 엿보다. '徂'로 되어 있는 판본도 있다.

《두시상주》에 인용된 《사기색은史記索隱》 '저'라는 것은 엿보며 숨어 있는 것이다. 긴팔원숭이는 먹이를 엿볼 적에 반드시 숨어서 그것을 기다린다.(狙, 伺伏也. 狙之伺物, 必伏而候之.)

《두공부초당시전》 '저'는 몰래 듣는다는 말이다. 두보가 왕손이 그 일을 비밀로 하기를 바란 것은 첩자가 알게 될까 두려워한 것이다.(狙, 竊聽也. 甫欲王孫愼密其事, 恐爲諜者所得.)

[花門 2구]

《구가집주두시》 조차공 주 이 당시 회흘이 당나라 조정을 돕고 따를 마음을 지니고 있었기 때문에 왕손이 다른 사람에게 발설하지 말고 가도록 경계한 것이다. 살펴보건대 광평왕 이숙이 천하병마원수가 되고 곽자의가 그를 보좌하여 삭방, 안서, 회흘, 대식의 군대로써 안경서를 토벌한 것이 지덕 2년 윤 8월의 일이었다. 그러므로 두보가 이 시를 지었을 때는 회흘이 이제 막 돕고 따르겠다는 요청을 하던 시기였다.(是時回紇有助順之心, 故戒王孫勿出口於他人而徂往也. 按廣平王俶爲天下兵馬元帥, 郭子儀副之, 以朔方安西回紇大食兵討安慶緖, 在至德二載之閏八月. 則公作此詩時, 回紇初有助順之請.)

26 疏(소) – 몸가짐을 소홀히 하다. 왕손끼리 소홀히 한다는 의미로 보는 설도 있으나 취하지 않는다.

27 五陵(오릉) – 당대 임금의 다섯 무덤을 지칭한다. 혹은 한대 임금의 다섯 무덤으로 당대 임금의 무덤을 대칭한 것으로 보기도 한다.

《두시상주》에 인용된 왕수 주 한 고제는 장릉, 혜제는 안릉, 경제는 양릉, 무제는 무릉, 소제는 평릉에 묻혔는데, 이를 가리켜 오릉이라고 한다.(漢高帝葬長陵, 惠帝葬安陵, 景帝葬陽陵, 武帝葬茂陵, 昭帝葬平陵, 謂之五陵.)

《보주두시》 오릉은 헌릉, 소릉, 건릉, 정릉, 교릉을 말한다. 옛 주석에서는 한대 오릉을 인용하였는데 잘못된 것이다.(五陵謂獻陵, 昭陵, 乾陵, 定陵, 橋陵. 舊注引漢五陵, 非也.)

[哀哉 2구]

《구가집주두시》 조차공 주 마땅히 서로 돌보아 끝내 왕손을 소홀히 하지 말라고 경계하였다. 대개 모두 앞 시대 여러 임금들의 자손이기에 오릉을 거론하여 자신의 뜻을 드러내었다.(戒之以當更相收拾而勿遂疎外王孫, 蓋皆前朝諸帝之子孫, 故言五陵以見意.)

#《두시상주》: 마지막 단락은 말을 서술한 것으로 국가의 위기가 극에 달하였다가 장차 다스려질 기미를 진술하였다. '그저 잠시 서 있는다'는 것은 행적을 감추고 몰래 이야기하고자 하는 것이다. '작야' 4구는 안녹산의 반군이 창궐하였는데 가서한이 실패하였음을 한탄한 것이다. '절문' 4구는 태자가 임금으로 등극하여 회흘이 토벌에 협조함을 기뻐한 것이다. 마지막 2구는 또한 반복하여 재삼 당부한 것으로, '삼가 소홀히 말라'한 것은 경계시킨 것이다.(末段敍言, 陳國家亂極將

治之機. 且立斯須, 欲屛迹而密語也. 昨夜四句, 祿山猖獗, 而恨哥舒之失計. 竊聞四句, 太子龍興, 而喜回紇之助討. 末二, 又反覆以致其丁寧, 曰愼勿疏, 戒之也.)

##《두시상주》에 인용된 전겸익 주: 지덕 원년 9월 손효철이 곽국 장공주, 영왕비 및 부마 양일 등 팔십여 명을 해쳤고, 또한 황손 이십여 명을 살해하고 그 심장을 도려내어서 안경종을 제사 지냈다. 임금을 수행하여 촉으로 들어간 왕후 장상의 자손과 형제들은 비록 어린 아이라고 해도 참혹한 살육을 면하지 못하였다. 당시에 항복한 신하들 중에도 반군의 앞잡이 노릇을 하여 황손과 비빈, 공주를 찾아내서 바치는 자들이 있었을 것이다. 그래서 "왕손께서는 천금같이 귀한 몸을 잘 보호하시라." 하였고, 또한 "슬프다. 왕손께서는 삼가 소홀히 하지 마시라."고 하여 위험스럽게 여기고, 다시 경계하였던 것이다. 송나라 정강의 난 때에 여러 신하들이 금나라를 위해 왕족인 조씨를 수색하여 결국 남은 후손이 없어진 일이 있었으니, 이 시도 역시 같은 맥락에서 나온 것이다. 명황이 위후의 난을 평정하여 몸소 태평시대를 이루고 개원 연간에는 거의 정관의 태평성대와 비슷하였지만, 천보 말년에는 백성들이 도탄에 빠졌을 뿐만 아니라 처자식 역시 화를 면할 수 없었다. 〈애강두〉와 〈애왕손〉 두 시를 읽어보면, 지금도 여전히 그 처참함이 눈에 선하다.《맹자》에 "만약 확충시킬 수 있다면 온 세상을 보호할 수 있고, 확충시킬 수 없다면 처자식도 보호할 수 없다."라고 하였으니, 한 사람의 몸에서 흥망과 치란의 연고가 분명해지는 것이다.(至德元載九月, 孫孝哲害霍國長公主, 永王妃及駙馬楊馹等八十人, 又害皇孫二十餘人, 並刳其心, 以祭安慶宗. 王侯將相扈從入蜀者, 子孫兄弟, 雖在嬰孩之中, 皆不免於刑戮. 當時降逆之臣, 必有爲賊耳目, 搜捕皇孫妃主以獻者, 故曰王孫善保千金軀, 又曰哀哉皇孫愼勿疏, 危之, 復戒之也. 宋靖康之難, 群臣爲金人搜索趙

氏, 遂無遺種. 此詩如出一轍. 明皇平韋后之難, 身致太平, 開元之際, 幾於貞觀盛時, 及天寶末, 不唯生民塗炭, 而妻子亦且不免. 讀江頭, 王孫二詩, 至今猶慘然在目, 孟子云, 苟能充之, 足以保四海, 不能充之, 不足以保妻子. 卽一人之身, 而治亂興亡之故昭然矣.)

《두억》: 충의로운 마음을 심혈로 펼쳐 내어 지금도 마르지 않았으니 절대로 필설로 표현할 수 있는 것이 아니다. 후경이 대성에서 반란을 일으켰을 때 흰 머리 까마귀 수천 마리가 주작항에 모여들었는데, '두백오'라는 말은 여기에서 연유한다. '금편'과 '구마'는 천자가 모는 것이다. 채찍이 부러지고 말이 죽었다는 것은 천자가 서쪽으로 달아나는 것이 급하다는 것을 말하는데, 읽을 때 깨닫지 못하는 것은 차마 분명히 말하지 못했기 때문일 것이다. …… '보결'과 '산호'로 왕손의 모습을 분명히 묘사해 놓고서, 또한 '이름은 말하려 하지 않는다'고 하였으니 그 광경이 매우 핍진하다. 괴롭게 말을 하다가 갑자기 '고황高皇(원문은 고제高帝) 자손' 두 말로 들어가니 매우 품격이 있는데, 죽어가다가 생명을 얻은 격으로 보통 사람이 생각할 수 있는 바가 아니다. 감히 길게 이야기하지 못하면서 또 잠시 서서 말하고 싶은 말은 태자가 왕위를 전해 받았고 북쪽 오랑캐가 은혜를 갚고자 한다는 것인데, 먼저 '동풍취혈' 등의 말을 삽입한 것은 이로써 귀한 몸을 잘 보호하라는 뜻을 충족시킬 수 있었기 때문이리라. 문장의 기세가 우회하여 급박하지 않으니, 이것이 문장의 전개가 뛰어난 경우라 할 수 있다. '삼가 발설하지 말라' 하고, 또 재삼 당부한 것은 대개 반군의 기세가 바야흐로 성하기 때문으로, '피비린내 불어오다'라는 말에 뿌리를 두고 한 것이다. 그리고 마지막 말인 '오릉의 훌륭한 기운'은 또 '자손들의 높은 코'와 서로 조응한다. 전체 작품에서 애통해하고 애석해하는 정이 진하게 넘쳐나며, 혼란스러운 듯 정돈되어 있고 끊어졌다가 다시 이어지니, 느슨한 말이 한 마디도 없고 죽은 글자가 한 글자도 없어 진실로 문장에 신이 있는 듯하다.(忠義肝腸, 抒以心血, 至今未乾, 必非取辦于筆舌者. 侯景反臺城時, 有白頭烏數千集朱雀航, 頭白烏本此. 金鞭, 九馬, 天子所御. 鞭斷馬死, 是說天子西奔之急, 而讀之不覺, 蓋不忍明言耳. …… 寶玦, 珊瑚, 明寫出王孫模樣, 而又不肯道姓名, 光景逼肖. 說得極苦, 而忽入高皇子孫二語, 極有氣象. 死中得活, 匪夷所思. 不敢長語, 又立斯須, 所欲語者, 太子傳位, 北虜報效事, 而先揷入東風吹血等語, 蓋以足善保金軀之意. 而文勢紆迴, 不致淺促, 此局陣之妙. 愼勿出口, 又致丁寧, 蓋因賊勢方盛, 根吹血腥來. 而束語五陵佳氣, 又與子孫隆準語相照. 通篇哀痛顧惜, 潦倒淋漓, 似亂而整, 斷而復續, 無一懈語, 無一死字, 眞下筆有神.)

《독두심해》: 처음은 원제법을 사용하고 흥체인데 또한 가요와 비슷하다. 《당시별재》는 "곧 시경 시인(〈시경·패풍·북풍〉)의 '검은 것으로 까마귀 아닌 것이 없다'라는 뜻이다."라고 하였다. '금편' 이하 한 단락은 서사법인데, 처음 4구는 시제를 나타내고 중간 4구는 당일의 행적을 기록하였으며, 마지막 4구는 왕손에 대해 윤색하면서 아래 부분의 경계하는 말을 일으켰다. 마지막 한 단락은 영탄법을 활용한 것으로 구구절절 시상을 펼쳐 나가는데, 먼저 '불감' 2구를 두어 세밀한 것을 묘사하여 생동감을 보태는 '협상삼호頰上三毫'의 묘를 얻었다. '동풍' 구와 '탁타' 구는 반군의 형세 때문에 두려워한 것이다. '건아' 구와 '하우' 구는 수비에 실패한 것을 반추하며 개탄한 것이다. '절문' 4구는 오래지 않아 천자가 복위될 것이라는 소식을 전한 것으로 발설하지 말라고 경계하면서 그를 위로한 것이다. '신물소'는 거듭 경계한 것이고, '무시무'는 거듭 위로한 것이다. 재삼 당부하며 측은하게 슬퍼하고 있으니 마치 그 소리가 들리는 것 같다.(起用原題法, 興體也, 亦似謠. 別裁云, 卽風人莫黑非烏意. 金鞭以下一段, 敍事法, 四出題, 四記當日行徑, 四就王孫飾色, 以起下文告戒之詞. 末一段, 化用詠歎法, 筆筆開

擺. 先着不敢二句, 有添毫之妙. 東風槖駝, 惕以賊形也. 健兒何愚, 追慨失守也. 竊聞四句, 寄與不久反正消息, 而戒其勿泄, 慰之也. 愼勿疏, 申戒之. 無時無, 申慰之也. 丁寧惻怛, 如聞其聲.)

(박홍준)

30. 悲陳陶
진도를 슬퍼하다

孟冬十郡良家子[1] 血作陳陶澤中水[2]
野曠天清無戰聲[3] 四萬義軍同日死[4]
羣胡歸來雪洗箭[5] 仍唱夷歌飮都市[6]
都人迴面向北啼[7] 日夜更望官軍至[8]

초겨울에 열 고을의 양민 자제들
흘린 피가 진도택의 물이 되었네.
들 훤하고 하늘 맑고 싸움 소리 없었는데
사만 명 의로운 군사가 같은 날에 죽었네.
뭇 오랑캐들은 돌아와 화살을 씻고
여전히 오랑캐 노래 부르며 도성 저자에서 술 마시네.
도성 사람들 얼굴 돌려 북쪽 향해 울면서
관군이 이르기를 밤낮으로 또 바라고 있네.

이 시는 지덕 원년 겨울 방관房琯이 이끄는 당나라 군대가 안녹산의 반군에게 진도사陳陶斜에서 크게 패한 일을 쓴 것이다. 따라서 저작 시기는 패한 지 얼마 되지 않은 때일 것이다. 진도사는 함양현 동쪽의 지명으로 진도택陳陶澤으로도 불린다. 진도는 '陳濤'로 쓰기도 한다.

《보주두시》 마땅히 천보 15년 10월 신축일 방관이 진도에서 패한 뒤에 지은 것이다. 이해 10월은 신사일이 초하루이니 신축일은 곧 10월 21일이다. 양권도는 이해 반군에 억류되었던 시기의 시안에 편입하였고, 채흥종은 겨울에 〈비진도〉, 〈비청판〉의 작품이 있다고 하였다.(當是天寶十五載十月辛丑房琯陳陶戰敗後作. 是年十月辛巳朔, 辛丑乃十月二十一日. 梁權道編在是年陷賊中詩內, 蔡興宗就謂冬有悲陳陶悲青坂.)

《구가집주두시》에 인용된 《구당서·방관전房琯傳》 방관이 왕명을 받들어 영무에 사신으로 가서 숙종을 옹립하고는, 군사를 거느려 오랑캐를 주멸하고 장안을 수복할 것을 청하였다. 방관은 삼군으로 나누어 양희문으로 하여금 남군을 거느리고 의수로부터 들어가도록 하였고, 유철로 하여금 중군을 거느리고 무공으로부터 들어가도록 하였으며, 이광진으로 하여금 북군을 거느리고 봉천으로부터 들어가게 하고는 방관 자신은 중군을 거느려 선봉이 되었다.(琯奉使靈武, 立肅宗, 因請將兵誅寇孽, 收復京都. 琯分爲三軍, 遣楊希文將南軍自宜壽入, 劉悊將中軍自武功入, 李光進將北軍自奉天入, 琯自將中軍爲前鋒.)

《구가집주두시》 포표鮑彪 주 천보 15년 10월 신축일에 방관이 안녹산과 진도사에서 싸웠는데 대패하였다. 계묘일에 방관은 또 남군을 거느리고 싸웠는데 대패하였다. 공은 이 때문에 이 시를 지었다.(天寶十五年十月辛丑, 房琯及祿山戰于陳陶斜, 敗績. 癸卯, 琯又以南軍戰, 敗績. 公故有是詩.)

《두시상주》에 인용된 《통감》 주 진도사는 함양현의 동쪽에 있다. '사'는 산택을 이르는 말인데, 이 때문에 또 진도택이라고도 한다.(陳陶斜在咸陽縣東. 斜者山澤之名, 故又曰陳陶澤.)

주 석

1 孟冬(맹동)– 음력 10월. 良家子(양가자)– 일반 백성의 자제.

2 陳陶澤(진도택)– 지명. 진도사陳陶斜. 이 구는 관군들이 흘린 피로 진도택의 물이 붉어졌다는 말이다.

3 野曠(야광)– 들이 휜하다. 들이 넓다. '曠'은 '廣'으로 된 판본도 있다. 天淸(천청)– 하늘이 맑다. '淸'은 '晴'으로 된 판본도 있다. 無戰聲(무전성)– 싸우는 소리가 없다. 접전도 하지 못하고 궤멸당한 것을 말한다. 이와 달리 4만 명의 군사가 한날에 죽었다는 아래 구의 사실로 인해 싸움 소리가 없어지게 되었다고 보는 견해도 있다.

《두시상주》 들에 싸움 소리가 없다고 하여 싸우지도 못한 채 스스로 무너진 사실을 드러내었다.(曰野無戰聲, 見不戰而自潰也.)

《두공부초당시전》 접전도 하지 못하고 패한 것을 말한다.(言不交刃而敗也.)

4 同日(동일)– 같은 날. 지덕 원년 10월 21일을 가리킨다.

《두시상주》에 인용된 《당서唐書》 당시 방관은 옛 법을 본받아 병거兵車를 써서 전투했는데, 반군이 바람을 따라 불을 놓아 태우니, 사람과 우마牛馬가 크게 교란되어 관군 쪽의 사상자가 4만여 명이었다.(時琯效古法用車戰, 賊順風縱火焚之, 人畜大亂, 官軍死傷者四萬餘人.)

5 羣胡(군호)– 뭇 오랑캐. 안녹산이 이끄는 반군을 가리킨다. 雪洗箭(설세전)– 화살을 닦다. 화살에 묻어 있는 피를 닦아 내다. 이와 달리 눈으로 화살을 닦는다는 해석도 가능하다. '雪'이 '血'로 된 판본도 있는데, 이 경우에는 피로 화살을 닦는다고 풀이하기도 한다.

《두시상주》 '설세'의 '설'은 닦아 낸다는 의미이다. 조차공 주에 화살의 피를 씻어 내는 것이라 하였다. 《두억》에서는 핏물을 사용하여 화살을 씻는다고 하였지만, 구본에 의거하여 '설세전'으로 하는 것이

나은데, 어감상 비교적 평이하고 순조롭다.(雪洗, 雪, 拭也. 趙注謂洗箭上之血. 杜臆謂用血水以洗箭, 不如依舊本作雪洗箭, 語較平順.)

《구가집주두시》 조차공 주 '군호귀래혈세전'에서 구법이 훌륭한 부분은 바로 '혈세전' 세 글자에 있는데, 이는 화살 위의 피를 씻어낸다는 뜻이다. …… 채흥종은 오히려 '설세전'이라고 한 판본을 취했는데, 옳지 않다.(羣胡歸來血洗箭, 句法好處正在血洗箭三字, 蓋言洗箭上之血也. …… 蔡伯世却取一作云雪洗箭, 非是.)

《두억》 '군호혈세전'은 사실을 바탕으로 한 말이다. 피가 진도의 물이 되었으니, 그것을 보면 놀라게 된다. 그런데도 오랑캐들은 오히려 핏물로 화살을 씻고 있으니, 절로 묘한 말이 된다. 하지만 조차공의 해석은 화살 위의 피를 씻는다고 하여 도치된 표현을 구법의 훌륭한 부분으로 여기고 있는데, 이야말로 어린애의 견해라 하겠다.(羣胡血洗箭, 是實語. 血作陳陶水, 見之驚心. 而胡人且以血洗箭, 自是妙語. 而趙解謂洗箭上之血, 以倒語爲句法好處, 此小兒解事者.)

6 仍唱(잉창)– 여전히 노래 부르다. '撚箭'으로 된 판본도 있다. 夷歌(이가)– 오랑캐의 노래. 飮都市(음도시)– 도성의 저자에서 술을 마시다.

7 迴面(회면)– 얼굴을 돌리다. 오랑캐를 피하여 얼굴을 돌린다는 뜻이다. 向北(향북)– 북쪽을 향하다. 북쪽은 숙종이 있는 영무 쪽을 가리킨다.

《두시상주》에 인용된 《통감》 안녹산이 지난날 백성들이 난리를 틈타 창고의 물건을 많이 훔쳤다는 사실을 듣고는, 장안을 취하고 나서 삼일 간 크게 수색하여 그들의 사재까지도 남김없이 약탈하도록 명령하였다. 백성들 사이에 소란이 일면서 더욱 당나라 왕실을 그리워하였으며, 태자가 북쪽에서 군사를 수습하여 장안을 취하러 온다는 소식을 서로 전하며 밤낮으로 그를 고대하였다. 혹 때로 서로 놀라 소리치며 "태자의 대군이 이르렀다."라고 말하면, 모두 달아나서 저자와 마을이 텅 비곤 하였다. 반군은 북쪽에 먼지가 이는 것이 멀리서 보이면 그때마다 놀라서 달아나려 하였다.(祿山聞, 嚮日百姓乘亂多盜庫物. 旣得長安, 命大索三日, 幷其私財盡掠之. 民間騷然, 益思唐室, 相傳太子北收兵, 來取長安, 日夜望之. 或時相驚曰, 太子大軍至矣, 則皆走, 市里爲空. 敵望見北方塵起, 輒驚欲走.)

《두공부초당시전》 숙종이 영무에 있음을 말하였다.(謂肅宗在靈武也.)

8 日夜(일야) 구 – '前後官軍苦如此'로 된 판본도 있다.

[群胡 4구]

《보주두시》에 인용된 사씨 주 안녹산이 방화와 약탈로 포학함을 일삼자 도성 사람들이 그를 원망하고 당나라의 덕을 사모하였으니, '관군을 바란다'는 구가 있게 되었다. 숙종이 일거에 장안과 낙양을 수복한 것이 어찌 백성들이 노래하면서 당나라를 그리워한 마음 때문이 아니었겠는가?(祿山焚劫暴虐, 都人怨之而思唐德, 遂有望官軍之句. 肅宗一擧而復兩京, 豈非因民謳吟思唐之心乎.)

#《두시상주》: 진도에 관한 이 시는 군대의 주장主將이 적을 가벼이 여긴 것을 슬퍼한 것이다. 도적의 세력이 한창 왕성할 적에 백성을 몰아 갑작스럽게 싸우게 하여 4만 명의 의로운 군대가 한 판 싸움에서 전멸하기에 이르렀으니, 이른바 장수가 군무를 알지 못하여 군졸을 적에게 내준 꼴이라 하겠다. 다행스럽게도 당나라의 덕이 백성들에게 있어서 도성 안 사람들 모두가 관군이 오기를 바라고 있었다. 이러하니 나라의 복록이 끝내 이에 힘입어 회복된 것이리라.(陳濤, 傷主師之輕敵也. 賊勢方張, 而驅民猝鬪, 致四萬義軍, 沒於一戰, 所謂將不知兵, 以卒與敵也. 幸而唐德在人, 傾都繫望, 此國祚終賴之以恢復歟.)

《독두심해》: 진도를 슬퍼한 것은 가벼이 나아가 패전을 불러온 것을 슬퍼한 것이다. 관군이 허술하게 하다 패한 것과 반군이 득의하여 함부로 횡행하는 모습이 두 구씩 짝을 이루며 생생하게 표현되었다.

결어에서 필세를 전환한 것이 좋은데, 민심이 떠나지 않았음을 써내었다.(陳陶之悲, 悲輕進以致敗也. 官軍之聊草敗沒, 賊軍之得志驕橫, 兩兩如生. 結語兜轉一筆好, 寫出人心不去.)

(이남종 · 김수희)

31. 悲青坂

청판을 슬퍼하다

我軍青坂在東門[1] 天寒飮馬太白窟[2]
黃頭奚兒日向西[3] 數騎彎弓敢馳突[4]
山雪河冰晩蕭瑟[5] 青是烽烟白是骨[6]
焉得附書與我軍[7] 忍待明年莫倉卒[8]

우리 군대가 청판에 주둔하여 동문에 있었으니
추운 날 태백산 동굴에서 말에게 물을 먹였지.
황두와 해아가 날로 서쪽을 향하더니
몇몇 기병은 활을 당기며 감히 돌진하였다.
산에는 눈 내리고 강은 얼어붙어 저녁 무렵 쓸쓸한데
푸른 것은 봉화 연기, 흰 것은 사람 해골.
어떻게 하면 편지를 아군에게 전해주어
참고 내년을 기다리며 서둘지 말라 할 수 있을까?

지덕 원년 10월 21일에 방관이 지휘하던 관군이 진도사陳陶斜에서 안녹산의 반군에 패배하였고, 이틀 후인 23일에는 청판에서 또 패배하였다. 청판에서의 패배는 환관 형연은이 전투를 독촉하였기 때문이었다. 이 시는 당시의 이런 상황을 마음 아파하여 지은 것이다. 작시 시기는 청판에서 패전한 이후이다.

청판은 지명이다. 어디인지 확실하지는 않지만, 당시 함양성咸陽

城 동문 부근 군대의 주둔지로 추정된다.

《보주두시》 이 시는《당서·숙종본기》에서 말한 "계묘일에 또 남군으로 싸우다가 대패하였다."라는 일을 두고 쓴 것이다. 남군은 양희문이 통솔하던 것으로 천보 15년(지덕 원년) 10월 23일에 있었던 일이다.(此, 唐紀所謂癸卯, 又以南軍戰, 敗績. 南軍, 楊希文所將, 乃天寶十五載十月二十三日.)

《두시상주》 사서史書에서 이르기를 "방관이 진도사에서 패하여 남은 병졸이 수천 명뿐이라 군대를 이룰 수 없었지만, 황제가 흩어진 군대를 모아 다시 진격을 도모하게 하였다."라고 하였다. 청판은 동문의 주둔지이다.(史云, 琯敗陳陶, 殘卒數千不能軍. 帝使裒夷散, 復圖進取. 青坂, 東門駐軍之地也.)

《두시전주》 청판은 지명인데, 어디인지 자세히 알 수 없다. 진도사는 함양에 있다. 방관의 군대는 편교에 머물렀는데, 편교는 함양현 서남쪽 10리 되는 곳에 있었고 위수 위에 설치되어 있었다. 따라서 청판은 응당 진도나 편교에서 멀지 않은 곳에 있었으리라.(青坂, 地名, 未詳. 陳濤斜, 在咸陽. 房琯師次便橋, 便橋在咸陽縣西南十里, 架渭水上, 則青坂去陳濤便橋當不遠.)

《구가집주두시》 조차공 주 방관이 진도사에서 싸우다가 불리하였다. 그래도 버티면서 자중하려 하였는데, 형연은이 전투를 독촉하는 것에 말려들어 패하게 되었다. 공의 시에 내년까지 참고 기다리라는 경계의 말이 있으니, 거듭 마음 아파한 것이다.(房琯戰于陳陶斜, 不利, 猶欲持重, 而牽於邢延恩所促戰, 故敗, 而公詩有忍待明年之戒, 所以重傷之也.

주 석

1 我(아) – 아군我軍을 뜻한다. 軍(군) – 주둔하다. 군진을 설치하다. 東門(동문) – 청판이 함양현에 있는 진도사와 편교의 부근에 있었던 것으로 추정되기 때문에, 여기의 동문은 함양성의 동쪽 문으로 추정된다.

2 飮馬(음마) – 말에게 물을 먹이다. 太白窟(태백굴) – 태백산의 동굴.

《두시전주》 태백산은 무공현에 있으며 장안으로부터 200리 떨어져 있다. 방관이 앞서 삼군으로 나누었는데, 유철이 중군을 거느리고 무공으로부터 진격해 들어갔다. 그래서 "태백산 동굴에서 말에게 물을 먹였다."라고 한 것이다.(太白山, 在武功縣, 去長安二百里. 琯先分三軍, 劉悊將中軍, 自武功入, 故曰飮馬太白窟.)

3 黃頭奚兒(황두해아) – 안녹산이 이끌고 온 변방의 이민족을 두루 칭한다. '황두'는 거란契丹의 일족인 실위室韋의 부락 명칭이다. '해아'는 동북쪽 변방 이민족 중 하나인 해奚의 족속을 가리키는 말인데, 흔히 북방 이민족을 두루 칭하기도 한다. '황두해아'를 '황색黃色의 여우 가죽으로 머리를 싼 해아'라고 풀이하는 설도 있으나 취하지 않는다. 日向西(일향서) – 날마다 서쪽을 향해 진격하다. 당시 관군은 서쪽에 있었고 반군은 동쪽에 있었다.

《구당서 · 북적전北狄傳》 실위는 거란의 별족別族이다. …… 실위는 우리 당나라에 아홉 부락이 있었으니, 이른바 영서실위, 산북실위, 황두실위, …… 등으로 모두 유성군의 동북쪽에 있었다.(室韋者, 契丹之別類也, …… 室韋, 我唐有九部焉, 所謂嶺西室韋, 山北室韋, 黃頭室韋, …… 並在柳城郡之東北.)

《신당서 · 북적전》 해 또한 동쪽 오랑캐 종족이다.(奚亦東胡種.)

《두시상주》에 인용된 《안녹산사적安祿山事跡》 안녹산이 반란을 일으키면서 동라, 해, 거란, 실위, 예락하의 군대를 출동시키고 부자군이라 불렀다.(祿山反, 發同羅奚契丹室韋曳落河之衆, 號父子軍.)

《두시언해》 '황두'는 황색 여우 가죽으로 그 머리를 싼 것이다. '해아'는 안녹산이 거느린 해와 거란 등이다.(黃頭, 黃狐皮蒙其頭. 奚兒, 祿山所領奚契丹等.)

《두공부초당시전》 '해아'는 오랑캐이다. 누런 것으로 머리를 싼 것은 바로 여우 가죽이니, 그 색이 누렇다.(奚兒, 胡兒也. 以黃蒙其頭, 卽狐皮, 其色黃也.)

4 彎弓(만궁) – 활에 화살을 먹여 당기다. 馳突(치돌) – 치달려 돌진하다. 이 구는 안녹산의 반군이 관군을 깔보고 몇몇 기병만으로도 감히 돌진하였다는 뜻으로, 반군의 교만하고 방자한 모습을 형용한 것이다.

《두억》 몇몇 기병이 활을 당기며 감히 돌진한 것은 해아가 아군을 깔보았기 때문이다.(數騎彎弓敢馳突, 奚兒之輕視我軍也.)

《두시상주》 "몇몇 기병이 돌진하였다."라고 말하였으니 저쪽은 씩씩하고 우리는 겁이 많음을 보인 것이다.(曰數騎馳突, 見彼壯而我怯也.)

5 晩(만) – '已'로 된 판본도 있고, '野'로 된 판본도 있다. 蕭瑟(소슬) – 쓸쓸하다. 바람 부는 소리를 형용한 것으로 볼 수도 있다. '瑟'은 판본에 따라 '飋', '颸', '颯' 등으로 되어 있다.

6 烽(봉) – '人'으로 된 판본도 있다.

7 附書(부서) – 편지를 부치다.

8 倉卒(창졸) – 서두르다.

#《두시상주》: 〈청판〉 시는 환관이 전쟁을 재촉한 것을 마음 아파한 것이다. 싸움에서 대패한 후에는 의당 병사들을 훈련하고 쉬게 함이 옳은데, 궁중 사신이 군대를 재촉함으로 인해 이틀 만에 다시 싸우게 되어 백골이 황량한 교외에 버려지게 되었으니, 군대를 잃고 나라를

욕되게 한 죄는 그 책임을 나누어야 할 자가 있을 것이다. 공은 군사軍事의 이치를 깊이 이해하고 있었으므로 다음 해까지 굳게 기다렸으면 하였던 것이다. 그 후 향적사의 승리는 과연 지덕 2년에 있었다.(靑坂, 傷中官之促戰也. 大敗之餘, 正宜練兵休息, 自中使促師, 隔朝再戰, 而白骨委於荒郊, 則喪師辱國之罪, 有分其責者矣. 公深識兵機, 而欲堅待明年. 其後香積寺之捷, 果在至德二載.)

《두공부시집집주》: 살펴보건대, 사서史書에서 "방관은 신중히 하여 틈을 엿보고자 하였는데, 궁중 사신인 형연은이 전투를 재촉하였기 때문에 마침내 패배하였다."라고 하였다. "참고 내년을 기다리며 서둘지 말라."라고 한 것은 바로 방관이 신중히 하고자 한 뜻이다. 진도의 패배와 동관의 패배는 그 잘못이 모두 환관이 전쟁을 재촉한 데 있었으니, 당연히 전적으로 방관의 죄만은 아닌 것이다. 그래서 두보가 심히 비통해 하였다.(按史云, 琯欲持重有所伺, 中使邢延恩等促戰, 遂敗. 忍待明年莫倉卒, 卽琯持重意也. 陳陶之敗, 與潼關之敗, 其失皆在以中人促戰, 不當專爲琯罪也, 故子美深悲之.)

《두억》: 몇몇 기병이 활을 당기며 감히 돌진했던 것은 해아가 아군을 깔보았기 때문이니, 어찌 가벼이 병사를 진격시키겠는가? 그래서 서두르지 말라고 경계한 것이다.(數騎彎弓敢馳突, 奚兒之輕視我軍也, 可輕進兵乎. 故有莫倉卒之戒.)

《독두심해》: 청판을 슬퍼한 것은 누차 패하고도 반성하여 삼가지 않은 것을 슬퍼한 것이니, 전편(〈비진도悲陳陶〉)과 일맥상통하는 것이다. '눈', '얼음', '봉화', '해골'뿐, 바라봄에 남은 것이 없었다. 주학령이 이르기를, "사서史書를 상고해보니, 방관은 신중히 하여 틈을 엿보고자 하였는데, 환관 형연은이 전투를 다급하게 재촉하였기 때문에 마침내 패배하게 되었다고 한다. 이 기록에 근거하면 방관 또한 그 책임을 나눌 자가 있을 것이다."라고 하였다. 그렇기는 하지만, 방관이 이길 계략을 굳게 가지고 있었다고 할 점이 과연 어디에 있는가? "아군에게 편지를 전하라."라고 하고, "서둘지 말라."라고 한 것은 거듭 국사國士를 위해 위험을 걱정한 것이다. 예로부터 명망이 있어서 군대를 지휘하다가 공과 명성 둘을 모두 실추한 자로는 은호殷浩와 방관이 그 전철이다. 매번 명사가 군사 일을 쉽게 말하는 경우를 보는데, 이는 귀감으로 삼지 말아야 한다.(青坂之悲, 悲屢敗而不懲也, 與前篇一串. 雪冰烽骨, 所見無餘物矣. 朱云, 攷史, 琯欲持重有所伺, 中人邢延恩等促戰倉皇, 遂及於敗. 據此, 則琯亦有分其責者矣。雖然, 琯所爲堅持勝算者, 果安在哉. 曰附書我衆, 曰莫倉卒, 重爲國士危之也. 古來以宿望主軍, 功名兩墜者, 殷深源房次律, 其前車也。每見名士易言兵, 將毋取鑒於此.)

《두시경전》에 인용된 소장형邵長蘅 설: (〈비진도悲陳陶〉 시에서) "관군이 이르기를 밤낮으로 또 바란다."라는 것은 인정이 이와 같기 때문이고, (이 시에서) "참고 내년을 기다리며 서둘지 말라."라고 한 것은 군사軍事의 이치가 이와 같기 때문이다. 이 점이 두시杜詩가 시사가 된 까닭이다.(日夜更望官軍至, 人情如此. 忍待明年莫倉卒, 軍機如此. 此杜所以爲詩史也.)

(이영주)

32. 避地

난리의 땅을 피하다

避地歲時晚[1] 竄身筋骨勞[2] 詩書遂牆壁[3] 奴僕且旌旄[4]
行在僅聞信[5] 此生隨所遭[6] 神堯舊天下[7] 會見出腥臊[8]

난리의 땅을 피하노라니 한 해가 저물고
몸을 숨기느라 근골은 피곤하다.
시와 서는 마침내 벽 속에 숨겨지고
노복이 또한 깃발을 든다.
행재소 소식을 이제 겨우 들었으니
이 생애는 만나는 바를 따르리라.
신요의 옛 천하에서
누린내 몰아내는 것을 보게 되겠구나.

이 시는 난리를 피해 다니는 도중에 숙종이 즉위하였다는 소식을 듣고 난리가 평정되기를 바라면서 지은 것이다. 이 시의 저작 시기는 지덕 원년 겨울로 추정된다. 이 시는 원집原集에는 보이지 않고 조차공본에 수록되어 있다.

> 《두시상주》 고신의 주에서는 "마땅히 지덕 원년 겨울에 지은 것이다. 아마도 백수와 부주에서 난리를 피해 있다가 몰래 봉상으로 갈 때일 것이다."라고 하였다. 이 시는 조차공본에 보인다. 단지 주에는 지덕 2년 정유월에 지은 것이라고 하였는데, 틀렸다. 지금

고씨의 설을 따르다.(顧注, 當是至德元載冬作, 蓋避地白水鄜州間, 竄歸鳳翔時也. 此詩見趙次公本, 但注云至德二載丁酉作, 非也. 今從顧氏.)

주 석

1 避地(피지) – 난리의 땅을 피하는 것을 뜻한다. 歲時晚(세시만) – 한 해가 저물어 가다.

2 竄身(찬신) – 몸을 숨기다.

3 詩書(시서) – 《시경》과 《서경》. 여러 경전을 뜻한다. 遂(수) – 드디어. '逐'으로 된 판본도 있다. 牆壁(장벽) – 벽. 여기서는 벽에 감추는 것을 말한다. 이 구는 난세가 되어 경전이 쓸모없게 된 것을 말한다.

《두시경전》 공안국의 《상서 · 서序》에서는 "진나라가 전적들을 없애 버리려 하자 나의 선조께서 집의 책들을 벽에 감추었다."라고 하였다. 세상이 어지러울 때를 만나서 《시경》과 《서경》이 쓸모없게 될 것임을 말하였다.(孔安國尙書序, 及秦滅典籍, 我先人用藏其家書於屋壁. 言値世亂, 詩書將無所用也.)

4 旌旄(정모) – 의장의 깃발. 여기서는 깃발을 드는 것을 말한다. 이 구는 종과 같이 천한 반군의 무리들이 횡행하고 있음을 말한 것이다.

《두시상주》 옛 주에 이르기를 "지덕 2년 5월에 조정에서 청거의 패배 이후에 관직과 작위로써 흩어진 군사들을 거두니 무릇 군대에 지원하여 관에 들어온 자들은 모두 금빛과 자줏빛의 옷을 입었다. 이것이 이른 바 '노복정모'이다."라고 하였다. 지금 살펴보건대 이 시는 지덕 원년의 겨울에 지어졌으므로 아직 이 일을 보지 못하였을 것이다. 노원창의 주에서는 "공이 반군에게 억류되었을 때에는 바야흐로 조정의 장수와 군사들이 난리를 바로잡기를 바라기에도 틈이 없었을 터인데 어찌 '노복정모'라는 말로 갑자기 책망하였겠는가?

마땅히 적의 무리, 예컨대 전건진, 채희덕, 최건우의 무리들이 각기 깃발을 잡고 있는 것을 지칭한 것일 따름이다."라고 하였다.(舊注謂, 至德二年五月, 朝廷自淸渠之敗, 以官爵收散卒, 凡應幕入官者, 皆衣金紫, 所謂奴僕旌旄也. 今按, 此詩作於元年之冬, 尙未見此事. 盧注云, 公陷賊時, 方冀朝廷將士反正不暇, 豈得以奴僕旌旄輒爲譏彈. 當是指賊黨, 如田乾眞, 蔡希德, 崔乾祐之徒, 各擁旌旄耳.)

5 行在(행재)－ 행재소行在所. 僅(근)－ 겨우. 문신(聞信)－ 소식을 듣다. 숙종이 즉위한 소식을 들은 것을 말한다.

《두시상주》 천자가 이르는 곳을 '행재'라고 한다. 숙종을 가리키는 것이다.(天子所至曰行在, 指肅宗也.)

《두시경전》 이때에 숙종이 이미 영무에서 즉위하였다.(時肅宗已卽位靈武.)

6 此生(차생)－ 이 생애. 두보의 생애를 가리킨다. 隨所遭(수소조)－ 만나는 바를 따르다. 이 만남은 숙종을 만나는 것을 뜻한다. 운명에 순응하며 살아가겠다는 말이다. 숙종을 만나서 따르겠다는 말로 보기도 한다.

7 神堯(신요)－ 당나라 고조高祖를 가리킨다.

《두시상주》 당 고조는 태종에게 왕위를 선양하였으므로 신요황제라 칭하였다.(唐高祖禪位太宗, 故稱神堯皇帝.)

8 會(회)－ 반드시. 出(출)－ 내쫓다. 腥臊(성조)－ 짐승의 누린내. 여기서는 안녹산의 반군을 뜻한다.

《두시경전》 '出'은 '逐'과 같다.(出, 猶逐也.)

《두시상주》 《예기》의 주에 개의 경우를 '성'이라고 하고 양의 경우를 '조'라고 하였다. 여기서는 안녹산을 가리킨다.(禮記注, 犬曰腥, 羊曰臊, 此指祿山也.)

#《두시상주》: 위의 네 구는 난리를 피하면서 시절을 슬퍼한 것이고

아래는 새 군주를 만나 옛 문물을 다시 회복하게 되기를 바란 것이다. 황망하게 도망 다니는 심정과 하루 빨리 시절을 바로잡고자 하는 뜻을 잘 드러내고 있다.(上四避亂傷時, 下思遭逢新主而光復舊物也. 能寫出皇皇奔赴之情, 汲汲匡時之志.)

《독두심해》: 힘들게 도망 다니면서 천하가 다스려지기를 바란 것이다. 3, 4구는 세상이 어지러울 때의 정황이니 예나 지금이나 같은 모습이다. 7, 8구는 공의 본래 마음이다.(苦奔竄而望治也. 三四, 世亂情事, 古今同狀. 七八, 是公素心.)

(박석 · 최석원)

33. 對雪

눈을 바라보다

戰哭多新鬼[1] 愁吟獨老翁[2] 亂雲低薄暮[3] 急雪舞迴風[4]
瓢棄樽無綠[5] 爐存火似紅[6] 數州消息斷[7] 愁坐正書空[8]

전쟁에 울어대는 많은 새 귀신들
시름에 읊조리는 외로운 늙은이.
어지러운 구름 해거름에 나지막하더니
급한 눈보라 돌개바람에 나부낀다.
표주박 버린 것은 술독에 술이 없어서고
화로 남긴 것은 불이 붉게 타는 듯해서다.
여러 고을 소식이 끊기어
시름 속에 앉아 바야흐로 허공에 글씨를 쓴다.

이 시는 지덕 원년 겨울, 안녹산 반군에게 점령된 장안에서 지은 것으로 추정된다. 지덕 원년 10월 재상 방관의 군대는 진도사陳陶斜에서 안녹산의 반군에 대패하여 수많은 사상자를 내었다. 이 소식은 장안에 억류되어 있던 두보에게도 전해졌다. 이 작품은 저녁 무렵 구름이 밀려오고 이어 세차게 내리는 눈을 바라보면서 국가와 가족의 운명에 대한 걱정과 아무것도 할 수 없는 자신의 괴로운 심경을 표현하였다.

《보주두시》 시에서 "전쟁에 울어대는 많은 새 귀신들"이라고 하였고 또 '여러 고을 소식이 끊기었다'라고 말하였으니 마땅히 천보 15년(지덕 원년)일 것이다. 양권도 역시 함적시 안에 편재하였다. 조차공은 "천보 14년에 안녹산이 반란을 일으켰고 금년에 또 동경을 함락시켰는데 이것을 두고 '소식이 끊겼다'고 한 것이다."라고 하였다.(詩云, 戰哭多新鬼. 又云, 數州消息斷. 當是天寶十五載. 梁權道亦編在陷賊中詩內. 趙次公以爲十四載祿山反, 今載又陷東京, 此之謂消息斷.)

《두시상주》 지덕 원년 10월 방관이 진도사에서 대패하였다. 시는 바로 이 때문에 지은 것이다.(至德元載十月, 房琯大敗於陳陶斜, 詩正爲是而作.)

주 석

1 新鬼(신귀)－ 새로운 귀신. 안녹산 반군과 싸우다가 최근에 죽은 군사들의 혼을 가리킨다.

2 老翁(노옹)－ 늙은이. 두보 자신을 가리킨다.

《두공부초당시전》 '노옹'은 두보가 자신을 말한 것이다.(老翁, 甫自謂也.)

[戰哭 2구] 방관의 군대가 대패하여 많은 사상자가 난 것에 대하여 슬퍼하고 안녹산의 군대가 점령한 장안에서 홀로된 두보 자신의 외로움을 표현하였다.

3 薄暮(박모)－ 땅거미가 질 무렵. 해질녘. 해거름.

4 廻風(회풍)－ 회오리바람. 돌개바람.

[亂雲 2구] 해질녘에 어지럽게 낮은 구름이 밀려오고 이어서 세찬 돌개바람에 눈발이 휘날리는 것을 차례로 표현하였다.

5 瓢(표)－ 표주박. 樽(준)－ 술동이. 綠(녹)－ 술의 푸르스름한 빛깔.

술을 뜻한다. 이 구절은 술동이에 술이 없는 까닭에 술 마시는 표주박을 버렸다는 말이다.

6 火似紅(화사홍) - 불이 붉게 타는 듯하다. 이 구절은 실제 화로에 불씨가 담겨 있는 것은 아니지만 화로를 보면 붉게 불이 타는 것처럼 보여 온기를 느낄 수 있게 되기를 바라는 생각에서 화로를 남겨두었다는 말이다.

[瓢棄 2구] 두보의 장안에서의 생활이 매우 곤궁함을 말한 것이다.

《두시언해》 이것은 술이 없어 술 마시는 표주박을 버린 것이요, 화로가 남아 있어 불은 없지만 마치 붉은 불꽃을 보는 것 같다는 말이다.(此言, 無酒, 故棄飮瓢, 爐存, 故雖無火而似見紅也.)

7 數州(수주) - 여러 고을. 消息(소식) - 전황 및 가족에 대한 소식을 가리킨다.

《두시상주》 '수주'는 반군과 가까운 지경을 가리킨다.(數州, 指近賊之境)

《두공부초당시전》 천보 14년 안녹산이 반란을 일으키고 금년 또 동경을 함락하여 임금의 수레는 검남과 영무에 행차하였다. 공은 당시 처자식이 부주에 머무르고 있었고 동생과 조카는 또 다른 현에 살고 있었다. 이것을 소식이 끊어졌다고 말한 것이다.(天寶十四載, 安祿山反. 今歲又陷東京, 駕幸劍南靈武, 公時妻子留鄜畤, 弟姪又異縣, 此之謂消息斷也.)

8 書空(서공) - 허공에 글씨를 쓰다. 진晉나라 중군中軍장군 은호殷浩가 쫓겨나 신안信安 땅에 평민으로 살면서 항상 종일 허공에다 '쯧쯧, 괴이한 일이로다(咄咄怪事)'라는 글자를 썼다는 '은호서공殷浩書空'의 고사를 인용한 것이다. 《두시상주》에서는 방관과 은호가 많은 사람들의 기대를 저버리고 패전했다는 공통점에서 은호서공의 고사를 사용한 것으로 보았는데 《독두시설》에서는 두보가 시름을 풀 길이

없어 단지 은호가 허공에 글씨를 쓴 행동을 흉내 낸 것이라고 말하고 있다.

《두시상주》에 인용된 《세설》 은호가 문책을 당하여 쫓겨나서는 종일 허공에다가 '돌돌괴사'라는 네 글자를 썼다.(殷浩坐廢, 終日書空, 作咄咄怪事四字.)

《독두시설》 (구조오의) 주에 "방관의 진도에서의 패배와 은호의 산상에서의 패배는 모두 헛된 명성으로 군대를 망친 것이어서 '은호서공'의 고사를 인용한 것이다."라고 하였다. 이제 살펴 보건대 이것은 다만 시름이 찾아왔으나 풀 방법이 없어 다만 은호가 허공에 글씨를 쓴 행동을 흉내 낸 것이라고 스스로 말한 것일 뿐이다.(구조오의) 주는 매우 억지로 끌어다 붙인 것이다.(注, 房琯陳陶之敗, 與殷浩山桑之敗, 皆以虛名僨軍, 故用書空事. 今按, 此第自言愁來莫遣, 惟效殷浩書空而已. 注殊牽合.)

[數州 2구] 안녹산의 난 이후 소식이 끊겨 작가가 시름 속에 앉아서 탄식하고 있음을 말한 것이다.

#《두시상주》: 이 시는 중간에서 눈을 읊고 앞뒤에서는 모두 시사를 한탄하고 있으니 바로 느끼는 바가 있어 눈을 읊은 것일 뿐이다. 어지러운 구름과 급한 눈보라는 '대설'의 풍경이며, 술독이 비고 불이 꺼진 것은 '대설'의 상황이다. 앞에서 '수음'이라 말하여 관군이 새로 패전한 것을 슬퍼했고, 말구에서는 '수좌'라고 말하여 반군의 기세가 한창임을 슬퍼했다. 황생의 주에 "다른 시는 앞에서 경물을 묘사하고 뒤에서 감정을 써냈는데, 이 시는 유독 바깥에서 감정을 쓰고 가운데는 실경을 묘사하였으니 변격이다."라고 하였다. 방관의 진도 패전과 은호의 산상 패전은 모두 오랜 기대를 받고 있는 사람으로서 군대를 망친 것이었다. 그 때문에 '은호서공'의 고사를 사용한 것이다.(此詩中間詠雪, 而前後俱歎時事, 正是有感而賦雪耳. 亂雲急雪, 對雪之景. 樽空火冷, 對雪之況. 前曰愁吟, 傷官軍之新敗. 末云愁坐, 傷賊勢之方

張. 生注, 他詩前景後情, 此獨外虛中實, 變格也. 琯陳陶之敗, 殷浩山桑之敗, 皆以宿望僨軍, 故用書空事.)

《독두심해》: 눈을 범연하게 노래한 시는 아니다. 위는 시사를 슬퍼한 뜻을 제시하여 설경으로 넘어갔으며 아래는 마주한 눈의 경치를 빌려 시사로 돌아갔다. 비록 중간에 눈을 노래하여 양 끝을 갈라놓은 것 같지만 사실은 가운데가 모두 괴로운 상황이어서 바로 두 양 끝을 통솔하기에 충분하다.(非泛詠雪也. 上提傷時之意, 遞到雪景, 下借對雪之景, 兜回時事. 雖似中間詠雪, 隔斷兩頭, 實則中皆苦況, 正足綰攝兩頭也.)

《두억》: '신귀'는 《좌전》의 말을 인용한 것이다. '난운' 1연은 설경의 묘사가 아주 핍진한데 시름하는 마음에서 나와 처연함을 느끼게 된다. 전쟁이 패한 것을 듣고 홀로 읊조리는 것도 이미 견딜 수 없는데 또 이 저녁 구름과 급한 눈보라를 대하였으니 술이 아니면 풀 수가 없다. 그런데 표주박은 벌써 버려졌고 술동이는 이미 비어 있다. 화로는 비록 남아 있어 불이 붉게 타는 것 같지만 그것을 어디에 쓰겠는가? 여러 고을은 반군을 맞아 소식이 모두 끊어졌으니 시름 속에 앉아 무엇을 할 것인가? 단지 허공에 글씨를 쓰며 괴이한 일이라고 놀라 탄식할 뿐이다. 이 시는 눈에서 흥취를 일으켰는데, '난운' 2구는 흥이고 처음과 끝은 모두 부이니 또 다른 하나의 격식이다. 이는 방관이 진도에서 패한 것을 듣고 지은 것이다. '수음'이라 하고 '수좌'라 한 것은 바로 시름 찬 생각이 극에 달하여 자신도 모르게 중복된 것이다. 처음에 군대가 패배한 것이 마음 아파서 이미 시름에 읊조렸는데 또 뒤에 오는 소식을 듣지 못하니 더욱 슬퍼할 만하다. 방관은 현명한 재상으로 천하에서는 그가 큰일을 할 것으로 기대하였는데 이제 도리어 패전을 하였으니 허공에 글씨를 쓰며 괴이한 일이라고 한 것이다. (新鬼用左傳語. 亂雲一聯, 寫雪景甚肖, 而自愁腸出之, 便覺凄然. 聞

戰敗而獨吟, 已不可堪, 又對此暮雲急雪, 非酒不解, 乃瓢旣棄矣, 樽已空矣, 爐雖在, 火似紅, 何所用之. 數州臨賊, 消息俱絶, 愁坐何爲, 止有書空, 詑爲怪事而已. 此詩起興于雪, 則亂雲二句興也, 而首尾皆賦也, 別是一格. 此聞房琯陳陶之敗而作. 曰愁吟, 曰愁坐, 正以愁思之極, 不覺其複也. 初傷軍敗, 旣愁吟, 又不聞後來消息, 尤可愁也. 琯賢相, 天下望其有爲, 今乃敗衄, 故書空以爲怪事.)

(이석형)

34. 元日寄韋氏妹
위 씨에게 시집간 여동생에게 설날에 부치다

近聞韋氏妹　迎在漢鍾離[1]　郎伯殊方鎭[2]　京華舊國移[3]
秦城迴北斗[4]　郢樹發南枝[5]　不見朝正使[6]　啼痕滿面垂

근자에 듣자 하니 위 씨에게 시집간 여동생은
지아비가 불러 종리에 가 있다고 하네.
지아비는 타향에서 진수하고 있는데
경사는 옛 국도의 모습이 아니라네.
진 땅 성에 북두성이 돌았으니
영 땅의 나무는 남쪽 가지가 돋았을 텐데,
설날 사신이 보이지 않으니
눈물 자국이 얼굴 가득 드리운다.

이 시는 두보가 지덕 2년 설날 장안에 억류되어 있을 때에 남방에 내려가 있는 여동생에게 부친 것이다. '韋氏妹'는 위 씨에게 시집간 여동생을 뜻한다.

> 《보주두시》 시에서 '경화구국이'라 한 것은 숙종의 행궁이 영무에 있다는 것을 말하고, '불견조정사'라 한 것은 나라가 어지러워 길이 막혔기에 사신이 오지 못하는 것을 말한다. 따라서 지덕 2년 설날 당시 반군에게 억류되어 있을 때 지은 것이 틀림없다.(詩云, 京華舊國移, 謂肅宗行宮在靈武. 不見朝正使, 謂國亂道梗, 使客不至. 當是

至德二載元日, 時陷賊中.)

《구가집주두시》 조차공 주 이 시는 지덕 2년 설날에 지은 것이다. 당시 두보는 46세로 봄을 맞아서도 여전히 반군 안에 있었다.(此至德二載之元日, 時公四十六歲, 春猶在賊.)

주 석

1 迎(영) – 맞다. 남편이 아내를 부른 것을 말한다. 漢鍾離(한종리) – 한대漢代의 종리현. 한대에는 구강군의 속현이었는데, 당대唐代에는 호주가 되었다.

《구가집주두시》 조차공 주 종리는 한대에는 구강군의 속현이었다. 당대에는 호주가 되었다.(鍾離在漢乃九江郡之縣也. 在唐爲濠州.)

2 郎伯(낭백) – 지아비. 남편. 위 씨를 가리킨다. 殊方(수방) – 다른 지방. 타향. 여기서는 종리를 가리킨다.

《두시상주》 부인은 남편을 '낭'이라고도 하고 '백'이라고도 한다.(婦人稱其夫曰郎, 曰伯.)

《독두심해》 '낭'과 '백' 두 자를 중첩해서 쓴 것은 아마도 당시의 사투리일 것이다.(二字疊用, 或是當日方言.)

3 京華(경화) – 경사京師. 경성京城의 미칭. 경성은 문물과 인재의 집합지이기에 이렇게 부른다. 舊國(구국) – 옛 국도國都. 여기서는 장안을 가리킨다. 移(이) – 바뀌다. 반군에게 함락되어 장안의 모습을 잃게 된 것을 말한다. '옮기다'의 뜻으로 보아 현종이 달아난 것을 가리킨다는 설과 숙종이 영무에 행궁을 설치한 것을 가리킨다는 설도 있다.

《독두심해》 반군에게 점거된 것이다.(爲賊所據.)

《구가집주두시》 조차공 주 '경화구국'은 장안을 말한다. 옮겼다는 것은 안녹산의 반란 때문에 쫓겨가 옮겼다는 뜻이다.(京華舊國, 言長安也. 移則以祿山之亂而奔移也.)

《두공부초당시전》 안녹산이 장안을 어지럽혀 황제가 서쪽으로 간 것을 말한다.(謂安祿山之亂長安, 而帝西幸也.)

4 秦(진) – 장안을 뜻하며 당시 두보가 있던 곳이다. '春'으로 된 판본도 있다. 迴北斗(회북두) – 북두성이 한 바퀴를 돌았다는 뜻으로 새해가 되었다는 것을 말한다.

《두시상주》 '회북두'는 북두성의 자루가 동쪽을 향하여 온 세상에 봄기운이 돈다는 말이다.(迴北斗, 卽斗柄東而天下皆春意.)

《보주두시》 황희 주 '춘성'은 원래 '진성'이지 않았을까 한다. 〈태세일〉 시에서 '북두고림진'이라 한 것과 같다. 장안은 위로 곧장 북두성이 떠 있고, 북두성의 국자가 봄기운을 담고서 돌아왔기에 그렇게 말한 것이다.(春城疑是秦城, 如太歲日詩云, 北斗故臨秦也. 長安上直北斗, 而北杓以盛春而迴, 故云.)

5 郢(영) – 옛 초나라의 땅. 여기서는 여동생이 가 있는 종리를 말한다. 南枝(남지) – 남쪽을 향해 뻗는 가지.

[秦城 2구] 두보는 안녹산의 세력권에 들어 있는 장안에 있고, 여동생은 남편 따라 남방의 종리현에 내려가 있어 서로 멀리 떨어져 있다는 것을 말한다.

《두시상주》 북두성이 돌았고 가지가 돋는다고 하였으니, 이것은 설날의 봄 경치이다.(斗廻枝發, 此元日春景.)

《구가집주두시》 조차공 주 장안성은 북두성과 같이 생겼기 때문에(북두성 모양을 본떠 만들었다고 함) 북두성이라고도 한다. 구강군은 옛날에는 양주에 속하여 초나라 땅이었다. 봄기운이 북두성에 돌아왔을 때는 바로 영 지방에서는 나무에 남쪽 가지가 돋을 때이다. 이것으로 설날임을 기술하면서, 또한 두보는 장안에 있고 여동생은 종리현에 있다는 것을 나타내고 있다.(長安城如斗, 故曰北斗城. 而九江郡, 古屬揚州, 爲楚地也. 方春回於北斗城之時, 乃樹木發南枝於

郢地之日, 以紀元日, 且見公在長安, 而妹在鍾離也.)

6 朝正使(조정사) – 설날에 천자를 알현하는 사신. 현종 때부터 설날을 택해 알현케 하였다고 한다.

《두시상주》에 인용된 《당회요唐會要》 천보 6년에 중서문하성에 명을 내려 "지금 이후로 각 도에서 하정사를 보낼 때는 모두 설날을 택해 경관의 관례에 따라 서열대로 서서 알현하라."라고 하였다.(天寶六載, 勅中書門下省, 自今以後, 諸道應賀正使, 並取元日, 隨京官例, 序立便見.)

《구가집주두시》 조차공 주 '불견조정사'라는 말로 난리가 일어나 각 지역의 사신들이 오지 못하고 있다는 것을 거듭 기술하고 있다.(不見朝正使, 以重紀亂離, 四方之使隔絶也.)

#《두시상주》: 이 시는 두보가 난리 중에 여동생을 그리워하며 지은 것이다. 종리는 별 탈 없으나 수도는 이미 전과 달라졌으니 세상사가 변화무쌍하다는 감회가 들어 있다. '진성'은 두보가 거처하는 곳이고, '영수'는 여동생이 있는 곳이다. 북두성이 돌았고 가지가 돋는다고 하니 이것은 설날의 봄경치이다. 조회하려는 사신에게 길이 막혔다는 것은 소식이 전해지지 않는 것을 마음 아파한 것이다. 지아비가 진수하고 있다는 것은 아마도 종리에서 벼슬하고 있다는 뜻일 것이다. 그러기에 조정사가 오지 못하는 것을 개탄하면서 함께 언급한 것이다.(此公在亂而思妹也. 鍾離無恙, 京國已非, 有世事滄桑之感. 秦城, 公所居, 郢樹, 妹所在. 斗廻枝發, 此元日春景. 朝使路梗, 傷音信莫通也. 郎伯作鎭, 蓋仕於鍾離, 故慨朝正使而幷及之.)

《독두심해》: 첫 2구는 서사이다. '수방'은 곧 '종리'를 가리킨다. 여동생이 지아비를 멀리서 따랐으니, 이래서 바로 경화의 모습이 바뀐 것이다. 5, 6구는 곧 두 곳에 원일의 뜻을 넣은 것이다. 7, 8구는 위 씨를 빌려 감개가 국사에 이른 것이다. 만약 궁정이 예전과 같다면 저들도 또한 설날에 조회하러 와서 함께 모일 것인데, 지금은 사정이 다르고 상황이 변했으니 어찌 다만 형제, 자매간에 서로 떨어져 있는 감회일 따름이겠는가라고 말하고 있다. 요약하자면 이 구절의 뿌리도 이미 '경화구국이'에 깔려있다. 예전에는 '수방'과 '조정' 두 구를 잘못 이해하여 곧 전체 시가 시상이 흩어졌다.(起二, 敍事. 殊方卽指鍾離. 妹也郎伯遙隨, 此則京華改觀矣. 五六, 就兩地納入元日. 七八, 卽借韋郎感及國事. 言若宮廷如舊, 彼且以朝正來聚耳, 今也事異境遷, 豈獨兄妹相暌之感已哉. 要之, 此句之根已伏在京華舊國移也. 舊於殊方朝正兩句錯會, 便通首撒開.)

(김만원·강민호)

35. 春望
봄날 바라보다

國破山河在[1] 城春草木深[2] 感時花濺淚[3] 恨別鳥驚心[4]
烽火連三月[5] 家書抵萬金[6] 白頭搔更短[7] 渾欲不勝簪[8]

나라는 깨어지고 산하만 남아
봄이 온 성에는 초목이 짙구나.
시절을 생각하여 꽃에도 눈물 뿌리고
이별이 한스러워 새소리에도 가슴 놀래누나.
봉화는 삼월을 연이어
집 편지는 만금에 달하는데,
희어진 머리 긁을수록 더욱 적어져
거의 비녀를 지탱할 수 없겠구나.

이 시는 장안에 억류된 이듬해인 지덕 2년 봄에 지은 것으로, 전란 속에 찾아온 봄에 느끼게 된 시국에 대한 깊은 염려와 가족에 대한 짙은 그리움을 적었다.

> 《보주두시》 시에서 "나라는 깨어지고 산하만 남았다."라고 하였으니 분명 지덕 2년 봄에 지은 것이다. 양권도 역시 이해에 편재하고 있다. 이 당시 공은 반군에게 억류되어 있었다. 그래서 "봄이 온 성에 초목이 짙다."라고 하였다.(詩云, 國破山河在, 當是至德二載春作. 梁亦編在此年. 是時公陷賊中, 故曰城春草木深.)

주 석

1 國破(국파) – 나라가 깨어지다. 국도 장안이 파괴되다. 당 왕조의 수도인 장안이 안녹산의 난으로 인해 파괴되었음을 말한다. 山河在(산하재) – 산과 강만이 남아 있다. 이 구는 전란으로 인해 모든 것이 파괴되고 오직 산천만 그대로 남아 있다는 말이다.

《두공부초당시전》 남은 것이 없음을 밝힌 것이다.(明無餘物也.)

2 城春(성춘) – 장안성에 봄이 왔다는 말이다. '春'은 '荒'으로 된 판본도 있다. 草木深(초목심) – 초목이 우거져 있다. 이 구는 전란으로 인해 많은 사람이 죽거나 도망가서 성안이 황폐해졌음을 말한 것이다.

《두공부초당시전》 사람이 없음을 밝힌 것이다.(明無人矣.)

[國破 2구]

《두보전집교주》에 인용된 조방 주 나라는 사직을 중시하는데 지금 오직 산과 강만 남아 있으니 사직이 거의 사라졌음을 알 수 있고, 성에는 백성이 사는 곳인데 지금 오직 초목이 우거져 있으니 백성들이 거의 없어졌음을 알 수 있다.(國以社稷爲重, 今惟山河在, 可見社稷幾亡. 城以居民人, 今惟草木深, 可見民人殆盡.)

3 感時(감시) – 시절을 느끼다. 전쟁으로 혼란한 시국을 깊이 가슴 아파한다는 말이다. 花濺淚(화천루) – 꽃이 눈물을 뿌리게 하다. 이 구는 시국에 대한 염려로 꽃을 보아도 눈물이 흐른다는 말이다.

4 恨別(한별) – 이별을 한스러워하다. 가족들과의 이별을 슬퍼한다는 말이다. 鳥驚心(조경심) – 새가 마음을 놀라게 하다. 이 구는 가족과의 이별에 따른 상심으로 마음이 매우 쇠약해져서 새소리에도 깜짝 놀랄 정도가 되었다는 말이다.

[感時 2구]

《두공부초당시전》 꽃과 새는 평소에는 즐길 수 있는 것인데, 지금 그것을 보고는 울고 그것을 듣고는 슬퍼한다고 했으니 시절을 알 만하다.(花鳥平時可娛之物, 今見之而泣, 聞之而悲, 則時可知矣.)

[國破 4구]

사마광司馬光《사마온공시화司馬溫公詩話》 옛사람은 시를 지을 때 뜻이 언외에 있어서 사람들로 하여금 생각해서 깨우치게 하는 것을 귀하게 여겼다. 그러므로 말하는 자는 죄가 없고 듣는 자는 경계로 삼을 만하다. 근세의 시인 중에 오직 두보만이 시인의 체격을 가장 잘 얻었으니, 예컨대 "나라는 깨어지고 산하만 남아 봄이 온 성에는 초목이 짙다. 시절을 생각하여 꽃에도 눈물 뿌리고 이별이 한스러워 새소리에도 가슴 놀란다."와 같은 것이다.(古人爲詩, 貴於意在言外, 使人思而得之. 故言之者無罪, 聞之者足以戒也. 近世詩人, 惟杜子美最得詩人之體, 如國破山河在, 城春草木深, 感時花濺淚, 恨別鳥驚心.)

5 連三月(연삼월)– 여러 달 이어지다. 전쟁이 오랫동안 지속되었음을 말한다. '三'은 구체적인 숫자를 가리키는 것이 아니라 '많다'는 뜻이다. 이 구에 대해서는 여러 가지 다른 해석이 있다. 첫째로는 '삼월'을 한 해의 세 번째 달인 3월로 이해하여 전쟁이 3월까지 계속됨을 말한 것으로 보는 설이다. 둘째로는 지난해 3월부터 올해 3월까지 전쟁이 계속되고 있다고 보는 설이다. 셋째로는 '삼월'을 3개월로 해석해서 전쟁이 석 달이나 계속되고 있다고 보는 설이다.

《보주두시》 천보 15년 정월 현종은 아직 촉 땅으로 가지 않았으며, 한창 사오왕 이지, 이수, 이광필 등에게 명하여 안녹산을 토벌케 하였으니 어떻게 '국파'라고 할 수 있겠는가. 이때 두보는 가족을 데리고 봉선에 있다가 5월에 비로소 부주에 들어갔으니 길이 아직 끊어지지 않았고 편지가 도달하기 어려운 것도 아니었다. 조차공의 주에서는 천보 14년 11월에서 다음 해 정월까지 3개월이 된다고 했는데 자세히 살피지 않은 잘못을 한 것이다. 의당 지덕 2년 3월 반군의 진영에 억류되어 있을 때 지은 것이다. '삼월'이라고 한 것은 단지 3월을 가리켜 말한 것일 뿐이다.(天寶十五載正月, 明皇未幸蜀, 方且命嗣吳王祗李隨李光弼等, 討安祿山, 安得謂之國破. 是時公携家在奉先, 五月方入鄜, 道路未絶, 書非難達. 趙注以十四載之十一月至次年正月爲三月, 失於不考. 當是至德二載三月陷賊營時作. 三月者, 直指三月而云.)

《두시상주》에 인용된 고신 주 천보 15년 정월이면 현종이 장안에 있을 때이다. 6월에 비로소 촉 땅으로 떠났으니 어떻게 '깨어졌다'라고 할 수 있겠는가? 이때 공은 집을 옮겨 봉선에 있었고, 5월에 비로소 부주로 들어갔으며, 길이 아직 끊어지지 않았을 때인데 어떻게 "집 편지는 만금에 달한다."라고 할 수 있겠는가. 의당 황학의 설을 따라서 바로잡는다.(十五年正月, 明皇在長安, 六月始幸蜀, 安得謂之破. 是時公移家在奉先, 五月方入鄜州, 道路未嘗隔絶, 安得云家書抵萬金, 當從鶴說爲正.)

《독두심해》 황학이 말하기를 '삼월'은 계춘 3월이라고 하였다. 살펴보건대 안녹산이 난을 일으킨 뒤로부터 이 시기에 이르면 이미 일년이 넘으니 황학의 설이 정말 옳다. 단 이렇게 되면 구법에 맞지 않는다. 역사를 살펴보면 지난해 봄 동관이 비록 함락되지 않았지만 적군에 대한 경보가 끊이지 않았으므로 여기에서 '연삼월'이라고 말한 것은 두 번의 3월을 연이어 만나게 되었다는 말이다. 시가 계춘(3월)에 지어졌기 때문에 이렇게 말했을 뿐이다.(鶴云, 三月, 季春三月也. 按, 自祿山禍起, 至此已一年餘, 鶴說良是. 但如此則不成句法矣. 攷史, 上年之春, 潼關雖未破, 而寇警不絶. 此云連三月者, 謂連逢兩個三月. 詩作於季春, 故云然耳.)

《구가집주두시》 조차공 주 생각건대 이 시는 천보 15년 정월에 지어졌다. 안녹산이 천보 14년 10월에 반란을 일으켜 이 시기에 이르게 되었으니 봉화가 석 달을 잇게 된 것이다.(考此詩作於天寶十五載之正月, 蓋安祿山反於十四載之十月, 至是則烽火連三月.)

6 家書(가서) – 집에서 온 편지. 抵萬金(저만금) – 만금에 해당하다.

7 搔更短(소갱단) – 머리를 긁으면 머리카락이 많이 빠진다는 뜻이다. 머리를 긁는다는 것은 근심이 많다는 것을 의미한다. '단'은 머리가 빠져서 숱이 적어졌다는 뜻이다.

《시경 · 패풍邶風 · 정녀靜女》 사랑하면서도 만나지 못해 머리를 긁으며 머뭇거린다.(愛而不見, 搔首踟躕.)

8 渾(혼) – 거의. 아주. 不勝簪(불승잠) – 비녀를 이기지 못하다. 머리카락이 많이 빠져서 비녀를 꽂아도 지탱하기 어렵다는 말이다. 이 구의 '簪'을 조정의 관원이 착용하는 '조잠朝簪'으로 보고 두보의 제세의지濟世意志가 반영된 것으로 보는 설도 있다.

《두억》 마지막 구는 바야흐로 세상을 구하고자 하는 생각을 했으나 자신이 늙었음을 슬퍼한 것이다. '잠'은 '조잠'이다. 두보의 시(〈장효이수將曉二首〉)에 "조정에 돌아가 매일 비녀를 꽂고 홀을 들다."라는 구절이 있다.(落句方思濟世, 而自傷其老. 簪, 朝簪也. 公詩有歸朝日簪笏之句.)

#《두시상주》: 이 시는 난리를 걱정하고 봄을 슬퍼하여 지은 것이다. 위 4구는 봄에 바라본 경치인데 바라보이는 경물마다 마음을 상하게 한다. 아래 4구는 봄에 바라본 마음으로 난리를 만나 집을 그리워한 것이다. 조방이 말하기를 "'봉화' 구는 '감시'에 호응하고, '가서' 구는 '한별'에 호응한다. 그런데 아래의 '가서' 구는 또 위의 '봉화' 구로 인하여 생긴 것이다. 머리가 하얗고 더욱 적어진 것은 난리를 걱정하고 집을 그리워했기 때문이다."라고 하였다.(此憂亂傷春而作也. 上四, 春望之景, 覩物傷懷. 下四, 春望之情, 遭亂思家. 趙汸曰, 烽火句, 應感時. 家書句, 應恨別, 但下句又因上句而生. 髮白更短, 愁亂思家所致.)

《독두심해》: 사마광은 이 시를 논하면서 인물이 흩어졌는데 그 뜻이 언외에 있다는 감탄을 했고, 조방은 이 시를 논하면서 서로 조응하며 인신하여 시를 만드는 단서를 밝혔다. 기실 시의 뜻은 너무 천근하기에 해설할 필요는 없다.(溫公說是詩, 有人物散亡意在言外之歎. 趙汸說是詩, 明照應相生引伸作法之端. 其實詞旨顯淺, 不須疏解.)

(**김성곤·임도현**)

36. 得舍弟消息二首
아우의 소식을 듣다 2수

近有平陰信[1] 遙憐舍弟存[2] 側身千里道[3] 寄食一家村[4]
烽擧新酣戰[5] 啼垂舊血痕[6] 不知臨老日[7] 招得幾時魂[8]

근자에 평음에서 온 소식이 있어
아우가 살아 있다 하니 멀리서 가여워하노라.
천 리 길을 몸을 숨기며 다니고
외진 마을에 기식하여 살았다지.
새로 치열해진 싸움에 봉화가 오르고
옛 핏자국 위로 눈물이 떨어지는데,
모르겠구나, 늙어가는 시절
어느 때에 혼을 부르게 될지.

이 시는 두보가 평음에 머물고 있는 아우의 편지를 받고 그가 살아 있음을 기뻐하는 한편 난리를 서글퍼 한 것이다. 《보주두시》는 이 시의 저작 시기를 천보 15년 장안에 억류되어 있을 때로 추정하였다. 《두시상주》는 이 시를 지덕 2년에 지어진 작품 사이에 편재했지만 그 근거는 제시하지 않았다. 시제의 '사제舍第'는 두영杜穎으로 추정된다.

《보주두시》 양권도는 이 시를 건원 원년의 화주시 안에 편차하여 두었지만 시에서 "두 경사의 서른 식구"라고 한 것으로 보아 아마 수도 장안에서 지은 것인 듯하다. 또 시 안에 습유가 되었다거나 사공으로 이임되었다는 뜻을 말하는 것은 없고, "새로 치열해진 싸움에 봉화가 오른다."와 "살아 있기는 하나 목숨이 실낱같다."는 등의 말이 있으니, 천보 15년에 반군을 피할 때 지은 것이다.(梁權道編此詩, 在乾元元年華州詩內, 然詩云, 兩京三十口, 殆是在京師作. 又詩中無言爲拾遺移司功之意, 乃云, 烽擧新酣戰, 雖在命如絲等語, 是天寶十五載避賊時作.)

주 석

1 平陰(평음)— 당시 운주鄆州에 속했던 현 이름. 오늘날 산동성山東省 비성현肥城縣 서쪽, 황하 동안東岸 일대이다. 이와 달리 낙양 인근의 지명으로 볼 수도 있다. 信(신)— 소식. 서신.

《두시상주》 《춘추 · 소공23년》에 "진의 군대가 평음에 있었다."라는 말이 있고, 《사기》에서 "진평이 한나라에 투항하자 왕이 그를 참승으로 삼고 여러 장수들을 감독하게 하여 남쪽으로 평음진을 건너 낙양에 이르렀다."라고 하니, 평음은 곧 예전의 도하하던 곳이다. 《당서》에는 "평음현은 수나라 때는 제주에 속하였지만 천보 13년에 제주가 폐지되어 현이 운주에 속하게 되었다."라고 하였다.(春秋, 昭二十三年, 晉師在平陰. 史記, 陳平降漢, 王使參乘, 監諸將, 南渡平陰津至洛陽. 平陰, 乃古津濟處也. 唐書, 平陰縣, 隋屬濟州, 天寶十三載州廢, 縣屬鄆州.)

《독두심해》 《당서》에서 "평음현은 운주에 속한다."라고 하였다. 두보가 뒤에 지은 〈억제憶弟〉 시에서 "춥고 배고픈 가운데 제주에 기탁하였다."라고 한 것이 바로 이곳이다. 구조오는 《좌전》의 "진사재평음"을 인용하였는데 여기서의 평음은 오늘날 개봉부 하음현(지금의 낙양洛陽)으로 거리가 한참 멀다. 의당 빨리 바로잡아야 할 것이다.(唐書, 平陰縣, 屬鄆州. 公後有憶弟詩云, 饑寒傍濟州, 卽此. 仇引左傳, 晉師在平陰, 此係今開封府河陰縣, 相懸甚矣, 宜急正之.)

2 遙憐(요련) 구 – 아우가 살아 있다는 소식을 듣고 가슴 아파한다는 뜻이다. 반가워하면서도 한편으로는 안타깝게 여기는 마음이 담겨 있다.

《두억》 (이 구는) 몹시 침통하여 (〈강촌羌村〉 시의) "놀란 가슴 가라앉히고 눈물을 닦는다."와 비슷하다.(痛甚, 與驚定拭淚相似.)

3 側身(측신) – 몸을 기울이다. 여기서는 몸을 숨기며 다닌다는 뜻이다.

《구가집주두시》 난을 피하느라 큰길로 갈 수 없었음을 말한다.(言避難不得正行也.)

4 寄食(기식) – 기식하여 살다. 남의 집에 붙어서 먹고 살다. 一家村(일가촌) – 한 가구만 있는 마을. 외진 시골 마을. 벽촌을 가리킨다.

5 烽(봉) – 봉수烽燧, 봉화. 酣戰(감전) – 치열한 싸움. 치열하게 싸우다. '酣'은 여기서 전쟁이 한창인 것을 말한다.

6 啼(제) – 눈물. 血痕(혈흔) – 핏자국. 피눈물 자국.

《구가집주두시》 조차공 주 '혈흔'이란 대개 눈물을 다 흘린 뒤 피가 이를 잇는 것이다.(血痕, 蓋使淚盡, 繼之以血也.)

[烽擧 2구]

《두억》 '치열해진 싸움'을 '새로'라고 한 것은 전쟁이 아직 끝나지 않았음을 보인 것이고, '핏자국'을 '옛'이라 한 것은 난리가 이미 오래 되었음을 보인 것이다.(酣戰曰新, 見兵戈未休, 血痕曰舊, 見亂離已久.)

7 臨老(임로) – 늙은 때에 임하다.

8 招(초) – 부르다. 여기서는 초혼招魂을 가리킨다. 초혼은 일반적으로 죽은 사람의 혼을 부르는 의식이지만, 힘든 일을 겪고 살아난 사람의 혼을 부르는 것을 뜻하기도 한다. 幾時魂(기시혼) – 어느 때의 혼백.

'時'는 '人'으로 된 판본도 있다.

[不知 2구] 생전에 아우를 위해 초혼 의식을 해주고 싶지만 늙어서 만날 날이 있을지 모르겠다는 뜻이다.

#《두시상주》: 첫 수는 막 소식을 받고 아우를 불쌍히 여기면서 다시 스스로 마음 아파한 것이다. 조방의 주에서 "제2구에는 '나는 너를 죽은 줄로만 여겼다'는 뜻이 있다."라고 하였다. '측신'은 반군을 피하느라 감히 큰길로 가지 못했음을 말한 것이다. '일가촌'은 평음의 황량하고 외진 시골을 가리킨다. '측신' 2구는 전해진 소식을 그대로 서술한 것이다. 조차공의 주에서 "'치열한 싸움'을 '새로'라고 한 것은 살육이 아직 끝나지 않았음을 보인 것이고, '핏자국'을 '옛'이라 한 것은 난리가 이미 오래됐음을 보인 것이다."라고 하였다. "어느 때에 혼을 부르게 될지"라고 한 것은 죽을 때가 장차 이르게 되어 다시는 서로 만나지 못하게 될까 두려워한 것이다.(首章, 初得消息, 憐弟而復自傷也. 趙汸注, 次句有吾以汝爲死矣之意. 側身, 言避寇不敢正行. 一家村, 指平陰荒僻之鄉. 二句正述所傳之信. 趙注, 酣戰曰新, 見殺伐未休. 血痕曰舊, 見亂離已久. 招得幾時魂, 恐死期將至, 不復相會也.)

《독두심해》: 위 4구는 아우의 소식을 적은 것이고, 아래 4구는 소식을 듣고 난리를 슬퍼한 것이다. 조방의 주에서 "제2구에는 '나는 너를 죽은 줄로만 여겼다'는 뜻이 있다."라고 하였다. 살펴보건대 '측신'과 '기식'은 '아우가 살아 있음'을 다시 말한 것이고, '천리'와 '일가'는 '평음에서 온 소식'을 다시 말한 것이다. 이는 〈춘망〉의 둘째 연과 더불어 모두 구절을 쪼개어 앞의 내용을 이어받는 작시법이다. 제5구에서 열었다가 제6구에서 수합했는데, 한 번 '새로'라고 하고 한 번 '옛'이라고 한 것은 전란이 한창 성하고 슬퍼한 지 이미 오래됐음을 보여준다. '기인혼'이라 한 것은 피차간에 삶과 죽음을 점치기 어려워 형이 아우를 부를지, 아우가 형을 부를지 알지 못하겠다는 말이므로,

그 말이 지극히 침통하다. '기시'에 비하여 운미韻味가 더욱 유장하다.(上四, 舍弟消息, 下四, 得消息而悲亂離也. 趙云, 次句有吾以汝爲死矣之意. 按, 側身寄食, 申舍弟存. 千里一家, 申平陰信. 此與春望之次聯, 皆橫劈承頂之法. 第五拓開, 第六收攏. 一新一舊, 見亂方殷而悲已久也. 曰幾人魂, 則彼此存亡難卜, 不知兄招弟, 弟招兄, 語極深痛. 比幾時神味較長.)

其二

汝懦歸無計[1] 吾衰往未期 浪傳烏鵲喜[2] 深負鶺鴒詩[3]
生理何顏面[4] 憂端且歲時[5] 兩京三十口[6] 雖在命如絲[7]

너는 나약하여 돌아올 방도가 없고
나는 늙어 네게 갈 기약이 없다.
까마귀와 까치는 기쁜 소식 헛되이 전하고
할미새를 노래한 시의 뜻은 깊이 저버렸다.
생계를 생각하니 무슨 면목 있으랴
근심거리는 또 일 년 내내 있으니,
두 경사의 서른 식구
살아 있기는 하나 목숨은 실낱같구나.

주 석

1 懦(나) – 나약하다.

2 浪傳(낭전) – 헛되이 전하다. 함부로 전하다. 烏鵲(오작) – 까마귀와 까치. 둘 다 기쁜 소식을 전해주는 새로 여겨진다.

《두시상주》에 인용된 《수필隨筆》 북방 사람들은 까마귀 소리를 기쁘게 여기고 까치 소리를 좋지 않게 여긴다. 남방 사람들은 까치가 시끄럽게 울면 기뻐하고 까마귀 소리를 들으면 침을 뱉고 쫓아버리는데 심지어는 쇠뇌에 시위를 메우고 탄을 끼워서는 쏘아 멀리 가버리게 하기도 한다.(北人以烏聲爲喜, 鵲聲爲非. 南人聞鵲噪則喜, 聞烏聲則唾而逐之, 至於弦弩挾彈, 擊使遠去.)

《두시상주》에 인용된 《서경잡기西京雜記》 까치가 시끄럽게 울면 길 떠난 사람이 돌아온다.(乾鵲噪而行人至.)

3 深負(심부) – 깊이 저버리다. 몹시 저버리다. 鶺鴒詩(척령시) – 형제간의 우애를 노래한 《시경 · 당체棠棣》를 가리킨다. 이 시에 "할미새가 언덕에 있으니 형제는 어려움을 구해주네.(鶺鴒在原, 兄弟急難.)"라는 구절이 있다. '척령'은 할미새로 형제간의 우애를 상징하고 '脊令'으로 적기도 한다. 이 구는 우애를 다하지 못하는 자신을 한탄한 것이다.

《두공부초당시전》 '척령'은 물새이다. 머리와 꼬리를 흔들며 서로 응하기 때문에 이 새로 형제가 서로 돕는 것을 비유하였다.(鶺鴒, 水鳥也. 首尾動搖相應, 故以喩兄弟之相助也.)

[浪傳 2구]

《구가집주두시》 조차공 주 '낭전' 구는 비록 까마귀와 까치가 울어도 사람은 돌아오지 않는다는 것이다. 《시경》에서 "할미새가 언덕에 있으니 형제는 어려움을 구해주네."라고 하였는데 두보의 시(〈희관즉도부제단편이수喜觀卽到復題短篇二首〉)에서 또 "너를 기다리다가 까마귀와 까치에게 성을 내고, 편지를 던져 할미새에게 보여주었다."라고 한 것 또한 이러한 뜻이다.(浪傳, 烏鵲雖噪而人不歸也. 詩

云, 鶺鴒在原, 兄弟急難. 公詩又曰, 待汝嗔烏鵲, 抛書示鶺鴒. 亦此義矣.)

4 生理(생리) – 생계. 살 궁리. 何顏面(하안면) – 무슨 면목. 이 구는 곤궁하게 사는 것이 부끄럽다는 뜻이다.

5 憂端(우단) – 근심의 단서. 이 구는 근심이 끝이 없다는 뜻이다.

6 兩京(양경) – 두 경사. 서경西京 장안과 동경東京 낙양. 三十口(삼십구) – 서른 식구. 두보와 아우 가족의 숫자를 합한 수이다. 당시 두보의 가족은 서경 부근 부주에 있었고 아우의 가족은 낙양 육혼장에 있었다. 아우 두영이 낙양에서 가족과 함께 있었다고 보는 설도 있다.

《두시상주》에 인용된 장원 주 '양경'이라 함은 두보는 서경에 있고, 아우는 동경에 있었다는 것이다. '삼십구'는 두보와 아우의 가족들을 합하여 말한 것인데, 두보가 〈자경부봉선현영회오백자自京赴奉先縣詠懷五百字〉 시에서 "늙은 아내가 다른 현에서 기식하고 있어, 열 식구가 바람과 눈 속에 떨어져 있다."라 하며 단지 열 식구라고만 한 것이 확실한 증거가 된다.(兩京, 公在西京, 弟在東京也. 三十口, 合公與弟家屬而言, 公赴奉先詩, 老妻寄異縣, 十口隔風雪, 止言十口, 可明徵矣.)

《독두심해》 아우의 가족은 동경의 육혼장에 머물고 있었다. 이때 두보의 가족은 부주에서 기식하고 있었는데, 부주는 서경에 속하였다.(弟之家口在東京陸渾莊. 公時家寄鄜州, 鄜州屬西京.)

7 雖在(수재) 구 – 목숨이 비록 살아 있다고는 하나 지극히 위태로운 상황임을 말한다.

《보주두시》에 인용된 노은魯訔 주 비록 죽지는 않았지만 또한 실이 끊어지려고 하는 것과 같으니 지극히 위태롭다고 할 만하다는 말이다.(言雖不死, 亦若絲之欲絶, 可謂至危矣.)

#《두시상주》: 둘째 수는 형제가 멀리 떨어져 있음을 서술하고, 의지하여

살아갈 방도가 없음을 탄식한 것이다. 아우가 돌아올 수 없기에 까마귀와 까치가 기쁜 소식을 헛되이 전한 것이 되었고 두보가 갈 수 없기에 '척령' 시의 뜻을 깊이 저버리게 되었으니 비록 소식이 있지만 서로가 너무도 멀리 떨어져 있음을 알 수 있다. '하안면'은 곤궁하여 부끄럽다는 것이고 '차세시'는 근심을 삭일 날이 없다는 것이다. 식구들이 위태하기가 실낱같으니 단지 형제 두 사람의 목숨을 보전하기 어려운 것만은 아니다.(次章, 敍兄弟遠離, 而歎資生無計也. 弟不能歸, 空傳烏鵲之喜. 公不能往, 深負鶺鴒之詩. 見雖有消息, 而彼此懸隔也. 何顔面, 窮困而慚. 且歲時, 銷憂無日. 家口危如絲髮, 不但兄弟兩人難保矣.)

《독두심해》: 바로 앞 시의 후반부 뜻에 대해 거듭 그린 것으로, 요컨대 소식을 얻은 것에서 한 단계를 더 펼쳐 나아가 내용을 구상한 것이다. 너도 돌아올 수 없고 나도 갈 수 없으니 소식 또한 헛되어졌다는 말이다. 후반부는 영탄법이다. '삼십구'는 앞 시의 '기인혼'과 정면으로 대응한다. '하안면'은 몰골이 어떠냐는 말이지 부끄럽다고 말한 것은 아니다. 유창(兪瑒, 여농은 그의 호임)은 "두보는 성정이 지극한 사람이라 나라를 걱정하거나 집을 그리워할 때마다 각기 속내의 말을 드러내었다. 그저 한 그릇의 밥을 먹을 때라도 군주를 잊지 못하기만 하고 골육에게 마음을 쓰지 않는다면 필시 거짓된 사람일 것이다."라고 말하였다.(卽就前章下截意申寫, 要是從得消息撇進一層作意也. 言汝不能歸, 吾不能往, 消息亦徒然耳. 下截詠歎法. 三十口, 正與前幾人魂相照. 何顔面, 言作何狀貌, 不說慚. 旅農云, 老杜至性人, 每於憂國思家, 各見衷語. 若徒爲一飯不忘君, 而不動心骨肉者, 必僞人也.)

(강성위 · 김수희)

37. 憶幼子

어린 아들을 생각하다

驥子春猶隔[1] 鶯歌暖正繁[2] 別離驚節換[3] 聰慧與誰論[4]
澗水空山道[5] 柴門老樹村[6] 憶渠愁只睡[7] 炙背俯晴軒[8]

기자는 봄이 되었어도 여전히 떨어져 있고
꾀꼬리 노래는 따뜻한 날에 한창 요란하구나.
헤어진 후 계절의 변화에 깜짝 놀라는데
그 아이 똑똑한 것을 누구와 이야기할까.
흐르는 시냇물과 텅 빈 산의 산길
사립문과 늙은 나무 서 있는 마을.
그 아이 생각하며 근심하다 그저 잠이 들었네.
개인 날 난간에서 웅크리고 앉아 등에 햇볕 쬐다가.

이 시는 두보가 지덕 2년 장안에 있을 때 부주 강촌에 두고 온 아들을 그리워하며 쓴 시이다. 시제의 '유자幼子'는 그의 둘째 아들인 종무宗武를 가리킨다.

> 《보주두시》 시에서 '기자는 봄이 되었어도 여전히 떨어져 있고, 꾀꼬리 노래는 따뜻한 날에 한창 요란하다'라고 하였으니, 공이 장안에 있어 그 아들과 떨어져 있었던 것이다. 이 시는 지덕 2년 봄에 지어진 것이 분명한데, "봄이 되었어도 여전히 떨어져 있다."라고 하였으니, 작년에 헤어지고 나서 봄이 되어도 여전히 볼 수

없었던 것이다.(詩云, 驥子春猶隔, 鶯歌暖正繁, 則是公在長安, 故與之相隔. 此詩當在至德二載春, 謂之春猶隔, 則去年已隔, 至春猶未見也.)

《구가집주두시》 (종무의) 자(실제로는 아명)는 기자이며, 당시 부주에 떨어져 있었다.(字驥子, 時隔絶在鄜州.)

주 석

1 驥子(기자)－ 두보의 둘째 아들인 종무를 가리킨다. 어렸을 때의 이름이 기자이다. 春猶隔(춘유격)－ 봄에도 여전히 떨어져 있다. 여기서의 봄은 지덕 2년의 봄을 말한다.

《두시상주》 '춘유격'이라는 것은 지난해 여름 집을 떠나 봄이 되어서도 여전히 헤어져 있다는 것이다.(春猶隔, 自去夏離家, 至春猶隔也.)

2 鶯歌(앵가)－ 꾀꼬리의 노래 소리. 두보는 그것을 듣고 어린 아들의 흥얼대는 소리를 연상하였다. 繁(번)－ 많다. 여기서는 꾀꼬리 소리가 많이 들리는 것을 뜻한다.

《두시상주》에 인용된 황생黃生 주 꾀꼬리의 노래는 말을 배우는 아이를 넌지시 비유한 것이다.(鶯歌, 暗比學語之兒.)

《두시상주》에 인용된 조방趙汸 주 본래 꾀꼬리의 노래를 듣고서 어린 아들을 그리워한 것으로, 서두에서 도치법을 사용하였다. (〈춘망春望〉 시에서) 이른바 "이별이 한스러워 새소리에도 가슴 놀란다."라는 것이다.(本是聽鶯歌而憶幼子, 起用倒敍法, 卽所云恨別鳥驚心也.)

[驥子 2구]

《두억》 본래 꾀꼬리 노래를 듣고 기자를 그리워한 것으로 제1구가 도치되었다. 꾀꼬리 노래에 대한 말은 풍경이 아름다워질수록 마음이 더욱 슬퍼진다는 것이다.(本是聽鶯歌而憶驥子, 乃倒着一句. 鶯歌

之語, 景愈麗而心愈悲.)

3 節換(절환) – 절기가 바뀌다.

4 聰慧(총혜) – 총명. 자신의 아들인 기자의 총명함을 말한다. '慧'는 '惠'로 된 판본도 있다. 與誰論(여수론) – 누구와 더불어 논할 것인가. 이 구는 두보가 외롭게 지내고 있어 기자의 똑똑함을 남에게 이야기하지 못하는 상황을 말한다. 이와 달리 기자와 이야기하지 못하는 상황으로 보기도 한다.

《두보전집교주》에 인용된 장진張溍 주 기자가 총명한데 공이 그를 돌보며 함께 담소 나눌 수 없음을 말한다.(言驥子穎慧, 公不得提携, 共之言笑也.)

5 澗水(간수) – 산골짜기 물, 시내. 空山(공산) – 사람이 살지 않는 빈 산.

6 柴門(시문) – 사립문.

[澗水 2구] 두보가 떠나온 부주의 집을 그리워하며, 그 경치를 묘사한 구절이다.

《구가집주두시》 조차공 주 부주의 부쳐 사는 집을 가리켜 한 말이다. (指言鄜州寄家之地.)

7 渠(거) – 그. 여기서는 기자를 가리킨다. 愁只睡(수지수) – 근심에 빠져 어찌할 방법 없이 단지 잠이 들다. '只'는 '卽'으로 된 판본도 있고, '正'으로 된 판본도 있다.

8 炙背(적배) – 등에 햇볕을 쪼이는 것을 말한다. 俯(부) – 몸을 웅크리고 앉아 있는 모양. 晴軒(청헌) – 개인 날 집의 난간.

《구가집주두시》 '적배'란 양지 바른 곳에서 햇볕을 쬔다는 것이다. (炙背者, 負暄之義也.)

《두시상주》에 인용된 황생 주 '부' 자는 등에 햇볕 쪼이는 모습을 아주 잘 그리고 있다.(俯字善畵炙背之態.)

[憶渠 2구] 이 2구는 도치된 형태로 개인 날 난간에 웅크리고 앉아 있다가 시름에 잠이 들었다는 것이다.

《보주두시》에 인용된 사씨 주 두보가 이 시를 지은 것은 볼 수 없음을 한스러워하여서이다.(甫作此詩, 恨不得見也.)

#《두시상주》: 이 작품은 정과 경을 섞어 서술하였다. '앵가' 구와 '절환' 구는 경치를 말한 것이다. '자격' 구와 '수론' 구는 정을 말하였다. '간수' 구와 '시문' 구는 부주에 있는 집의 경치이고, '수수' 구와 '청헌' 구는 장안에서 아들을 그리는 정이다.(此章, 情景間敍. 鶯歌節換, 言景. 子隔誰論, 言情. 澗水柴門, 家在鄜州之景. 愁睡晴軒, 長安思子之情.)

《독두심해》: 아들을 그리워하는 마음이 계절의 변화에 따라 촉발된 것이다. 2구는 1구와 차대인데, 요컨대 외물과 접촉하여 감정을 느끼게 된 과정을 잘 드러내주는 부분이다. 5, 6구는 집에 대해서 범연하게 말하여 (시상을) 한 번 풀어 주었다가 결말에서는 다시 어린 아들에게로 (시상을) 거두어 들였다.(憶子, 因節換而觸也. 二與一借對, 要是逗破感觸情節. 五六, 泛言家, 放鬆一筆. 結又收合幼子.)

(박홍준)

38. 一百五日夜對月

105일 되는 날 밤에 달을 대하다

無家對寒食[1] 有淚如金波[2] 斫却月中桂[3] 淸光應更多
仳離放紅蕊[4] 想像顰靑蛾[5] 牛女漫愁思[6] 秋期猶渡河[7]

집 없이 한식을 맞으니
눈물 있어 금물결 같네.
달 가운데 계수나무 베어내면
맑은 달빛 응당 더욱 많아지리라.
떨어져 있어도 붉은 꽃이 피었으니
상상컨대 푸른 눈썹 찌푸리겠지.
견우직녀야말로 괜한 시름
가을 기약한 날엔 그래도 은하수 건너갈 텐데.

이 시는 지덕 2년 한식 밤에 달을 바라보며 헤어져 있는 부인을 그리워하는 마음을 적은 것이다. 시제의 '일백오일'은 지난해 동짓날로부터 올해 한식까지의 날짜를 가리킨다. '한식'이라 하지 않고 굳이 '일백오일'이라고 한 것은 두보가 지난해 동짓날 집을 떠나 부인과 헤어진 후 이미 많은 날짜가 지났음을 드러내려는 의도일 것이다. 당시 두보는 반군에 의하여 장안에 억류되어 있었고 부인을 비롯한 가족은 부주에 남아 있었는데, 부주 역시 반군의 수중에 떨어진 상태였다.

《보주두시》 《형초세시기》에는 "동지로부터 105일이 되면 거센 바람과 함께 비가 심하게 내리는데, 이때를 일러 한식이라고 한다." 라고 하였는데, 일력日曆에 의거하면 청명 이틀 전과 합치되며, 또 동지로부터 106일이 된다고 하기도 한다. 시에 "집 없이 한식을 맞으니 눈물 있어 금물결 같네."라고 한 것은 자기는 반군에게 억류된 상태이고 집은 부주에 있다는 말이니, 마땅히 지덕 2년의 작품일 것이다.(荊楚歲時記曰, 去冬至一百五日卽有疾風甚雨, 謂之寒食, 據曆合在淸明前二日, 亦有云去冬至一百六日. 詩云, 無家對寒食, 有淚如金波, 謂身陷賊中而家在鄜州, 當是至德二載作.)

《두시상주》 이것은 지덕 2년 한식 때 두보가 장안에서 지은 것이다.(此至德二載, 寒食時, 公在長安作也.)

《두억》 시의 제목에서 '한식대월'이라 하지 않고 '일백오일'이라고 한 것은 아마도 두보가 지난해 동지에 부인을 버려두고 집을 떠났는데, 지금 그 날짜를 기록하여 오래되었음을 드러내고자 한 때문일 것이다.(詩題不云寒食對月, 而云一百五日, 蓋公以去年冬至棄妻出門, 今紀其日, 見其久也.)

주석

1 無家(무가) – 집이 없다. '家'는 부인을 가리키는 것으로 보기도 한다. 對寒食(대한식) – 한식을 맞다. 시제의 '대월'과 관련시켜 '한식에 달을 대하다'로 보기도 한다.

《두공부초당시전》 당시 두보는 가솔을 부주에 부쳐 살게 하고 자기는 반군에게 억류된 상태였는데, 이것이 그가 집이 없음을 한탄한 까닭이다.(時公寄家鄜州而身陷賊中, 此所以嘆其無家也.)

2 金波(금파) – 금물결. 달빛이 물결 위에 비쳐 황금빛이 나는 것을 말한다. 이는 달빛 아래 흘리는 눈물을 두고 한 말이다.

《두시상주》 달이 물결 가운데 비치는 것이 마치 금빛이 번쩍이는 것 같아서 '금파'라고 한다. 여기서는 '파' 자를 빌려 눈물을 말하였다.(月映波中, 如金光閃爍, 故云金波. 此借波字說淚.)

3 斫却(작각) – 베어내다. '折盡'으로 된 판본도 있다. 月中桂(월중계) – 달 가운데에 있다고 하는 계수나무.

[斫却 2구] 두보가 계수나무를 찍어내어 달빛을 밝게 함으로써 시름을 달래고자 한다는 말인데, 혹 계수나무를 임금의 밝음을 덮어 가리는 간사한 무리에 대한 비유로 보기도 한다.

《두시상주》 계수나무를 베어내어 빛이 많아지게 하는 것은 이를 빌려 시름에 겨운 회포를 확 트이도록 하려는 것이다.(斫桂光多, 欲借此以豁愁懷.)

《구가집주두시》 달의 맑은 빛이 계수나무에 의하여 가려지는 것을 말한다.(言月之淸光爲桂所掩也.)

《구가집주두시》에 인용된 《두시보유杜詩補遺》 《세설신어》에 "어떤 사람이 서유자에게 '만약 달 가운데 사물이 없도록 한다면 응당 지극히 밝아질 것이다'라고 말하였다."라는 내용이 전하는데, 이것과 같은 뜻이다.(世說, 或謂徐孺子, 曰若令月中無物, 當極明耳, 與此同意.)

《구가집주두시》 조차공 주 위 구는 오강의 고사 내용을 암용하고 있으며, 또 서유자의 고사 내용을 암용하고 있다. 《유양잡조》에 다음의 내용이 실려 있다. "전하는 말에 의하면, '달의 계수나무는 높이가 오백 길인데, 한 사람이 늘 그것을 찍고 있었다. 성이 오이고 이름은 강으로 신선의 도를 배우다가 잘못을 저질러 폄적되어 나무를 찍게 되었는데, 나무는 찍히면 곧 아물었다'라고 하였다." 비록 이는 두보가 죽은 뒤 단성식이 지은 책에 수록된 이야기지만 전해진 지는 오래되었을 것이다. 서유자는 나이 아홉 살에 일찍이 달빛 아래에서 놀고 있었는데, 어떤 사람이 "달 가운데 물건이 없다면 응당 지극히 밝아질 것이다."라고 말하였다. 서유자는 "그렇지 않습니다. 비유컨대, 사람의 눈 속에 동자가 있는데, 이것이 없다면 반드시 밝게 볼 수 없을 것입니다."라고 하였다. 혹자는 이 구절이 간사한 무리가 임금의 밝은 덕을 가리는 것을 비유한 것이라고 한다. 당시에는 양국충이 이미 죽었고 명황의 측근 중에 간사한 자는 따로 없었다. 하지만 두홍점, 최면의 무리들은 태자에게 즉위하고 현종을 태상황으로 높이 올리시라고 권하기까지 하였으니, 간사한 무리란 아마도 최면, 두홍점을 두고 한 말일 것이다. 비록 꼭 그렇지는 않다고 하더라도 뜻에는 해될 것이 없다.(上句暗使吳剛事語意, 又暗使徐孺子之意. 酉陽雜俎載, 傳云, 月桂高五百丈, 有一人常斫之, 姓吳名剛, 學仙道有過, 謫令伐樹, 隨創隨合. 雖是杜公之後, 段成式所撰, 而傳者舊矣. 徐孺子年九歲, 嘗月下戲, 人語以月中無物, 當極明. 徐曰, 不然, 譬如人眼中有瞳子, 無此必不明. 或云, 此句以興姦邪蔽人主之明, 當時楊國忠已死, 明皇左右別無姦邪, 而杜鴻漸崔晃之徒, 乃至勸太子卽位, 尊爲太上皇, 則姦邪者, 其崔杜之謂乎. 雖未必然, 而無害於義.)

4 仳離(비리) – 떨어져 있다. 헤어지다. '仳'는 '離'와 같은 뜻이다. '披'로 써야 된다고 하는 이도 있는데, 이를 따르면 흩어진 모양을 뜻한다. 放(방) – 꽃이 피다. 紅蕊(홍예) – 붉은 꽃술. 봄꽃을 말한다. 이와 달리 달에 있는 계수나무인 단계丹桂의 꽃으로 보기도 한다.

《두공부시집집주》 '홍예'는 단계의 꽃이다.(紅蕊, 丹桂花也.)

5 顰(빈) – 찡그리다. 눈살을 찌푸리다. '嚬'으로 된 판본도 있다. 青蛾(청아) – 푸른 눈썹먹으로 화장한 미인의 눈썹으로 미인을 뜻한다. 여기서는 두보의 부인을 가리킨다. 항아嫦娥를 가리킨다는 설도 있다. '蛾'가 '娥'로 된 판본도 있다.

《두공부시집집주》 달 가운데 항아가 있다는 말이 세상에 전하고 있기 때문에 말한 것이다.(世傳月中有嫦娥, 故云.)

[仳離 2구] 부인과 떨어져 있는 와중에도 한식이 되고 꽃이 피니 이를

대하고 있을 부인 또한 시름에 젖어 있을 것이라고 상상하는 내용이다. 이 시가 전체적으로 달을 대하고 있는 감회를 중심으로 시상을 전개하고 있다는 점에 착안하여, '홍예'를 달에 있는 단계의 꽃으로, '청아'를 달에 사는 항아로 보기도 하는데, 이를 따르면 달 속의 항아가 단계의 꽃을 보고 눈살을 찌푸릴 것이라는 뜻이 된다.

《두시상주》 '비리'는 이별의 뜻이다. '비리' 두 글자에서 잠깐 끊어 읽으며, 떨어져 있는 이때에 붉은 꽃이 절로 피었다는 말이다. 꽃을 대하고 눈썹을 찡그렸다는 것은 (〈춘망春望〉 시)의 "시절을 생각하여 꽃에도 눈물 뿌린다."라는 것과 같다. 주학령의 주에는 오히려 '예'가 달의 계수나무를 가리키고, '아'가 항아를 가리킨다고 하였는데, 적절하지 않다.(仳離, 別離也. 仳離二字略讀, 言當此仳離而紅蕊自放也. 對蕊嚬眉, 猶云'感時花濺淚'. 朱注却以蕊指月桂, 蛾指嫦娥, 不切.)

《구가집주두시》 조차공 주 《시경 · 왕풍 · 중곡유퇴》의 "유녀비리"에서 '비' 또한 '리'의 뜻이고 독음은 '필비절'인데, 부부가 도를 잃어 헤어져 있음을 말한다. 두보가 그의 부부가 떨어져 있는 상태였기 때문에 마침내 빌려 쓴 것이다. …… '홍예'는 한식 때의 꽃을 말한다. …… 지금 두보의 시는 집이 없는 때에 지어진 것으로, 떨어져 있는 때에 꽃이 핀 상황을 여인이 마침 만나게 되었으니 역시 시름겹고 적적할 따름이라, 눈살 찌푸릴 것을 상상해볼 수 있겠다는 말이다. 구본에는 '청아青娥'라 하였는데, 응당 '청아青蛾'로 해야 한다. 푸른 눈썹을 일컫는다.(中谷有蓷篇有女仳離, 仳亦離也. 音匹婢切. 言夫婦之失道而離, 公因其夫婦離隔遂借用耳. …… 紅蕊言寒食時花也. …… 今公詩作於無家之際, 言女方值仳離而花發, 則亦愁寂而已, 可想見其嚬也. 舊作青蛾(娥의 잘못), 當爲青娥(蛾의 잘못), 翠眉之謂也.)

《두시경전》 '홍예'는 단계의 꽃이다. '청아'는 마땅히 항아를 빌려 규방의 부인을 드러내고 있다.(紅蕊, 丹桂花也. 青蛾, 當借姮娥以影

闉人.)

《독두심해》 대체로 계수나무를 베지 않으면 붉은 꽃이 사람을 심란하게 할 것인데, 떨어져 있는 항아의 경우 꽃을 질리도록 보는 일이 오래 지속될 것이다. …… 황생은 '홍예'를 봄꽃이라고 했는데, 달을 읊은 것에 맞지 않는다.(蓋不斫則紅蕊撩人, 在仳離之嫦娥, 厭看久矣. …… 黃生以紅蕊爲春花, 於詠月不倫.)

6 牛女(우녀) - 견우와 직녀. 전설에 의하면, 두 사람은 일 년에 한 번 칠석 저녁에 은하에서 만난다고 한다. 漫(만) - 헛되이. 속절없이. ~하지 말라고 풀이하는 설도 있다.

7 秋期(추기) - 가을의 기약. 견우와 직녀가 만난다고 하는 칠석을 가리킨다.

[牛女 2구] 칠석이 되면 서로 만나게 될 그들과 달리 다시 만날 기약조차 확실하지 않은 자신의 적막한 처지를 말하고 있다. 혹 견우와 직녀가 은하를 건너 서로 만나게 될 일을 두보와 그의 부인의 재회에 대한 예언으로 보기도 한다.

《두공부초당시전》 두보는 달밤의 감회로 인하여 견우와 직녀의 흥취를 일으킨 것으로, "두 별은 떨어져 있어도 결국에는 그래도 만날 기약이 있건만, 나는 오래도록 집사람과 떨어져 있으니 도리어 견우 직녀만도 못하다."라고 말한 것이다.(公因月夜所感, 故起牽牛織女之興, 言二星離而終猶有聚會之期, 我久與家別, 曾牛女之不若也.)

《두시상주》 견우와 직녀가 은하를 건넌다는 것은 (부부의) 만남에 기약이 있음을 예언한 것이다. 이해 서경의 수복이 과연 늦가을에 있었다.(牛女渡河, 豫言聚首有期. 是年克復西京, 果在深秋之候.)

《독두심해》 구조오는 '우녀'를 달빛 아래에서 본 것이라고 하였는데, 봄철에 견우성과 직녀성이 나타나지 않음을 알지 못한 것이다.(仇氏以牛女卽月下所見, 不知春時牛女不現.)

#《두시상주》: 이 시는 달을 대하고서 집을 그리워하여 지은 것이다. 황생의 주에는 "전반부는 집을 그리워하는 뜻을 쓴 것이다. 그런데 '무가' 두 글자가 이미 5, 6구의 복선이 된다. 후반부는 부인의 정을 쓴 것이다. 그런데 '우녀' 두 글자가 피차간의 양쪽에 연관을 맺고 있다. 이 시에 대하여, 사람들은 사용된 시어의 기묘함에 놀라지만, 배치의 완정함을 알지는 못한다."라고 하였다. 또 말하기를, "'비리'는 '무가'와 조응하고, '홍예'는 '한식'과 조응하고, 찌푸린 눈썹은 '유루'와 조응한다."라고 하였다. '우녀'는 또 '청아'와 조응하는데, 곧 달빛 아래에서 본 것이다. 계수나무를 베어내어 빛이 많아지게 하는 것은 이를 빌려 시름에 겨운 회포를 확 트이도록 하려는 것이다. 견우와 직녀가 은하를 건넌다는 것은 (부부의) 만남에 기약이 있음을 예언한 것이다. 이해 서경의 수복이 과연 늦가을에 있었다.(此章對月思家而作. 黃生注, 前半, 寫思家之意, 然無家二字, 已暗埋五六. 後半, 寫家人之情, 然牛女二字, 又彼此雙綰. 此詩, 人驚其出語之奇, 不知其布局之整. 又曰, 仳離照無家, 紅蕊照寒食, 顰蛾照有淚. 牛女又照靑蛾, 卽月下所見者. 斫桂光多, 欲借此以豁愁懷. 牛女渡河, 豫言聚首有期. 是年克復西京, 果在深秋之候.)

《독두심해》: 사물을 직접 서술하면서도 비유가 있다. '무가' 두 글자에서 시 전개상의 힘을 얻고 있다. 시 전체의 요지가 모두 이별의 심정에서 나온 것이다. '한식'이란 글자는 단지 한 차례 빌려 쓴 경로로서 시 전체에 긴밀한 연관이 없으니, 시인의 의도는 '대월'을 향해 갈 따름이다. 예컨대 '금파'는 본디 눈물을 말한 것이지만 오히려 달빛에 연관되어 있다. 시름 겨운 눈으로 달을 대하고 있어 약간의 어둑함조차 모두 미워할 만한 것이 되므로, 계수나무를 베어 달빛이 많아지게 하려는 생각을 갖게 된 것인데, 실은 이 두 구가 바로 5, 6구가 나오는 근거가 된다. 아마도 베어내지 않는다면 '붉은 꽃'이 사람을 심란하게 할 것인데, 떨어져 있는 항아의 경우 꽃을 질리도록 보는 일이 오래 지속될 것이다. 대저 계화에 무슨 허물이 있다고 이처럼 탓하는 것일까? 모두 이별의 시름으로 격동된 때문이다. 따라서 끝에서는 이별을 하면 반드시 만난다는 견우직녀를 또 빌려 환기시키고 있다. '괜한 시름'이라고 말하기도 하고, '그래도 건널 텐데'라고 말하는 것은 부러워하는 듯도 하고 질투하는 듯도 하여 그 묘함을 이루 다 말할 수 없다.(賦而比也, 得力在無家二字. 全局都領, 總從離懷吐出. 寒食字只一借逕, 通首不黏, 意只趨向對月去也. 如金波, 本說淚, 卻便搭上月光. 愁眼對月, 纖翳盡屬可憎, 故有斫桂光多之想. 實則此二句正爲五六生根. 蓋不斫則紅蕊撩人, 在仳離之嫦娥, 厭看久矣. 夫桂蕊何辜而嗔怪若此, 總由離愁所激耳, 故末又借有離必合之牛女託醒. 曰漫愁, 曰猶渡, 若羨之, 若妒之, 妙不可言.)

《두억》: 안녹산이 지난해 6월 경사를 함락하였기 때문에 두보는 처자를 이끌고 반군을 피하였는데, 〈팽아행〉에서 "온 집안이 오래 걸었다."라고 한 것이 이것이다. 이에 부주에 기탁하여 살게 되었는데, 이는 지덕 원년 여름이니, "열흘에 반은 천둥과 함께 비가 내린다."라고 한 것이 이것이다. 10월에 이르러 방관이 진도에서 패배하자 두보는 비로소 처자를 버려두고 북쪽 행재소로 달려갔는데, 헤아려보면 동지의 일이다. 얼마 뒤에 반군에게 붙잡히게 되었으니, 한식 때도 여전히 반군의 수중에 있게 되었다. 그런데 부주 역시 일찍이 반군의 침략을 받았으므로, 〈술회〉 시에서 "편지를 띄워 삼천 소식을 묻지만 식구들 잘 있는지 모르는데, 근자에 듣자하니 모두들 화를 당했다 한다."라고 말한 것이 이것이다. 부주는 삼천에 있고 두보는 반군 속에 있었기에, 소식이 양쪽에 서로 들리지 못하는 상황이었다. 바로 이 점이 그가 집을 생각함이 평시와 달리 심히 걱정하게 된 까닭이다. 그래서 사용한 시어가 유달리 이채롭다. 부주까지의 길은 삼천을 지나는데, 화지

수, 흑수, 낙수가 모이기 때문에 얻은 이름이다. 이에 시에서 견우와 직녀가 은하를 건너는 고사를 사용한 것은 범연한 인용이 아님을 알겠다.(祿山以去年六月陷京師, 公率妻子而避賊, 彭衙行所云盡室久徒步是也. 於是寄居鄜州, 是在至德元載之夏, 所云十旬半雷雨是也. 至十月, 房琯戰敗于陳陶, 公始棄妻子北奔行在, 計在冬至. 已而陷敵, 寒食尙在賊中. 而鄜州亦嘗被賊, 述懷詩所云, 寄書問三川, 未知家在否, 比聞同被(罹의 오자)禍是也. 鄜州在三川, 公在賊中, 消息兩不相聞, 此其思家與平時不同, 憂念之極, 故其命詞獨異. 至鄜路經三川, 以華池水黑水洛水會同得名. 乃知詩用牛女渡河事, 非泛引也.)

(이남종 · 김수희)

39. 遣興

마음을 달래다

驥子好男兒[1] 前年學語時[2] 問知人客姓[3] 誦得老夫詩[4]
世亂憐渠小[5] 家貧仰母慈[6] 鹿門攜不遂[7] 雁足繫難期[8]
天地軍麾滿[9] 山河戰角悲[10] 儻歸免相失[11] 見日敢辭遲[12]

기자는 잘난 아들
지난해 말을 배울 제,
손님의 성을 물어서 알아보고
노부의 시를 읊곤 하였지.
세상이 어지러워 그 어린 것 가여우니
집이 가난하여 어진 어미를 올려다보고 있을 터,
녹문산으로 데리고 들어가는 일 이루지 못하고
기러기 발에 소식 매다는 일도 기약하기 어렵구나.
천지에 군대 깃발이 가득하고
산하에는 전장의 뿔피리 소리가 비장하니,
만약 돌아가서 서로 헤어짐을 면할 수 있다면
만나는 날 늦은 것을 감히 사양하겠는가?

두보가 안녹산의 군대에 의해 장안에 억류되어 있을 때, 부주鄜州에 두고 온 어린 아들 종무宗武를 그리워하며 지은 시이다. 작시 시기는 지덕 2년으로 추정된다. 《보주두시》에서는 지덕 원년으로 추정하였지만, 시 속의 '전년'이란 표현을 통해 볼 때 지덕 2년이 타당할 것이다.

시제인 '견흥遣興'은 '마음을 달래다' 또는 '시름을 풀다'의 뜻이다.

《두시상주》 이 시 역시 반군에 억류되었던 시기에 지은 것이다.(此亦陷賊時所作.)

《보주두시》 시에서 "천지에 군대의 깃발이 가득하고, 산하에는 전장의 뿔피리 소리가 비장하니, 만약 돌아가서 서로 헤어짐을 면할 수 있다면, 만나는 날 늦은 것을 감히 사양하겠는가."라고 하였으니, 의당 지덕 원년 반군에 억류되었을 때 지었을 것이다.(詩云, 天地軍麾滿, 山河戰角悲, 儻歸免相失, 見日敢辭遲, 當是至德元載陷賊中作.)

주 석

1 驥子(기자) – 두보의 둘째 아들인 종무의 아명이다. 男兒(남아) – 아들. 사내 아이.

《독두심해》 공의 어린 아들 종무가 가장 사랑을 받았다. 당시에 또 〈억유자憶幼子〉 시도 지었다.(公幼子宗武, 最所鍾愛. 時又有詩.)

2 學語(학어) – 말을 배우다.

3 問知(문지) – 물어서 알다. 人客(인객) – 손. 《두시언해》에서는 '사람과 손'으로 풀이하였으나, 대장對仗을 고려할 때 적절하지 않은 듯하다.

4 老夫(노부) – 두보 자신을 가리킨다.

《두공부초당시전》 '노부'는 공이 자신을 말한 것이다.(老夫, 公自謂也.)

5 渠小(거소) – 그 어린 것. '渠'는 기자를 가리킨다. '小'는 어리다는

뜻이다.

6 仰(앙)－ 의지한다는 뜻이다.

7 鹿門(녹문) 구－ 후한 사람 방덕공의 고사를 사용한 것으로서, 가족과 함께 은둔하겠다는 두보의 심사를 반영하고 있다. '녹문'은 양양에 있는 산 이름으로, 방덕공이 가족과 함께 은거하였다. 이로 인해 후대에는 은자의 거처지를 상징하게 되었다. 두보의 조적祖籍, 즉 조상이 살던 곳이 양양이기 때문에 이 시에서 방덕공의 고사를 들었다는 설이 있다.

《두시상주》 《후한서》에서 "방덕공이 처자식을 데리고 녹문산에 올라가서 약초를 캐고 살며 다시 돌아오지 않았다."라고 하였다. 《양양기》에서 "녹문산은 예전에 소령산이라고 하였다. 습욱이 산에 신사를 세우고 길 입구 양편에 돌 사슴 둘을 새겨 놓았는데, 이로 인해 세속 사람들이 그것으로 묘당의 이름을 삼고 아울러 산의 이름을 삼았다."라고 하였다.(後漢書, 龐德公攜妻子登鹿門山, 採藥不返. 襄陽記, 鹿門山舊名蘇嶺山, 習郁立神祠於山, 刻二石鹿夾道口, 俗因以名廟, 并名其山.)

《구가집주두시》 방덕공이 처자를 데리고 녹문산에 들어가 은거하였다. 공이 양양 사람이기에 말한 것이다.(龐德公攜妻子, 入鹿門山, 隱. 公襄陽人, 故云.)

《두공부초당시전》 예전에 방공은 처자를 데리고 녹문산에 은거하였다. 그러나 지금 두보는 비록 은거하고 싶었지만 그 뜻을 이루지 못하였고, 이 때문에 처자와 떨어지게 된 것이다.(昔龐公携妻子, 隱鹿門山. 今甫雖欲隱而未遂其志, 是以與妻子間隔也.)

8 雁足(안족) 구－ 가족과 소식을 주고받는 일을 기대하기가 어렵다는 뜻이다. 소무蘇武의 고사를 사용한 것이다. 소무는 한 무제武帝 때에 흉노에 사신으로 가서 구금되었다가, 뒤에 소제昭帝의 청에 의하여

풀려나게 되었다. 당시 한나라 사신이 흉노의 선우에게 "황제가 사냥하다가 기러기의 발에 매어져 있는 소무의 편지를 받아 보게 되었다." 라고 거짓말을 하여 소무를 풀어주게 하였다. '계繫'는 기러기 발에 편지를 매는 것을 뜻한다.

《두시상주》에 인용된 《한서 · 소무전》 한나라 사자가 "천자께서 상림원上林苑에서 사냥을 하시다가 기러기를 잡았는데, 발에 비단 편지가 매어 있었다, 그래서 소무의 소재를 알게 되셨다."라고 말하였다.(漢使者言天子射上林中, 得雁, 足有繫帛書, 知武所在.)

《독두심해》 '안족' 구는 반군에 억류된 정황을 스스로 표현한 것이다.(雁足句, 自況陷賊.)

《두공부초당시전》 편지를 받지 못하는 것을 말한다.(言不得音書也.)

[鹿門 2구] '鹿門攜有處, 鳥道去無期'로 된 판본도 있다.

9 軍麾(군휘) – 군대의 기. '麾'는 기의 일종으로 장수가 지휘하는 데 사용한다.

10 戰角(전각) – 군대에서 사용하는 뿔피리.

11 儻(당) – 만약. '東'으로 된 판본도 있다. 相失(상실) – 서로 잃다. 두보와 가족이 서로 만나지 못하는 것을 뜻한다.

12 日(일) – '爾'로 된 판본도 있다. 敢辭遲(감사지) – 늦는 것을 감히 사양하랴? 늦어도 괜찮다는 뜻이다.

#《두시상주》: 이 시는 멀리서 어린 아들을 그리워한 것이다. 위의 4구는 이전 일을 추억한 것이고, 가운데 4구는 현재의 상황을 탄식한 것이고, 끝의 4구는 장래 일을 생각한 것이다. '손님을 알아보다'와 '시를 읊다'는 '말을 배우다'는 말을 이어받은 것이다. '녹문' 구는 처자와 서로 떨어져 있음을 슬퍼한 것이며, '안족' 구는 편지가 통하지 않음을 개탄한 것이다.(此詩遙憶幼子也. 上四句憶從前, 中四歎現在, 末四思

將來. 知客誦詩, 承學語來. 鹿門句, 傷妻子相隔, 雁足句, 慨音信不通.)

《두억》: "세상이 어지러워 그 어린 것 가여우니, 집이 가난하여 어진 어미를 쳐다보고 있을 터"라는 말에는 사랑하는 사람이 떨어져 있어서 정이 깊은 것이 표현되었고, "만약 돌아가서 서로 헤어짐을 면할 수 있다면, 만나는 날 늦은 것을 감히 사양하겠는가."라는 것은 말은 여유가 있지만 심정은 다급한 것이다. '전각' 구는 말이 참신하다.(亂世憐渠小, 家貧仰母慈, 愛隔情深. 倘歸免相失, 見日敢辭遲, 語寬心急. 戰角, 語新.)

《독두심해》: 4구는 기자를 말하고, 4구는 난리를 슬퍼한 것이고, 4구는 마침내 가족이 모일 것을 기약한 것이다. '안족' 구는 반군에 억류된 정황을 스스로 표현하였다. 《두억》에서 "'당귀' 한 결어結語는 말은 느긋하지만 심사는 급하다."라고 하였다.(四述驥子, 四傷亂離, 四期終聚. 雁足句, 自況陷賊. 杜臆云, 儻歸一結, 語寬心急.)

(이영주)

40. 塞蘆子

노자관을 막아라

五城何迢迢[1] 迢迢隔河水[2] 邊兵盡東征[3] 城內空荊杞[4]
思明割懷衛[5] 秀巖西未已[6] 迴略大荒來[7] 崤函蓋虛爾[8]
延州秦北戶[9] 關防猶可倚[10] 焉得一萬人[11] 疾驅塞蘆子[12]
岐有薛大夫[13] 旁制山賊起 近聞昆戎徒[14] 爲退三百里[15]
蘆關扼兩寇[16] 深意實在此[17] 誰能叫帝閽[18] 胡行速如鬼[19]

다섯 성은 어찌 그리 아득한가?
아득히 황하 너머 있구나.
변방의 병사는 모두 동쪽으로 정벌을 나가
성안은 헛되이 가시나무와 구기자나무만 자랐구나.
사사명은 회주와 위주를 할거하고
고수암은 끊임없이 서쪽으로 향한다.
돌아서 먼 변경을 침략하여 온다면
효산과 함곡관은 아마도 헛된 것이 되리라.

연주는 진 땅의 북문이니
관문의 방어로 그래도 기댈 만하다.
어떻게 하면 만 명의 군사로
빨리 달려가 노자관을 막게 할 수 있을까?
기주에는 설대부가 있어
산적이 일어남을 곁에서 막았다.

근간에 듣자니 곤융의 무리들이
그 때문에 삼백 리나 퇴각하였다 한다.

노자관은 두 도적을 막을 수 있으니
깊은 뜻은 진실로 여기에 있다.
누가 천자의 문지기를 부를 수 있겠는가?
오랑캐 행군은 귀신처럼 빠르거늘.

이 시는 노자관蘆子關에 군대를 주둔하여 지키면 반군을 막을 수 있을 것이라는 두보 자신의 의견을 밝힌 시이다. 저작 시기에 대해서는 대부분 지덕 2년 12월 사사명史思明과 고수암高秀巖이 투항하기 전에 지은 것으로 추정하나, "돌아서 먼 변경을 침략하여 온다면, 효산과 함곡관은 아마도 헛된 것이 되리라."에서 반군이 북방을 돌아서 장안을 공격하면 효산과 함곡관은 쓸모없게 된다고 언급하고 있는 것으로 보는 것이 타당할 듯 하니, 작품은 관군이 장안을 수복한 뒤 다시 반란이 일어난 건원 2년 이후에 지어진 것으로 보아야 한다. 또한 "사사명이 회주와 위주를 할거하다."와 "기주에는 설대부가 있다."라고 하였는데, 이 역시 건원 2년의 일과 부합한다.

노자관은 연안부延安府 안새현安塞縣에 있는 관문이다. 양쪽 절벽이 문처럼 마주보고 있는데 그 모양이 마치 호리병과 같아서 생긴 이름이다. 시제의 '塞' 자는 군사를 주둔하여 지킨다는 뜻이다.

이 시에서 두보가 밝히고 있는 계책이 무엇인지에 관해서는 여러 설이 있는데, 북방으로의 침입을 대비하자는 것으로 보는 이도 있고, 연주의 정예병으로 장안을 공격하자는 것으로 보는 이도 있으며 이 둘을 겸한 것이라고 보는 이도 있다.

《두시상주》 이 시는 지덕 연간 반군에게 억류되었던 때에 지은 것이다. '색'이란 군사를 주둔하여 이 관문을 막는 것이다.(此詩屬至德間陷賊中作. 塞, 屯兵以塞此關也.)

《두시상주》 이 시는 변방의 대비책을 위하여 지은 것이다.(此詩爲籌邊而作也.)

《보주두시》 지금 시에서 "사사명은 회주와 위주를 할거하고, 고수암은 끊임없이 서쪽으로 향한다."라고 하였다. 살펴보건대《자치통감》에서 지덕 2년 12월 갑자일에 사사명이 관할 13개 군과 군사 8만 명을 데리고 투항하였고 함께 하동절도사 고수암을 이끌고 왔는데 또한 그가 관할하는 군대를 데리고 와서 투항하였으니, 이 시는 투항하기 전에 지은 것이다.(今詩云, 思明割懷衛, 秀巖西未已. 按通鑑, 至德二載十二月甲子, 史思明以所部十三郡及兵八萬來降, 幷帥其河東節度使高秀巖, 亦以所部來降, 則此詩作於未降之先.)

《두시경전》에 인용된《일통지》 노자관은 연안부 안새현에 있다.(蘆子關在延安府安塞縣.)

《두공부초당시전》 혹자가 말하기를 "노자관은 두 산이 문처럼 우뚝 솟아 있는데 그 형상이 마치 호리병과 같다."라고 하였다.(或云, 蘆子盖兩山特立如門, 其形若胡盧也.)

《두공부시집집주》 이 시는 첫 머리에 '오성'으로 말을 시작하였으니 아마도 삭방에 방비가 없는 것을 걱정한 것이다. 고수암과 사사명 두 도적이 힘을 합쳐 태원을 공격하였는데, 태원에서 이겨 황하를 건너 서쪽으로 가면 바로 연주 땅이고 북쪽으로 나가면 삭방의 오성이다. 삭방절도사의 치소는 영주이고, 영주는 연주와 겨우 600리이다. 영무는 부흥의 근본이니 공은 두 도적이 빈틈을 타서 침입할 것을 걱정하였다. 그러므로 만 명의 군대로 노자관을 지켜 두 도적을 견제하여 북쪽으로 오지 못하도록 하고자 하였다. 설경선이 부풍으로부터 출병하여 무방비 상태의 장안을 공격하였으니, 이른바 "노자관은 두 도적을 막을 수 있다."라는 것이다. '색' 자는 막아서 지킨다는 뜻으로 풀이한다.(此詩首以五城爲言, 蓋憂朔方之無備也. 高史二寇合力攻太原, 克太原則渡河而西, 卽延州界, 北出卽朔方五城. 朔方節度治靈州. 靈距延才六百里爾. 靈武爲興復根本, 公恐二寇乘虛襲之, 故欲以萬人守蘆關, 牽制二寇, 使不得北. 景仙從扶風出兵, 搗長安之不備, 所謂蘆關扼兩寇也. 塞字作壅塞解.)

《두시전주》 이때 반군은 장안을 근거지로 하고 사사명과 고수암은 대군을 이끌고 태원으로 가고 있어서 효산과 함곡관은 비어 있었다. 두보는 연주의 정예병 만 명을 얻어 노관을 요새로 삼아(전겸익은 '塞'를 가로막는다는 뜻으로 풀이하지 않고 있다. 따라서 여기서는 거점으로 삼는다는 뜻으로 풀이하였다) 들어가면 곧바로 장안을 공격하여 즉시 수복의 공을 아뢸 수 있다고 여겼다.(是時賊据長安, 史思明高秀巖重兵趨太原, 崤函空虛. 公以爲得延州精兵萬人, 塞蘆關而入, 直擣長安, 可以立奏收復之功也.)

《독두심해》 아마도 태원의 일이 급하여 변방의 군사들이 방비를 철수하는 것 때문에 지은 것이니 뜻이 분명하다. 그런데 전겸익의 주에는 연주의 병사 만 명을 얻어 노관을 요새로 삼아 들어가면 바로 장안을 공격하여 가히 수복할 수 있음을 아뢸 수 있다고 말하는 것이라 하였는데, 그렇게 되면 본 시제의 세 글자는 불분명한 말이 된다. 게다가 시 가운데의 '관문의 방어'라든가 '도적을 막는다'는 뜻과도 맞지 않는다. 주학령의 주에서는 '塞' 자를 '가로막아 지키다'는 뜻으로 풀이하였는데, 이것은 옳다. 다만 근심하는 것이 사방에 있고 오로지 영무에 뜻을 두었다고 한 것은 또 시 가운데 "효산과 함곡관은 아마도 헛된 것이 되리라."와 "연주는 진 땅의 북문이다."라고 한 뜻과 맞지 않는다. 지금 고찰하건대 당시 숙종은 영무에 있었고 적장은 장안을 점거하고 있었는데, 연주는 영무와 장안의 남북의 사이에 있고 황하를 사이에 두고 동쪽으로는 태원이다. 태원은 사사명과 고수암 등의 여러 도적들이 힘을 합쳐 공격했던 곳이다. 태원을 잃게 되면 연주가 공격을 당하게 된다. 만약 혹시라도 방비하지 못하면 적은 가로질러 서쪽으로 진군하게 되어 남북이 단절되며, 위로는 영무가 위험하고 아래로 장안은 더욱 수복할 수가 없게 된다. 그러므로 모름지기 노자관에서 가로막아 끊어 적군이 서쪽으로 진군하는 길로 들어서는 것을 미리 막아야 한다. 노자관은 바로 연주의 북쪽에 있다. …… 전겸익의 설을 따르면 남쪽을 살피느라 북쪽을 잃고 주학령의 설을 따르게 되면 북쪽을 살피느라 남쪽을 잃으니, 해석을 구하는데 엉성할 뿐만 아니라 (두보의) 멀리 내다보는 안목에 미치지 못하게 된다.(蓋爲太原事急, 邊兵撤備而作, 意豁然也. 乃錢箋謂得延州兵一萬, 塞蘆關而入, 直搗長安, 收復可奏. 則是本題三字爲不了語矣. 且與詩中關防扼寇之旨不合. 朱注以塞字作壅塞解, 是爲得之. 但云憂在朔方, 專意靈武, 則又與詩中崤函蓋虛爾延州秦北戶之旨不合. 今考當日肅宗在靈武, 賊將據長安. 而延州當靈武長安南北之間. 隔河東面, 則爲太原. 太原卽思明秀巖諸寇合力來攻處也. 太原失則延州當其衝. 脫或無備, 賊且橫貫而西, 南北梗截. 上而靈武危, 下而長安益不可復矣. 故須塞斷蘆子, 預遏賊入西進之路. 蘆子卽在延州北也. …… 由錢之說, 顧南則失北. 由朱之說, 顧北則失南. 不特疏於索解, 亦遜其長算矣.)

《자치통감》 (건원 2년 3월) 사사명의 군대가 업성에 들어가 병마를 거두고 창고를 풀어 장졸들에게 상을 주니, 안경서가 이전에 소유했던 주와 현 그리고 병사들이 모두 사사명에게 귀속되었다. 안태청을 보내어 병사 5천으로 회주를 취하니, 그곳에 머무르며 지켰다.(思明勒兵入鄴城, 收其士馬, 以府庫賞將士, 慶緖先前所有州縣及兵皆歸於史思明. 遣安太淸將兵五千取懷州, 因留鎭之.)

주 석

1 五城(오성) – 다섯 성. 여기서는 정원, 풍안, 동수항성, 중수항성, 서수항성을 가리킨다. 迢迢(초초) – 멀고 먼 모양.

《두공부시집집주》 《당서 · 방진표》에는 "삭방절도사가 정원, 풍안 두 군과 동수항성, 중수항성, 서수항성을 통솔하였다."라고 하였는데, 오성은 마땅히 이것으로 근거를 삼아야 한다. 장열은 삭방절도대사가 되어 오성을 순수하고 병마를 두었다. 원재는 원주에 성을 쌓을 것을 청하면서 말하기를 "북으로는 영무를 두르고 오성은 그것의 날개가 됩니다."라고 하였는데, 모두 이 시에서 가리키는 바이다. 지리지에는 "하주 삭방현에 오연, 유주, 임색, 음하, 도자 등의 성이 있다."라고 싣고 있는데, 노자관의 북쪽에 있으며 장경 4년에 절도사 이우가 쌓은 것이다. 포흠지는 이것을 인용하여 이 시를 증명하였는데, 잘못된 것이다. 《몽계필담》에서는 송나라 때의 연주 오성을 두보 시의 오성으로 여겼는데, 더욱 잘못된 것이다.(唐書方鎭表, 朔方節度領定遠豊安二軍及東中西三受降城, 五城當以此爲據. 張說爲朔方節度大使, 往巡五城, 措置兵馬. 元載請城原州云, 北帶靈武, 五城爲之羽翼, 皆卽此詩所指也. 地理志載, 夏州朔方縣有烏延宥州臨塞陰河陶子等城, 在蘆子關北, 乃長慶四年節度使李祐築, 鮑欽止引之以證此詩, 誤矣. 夢溪筆談以宋時延州五城爲杜詩五城, 尤誤.)

2 隔河水(격하수) – 황하를 사이에 두고 있다.

《두시상주》 다섯 성은 황하의 북쪽에 있다. 그러므로 "황하를 사이에 두고 있다."라고 말하였다.(五城, 在黃河之北, 故曰隔河水.)

3 邊兵(변병) – 변방의 군사.

4 城內(성내) – 삭방의 다섯 성을 가리킨다. 荊杞(형기) – 가시나무와 구기자나무. 황량한 모습을 형용한 것이다.

5 思明(사명) – 사사명. 割懷衛(할회위) – 회주懷州와 위주衛州를 할거하다. '割'을 '버려두다'의 뜻으로 풀어 회주와 위주를 버려두고 북쪽으로 쳐들어간다는 뜻으로 풀이할 수도 있다.

《두시상주》에 인용된 《당서》 사사명은 오랑캐인데 본명은 줄우이다. 현종이 사명이라고 개명하였다.(史思明, 胡人也, 本名窣于, 玄宗改爲思明.)

《두공부시집집주》 회주 하내군과 위주 급군은 모두 하북도에 속한다.(懷州河內郡, 衛州汲郡, 俱屬河北道.)

6 秀巖(수암) – 고수암. 西未已(서미이) – 서쪽으로 진군하는 것을 아직 그치지 않다.

《두시상주》에 인용된 《당서》 고수암은 본래 가서한의 장수였는데 반군에게 투항하여 반군의 하동절도사가 되었다.(高秀巖, 本哥舒翰將, 降賊爲僞河東節度使.)

[思明 2구]

《두시전주》 지덕 2년 사사명은 박릉에서 태원을 치려고 하북을 버리고 서쪽으로 진군하였다. 그러므로 "회주와 위주를 내버려두었다."라고 말하였다. 고수암은 대동에서부터 사사명과 군사를 합하였기에 "끊임없이 서쪽으로 향한다."라고 한 것이다.(至德二載, 思明自博陵寇太原, 舍河北而西, 故曰割懷衛. 秀巖自大同與思明合兵, 故曰西未已.)

7 迴略(회략) – 돌아서 침략하다. '迴'는 '迥'으로 된 판본도 있다. 大荒(대황) – 먼 변방 지역을 가리킨다. 來(래) – '東'으로 된 판본도 있다.

8 崤函(효함) – 효산과 함곡관. 예로부터 험한 관문으로 알려져 있다. 虛爾(허이) – 헛되다. 아무 쓸모없음을 말한다. 방비가 없다는 뜻으

로 보는 견해도 있으나 취하지 않는다.

《두시상주》에 인용된《한서》의 주 효산은 지금 섬현의 동효산과 서효산이고 함곡관은 지금 도림현 남쪽의 홍류간이다.(崤山, 今陝縣二崤是也. 函谷, 今桃林縣南洪溜澗是也.)

《구가집주두시》 '허'는 방비가 없음을 말한 것이다.(虛, 言其無備禦爾.)

[迴略 2구] 반군이 변방 지역으로 돌아서 공격해 온다면 효산과 함곡관은 아무런 쓸모가 없다는 말이다.

《두억》 만약 반군이 노자관으로부터 온다면 효산과 함곡은 믿을 바가 못 된다. 그러므로 "돌아서 먼 변경을 침략하여 온다면, 효산과 함곡관은 아마도 헛된 것이 되리라."라고 말하였다.(若賊從蘆關來, 則崤函不足恃. 故云, 迴略大荒來, 崤函皆虛耳.)

#《두시상주》: 첫 단락은 군사를 철수하여 동쪽으로 정벌을 나가 변방이 고립되고 약해졌는데 반군이 서쪽으로 쳐들어올 때 가까운 관문을 통하지 않을까 걱정됨을 말하였다.(首言撤兵東征, 邊方單弱, 恐寇來西突, 不由近關也.)

9 延州(연주) – 연안부延安府. 연주는 장안과 영무의 사이에 있으며 동쪽으로는 황하를 가운데 두고 태원과 닿아 있는 군사적 요충지이다. 秦北戶(진북호) – 장안의 북쪽 문.

《구당서》 연주는 중도독부로서 관내도에 속한다. 장안에서 동북쪽으로 631리 떨어진 곳에 있다.(延州中都督府, 屬關內道, 在京師東北六百三十一里.)

10 關防(관방) – 관문의 방어. 猶可倚(유가의) – 여전히 의지할 만하다.

11 焉得(언득) – 어찌 할 수 있겠는가.

12 疾驅(질구) – 빨리 달려가다. 塞蘆子(색노자) – 노자관을 막다.

13 岐(기)－ 기주岐州. 장안의 서쪽으로 봉상부가 이곳에 있었다. 부풍을 가리킨다. '頃'으로 된 판본도 있다. 薛大夫(설대부)－ 부풍 태수 설경선을 가리킨다.

《두시경전》 부풍은 곧 옛 기주 땅으로, 지금의 봉상부이다.(扶風, 卽古岐周地, 今鳳翔府.)

《보주두시》 설대부는 마땅히 어사대부 설경선이다.(薛大夫當是御使大夫薛景仙.)

《구당서》 (건원 2년 3월) 태자빈객 설경선을 봉상윤과 본부방어사로 삼았다.(以太子賓客薛景仙爲鳳翔尹本府防禦使.)

14 昆戎徒(곤융도)－ 곤이昆夷와 견융犬戎의 무리. 곤이와 견융은 주나라 때 서쪽 변방 이민족의 이름이다. 여기서는 부근의 도적 무리를 가리킨다. 토번吐蕃을 가리킨다고 보는 설도 있다.

《두시상주》 곤이와 견융은 부근의 도적 무리를 비유한 것이다.(昆夷犬戎, 比近境賊徒.)

《두공부초당시전》 곤융은 토번이다. 사사명과 결탁하여 들어와 침략한 것은 중국의 어지러움을 틈탄 것이다.(昆戎卽吐蕃. 與思明連結入寇, 乘中國之亂也.)

15 爲(위)－ 그 때문에.

[岐有 4구] 부풍 태수 설경신이 반군을 물리쳐 지키고 있음을 말한 것이다.

《두시상주》에 인용된 《자치통감》 지덕 원년 7월에 진창령 설경선을 부풍태수 겸 방어사로 삼았다. 반군이 군사를 보내어 부풍을 공격하니 설경선이 격퇴시켰다. 경기의 호걸들이 왕왕 적의 관리를 죽여 멀리서 관군에 호응하였다. 적병이 이른 곳은 남쪽으로는 무관을 넘지 않았고 북쪽으로는 운양을 넘지 않았고 서쪽으로는 무공을 넘지 않았다. 강회 지방에서 상주하여 청원하려고 촉으로 가고 영무로 가는 자들은 모두 양양에서 상진으로 가는 길을 취하여 부풍에 이르렀는데 도로에 막힘이 없었으니 모두 설경선의 공 때문이었다. (至德元載七月, 以陳倉令薛景仙爲扶風太守兼防禦使, 賊遣兵寇扶風, 景仙擊却之, 京畿豪傑往往殺敵官吏, 遙應官軍. 敵兵所及者, 南不出武關, 北不過雲陽, 西不過武功. 江淮奏請之蜀之靈武者, 皆自襄陽取上津路抵扶風, 道路無壅, 皆景仙之力也.)

#《두시상주》: 이 단락은 연주가 요충지라서 조속히 방비하여 지켜야 하는데 다행히도 설경선이 병력을 나누어 협공하여 적의 공격을 막을 수 있었음을 말한 것이다.(此言延州要地, 亟宜防守, 所幸景仙犄角, 得遏敵衝也.)

16 蘆關(노관) – 노자관. 扼(액) – 가로막다. 兩寇(양구) – 두 도적. 여기서는 사사명과 고수암을 말한다. 사사명과 토번을 가리킨다고 보는 설도 있다.

《두시상주》 '두 도적'은 사사명과 고수암을 가리킨다.(兩寇, 指思明秀巖.)

《두공부초당시전》 '두 도적'은 사사명과 토번을 이르는 것이다.(兩寇, 謂思明吐蕃也.)

17 深意(심의) – 깊은 뜻. 두보의 깊은 뜻. 또는 노자관을 축조한 뜻으로 볼 수도 있다. 此(차) – 노자관이 두 오랑캐를 막을 수 있다는 사실을 가리킨다.

18 能(능) – '敢'으로 된 판본도 있다. 帝閽(제혼) – 천자의 궁궐 문지기.

19 호행(胡行) – 오랑캐 군대가 행군하는 것을 말한다.

#《두시상주》: 이 단락은 반군을 막아야 한다는 본래의 뜻을 매듭지은 것인데 노자관의 험함을 속히 틀어쥐고자 한 것이다.(此結防寇本意, 欲緊扼蘆關之險也.)

##《독두심해》: 이 시는 두보가 변방을 대비한 책략이다. 형세에 밝고 사정에 적합하다. 시로써 상주하여 의론하는 글을 지었으니 일가의 말을 이루었다. …… 처음 4구는 천자가 있는 곳으로부터 이야기를 시작하였는데 삭방이 멀고도 텅 비어 있음을 말한 것이다. '사명' 4구는 당시의 일이 위태로움을 지적해 낸 것인데, 필세를 타서 영무와 장안을 한꺼번에 묶어서, 두 도적이 왕성한 기세를 몰아 서쪽으로 공격함에 서북을 공략하여 변경을 다하면 영무를 잃어버릴 것이고 말을 돌려 효산과 함곡관으로 향하면 장안은 이때가 되면 아군이 점유하지 못하게 될 것이라고 말한 것이다. 통틀어 '대황'이라고 말한 것은 감히 영무를 드러내어 말할 수 없었기 때문이다. '개허이'는 속어의 "이것은 쓸모없다."와 같은 것으로, 방비가 없음을 말하는 것이 아니다. 당시 (효함은) 이미 적이 점유하고 있었다. '연주' 4구는 요충지를 막아야 한다는 본뜻이다. '진 땅의 북문'이라고 한 것은, 영무로부터 올 때 이곳을 경유하여 들어오고 남쪽으로 장안에 이르려면 이곳을 거쳐 지나며 하동의 반군이 와서 두 쪽으로 절단하려고 해도 또한 이쪽을 거쳐 진군하기 때문이다. 아군이 그곳을 막으면 아군은 통하게 되고 적군은 가히 누를 수 있게 된다. '기유' 4구는 삽입된 것이 절묘하고 빼어나다. 한편으로는 수비한 것이 효과가 있음을 드러내었고 한편으로는 수비를 돕는 데 성원이 있음을 드러내었다. 기주는 연주의 서쪽에 있는데도 오히려 이렇게 힘이 되고 있으니 하물며 연주는 더욱이 형세의 요충지를 점거하여 적의 공격을 위협할 수 있는 곳임에랴. 마지막 4구는 본래의 뜻을 표명한 것인데, 다시 위태로운 말로써 걱정하였다. '귀신과 같이 빠르다'라고 한 것은 약간만 늦으면 적군이 틈을 탈 것이라는 말이다. 다행히 당시 태원이 격파되지 않아 반군이 서쪽으로 나아갈 수 없었을 뿐이다. 그렇지 않았더라면 또한 위험하였을 것이다.(此杜氏籌邊策也. 灼形勢, 切事

情, 以韻語爲奏議, 成一家之言矣. …… 起四句, 從帝所在說起. 謂朔方懸遠而空虛也. 思明四句, 指出時事危機, 趁勢將靈武長安一筆囊括. 言兩寇乘銳西衝, 略西北而大荒盡, 則靈武去矣. 回馬崤函, 長安至是乃終非我有矣. 統曰大荒, 不敢斥言靈武也. 蓋虛爾者, 猶俗言此是空帳, 非無備之謂. 時已爲賊所有也. 延州四句, 乃是扼要本旨. 曰秦北戶者, 自靈武來由此入. 南達長安由此過, 而河東之賊, 來截兩頭, 亦由此進. 以我塞之, 則我可通而彼可扼也. 岐有四句, 揷入絶奇. 一見設守有成效, 一見助守有聲援. 岐在延西, 尙且如此得力, 況延州尤據形要而逼賊衝者乎. 末四句, 表明本意. 復爲危詞以惕之. 速如鬼者, 稍遲則彼乘之矣. 幸而當日太原不破, 賊不得西耳. 不然, 亦危矣哉.)

(박석 · 최석원)

41. 哀江頭

곡강 가에서 슬퍼하다

少陵野老呑聲哭[1]　春日潛行曲江曲[2]
江頭宮殿鎖千門[3]　細柳新蒲爲誰綠
憶昔霓旌下南苑[4]　苑中萬物生顔色[5]
昭陽殿裏第一人[6]　同輦隨君侍君側[7]
輦前才人帶弓箭[8]　白馬嚼齧黃金勒[9]
翻身向天仰射雲[10]　一笑正墜雙飛翼[11]
明眸皓齒今何在[12]　血汚遊魂歸不得[13]
淸渭東流劍閣深[14]　去住彼此無消息[15]
人生有情淚沾臆　江草江花豈終極[16]
黃昏胡騎塵滿城[17]　欲往城南望城北[18]

소릉의 야로가 소리 죽여 울면서
봄날에 몰래 곡강 굽이로 나갔다.
강가 궁전은 모든 문이 닫혀 있는데
가는 버들과 새 부들은 누구를 위해 푸른가.

생각난다, 옛날 무지개 깃발 남원에 내려올 제
뜰 가운데의 만물이 빛이 났고,
소양전 안에서 으뜸가던 사람
수레 함께 타고 임금을 따르며 곁에서 모셨지.

수레 앞의 재인들은 활과 화살을 찼고
백마는 황금 재갈을 씹고 있었는데,
휙 몸을 돌려 하늘을 올려보고 구름을 쏘면
웃음 한 번에 날던 새 한 쌍이 바로 떨어졌다.

밝은 눈동자 하얀 이의 미인은 지금 어디에 있나
피로 더럽혀져 떠도는 혼백은 돌아오지 못하는구나.
맑은 위수는 동으로 흐르고 검각은 깊은데
떠나고 머물러 있음에 피차 소식이 없구나.
인생은 정이 있어 눈물이 가슴을 적시지만
강가의 풀과 꽃이야 어찌 끝이 있겠는가.
황혼녘 오랑캐 기병의 말 먼지가 성에 가득하니
성 남쪽으로 가려다 성 북쪽을 바라본다.

이 시는 지덕 2년 봄 두보가 장안에 억류되어 있을 때 지은 것이다. 시에서는 먼저 안녹산 반군에게 함락된 장안의 쓸쓸한 곡강 모습을 묘사하고 이어 지난날 현종과 양귀비의 화려했던 곡강 행차와 당대의 태평성세를 이야기하고 마지막으로 양귀비의 죽음에 대한 애도와 망국에 대한 슬픔을 표현하였다. 시제의 '강'은 곡강을 가리킨다.

《보주두시》 지덕 2년 9월 계묘일에 경사를 회복하고 10월 임자일에 동경을 회복하였는데 이 시에서 "봄날에 몰래 곡강 물굽이로 나갔다."라고 하였으니 이해 봄에 지어진 것이 틀림없다. '몰래 나갔다'고 말하고 또 "황혼녘 오랑캐 기병의 말 먼지가 성에 가득하다.”라고 하였으니 반군에 억류되어 있을 때 지은 것이 분명하다. 양권도 역시 이해에 편재시켰다.(至德二載九月癸卯復京師, 十月壬子復東京, 而是詩云春日潛行曲江曲, 當是作於是年春. 蓋謂之潛行, 又謂黃昏胡騎塵滿城, 乃陷賊時所作明矣. 梁權道亦編在是年.)

《두시상주》에 인용된 황생 주 시의 의도는 본래 양귀비를 슬퍼하는 것이지만 감히 가리켜 말할 수가 없어서 강가의 행차했던 곳을 빌려 제목으로 내세운 것이다.(詩意本哀貴妃, 不敢斥言, 故借江頭行幸處標爲題目耳.)

주 석

1 少陵(소릉) – 옛 지명. 장안의 두릉杜陵 동남쪽에 있었다. 두릉은 한漢 선제宣帝의 무덤이고 소릉은 두릉보다 조금 작은 규모로 허후許后의 무덤이다. 이곳에 두보의 집이 있었다. 野老(야로) – 촌 노인. 두보 자신을 가리킨다. 呑聲哭(탄성곡) – 소리를 삼키고 울다. 마음껏 소리내어 울지 못함을 말한다.

《두시전주》 정대창程大昌의 《옹록》에 “소릉원은 장안현 남쪽 40리에 있다. 선제릉은 두릉현에 있고 허후는 두릉 남원에 묻혔다.”라고 하였다. 사고는 “바로 지금 소릉小陵이라고 부르는 곳인데 두릉에서 18리 떨어져 있다.”라고 말하였다. 다른 책에는 모두 ‘少陵’으로 되어 있다. 두보는 그곳에 집이 있었기 때문에 스스로 두릉의 노인이라고 불렀고 또한 소릉이라고도 하였다.(雍錄, 少陵原, 在長安縣南四十里. 宣帝陵在杜陵縣, 許后葬杜陵南園. 師古曰, 卽今謂小陵者也, 去杜陵十八里. 他書皆作少陵. 杜甫家焉, 故自稱杜陵老, 亦曰少陵也.)

《두공부초당시전》 ‘야로’는 두보가 자신을 가리켜 말한 것이다.(野老, 甫自謂也.)

2 潛行(잠행) – 몰래 가다. 다른 사람의 눈에 띄지 않게 몰래 곡강 가에

나간 것을 말한다. 曲江曲(곡강곡) – 곡강의 물굽이. 곡강은 당시 장안의 명승지였다.

《두시상주》 장안 주작가 동쪽에 물 흐름이 굽이진 곳이 있는데 이를 곡강이라고 한다. 이 땅은 진대에는 의춘원이었고 한대에는 낙유원이었다. 개원 연간에 물길을 파서 통하게 하여 마침내 명승지가 되었다. 그 남쪽에는 자운루, 부용원이 있었고 서쪽에는 행원, 자은사가 있었다. 강가에는 줄풀과 부들이 푸르고 버들 그늘이 사방으로 에워싸고 있으며 푸른 물결에 붉은 연꽃이 비치어 사랑스러웠다.(長安朱雀街東, 有流水屈曲, 謂之曲江. 此地在秦爲宜春苑, 在漢爲樂遊園. 開元疏鑿, 遂爲勝境, 其南有紫雲樓芙蓉苑, 其西有杏園慈恩寺. 江側菰蒲葱翠, 柳陰四合, 碧波紅蕖, 依映可愛.)

3 江頭(강두) – 강가. 鎖千門(쇄천문) – 수많은 문이 닫혀 있다. 인적이 끊기어 궁전의 문들이 다 폐쇄되었음을 말한다.

#《두시상주》: 이는 곡강의 쓸쓸함을 보고 지은 것이다. 첫 단락에는 옛 궁전이 황폐해진 것을 슬퍼하는 느낌이 있다. '소리를 삼켰다'고 하고 '몰래 나갔다'고 말하였으니 반군이 알까 두려워한 것이다. '문이 닫혀 있다'고 하고 '누구를 위해 푸른가'라고 말하였으니 인적이 없는 것이다.(此見曲江蕭條而作也. 首段有故宮離黍之感. 曰呑聲, 曰潛行, 恐賊知也. 曰鎖門, 曰誰綠, 無人跡矣.)

4 霓旌(예정) – 무지개 깃발. 南苑(남원) – 곡강 남쪽에 있는 부용원芙蓉苑을 말한다.

《두시상주》에 인용된 《옹록》 곡강은 도성 동남쪽에 있는데 그 남쪽이 바로 부용원이기 때문에 남원이라고 하였다.(曲江在都城東南, 其南卽芙蓉苑, 故名南苑.)

5 生顔色(생안색) – 빛을 발하다. 빛이 나다.

6 昭陽殿(소양전) – 전한前漢 성제成帝가 건축한 궁전으로 조황후趙皇

后의 동생 소의昭儀 조합덕趙合德이 거처하던 곳이다. 이 구는 양귀비를 가리켜 말한 것이다.

《한서 · 외척전》 (조비연趙飛燕이) 황후로 옹립되고 나서는 총애가 조금 시들해졌다. 그런데 동생은 매우 굄을 받아 소의가 되었고 소양전에 거하였다.(皇后既立, 後寵少衰. 而弟絶幸, 爲昭儀, 居昭陽舍.)

7 同輦(동련)－ 천자의 수레에 함께 타다. '연輦'은 천자의 수레이다.

《한서 · 외척전》 성제가 뒤뜰에서 노닐 때 반첩여班倢伃와 수레를 함께 타려고 한 적이 있었다. 첩여가 사양하며 말하기를 "옛날 그림을 보면 현명하고 성스런 군주에게는 모두 명신이 곁에 있었지만 삼대의 마지막 군주에게는 사랑하는 여자가 있었습니다. 이제 수레를 함께 타고자 하시니 이와 비슷하지 않겠습니까?"라고 하였다.(成帝遊於後庭, 嘗欲與倢伃同輦載, 倢伃辭曰, 觀古圖畫, 賢聖之君皆有名臣在側, 三代末主乃有嬖女, 今欲同輦, 得無近似之乎.)

8 才人(재인)－ 궁중의 여관女官으로 정4품에 해당한다. '才'는 '詞'로 된 판본도 있다.

《신당서 · 백관지百官志 · 내관內官》 재인은 7인으로 정4품이며 연침을 정돈하고 누에실과 모시실을 만들어서 세공을 바치는 일을 관장한다.(才人七人, 正四品, 掌敍燕寢, 理絲枲, 以獻歲功.)

9 嚼齧(작설)－ 깨물다. 씹다. '嚼'은 '噍'로 된 판본도 있다. 黃金勒(황금륵)－ 황금으로 만든 재갈.

《두시상주》에 인용된 《명황잡록》 주상이 화청궁으로 행차하면 양귀비의 자매들은 각각 명마를 사서 황금으로 재갈을 만들었다.(上幸華淸宮, 貴妃姊妹各購名馬, 以黃金爲銜勒.)

10 翻身(번신)－ 몸을 획 돌리다. 天(천)－ '空'으로 된 판본도 있다. 射雲(석운)－ 구름을 향해 활을 쏘다.

11 一笑(일소)－ 한 번 웃다. 양귀비가 웃는 것을 가리킨다. '笑'는 '箭'

또는 '發'로 된 판본도 있다. 雙飛翼(쌍비익) – 날던 새 한 쌍.

#《두시상주》: 이는 양귀비가 부용원에 놀러간 일을 회상한 것으로 번성했을 때의 즐거움을 극도로 말하고 있다. 뜰 가운데가 빛이 났다는 것은 미인들이 많은 것이요, 소양전의 으뜸이란 총애를 독차지했다는 것이다. 수레를 함께 타고 천자를 모신다는 것은 사랑이 두터웠다는 것이다. 새를 쏘아 웃음거리를 제공하는 것은 궁인들이 아첨하는 것이다.(此憶貴妃遊苑事, 極言盛時之樂. 苑中生色, 佳麗多也. 昭陽第一, 寵特專也. 同輦侍君, 愛之篤也. 射禽供笑, 宮人獻媚也.)

12 明眸皓齒(명모호치) – 밝은 눈동자와 하얀 이를 가진 미인. 여기서는 양귀비를 가리킨다.

13 血汚遊魂(혈오유혼) – 피로 더럽혀져 떠도는 혼백. 양귀비의 죽음을 가리킨다.

《신당서 · 후비전》 안녹산의 반란은 양국충을 죽이자는 것으로 명분을 삼았다. …… 서쪽으로 행차를 하게 되어 마외에 이르자 진현례 등이 천하를 위한 계책이라는 이유로 양국충을 죽였다. 그가 죽었는데도 군사들이 흩어지지 않자 황제는 고력사를 시켜서 이유를 알아보게 하였다. "재앙의 근본이 아직 존재하기 때문입니다."라고 말하자 황제는 부득이 양귀비와 결별을 하고는 끌고 가서 길가 사당 아래에서 목을 매게 하였다. 시신은 자줏빛 요로 싸서 길가에 묻었는데 나이는 서른여덟이었다.(安祿山反, 以誅國忠爲名. …… 及西幸, 至馬嵬, 陳玄禮等以天下計誅國忠. 已死, 軍不解, 帝遣力士問故. 曰, 禍本尙在. 帝不得已, 與妃訣, 引而去, 縊路祠下. 裹尸以紫茵, 瘗道側, 年三十八.)

14 淸渭(청위) – 맑은 위수. 장안 북쪽에는 위수와 경수涇水가 있는데 위수는 맑고 경수는 탁하다고 한다. 양귀비가 목을 맨 마외역은 위수가에 위치하였다. 劍閣(검각) – 촉蜀에서 한중漢中으로 통하는 길이

나 있는 계곡 이름. 현종이 촉으로 피신할 때 거쳐 갔던 곳이다.

《두시전주》 병신일에 마외역에 머물었다. 주상(현종)은 고력사에게 명하여 양귀비로 하여금 자진하게 하였다. 역은 흥평현에 있었고 그 현은 경조부 서쪽 백 리 남짓 되는 곳에 있었다. 현종은 가교로 위수를 건너 함양에서부터 마외를 향하여 서쪽으로 갔고 무공으로부터 대산관, 하지, 검각으로 들어가 성도에 도달하였다.(丙申, 次馬嵬驛. 上命力士賜貴妃自盡. 驛在興平縣, 縣在府西百餘里. 玄宗由便橋渡渭, 自咸陽望馬嵬而西, 由武功入大散關河池劍閣, 以達成都.)

좌사左思 〈촉도부蜀都賦〉 '緣以劍閣'의 이선李善 주 검각은 골짜기 이름으로 촉에서 한중으로 통하는 길이다.(劍閣, 谷名, 自蜀通漢中道.)

《독두심해》 '청위'는 양귀비가 목을 맨 곳이고, '검각'은 명황이 촉으로 들어갈 때 거쳐 간 곳이다.(淸渭, 貴妃縊處. 劍閣, 明皇入蜀所由.)

15 去住(거주)－ 떠나고 머무르다. 彼此(피차)－ 피차간. 이것이 가리키는 것이 구체적으로 무엇인지에 대하여는 논자의 의견이 분분하다. 피난을 떠난 현종과 장안에 억류되어 있는 두보의 관계로 보기도 하고, 현종과 숙종의 관계로 보기도 하고, 현종과 양귀비로 보기도 한다. 문맥의 흐름으로 보아 현종과 양귀비를 가리키는 것으로 보는 것이 자연스럽다.

《두시상주》 '청위동류검각심'에 대하여 당여순唐汝詢의 주에서는 현종과 숙종을 풍자한 뜻을 기탁한 것으로 보았다. 주학령 주에서는 이를 반박하여 "숙종은 팽원으로부터 영무에 이르렀으니 위수와는 관련이 없다."라고 말하였다. 주학령 주에서는 또 "위수는 두보가 반군에 억류되었을 때 본 곳이다. 검각은 현종이 촉으로 가면서 거쳐 간 곳이다. '거주피차'란 몸이 장안에 있어 촉도의 소식을 모르는 것을 말하는 것이다."라고 말하였다. 지금 살펴보건대 이 견해 역시 잘못이다. 위의 글에서 막 마외에서 죽음을 내린 일을 말하였으니 아래 구에서 갑자기 장안으로 연결시켜서는 안 될 것이다. 고찰해 보건대 마외역은 경조부 흥평현에 있고 위수는 농서로부터 흘러와 흥평을 지나간다. 아마도 양귀비는 위수가에 볏짚에 싸여 묻혔고 황제는 검각으로 순행하였을 것이니 이것이 서쪽으로 떠나고 동에 머물러 둘 사이에 소식이 없었다는 것이다. 오직 선복의 주만 이 뜻에 합치된다.(淸渭東流劍閣深, 唐注謂託諷玄肅二宗. 朱注闢之云, 肅宗由彭原至靈武, 與渭水無涉. 朱又云, 渭水, 杜公陷賊所見. 劍閣, 玄宗適蜀所經. 去住彼此, 言身在長安, 不知蜀道消息也. 今按, 此說亦非, 上文方言馬嵬賜死事, 不應下句突接長安. 考馬嵬驛, 在京兆府興平縣, 渭水自隴西而來, 經過興平, 蓋楊妃稿葬渭濱, 上皇巡行劍閣, 是去住西東, 兩無消息也. 唯單復註, 合於此旨.)

16 江草江花(강초강화) – 강가에 난 풀과 꽃. '草'는 '水'로 된 판본도 있다. 豈終極(기종극) – 어찌 끝이 있으리오. 이 구는 사람의 심사와 상관없이 강가에 난 풀과 꽃이 계속 피어나리라는 말이다.

17 胡騎(호기) – 오랑캐의 기병.

18 城南(성남) – 성의 남쪽. 원주原注에 "우리 집안은 장안성 남쪽에 살았다.(甫家居城南.)"라고 되어 있다. 望城北(망성북) – 성 북쪽을 바라보다. 관군이 오기를 바라는 마음이 담겨있다. '望城'은 '忘城' 혹은 '忘南'으로 된 판본도 있다.

#《두시상주》: 이는 마외 서쪽으로 피난 갔을 때의 일을 슬퍼한 것으로 전란 후의 슬픔을 깊이 드러내고 있다. 양귀비는 혼백이 떠돌게 되고 명황은 검각으로 행차하여 생사의 이별이 극에 달하게 되었다. 강가의 풀과 꽃은 눈에 들어와 슬픔을 보태고, 성 남쪽으로 가려다가 성 북쪽을 바라보니 마음이 어지럽고 눈이 혼미해진다.(此慨馬嵬西狩事, 深致亂後之悲. 妃子遊魂, 明皇幸劍, 死別生離極矣. 江草江花, 觸目增愁, 城南城北, 心亂目迷也.)

##《두시상주》에 인용된 황생 주: 이 시는 반은 드러내도 반은 감추어서 슬픈 듯도 하고 풍자하는 듯도 하다. 천보의 난은 사실 양 씨가 화근이었다. 두보는 자신이 명황을 섬겼으므로 직접 진술할 수도 없었고 또 감히 왜곡하여 숨기지도 못하였으니 이와 같이 묘사한 것은 그 정도가 지극히 합당하다.(此詩半露半含, 若悲若諷. 天寶之亂, 實楊氏爲禍階, 杜公身事明皇, 旣不可直陳, 又不敢曲諱, 如此用筆, 淺深極爲合宜.)

《두억》: 곡강은 황제가 양귀비와 놀러 행차한 곳이었기 때문에 궁전이 있었다. 그런데 공은 안녹산의 반란이 양귀비로부터 비롯되었다는 것을 추소追遡하였기 때문에 이 시에서 그 총애가 대단하였음과 연회를 베풀며 놀던 즐거움을 직접 서술하였고, '피로 더럽혀져 떠도는 혼백'이라는 것으로 끝맺음으로써 그 일을 깊이 풍자한 것이다.(曲江, 帝與妃遊幸之所, 故有宮殿. 而公追遡祿山亂自貴妃, 故此詩直述其寵幸之盛, 宴遊之娛, 而終以血汚遊魂, 所以深刺之也.)

《독두심해》: 황생이 이르기를 "시의 의도는 본래 양귀비를 애도한 것인데 감히 가리켜 말할 수 없었기 때문에 강가에 행차하던 곳을 빌려 이를 내세워 제목으로 한 것이다."라고 하였다. 내가 살펴보건대 처음 4구는 슬픔을 묘사하여 대의를 나타냈는데 이유를 제시하지 않은 채 시작하고 있다. 다음 8구는 애도 대상 인물을 분명히 지적해내고 그 성대함을 기억하여 서술하였다. '명모' 이하에서 현재의 상황으로 떨어졌는데 '떠나고 머물러 있는 피차간'이라는 것은 명황의 심사를 아울러 헤아려 동정하고 있다. '꽃과 풀'을 '눈물이 적신다'는 것은 작가의 슬픔의 목소리인데 또 휘감아 비치는 것이 다채롭다. '황혼'으로 결말을 맺은 것은 반군에게 분노하고 그 군주를 허물하지 않은 것으로 시인의 충후함이다. 두보의 시가 《시경》에 닿아 천고에 으뜸인 것은 이 때문이다. 또 중간 부분의 '쌍비익' 아래 '명모호치' 위에

(〈장한가〉에서처럼) '6군이 나아가지 아니하다', '말 앞에서 어쩔 줄 몰라 하다'는 등의 말을 집어넣지 않았는데 소철蘇轍이 이 시를 논하여 "값비싼 전마가 언덕을 내달리고 계곡을 뛰어넘는 것이 평지를 걷는 것 같다."라고 한 것은 바로 이 점을 두고 말한 것이니 충후함을 남기고 있음을 더욱 잘 알 수 있겠다.(黃生曰, 詩意本哀貴妃, 不敢斥言, 故借江頭行幸處, 標爲題目耳. 愚按, 起四, 寫哀標意, 浮空而來, 次八, 點淸所哀之人, 追敍其盛. 明眸以下, 跌落目前, 而去住彼此, 幷體貼出明皇心事. 淚沾花草, 則作者之哀聲也. 又回映多姿. 黃昏一結, 憤賊而不咎其君. 詩人忠厚. 所由接三百冠千古者, 以此. 又中間雙飛翼之下, 明眸皓齒之上. 不攙入六軍不發, 婉轉馬前等語, 蘇黃門論此詩, 謂若百金戰馬, 注坡驀澗如履平地, 正言此處也. 更可識忠厚之遺.)

(이석형)

42. 大雲寺贊公房四首
대운사 찬공스님의 방 4수

心在水精域[1] 衣霑春雨時[2] 洞門盡徐步[3] 深院果幽期[4]
到扉開復閉[5] 撞鐘齋及玆[6] 醍醐長發性[7] 飮食過扶衰[8]
把臂有多日[9] 開懷無愧辭[10] 黃鸝度結構[11] 紫鴿下罘罳[12]
愚意會所適[13] 花邊行自遲 湯休起我病[14] 微笑索題詩[15]

마음은 수정 같이 맑은 구역에 있어
옷은 봄비에 젖는 때.
동문을 천천히 걸어서 다 지나
깊은 뜨락에서 그윽한 기약을 이루었다.
사립문에 이르자 열었다 다시 닫는데
종을 울려 식사 시간이 되었으니,
우락더껑이는 오래도록 성정을 계발해줄 터
음식은 충분히 쇠한 육신을 부지해준다.
팔을 붙들어 여러 날을 지내는데
가슴을 열어 부끄러운 말이 없다.
꾀꼬리는 승방을 지나가고
자줏빛 비둘기는 부시에서 내려온다.
어리석은 내 마음 마땅한 곳을 만나니
꽃 주변에서 거니는 발걸음 절로 더딘데,
탕혜휴가 나의 병든 심신을 일으키고는
미소를 띤 채 시를 지으라고 하신다.

이 연작시는 두보가 지덕 2년 반군에게 억류되었을 때 대운사에 들렀다가 지은 것이라는 설이 있다. 하지만 시 속에 전쟁에 대한 구체적인 언급이 없어 장안에서 억류된 때로 보기 힘들다. 그래서 그 설은 잘못된 것이며 저작 시기를 정확히 알 수 없다는 주장도 있다. '대운사'는 대운경사大雲經寺이며 장안에 있었던 절 이름이고, '찬공'은 대운사 스님이다. 제1수는 처음 절에 들렀을 때의 경관을 이야기하고 찬공이 시를 지을 것을 요구했다고 하며 전체 연작시를 이끌고 있다. 제2수에서는 찬공이 베풀어준 물품에 감사하며 그와의 사귐의 정을 읊고 있다. 제3수에서는 대운사에서 밤에 보고 들은 아름답고 그윽한 경물을 읊고 있다. 제4수에서는 새벽의 경치와 찬공과의 이별을 아쉬워하는 뜻을 적으며 훗날의 만남을 기약하고 있다.

《보주두시》 대운사는 장안에 있다. "깊고 넓은 진흙이 사람을 더럽히고, 으르렁대는 개들이 국도에 많다. 이미 고삐에 매인 신세 면할 수 없기에, 때때로 찾아와 분주하던 몸을 쉰다."라고 했으니, 이 시는 지덕 2년 반군에게 억류되어 있을 때 지은 것임을 알겠다.(大雲寺, 在長安. 以泱泱泥汚人, 听听國多狗, 既未免羈絆, 時來憩奔走, 知是至德二載陷賊中時作.)

《구가집주두시》 조차공 주 두보의 시는 원래 네 편인데 그 둘은 고시인 〈삼천관수창이십운〉 다음에 들어있다. 아마도 지덕 2년 봄에 지었을 것이다. 어떻게 알 수 있는가? 고시 쪽에 편재된 시(이 시의 其三)에 '춘원'이란 말이 있으며, 이 쪽의 시에 '춘우'(其一)니 '춘정근'(其二)이니 하는 말이 있으니 계절적으로 봄이라는 것을 알 수 있고, 〈삼천관수창이십운〉의 두보 자신의 주에 "천보 15년 7월 피난 중에 지었다."라고 하였는데, 이해 이달은 숙종이 즉위하여 연호를 지덕으로 바꿨을 때이므로 이듬해 봄이면 지덕 2년이 되었다는 것을 알 수 있다.(公詩元四篇, 其二在古詩三川觀水漲之下, 蓋作於至德二載之春. 何以知之. 古詩有春院, 此詩有春雨春井芹, 則可知其爲春. 三川觀水漲, 公自注云, 天寶十五年七月中, 避寇時作. 是年是月, 肅宗卽位, 改元至德, 可以知次年之春爲至德二載矣.)

《두시상주》 이 시를 황학은 지덕 2년 반군에게 억류되었을 때의 작품들 속에 편입하였는데, 시에 '이오인', '진사황', '국다구' 등의 말이 있기 때문이다. 이 연작시의 순서는 이제 주학령 판본에 의거하는데, 그의 판본은 선후가 질서 정연한 데 반해 다른 판본은 뒤바뀐 오류가 있어서이다.(此詩黃鶴編在至德二載陷賊時, 以詩中有泥汚人塵沙黃國多狗等語也. 其連章次序, 今依朱本, 先後秩然, 他本不免顚錯.)

《독두시설》 이 네 수의 시를 자세히 음미해 보면 난리와 관련한 말이 하나도 없다. 만약 반군에게 억류되었을 때 지었다면 몸이 얽매여 있었을 터인데, 어떻게 승방에 투숙한 채 한가로이 노닐 수 있었겠는가? 게다가 임금은 한창 먼지를 뒤집어쓴 채 떠돌고 있고 가족들도 타향살이하고 있으니 일반인의 경우라도 무심할 수 없을진대, 하물며 두보처럼 남달리 지극한 성정을 가지고 있는 사람이 그럴 수 있겠는가? 이 네 수는 언제 지었는지 단정할 수 없을 듯싶다. 황학도 억측에 의해 편차했을 뿐이다.(細玩四首, 並無一語及亂事. 若陷賊時作, 則身方被拘, 豈能游宿僧房, 優游自適. 且君方蒙塵, 家方寄食, 在常人亦未能恝然, 況公之至性過人耶. 四首似未可定何時作, 黃鶴亦憑臆編耳.)

《두시상주》에 인용된 《장안지長安志》 대운경사는 경성의 주작가 남쪽, 회원방의 동남쪽 모퉁이에 있으며 본명은 광명사이다. 무후가 당초 이 절을 찾았을 때 선정스님이 《대운경》을 진상하였는데, 그 경전 중에 여황제와 부합하는 글귀가 있어서 절 이름을 고치고는 천하의 모든 주에 대운경사를 두게 하였다.(大雲經寺, 在京城朱雀街南, 懷遠坊之東南隅, 本名光明寺. 武后初幸此寺, 沙門宣政進大雲經, 經中有女主之符, 因改名焉. 令天下諸州置大雲經寺.)

주 석

1 水精域(수정역) – 수정같이 맑은 구역. '水精'은 '水晶'과 같다. 여기서는 청정한 지역인 사찰 경내를 비유한다.

《두공부초당시전》 두보 스스로 마음이 장엄하고 청정한 지역에 있다고 생각한 것이다.(公自謂心在乎莊嚴淸淨之境土也.)

2 霑(점) – 젖다.

[心在 2구] 절에 가는 도중의 심사와 겪은 상황을 말한 것이다. 이와 달리 절에 도착하여 마음이 청정할 때 비가 내리고 있었음을 말한 것으로 보는 설도 있다.

《두보전집교주》에 인용된 왕사석王嗣奭 주 '심재수정역'은 장차 절에 가서 스님을 방문하려는 것을 말하고, '의점춘우'는 도중의 일을 서술한 것이다.(心在水精域, 謂將到寺訪僧, 而衣霑春雨, 敍途中事也.)

3 洞門(동문) – 절의 문과 문이 서로 마주 보며 연이어 배치되어 있어 마치 동굴처럼 보이는 것. 밖에 있는 산문으로 보는 설도 있다.

《한서漢書 · 동현전董賢傳》 '重殿洞門'의 안사고 주 문과 문이 서로 마주하고 있는 것을 말한다.(言門門相當也.)

4 幽期(유기) – 그윽한 기약, 즉 조용한 곳에 기거하고자 하는 기약을 말한다. 果(과) – 결과를 맺다. 이루다.

《두시언해》 '유기'는 조용히 은거하겠다는 기약을 뜻한다.(幽期, 幽隱之期.)

《두시상주》 '과'는 결과가 기대한 바와 같은 것이다.(果, 果如所期也.)

[心在 4구] 절에 이르러 동문을 지나 뜨락으로 들어서서 조용한 경지를 맛보며 찬공과 만난 상황을 사실적으로 서술한 것이다. 이와 달리 두보가 찬공과의 약속을 지키기 위해 비를 맞는 것도 마다않고 예를 갖추었다는 뜻으로 보기도 하나 적절치 않다.

《보주두시》에 인용된 사씨 주 두보는 찬공과 동문에서 만날 것을 약속하여 천천히 거닐며 기다리고 있었다. 비록 봄비가 옷을 적셔도 그 때문에 피하지 않았으니 예로써 대하려는 정성을 알 수 있겠다.(甫與贊公有期於洞門, 徐步以待, 雖春雨沾衣, 不爲之避, 禮遇之誠可見矣.)

5 到扉(도비)- 찬공스님 방의 사립문에 도착하다. '到'는 '倒'로 되어 있는 판본도 있고, '扉'는 '屝'로 되어 있는 판본도 있다. 開復閉(개부폐)- 열었다 다시 닫다. 스님이 문을 열어 두보를 맞이하고는 얼른 다시 닫은 것을 말한다.

《두시경전》 속인이 왕래하는 것을 바라지 않는 것이다.(不欲俗人過從也.)

6 撞鐘(당종)- 종을 치다. 齋(재)- 절에서의 식사. 혹은 좁은 의미로서 법회 때 갖는 식사를 뜻하기도 한다. 及玆(급자)- 이에 미치다. 마침 공양 시간이 되었음을 말한다.

《두시상주》 절에서 식사를 차릴 때면 매양 종을 쳐서 모여 먹는다.(僧家設齋, 每撞鐘而會食.)

[到扉 2구] 두보가 절에 이르자 스님이 맞이하는데 마침 종을 치고 식사를 할 시간이 되었다는 것을 말한다. 한편 《두시언해》에서는 '齋'를 '齊' 자로 보아 두보가 절에 이르자 스님들이 종을 치고 열을 맞추어 맞이하는 것으로 보고 있는데 합당하지 않다.

《두시언해》 이는 두보가 사립문에 이르자 스님이 문을 열어 살펴보았다가 다시 닫고 종을 쳐 행열을 맞추고는 나와서 맞이하는 것을 말한다.(此言甫到扉, 而寺僧開視復閉, 撞鐘齊行列, 出迎也.)

7 醍醐(제호) – 우락더껑이. 연유에서 나오는 맛좋은 액체를 말한다. 불교에서는 이것으로 불성佛性이나 올바른 법을 비유한다. 長(장) – 오래도록. 發性(발성) – 성정을 계발하다. 우락더껑이의 효과가 오래 감을 말한다.

《두시상주》 《당본초》에 "우락더껑이는 연유에서 정제된 액체이다."라 하였다.(唐本草, 醍醐, 酥之精液.)

《보주두시》에 인용된 왕수 주 불경에 "정법을 듣는 것은 마치 우락더껑이를 먹는 것과 같다."라는 말이 있는데, 각범이 말하길 "《세설신어》에 '순정한 연유는 성품을 함양시켜 사람들에게 시기하는 마음이 없어지게 한다'는 말이 있으니, 우락더껑이가 성품을 계발할 수 있다는 것을 알 수 있겠다."라고 하였다. 이것이 불경에서 정법을 비유하는 데 사용한 이유이다.(釋經言聞正法, 如食醍醐然. 覺範曰, 世說云, 淳酪養性, 人無妬心, 則醍醐之能發性, 抑可知已. 此釋經所以取喩正法也.)

8 飮(음) – '飯'으로 되어 있는 판본도 있다. 過(과) – 충분히.

《두시경전》 '과'는 상대하면서 예의를 더함을 말한다.(過謂相待禮意有加.)

《두보전집교주》에 인용된 장진張溍 주 '과'는 그 공이 남음이 있음을 말하는 것 같다.(過, 猶言其功有餘也.)

[醍醐 2구] 불경을 통해서 마음이 정화될 뿐만 아니라 절에서 주는 음식 덕분에 몸도 보양하게 되었음을 말한다.

《두공부초당시전》 안으로는 정법이 있어 본성을 함양하고 밖으로는 우락더껑이가 있어 몸을 보양하는 것이다. 두보는 허약하고 병든 상태에서 이것에 의지해 지탱하였던 것이다.(內有正法, 以養其性,

外有醍醐, 以養其軀. 甫衰病賴此以支持也.)

9 把臂(파비)－ 팔을 붙잡다. 친근함을 표시하는 행위로 호의를 베풀어 더 머물라고 하는 것을 뜻한다.

10 開懷(개회)－ 마음을 열다. 無愧辭(무괴사)－ 부끄러운 말이 없다. 진실하지 않은 말을 하지 않았다는 뜻으로, 스님인 찬공과 마주하였기에 거짓되고 세속적인 말을 주고받지 않았음을 말한다. 이와 달리 상대의 대우에 감격하고 자기 신세를 부끄러워하는 말을 하지 않았다고 보는 설도 있다.

11 黃鸝(황리)－ 꾀꼬리. '鸝'는 '鶯'으로 되어 있는 판본도 있다. 結構(결구)－ 구조물. 여기서는 찬공스님의 승방을 가리킨다.

《두공부초당시전》 '결구'는 찬공스님의 방을 가리킨다.(結構指贊公房也.)

12 紫鴿(자합)－ 자줏빛이 도는 비둘기. 불교에서 비둘기는 마음이 흔들리지 않는 경지를 암시할 때 사용된다는 설이 있다. 罘罳(부시)－ 처마나 창 위에 설치하여 새가 들어오는 것을 막는 금속이나 실로 만든 그물. 조벽照壁을 가리키는 말로 보는 설도 있으나 여기서는 합당하지 않다. '芳菲'로 되어 있는 판본도 있다. 이 구절은 비둘기가 부시에서 절의 뜰로 내려온다는 뜻이다. 이와 달리 비둘기가 부시에 내려앉는다고 보는 설도 있다.

《두시상주》에 인용된 반홍潘鴻 주 자줏빛 비둘기는 "비둘기가 부처님 그림자로 날아들어도 (비둘기의) 마음은 놀라지 않는다."라는 불가의 말을 암용한 것이다.(紫鴿暗用釋氏鴿入佛影, 心不驚怖之語.)

《두시상주》에 인용된 《옹록雍錄》 '부시'는 나무를 깎아 만든다. 가운데에 구멍들을 뚫되 네모진 구멍을 내기도 하고 쇠사슬 모양을 만들기도 하는데, 그 형상이 두루 펴져 있는 것이어서 '부시'라 한다. 또 '망호'라는 것이 있는데 연결무늬를 깎아 만들어 번갈아 엮어서 이어놓아 그 형상이 그물과 유사하다. 후세에는 직접 그물을 짜서 처마나 창에다 펼쳐 새가 날아드는 것을 막았다.(罘罳, 鏤木爲之, 其中疏通, 或爲方空, 或爲連瑣, 其狀扶疏, 故曰罘罳. 又有網戶者, 刻爲連文, 遞相綴屬, 其形如網. 後世遂有直織絲網, 張之簷窓, 以護禽雀.)

《두공부초당시전》에 인용된 최표崔豹의《고금주古今注》 '부시'는 조벽이다. '부'는 '다시'라는 뜻이고 '시'는 '생각한다'는 뜻이다. 신하는 임금을 조알할 때 조벽 밖에 도착해 그 밑에서 상소할 일을 다시 생각해 본다.(罘罳, 屛也. 罘者, 復也. 罳者, 思也. 臣朝君, 至屛外, 復思所奏之事於其下.)

[黃鸝 2구] 이 두 구는 절의 주변 경관을 묘사한 말이면서, 그속에 두보가 세속적인 생각을 버리고 고요한 세계에 들어 찬공과 교제하는 것을 비유하는 뜻이 담겨 있다.

《두공부초당시전》 꾀꼬리가 높은 나무로 옮겨가려는 의도가 있다는 것은 두보가 천박하고 어두운 마음을 버리고 고상하고 밝은 경지를 좇아 벗을 잘 고른다는 것을 비유한다. 비둘기는 본능적으로 꽃나무에 서식하지 않고 건물에 의지해 둥지를 튼다. 두보는 이것으로 번잡하고 화려한 세상을 떠나 찬공과 친해진 것을 비유하였다.(鶯有遷喬木之意, 喩甫舍卑晦, 而趨於高明, 善擇友也. 鴿性不棲芳菲, 依樓觀而巢. 甫自喩去紛華, 而親贊公也.)

13 愚(우) – 두보 자신을 낮추어 한 말. '芳'으로 되어 있는 판본도 있다. 會所適(회소적) – 맞는 바를 만나다. 즉 마음에 드는 분위기나 경지와 마주한 것을 말한다.

14 湯休(탕휴) – 제齊나라 때 시인인 탕혜휴湯惠休. 여기서는 찬공스님을 비유한다. 起(기) – 일으키다. 병자처럼 지친 자신을 북돋아 주는 것을 말한다. 病(병) – 병. 여기서는 병자처럼 지친 심신을 가리킨다.

이와 달리 시벽을 비유하는 말로 보는 설도 있다. 그러면 찬공이 나의 시 짓기 좋아하는 마음을 환기시켰다는 뜻이 된다.

《두시상주》 《남사》에 "스님인 혜휴가 글을 잘 짓자 효무제가 그에게 환속하라고 하였다. 그의 본래 성은 탕이고 벼슬은 양주종사에 올랐다."라는 기록이 있다. 이 시에서는 탕혜휴를 빌어다 찬공을 비유하고 있다.(南史, 沙門惠休, 善屬文, 孝武帝命還俗, 本姓湯, 位至揚州從事. 詩借湯休, 以比贊公.)

《두억》 두보는 시인이어서 뜻에 맞아 천천히 걷다 보니 시흥이 발동하였다. 찬공이 그의 뜻을 알았기에 미소를 띠며 시를 지으라 한 것이니 그 상황이 지극히 절묘하다. '기아병'은 시 짓기 좋아하는 습성이 있다는 것을 말한다.(公詩人, 意適行遲, 詩興動矣. 贊會其意, 故微笑索題, 景況殊妙. 起我病, 謂有好詩之癖.)

《두시상주》 《두억》에서 "병은 시벽을 말한다."라고 하였는데, 이것은 또 다른 일설이다.(杜臆, 病謂詩癖, 此另一說.)

15 索(색) – 찾다. 요구하다.

#《두시상주》: 이 수는 처음 절에 들러 그 뛰어난 경관을 기록한 것이다. '도비' 6구는 사실을 서술하면서 정취를 말했고, '황리' 6구는 경관을 서술하면서 정취를 말하였다. '수정역'은 그 땅이 청정하다는 것이고, '춘시우'는 기온이 온화하다는 것이다. 사립문을 열었다가 다시 닫았는데 마침 식사 때가 된 것이니, 뒤의 '제호' 2구는 이것을 이어받는다. 오견사吳見思의 《두시논문杜詩論文》에 "마음을 열고 이를 즐기되 결코 부끄러운 말이 없다고 한 것은 방외의 사람인 스님을 대하기 때문에 세속적인 말을 쓰지 않았다는 것이다."라고 하였다. '황리'와 '자합'은 깊은 사원의 봄 새이다. 《두억》에서 "뜻에 맞아 걸음이 느리다는 것은 시흥이 발동한 것이다. 미소를 지으며 시를 찾는 것은 지기와 마음이 합쳐진 것이다."라고 하였다.(此初過寺中而記其勝概. 到扉六句, 敍事言情. 黃鸝六句, 敍景言情. 水精域, 地淸也. 春雨時,

氣和也. 扉開復閉, 正值齋時, 醍醐二句蒙此. 吳論, 開懷享此, 絶無愧詞, 以對方外人, 不用世法語也. 黃鸝紫鴿, 深院春禽. 杜臆, 意適行遲, 詩興動矣. 微笑索題, 知己會心也.)

《독두심해》: 4수의 시는 고시 같으면서 배율 같으니 시체를 섞어놓은 형식이다. 이 수는 절에 도착한 지 얼마 안 되어 찬공이 시를 요구하기에 지은 것이다. 첫 6구는 막 도착한 일을 적었고, 중간의 4구는 며칠 동안 서로 교제한 일을 적었으며, 뒤의 6구는 머물면서 시를 지은 일을 적었다. 시를 시작하는 필채가 곧 그윽하다. '심재' 구는 마음이 먼저 간 것이고, '의점' 구는 몸이 막 간 것이다. '동문'은 바깥 쪽의 산문이고, '심원'은 찬공의 사원이다. '개부폐'는 요사채의 사립문이고, '재급자'는 마침 처음으로 접대받았다는 것이다. '제호'와 '음식'은 특별히 베푼 것으로 '여러 날' '가슴을 여는' 때를 정면으로 서술하고 있다. 구조오는 이 식사 때에 이른 것을 가리킨다고 하였는데 틀렸다. 다만 '가슴을 여니' 절로 마음이 서로 부합하는 곳이 있을 뿐이다. 오견사의《두시논문》에서 '마음을 열고 음식을 즐긴다'라고 했는데 심히 누추하다. '뜻에 맞다', '걸음이 느리다'는 찬공이 함께 거니는 것으로 앞의 '서보', '유기'와는 각기 다르다. 결말도 또한 신묘함이 있으니 줄곧 은미하여 염화미소의 경지에 다 들어갔다. 종성은 "시에 한 조각 그윽하고 윤택하며 영묘한 기운이 있어 붓끝에 떠서 움직이고 있다."라고 하였다.(四詩似古似排, 係雜詩體. 此章到寺未久, 因贊公索詩而成也. 首六, 敍初到事, 中四, 敍幾日相周旋事, 後六, 敍留連作詩事. 起筆便幽. 心在, 神先往也. 衣霑, 身初去也. 洞門, 外山門. 深院, 贊公院. 開復閉, 房寮之扉. 齋及玆, 適然初款. 醍醐飮食, 特設矣, 正述多日開懷時. 仇郎指及玆之齋, 非是. 但開懷自有心心相契處. 吳論云開懷享食, 陋甚. 意會行遲, 贊公同步, 與前徐步幽期各別. 結亦有神, 一往幽微, 盡入拈花一笑也. 鍾惺曰, 詩有一片幽潤靈妙之氣, 浮動筆端.)

其二

細軟靑絲履[1] 光明白氎巾[2] 深藏供老宿[3] 取用及吾身[4]
自顧轉無趣[5] 交情何尙新 道林才不世[6] 惠遠德過人[7]
雨瀉暮簷竹[8] 風吹春井芹[9] 天陰對圖畫[10] 最覺潤龍鱗[11]

섬세하고 부드러운 푸른 명주 신발
빛이 반짝이는 흰 무명 수건.
깊이 보관해 두었다가 고승에게 드리는 것인데
나 자신도 쓰도록 배려해 주신다.
스스로를 돌아보면 갈수록 운치가 없거늘
사귐의 정은 어찌하여 오히려 새로운지.
도림은 재주가 세상에서 뛰어나고
혜원은 덕이 보통 사람을 뛰어넘는다.
비가 저녁 처마 밑 대나무에 뿌리고
바람이 봄 우물가 미나리에 부는데,
하늘이 흐릴 때 벽화를 대하니
용의 비늘에 윤기가 도는 것이 가장 잘 느껴진다.

주 석

1 細軟(세연) — 섬세하고 부드럽다.
수양제隋煬帝, 〈천태설재원문天台設齋願文〉 색과 향이 섬세하고 부드러워 시방세계에 두루 가득찼다.(色香細軟, 徧滿十方.)

2 白氎巾(백첩건)－ 흰 무명으로 만든 수건.

《두시상주》 《남사》에 "고창국에 풀이 있는데 그 열매는 누에고치 같고 누에고치 속의 실은 가는 솜 같다. 이름을 백첩자라 하며 그곳 백성들은 이것으로 짜서 베를 만들었는데 매우 부드럽고 희어서 교역할 때 사용한다."라는 기록이 있다. …… 강씨가 말하길 "백첩자란 바로 면화를 뜻한다. 당대에는 미처 중국에 들어오지 않았고 원대元代에 비로소 그 종자가 전해졌다."라고 하였다.(南史, 高昌國有草, 其實如繭, 繭中絲如細纑, 名曰白氎子, 國人織以爲布, 甚軟白, 交市用焉. …… 姜氏曰, 白氎子, 卽棉花子也. 唐時未入中國, 元朝始傳其種.)

[細軟 2구]

《두시상주》 '세연', '광명'은 불교의 말을 쓴 것으로 쌍관법이다.(細軟光名, 用釋氏語, 雙關法也.)

3 深藏(심장)－ 깊이 감추다. 잘 보관해 두다. 귀중한 물건을 가리킨다.

老宿(노숙)－ 고승.

《구가집주두시》 '노숙'은 스님 가운데 나이가 많고 오래도록 덕을 쌓은 사람이다.(老宿, 僧之年老而有宿德者.)

4 及吾身(급오신)－ 내 몸에 미치다. 즉 자신한테까지 주어진 것을 말한다.

[細軟 4구] 노스님에게 사용되는 귀중한 물품을 찬공이 두보에게 쓰도록 했다는 뜻이다. 두보가 찬공에게 극진히 대접받은 것을 말하고 있다.

《보주두시》에 인용된 왕수 주 고승에게 드릴 물건인데도 나에게 바쳤다는 것은 그의 공경하는 마음을 말하기 위한 것이다.(以供老宿之物而奉吾, 所以言其敬.)

5 無趣(무취)－ 풍취가 없다. 운치가 없다. 자신을 낮추어 한 말로서,

찬공의 극진한 대접을 받을 만큼 기품을 지니고 있지 못하다는 것을 뜻한다. 이와 달리 난을 오래 겪어 실의한 상태를 말하는 것으로 보기도 하는데 부적절한 듯하다.

《독두시설》 이제 살펴보건대, 이 말은 앞의 수건과 신발 두 구절을 이어받은 것으로, 마땅히 노승에게 공양하는 것인데 이제 나한테 주었으니 스스로를 돌아보건대 어울리지 않는다는 것을 분명히 깨닫겠다는 뜻이다. '무취'는 바로 못난 꼴을 스스로 혐오한다는 뜻이다. 만약 난을 당하여 실의하였다면 어찌 단지 '무취'하다고만 말했겠는가?(今按此當承上巾履二句, 言宜供養老宿, 今取贈吾身, 自顧殊覺不稱也. 無趣, 卽自嫌形穢之意. 若遭亂失意, 豈但云無趣哉.)

6 道林(도림) – 동진東晉 때의 고승. 不世(불세) – 불세출不世出. 세대마다 늘 나오는 것이 아니다. 즉 매우 비범함을 말하다.

《두시상주》에 인용된 《고승전高僧傳》 지둔은 자가 도림이고 본래 성은 관씨이며 진류 사람이다. 총명하고 뛰어나 강론에 참석할 때마다 불법의 취지를 잘 드러냈다.(支遁, 字道林, 本姓關氏, 陳留人, 聰明秀徹, 每至講肆, 善標宗會.)

7 慧遠(혜원) – 동진 때의 고승. 앞의 도림과 함께 찬공을 비유하면서 존경의 뜻도 담고 있다.

《두시상주》에 인용된 《고승전高僧傳》 혜원은 본래 성이 가씨이고 안문 누번 사람이다. 성품과 도량이 넓고 크며 풍도와 식견이 뛰어났으며, 여산에서 30여 년을 살면서 승속을 두루 교화하였다.(慧遠, 本姓賈氏, 雁門樓煩人, 性度弘偉, 風鑑朗拔, 居廬阜三十餘年, 化兼道俗.)

8 瀉(사) – 쏟다. '滴'으로 되어 있는 판본도 있다. 簷竹(첨죽) – 처마 밑의 대나무.

9 春(춘) – '靑'으로 되어 있는 판본도 있는데 구조오는 잘못이라 하였

다. 芹(근) – 미나리.

10 圖畵(도화) – 대운사 벽에 그려진 그림을 가리킨다.

《두시상주》에 인용된 장언원張彦遠의《명화기名畵記》 대운사 동쪽의 탑 중에 삼보탑이란 것이 있는데 풍능가가 수레와 말, 그리고 장막과 인물을 그렸지만 이미 떨어져나가고 없다. 동쪽 벽과 북쪽 벽에는 정법륜의 그림이 있고, 서쪽 벽에는 전승량의 그림이 있으며, 바깥쪽 네 벽에는 양계단의 그림이 있다.(大雲寺東浮圖, 有三寶塔, 馮楞伽畵車馬幷帳幙人物, 已剝落. 東壁北壁鄭法輪畵, 西壁田僧亮畵, 外邊四壁楊契丹畵.)

11 龍鱗(용린) – 용의 비늘. 여기서는 벽화에 그려진 용의 비늘을 가리킨다.

[天陰 2구] 벽화의 그림이 너무나 생동감이 있어서 날이 흐리면 마치 그림 속의 용이 비구름이라도 몰고 올 듯하다는 것을 말한다. 이와 달리 보이는 풍경을 비유적으로 묘사한 것이라는 설도 있다.

《두시상주》에 인용된《화단畵斷》 오도자가 일찍이 전각 안에 다섯 마리 용을 그린 적이 있는데, 비늘이 날아오를 듯하여 매번 큰 비가 오려고 하면 구름과 안개가 어리곤 하였다.(吳道子嘗畵殿內五龍, 鱗甲飛動, 每欲大雨, 卽生雲霧.)

《보주두시》에 인용된 사씨師氏 주 '천음대도화'는 두 사람이 마주하고 있는 것이 마치 그림 속의 사람과 같다는 말이다. 양웅의 글에 용의 비늘을 부여잡다는 말이 있다. '윤룡린'은 찬공을 가까이하여 은택을 입은 바가 있다는 것을 말한다.(天陰對圖畵, 言二人相對, 如畵圖中人. 揚子, 攀龍鱗. 潤龍鱗, 言攀附贊公, 而有所滋潤也.)

#《두시상주》: 이 수는 식사 자리에 참석한 뒤에 그가 물건을 준 일을 적고 있다. '자고' 4구는 찬공의 우정에 감탄한 것이고, '우사' 4구는 저녁 무렵 비 올 때의 경관을 읊은 것이다. '노숙'은 고승을 말하고,

'무취'는 난을 당하여 실의한 것을 말한다. 도림과 혜원은 찬공을 비유한 것이다. 용의 비늘은 벽에 그려진 그림을 가리킨다. 오견사의 《두시논문》에서는 그림으로 산을 비유하고 용의 비늘로 소나무를 비유하였다고 하였는데, 옳지 않다.(此留齋之後, 而記其贈物. 自顧四句, 感贊公交情. 雨瀉四句, 咏薄暮雨景. 老宿, 謂高僧. 無趣, 遭亂失意也. 道林惠遠, 借比贊公. 龍鱗, 指壁上圖畫. 吳論以圖畫喻山, 龍鱗喻松, 非是.)

《독두심해》: 이 수는 단지 물건을 준 것에 감사하면서 저녁에 비 내리는 경관을 묘사한 것인데, 앞의 시와 연결되지 않는다. 구조오는 공양을 한 뒤에 적은 것이라고 하였는데, 지나치게 앞시와의 관계에 집착하였다. '도화'와 '용린'은 분명 산림의 먼 경색을 가리킨다.(此只謝贈物, 而寫晚來雨景, 與前首不連. 仇謂設齋後所記, 太黏滯矣. 圖畫龍鱗, 定指山林遠色.)

其三

燈影照無睡[1]　心淸聞妙香[2]　夜深殿突兀[3]　風動金琅璫[4]
天黑閉春院　地淸棲暗芳　玉繩迥斷絶[5]　鐵鳳森翱翔[6]
梵放時出寺[7]　鐘殘仍殷牀[8]　明朝在沃野[9]　苦見塵沙黃[10]

등불 빛이 잠 못 드는 나를 비추는데
마음이 맑아서 오묘한 향기를 맡는다.
밤이 깊어 전각이 우뚝하고
바람 불어 쇠 풍경이 딸랑거리는데,

하늘 어두워 봄 뜨락문 닫힌 때에
땅이 맑아 은은한 향기가 서린다.
옥승은 멀리 끊어져 있고
철봉황은 엄숙하게 하늘로 날아오를 듯한데,
범패 소리가 그때에 불사 밖으로 퍼지고
남은 종소리는 여전히 침상에 울린다.
내일 아침이면 기름진 들판에서
괴롭게도 누런 모래 먼지를 보게 되리라.

주 석

1 燈影(등영) – 등광燈光. 無睡(무수) – 잠들지 못하는 이. 두보 자신을 가리킨다.

2 聞(문) – 냄새를 맡다. 妙香(묘향) – 오묘한 향기. 불교의 묘리를 일깨워 주는 향기. 이 구절은 오묘한 향기를 맡아서 마음이 맑아진다는 뜻으로 해석할 수도 있다.

《구가집주두시》 두전杜田 주 《유마경》에 "중향이라는 나라가 있는데, 부처를 향적이라고 하며, 그 세계에서는 향나무로 누각을 짓는다. 그 나라의 여래는 문장으로 말하지 않고 단지 뭇 향으로 모든 천계의 사람들을 율법에 들게 한다. 보살들은 각자 향나무 아래에 앉아 그 오묘한 향기를 맡으면 곧 일체의 덕이 있는 삼매경에 이른다."라는 말이 있다.(維摩經曰, 有國名衆香, 佛號香積, 其界皆以香作樓閣. 其國如來, 無文字說, 但以衆香令諸天人得入律行. 菩薩各坐香樹下, 聞斯妙香, 卽獲一切德藏三昧.)

《보주두시》 황희 주 《증일경》에 "묘향에는 세 가지가 있는데 다문향, 계향, 시향이라고 한다. 이 세 향은 역풍이 불든 순풍이 불든 맡을 수 있으니 최상으로서 비견할 만한 것이 없다."라는 말이 있다.(增一經, 有妙香三種, 謂多聞香戒香施香. 此三香逆風順風, 無不聞之, 最勝無等.)

[燈影 2구] 두 구절의 주체는 두보로 보인다. 이와 달리 스님들이 좌정하고서 참선하는 모습을 묘사한 것으로 보는 설도 있다.

《두공부초당시전》 (첫 구는) 스님들이 참선을 하는 것이고, …… (둘째 구는) 스님들이 정좌에 들어간 것이다.(衆僧坐禪也. …… 衆僧入定也.)

3 突兀(돌올) – 우뚝 솟은 모양.

《구가집주두시》 조차공 주 밤이 깊어 전각의 형세가 우뚝 솟아 보이는 것이다.(夜深, 則殿勢突兀.)

4 金(금) – 쇠. 여기서는 처마에 걸려 있는 풍경風磬을 가리킨다. 琅璫(낭당) – 풍경이 딸랑거리는 소리. '낭당'을 풍경 자체를 가리키는 말로 보기도 하나 풍경 소리로 보는 것이 적절할 듯하다. 만약 풍경을 뜻하는 말로 본다면 '바람이 쇠로 된 풍경을 흔든다'라 풀이된다. 한편 《두시전주》에서는 '낭당鋃鐺'으로 쓰고 있고, 사슬을 의미하는 말로 보아야 한다고 하였는데, 이를 따르면 '금낭당'은 쇠로 만든 사슬이다.

《구가집주두시》 조차공 주 바람이 불어대기에 걸려 있는 쇠에서 딸랑거리는 소리가 나는 것이다.(風動, 則所懸之金, 其聲琅璫.)

《두공부초당시전》 '금낭당'은 전각 귀퉁이에 쇠방울을 달아 새들을 놀라게 하는 것이다.(金琅璫, 乃殿角懸金鈴, 以驚鳥雀也.)

《보주두시》 황희 주 '낭당' 두 자는 《한서·왕망전》과 《한서·서역전》에 보이는데 모두 긴 쇠사슬의 의미로 썼다. 후한 때 사도 최열을 가두고는 긴 쇠사슬로 묶었다. 그러나 이 시에서 쓴 것은 의당 풍경을 가리킨다.(琅璫二字, 見漢書王莽傳西域傳, 皆以爲長鎖. 後漢囚司徒

崔烈以琅璫鎖. 此詩所用, 當指鈴鐸.)

《두시전주》《한서 · 서역전》 주에 "'낭당鋃鐺'은 긴 쇠사슬이다."라고 하였는데, 오늘날 죄인을 묶는 데 쓰는 쇠사슬과 같다. 요즈음 전각이나 탑에는 모두 그것이 있다. 옛 주에서는 전각 귀퉁이에 걸려 있는 방울로 보았지만 옳지 않다.(西域傳注, 鋃鐺, 長鎖也. 若今之禁繫人鎖. 今殿塔皆有之. 舊注以爲殿角懸鈴, 非是.)

5 玉繩(옥승) – 별 이름. 옥형성(북두칠성의 다섯 번째 별)의 남쪽에 있는 별을 가리킨다. 逈(형) – 멀다. '廻'로 되어 있는 판본도 있다. 斷絕(단절) – 끊어지다. 여기서는 새벽이 되어 별이 지는 것을 뜻한다.

《두시상주》에 인용된 《춘추원명포春秋元命苞》 옥형성 남쪽의 두 별이 옥승이다.(玉衡南兩星爲玉繩.)

《구가집주두시》 조차공 주 멀리 끊어졌다는 것은 밤이 새벽으로 넘어가려 한다는 뜻이다.(逈斷絕, 則夜欲向晨也.)

6 鐵鳳(철봉) – 철봉황. 쇠로 만들어 지붕에 세워 놓는 봉황 모양의 장식물. 森(삼) – 엄숙한 모양. 또는 우뚝 솟은 모양. 여러 마리로 보는 설도 있다. 翶翔(고상) – 날아오르다. 여기서는 철봉황이 마치 하늘로 날아오를 듯이 날개를 펼치고 있는 모양을 하였다는 뜻이다.

《두시상주》에 인용된 〈서경부西京賦〉 설종薛綜 주 쇠로 된 봉황을 만드는데 두 날개를 펼치고 머리를 들고 꼬리를 편 채 지붕 위를 감싸되 용마루 한가운데에 위치하고, 아래에는 회전 장치가 있어서 늘 바람을 향해 마치 날아갈 것 같은 모양을 하도록 한 것을 말한다.(謂作鐵鳳凰, 令張兩翼, 擧頭敷尾, 以函屋上, 當棟中央, 下有轉樞, 常向風如將飛者.)

《구가집주두시》 조차공 주 '삼'이라고 하였으니 그 물체를 하나만 두지는 않았을 것이다.(森則不一其物矣.)

7 梵放(범방)－ 범음梵音이 방출되다. 즉 불경 읽는 소리가 나는 것을 말한다. 時(시)－ 그때에. 또는 때때로. 出寺(출사)－ 절을 나서다. 절 밖에까지 들리는 것을 말한다. 이와 달리 이 구절을 범패가 이미 발했는데 스님들이 일을 보러 절을 나서는 것으로 보는 해석도 있으나 취하지 않는다.

《구가집주두시》 조차공 주 대개 불사에 있어서 불경을 읽을 때가 되면 반드시 노래 부르듯이 읊조리는데, 그 소리가 크게 방출되기에 절 밖에서도 들을 수가 있다.(蓋佛事至梵音, 必唱而誦之, 其聲高放, 故寺外可聞也.)

《두공부초당시전》 혹자는 말하길 "'범'은 범패이다. 범패가 이미 발했는데 마침 절을 나서서 일을 보는 이가 있다는 뜻이다."라고 하였다.(或曰, 梵乃梵唄也. 梵唄已放, 時有出寺而幹事者.)

8 鐘殘(종잔)－ 종소리가 남다. 즉 종소리의 여운이 가시지 않은 것을 뜻한다. 殷牀(은상)－ 침상을 크게 울리다. 종소리의 여운이 두보가 누워 있는 침상에까지 들려오는 것을 말한다.

《구가집주두시》 조차공 주 '은'은 상성으로 《시경》의 '천둥소리 우르릉 울린다'고 할 때의 '殷'과 같다.(殷上聲, 如殷其雷之殷矣.)

9 沃野(옥야)－ 기름진 들판. 여기서는 절 밖 속세를 가리킨다.

10 塵沙黃(진사황)－ 먼지와 모래가 누렇다. 여기서는 속세, 혹은 반군들이 설치는 세상을 비유한다는 설도 있다.

[明朝 2구] 내일 아침이면 절을 떠나 다시 속세로 돌아가야 하기에 아쉬운 마음 금할 수 없다는 뜻을 담고 있다.

《두공부초당시전》 당시 서쪽 교외에서는 반군과 관군이 전투를 벌이고 있어서 흙먼지가 휘날리고 있었다.(時西郊逆賊與官軍接戰, 飛揚塵土也.)

#《두시상주》: 이 수는 밤에 보고 들은 경관을 적은 것이다. 앞의 6구는 처음 잠들었을 때부터 깊은 밤에 이르기까지이고, 뒤의 6구는 밤에 일어나서부터 새벽이 밝아오려 할 때까지이다.(此記夜間見聞之景. 上六, 自初寢至夜深. 下六, 自夜起而將曉.)

《두시상주》에 인용된 장원張遠 주: 이 수는 '견'과 '문' 두 글자가 골격이 된다. 등불 빛은 본 것이고, 오묘한 향기는 맡은 것이며, 전각이 우뚝 솟아있는 것은 본 것이고, 쇠풍경이 딸랑거리는 것은 들은 것이다. '천흑' 2구는 보고 들은 것이 모두 고요함을 나타내고, '옥승' 2구는 우러러본 것이며, '범방' 2구는 옆에서 들은 것이다. 이러한 견문의 청정함이 있기에 기름진 들의 먼지 모래를 개탄한 것이다. 오경에 날이 밝아오려 하기에 옥승이 자취를 감추고, 철봉황이 모습을 드러내는 것이다.(此首以聞見二字作骨. 燈影, 見也. 妙香, 聞也. 殿突兀, 見也. 金琅璫, 聞也. 天黑二句, 聞見俱寂也. 玉繩二句, 仰而見也. 梵放二句, 側而聞也. 有此見聞之淸淨, 因以慨沃野之塵沙矣. 五更將曉, 故玉繩隱跡, 而鐵鳳露形.)

《두시상주》에 인용된 황생黃生 주: 밤 경치는 달이 없으면 묘사하기가 가장 어려운데 오직 두보만이 묘한 경지에 들어갈 수 있다. '야심전돌올'은 묘사가 핍진하여 어두운 속에 있어야 그것이 그러함을 비로소 깨달을 따름이다. 이 아래도 구절구절이 다 어두운 속의 경물이다.(夜景無月最難寫, 惟杜能入妙. 夜深殿突兀, 摹寫逼眞, 亦在暗中, 始覺其然耳. 此下句句是暗中景象.)

《독두심해》: 이 수는 밤에 침소에서 잠을 이루지 못하면서 시상을 얻은 것이다. 앞의 2구와 끝의 2구를 제외하면 모두 경관을 묘사하고 있는데, 필치가 맑고 그윽하여 "고요하면서 항상 비추고, 비추면서 항상 고요한" 뜻을 깊이 깨닫고 있다. '명조'와 '괴로운 먼지'에서 장차 떠날 것을 알 수 있다.(此夜寢不寐所得. 除起二結二, 皆寫景也. 而筆意淸

幽，深領寂而常照，照而常寂之旨．明朝苦塵，知將去矣.)

其四

童兒汲井華[1] 慣捷甁上手[2] 霑灑不濡地[3] 掃除似無帚[4]
明霞爛複閣[5] 霽霧搴高牖[6] 側塞被徑花[7] 飄颻委墀柳[8]
艱難世事迫[9] 隱遁佳期後[10] 晤語契深心[11] 那能總鉗口[12]
奉辭還杖策[13] 暫別終回首 泱泱泥汚人[14] 狺狺國多狗[15]
旣未免羈絆[16] 時來憩奔走[17] 近公如白雪 執熱煩何有[18]

아이가 정화수를 긷는데
능숙하고 빠르게 물병을 손에 올리고,
물을 뿌려도 땅을 적시지 않으며
청소해도 비질하지 않은 듯하다.
밝은 노을이 겹겹의 누각에 환하고
개이는 안개가 높은 창문에 걷히는데,
꽃은 흐드러지게 피어 길을 덮고 있고
버드나무 가지는 바람에 휘날려 섬돌에 닿는다.
고달픈 세사에 쫓기다보니
은둔의 아름다운 기약은 나중 일이 되었지만,
만나 이야기하니 속마음이 맞거늘
어떻게 줄곧 입을 다물 수 있으리오?
삼가 이별하고 다시 지팡이를 짚는데

잠시 헤어지면서도 끝내 되돌아보니,
깊고 넓은 진흙이 사람을 더럽히고
으르렁대는 개들이 국도에 많아서라네.
이미 고삐에 매인 신세 면할 수 없기에
때때로 찾아와 분주한 몸을 쉴 것이니,
공을 가까이하면 흰 눈과 같아
뜨거운 것을 잡는다고 무슨 번뇌가 있으리오?

주 석

1 井華(정화) – 정화수. 깨끗한 우물물을 뜻한다.

《두시상주》에 인용된 《본초강목》 새벽에 제일 먼저 긷는 물이 정화수이다.(平旦第一汲爲井華水.)

2 慣捷(관첩) – 익숙하고 빠르다. '捷'은 '健'으로 된 판본도 있다. 甁上手(병상수) – 물병을 손에 올리다. '上'은 '在'로 되어 있는 판본도 있다. 이 구는 물병으로 우물물을 잘 긷는 것을 말한다.

《구가집주두시》 조차공 주 '정화'로 아이가 일찍 일어난 것을 나타내고, '관첩'으로 매일 아침마다 이와 같이 하는 것이 또한 민첩하게 행동하는 것을 나타내고 있다.(井華以見童兒之早起, 慣捷以見其朝朝如此, 且敏爲也.)

3 霑灑(점쇄) – 적시고 뿌리다. 물청소하는 것을 말한다. 濡(유) – 젖다.

4 無帚(무추) – 빗자루 자국이 없다. 비질을 하지 않은 것처럼 보이는 것을 말한다.

[霑灑 2구] 절의 동자가 청소를 능숙하게 한 것을 말한다.

《두시상주》에 인용된 김준명金俊明 주 땅이 젖지 않고 비질을 하지 않은 것 같다는 것은 물 뿌리기와 비질이 경쾌하고도 깔끔한 것을 말한다.(不濡地, 似無帚, 言灑掃之輕且潔耳.)

[童兒 4구]

《두시상주》 우물물을 길어서 물 뿌리고 청소하는 데 공급한 것이다.(汲井以供灑掃.)

5 明霞(명하)－ 환한 노을. 여기서는 새벽 노을을 말한다. '明'은 '晨'으로 되어 있는 판본도 있다. 複閣(복각)－ 층을 이룬 누각. 이는 대운사 가운데에 있는 누각을 가리키는 것으로 보인다.

《두시전주》에 인용된 《장안지長安志》 대운사 중앙에 있는 보각은 높이가 백 자나 되는데, 당시 사람들은 이를 칠보대라 불렀다.(此寺當中寶閣, 崇百尺, 時人謂之七寶臺.)

6 霽霧(제무)－ 개이는 안개. 안개가 걷히는 것을 말한다. 搴(건)－ 걷어 올리다. 걷히다. 高牖(고유)－ 높이 달려 있는 창.

7 側塞(측색)－ 가득한 모양. 被徑(피경)－ 길을 뒤덮다.

《두시상주》 '側塞'은 꽃이 많이 핀 모양이다.(側塞, 花多貌.)

8 飄颻(표요)－ 바람에 어지러이 휘날리는 모양. 委墀(위지)－ 섬돌에 닿다. '墀'는 '階'로 되어 있는 판본도 있다.

9 迫(박)－ 핍박하다. 세상사가 두보 자신을 옥죈다는 뜻이다.

10 佳期(가기)－ 아름다운 기약. 즉 은거의 기약을 뜻한다. 後(후)－ 뒤로 하다. 뒤로 미루다. 은거할 시기를 놓친 것을 말한다.

《두시상주》 '가기후'는 은거가 이미 늦었다는 것을 말한다.(佳期後, 謂遯迹已遲.)

11 晤語(오어)－ 만나 이야기하다. 찬공을 만나 담소를 나누는 것을 뜻한다. 契深心(계심심)－ 깊은 마음이 합치하다. 찬공과 서로 마음이 맞은 것을 말한다.

12 那(나) – 어찌. 總(총) – 늘. 끝까지. 鉗口(겸구) – 입에 칼을 채우다. 즉 입을 굳게 다물고 말하지 않는 것을 말한다. 이 구절에 대해서는 세사에 대해 이야기한 것으로 보는 설도 있고, 시를 지어 기증한 것으로 보는 설도 있다.

《두시상주》 '나겸구'는 매번 당시 사태에 대해 이야기를 나눈 것이다.(那鉗口, 每談及時事也.)

《두공부초당시전》 '오어'는 두보가 찬공과 만나 담소를 나눈 것을 말한다. 두 사람의 마음이 깊이 합치하였으니, 두보가 어찌 입을 다물고 한마디도 건네지 않을 수 있었겠는가? 그래서 이 시를 지은 것이다.(晤語, 謂甫與贊公會晤笑語. 二人之心深相契合, 甫安能鉗口, 獨無一言以贈之. 是以作此詩也.)

13 奉辭(봉사) – 공손히 작별 인사를 올리는 것을 말한다. 還杖策(환장책) – 다시 지팡이를 짚다. 돌아가는 것을 뜻한다.

14 泱泱(앙앙) – 깊고 넓은 모양. '浹浹'으로 되어 있는 판본도 있다.

《두시상주》에 인용된 《시경》 '維水泱央'의 주 깊고 넓은 모양이다.(深廣貌.)

15 狺狺(은은) – 개가 으르렁거리며 짖는 소리. 《두시상주》에 '狺'과 통하며 옛 판본에는 '听'으로 되어 있다고 하였다.

《두공부초당시전》 '听'의 음은 '어근절'로, 살펴보건대 글자를 '狺'이라 해야 마땅하다. '狺'은 개가 짖는 소리이다. '狺'은 '狺'과 통한다.(听, 魚謹切, 按字當作狺. 狺犬吠聲也. 狺與狺通.)

《두시전주》 풍사창이 말하길 "'听'의 음은 '의근절'로 웃는 모양을 뜻한다. 〈상림부〉에 '무시공이 빙긋이 웃었다'는 구절이 있다."라고 하였지만, 이 뜻과는 확실히 거리가 멀다.(馮已倉曰, 听疑謹切, 笑貌. 上林賦, 無是公听然而笑. 與此意義殊遠.)

[泱泱 2구]

《두공부초당시전》 (앞 구절은) 백성들이 도탄에 빠진 것을 비유한다. …… (뒤 구절은) 도적들이 왕성하게 일어난 것을 비유한다.(譬生民塗炭也. …… 譬盜賊繁興也.)

《두시상주》에 인용된 포앙鮑昻 주 그 당시 반군의 장수인 장통유가 임용할 관리들의 명단을 작성하고 반군의 명으로 그들을 더럽히면서 따르지 않는 자들은 죽여버렸다. 그래서 '진흙이 사람을 더럽힌다', '국도에 개가 많다'고 한 것이다.(是時賊將張通儒, 收錄衣冠, 汚以僞命, 不從者殺之, 故云泥汚人, 國多狗.)

[奉辭 4구] 찬공에게 하직 인사를 올리고 돌아가려 하지만 여전히 미련이 남아 있는 것을 말한다

《구가집주두시》 조차공 주 하직 인사를 올리고 헤어져 떠나면서도 여전히 고개를 돌리며 미련을 품고 있다고 하였다. 고개를 돌리며 미련을 품는 까닭은 어째서인가? 진흙이 사람을 더럽히고 국도에 개가 많은 것이 혐오스럽기 때문이다.(以辭別而去, 猶回首而懷戀. 所以回首而懷戀者, 何哉. 以泥汚人國多狗之可惡也.)

16 羈絆(기반) – 속세에 얽매인 것을 말한다. 한편 반군에게 억류된 것으로 보는 설도 있다. '絆'은 '寓'로 되어 있는 판본도 있다.

17 時(시) – 때때로. 憩奔走(게분주) – 분주한 몸을 쉬다. 절에 와서 휴식을 취하는 것을 말한다.

[旣未 2구] 속세에 얽매인 신세이기에 때때로 찾아와 쉬겠다는 뜻이다.

《구가집주두시》 조차공 주 이 때에 얽매인 신세를 면치 못했으니 겨우 때때로 와서 쉴 수 있을 뿐이다.(於此未免羈絆, 則亦僅能時來憩息耳.)

《두시경전》 다시 훗날 만날 기약을 정하는 것이다.(復訂後期也.)

18 執熱(집열) – 뜨거운 것을 잡다. 여기서는 세속으로 돌아가 겪을 번뇌

와 고통을 비유한다.

[近公 2구] 청정한 풍모를 지닌 찬공을 가까이하니 온갖 번뇌가 다 사라진다는 것을 말하고 있다.

《두시상주》에 인용된 장원 주 한 번 찬공을 대하니 마음이 저절로 시원해져 번다한 고민이 다 풀림을 느낀다는 것을 말한다.(言一對贊公, 則心地自凉, 覺煩囂盡釋矣.)

《두시언해》 늘 찬공의 맑은 기풍을 가까이하기에 번뇌 어린 생각이 갑자기 사라진다는 것을 말한다.(言常親近贊公之淸淨, 煩惱之念頓釋也.)

《두공부초당시전》 두보의 의도는 난리가 싫어 산에 머물 계책을 마련하려는 것이었지만, 여전히 처자식 때문에 얽매여 있었다. 예부터 사대부들은 대부분 스님과 함께 어울리면서 또한 그들의 청담과 탈속적인 경지를 얻어 사람의 명예와 이해에 따른 근심을 해소할 수 있었다. 하물며 난세를 만나 백성들이 도탄에 빠지고 도적들이 활개를 치는 때에 때때로 이곳에 와서 쉬게 되었으니, 어찌 뜨거운 것을 잡았을 때 흰 눈에 한 번 씻는 것과 다르겠는가?(甫之意, 厭亂欲作住山計, 尙爲妻子羈絆. 自古士大夫, 多與浮圖氏相游從, 亦取其淸談脫俗, 可以消人名利之憂. 況當亂世, 生靈塗炭, 盜賊繁興, 時來憩息于此, 豈不如執熱得一濯於白雪乎.)

#《두시상주》: 이 수는 새벽에 이별을 아쉬워하는 뜻을 적은 것이다. '동아' 4구는 아침에 일어났을 때의 일이고, '명하' 4구는 새벽의 경치이다. '간난' 6구는 손님과 주인이 서로 의기투합하였기에 이별하려 하다가 차마 그러지 못하겠다는 것을 말하고 있고, '앙앙' 6구는 세상이 어지러워 받아들여지기 어렵기에 다시 훗날의 만남을 기약한다는 것을 말하고 있다.(此記早晨惜別之意. 童兒四句, 朝起之事. 明霞四句, 曉時之景. 艱難六句, 言賓主相投, 欲別不忍. 泱泱六句, 言世亂難容, 還期後會.)

《독두심해》: 이 수는 새벽 경관 속에 작별을 고하는 것이다. 첫 4구는 매우 독특하다. 찬공이 흰 눈처럼 청정하지 않다면 이런 아이를 키울 수는 없었을 것이다. 다음 4구는 청소한 뒤의 경물을 묘사하고 있는데, 맑고 향긋하여 사랑스럽다. 중간의 4구는 시상의 전환처이다. '오어' 운운한 것은 이른바 (제1수의) "가슴을 열어 부끄러운 말이 없다."라는 것이다. 뒤의 8구는 모두 이별을 적은 말이다. '오인', '다구'에 대해 옛 주에서 모두 지덕 2년 봄에 반군이 거짓된 명령으로 조정의 선비들을 더럽힌 것이라고 주장하는데 잠시 그대로 따른다. '미면기반'은 반군에게 억류된 것을 말하지, 반군의 명을 받은 것이 아니니 오해해서는 안 된다. 시를 결말 짓는 수법이 고결하여 첫수의 제1구인 "마음이 수정 같이 맑은 구역에 있다."와 딱 맞게 조응하고 있다.(此曉景話別之詩. 起四, 別甚. 非贊公如白雪, 不能蓄此童兒. 次四, 寫灑掃後之景, 淸芬可戀. 中四句轉關. 其晤語云云, 卽所謂開懷無愧辭也. 後八句, 皆敍別之語. 汚人多狗, 舊注俱主至德二載春賊以僞命汚朝士之說, 姑仍之. 未免羈絆, 謂爲賊所拘留, 非受僞命也, 勿誤認. 結法高潔, 恰好與首章起句心在水精域對照.)

(**김만원 · 강민호**)

43. 雨過蘇端

빗속에 소단을 방문하다

鷄鳴風雨交[1] 久旱雨亦好[2] 杖藜入春泥[3] 無食起我早[4]
諸家憶所歷[5] 一飯跡便掃[6] 蘇侯得數過[7] 歡喜每傾倒[8]
也復可憐人[9] 呼兒具梨棗[10] 濁醪必在眼[11] 盡醉攄懷抱[12]
紅稠屋角花[13] 碧秀牆隅草[14] 親賓縱談謔[15] 喧鬧慰衰老[16]
況蒙霈澤垂[17] 糧粒或自保[18] 妻孥隔軍壘[19] 撥棄不擬道[20]

닭이 울 때 비바람이 섞여 찾아오는데
오랜 가뭄 끝이라 비 오는 것 또한 좋구나.
명아주 지팡이 짚고 봄날 진흙길에 들어서는데
밥이 없어 일찍 일어났지.

지내온 여러 집을 생각해보니
밥 한 끼에 종적이 곧 쓸어버린 듯 끊겼지만,
소후는 자주 방문할 수 있었으니
기뻐하면서 매번 경도되었지.
또다시 좋은 사람이구나
아이를 불러 배와 대추를 갖추고,
탁주를 반드시 눈앞에 두니
한껏 취하여 회포를 펼치네.

집 모퉁이 꽃은 붉게 흐드러졌고

담 모서리 풀은 푸르게 빼어난데,
친척과 빈객이 담소와 농담을 멋대로 하며
야단스레 떠들어 쇠잔한 노인을 위로하네.
하물며 내려주는 은택을 입어
양식으로 스스로를 보전할 수 있을 것 같음에랴.
처자식은 군대 보루 너머에 있으나
버려두고 말하지 않을 것이라네.

이 시는 두보가 장안에 억류되어 곤궁하게 지내던 때에 자신을 돌봐준 소단이라는 친구의 집을 방문하여 지은 것이다. 저작 시기는 지덕 2년 봄으로 추정된다. 원주에 "소단이 술자리를 차렸다.(端置酒)"라고 하였다.

> 《보주두시》 시에서 "처자식이 군대 보루 너머에 있다."라고 했으니 의당 지덕 2년에 지은 것이다.(詩云, 妻孥隔軍壘, 當是至德二年作.) 《두시상주》 이는 지덕 2년 봄 반군에 억류되었을 때에 지은 시이다. 마지막에서 "처자식이 군대 보루 너머에 있다."라고 했으니 알 수 있다. 황학의 주석에서 "《구당서》에 따르면 지덕 2년 3월 계해일에 큰 비가 내려 갑술일에 이르러 비로소 그쳤다."라고 하였다. 《신당서 · 양관전楊綰傳》에서는 소단은 간사한 사람으로 양관을 의론함이 추악하여 사실이 아니었으므로 파주 원외사마로 폄적되었다고 하였다.(此至德二載春, 陷賊中詩, 末云, 妻孥隔軍壘, 可見. 鶴注, 舊書, 至德二年三月癸亥大雨, 甲戌方止. 新書楊綰傳, 謂端憸人也, 論綰, 醜險不實, 貶巴州員外司馬.)

주 석

1 風雨交(풍우교) – 바람과 비가 섞여서 오다. '雨'는 '雲'으로 된 판본도 있다. '풍우'를《시경》시의 내용과 연관지어 이해하기도 한다. 이 구는 날이 밝아올 무렵에 비바람이 섞여서 불어왔다는 말이다.

　《두시상주》 '풍우교'는 섞여서 생기는 것을 말한다.(風雨交, 謂交作.)

　《구가집주두시》 조차공 주 날이 밝아지려 하는데 바람과 비가 섞여서 온다는 말이다.(言天欲明而有風雨交會也.)

　《시경 · 정풍鄭風 · 풍우風雨》 모시서毛詩序 〈풍우〉는 군자를 그리워하는 것이다. 세상이 어지러우면 군자가 그 법도를 바꾸지 않는 것을 생각한다.(風雨, 思君子也. 亂世則思君子不改其度焉.)

　《두공부초당시전》 '계명'은 군자를 그리워하는 시의 내용이니, 두보가 소단을 그리워하는 뜻을 기탁한 것이다. 그래서 비가 오는 것을 틈타 그를 방문한 것이다.《시경 · 정풍 · 풍우》에 "비바람이 쌀쌀한데, 닭 울음소리 교교히 들린다."라는 말이 있다.(鷄鳴, 乃思君子之詩, 甫寓意憶蘇端, 故乘雨而過之也. 風雨凄凄, 鷄鳴喈喈.)

2 久旱(구한) – 오래도록 가물다. 雨亦好(우역호) – 비가 오는 것 또한 좋다. '雨'는 '雲'으로 된 판본도 있다.

　《두시상주》 뒤 시(〈희청喜晴〉)의 '청역가'와 대조해보면 '雨'로 써야 한다. 오씨는 '雲'으로 쓰고 있으나 틀린 것 같다.(對後章晴亦佳, 當作雨. 吳氏作雲, 恐非.)

3 杖藜(장려) – 명아주 줄기로 만든 지팡이를 짚다. 春泥(춘니) – 봄비에 진흙탕이 된 길. 지금 소단의 집으로 가는 길을 가리킨다.

4 無食(무사) – 밥이 없다. 起我早(기아조) – 나를 일찍 일어나게 하다. 이 구는 굶주려서 일찍 잠에서 깨게 된다는 말이다.

[杖藜 2구]

　《두억》 다니는 것이 극히 불편하지만 밥이 없어서 일찍 일어났기에 진흙탕을 돌아볼 틈이 없게 되었다.(行極不便, 而以無食起早, 則泥淖不暇顧矣.)

#《두시상주》: 첫 단락에서는 비를 무릅쓰고 소단을 방문한 것을 말하였다. 오래 가물다가 비가 왔는데 어째서 '또한 좋다'라고 했는가? 이것은 아래 구에 비추어 한 말이다. 대개 친구를 방문할 때는 모름지기 맑아야 하지만 가뭄 후에 온 비이기에 비록 비가 와도 역시 좋다는 것이다. "밥이 없어 일찍 일어났다."라는 도연명의 시(〈걸식乞食〉)에서 "굶주림이 와서 나를 내몰아 간다."라고 말한 것과 같다.(首言冒雨訪蘇. 久旱得雨, 何云亦好, 此照下句而言. 蓋訪友須晴, 但旱後得雨, 雖雨亦好也. 無食起我早, 猶陶詩言饑來驅我去.)

5 諸家(제가)– 두보가 그동안 왕래했던 여러 집을 생각해본다는 뜻이다.

6 一飯(일반)– 한 번 밥을 먹다. '飯'은 '飽'로 된 판본도 있다. 跡便掃(적변소)– 자취가 마치 쓸어버린 듯하다. '便'은 '更'으로 된 판본도 있다. 이 구는 한 번 신세를 진 후에는 그 집에 다시는 찾아가지 않았다는 말이다.

《두시상주》 '적변소'는 발걸음을 끊고 다시는 가지 않았다는 말이다.(跡便掃, 絶足不再往也.)

《두시언해》 한 번 밥을 먹은 후에는 자취를 지우고 다시는 가지 않았음을 말한 것이다.(言得一飯後, 卽掃跡, 不再往也.)

《구가집주두시》 사귀는 모습의 박정함을 말한 것이다.(言交態之薄也.)

7 蘇侯(소후)– 소단을 가리킨다. '侯'는 상대방에 대한 존칭이다. 數過(삭과)– 자주 들르다. 이 구는 두보가 다른 집과는 달리 소단의 집은 자주 들를 수가 있었다는 말이다.

8 歡喜(환희)– 기뻐하다. 傾倒(경도)– 마음을 기울이다. 존중하며 감

탄한다는 말이다. 이 구는 두보가 즐거워하며 매번 소단에게 마음이 경도된다는 말이다. 이와 달리 소단이 두보에게 마음이 경도된다는 뜻으로 볼 수도 있다. 또 '경도'를 술을 다 부어준다는 뜻으로 보아 소단이 두보를 즐겁게 환대하는 뜻으로 볼 수도 있다.

《두억》 아마 소단이 두보의 재명을 중하게 여겼기에 이처럼 경도된 것이리라.(蓋蘇必重公才名, 故傾倒如此.)

9 也(야) — 또. 復(부) — 다시. '也復'는 '復也'로 된 판본도 있다. 可憐人(가련인) — 좋아할 만한 사람. 여기서는 소단을 가리킨다. 이 구는 소단이 좋아할 만한 사람이라는 뜻이다. 이와 달리 소단 또한 궁박하여 불쌍한 사람이라고 풀이할 수도 있다.

《두보전집교주》에 인용된 노원창 주 소단의 집 또한 가난한 것이 가련하다. 집이 가난하지만 배와 대추를 반드시 제공한다.(可憐蘇侯家亦貧, 家貧而梨棗必供.)

《두시상주》 '가련인'은 소단의 우정이 사람으로 하여금 좋아할 만하게 만든다는 말이지 소단이 두보를 가련히 여긴다는 말이 아니다.(可憐人, 言蘇之情誼令人可憐, 非謂蘇侯憐公.)

10 呼兒(호아) — 아이를 부르다. 소단이 자기의 아이를 불러 일을 지시한다는 말이다.

11 濁醪(탁료) — 탁주. 막걸리. 在眼(재안) — 술이 눈앞에 놓여있다는 말이다.

12 攄(터) — 펼치다. 터놓다.

#《두시상주》: 둘째 단락에서는 소단의 환대하는 마음을 적었다. 《두억》에서 말하기를, "밥 한 끼에 자취를 지워버렸으니 세상의 실정이 이와 같다. 소단만은 자주 들러 경도되니 뜻이 진실로 두텁다. 또한 아이를 불러 과일을 갖추고 손님을 이끌어서 취하게 하니, 밥은 먹여 주되 사랑하지도 존경하지도 않는 자는 비할 바가 아니다. 이것이 곧 《소

단설복연간설화취가蘇端薛復筵簡薛華醉歌〉에서) '글에는 신이 있고 사귐에는 도가 있다'라고 칭찬한 바이다."라고 하였다.(次記蘇君歡待之情. 杜臆, 一飯掃迹, 世情類然, 蘇獨數過傾倒, 意良厚矣. 又且呼兒具果, 延賓取醉, 非食而弗愛敬者比. 此卽所稱文章有神交有道也.)

13 稠(조) – 빽빽하다. 많다. 屋角花(옥각화) – 집 모퉁이에 핀 꽃.

14 秀(수) – 빼어나다. '委'로 된 판본도 있다. 牆隅草(장우초) – 담장 모서리에 자라난 풀.

15 親賓(친빈) – 친척과 빈객. 또는 친근한 빈객, 친근한 벗. '빈객과 친하게 지내다'로 풀이할 수도 있다. 縱(종) – 멋대로 하다. 한껏 하다. 또는 내버려 두다. '絶'로 된 판본도 있다. 談謔(담학) – 담소와 농지거리.

16 喧鬧(훤뇨) – 시끄럽다. 떠들썩하다. 慰(위) – '畏'로 된 판본도 있다. 衰老(쇠로) – 쇠약한 노인. 여기서는 두보 자신을 가리킨다.

《두시언해》 '쇠로'는 두보가 자신을 말한 것이다.(衰老, 甫自謂.)

《두공부초당시전》에 인용된 두전杜田 주 위 구에서 '絶'을 썼으면 아래 구에서는 의당 '畏'가 되어야 하고, 위 구에서 '縱'을 썼으면 아래 구에서는 의당 '慰'가 되어야 한다.(上句作絶, 則下句當作畏, 上句作縱, 則下句當作慰.)

17 霈澤(패택) – 은택. 은혜. 垂(수) – 드리우다. 은혜를 내려 주다.

18 糧粒(양립) – 양식. 或(혹) – 아마도. 自保(자보) – 스스로를 보전하다.

[況蒙 2구] 하늘이 비를 내려 주어서 농사가 잘 되어 식량이 충분할 것이라는 희망을 적은 것이다. 이와 달리 소단이 준 양식으로 두보가 살아갈 수 있게 되었다고 보는 설이 있지만 틀렸다.

《두시언해》 소단이 두보에게 식량을 준 것이다.(蘇端遺甫以資糧

也.)

《구가집주두시》 조차공 주 하늘이 은택을 내려주어 필히 풍년이 될 것이니 양식을 유지할 수 있을 것이다.(天雨霈澤, 必成豐年, 可保糧粒矣.)

19 妻孥(처노) – 아내와 자식. 隔軍壘(격군루) – 군대의 보루를 사이에 두고 있다. 당시 두보 자신은 장안에 붙잡혀 있었고 가족들은 부주에서 피난살이를 하고 있었다.

《두시상주》 당시 (가족들이) 부주에서 객거하고 있었기 때문에 '격군루'라고 말한 것이다.(時寄家鄜州, 故云隔軍壘.)

20 撥棄(발기) – 떨어 버리다. 내버리다. 擬(의) – 하려 하다. 道(도) – 말하다.

도연명 〈환구거還舊居〉 내버린 채 잠시 생각하지 말고 한 잔 술을 아쉬우나마 다 비울 만하다.(撥置且莫念, 一觴聊可揮.)

[妻孥 2구]

《구가집주두시》 조차공 주 완적은 〈영회〉에서 "이 한 몸도 스스로 보전하지 못하거늘 어찌 처자를 그리워하랴."라고 하였다. 지금 '양립' 구 뒤에 '처노' 구를 말한 것 역시 이를 활용한 것이다.(阮籍詠懷云, 一身不自保, 何況戀妻子. 今於糧粒或自保之下, 言妻孥隔軍壘, 亦使此矣.)

《두억》 마지막에서 "처자를 버린다."라고 말하였는데, 어쩔 도리가 없어서 한 말이다. 말은 느긋한 것 같지만 마음은 더욱 괴로운 것이다.(末云撥棄妻孥, 無可奈何, 語似寬, 心愈苦矣.)

#《두시상주》: 마지막에서는 비가 온 뒤에 마음을 달래는 뜻을 적었다. 꽃과 풀이 아름다움을 더해가고 양식은 희망이 있게 되었다. 떠돌며 곤궁한 중에 경치를 대하여 근심을 푸는 말을 쓴 것이나 이 역시 어찌할 방도가 없어 안위하는 것일 뿐이다.(末述雨後遣懷之意. 花草

增姸, 糧粒有望. 流離困窮中, 作對景舒愁語, 亦無可如何而安之耳.)

##《독두심해》: 먹을 것을 구걸하며 지은 시이다. 비는 그저 시작과 끝에서 한 번 곁들였을 뿐이다. 중간에 빈궁해서 먹을 것을 구걸하는 내용을 상세히 그렸는데, 가슴을 터놓은 채 부끄러움이 없으니 이 늙은이의 흉금을 더욱 드러내고 있다. 다만 '야부' 구는 숙련되지 않은 듯하다. '붉게 흐드러졌다', '푸르게 빼어나다'는 또한 빗기운으로 인해 표현해 낸 것이다.(乞食詩也. 雨只起訖一帶. 中間詳寫貧窮乞食, 開懷無愧, 益見此老胸襟. 只也復句似嫩. 紅稠碧秀, 亦爲雨色點染.)

(**김성곤 · 임도현**)

44. 喜晴

비 갠 것을 기뻐하다

皇天久不雨[1] 既雨晴亦佳 出郭眺西郊[2] 肅肅春增華[3]

青熒陵陂麥[4] 窈窕桃李花[5] 春夏各有實 我饑豈無涯[6]

干戈雖橫放[7] 慘澹鬪龍蛇[8] 甘澤不猶愈[9] 且耕今未賒[10]

丈夫則帶甲[11] 婦女終在家 力難及黍稷[12] 得種菜與麻[13]

千載商山芝[14] 往者東門瓜[15] 其人骨已朽[16] 此道誰疵瑕[17]

英賢遇轗軻[18] 遠引蟠泥沙[19] 顧慚昧所適[20] 回首白日斜[21]

漢陰有鹿門[22] 滄海有靈査[23] 焉能學衆口[24] 咄咄空咨嗟[25]

하늘이 오래도록 비 내리지 않다가
이미 비가 왔으니 날이 갠 것 또한 좋구나.
성곽을 나서서 서녘 들을 바라보니
빠르게 봄은 화려함을 더해간다.
언덕과 비탈에는 보리가 파릇이 빛나고
복숭아와 자두는 꽃이 곱게도 피었구나.
봄여름에 각기 열매를 맺으니
내 굶주림에 어찌 끝이 없겠는가.

전쟁이 비록 제멋대로 벌어져
참담하게 용과 뱀을 싸우게 하지만,
단비가 내리니 그래도 낫지 않은가?
더구나 밭갈이는 지금도 아직 늦지 않았다.

남자는 갑옷 입고 떠나가서
여자들만 결국 집에 남았으니,
힘은 기장 농사에 미치기 어렵지만
채소와 삼은 심을 수 있구나.

천 년 전 상산에서 지초를 캐고
옛날 동문에서 외를 심던,
그 사람들 뼈는 이미 썩어 없어졌어도
그들이 남긴 이 도는 누가 허물하랴.
뛰어나고 현명한 이는 불우한 시절 만나면
멀리 물러나 진흙 모래 속에 웅크리는 법,
돌아보니 나아갈 길에 어두운 것 부끄러운데
머리 돌리니 흰 해가 기우는구나.
한수 남쪽에는 녹문산이 있고
큰 바다에는 신령스런 뗏목이 있는데,
어찌 여러 사람의 입을 배워서
혀 차며 부질없이 한탄할 수 있겠는가.

가뭄 끝에 비가 오고 다시 그 비가 그친 것을 기뻐하면서 전쟁에 대한 원망과 세상을 벗어나고자 하는 뜻을 담은 시이다. 이 시는 앞의 시 〈우과소단雨過蘇端〉에 이어 지어졌으며 작시 시기는 지덕 2년 3월로 추정된다.

《보주두시》 앞의 시 〈우과소단〉으로 살펴보건대 마땅히 지덕 2년으로, 이 시는 이해 3월 갑술일에 비가 그친 후 지어진 것이다. 양권도 역시 이해에 편차하였다.(以前篇雨過蘇端詩考之, 當是至德二年, 此詩作於是年三月甲戌雨止後. 梁權道亦編在是年.)

주 석

1 皇天(황천) – 하늘의 높임말.

2 眺(조) – 바라보다. 西(서) – '四'로 된 판본도 있다.

3 肅肅(숙숙) – 빠르고 신속한 모양. 또는 가지런한 모양. '蕭蕭'로 된 판본도 있다.

《두공부초당시전》 '숙숙'은 정제된 모양이다.(肅肅, 整齊貌.)

4 靑熒(청형) – 파릇하게 빛나다. 陵陂(능피) – 언덕과 비탈.

5 窈窕(요조) – 아리따운 모양, 고운 모양. 李(리) – '杏'으로 된 판본도 있다.

6 無涯(무애) – 끝이 없다. 다함이 없다.

[春夏 2구]

《두공부초당시전》 보리와 복숭아, 자두가 모두 열매를 맺으면 또한 굶주림을 달랠 수 있을 것이고, 나의 주린 배가 이로부터 의지할 바가 있게 되니 어찌 끝이 없겠는가라는 말이다.(言麥與桃李皆結實, 亦可以療飢也, 我飢腸從此有所賴, 豈無涯涘乎.)

#《두시상주》: 첫 단락은 비가 온 뒤 막 개어 보리와 과실에 바랄 것이 있음을 말하여, 비 갠 것이 기뻐할 만함을 드러내었다.(首言雨後初晴, 麥果有望, 以見晴之可喜.)

7 干戈(간과) – 방패와 창. 전쟁. 橫放(횡방) – 제멋대로 행하다.

8 慘澹(참담) – 참혹하고 암담함. 鬪龍蛇(투용사) – 용과 뱀이 싸우다.

반란이 일어나서 혼란스러움을 말한다. '용'은 천자를, '사'는 반군을 비유하는 것으로 보기도 하고, '용사'를 흉악한 것으로 보기도 한다.

《두공부초당시전》 용은 천자를 비유하고, 뱀은 안녹산을 비유한다. 용과 뱀이 서로 다투니 천하는 이 때문에 참담하여 즐겁지 못한 것이다.(龍喩天子, 蛇喩祿山. 龍蛇相鬪, 天下爲之慘澹不樂也.)

9 甘澤(감택) – 때맞추어 내린 비. 不猶愈(불유유) – 그래도 낫지 않은가? 이 구는 전쟁 때문에 농사일이 어렵지만 그래도 단비가 내려 다행이라는 뜻이다.

10 未賒(미사) – 아직 늦지 않다.

11 帶甲(대갑) – 갑옷을 걸치다.

12 黍稷(서직) – 찰기장과 메기장. 또는 기장과 피.

13 得(득) – 할 수 있다. 菜與麻(채여마) – 채소와 삼.

[丈夫 4구]

《두공부초당시전》 남자들이 전쟁에 나가 오직 부녀자들만 집에 있으니 어쩔 것인가? 부녀자는 힘이 약하고 돕는 사람이 없어 비록 밭갈이를 하더라도 기장 농사까지는 미치기 어려워서 단지 채소와 삼을 심을 뿐이다. 살펴보건대 시집 안에 "비록 건장한 아낙이 호미와 쟁기를 잡고 있지만, 벼가 밭이랑에 자라난 것이 동서가 없다."라고 한 시(〈병거행兵車行〉)가 있는데, 대체로 또한 세상이 어지러워 농사를 그만둔 것을 탄식한 것이다.(奈何丈夫出戰, 惟婦女在家, 力弱寡助, 雖耕難及黍稷, 但種菜麻而已. 按集有詩云, 縱有健婦把鋤犁, 禾生隴畝無東西. 蓋亦歎世亂而廢耕也.)

#《두시상주》: 둘째 단락은 난리 중에 비가 내리니 밭 갈고 심는 데 보탬이 될 만함을 말하여서, 비 갠 것이 기뻐할 만함을 더욱 드러내었다. '간과'와 '용사'는 안녹산의 난을 가리킨다. '유유'는 가뭄보다는

그래도 낫다는 말이다. '미사'는 밭갈이와 호미질이 아직 늦지 않은 것을 말한다. 남자가 출정하여 여자가 심는다는 것은 난리를 만나 농사일이 많이 황폐해졌다는 말이다.(次言亂時得雨, 耕種可資, 尤見晴之可喜. 干戈龍蛇, 指祿山之亂. 猶愈, 言猶勝旱乾. 未晩, 言耕鋤未遲. 夫征婦種, 遭亂而農事多荒也.)

14 商山芝(상산지) – 상산의 지초芝草.

《두공부초당시전》에 인용된 황보밀皇甫謐의 《고사전高士傳》 상산사호商山四皓는 모두 하내의 지 사람이다. 진나라의 난리를 보고 노래를 지어, "아득히 높은 산, 깊은 골짜은 구불구불. 빛나는 자줏빛 지초는 굶주림을 달랠 수 있다."라고 하고는 함께 상산에 들어가 지폐산에 은거하였다.(四皓並河內軹人. 見秦亂作歌曰, 莫莫高山, 深谷逶迤. 曄曄紫芝, 可以療飢. 乃共入商山隱地肺.)

15 東門瓜(동문과) – 동문의 외.

《두공부초당시전》에 인용된 《소하전蕭何傳》 소평은 옛 진나라 동릉후였다. 진나라가 망하자 평민이 되어 가난하게 살면서 장안성 동쪽에 외를 심었는데, 외가 맛이 좋아 세상에서 동릉과라 하였다.(召平者, 故秦東陵侯. 秦破爲布衣, 貧, 種瓜長安城東, 瓜美, 故世謂東陵瓜.)

16 朽(후) – 썩어 없어지다. '滅'로 된 판본도 있다.

17 此道(차도) – 상산사호와 소평이 남긴 도, 곧 은거의 도. 疵瑕(자하) – 흠, 흠잡다.

[千載 4구]

《두공부초당시전》 사호 같은 이가 상산에서 지초를 캐고, 소평이 동문에서 외를 심은 것은 모두 진나라 난리를 피하기 위한 것이었는데, 그 사람들은 이미 죽었지만 그 도는 조금도 폄하할 수 없는 것이다.(以四皓採芝於商山, 召平種瓜於東門, 皆避秦之亂, 其人已亡, 其

道爲不可少貶也.)

18 英賢(영현) – 뛰어나고 현명한 사람. 轗軻(감가) – 길이 험하여 수레가 잘 나아가지 못하는 모양으로, 일이 뜻대로 되지 않는 것을 뜻한다.

19 遠引(원인) – 멀리 물러나다. 蟠泥沙(반니사) – 진흙과 모래 속에 몸을 웅크리다. '蟠'은 여기서 칩거, 은거의 뜻으로 쓰였다.

20 顧(고) – 돌이켜 생각하다. 昧所適(매소적) – 가야 할 바에 어둡다, 가야 할 길을 알지 못하다.

《두시상주》 '고'는 생각한다는 것이다.(顧, 念也.)

21 回首(회수) – 머리를 돌리다. 白日斜(백일사) – 흰 해가 비끼다, 흰 해가 지다. 자신이 늙어 감을 비유적으로 표현한 말이다.

[顧慚 2구]

《두공부초당시전》 두보는 나아갈 바에 어두워 몸을 빼 종적을 감출 수 없음을 스스로 부끄러워하고, 고개를 돌려 나이가 이미 늙은 것을 스스로 부끄러워하면서 한스러워 하였다.(甫自愧昧於所適, 不能脫身晦迹, 回首自愧恨年已老矣.)

22 漢陰(한음) – 한수漢水의 남쪽. 한수의 남쪽 현 이름으로 보는 설도 있다. 鹿門(녹문) – 양양에 있는 산으로 방덕공龐德公이 은거한 곳이다.

《독두심해》 황희가 말하기를, "녹문산은 한수 이남에 있는데 땅은 양양에 속하며, 한음군을 지칭하는 것이 아니다."라고 하였다.(希曰, 鹿門在漢水之陰, 地屬襄陽, 非指漢陰郡.)

《두공부초당시전》에 인용된 《후한서 · 일민전逸民傳》 방덕공은 현산의 남쪽에 살았는데, 성안에 들어간 적이 없었으며 처자와는 서로 빈객처럼 공경하였다. 형주자사 유표가 초빙하였으나 몸을 굽히지 않았다. 후에 처자를 거느리고 녹문산에 올라가 약초를 캐면서 돌아오지 않았다.(龐德公居峴山之南, 未嘗入城市, 妻子相敬如賓. 荊州刺史劉表延請, 不屈. 後攜妻子登鹿門山, 因採藥不返.)

《두공부초당시전》에 인용된 《양양기襄陽記》 녹문산은 옛 이름이 소령산이다. 후한의 습욱이 산에 신묘를 세우고서 두 개의 사슴 석상을 조각하여 신사 가는 길 입구 양쪽에 두었다. 사람들이 이로 인해 이 산을 녹문산이라 하였다.(鹿門山, 舊名蘇嶺山. 習郁立神廟於山, 刻二石鹿, 夾神祠道口, 俗因謂之鹿門山.)

23 滄海(창해) – 큰 바다. 靈査(영사) – 신령스러운 뗏목. '靈'은 '雲'으로 된 판본도 있다. '査'는 '楂', '槎'와 통한다.

《박물지博物志》 옛말에 은하가 바다와 통한다고 한다. 근세에 어떤 사람이 바닷가에 살았는데 매년 8월에 뗏목이 때를 어기지 않고 오가는 것을 보고는 호기심이 있어 뗏목 위에 높은 누각을 짓고 양식을 잔뜩 싣고는 뗏목을 타고 갔다. 10여 일 동안에는 해와 달, 별들을 볼 수 있었으나 그 후로는 아득하고 흐릿하여 또한 밤인지 낮인지 알 수 없었다. 10여 일쯤 가서 홀연 어떤 곳에 이르자 성곽의 형상이 보였는데, 집들이 매우 정연하였다. 멀리서 바라보니 궁 안에 베를 짜는 아낙들이 많이 있었으며, 한 사나이를 만났는데 소를 끌고 물가에서 물을 먹이고 있었다. 소를 끌던 사람이 놀라 묻기를, "어떻게 여기에 오셨습니까?"라고 하였다. 그 사람은 자기가 오게 된 내력을 갖추어 말하고는 아울러 "여기는 어딥니까?"라고 물었더니 대답하기를, "그대는 돌아가 촉군에 가서 엄군평을 찾아가면 알게 될 것입니다."라 하였다. 그 사람이 결국 강둑에 오르지 않았기에 돌아오니 그 기한대로였다. 후일 촉군에 가서 군평에게 물어보았더니 말하기를, "모년 모월 모일에 객성이 견우성牽牛星을 범한 적이 있었소."라고 하고 그 시기를 헤아려 보았더니 바로 이 사람이 은하에 이르렀을 때였다.(舊說云, 天河與海通. 近世有人居海濱者, 年年八月有浮槎去來不失期, 人有奇志, 立飛閣於槎上, 多齎糧, 乘槎而去. 十

餘日中, 猶觀星月日辰, 自後茫茫忽忽, 亦不覺晝夜. 去十餘日, 奄至一處, 有城郭狀, 居舍甚嚴. 遙望宮中多織婦, 見一丈夫牽牛渚次飮之. 牽牛人乃驚問曰, 何由至此. 此人具說來意, 幷問, 此是何處. 答曰, 君還至蜀郡訪嚴君平則知之. 竟不上岸, 因還如期. 後至蜀, 問君平, 曰, 某年月日有客星犯牽牛宿. 計年月, 正是此人到天河時也.)

24 衆口(중구)— 여러 사람.

25 咄咄(돌돌)— 혀를 차는 소리. 空(공)— 부질없이. '同'으로 된 판본도 있다. 咨嗟(자차)— 한탄하다, 탄식하다.

《세설신어世說新語 · 출면黜免》 은호殷浩는 (서인으로) 폐해진 뒤 신안에 살면서 종일토록 늘 허공에다가 글자를 썼다. 양주의 관리 심의가 따라가서 몰래 보니 오로지 '돌돌괴사(癸癸, 괴이한 일이로다.)' 네 글자를 적고 있을 뿐이었다.(殷中軍被廢, 在信安, 終日恒書空作字. 楊州吏人尋義逐之, 竊視, 唯作咄咄怪事四字而已.)

[漢陰 4구] 옛사람의 도를 본받아 은거할 것이지 공연히 한탄만 하지는 않겠다는 말이다.

#《두공부초당시전》: 안녹산의 난을 당하여 현인군자의 도가 사라졌으니 어찌 바다에 뗏목을 띄우거나 산에 숨어 살 계획을 세우지 않을 수 있으랴! 방덕공과 장건의 무리를 본받지 못하고, 다만 혀를 차며 탄식하고 허공에 글씨를 써서 어지러운 세상을 아파한 것이 과연 무슨 보탬이 되겠는가? 두보가 난리를 싫어하는 뜻을 알 수 있다.(當祿山之亂, 賢人君子道消, 豈不能爲浮海住山之計乎. 旣不能效龐德公張騫輩, 徒咄咄嗟嘆, 書空以傷亂世, 果何益哉. 甫厭亂之意可知矣.)

《두공부시집집주》: 마지막 단락은 반드시 은자를 추종할 것이며 그저 한탄에 부치지는 않겠다는 말이다.(末言必欲追踪高隱, 不徒付之咄嗟已也.)

《두시상주》: 마지막 단락은 자기의 회포를 스스로 펴내었으니 난리를 아파하여 멀리 떠나고 싶다는 것이다. 앞에서는 '상산'과 '동문'의 일을 인용하여 고인의 은거를 생각하였다. '영현' 두 구가 위의 내용을 결속한다. 뒤에서는 '녹문'과 바다의 뗏목 일을 인용하여 세상을 피하는 것이 이미 늦었음을 부끄러워하였다. '고참' 두 구가 아래의 내용을 일으킨다. 비록 네 가지의 일을 중첩하여 쓰기는 하였지만 뜻이 중복되지는 않으며, 멀리 떠날 것을 결의하였으니 그래서 공연한 탄식을 하지 않으려 한 것이다.(末乃自敍己懷, 傷亂而欲遠遯也. 前引商山東門, 思古人之高蹈. 英賢二句, 乃結上. 後引鹿門海槎, 愧避世之已遲. 顧慚二句, 乃起下. 雖疊用四事, 而意非重複, 欲決意遠去, 故不作空嗟.)

《두억》: 앞에서는 '상산지'와 '동문과'를 인용하고 뒤에서는 '녹문'과 바다의 뗏목 일을 인용했는데, 말이 중복되는 듯해도 뜻은 같지 않다. 앞부분은 고인에 대해서 말한 것이고 뒷부분은 자기에 대해 말한 것이다. 멀리 떠날 것을 결의했으니 어디를 가도 안 될 곳이 없는데, 뭍에는 녹문산이 있고 바다에는 신령스러운 뗏목이 있어 일찍이 내가 갈 길을 막은 적이 없다는 말이다.(前引商山芝東門瓜, 後引鹿門海査, 語似複而意不同. 前就古人說, 後就自己說. 謂決意遠去, 無之而不可, 陸有鹿門, 海有靈査, 未嘗阻我往也.)

##《독두심해》: 마땅히 앞의 시(〈우과소단〉)와 같은 시기에 지어진 것이다. 두 편 시의 시작 방식은 도연명을 배운 것이다. 처음 여덟 구는 비가 갠 것을 기뻐하는 것으로부터 밭갈이를 할 만하다는 뜻을 은연중에 끌어내었다. 다음 여덟 구는 세상이 어지러운 때 돌아가 농사짓는 것이 오히려 군대를 따라 출정하여 일을 버려두는 것보다 나음을 말하였다. '천재' 이하는 옛일을 인용하여 심회를 말하면서, 다시 또 앞 시에서 빈곤하여 남만 쳐다보던 모습을 뒤바꾸어 놓았다.(當與前詩同時作.

二詩起法學陶. 起八, 從喜晴暗引可耕意. 次八, 言亂世歸耕, 猶勝於從征荒業者. 千載以下, 乃援古言懷, 卻又翻去前首貧困仰人之狀.)

《두억》: 이 시는 굶주림으로 인한 곤궁함이 극에 달하고 더욱이 살아갈 방도가 없어 하는 수 없이 그저 스스로 느긋하게 생각하며 스스로 벗어나고자 한 것이다. 봄여름에 열매 맺으니 굶주림에 어찌 끝이 없겠냐고 한 것은 모두 망상이다. 지초를 캐고 외를 심으면 유유자적할 수는 있겠으나 또 그럴 수 없음이 괴로운 것이다. 가슴속으로 몰래 생각하고 몰래 따져본 것인데, 심사가 붓끝으로 묘사되어 들어감에 전혀 막힘이 없다. '날이 갠 것 또한 좋구나'는 앞의 시 '비 오니 또한 좋구나'와 딱 호응하는데, 아마 두 시가 연이어 지어졌기 때문일 것이다. 당시에 아직 밥을 먹은 것은 '아기' 구의 말을 보면 알 수 있다. 날이 개면 명아주 지팡이를 짚고 다니기가 편하기 때문에 좋다고 여긴 것이다. 스스로 굶주림으로 곤란을 겪으면서도 또 부녀자가 집에 있어 채소와 삼을 심을 수 있다는 사실을 언급한 것은 자기가 그 지경에 빠뜨리고 자기가 굶주리게 했다는 생각이 있어서이니, 진실로 직과 설같이 어진 심사인 것이다. '녹문'과 '영사' 또한 궁한 가운데의 망상이다. 그러므로 이 시는 느긋한 듯하지만 서글픔은 더욱 심한 것이다.(此詩饑困之極, 更無生計, 只得自寬自解. 春夏有實, 飢豈無涯, 都是妄想. 採芝種瓜, 可以自適, 而又苦不能. 胸中暗自商量, 暗自打算, 而心事描入筆端, 絶無疑滯. 晴亦佳與前篇雨亦好正相照, 蓋二詩相繼而作. 時尙趁食, 觀我飢語可見. 晴則杖藜爲便, 故以爲佳. 自困饑餓, 而又說到婦女在家, 得種菜麻, 有己溺己飢之想, 眞稷契心事. 鹿門靈槎, 亦是窮中妄想, 故此詩似寬而悲更甚.)

(강성위 · 김수희)

45. 送率府程錄事還鄉

고향으로 돌아가는 율부 정 녹사를 전송하다

鄙夫行衰謝[1] 抱病昏忘集[2] 常時往還人[3] 記一不識十[4]
程侯晩相遇[5] 與語才傑立[6] 薰然耳目開[7] 頗覺聰明入[8]
千載得鮑叔[9] 末契有所及[10] 意鍾老柏靑[11] 義動修蛇蟄[12]
若人可數見[13] 慰我垂白泣[14] 告別無淹晷[15] 百憂復相襲[16]
內愧突不黔[17] 庶羞以賙給[18] 素絲挈長魚[19] 碧酒隨玉粒[20]
途窮見交態[21] 世梗悲路澀[22] 東風吹春冰[23] 泱漭后土濕[24]
念君惜羽翮[25] 旣飽更思戢[26] 莫作翻雲鶻[27] 聞呼向禽急[28]

비천한 사람 늙어가다 보니
병을 안고 혼미함이 모여 들어,
평소에 왕래하던 사람들조차
하나만 기억하고 열은 기억하지 못한다네.
정 선생과 늦게서야 알게 되었으나
더불어 이야기해 보니 재주가 뛰어나서,
감화되어 나의 이목이 열리고
총기가 들어옴을 자못 느끼네.

천 년 만에 포숙 같은 벗을 얻어
끝자리 사귐에라도 미칠 수 있었으니,
마음은 늙은 측백나무의 푸르름에 모이고
의기는 칩거하는 긴 뱀을 감동시킨다네.

이런 사람 자주 볼 수 있다면
다 늙어 우는 나를 위로해 줄 텐데,
헤어짐에 긴 시간이 남지 않았으니
온갖 시름이 다시 몰려드는구나.

굴뚝 꺼메지지 않음을 내심 부끄러워하는데
가져온 여러 음식으로 도와주니,
하얀 실로 큰 물고기를 꿰어 가져오고
푸른 술이 옥같은 쌀알을 뒤따르는구나.
하는 일이 막혀 사귀는 태도 보이고
세상이 어지러워 갈 길 막힌 것을 슬퍼하는데,
동풍이 봄 얼음에 불어
너른 대지가 젖어 있구나.

생각건대 그대는 날개를 아껴
배부르면 거두어들일 것을 생각하셨으니,
구름 속을 나는 송골매처럼
부르는 소리에 새를 급하게 쫓지는 마시게나.

이 시는 율부率府의 정녹사程錄事라는 사람을 전송하며 쓴 것인데, 율부는 태자를 좌우에서 보좌하던 관청이며 녹사는 녹사참군으로 기록과 문서 수발을 담당하던 직책이다. 원주에 "정 씨가 술과 음식을 가지고 와서 작별을 고하였다.(鄭攜酒饌相就取別.)"라는 말이 있다. 당시 두보는 손님이 찾아와도 접대를 할 수 없는 형편이었던 것으로 보인다. 정 녹사의 이름은 미상이다. 두보는 정 녹사의 뛰어난 재주와 자신을 잊지 않고 찾아와 준 의리에 감격하면서, 앞으로 갈 길의 험난함을 들어 정 녹사가 현명하게 처신할 것을 당부하였다. 이 시의 저작 시기에 대해서는 천보 15년이라는 설과 건원 원년이라는 설이 있는데, 여기서는 《두시상주》를 따라 천보 15년 봄에 지어진 것으로 보았다.

> **《보주두시》** 시에서 '세상이 어지러워 갈 길 막힌 것을 슬퍼한다'고 하였고, '동풍이 봄 얼음에 불었다'라고 하였으니, 마땅히 건원 원년 간성諫省에 있을 때에 지은 것이다.(詩云, 世梗悲路澀, 東風吹春冰, 當是乾元元年在諫省時作.)
>
> **《두시상주》** 황학의 주석에 건원 원년 간성에 있을 때 지은 것이라 하였으나, 시에서 '굴뚝 꺼메지지 않음을 내심 부끄러워한다'는 구절에 근거한다면 습유 때에 지은 것이 아니라 마땅히 천보 15년 봄에 지은 것이다.(鶴注謂乾元元年在諫省作, 據詩云內愧突不黔, 則非爲拾遺時矣, 當是天寶十五年春作.)

주 석

1 鄙夫(비부) – 비천한 사람. 여기서는 두보 자신을 가리키는 겸칭이다. 行(행) – 장차, ~하려 하다.

2 抱病(포병) – 병을 안다. 즉 병에 걸린 것을 말한다. 昏忘(혼망) – 정신이 몽롱하고 기억이 오락가락하다. '忘'은 '妄'으로 된 판본도 있다.

3 常時(상시) – 평소. 往還(왕환) – 왕래하다.

4 識(지) – 기억하다. '記'와 같다. 이 구는 기억력이 온전치 못함을 말한다.

《두시상주》에 인용된 《남사南史 · 유현전劉顯傳》 심약이 말하기를 "늙은이가 정신이 혼미하여 그저 몇 가지 일은 기억해도 열까지 미치지는 못한다."라고 하였다.(沈約曰, 老夫昏忘, 聊記數事, 不可至十.)

5 程侯(정후)— 정 녹사를 말한다. 晩相遇(만상우)— 늦게서야 서로 만나 알게 되다.

6 才傑立(재걸립)— 재주가 특출하다. '걸립'은 걸출하다는 뜻이다.

7 薰然(훈연)— 온화하고 부드러운 모양. '훈'은 본래 향초, 향기의 뜻으로 다른 사람을 부드럽게 감화한다는 뜻을 지닌다.

《두시상주》 '훈'은 훈도薰陶, 감화感化의 뜻이다.(薰乃薰炙之意.)

8 聰明(총명)— 총명한 기운, 총기聰氣를 말한다.

[薰然 2구] 정 녹사처럼 특별한 인재를 만나니 두보의 이목이 열리고 몽롱하던 정신이 맑아졌다는 것이다.

《두시상주》에 인용된 《한시외전韓詩外傳》 제나라 환공이 관중과 습붕을 얻고서 "내가 두 사람을 얻으니, 내 눈이 더 훤해지고 내 귀가 더 밝아졌다."라고 하였다.(齊桓公得管仲隰朋, 曰吾得二子也, 吾目加明, 吾耳加聰.)

#《두시상주》: 서두에서는 노쇠하고 병든 중에 정 녹사를 만나니 정신이 확 트인다고 말하고 있다. 《두억》은 "공이 진짜 정신이 혼미한 것이 아니라 평범하여 별 주의를 끌지 못하는 사람을 대할 때면 이와 같을 뿐이다."라고 하였다.(首言衰病遇程, 精神頓豁. 杜臆, 公非眞昏忘, 待尋常不經意人, 則如是耳.)

9 千載(천재)— 천 년. 鮑叔(포숙)— 춘추 시대 제나라의 대부로 관중과 진실한 우정을 나눈 것으로 유명하다. 여기서는 정녹사를 포숙에 비유하여 두보 자신이 진실한 우정을 얻었다는 것이다.

10 末契(말계)― 끝자리 사귐. 보통 신분이 높은 사람이 아랫사람과 교제를 나누는 것을 말한다. 여기서는 두보가 자신을 낮추어 겸손히 말한 것이다. '하교下交'와 같은 뜻이다. 有所及(유소급)― 미치는 바가 있었다. 즉 정 녹사와 교제가 이루어졌음을 말한다.

11 意鍾(의종)― 마음이 모이다. 마음이 집중하다. 마음이 한 곳을 향해 가는 것을 뜻한다. '鍾'은 '中'으로 된 판본도 있다. 이 구는 두보와 정 녹사의 마음이 늘 푸른 송백을 향한다는 뜻으로, 두 사람의 정이 변치 않을 것임을 말한다. '의意'를 정녹사의 마음으로 보고, 그의 정이 변치 않을 것임을 뜻하는 것으로 볼 수도 있다.

《**두공부초당시전**》 건실한 뜻이 모아진 것이 마치 소나무 측백나무의 푸르름이 한겨울에도 색을 변치 않는 것과 같다는 것이다.(勤意鍾聚, 如松柏青青, 歲寒不改其色也.)

12 修蛇(수사)― 긴 뱀. 이 구는 두보와 정 녹사의 의기가 칩거하는 긴 뱀을 감동시킬 정도라는 뜻이다. '의義'를 정녹사의 의기로 보고, 그의 의기가 칩거하는 긴 뱀을 감동시킬 정도라는 뜻으로 볼 수도 있다. 또 긴 뱀을 정 녹사로 보고 정녹사의 칩거에 다른 사람이 감동을 받는다고 풀이할 수도 있다.

《**보주두시**》**에 인용된 사씨 주** 정공이 관직을 그만두고 고향으로 돌아가는 것이 마치 용과 뱀이 칩거하여 몸을 감추는 것과 같아서 그 높은 뜻이 가히 사람들 사이에서 크게 반향을 일으킬 만하다는 것이다.(程公辭官歸鄉, 如龍蛇之蟄以藏身, 故其高義可以聳動於人.)

13 若人(약인)― 이와 같은 사람. 정 녹사를 말한다. 數(삭)― 자주.

14 垂白(수백)― 흰머리를 드리우다. 노쇠해짐을 말한다.

15 告別(고별)― '生別'로 된 판본도 있다. 淹晷(엄구)― 긴 시간. 오랜 시간.

16 復(부)– 다시. 이 구절은 정 녹사를 만나 밝아졌던 기분이 이제 작별하게 되어 다시 근심하게 되었다는 것이다.

#《두시상주》: 이 단락은 사귐의 정이 서로 투합함을 서술한 것이다. 아래 2구는 헤어짐을 아쉬워하는 마음이다. 마음이 푸른 측백나무에 모인다는 것은 사귐이 오래 갈 것을 말한다. 의기가 칩거하는 뱀을 움직인다는 것은 호방한 기운이 격발함을 말하는데, 이것이 바로 포숙에 비유할 만한 점이다.(此敍交誼相投. 下二, 惜別之意. 意鍾青柏, 言交情長久. 義動蟄蛇, 言豪氣激發, 此正可方鮑叔處.)

17 突不黔(돌불검)– 굴뚝이 꺼메지지 않다. '돌'은 굴뚝. 묵자墨子의 고사에서 유래한 말로, 세상사에 분주하여 이리저리 돌아다니는 것을 비유한다. 이 구는 두보가 세상사에 분주하게 살다 보니, 손님 접대를 위한 음식도 마련하지 못할 정도여서 내심 부끄럽게 생각한다는 뜻이다. '돌불검'을 묵자의 고사에서와 달리 가난하게 살다 보니 밥을 짓지 않아 굴뚝이 검어지지 않았다는 뜻으로 볼 수도 있다.

《두시상주》에 인용된《양자揚子》 묵자는 굴뚝이 꺼메지지 않았다.(墨突不黔.)

《두공부초당시전》 정공이 술과 음식을 들고 찾아와 두보와 작별하는데, 두보 스스로는 부뚜막과 굴뚝이 꺼메지지 않아 손님을 접대할 음식이 전혀 없어서 부끄러워함을 말한다.(言程公挈酒食來, 與甫話別, 甫自愧竈突不黑, 殊無烹爨以待客也.)

18 庶羞(서수)– 여러 음식. '수'는 음식의 뜻이다. 여기서는 정 녹사가 두보를 방문하면서 직접 가져온 음식을 말한다. '羞'는 '明'으로 된 판본도 있다. 以(이)– '似'로 된 판본도 있다. 賙給(주급)– 도와주다. 제공하다. 이 구는 정 녹사가 직접 여러 음식을 가져와 두보에게 주었다는 말이다.

19 挈(설)– 끌다. 가지고 오다. 이 구는 흰 실로 물고기를 꿰어 온 것을

말한다.

20 碧酒(벽주)－ 푸른빛이 나는 술. 좋은 술을 뜻한다. 玉粒(옥립)－ 쌀. 이 구는 술과 쌀을 함께 가져온 것을 말한다.

《두시상주》에 인용된 《전국책》 낟 알갱이 쌀이 마치 옥과 같다.(粒米如玉.)

21 途窮(도궁)－ 길이 막히다. 여기서의 길은 인생살이의 길을 의미한다. 交態(교태)－ 사귐의 형태. 사귐에 임하는 태도를 말한다. 이 구는 두보가 곤궁해지니 전에 사귀던 사람의 태도가 확 바뀌어, 염량세태 炎涼世態를 실감하게 되었다는 뜻이다.

《두시상주》에 인용된 《적방진전翟方進傳》 한 번은 귀하게 되고 한 번은 천하게 되면 비로소 사귀는 태도를 알 수 있다.(一貴一賤, 乃見交態.)

22 世梗(세경)－ 세상이 가시밭길처럼 험난하다. 路澀(노삽)－ 길이 순탄치 못하다. 이 구는 두보가 현재 자신이 겪고 있는 인생살이의 어려움을 슬퍼한 것이다. 안녹산의 난으로 세상이 어지러워 길 가기가 어려움을 슬퍼한 것으로 볼 수도 있다.

《두공부초당시전》 안녹산의 난으로 길이 가로막히고 통하지 않아 길 가는 것이 어렵다는 것이다.(祿山之亂, 梗阻不通, 而行路爲難也.)

23 東風(동풍)－ 동쪽에서 부는 바람, 봄바람의 뜻이다. 안녹산의 반군을 비유한 것으로 보는 설도 있으나 합당하지 않다.

《두공부초당시전》 안녹산이 범양에서 반란을 일으켰는데, 범양은 동쪽에 있으며 얼음은 전쟁을 상징한다.(祿山反於范陽, 范陽在東, 而氷有兵革之象也.)

24 泱漭(앙망)－ 넓은 모양. 큰 모양. '泱莽'으로 된 판본도 있다. 后土(후토)－ 땅. 대지.

《두공부초당시전》 온 땅의 백성들이 모두 도탄에 빠진 것을 말한다.

(言率土之民, 皆陷於塗炭也.)

[東風 2구] 두보가 정 녹사와 헤어질 때의 경물을 묘사하면서, 어려운 형편으로 얼어붙었던 두보의 마음이 봄바람 같은 정 녹사를 만나 풀렸다는 사실을 곁들여 표현하였다.

#《두시상주》: 이 단락은 도와준 정을 서술하였다. 아래 2구는 헤어질 때의 경물이다.(此敍周卹之情. 下二, 臨別時景.)

25 羽翮(우핵) - 날개.

26 戢(즙) - 거두다. 거두어 움추리다.

27 翻雲鶻(번운골) - 구름 속을 나는 송골매.

28 聞呼(문호) - 사람이 부르는 소리를 듣다. 혹은 먹이가 되는 새소리를 듣는 것으로 볼 수도 있다. 禽(금) - 송골매의 먹이가 되는 새를 말한다.

《구가집주두시》 조차공 주 사람이 부르는 소리를 듣고 날짐승을 급하게 쫓지 말라고 경계하는 것이며, 또한 이로써 날개를 아끼라는 뜻을 마무리 짓고 있다.(戒之以莫聞人之所呼而急於向禽, 又以終其惜羽翮之意.)

[念君 4구]

《두공부초당시전》 정공이 이때에는 마땅히 깃털을 아껴 거두어들이고, 은거하며 그저 많이 듣기나 하고 높이 누워 지내야 할 것이니, 이것이 바로 명철보신의 방법이다. 배고픈 송골매가 하늘 위를 날다가 다만 먹이를 쫓는 데만 급한 것을 배워서는 안 되니, 그러면 주살에 잡히는 화를 면하기 어려울 것이다. 두보는 정공이 난세에는 행역이 어려우니 이익만을 쫓는 모리배가 되어 분주하게 돌아다니지 말 것을 경계한 것이다.(程公當此時, 更宜護惜毛羽戢翼, 隱居飽聽高臥, 乃明哲保身之術, 莫學飢鶻翻飛雲漢, 徒馳逐急於得禽, 恐不免矰

繳之禍. 甫意戒程公, 亂世艱於行役, 勿爲趍利之徒, 而伋伋於奔走也.)

#《두시상주》: 마지막은 작별하면서 간곡하게 말한 것으로, 돌아가서는 재주를 거두라는 당부를 하고 있다. 주학령의 주에 "위에서 '더불어 이야기해 보니 재주가 뛰어나다'고 하였으니 정 녹사는 필시 재주를 지니고 과감히 행동을 하는 사람일 것이다. 그러나 세상의 난리가 이제 한창이니 마땅히 거두어들일 것을 생각해야 하는 것이다. 그러므로 먹이를 향하는 송골매의 비유를 들어 그를 경계한 것이다."라고 하였다.(末則送別丁寧, 囑其歸而斂才也. 朱注, 上云與語才傑立, 錄事必負才敢爲者, 然世難方殷, 當思斂戢, 故又以向禽之鶻戒之.)

##《두억》: 시를 시작하면서 나이 든 티를 팍팍 내고 있는데, 그 정황이 마치 그림을 보는 듯 선명하다. 그러다 갑자기 바뀌어 "감화되어 나의 이목이 열린다."라고 했으니 묘한 정취가 느껴진다. 종성鐘惺은 "'혼망' 두 글자는 광인이 시절을 경시하고 세상을 우습게 여기는 좋은 핑계거리다."라고 하였다. 마지막에서 "구름 속을 나는 송골매가 되지 말라."라고 하였으니, 진정으로 상대를 알아주는 포숙으로서 그를 대한 것이다. 대개 정 씨가 걸출한 재주를 지니고 있으니 그 재주를 잘 사용하라고 권면한 것이다.(起來寫出倚老賣老, 情狀如畫. 而轉到薰然耳目開, 妙有情致. 鍾云, 昏忘二字, 是狂人輕時慢世好題目. 末云, 莫作翻雲鶻, 眞以鮑叔之相知待之矣. 蓋程有傑立之才, 而勗以善用其才也.)

《독두심해》: 첫 단락은 서로 만나 자주 보았다는 이야기를 가지고 이별을 고하게 된 상황을 뒤집어 일으켰다. '내괴' 8구는 술을 가져와서 이별을 고하게 된 정황을 서술하였다. 마지막 4구는 떠나기에 앞서 당부한 말인데, 난세에 처해서는 의당 이 말을 잘 지켜야 한다는 것이다. 두보는 여러 고난을 다 겪어 보았기에 좋은 벗을 위하여 이 말을 준 것이다.(首段以相遇數見, 翻起取別來. 內愧八句, 敍攜酒取別情事. 末四句, 臨行囑咐之詞, 處亂世宜佩斯言. 杜老艱苦備嘗, 故爲良友持贈.)

(**박홍준**)

46. 鄭駙馬池臺喜遇鄭廣文同飮

정 부마의 연못가 누대에서 정 광문을 만나 함께 술을 마신 것을 기뻐하다

不謂生戎馬[1] 何知共酒杯[2] 燃臍郿塢敗[3] 握節漢臣回[4]
白髮千莖雪[5] 丹心一寸灰[6] 別離經死地[7] 披寫忽登臺[8]
重對秦簫發[9] 俱過阮宅來[10] 留連春夜舞[11] 淚落强徘徊[12]

전쟁 중에 살아 있으리라 생각도 못했는데
어찌 술까지 함께할 줄 알았으랴?
배꼽에 불을 사르고 미 땅의 성채가 무너지니
부절을 쥐고서 한나라의 신하가 돌아왔네.
흰머리 천 가닥으로 눈이 내렸고
붉은 마음은 한 치 재가 되었네.

헤어지고서 죽음의 땅을 지났는데
속내를 열어 쏟아내며 문득 누대에 올랐네.
다시 진나라의 퉁소 소리를 대하고
함께 완함의 집에 들렀네.
차마 떠나지 못하고 봄날 밤에 춤을 추나니
눈물 떨구며 애써 배회하네.

이 시는 두보가 지덕 2년 봄 부마도위 정잠요鄭潛曜의 연못가 누대에서 광문관박사廣文館博士 정건鄭虔을 만나서 함께 술 마시

며 감회를 읊은 것이다. 정 부마의 연못가 누대가 동도 낙양에 있었다는 사실을 바탕으로 낙양에서의 작품으로 추정하기도 한다. 그러나 공이 함적 시기에 장안에 있었고 낙양으로 갔었다는 사실이 알려진 바가 없다는 점을 고려하여 장안에서의 작품이라는 견해도 있다. 이 경우에 정 부마의 연못가 누대는 낙양에 있는 것과는 별도로 장안에도 있는 것이 된다. 후자의 견해가 따를 만하다.

《두시상주》 이 시는 마땅히 지덕 2년 봄에 지어졌을 것이다. 이해 정월 안경서가 안녹산을 죽였다. 그러므로 시 가운데에 '연제' 구가 있다. 생각해보면, 이때에 반군의 무리는 항복한 관원들을 차츰 풀어 주어 정건이 경사로 돌아올 수 있었다. 황학은 공과 정건이 모두 동도에 구금되어 있었고 이로 인하여 부마의 연못가 누대에서 술을 마셨다고 생각하였다. 살펴보건대, 공은 장안에 있을 때 동도에 간 적이 없었다. 아마도 장안에 따로 정 부마의 연못가 누대가 있었을 것이니, 반드시 하남 신안의 연못가 누대를 가리키는 것은 아니다. 또 이해 9월 서경을 수복할 수 있었고 12월에는 조서가 내려 안녹산의 조정을 따른 자들의 죄를 정하여, 정건은 태주사호로 폄적되었다. 만약 건원 2년 봄이라면 공은 문하성에 있었으니 응당 그와 더불어 함께 술 마시며 놀지는 않았을 것이다. 노원창의 주에는 "시제에 '광문'이라고 한 것은 옛 관직을 칭해서 그의 뜻을 드러낸 것이다."라고 하였다.(此詩當作於至德二載之春, 是年正月, 安慶緖殺祿山, 故詩中有燃臍句, 想此時賊黨稍縱降官, 鄭得回京也. 黃鶴疑公與虔皆被拘東都, 因飮駙馬池臺. 按, 公在長安, 未嘗至東都, 恐長安別有鄭駙馬池臺, 不必指河南新安之池臺. 又, 是年九月, 克復西京, 十二月, 詔定從僞者之罪, 虔貶台州司戶. 若乾元二年春, 公在諫省, 不應與之同飮流連矣. 盧注, 題曰廣文, 稱舊官, 表其

志也.)

《보주두시》 시에서 "배꼽에 불을 사르고 미 땅의 성채가 무너졌다."는 안녹산의 죽음을 가리키니 이 시는 지덕 2년에 지은 것이다. 아마도 안녹산은 이해 정월 안경서에 의하여 시해되었을 것이다. 공은 이때에 반군에 억류되어 있었고 정 부마의 연못가 누대는 하남 신안현에 있었는데, 공이 반군에 억류되어 있을 때 동도에 갔다는 사실을 듣지 못하였으니, 아마도 장돈유가 여러 관리를 동도에 억류했을 때에 공은 반군의 진영에 빠진 채로 또한 잠시 동도에 억류되어 있었기 때문에 정건과 만나서 함께 술 마실 수 있었을 것이다. 시에서 "부절을 쥐고서 한나라의 신하가 돌아왔다."라는 구절을 둔 까닭은 안녹산이 죽은 뒤에 모두 몸을 온전히 하여 돌아갈 수 있기를 바랐기 때문이다. 양권도는 건원 원년에 편입해 놓았다. 그러나 지덕 2년 12월에는 이미 안녹산의 조정을 따른 자들의 죄를 확정하였고, 정건은 그중에 있어서 태주사호로 폄적되었고 공은 문하성에 있었으니, 건원 원년에 여전히 그와 함께 술 마시며 차마 떠나지 못하며 춤을 추었을 리가 없다. 또 시에서 "부절을 쥐고서 한나라의 신하가 돌아왔다."라고 한 것과도 어울리지 않는다. 다시 "헤어지고서 죽음의 땅을 지났는데 속내를 열고 쏟아내어 문득 누대에 올랐다."라는 구절을 음미해보건대, 이것은 공이 아직 습유가 되기 전의 작품이라는 것에 의심이 없다. (詩云, 燃臍郿塢敗, 指祿山死. 則是此詩在至德二載作. 蓋祿山以是年正月爲安慶緒所弑. 公是時陷賊中, 而鄭駙馬池臺在河南新安縣, 不聞公陷賊時, 至東都, 豈張敦儒拘諸官於東都時, 公以陷賊亦暫拘東都, 故得與鄭虔相遇而同飮. 詩所以有握節漢臣回之句, 期祿山死後, 皆可以全身而歸也. 梁權道編在乾元元年, 然至德二載十二月已定從僞者之罪, 虔在其中, 貶台州司戶, 公在諫省, 不應乾元元年尙與之同飮爲留連之舞, 又與詩云握節漢臣回不叶, 再味別離經死地,

披寫忽登臺之句, 是公未爲拾遺前作無疑.)

《두억》 이 시는 바로 공이 적진에서 벗어나서 서쪽으로 달아나려 하던 참에 정 광문을 만나 그와 더불어 함께 술을 마시고 작별을 말하면서 지은 것이니, "헤어지면 죽음의 땅을 지날 것이다."라는 말을 살펴보면 알 수 있다. 아마도 지덕 2년 봄 안녹산이 피살된 후일 것이다.(此詩乃公將脫賊西走, 遇廣文而與之同飮話別之作, 觀'別經死地'之語可見. 蓋在至德二載之春, 祿山被殺之後.)

주 석

1 不謂(불위)– 생각하지 못했다. 의외의 사실임을 말한다. 生戎馬(생융마)– 전쟁 중에 살아 있다. 선생이 일어나나라는 뜻으로 보기도 한다.

《두시상주》에 인용된《노자》 천하에 도가 없으면 군마가 성 밖에서 자란다.(天下無道, 戎馬生於郊.)

《두시경전》 이러한 전쟁을 당하고서도 여전히 살아남을 수 있음을 말한 것이다.(謂當此戎馬而猶得生存也.)

2 何知(하지)– 어찌 알았겠는가? 역시 의외의 사실임을 말한다. 共酒杯(공주배)– 술잔을 함께하다. 두보가 정건과 만나 술을 마시게 된 것을 가리킨다.

3 燃臍(연제)– 배꼽에 불을 사르다. 郿塢敗(미오패)– 미 땅의 성채가 무너지다. '郿'는 섬서성 미현郿縣이다. '塢'는 제방, 성채를 뜻한다. 동탁이 여포에게 죽음을 당한 고사를 사용하여, 안녹산이 안경서 등에게 살해된 것을 말하고 있다. 안경서의 패퇴로 보기도 한다.

《두시상주》《후한서》에는 "동탁이 미 땅에다가 성채를 쌓았는데, 높이와 두께가 7장이며 만세성이라고 불렀다. 여포가 동탁을 죽여 저자에 동탁의 시신을 매달아 두었는데, 날씨가 때마침 더워지기 시작하였다. 동탁이 평소 비만하여 기름이 땅에 흘러내리자, 주검을 지키는 관리가 불을 붙여 동탁의 배꼽 가운데 두었더니, 밝은 빛이 새벽녘까지 이르렀다."라고 기록되어 있다. 《당서》에는 "지덕 2년 정월에 엄장과 안녹산의 아들 안경서가 안녹산을 살해할 것을 모의하여 부하인 이저아를 시켜 큰 칼로 그의 배를 찍게 하였더니, 창자가 침상에 터져 나와 죽었다."라고 기록되어 있다. 그 일이 동탁과 비슷하다.(後漢書, 董卓築塢於郿, 高厚七丈, 號萬歲城. 及呂布殺卓, 尸卓於市. 天時始熱, 卓素充肥, 脂流於地, 守尸吏燃火置卓臍中, 光明達曙. 唐書, 至德二載正月, 嚴莊與祿山子慶緖, 謀殺祿山, 使帳下李豬兒以大刀斫其腹, 腸潰於牀而死, 事與卓類.)

《보주두시》에 인용된 사씨 주 이것은 안녹산이 죽임을 당한 것을 말한다.(此言祿山伏誅也.)

《구가집주두시》 조차공 주 "배꼽에 불을 사르고 미 땅의 성채가 무너졌다."라는 것은 안경서가 패주한 것이 동탁과 같음을 말한 것이다.(燃臍郿塢敗, 言慶緖奔敗如董卓也.)

4 握節(악절) – 부절을 쥐다. 부절은 사신의 신표이다. 송자경의 수고본手稿本에는 '禿節'로 되어있다고 한다. 漢臣回(한신회) – 한나라의 신하가 돌아오다. 한나라 소무의 고사를 빌어 정건이 돌아온 것을 말하였다.

《두시상주》 조이도의 집에 송자경의 수고본 《소릉시》 한 권이 있는데, '악절한신회'에서 '악절'이 '독절禿節'로 되어 있다. 《본전》을 상고해보건대, 소무는 한나라의 부절을 잡고 양을 쳤는데, 누울 때나 일어나 있을 때나 늘 쥐고 있어서 부절의 털이 모조리 떨어져 나갔으며, 19년간이나 머물다가 돌아왔다. 양신은 《장형전》의 "소무가 깃털 장식이 다 떨어져 나간 부절[독절]로써 곧음을 드러냈다."라는 것을 증거로 삼았다. 지금 살펴보건대, '독절'이 비록 《장형전》에 바탕을 두고 있지만, '악절'은 오히려 세 가지의 근거를 가지고 있다. 《좌전》에서 "양공의 난리에 공자 공이 부절을 쥐고 죽었다."라는 내용, 《진서·왕기전》에서 "왕기가 광주에 들어가자 곽눌은 뭇사람들이 모두 흩어져 달아나는데도 오히려 부절을 쥐고 왕기를 피하였다. 왕기가 곽눌에게 가서 부절을 요구하니 곽눌은 탄식하여 말하기를, '옛날 소무가 그의 부절을 잃지 않았던 것을 이전의 역사에서는 미담으로 여기고 있다'라고 하였다."라는 내용, 그리고 조손등의 시에서 "부절을 쥐고 저물녘 양을 본다."라고 한 것이 그것이다. 공의 시에서는 아마도 그것들을 겸하여 사용하였을 것이다. 게다가 소무는 밖에 있었던 것이 여러 해였기 때문에 부절의 깃털 장식이 죄다 떨어져 나갔고, 정건이 적진에 억류된 것은 1년에 그치니, 자연 '악절'을 따르는 것이 마땅하다.(晁以道家有宋子京手書小陵詩一卷, 　握節漢臣回乃是禿節. 考本傳云, 蘇武仗漢節牧羊, 臥起持, 旄節(節旄의 오류)盡落, 留十九年而還. 楊升庵引張衡傳, 蘇武以禿節效貞爲證. 今按, 禿節雖本張衡傳, 然握節者却有三據. 左傳, 襄公之難, 公子邛握節以死. 晉書王機傳, 機入廣州, 郭訥衆皆散, 乃握節避機, 機就訥求節, 訥歎曰, 昔蘇武不失其節, 前史以爲美談. 祖孫登詩, 握節暮看羊. 公詩蓋兼用之. 且蘇武在外多年, 故節旄禿落, 鄭陷賊止一年, 自當從握節也.)

《두시상주》 당시 정건은 반군에 억류되었는데, 안녹산의 정권이 수부낭중을 제수하자 거짓으로 풍증이라고 칭하고 비밀 상주문을 영무에 전달하였다. 이는 비록 몸은 반군의 조정에 있었지만 뜻은 왕실에 있었던 것이다. 그러므로 소무로써 견준 것이다.(當時虔陷賊中, 僞授水部, 詐稱風緩以密章達靈武. 蓋雖身在賊庭, 而志在王室, 故以蘇武比之.)

《두억》 '악절'이 '독절'로 되어있는 것은 송자경의 손으로 정해진 것인데, 《장형전》의 "소무가 깃털 장식이 다 떨어져 나간 부절[독절]로써 곧음을 드러냈다."라는 말을 사용하고 있는 것은 지극히 옳다. 아마도 이 구절은 바로 공이 스스로를 일컫는 것이리라. 만약 '악절'을 쓴다면, 공은 일찍이 왕명을 받들고 사신으로 간 적이 없었고 또한 정 광문이 욕스럽게 반군의 명을 받은 것을 드러내 준다. 만약

'독절'이라면, 스스로를 소무가 오랑캐의 땅에 갇혀 굶주림과 추위로 어려운 처지에 놓였던 것과 견주는 것으로 되니, 욕되지 않은 부절을 부러워한 것은 아니다.(握節作禿節, 宋子京手定, 用張衡傳蘇武以禿節效貞語, 極是. 蓋此句乃公自謂, 若用握節, 則公旣未嘗奉使, 且與廣文之汙僞命者相形, 若禿節則自比于蘇之羈於虜地, 飢寒狼狽, 而非羨不辱之節也.)

《구가집주두시》 조차공 주 "부절을 쥐고서 한나라 신하가 돌아왔다."는 정건이 반군에 억류된 상태로부터 돌아온 것을 말한다. 그가 뒤에 태주로 폄적되자 공의 시(〈제정십팔저작장고거題鄭十八著作丈故居〉)에서 또 "소무는 양을 치며 도적의 뜰에 갇혀 있었다."라고 하였다. 이는 그를 견주기를 소무와 같다고 한 것이다.(握節漢臣回, 言虔自陷賊中回. 其後謫台州, 公詩又云, 蘇武看羊陷賊庭. 蓋比之如蘇武也.)

《보주두시》에 인용된 사씨 주 이것은 정건이 반군으로부터 돌아온 것을 말한다.(此言鄭自賊歸也.)

5 千莖(천경) – 천 개의 줄기, 여기서는 희어진 머리칼의 수가 많음을 뜻한다.

《두시경전》 그가 위태로움을 우려한 것을 말한다.(言其憂危.)

6 丹心(단심) – 붉은 마음. 임금에 대한 충성심을 일컫는다. 一寸灰(일촌회) – 한 치의 재. 군왕에 대한 충성심으로 노심초사하여 심장이 아예 재로 변했다는 뜻이다.

《보주두시》에 인용된 왕수 주 근심과 환난으로 괴로움을 당하여 심장에 이미 남은 게 없다는 말로, 따라서 '일촌회'라 하였다.(言爲憂患所困而心已無物矣, 故云一寸灰.)

#《두시상주》: 첫 단락에서는 정 광문이 경사로 돌아온 것을 서술하고 있다. 평상시에 난리를 만날 것을 생각하지 못했었고, 난리를 만나고서는 어찌 다시 모이게 될 것을 알았으랴? 기뻐하는 곳에 슬픔을

머금고 있으니, 두 마디 말이 전체적인 뜻을 통섭하여 일으키고 있다. '연제' 구와 '악절' 구는 그가 적진을 빠져나온 것을 다행스럽게 생각한 것이다. '백발' 구와 단심' 구는 그의 걱정이 임금과 나라에 있음을 밝히고 있다.(首敍廣文回京. 平時不謂遭亂, 遇亂何知復聚, 喜處含悲, 二語攝起全意. 燃臍握節, 幸其脫賊而來. 白髮丹心, 明其憂在君國也.)

7 死地(사지) – 죽음의 땅. '死'가 '此'로 된 판본도 있다. 이 구는 예전에 두 사람이 헤어진 뒤 지금까지 각자 사지를 다녔다는 말이다. 이와 달리 이제 헤어지면 사지를 지나게 될 것이라고 풀이하는 설도 있지만 틀렸다.

8 披寫(피사) – 펼쳐내다. 속내를 남김없이 털어놓는다는 뜻이다. 登臺(등대) – 누대에 오르다. '臺'는 시제의 '연못가 누대'를 말한다. 이 구는 두 사람이 만나 오늘 누대에 올랐다는 말이다.

《보주두시》에 인용된 사씨 주 '피사'는 가슴을 열어 생각을 펴내는 것이다.(披寫言剖懷也.)

9 秦簫(진소) – 진 목공穆公의 딸 농옥弄玉과 그녀의 남편 소사簫史의 고사로서, 정 부마를 가리킨다.

10 俱(구) – 함께. 정건과 두보가 다 같이 정 부마의 연못가 누대에 모이게 된 것을 가리킨다. 阮宅(완택) – 완함의 집. 완함은 완적의 조카이다. 정 부마가 정건의 조카이기에 완적과 완함의 고사를 빌려 쓴 것으로, 정 부마의 집을 말한다. '宅'이 '巷'으로 된 판본도 있다.

《구가집주두시》 사씨 주 완적은 대완이라고 하고 완함은 소완이라고 한다. 정 광문이 부마와 성이 같기에 그렇게 말한 것이다.(阮籍謂之大阮, 阮咸謂之小阮, 廣文與駙馬同姓, 故云.)

《두시경전》 부마는 바로 정건의 조카이다.(駙馬乃鄭虔之姪.)

11 留連(유련) – 머뭇거리며 차마 떠나지 못하다. '醉留'로 된 판본도

있다. 舞(무) – '席'으로 된 판본도 있다.

12 强徘徊(강배회) – 억지로 배회하다, 애써 배회하다. '强'이 '更'으로 된 판본도 있다.

[留連 2구] "醉連春苑夜, 舞淚落徘徊."로 된 판본도 있다.

#《두시상주》: 이 단락은 함께 술 마시는 심사를 기록한 것이다. 2구는 '연못가 누대'를 드러내고 있다. 3, 4구는 부마의 숙질간의 일이다. 말련에서는 오히려 슬픔과 기쁨, 이별과 만남의 정회가 일시에 모여드는 것으로서 여전히 이 시의 머리 부분과 호응한다.(此記同飮心事. 次句, 點池臺. 三四, 駙馬叔姪. 末乃悲歡離合, 一時交集之情, 仍與章首相應.)

《두억》: 여기서 이별하면 다시 죽음의 땅을 지나가야 한다. 그러므로 다른 때에 우의가 돈독한 친구가 서로 만나 술을 마주하였다면 즐거웠을 것이나, 지금은 눈물을 떨구며 억지로 배회하고 있는 것이다.(此之別離, 重經死地, 故他時相知對酒則樂, 而此則淚落强徘徊也.)

##《독두심해》: 처음 4구는 서사 부분으로서, 놀라움과 의아함이 변화가 많고, 정회와 장법이 둘 다 묘하다. 가운데 4구는 전편의 힘살과 뼈대가 있는 부분이다. 그의 심사를 드러내고서 곁들여 연못가 누대를 등장시키고 있으니 얼마나 침착하고 얼마나 시원스레 벗어났는가? 뒤 4구는 거두어들여 잡아맴이 치밀하다. 구조오는 6구에서 분절하였는데, 정신과 기운이 삭막해진다.(起四, 敍事. 驚疑曲折, 情法雙妙. 中四, 一篇筋骨處. 既表其心跡, 隨帶出池臺, 何等沈着, 何等擻脫. 後四, 收縮密切. 仇在六句截住, 神氣索然.)

(이남종 · 김수희)

47. 自京竄至鳳翔喜達行在所三首

경사에서 몰래 봉상에 이르러서 행재소에 도달한 것을 기뻐하며 쓴 시 3수

西憶岐陽信[1] 無人遂却回[2] 眼穿當落日[3] 心死著寒灰[4]
茂樹行相引[5] 連山望忽開[6] 所親驚老瘦[7] 辛苦賊中來[8]

서쪽으로 기산 남쪽의 소식을 그리워했지만
끝내 돌아오는 사람 없어서,
눈이 뚫어져라 지는 해를 바라보다가
마음이 죽어 차디찬 재를 붙인 듯했다.
무성한 나무가 길을 가는 나를 끌어주더니
연이은 산이 바라보니 홀연히 열렸다.
친한 이들이 늙고 수척한 모습에 놀라며
"반군 속에서 오느라 고생하셨소"라고 한다.

지덕 2년 2월에 숙종은 팽원彭原에서 봉상으로 옮겨 왔고, 그 해 4월에 두보는 생명의 위험을 무릅쓰고 경사京師인 장안에서 탈출하여 봉상에 도착하였는데, 이 시는 봉상에 도착한 뒤에 그 기쁨을 읊은 것이다. 제1수는 도착하기 전의 이야기가 내용의 중심이고, 제2수는 막 도착하고서 본 일과 느낌이 중심이며, 제3수는 도착한 뒤 시인의 바람이 중심이니, 시상이 순차적으로 전개되었다.

《두시상주》의 시제는 《문원영화文苑英華》를 따랐다. 여러 판본에 시제의 '自京竄至鳳翔' 6자가 없고, 대신 그것을 작자의 원주로

간주하였다. 일례로 《독두심해》에서는 시제를 '喜達行在所三首'라고 하였다.

봉상은 원래 부풍현扶風縣이었는데, 지덕 2년에 개명하였다. 행재소는 천자가 도성을 떠나 있을 때의 임시 거처이다.

《두시상주》 시제는 《문원영화》를 따랐다. 여러 판본에 앞의 6자가 없다.(從英華, 諸本無上六字.)

《보주두시》 지금 '행재소'라 하였으니, 이 시는 지덕 2년 여름 공이 반군의 점거지에서 탈출하여 봉상의 행재소에 이르렀을 때 지은 것이다.(今云行在所, 是至德二載夏, 公自賊營逃至鳳翔行在所時作.)

《독두심해》 《당서》에서 "지덕 2년 2월에 숙종이 팽원에서 봉상으로 갔다. 이때에 부풍을 봉상군으로 고쳤다."라고 하였다. 옛 주에 의하면 공이 봉상에 간 것은 여름인 4월이었다.(唐書, 至德二載二月, 肅宗自彭原幸鳳翔. 時改扶風爲鳳翔郡. 舊注, 公至鳳翔, 在夏四月.)

《독두심해》 원주에 '자경찬지봉상'이라 하였다.(原注, 自京竄至鳳翔.)

주 석

1 憶(억) – 그리워하다. 생각하다. 岐陽(기양) – 봉상을 말한다. 봉상이 기산의 남쪽에 있기 때문이다. 信(신) – 소식.

《두시상주》 '기양'은 봉상으로, 장안의 서쪽에 있다. 그래서 '서쪽을 그리워하다'라고 하였다.(岐陽卽鳳翔, 在長安之西, 故云西憶.)

2 遂却回(수각회) – 마침내 돌아오다. '却回'는 '돌아오다'의 뜻이다. '遂却'을 '곧바로'의 뜻으로 풀이하는 설도 있다. 이 구는 봉상에서 장안으로 돌아오는 사람이 없다는 뜻이다.

《두시상주》 '각회'는 물러나 돌아오는 사람을 말한다.(却回, 謂退回之人.)

《독두심해》 '수각'은 '卽便(곧바로)'이라고 말하는 것과 같다.(遂却, 猶言卽便.)

[西憶 2구]

《두시언해》 이 구절은 두보가 반군 속에 있을 때 행재소의 소식을 그리워하였는데 황제가 있는 곳에서 사람이 오지 않았음을 말한다.(此言甫在賊中, 思行在之信, 而無人從帝所來也.)

3 眼穿(안천) – 눈이 뚫어지다. 간절히 바라보는 것을 뜻한다. 當落日(당락일) – 지는 해를 마주하다. 지는 해를 바라본다는 뜻이다. 봉상이 장안의 서쪽에 있었기 때문에 이런 표현을 한 것이다. '當'은 '看'으로 된 판본도 있다.

《두공부시집집주》 봉상이 장안의 서쪽에 있었기 때문에 '지는 해를 마주하다'라고 한 것이다.(鳳翔在京師西, 故曰當落日.)

4 心死(심사) – 마음이 죽다. 著寒灰(착한회) – 찬 재를 붙이다. 마음이 활기를 잃어 차가운 재처럼 되었다는 뜻이다. '著'은 '붙이다'의 뜻이다. 여러 주석서에서 이것이 《장자》에 쓰인 '死灰'와 연관되는 것으로 보고 있지만, 《장자》의 경우 그것은 마음의 평정을 비유하는 것이기 때문에 내용상 이 시와는 관련이 없다.

《두공부초당시전》 '著'은 '척략절陟略切'로 '두다'의 뜻이다.(著, 陟略切, 置也.)

《두시상주》 《장자 · 제물론齊物論》에서 "마음을 죽은 재처럼 할 수 있느냐?"라고 하였다.(莊子, 心可如死灰乎.)

《구가집주두시》 (《장자 · 경상초》에서) 경상초가 "마음이 죽은 재와 같다."라고 말하였다.(庚桑楚曰, 心若死灰.)

[眼穿 2구] 눈이 뚫어지게 바라보며 소식을 기다렸지만 희망이 보이지

않아 절망한 모습을 표현한 것이다.

《두시설》 3, 4구에서 운운한 것은 바라보지만 이르지 않아 마음이 끊어짐을 말한다. 이는 소식을 바란 것이 아니라, 바로 진도의 패전 후에 관군이 다시 거병하기를 보고자 한 것이니, 바로 〈대설〉 시에서 말한 "여러 고을의 소식이 끊겼다."라는 것이다. '눈이 뚫어지고' '마음이 죽게 됨'에 이르러, 이 때문에 비로소 탈출할 계획을 세운 것이다. 그래서 후반부의 내용이 있다.(三四云云, 言望不至, 心斷絶也. 此非望信, 乃陳陶敗後欲望官軍再擧, 卽對雪詩所謂數州消息斷者. 至於眼穿心死, 因而始爲脫走之計, 故後半云云.)

《두시언해》 서쪽을 향하여 바라보니 눈이 뚫어질 것 같고 마음이 꺾여서 생기가 없으니 찬 재를 붙인 것 같다는 말이다.(言西向而望, 眼如穿, 心折無生意, 如著寒灰.)

5 茂樹(무수) – 무성한 나무. 여기서의 나무는 길가의 나무를 뜻한다. '茂'가 '霧'로 된 판본도 있다. 行相引(행상인) – 길을 갈 때에 끌어 주다. 초행이라 길을 잘 모르는 두보를 길가의 나무가 갈 길을 이끌어 주었다는 뜻이다. 이와 달리 적군의 눈을 피해 도망가는 두보였기에 몸을 숨길 수 있는 무성한 숲길을 따라서 갔다는 뜻으로 풀이하는 설도 있으나 취하지 않는다.

6 連山(연산) – 연이은 산. '山'이 '峰'으로 된 판본도 있다. '連山'이 '蓮峰'으로 된 판본도 있는데, 조차공이 이것은 잘못된 것이라고 지적하였다. 왜냐하면 '蓮峰'으로 할 경우 화산 연화봉을 뜻하는 것이 되어 내용상 맞지 않기 때문이다. 望忽開(망홀개) – 바라보니 홀연히 산이 열리다. 목적지에 도달할 즈음 산이 이어진 지역을 벗어나게 되어 시야가 탁 트였다는 뜻이다. 이와 달리 봉상으로 가는 도중에 연이은 산 사이로 때때로 길이 보이는 것을 뜻한다는 설도 있다. '忽'이 '或'으로 된 판본도 있다.

《구가집주두시》 화산에 연화봉이 있다.(華山有蓮華峰.)

《구가집주두시》 조차공 주 '무수'와 '연산'은 장안을 나온 뒤 눈에 보인 것을 말한 것이다. 어떤 판본에서는 '蓮峰'으로 되어 있는데, 틀렸다. 아마도 '蓮峰'은 화산 연화봉일 터인데, 어찌 거꾸로 장안의 동쪽으로 갔다가 동주와 화주의 경역을 지나서 올 리가 있겠는가? 마땅히 '茂樹', '連山'으로 하는 것이 바른 것이다.(茂樹連山, 言自出長安眼中之所見. 一作蓮峰, 非也. 蓋蓮峰, 乃華山蓮花峰也, 豈有却倒過長安之東, 經同華之境而來乎, 當以茂樹連山字爲正也.)

《두공부시집집주》 공은 장안의 금광문을 나서서 서쪽으로 봉상으로 갔으니, 화음 길을 갔을 리가 없다. 마땅히 '連山'으로 한 것이 옳다.(公自京師金光門出, 西歸鳳翔, 不應走華陰道, 當以連山爲正.)

[茂樹 2구] '樹茂'가 '霧樹'로 되어 있고, '忽'이 '或'으로 되어 있는 판본을 따르면서, '안개 낀 나무가 길을 인도해주고, 때때로 이어진 산에 끼어 있던 안개가 걷힌 모습이 보인다'라는 뜻으로 풀이하는 설도 있다.

《두시언해》 길가는 중에 나무를 보면 나의 가는 길을 인도하는 것 같고, 산을 바라보면 어떤 것은 그 뒷면이 보이고 어떤 것은 그 정면이 보인다는 것이다.(行路之間, 望樹則如引我之行, 望山則或見其背, 或見其面也.)

《두율계몽》 들의 안개가 자욱하여 길을 알아보지 못하는 상황에서 오직 길가의 나무가 가는 길을 이끌어주었다. 이어진 산이 안개로 가려져 있었는데, 어떤 때는 바라보면 혹 걷히기도 하였다. 걷히지 않을 때가 많았음을 말한다.(野霧迷漫, 道路不辨, 惟道旁之樹, 行相引耳. 連山爲霧所遮, 有時望而或開, 言不開時多也.)

7 所親(소친)－ 친한 사람. 친지. 老瘦(노수)－ 노쇠하고 몸이 수척하다.

8 辛苦(신고) 구－ 친지들이 두보의 모습에 놀라며 위로한 말이다. 그러나 친지들이 놀란 것에 대해 두보가 해명한 말로 볼 수도 있다.

#《두억》: '기양'은 바로 '봉상'인데, 돌아오는 사람이 없어서 그 소식을 알 수 없었다. 눈이 뚫어져라 지는 해를 바라본 것은 간절히 바랐기 때문으로, '서' 자와 호응한다. 마음이 죽어 찬 재를 붙인 듯한 것은 절망했기 때문이니, '억' 자와 호응한다. 그래서 죽을힘을 다하여 앞을 향해 가서 나무를 바라보며 가고, 산을 가리키며 가다가 '蓮峰'이 열렸다 합쳐졌다 하는 것을 보았으니, 이는 모두 실제 겪은 것을 말한 것이다.(岐陽, 卽鳳翔, 以無人遂回, 故不得其信. 眼穿當落日, 望之切也, 應西字. 心死著寒灰, 則絶望矣, 應憶字. 於是拚死向前, 望樹而往, 指山而行, 見蓮峯或開或合, 俱實歷語.)

《두시상주》: 첫 수는 장안에서 봉상으로 간 것을 말하였다. "눈이 뚫어지도록 지는 해를 바라보았다."라는 구는 '서억' 구를 이어받은 것이고, "마음에 죽은 재를 붙였다."라는 것은 '무인' 구를 이어받은 것이다. 나무를 의지하고 산을 옆에 두고 갔다는 것은 사잇길로 몰래 달아난 자취이고, 반군 속에서 고생하였다는 것은 친지들이 놀라 위문한 말이다.(首章自京赴鳳翔. 眼穿落日, 承西憶. 心着死灰, 承無人. 依樹傍山, 間道奔竄之跡. 辛苦賊中, 親知驚問之詞.)

《독두심해》: 제1수는 아직 도달하기 전의 이야기로부터 막 도달했을 때의 이야기로 낙착되었으니, '희' 자의 뿌리이다. 시작하는 부분은 도리어 봉상을 제시하면서 경사에 있었다는 사실을 몰래 담고 있다. 4구가 한 기운으로 이어져 내려가는데, 이는 아직 도달하기 전의 한 층차이다. 제5구는 숨어서 갈 때의 경로이고, 제6구는 거의 이르렀을 때의 모습이다. 제7구와 제8구는 이미 이른 상황에서 도리어 경사에서부터 왔다는 사실을 지적한다. 묘한 점은, 앞에서 경사에 있을 때를 말하면서 '서억', '안천', '심사' 등의 글자를 써서 도달했으면 하는 생각에 정신이 이미 전부 주입되었다는 데에 있다. 또 다른 묘한 점은 결련에서 봉상에 이르렀음을 말하는 곳에서 자신의 신변사로 그려내어 '희' 자가 도리어 솟아나오도록 했다는 데에 있다. 자신이 늙고 수척하였음을 또 옆 사람의 눈으로 보아 내었으니 글이 특히 영활靈活하다.(一章, 從未達前落到初達, 是喜字根苗. 起倒提鳳翔, 暗藏在京. 四句一氣下, 是未達前一層也. 五爲竄去之路徑, 六爲將至之情形, 七八, 就已至倒點自京. 妙在前說在京時, 着西憶眼穿心死等字, 精神已全注欲達矣. 又妙在結聯說至鳳翔處, 用貼身寫, 令喜字反迸而出. 而自身老瘦, 又從旁眼看出, 筆尤跳脫也.)

其二

愁思胡笳夕[1] 淒涼漢苑春[2] 生還今日事[3] 間道暫時人[4]
司隸章初睹[5] 南陽氣已新[6] 喜心翻倒極[7] 嗚咽淚沾巾[8]

호가 소리 들리는 저녁이면 시름에 빠졌고
한나라 궁원의 봄은 처량하였다.
살아 돌아온 것은 오늘의 일
사잇길에서는 잠시만 살 사람.
사례의 전장典章을 처음 목도하니
남양의 기상이 이미 새로워,
기쁜 마음이 바뀌어 극에 이르니
흐느껴 울어 눈물이 수건을 적신다.

주 석

1 愁思(수사) – 근심스러운 생각. 시름에 잠긴다는 뜻이다. 胡笳(호가) – 피리의 일종으로, 서역에서 유입되어 군대의 악기로 사용되었다. 여기서는 안녹산 군대의 악기를 뜻한다. 갈대를 말아 만들었다는 설도 있으나 옳지 않다.

《두공부초당시전》 오랑캐가 갈댓잎을 말아서 부는 것을 호가라고 한다. 반군에게 잡혀 있을 때 밤에 그 소리를 듣고 시름에 잠겼음을 말한다.(胡人捲蘆葉而吹, 曰胡笳, 謂陷於賊, 夜聽其聲而愁也.)

《구가집주두시》 반군에게 잡혀 있은 지가 오래되어 호가 소리에 염증을 느꼈음을 말한다.(言陷賊久, 厭胡笳也.)

2 漢苑(한원) – 한나라의 궁원. 여기서는 장안에 있는 당나라의 궁원을 가리킨다.

《두공부초당시전》 무릇 금수를 기르는 곳은 통칭하여 '苑'이라 한다. 궁원의 경물이 전란을 겪어서 황량하였음을 돌이켜 생각한 것이다.(凡養鳥獸, 通名爲苑. 追思苑中景物, 經兵火而荒涼也.)

《두시상주》 궁원 안의 꽃나무 있는 곳이 봄인데도 오히려 처량한 것은 오랑캐 기병이 그곳을 유린했기 때문이다.(苑中花木之地, 春尙凄涼, 以胡騎蹂躪其中也.)

[愁思 2구] 장안에 있었을 때를 회상한 것으로, 반군들의 호가 소리를 들으며 두보가 근심하였고 궁원은 봄이 되어도 처량하였음을 말한다.

3 生還(생환) – 살아 돌아오다. 今日事(금일사) – 오늘의 일. 살아 돌아올 수 있을지를 어제까지는 자신할 수 없었는데, 오늘에야 비로소 생환이 분명해졌다는 뜻을 나타낸다.

《독두심해》 반군에게서 몸을 빼내어 황제가 있는 곳으로 돌아왔기 때문에 '환'이라 한 것이다.(拔賊而歸帝所, 故曰還.)

4 間道(간도) – 사잇길. 반군의 눈길을 피하기 위해 큰길을 두고 사잇길

을 따라 도주하였음을 말한다. 暫時人(잠시인) — 잠시 목숨을 부지하고 있으나 언제 죽을지 모르는 위험에 처한 사람이라는 뜻이다.

《두공부초당시전》 사잇길을 살피며 가다보니 그의 목숨을 보장할 수 없었다는 것을 말한다.(言伺間隙之道而行, 不敢保其性命也.)

《두시상주》 '잠시인'은 생사가 경각에 달려 있음을 말한다.(暫時人, 謂生死懸於頃刻.)

[生還 2구] 이 두 구는 의미상 도치된 것이다. 사잇길로 도망올 때는 언제 죽을지 몰랐는데, 오늘에서야 비로소 살아 돌아오게 되었다는 뜻이다.

5 司隸(사례) — 벼슬 이름. 사례교위司隸校尉를 지낸 후한 광무제光武帝를 가리키는 말이다. 숙종을 광무제에 비견한 것이다. 章(장) 전장제도典章制度. 睹(도) — 목도하다. 《후한서 · 광무제기》에 보면 광무제가 경시제更始帝의 명으로 사례교위가 되어 한나라의 전장제도를 재건하였다.

《후한서 · 광무제기》 경시제가 북으로 낙양에 도읍을 정하려고 하여 광무제에게 사례교위 직을 맡게 하고 먼저 가서 궁전과 관부를 정리하게 하였다. 이에 관속官屬을 설치하고 공문서를 만들어 종사관이 일을 사찰하니 하나같이 옛 전장典章과 같았다. 당시 삼보의 관리들이 …… 사례의 관속을 보고서는 모두 기쁨을 이기지 못하였고, 늙은 관리 중 어떤 이는 눈물을 흘리며 "뜻밖에도 오늘 다시 한나라 관리의 위엄 있는 모습을 보게 되었구나."라고 하였다. 이에 식자들이 모두 그에게 마음을 주었다.(更始將北都洛陽, 以光武行司隸校尉, 使前整修宮府. 於是置僚屬, 作文移, 從事司察, 一如舊章. 時三輔吏士 …… 及見司隸僚屬, 皆歡喜不自勝. 老吏或垂涕曰, 不圖今日復見漢官威儀. 由是識者皆屬心焉.)

6 南陽(남양) — 지명. 《후한서》에 의하면 광무제는 남양 사람이다. 氣

(기)－ 기운, 기상. 상서로운 기운, 중흥의 기상을 뜻한다.《후한서》에 의하면 광무제가 있던 남양 땅에 상서로운 기상이 가득하였다고 한다.

《후한서 · 광무제기》 천지의 기운을 볼 줄 아는 사람인 소백아가 왕망의 사신이 되어 남양에 이르러서, 멀리 용릉의 성곽을 보고는 찬탄하여 말하기를 "기운이 좋구나. 짙푸르구나."라고 하였다.(望氣者蘇伯阿爲王莽使, 至南陽, 遙望見春陵郭, 喈曰, 氣佳哉, 鬱鬱葱葱然.)

[司隷 2구] 숙종을 만나보니 당나라의 전장제도를 재건하였고, 중흥의 기상이 보였다는 뜻이다. 한나라의 광무제를 끌어들인 것은 한나라를 중흥시킨 광무제처럼 숙종이 위험에 처한 당나라를 중흥시켜 주기를 바라는 마음을 표현한 것이다.

7 翻倒(번도)－ 바뀌다. 뒤집어지다. 이 구는 기쁨이 슬픔으로 바뀌었다는 뜻이다.

《두시상주》 '번도'는 기쁨이 바뀌어 슬픔이 되었다는 것이다.(翻倒, 翻喜爲悲也.)

《두시언해》 이 구는 즐거움이 극도에 이르자 슬퍼졌다는 것이다.(此, 樂極而哀也.)

8 嗚咽(오열)－ 흐느끼다. 淚(누)－ '涕'로 된 판본도 있다. 沾(첨)－ 적시다. 巾(건)－ 수건.

#《두억》: '호가' 구와 '한원' 구는 반군 속에서 걱정하던 마음을 회상하여 말한 것이다. 오늘에 이르러 비로소 살아 돌아왔지만 지난번 사잇길에 있을 때는 잠시 목숨을 부지하고 있는 사람에 불과하다 하였으니 그 말한 것이 마음 아프다. '사례' 2구는 광무제로써 숙종의 중흥을 비유한 것이다. 기쁨이 극도에 이르러서 오열한 것은 길에서의 고초와 사지에서 살아온 일을 돌이켜 생각한 때문이다.(胡笳, 漢苑, 追言

賊中愁悴之感. 直到今日, 才是生還, 向在間道, 不過暫時人耳, 說得可傷. 司隷二句, 以光武比肅宗之中興. 喜極而鳴咽者, 追思道途之苦, 從死得生也.)

《두시상주》: 아래 두 수는 행재소에 도달한 것을 기뻐한 것이다. 이 수는 앞 수의 '적중래'를 받은 것이다. 그래서 '수사호가석'으로 이었다. 오늘 생환하여 중흥의 기상을 보게 되었지만, 사잇길에서 잠시 죽음을 면했던 일로 인하여 오히려 흐느끼며 마음 아픈 것을 느끼게 되었다. 제3구와 제4구가 나누어 시상을 이끌고 아래 단락에서 기쁨이 극에 달하여 슬퍼짐을 말해 내었다.(下二章, 喜達行在所. 此承上賊中來, 故接以愁思胡笳夕. 今日生還, 得睹中興氣象. 間道暫免, 尙覺嗚咽傷心. 三四分領, 下段說出喜極而悲.)

《독두심해》: 제2수는 막 도달했을 때의 정황과 기상을 그렸으니, '희' 자를 정면에서 다룬 것이다. 앞 수는 본래 아직 도달하지 않았을 때로부터 시상을 시작하면서 도리어 행재소를 미리 생각하였는데, 이 수는 막 도달했을 때의 감정을 그리면서 시작하는 부분에서 도리어 반군 속에 있을 때를 생각했으니, 글의 내용이 갔다가 돌아와서 묘한 경지에 들었다. 제3구와 제4구는 시제의 '찬지' 2자를 깔끔하게 드러내었다. 이 앞 4구는 바로 '소친경로수'와 짝하며 탄식의 소리를 낸 것이다. 제5구와 제6구는 표면적으로 '달'의 뜻을 그리면서 몰래 '희'의 뜻을 그렸고, 제7구와 제8구는 표면적으로 기쁨을 말하면서 도리어 슬픔을 말하였으니, 기쁨이 깊을수록 글이 더욱 변환變幻하였다. 이 부분이 '희' 자에 대해 화룡점정한 곳이니, 뒤집어 점정하는 법을 살펴보아야 할 것이다.(二章, 寫初達時之情事氣象, 是喜字正面. 前首本從未達起也, 卻預憶行在. 此則寫初達之情矣, 起反轉憶賊中, 筆情往復入妙. 三四, 洗發竄至二字. 而此四句正對所親驚老瘦, 作歎息聲也. 五六, 明寫達, 暗寫喜. 七八, 明言喜, 反說悲. 而喜彌深, 筆彌

幻矣. 此爲喜字點睛處, 看翻點法.)

其三

死去憑誰報[1]　歸來始自憐[2]　猶瞻太白雪[3]　喜遇武功天[4]
影靜千官裏[5]　心蘇七校前[6]　今朝漢社稷[7]　新數中興年[8]

죽었다면 누구를 통하여 알릴 수 있었으랴?
돌아와서 비로소 스스로를 가련히 여기나,
그래도 태백의 눈을 보게 되고
기쁘게 무공의 하늘을 만났다.
뭇 관원들 속에서 그림자 고요하고
칠교 앞에서 마음이 살아나,
오늘 아침 한나라 사직은
중흥의 해를 새로 헤아리게 되었다.

주 석

1 死去(사거)— 죽어 버리다. '去'는 다음 구의 '來'와 상반되는 상황을 나타낸다. 憑誰報(빙수보)— 누구를 의지하여 알리나. 누구를 통하여 알리나. 이 구는 사잇길에서 죽었으면 그 소식을 전해줄 사람도 없었을 것이라는 뜻이다.

《두시상주》 '보'는 소식을 알리는 것이다.(報, 報信也.)

2 歸來(귀래) 구— 봉상에 이른 뒤에야 자신의 신세가 가련하게 느껴졌

다는 뜻으로, 사잇길로 오는 도중에는 그런 마음을 가질 여유조차 없었음을 알려준다.

《두시상주》에 인용된 고신 주 앞에서는 '살아 돌아왔다'라고 하였고 여기서는 '돌아왔다'라고 하였으니, 언제나 주군이 있는 곳을 돌아갈 곳으로 삼는 것이다.(前曰生還, 此曰歸來, 總以君之所在爲歸耳.)

[死去 2구]

《두시상주》에 인용된 조방趙汸 주 만 번 죽을 고비에서 한 목숨 건지느라고 길에 있을 때에는 오히려 느끼지 못하다가, 돌아와서야 비로소 스스로를 가련히 여기게 되었다는 것이니, 시작한 말이 비통하다.(脫一生於萬死, 在道時猶不覺, 及歸乃自憐耳, 起語悲痛.)

《두시언해》 두보가 "반군 속에서 죽었으면 그 누가 알았겠는가? 오늘 돌아와서 돌이켜 생각하여 스스로 애석해한다."라고 말한 것이다.(甫言死於賊中, 人誰知之, 今日歸來, 反思之, 而自惜也.)

3 瞻(첨) - 쳐다보다. 太白(태백) - 봉상 부근에 있는 산 이름.

《두시상주》 《지도기》에서 "태백산은 아주 높아서 위에는 언제나 눈이 쌓여 있고 초목이 없다."라고 하였다. 신 씨의 《삼진기》에서 "태백산은 무공현 남쪽에 있고 장안에서 300리 떨어져 있다."라고 하였다. …… 《당서》에서 "봉상부 미현에 태백산이 있다."라고 하였다.(地圖記, 太白山甚高, 上常積雪, 無草木. 辛氏三秦記, 太白山, 在武功縣南, 去長安三百里. …… 唐書, 鳳翔府郿縣有太白山.)

4 遇(우) - 만나다. 武功(무공) - 고을 이름. 산 이름도 된다.

《두시상주》 《장안지》에서 "경조 무공현은 무공산으로 이름을 얻었다."라고 하였다. …… '무공천'이라 한 것은 이곳에 이르러 하늘의 해를 볼 수 있게 되었다는 것이다.(長安志, 京兆武功縣, 以武功山得名. …… 曰武功天, 至此得見天日也.)

《구가집주두시》 무공은 현 이름이고, 봉상에 속한다.(武功, 縣名, 屬鳳翔.)

《두공부초당시전》 무공현은 당나라 때에 봉상에 속하지 않고 다만 봉상 가까이에 있었을 뿐이다.(武功縣, 在唐, 不屬鳳翔, 但近鳳翔爾.)

5 影靜(영정) – 그림자가 고요하다. 이전과 달리 안정된 시인의 심신을 표현한 것이다. 千官(천관) – 많은 관원을 뜻한다. '官'이 '門'으로 된 판본도 있다. 이 구의 의미를 교제 관계에 있는 실권자가 없음을 탄식한 것으로 보는 설도 있으나 옳지 않다.

《구가집주두시》 공이 조정에 들었을 때 교제한 실권자가 드물었다. 그래서 '그림자가 고요하다'라고 한 것이다.(公入朝, 鮮當途之交, 故言影靜.)

6 心蘇(심소) – 마음이 되살아나다. 죽어서 찬 재처럼 되었던 마음이 다시 되살아났다는 뜻이다. 七校(칠교) – 호위하는 무관武官을 뜻한다. 한 무제 때에 일곱 교위를 두었다.

《한서 · 형법지刑法志》 '內增七校'의 진작晉灼 주 〈백관표〉에 의하면 중루, 둔기, 보병, 월기, 장수, 호기, 석성, 호분 등 모두 여덟 교위가 있으나, 호기는 늘 설치하지는 않기 때문에 여기서 일곱이라 한 것이다.(百官表, 中壘, 屯騎, 步兵, 越騎, 長水, 胡騎, 射聲, 虎賁, 凡八校尉, 胡騎不常置, 故此言七也.)

[影靜 2구]

《두시언해》 사잇길로 올 때에는 위험에서 자신을 지킬 수 없어서 마음이 죽은 재와 같았는데, 이제 천자가 계신 곳에 도달하여 그림자가 비로소 조용해지고 마음이 다시 살아나게 되었다는 것을 말한다.(言間道之來, 危不自保, 心若死灰, 今到天子之所, 則影始靜而心得蘇也.)

《두시상주》 도망쳐 오느라 황급했던 상황이 막 안정되었기에 '영정'이라고 하였다. 정신이 갑자기 상쾌해졌기에 마음이 되살아난 것 같았다. '관'은 문신을 가리키고, '교'는 무관이다.(奔波初定, 故曰影

靜. 精神頓爽, 有似心蘇. 官指文臣, 校乃武衛.)

7 漢社稷(한사직) – 여기서는 당나라의 사직을 두고 말한 것이다.

8 數(수) – 헤아리다. 꼽다. 中興年(중흥년) – 중흥의 해.

#《두억》: "죽은 소식을 누구를 통해 알리나?", "돌아와서는 스스로 가련히 여긴다."라고 한 것에 대해 유신옹劉辰翁은 "다른 사람이라면 천 마디 백 마디 말로도 스스로의 마음을 호소하지 못할 것인데, 이 구들은 한 번 보자마자 눈물이 난다."라고 하였다. '영정' 구는 막 돌아와서 짝이 없음을 보여주고, '심소' 구는 사지에서 살아왔음을 보여주니, 애써 생각하고 교묘하게 표현한 것이다.(死憑誰報, 歸來自憐, 須溪云, 他人累千百言不自愬者, 一見垂淚. 影靜, 見乍歸無侶, 心蘇, 見從死得生, 意苦語工.)

《두시상주》: 이 수는 위의 '잠시인'을 이어받은 것이다. 그래서 "죽었으면 누구를 통하여 알릴 수 있었으랴."라는 말로 이었다. 눈을 보고 하늘을 만난 것은 다행히 행재소에 의지하게 되었다는 것이고, 천관과 칠교를 말한 것은 친히 조정의 반열을 목도하였다는 것이고, 새로 중흥을 헤아리게 되었다는 것은 이제부터 편안히 다스려질 것이라는 말이니, 모두 시름을 잊고 기뻐하게 된 마음을 그려낸 것이다.(此承上暫時人, 故接以死去憑誰報. 瞻雪遇天, 幸依行在矣. 千官七校, 親覩朝班矣. 新數中興, 從此治安矣. 皆寫出破愁爲喜.)

《독두심해》: 제3수는 도달한 뒤의 본 감회를 뚜렷하게 드러내었으니, '희' 자의 귀결이 되는 요점이다. 시작 부분은 앞 구로써 뒤 구를 돋우어 낸 것으로, 범속한 풀이처럼 앞 편의 한 구를 굳이 찾아내어 그 시상을 받아 잇는 것으로 삼아서는 안 된다. '유첨'은 '사거'로부터 말해낸 것이니, 죽었다면 볼 수 없었는데 지금 오히려 볼 수 있게 되었다는 것이다. 돌아와서 밝은 하늘을 만났으니 기쁨을 알 만하다.

제5구와 제6구에서 비로소 주군을 대하는 내용이 나오는데, '심소'라는 말로 '영정'이라는 말과 짝하여 시제에 나오는 '찬지'라는 말의 주지를 여전히 벗어나지 않았다. 제7구와 제8구는 결론으로 본래의 바람을 드러내었으니, 바로 '희' 자의 진정으로 목숨이 되는 중요한 부분이다.(三章, 透出達後本懷, 是喜字結穴. 起以上句剔下句, 勿如俗解硬尋上篇一句作頂也. 猶瞻, 從死去說來. 死則不得瞻, 今猶得瞻矣. 來歸而遇光天, 喜可知矣. 五六, 纔是面君, 而以心蘇對影靜, 仍不脫竄至神理也. 七八, 結出本願, 乃爲喜字眞命脈.)

##《두시상주》: 첫 수에서 '마음이 죽었다.'라고 하였고, 다음 수에서 '기쁜 마음'이라 하였고, 마지막 수에서 '마음이 다시 살아났다.'라고 하였으니 맥락이 서로 호응한다. 첫 수에서는 친지를 만났고, 다음 수에서는 행재소에 이르렀고, 마지막 수에서는 조정 관리를 대하였다고 하였으니, 그 차례로 말한 것에 또 심도의 차이가 있다.(首章曰心死, 次章曰喜心, 末章曰心蘇, 脈絡自相照應. 首章見親知, 次章至行在, 末章對朝官, 次第又有淺深.)

《두시상주》에 인용된 조방趙汸 주: 시제는 '행재소에 다다른 것을 기뻐하다'라고 하였으면서, 시에서는 몸을 빼서 귀순하느라 전전하며 들을 넘고 물을 건너던 정황을 회상하여 말한 것이 많으니, 이른바 아픈 일이 진정된 뒤에 그 아픈 일을 생각해보면 아팠을 당시보다 더 아프다는 것이다.(題曰喜達行在所, 而詩多追說脫身歸順, 間關跋涉之情狀, 所謂痛定思痛, 愈於在痛時也.)

《독두심해》: 시제의 요점은 '희' 자 한 자에 있다. 세 수가 층차를 따라 써 내려갔다.(題眼在一喜字. 三章逐層下.)

《독두심해》: 문장에는 반대편에서 두드려 치는 법이 있으니, 예를 들어 이 3수의 시에서 '희' 자를 그리면서 도리어 위태하고 힘든 정상을 상세히 말한 것이 바로 그것이다. 말 하나하나에 아픔의 뜻을 붙여서 글 하나하나가 모두 날 수 있었으니, 이래야 비로소 노래하려는 듯도 하고 통곡하려는 듯도 한 글이 된다.(文章有對面敲擊之法, 如此三詩寫喜字, 反詳言危苦情狀是也. 言言着痛, 筆筆能飛, 此方是欲歌欲哭之文.)

(**이영주**)

48. 送樊二十三侍御赴漢中判官

한중판관으로 부임하는 번 시어를 전송하다

威弧不能弦[1] 自爾無寧歲[2] 川谷血橫流[3] 豺狼沸相噬[4]

天子從北來[5] 長驅振凋敝[6] 頓兵岐梁下[7] 却跨沙漠裔[8]

二京陷未收[9] 四極我得制[10] 蕭索漢水淸[11] 緬通淮湖稅[12]

使者紛星散[13] 王綱尙旒綴[14] 南伯從事賢[15] 君行立談際[16]

坐知七曜曆[17] 手畫三軍勢[18] 氷雪淨聰明[19] 雷霆走精銳[20]

幕府輟諫官[21] 朝廷無此例[22] 至尊方旰食[23] 仗爾布嘉惠[24]

補闕暮徵入[25] 柱史晨征憩[26] 正當艱難時[27] 實藉長久計[28]

廻風吹獨樹[29] 白日照執袂[30] 慟哭蒼烟根[31] 山門萬重閉[32]

居人莽牢落[33] 遊子方迢遞[34] 徘徊悲生離[35] 局促老一世[36]

陶唐歌遺民[37] 後漢更列帝[38] 我無匡復資[39] 聊欲從此逝[40]

위엄 있는 활시위를 걸지 못하니
이로부터 편안한 해가 없었다.
내와 골짜기에는 피가 마구 흐르고
승냥이와 이리가 들끓어 물어뜯는다.

천자께서 북쪽으로부터 오시니
멀리서 말을 달려 시들고 피폐함을 구하셨다.
기산과 양산 아래에 군대를 주둔하고
도리어 사막의 변두리까지 다리를 걸쳤다.

두 경사는 함락되어 아직 수복되지 않았지만
사방의 끝은 우리가 제어할 수 있다.
쓸쓸한 한수는 맑아
멀리 회수와 동정호 지방의 조세를 통하게 한다.

사신들이 분분히 별처럼 흩어져 있고
왕의 기강으로 여전히 깃발 장식이 달려 있는 듯 하다.
남백이 일 하느라 수고로운데
그대가 다급한 즈음에 가게 되었다.
앉은 채로 일곱 별의 역법을 아니
손으로는 삼군의 형세를 그려낼 것이다.
총명함은 얼음과 눈처럼 맑고
정밀하고 예리함은 천둥처럼 달리리라.

막부에 간관을 빼내어 보내니
조정에 이런 예가 없었다.
지존께서 바야흐로 밤늦게 식사하시며
그대에게 의지해 아름다운 은혜를 펼치려 하심이다.
보궐로 저녁에 불려 들어가더니
주사로 새벽에 길 떠나서 쉬겠구나.
마침 어려운 시기라서
실로 장구한 계책에 의지한 것이다.

회오리바람이 외로운 나무에 불어오고
밝은 해는 부여잡은 소매를 비춘다.

푸른 안개 자욱한 산기슭에서 통곡하는데
산문은 만 겹이나 닫혀 있다.
남아 있는 사람 막막하여 쓸쓸하고
떠나는 사람은 바야흐로 아득히 멀어진다.
차마 떠나지 못하고 생이별을 슬퍼하나니
평생 몸을 움츠린 채로 늙어간다.

도당은 유민들이 노래하였고
후한은 여러 천자를 이었다.
나는 바로잡고 회복하는 자질이 없으니
애오라지 이로부터 떠나고자 하노라.

두보는 지덕 2년 4월 장안을 탈출하여 행재소에 도착하였는데, 그로부터 한 달 뒤인 5월에 좌습유左拾遺에 배수되었다. 이 시는 두보가 행재소에 도착하고 나서 좌습유에 배수되기 전에 지은 것이다.

이 시는 시어사인 번 씨가 한중왕漢中王 이우李瑀의 판관으로 부임하는 것을 전송하며 지은 것이다. 혼란한 정국을 자세히 서술한 뒤 이를 해결하기 위해 번 씨가 차출되어 간다고 하여 그의 능력을 칭송하였다. 마지막에는 정국 안정에 힘을 보태지 못하는 자신의 신세를 한탄하였다. 시제의 번 시어가 누구인지는 미상이다. 당대에는 시어사侍御史와 감찰어사監察御史를 시어라고 불렀으며, 판관은 막료를 말한다. 한중은 산남도山南道에 속하며 본래 양주梁州 한천군漢川郡이었는데 천보 원년에 한중군으로 이름을 바꾸었다.

《보주두시》 마땅히 지덕 2년 숙종이 봉상에 있을 때 지은 것이다.(當是至德二載肅宗在鳳翔.)

《두시상주》 이 시는 지덕 2년 처음 행재소에 갔을 때 지은 것이다. 숙종은 봉상에 있고 두 경사는 아직 수복되지 않았다. 그래서 "기산과 양산에 군대를 주둔하다."와 "두 경사는 아직 수복되지 않았다."라는 구가 있는 것이다. 공은 아직 좌습유를 배수받지 못하였다. 그래서 "나는 바로잡고 회복하는 자질이 없다."라고 한 것이다.(此是至德二載, 初赴行在時作. 肅宗在鳳翔, 兩京未恢復, 故有頓兵岐梁, 二京未收之句. 公尙未拜拾遺, 故云我無匡復資.)

《두시상주》에 인용된 《당서》 한중군은 산남도에 속하며 본래 양주 한천군이다. 천보 원년에 한중군으로 개명하였으며 흥원 원년에 흥원부로 승격되었다.(漢中郡, 屬山南道, 本梁州漢川郡. 天寶元年改漢中郡, 興元元年昇爲興元府.)

주 석

1 威弧(위호) – 위엄 있는 활. '弧'는 별자리 이름이기도 한다. 不能弦(불능현) – 활시위를 걸지 못하다. 이 구는 현종이 주색에 빠져 천하에 위엄을 떨치지 못하여 안녹산을 제압하지 못하였던 것을 말한다.

《역易 · 계사전繫辭傳》 나무에 활시위를 걸어 활을 만들고 나무를 깎아 화살을 만든다. 활과 화살의 이로움으로써 천하를 위압한다.(弦木爲弧, 剡木爲矢, 弧矢之利, 以威天下.)

《두시상주》에 인용된 전겸익 전箋 《사기史記 · 천관서天官書》에는 "서궁 칠수에 속하는 자성에는 동쪽에 큰 별이 있는데 낭성이라고 한다. 낭성 아래의 네 별을 호성이라고 한다. 호성은 화살을 지니고 있는데 낭성을 쏘는 모양이다. 호성이 낭성을 바로 겨누고 있지 않으면 도적이 일어난다"라고 하고 있으니 이 시에서 말한 바 "활시위를 걸지 못한다"라는 뜻이다. 그러므로 아래에 "승냥이와 이리가 들끓어 물어뜯는다"라는 구절이 있다.(天官書, 西宮七宿觜星, 東有大星曰狼, 狼下四星曰弧, 弧屬矢, 擬射於狼, 弧不直狼, 則盜賊起, 所謂不能弦也. 下故有豺狼沸相噬之句.)

2 自爾(자이) – 이로부터. 寧歲(영세) – 편안한 세월. 이 구는 안녹산이 난리를 일으키자 이로부터 어지러워 편안한 세월이 없었다는 말이다.

[威弧 2구]

《보주두시》에 인용된 사씨 주 현종 개원 초에 천하가 부유하고 넉넉해지자 스스로 천하에 근심이 없다고 여기고는 주색에 탐닉하여 군사 방비가 모두 해이해졌다. 이리하여 활과 화살로써 천하에 위엄을 보일 수 없었던 것이다. 안녹산이 하루아침에 틈을 타 난리를 일으키자 이로부터 어지러워 편안한 세월이 전혀 없었다.(玄宗開元初, 天下富實, 自謂天下無虞, 荒縱酒色, 武備皆弛, 是不能以弧矢威天下也. 祿山一旦乘隙而叛, 自此紛亂略無寧歲.)

3 橫流(횡류) – 제멋대로 흐르다. 이 구는 천하에 죽은 사람이 많다는 말이다.

4 豺狼(시랑) – 승냥이와 이리. 여기서는 반군을 비유한다. 沸(비) – 들끓다. 相噬(상서) – 물다.

《두공부초당시전》 승냥이와 이리는 도적을 비유한 것이다.(豺狼喩盜賊也.)

#《두시상주》: 첫 번째 단락은 천보 연간에 난이 일어나게 된 이유를 탄식한 것이다. 현종이 일찍 안녹산을 제거하지 못하여 전란이 몇 년간 계속되었다. 그러므로 "위엄 있는 활시위를 걸지 못하니, 이로부터 편안한 해가 없었다."라고 말한 것이다.(首歎天寶致亂之由. 明皇不能早除祿山, 以致禍亂連年, 故云, 威弧不能弦, 自爾無寧歲.)

5 天子(천자) – 숙종을 가리킨다. 從北來(종북래) – 북쪽으로부터 오

다. 이 구는 숙종이 영무에서 즉위하여 영무의 남쪽인 봉상으로 온 것을 말한다.

6 長驅(장구)－ 길게 몰다. 멀리서 달려온 것을 말한다. 振凋敝(진조폐)－ 시들고 피폐함을 구하다. 이 구는 숙종이 멀리서 달려와 시들고 피폐해진 백성을 구휼하였음을 말한 것이다.

7 頓兵(돈병)－ 군대를 주둔하다. 岐梁(기량)－ 기산岐山과 양산梁山. 봉상의 경내에 있는 산 이름이다.

8 却(각)－ 도리어. 跨(과)－ 다리를 걸치다. 沙漠裔(사막예)－ 사막의 변두리. 회흘의 땅을 가리킨다. 봉상 지역으로 보는 설도 있다. 이 구는 숙종이 사막의 회흘과 연계하였음을 말하는 것이다.

《두시상주》 '사막예' 구는 회흘이 바야흐로 원병을 허락하였다는 것이다.(沙漠裔, 回紇方許助兵也.)

《구가집주두시》 조차공 주 이 단락은 안녹산 부자가 난리를 일으켜 수레를 타고 파천하였다가, 숙종이 봉상에 머물렀음을 말한 것이다. 봉상으로부터 서쪽으로 끝까지 가면 사막이다. 그러므로 그 변두리에 걸쳐 있다고 말하였다.(此一段言安氏父子爲亂而乘輿播遷, 肅宗駐蹕鳳翔也.)

9 二京(이경)－ 장안과 낙양을 가리킨다.

10 四極(사극)－ 사방의 끝. 我得制(아득제)－ 아군이 제어할 수 있다.

《한서 · 예악지禮樂志》 '四極'의 안사고顏師古 주 사방의 아주 먼 곳이다.(四方極遠之處也.)

[二京 2구]

《두공부초당시전》 비록 두 수도가 아직 회복되지 않았고 한쪽으로 치우쳐 점거하고 있지만 사방의 끝이 모두 통제되고 있으니 어찌 명령에 따르지 않겠는가?(雖兩京未復, 偏據一方, 而四方之極皆爲總

制, 何命而不從也.)

11 蕭索(소삭) – 쓸쓸하다. '索'이 '瑟'로 된 판본도 있다. 漢水淸(한수청) – 한수가 맑다. 한수 지역은 아직까지 전쟁이 없어 무사하다는 뜻으로 보는 설도 있다.

12 緬(면) – 멀리. 淮湖(회호) – 회수와 동정호. 회수 일대와 동정호 일대의 지역을 가리킨다. '湖'가 '河'로 된 판본도 있다.

《두시상주》 '면'은 멀다는 뜻이다.(緬, 遠也.)

[蕭索 2구]

《자치통감》 지덕 원년 겨울 10월, …… 제오기가 팽원에서 황제를 알현하고는 청하기를 장강과 회수 일대의 조세로 가벼운 물자를 사서 장강과 한수를 거슬러 올라와 양주에 이르게 하고 한중왕 이우로 하여금 육상으로 운반하여 부풍에 이르게 하여 군대를 돕게 하자고 하였는데 황제가 그를 따랐다.(至德元載冬十月, …… 第五琦見上於彭原, 請以江淮租庸, 市輕貨, 泝江漢而上, 至洋州, 令漢中王瑀陸運至扶豊以助軍, 上從之.)

#《두시상주》: 이 단락은 숙종이 부흥하는 형세를 말한 것이다. 영무는 봉상의 북쪽에 있으므로 '북에서 왔다'고 말하였다. 기산, 양산 두 산은 봉상의 경내에 있고 왕의 군대가 거기에 있었다. '사막예' 구는 회흘이 바야흐로 원병을 허락하였다는 것이다. 사방의 끝을 제어할 수 있다는 것은 사방이 아직 당나라 조정을 받들고 있다는 것이다. 한수는 회수와 동정호로 연결되어 당시의 공물과 세금이 끊어지지 않을 수 있었다. 이 두 구는 (시제의) '한중'에 부합한다.(此言肅宗復興之勢. 靈武在鳳翔之北, 故曰北來. 岐, 梁二山, 在鳳翔境內, 王師在焉. 沙漠裔, 回紇方許助兵也. 漢水連接淮湖, 當時貢賦, 得以不絶矣. 二句切漢中.)

13 星散(성산) – 별처럼 흩어져 있다. 이 구는 사신들이 업무를 맡아서

온 사방으로 별처럼 흩어져 있다는 말이다.

14 王綱(왕강)－ 왕의 기강. 천하의 기강을 말한다. 旒綴(유철)－ 깃발 장식이 달려 있다. 여기서 '유'는 기폭에 드리워져 있는 술 장식을 말하며, '철'은 달려 있다는 뜻이다. 이 구는 아직 천하의 인심이 마치 기의 술 장식이 붙어 있는 것처럼 연결되어 붙어 있음을 말한다. 나라가 위태로워 망하려고 한다는 뜻으로 풀이하는 견해도 있으나 취하지 않는다.

《시경 · 상송 · 장발長發》 '爲下國綴旒'의 정현의 전箋 '철'은 맺어 있다는 것이다. '유'는 기에 드리워져 있는 술이다. 천자가 되어서 제후들이 소속된 것이 마치 깃발의 천에 술이 달려 있는 것과 같다는 말이다.(綴, 猶結也. 旒, 旗之垂者也. 言爲天子而爲諸侯所係屬, 如旗之縿爲旒所綴著也.)

《두공부초당시전》 나라가 위태로워 끊어지려 함을 말한 것이다.(言國危而欲絶也.)

15 南伯(남백)－ 남쪽 지방 제후들의 우두머리. 여기서는 한중왕 이우를 가리킨다. 從事賢(종사현)－ 일하느라 수고롭다. 이와 달리 '종사'를 남백의 휘하 막료를 뜻하는 벼슬 이름으로 보아 그들이 수고롭다는 뜻으로 볼 수도 있다.

《두시상주》 '남백'은 한중왕 이우를 가리키고 '종사'는 부중의 막료를 가리킨다.(南伯, 指漢中王瑀, 從事, 指府中幕僚.)

《구가집주두시》 조차공 주 '남백'은 한중의 주장을 가리켜 말한 것이고 '종사'는 번 시어가 판관이 된 것을 가리켜 말한 것이다.(南伯指言漢中主將也. 從事指言樊爲判官也.)

《독두시설》 지금 살펴보건대 '종사'는 역시 왕을 두고 이른 말일 것이다. 《시경 · 소아 · 북산北山》의 "나만 일하니 홀로 수고롭다."라는 구절을 빌려 쓴 것이다. 만약 막료를 두고 한 말이라면 다만 이 구에서만 언급하였을 리가 없을 것이다.(今按從事, 亦謂王, 用詩經

我從事獨賢也. 若謂幕僚, 不應只此句及之.)

16 君行(군행) – 그대가 가다. 번 시어가 한중 땅으로 가는 것을 가리킨다. 立談際(입담제) – 선 채로 이야기할 때. 다급한 시기를 뜻한다. 이 구는 다급한 시기에 번 시어가 한중으로 가게 되었다는 뜻이다. 이와 달리 '입담제'를 짧은 시간을 뜻하는 것으로 보고, 남백과 종사가 짧은 시간 사이에 의기투합한다는 의미로 풀이하거나 짧은 시간 사이에 도모한 일이 효과를 본다는 의미로 풀이하는 견해도 있다.

《구가집주두시》 조차공 주 남백과 종사가 모두 현명하여 서로 투합하는 것이 선 채로 이야기하는 사이에 이루어지는 것을 말한다.(言南伯與從事俱賢, 相投在立談間耳.)

《두공부초당시전》 이제 주장과 판관이 서로 투합하고 모두 현명하여 이번에 가서 도모하는 일이 성공할 텐데, 단지 선 채로 이야기하는 사이에 그 효과를 거둘 수 있다는 것이다.(今主將判官相投俱賢, 此行謀事有成功, 只在立談之間可取其效也.)

17 坐知(좌지) – 앉은 채로 알다. 잘 안다는 뜻이다. '坐'는 '生'으로 된 판본도 있다. 七曜歷(칠요력) – 해와 달과 세성歲星, 형혹熒惑, 전성塡星, 태백太白, 신성辰星 등 오성으로써 날을 헤아리는 역법을 가리킨다. 이 구는 번 시어가 천문에 밝음을 말한 것이다.

《두시상주》에 인용된 《통지通志》 해, 달, 목성, 화성, 토성, 금성, 수성이다.(日, 月, 歲星, 熒惑, 塡星, 太白, 辰星也.)

《두공부초당시전》 이는 번 판관이 천문에 밝음을 칭찬한 것이다.(此美樊判官明天文也.)

18 手畫(수획) – 손으로 그림을 그리다. 三軍勢(삼군세) – 삼군의 형세. 이 구는 번 시어가 병법을 잘 아는 것을 칭찬한 것이다.

《두공부초당시전》 이는 번 판관이 병법에 능한 것을 칭찬한 것이다.(此美樊判官善兵法也.)

19 氷雪(빙설) 구— 번 시어의 총명함이 마치 얼음과 눈처럼 맑다는 뜻이다.

20 雷霆(뇌정)— 천둥. 맹렬하고 신속한 것을 비유한다. 精銳(정예)— 정밀하고 예리함. 이 구는 번 시어의 병법상의 판단이 정밀하고 예리하여 마치 천둥이 달리는 것과 같다는 뜻이다. 이와 달리 정예 부대를 벼락같이 달리게 한다는 뜻으로 볼 수도 있다.

《두시상주》에 인용된 《통감通鑑》 유뢰지는 참군이 되어 정예군을 이끌고 선봉이 되었다.(劉牢之爲參軍, 領精銳爲前鋒.)

[氷雪 2구]

《구가집주두시》 조차공 주 총명함이 얼음과 눈의 맑음과 같고 정밀하고 예리함이 마치 천둥이 달리는 것과 같다. 이 말은 그를 칭찬한 것이다.(聰明如氷雪之淨, 精銳如雷霆之走, 所以美之也.)

#《두시상주》: 이 단락은 번 시어의 재주가 세상을 경영할 만하다는 것을 말한 것이다. 사신들이 별처럼 흩어져 있다고 한 것은 변방의 일을 경영한다는 말이다. 왕의 기강으로 깃발 장식이 달려 있는 듯하다고 한 것은 인심이 연결되어 붙어 있다는 말이다. '남백'은 한중왕 이우를 가리키고 '종사'는 부중의 막료를 가리킨다. '입담' 구는 아래 4구를 일으킨다. '총명' 구는 '칠요' 구를 이어받고, '정예' 구는 '삼군' 구를 이어받는다. 이는 그의 지혜와 용기가 뛰어남을 칭찬한 것이다. 《두억》에서 "'빙설'과 '뇌정'의 1연은 이 편의 경구로, 총명하면서도 또한 결단력이 있어 세상을 구제할 수 있음을 말한다."라고 하였다.(此言侍御才堪經世. 使者星散, 經營邊事也. 王綱旒綴, 人心繫屬也. 南伯, 指漢中王瑀, 從事, 指府中幕僚. 立談, 起下四句. 聰明, 承七曜, 精銳, 承三軍. 此稱其智勇過人. 杜臆, 冰雪雷霆一聯, 篇中警語, 言明而且斷, 方能濟世也.)

21 輟(철)— 철수하다. 빼내다. 이 구는 막부에 간관을 빼내어 보낸다는 뜻이다. 《두시상주》에서 '輟'은 아마도 '綴'이 되어야 한다고 하였는

데, 이를 따르면 막부에 간관을 붙인다는 뜻으로 풀이된다.

《독두시설》 지금 살펴보건대 '輟' 자로 해야 한다. 또한 도치구이니 간관을 빼내어 막부에 준다는 말로 보면 바로 순조롭게 해석된다. 막부를 위하여 간관을 빼낸다는 뜻으로 풀이해도 된다. '綴' 자로 바꾸면 도리어 해석이 되지 않는다.(今按作輟, 尙是倒字句, 猶云輟諫官與幕府, 卽順解. 亦可云爲幕府而輟諫官. 改綴字, 轉不可解.)

22 無此例(무차례)－ 이러한 예가 없다. 파격적이라는 뜻이다. '此'는 '比'로 된 판본도 있다.

23 旰食(간식)－ 밤늦게 식사하다. 정사에 바쁜 것을 말한다.

24 仗(장)－ 의지하다. 爾(이)－ 그대. 번 시어를 가리킨다. 嘉惠(가혜)－ 아름다운 은혜. 천자의 은덕을 말한다. 이 구는 천자가 번 시어를 한중 땅에 보내어 은덕을 베푼다는 뜻이다.

25 補闕(보궐)－ 벼슬 이름. 측천무후 수공垂拱 원년에 처음으로 설치한 관직으로서 간언하는 일을 담당하였다. 좌보궐, 우보궐이 있었는데 좌보궐은 문하성에, 우보궐은 중서성에 속하였다.

26 柱史(주사)－ 벼슬 이름. 주하사柱下史의 약칭으로서 어사御史, 즉 시어를 말한다. 항상 궁전의 기둥 아래에서 임금을 시봉하기 때문에 붙여진 이름이다. 征憩(정게)－ 길 떠나서 쉬다. 급히 떠나다보니 길 가는 도중에 쉬게 된다는 뜻으로 아주 바삐 감을 말한다. 이와 달리 떠나는 길에 두보와 작별하기 위해 이별하는 자리에서 잠시 쉬는 것으로 보는 설도 있다.

《두보전집교주》에 인용된 소보邵寶 주 '정'은 떠난다는 뜻이고, '게'는 쉰다는 뜻이다. 길 따라 가다가 쉬는 것을 말한다.(征, 行也. 憩, 息也. 謂隨路而息也.)

《두시상주》 '정게'는 길을 가느라 조금도 쉴 겨를이 없다는 뜻이다. (征憩, 征行不遑少憩也.)

《두시상주》에 인용된 《통전》 시어사는 주나라 때에는 주하사라고 하였다. 일명 주후사라고도 한다.(侍御史於周爲柱下史, 一名柱後史.)

《두공부초당시전》 '정게'는 이미 길을 나섰다가 잠시 짬을 내어 두보와 작별 인사를 나누는 것을 말한다.(征憩, 謂已行而少歇與甫序別也.)

[補闕 2구] '補闕入柱史, 晨征固多憩'로 된 판본도 있다.

《구가집주두시》 조차공 주 뜻으로 미루어보건대 번 판관은 처음에 반드시 보궐로 부름을 받았을 것이다. 보궐이 되었다가 다시 시어가 되었고, 시어가 된 이후 한중으로 가게 되었다.(以義推之, 樊判官其初必先爲補闕而召之, 旣爲補闕, 又爲侍御, 而自侍御往漢中也.)

27 當(당) - 당하다. 만나다.

28 藉(자) - 의지하다. 長久計(장구계) - 길고 오래가는 계책.

#《두시상주》: 이 단락은 조정에서 번 시어를 믿어 중하게 쓰는 것을 말한다. 간관이 판관이 되었으니 이것은 곧 파격적으로 사람을 기용한 것이며, 바로 변방을 방비하는 일이 급하기 때문에 저녁에 들어갔다가 아침에 떠나가는 것이다. 길고 오래가는 계책이 있으면 아름다운 은혜를 베풀 수 있게 된다.(此言朝廷倚侍御以爲重. 諫官作判, 此乃破例用人, 正以邊防警急, 故暮入晨征耳. 有久長計, 則可以布嘉惠矣.)

29 迴風(회풍) - 회오리바람. 獨樹(독수) - 외로운 나무. 여기서는 남아 있는 사람을 비유한다.

30 執袂(집메) - 옷소매를 잡다. 이별을 아쉬워하는 것이다.

31 慟哭(통곡) - 큰 소리로 슬피 울다. 蒼煙根(창연근) - 푸른 이내가 자욱한 산 아래를 뜻하는 것으로 보인다.

《두보전집교주》에 인용된 오견사吳見思 설 푸른 산 아래에서 통곡하다.(慟哭蒼山之下.)

32 山門(산문)– 흔히 산의 입구, 어귀를 뜻한다. 萬重閉(만중폐)– 만 겹으로 닫혀 있다. 이 구는 산이 겹겹이 닫힌 문처럼 펼쳐져 있는 것을 묘사한 것이다. '重'은 '里'로 된 판본도 있다.

33 居人(거인)– 머무르는 사람. 여기서는 두보를 가리킨다. 莽(망)– 망연한 모습. 牢落(뇌락)– 쓸쓸한 모습.

34 遊子(유자)– 떠나는 사람. 여기서는 번 시어를 가리킨다. 迢遞(초체)– 아득한 모습.

35 悲生離(비생리)– 생이별을 슬퍼하다.

36 局促(국촉)– 몸을 움츠리다. 老一世(노일세)– 한세상 늙어가다.

#《두시상주》: 이 단락은 송별할 때의 마음과 경치를 서술한 것이다. '외로운 나무'는 남아 있는 사람을 비유한다. '옷소매를 잡는다'는 떠나는 사람을 송별하는 것이다. 푸른 이내가 해질 무렵에 끼어 있고 산문이 저녁에 닫혀 있다고 하여 이별할 때의 처량함을 말해 내었다. '남아 있는 사람'은 두보 자신을 일컫는 것이고 '떠나는 사람'은 번 시어를 가리킨다. '생리'는 '떠나는 사람'을 이어받고 '국촉'은 '남아 있는 사람'을 이어받는다.(此敍送別情景. 獨樹, 比居者. 執袂, 送行者. 蒼煙暮凝, 山門夕閉, 說得臨別凄凉. 居人, 公自謂, 遊子, 指侍御. 生離, 頂遊子, 局促, 頂居人.)

37 陶唐(도당)– 요임금을 가리킨다. 처음에 도陶 땅에 살다가 나중에 당唐 땅에 살았기에 붙여진 이름이다. 이 구는 요임금에 대해 그 유민들이 계속 노래 부른다는 뜻이다. 당나라는 요임금의 뒤를 이었기 때문에 쉽게 망하지 않을 것이라는 뜻이다.

《두시상주》에 인용된 《좌전》 계찰이 노양공에게 주 왕실의 음악을 보고자 청하니, 그를 위해 당풍을 노래 부르게 하자, 말하기를 "생각이 참으로 깊습니다. 아마도 도당씨의 유민이 있는 듯합니다."라고 하였다.(季札請觀周樂, 爲之歌唐. 曰, 思深哉, 其有陶唐氏之遺民乎.)
《두공부초당시전》 당나라는 요임금의 뒤를 이었기 때문에 덕과 복이 오래 가서 갑자기 끊어지지는 않을 것임을 말한 것이다.(謂唐繼堯之後, 德祚長遠, 未能遽絶也.)

38 更列帝(경열제) – 여러 황제가 이어가다. 여러 황제가 대를 이어나갔다는 뜻이다. '列'이 '別'로 된 판본도 있다. 이 구는 숙종이 후한의 광무제와 같이 당나라를 중흥하여 여러 황제를 잇게 할 것이라는 뜻이다.

《구가집주두시》 "후한이 여러 황제를 이었다."라는 것은 한나라 광무제가 중흥한 이후에 다시 열두 황제가 있다는 것으로, 이로써 숙종의 중흥을 비유하였다.(後漢更列帝, 則以漢光武中興而後復有十二帝, 以比肅宗中興也.)

39 我(아) – '恨'으로 된 판본도 있다. 匡復資(광복자) – 임금을 바로잡고 나라를 회복할 자질. '資'는 '姿'로 된 판본도 있다.

40 逝(서) – 떠나가다. 은거하려고 떠난다는 뜻이다.

《두시상주》 '서'는 은거하려고 떠난다는 뜻이다.(逝, 謂隱去也.)

#《두시상주》: 마지막 단락은 스스로에 대해 이야기하면서 결말을 지었다. 당나라의 복이 다시 일어났으니 그러므로 후한의 여러 황제들이 이은 것에 비유하였다. 두보는 아직 관직을 제수받지 못하였으니 그러므로 스스로 유민은 떠나고자 한다고 말하였다.(末以自敍作結. 唐祚中興, 故比之後漢列帝. 公未授官, 故自言遺民欲逝.)

##《독두심해》: 봉상에서 지은 오언고시 가운데 판관을 송별하는 작품은 모두 4수이다. 각 작품의 처음부터 끝까지의 구성을 보면 매우 특별하다. 이 시는 세 단락으로 나누어진다. 첫머리는 시사를 서술하는 것으로 일으켰는데, 난리에서부터 부흥까지 이야기하였다. 가운

데는 그의 지혜와 능력을 드러내고 그가 일을 맡은 것을 상세하게 이야기하여 그가 세상을 널리 구제하기를 권면하였다. 마지막은 곧 송별하면서 스스로 겸손해하는 이야기를 하였다. "사방의 끝은 우리가 제어한다."라고 하였는데 이 말은 무게가 있다. 한수에 회수 지역의 조세가 통하게 한다는 것은 회수와 한수는 통하지 않는데, 회수와 동정호 지역의 조세를 한수 지역으로 옮겨와 행재소의 군량으로 보급하는 것을 일컫는다. '사자' 2구는 아래의 말을 이끈다. 판관은 막료의 직책이기에 막부의 주인을 제시하였으니, 이른바 '남백'이다. 나머지 세 작품은 이를 본떴다. '빙설'과 '뇌정'은 놀라울 정도로 뛰어나 비할 데 없으며, 떠날 때의 정황과 펼쳐진 풍경은 한 마디 한 마디가 독특하다. 결구에서는 내 장차 전원으로 돌아가 은택을 오래 누리며 그대가 공을 이룸을 보겠다고 말한 것이지, 그저 범연히 숨겠다는 것은 아니다. 판관과 관련한 몇몇 작품에는 통상적인 증별이나 전송의 말이 하나도 없다.(在鳳翔五古中, 送判官凡四. 看其各篇首尾結構迥別. 此篇分三段. 首敍時事起, 從喪亂說到興復. 中則表其智能, 詳其委任, 以勗其弘濟也. 末乃送別而致自謙之詞. 四極我制, 語有斤兩. 漢通淮稅者, 淮與漢不通, 謂淮湖地稅, 運入於漢, 以通行在之餉也. 使者二句引下語. 判官爲僚職, 故提出幕主, 所謂南伯者也. 餘三篇倣此. 冰雪, 雷霆, 警拔絶倫. 行色布景, 語語峭特. 結言我將歸田永澤, 以觀君之成功, 非祇泛然引避也. 諸判官篇無一通行贈送語.)

(박석 · 최석원)

49. 送韋十六評事充同谷防禦判官

동곡방어판관을 맡아 가는 위 평사를 전송하다

昔沒賊中時　潛與子同遊　今歸行在所[1]　王事有去留[2]
偪側兵馬間[3]　主憂急良籌[4]　子雖軀幹小[5]　老氣橫九州[6]
挺身艱難際[7]　張目視寇讎[8]　朝廷壯其節　特詔令參謀[9]
鑾輿駐鳳翔[10]　同谷爲咽喉[11]　西扼弱水道[12]　南鎭枹罕陬[13]
此邦承平日[14]　剽劫吏所羞[15]　况乃胡未滅[16]　控帶莽悠悠[17]
府中韋使君[18]　道足示懷柔[19]　令姪才俊茂[20]　二美又何求[21]
受詞太白脚[22]　走馬仇池頭[23]　古色沙土裂[24]　積陰雲雪稠[25]
羌父豪豬靴[26]　羌兒靑兕裘[27]　吹角向月窟[28]　蒼山旌旆愁[29]
鳥驚出死樹[30]　龍怒拔老湫[31]　古來無人境　今代橫戈矛
傷哉文儒士[32]　憤激馳林丘[33]　中原正格鬪[34]　後會何緣由
百年賦命定　豈料沉與浮[35]　且復戀良友　握手步道周[36]
論兵遠壑靜[37]　亦可縱冥搜[38]　題詩得秀句　札翰時相投[39]

옛날 반군 가운데 갇혔을 때
몰래 그대와 함께 어울렸는데,
지금 행재소에 돌아와서는
왕의 일로 가고 머무름이 있구려.

전쟁의 상황에 절박하여
주상이 근심하여 양책을 급히 구하는데,

그대 비록 체구는 작으나
노성한 기개가 세상에 뻗쳤다.
어렵고 힘들 때 몸을 내세워
눈 부릅뜨고 원수들을 노려보니,
조정은 그 절개를 장하게 여겨
특별 조서로 참모를 명하였구려.

임금의 수레 봉상에 머무르니
동곡이 요충이 되어,
서쪽으로는 약수의 길을 막고
남쪽으로는 부한 마을을 억누르고 있다.
이 지방은 태평한 시절에도
관리들이 약탈을 부끄러워했는데,
하물며 아직도 오랑캐를 멸하지 못하여
아득하니 넓게 빙 둘러 있음에랴.

막부 가운데의 위사군은
도가 회유의 뜻을 보이기에 충분하고,
조카인 그대의 재주도 뛰어나서
둘이 훌륭하니 또 무엇을 구하랴?

태백산 자락에서 말씀을 받고
구지산 머리로 말을 달리는데,
옛 빛깔의 모래흙 갈라지고
쌓인 음기 탓에 구름과 눈 빽빽하다.

강족의 어른들 호저 가죽신을 신고
강족 아이들 푸른 물소 가죽옷 입었다.
호각 불며 월굴月窟을 향하니
푸른 산의 깃발이 시름겨운데,
새는 놀라 죽은 나무에서 나오고
용은 노하여 오랜 못에서 빠져나온다.
예로부터 사람이 없는 곳이었는데
지금은 창과 방패가 빗겨 있다.

슬프다, 글 읽는 선비가
격분하여 숲 언덕으로 달려감이여.
중원은 한창 격투 중이니
뒤에 어떻게 만나게 될까?
백 년의 타고난 명은 정해져 있는데
어떻게 부침을 헤아리겠는가?
잠시 또 좋은 벗과 헤어지기 섭섭하여
손을 잡고 길모퉁이를 걸어본다.
군대 일을 논하여 먼 골짜기 조용해지면
또한 마음껏 좋은 시상을 찾을 수 있을 테니,
시를 지어 좋은 구절 얻으면
서찰로 때때로 나에게 보내주구려.

이 시는 위 평사가 동곡군 방어사의 판관을 맡아 가게 된 것을 전송하여 지은 것이다. 저작 시기는 지덕 2년 두보가 반군의 점령지인 장안을 빠져나와 봉상에 가 있을 때이다. 두보가 좌습유를 제수받기 전인지 후인지에 대하여는 논란이 있는데 "지금 행재소에 돌아와서는 왕의 일로 떠나고 머무름이 있다."라고 하였으니 좌습유를 제수 받은 이후로 보는 것이 타당한 듯하다.

'위십육'의 '십육'이란 위씨 집안 형제의 순서이다. '평사'는 벼슬 이름이다. '위십육평사'가 누구인지는 자세하지 않다. 위주韋宙라는 설이 있으나 이는 선종宣宗 때의 인물이므로 옳지 않다. 동곡은 군 이름으로 당시 반군을 방어하는 요충지였고 그곳에 방어사가 설치되어 있었다.

《보주두시》 지덕 2년에 지은 것이다. 그래서 시에 "지금 행재소에 돌아왔다."라고 하였고 또 "왕의 수레가 봉상에 머물렀다."라고 한 것이다.(至德二年作, 故詩云今歸行在所, 又云鑾輿駐鳳翔也.)

《두시상주》 문사는 숲으로 달려가고 공은 아직 관직을 제수받지 못하였다. 그래서 부침을 헤아리기 어렵다고 말한 것이다.(文士馳林, 公未受職也, 故云, 浮沈難料.)

《독두심해》 구조오는 이 작품과 앞 작품(〈送樊二十三侍御赴漢中判官〉) 둘을 아직 습유에 배수되기 전의 작품에 속하는 것으로 보았다. 지금 "왕의 일로 떠나고 머무름이 있다."라는 구를 살펴보건대 그것이 확실하지 않은 것임을 알겠다.(仇以此前兩篇屬未拜拾遺時. 今按王事有去留句, 知其未的.)

《두시상주》 포흠지鮑欽止는 "옛 주에서는 위주라고 하였는데 주는 바로 선종 때의 사람이므로 잘못이다."라고 하였다. 《구당서》에 "성주 동곡군은 산남서도에 속한다. 진대에 농서군을 설치하였는데 천보 원년에 동곡군으로 바꾸었고 건원 원년에 다시 성주로 하였다."라고 하였다. 《통감》에 "천보 14년 겨울 안녹산이 반란을 일으키자 반군의 공격을 막는 데 중요한 군郡에 처음으로 방어사를 설치하였다.”라고 하였다.(鮑曰, 舊注以爲韋宙. 宙乃宣宗時人, 誤矣. 舊唐書, 成州同谷郡, 屬山南西道, 秦置隴西郡. 天寶元年, 改爲同谷郡. 乾元元年, 復爲成州. 通鑑, 天寶十四載冬, 安祿山反, 郡當賊衝者始置防禦使.)

주 석

1 行在所(행재소) - 천자의 행차가 머물러 있는 곳. 당시 숙종이 머물러 있던 봉상을 가리킨다.

《구가집주두시》 천자의 행차가 있는 곳을 행재라고 한다.(天子行幸所在曰行在.)

2 王事(왕사) - 왕의 일. 국사. 나랏일. 去留(거류) - 떠나감과 머무름. 위 평사가 동곡군 방어사 판관을 맡아 가는 것과 두보 자신은 좌습유로 행재소에 남아 있는 것을 가리킨다.

《두시언해》 두보는 습유가 되어 머무르고 위 씨는 판관이 되어 떠나는 것을 말한다.(言甫爲拾遺而留, 韋爲判官而去也.)

#《두공부초당시전》: 안녹산의 난 때 두보는 위 씨와 함께 반군 가운데에 억류되어 있으면서 몰래 서로 왕래하였다. 지덕 2년 도망하여 봉상에 돌아갔고 위로 숙종을 알현하자 두보에게는 습유를 제수하고 위 씨는 동곡군 판관으로 삼아 두보는 머무르고 위 씨는 떠나야 했기 때문이다.(祿山亂, 甫與韋同陷賊中, 潛相來往. 至德二載, 竄歸鳳翔, 上謁肅宗, 授甫拾遺, 以韋爲同谷郡判官, 甫留而韋去故也.)

《두시상주》: 사귐의 감정과 만나고 헤어짐으로부터 쓰기 시작하였다. 떠나가는 것은 위 씨를 가리키고 머무는 것은 자신을 말한 것이다.(從交情聚散敍起. 去, 指韋, 留, 自謂.)

3 偪側(핍측)－ 급박하다. 군박窘迫하다. 兵馬間(병마간)－ 전쟁이 진행되는 상황. '병마'는 전쟁을 말한다.

《두공부초당시전》 '偪'은 '逼'과 같다.(偪與逼同.)

4 急良籌(급양주)－ 좋은 계책에 급하다. 좋은 계책이 절실함을 말한다.

[偪側 2구] 위 평사가 판관을 맡아 가게 된 이유를 말한 것이다.

《두시경전》 이것은 판관을 맡게 된 이유이다.(是充判之由.)

5 軀幹(구간)－ 신체, 체구.

《두시상주》에 인용된 《진서晉書 · 재기載記》 유요가 진안을 농성에서 토벌하였는데 진안이 죽자 사람들이 노래하기를 "농 지방의 건아로 진안이 있었는데, 체구는 비록 작으나 속은 너그러워 장수와 사병을 아끼고 길러 주기를 심장과 간처럼 하였다."라고 하였다.(劉曜討陳安於隴城, 安死, 人歌曰, 隴上健兒有陳安, 軀幹雖小腹中寬, 愛養將士同心肝.)

6 老氣(노기)－ 노성한 기개. '老'는 '志'로 된 판본도 있다. 橫(횡)－ 뻗치다. 九州(구주)－ 천하. 온 세상.

7 挺身(정신)－ 몸을 곧추세워 분개하다.

8 張目(장목)－ 눈을 크게 뜨다. 寇讎(구수)－ 도적과 원수. '寇'는 '仇'로 된 판본도 있다.

9 特詔(특조)－ 특별히 조서를 내리다. '特'은 '奉'으로 된 판본도 있다.

[朝廷 2구]

《두시상주》 '그 절개를 장하게 여기다'와 '참모에 명하다'라는 것은 모두 조정의 입장에서 말한 것이다. '봉조奉詔(조서를 받들다)'라는 두 글자는 당연히 '特詔(특별히 조서를 내리다)'로 되어야 한다. 그래야 어기가 자연스럽고 또 아래 글의 '말씀을 받다'와 중복되지 않는다.(壯其節, 令參謀, 皆就朝廷言. 奉詔二字, 當作特詔, 語氣方順, 且

與下文受辭不犯重.)

#《두시상주》: 이 단락은 평사가 충성스럽고 용감하기 때문에 조정에서 변방의 판관으로 임명하였음을 말하였다.(此言評事忠勇, 故朝廷命判邊方.)

10 鑾輿(난여)－ 천자가 타는 수레.

11 咽喉(인후)－ 목구멍. 중요한 지역. 요충지.

[鑾輿 2구] 숙종이 봉상에 머물러 있어서 동곡이 전략상 중요한 요충지가 됨을 말한다.

12 扼(액)－ 막다. 제어하다. 弱水(약수)－ 강 이름.

《두시상주》에 인용된 《환우기寰宇記》 약수는 감주 산단현 지역에서부터 장액현 북으로 흘러 들어간다.(弱水自甘州删丹縣界, 流入張掖縣北.)

13 鎭(진)－ 억누르다. 枹罕(부한)－ 현 이름. '氐羌'으로 된 판본도 있다. 陬(추)－ 마을.

《두시상주》에 인용된 《신당서 · 지리지》 안창군은 본래 부한군이었다. 또 부한현이 있는데 농우도에 있었고 약수와 같은 도였다.(安昌郡, 本枹罕郡, 又有枹罕縣, 在隴右道, 與弱水同道.)

14 承平日(승평일)－ 태평함을 계승하고 있는 시절. 태평 시절.

15 剽刦(표겁)－ 약탈하다.

16 胡(호)－ 오랑캐. 여기서는 안녹산의 반군을 말한다.

17 控帶(공대)－ 요대繞帶. 빙 둘러 있다. 莽悠悠(망유유)－ 멀리 아득하다. 이 구는 반군이 넓은 지역에 걸쳐 빙 둘러싸고 있다는 말이다.

[此邦 4구]

《두공부초당시전》 동곡의 풍속은 약탈을 좋아하여 관리도 제어할 수 없었다. 하물며 지금 토번이 안녹산과 연결하여 그 화가 아직 평정되지 않았음에랴. 이 동곡군은 강족 오랑캐의 땅과 통하고 조정과는 더욱 멀리 떨어져 있어서 다스리기 어려웠던 것이다.(同谷之俗好剽刦, 吏不能制. 況今吐蕃連結祿山, 其禍未平, 此郡控引羌胡之地, 去朝廷尤爲遠, 是以難治也.)

#《두시상주》: 이 단락은 동곡이 중요한 땅이며 그렇기 때문에 그것을 통제하기 위해서는 반드시 사람을 얻어야 함을 말하였다.(此言同谷重地, 故控馭必須得人.)

18 부중(府中) – 막부 가운데. 韋使君(위사군) – 위씨 성을 가진 사군. 위 평사의 숙부. '사군'은 태수, 자사 등 황제가 파견하여 보낸 지역 책임자에 대한 존칭이다.

《두시상주》 '부중'은 막부 가운데이다.(府中, 幕府之中也.)

《독두심해》 평사에게는 백부나 숙부의 항렬이 되며 당시의 막부 주인이었다.(於評事爲叔伯行, 係是當日府主.)

《두시상주》 위사군은 아마도 방어사를 가리키는 것으로 필시 평사의 숙부일 것이다.(韋使君, 蓋指防禦使, 必評事之叔也.)

19 示懷柔(시회유) – 회유의 뜻을 보이다. 이 구는 위사군이 오랑캐를 회유할 수 있는 덕망을 가지고 있다는 말이다.

20 令姪(영질) – 훌륭한 조카. 남의 조카를 높여 부르는 말. 여기서는 위사군의 조카인 위 평사를 가리킨다. 俊茂(준무) – 뛰어나다. 훌륭하다.

21 二美(이미) – 숙질 두 사람이 모두 훌륭하다는 말이다.

[令姪 2구]

《두시언해》 '영질'은 판관을 가리키는 것으로 숙질인 사군과 판관 두 사람이 모두 훌륭한 재주를 가지고 있다는 말이다.(令姪指判官,

言使君與判官, 叔姪二人, 皆有美才也.)

#《두시상주》: 이 단락은 막부에서 함께 일하는 사람이 현명함을 말하였다.(此言幕府同事之賢.)

22 受詞(수사) – 말씀을 받다. 왕의 파견 명령을 받음을 말한다. 太白脚(태백각) – 태백산 자락. 태백산은 봉상에 있는 산 이름이다.

《독두심해》 태백산은 봉상에 있다.(太白山在鳳翔.)

23 仇池頭(구지두) – 구지산 머리. 구지산은 동곡에 있다.

《두시상주》《구당서》에는 "성주 상록현은 백마강족이 사는 곳인데 주 남쪽 80리에 구지산이 있다."라고 하였고《신씨삼진기》에는 "구지산 위는 넓이가 백 경인데 땅이 평평하여 숫돌과 같다. 그 남북으로는 산길이 있고 동서로는 만 길이나 되는 절벽이 있는데 위에는 수만 가구가 있다. 한 사람이 길을 지키면 만 사람이라도 그곳으로 향할 수가 없다. 산세는 자연히 망루에서 적을 물리치는 형상을 하고 있다. 동서 두 문은 구불구불한 길이 대략 7리쯤 되고 위에는 산등성이와 언덕, 샘이 많다."라고 하였다.(舊唐書, 成州上祿縣, 白馬羌所處, 州南八十里有仇池山. 辛氏三秦記, 仇池山上廣百頃, 地平如砥. 其南北有山路, 東西絶壁萬仞, 上有數萬家. 一人守道, 萬夫莫向. 山勢自然有樓櫓却敵之狀. 東西二門, 盤道可七里, 上多岡阜泉源.)

[受詞 2구]

《두시언해》 태백산은 봉상에 있고 구지산은 동곡에 있으니 판관이 태백산 아래에서 명을 받고 말을 달려 동곡으로 향하였다는 말이다. (太白山在鳳翔, 仇池在同谷. 言判官受命太白山下, 而走馬向同谷也.)

24 古色(고색) – 오래된 빛깔. '色'은 '邑'으로 된 판본도 있다. 沙土(사토) – 모래 흙. 사막.

《두시상주》에 인용된《전한서음의前漢書音義》 '사토'는 '막'이라고 하는데 바로 오늘의 사막이다.(沙土曰漠, 卽今磧也.)

《구가집주두시》 조차공 주 서쪽 변방은 사막의 땅과 가깝기 때문에 모래흙이 갈라진 것이다.(西邊近沙漠之地, 故沙土裂也.)

25 積陰(적음) 구 – 음기가 쌓여 생긴 구름과 눈이 빽빽하다. '積雪陰雲稠'로 된 판본도 있고, '雲雪'이 '霜雪' '雪雲'으로 된 판본도 있다.

26 羌父(강부) – 강족의 어른들. 강족은 오늘날의 티베트족으로 감숙성에 살았다. 豪豬(호저) – 산미치광이. 고슴도치처럼 가시가 있고 몸집이 큰 동물이다. 靴(화) – 신. '帽'로 된 판본도 있다.

《두시상주》 《산해경》에 "'호체'는 모습이 돼지와 같으며 털이 희다"라고 하였는데 주에 "등 위의 털로 사물을 쏠 수가 있으며 강동에서는 '호저'라고 부른다."라고 하였다.(山海經, 豪彘, 狀如豚而白毛. 注, 能以脊上豪射物, 江東呼爲豪豬.)

27 羌兒(강아) 구 – '漢兵黑貂裘'로 된 판본도 있다. '강아羌兒'는 강 족의 아이들. '청시青兕'는 푸른색의 외뿔소.

《두시상주》에 인용된 《설문》 '시'는 들소와 같은데 푸른색이며 가죽이 두꺼워 갑옷을 만들 수 있다.(兕如野牛, 青色, 皮厚, 可爲鎧.)

28 吹角(취각) – 호각을 불다. 호각은 군대에서 사용하는 악기. 月窟(월굴) – 서쪽 끝에 있다는 전설상의 지명.

《두시상주》 '월굴'은 서쪽 끝의 땅이다.(月窟, 西極之地.)

29 蒼山(창산) – 푸른 산. '山蒼'으로 된 판본도 있다. 旌旆(정패) – 깃발.

30 鳥驚(조경) – 새가 놀라다. 死樹(사수) – 죽은 나무. 이 구를 비유적인 뜻으로 보는 설도 있으나 취하지 않는다.

《두공부초당시전》 '새가 놀라다'라는 것으로 백성들이 놀라 도망가는 것을 비유하였다.(鳥驚, 以喻民之驚竄也.)

31 拔(발) – 빼다. 빠져나오다. 老湫(노추) – 오래된 연못. 이 구도 비유적

인 뜻으로 보기도 한다.

《두공부초당시전》 '용이 노했다'라는 것으로 여러 장수가 나와서 그와 함께 적과 싸우려 하는 것을 비유하였다.(龍怒, 以喩諸將欲出與之戰也.)

[鳥驚 2구]

《두시상주》 새가 놀라고 용이 노한 것은 병마가 진동한 까닭이다.(鳥驚龍怒, 兵馬震動故也.)

#《두시상주》: 이 단락은 동곡의 처량한 경물을 말하였다. 위 6구는 풍토를 기록하였고 아래 6구는 둔병을 기록하였다. 깃발이 시름겹다는 것은 애처로운 모습을 띠고 있음을 말한다.(此言同谷凄凉之景. 上六記風土, 下六記屯兵. 旌旆愁, 謂帶愁慘之容.)

32 文儒士(문유사) - 글 읽는 선비. 위 평사를 가리킨다.

《두시언해》 문유사는 위 평사를 가리킨다.(文儒士, 指韋評事.)

33 憤激(분격) - 격분하다. 馳(치) - 달리다. 林丘(임구) - 숲 언덕. 동곡을 가리킨다.

[傷哉 2구] 문사 출신인 위 평사가 위기에 처한 나라를 구하러 요충지인 동곡군의 방어사 판관으로 가는 것을 안쓰러워한 것이다.

34 格鬪(격투) - 격투하다.

《두시상주》 《한서 · 무오자전》에 "주인이 마침내 격투하여 죽었다."라고 하였는데 주에 "서로 끌어안고 죽이는 것을 '격'이라 한다."라고 하였다.(漢書武五子傳, 主人遂格鬪死. 注, 相抱而殺之曰格.)

《구가집주두시》 조차공 주 '격투'라는 글자는 전한에서 처음 나왔다. 진림 〈음마장성굴행〉에 이르기를 "남아가 차라리 격투하다 죽는 것이 마땅하지 어떻게 장성의 길에서 답답해하고 울적해할 수 있겠는가."라고 하였다.(格鬪字, 祖出前漢, 而陳琳飮馬長城窟行云, 男兒

寧當格鬪死, 何能怫鬱長城道.)

35 沉與浮(침여부) – 가라앉는 것과 뜨는 것. 인생의 부침.

《두공부초당시전》 '침부'란 '성쇠'라고 말하는 것과 같다.(沉浮, 猶言盛衰也.)

《두시상주》 '부침'이란 앞으로의 처지를 알기 어렵다는 말이다.(浮沉, 謂此後遭際難知.)

36 道周(도주) – 길모퉁이.

《시경 · 당풍 · 유체지두有杕之杜》 '생어도주生於道周'의 모전毛傳 '주'는 모퉁이이다.(周, 曲也.)

37 論兵(논병) 구 – 군대 일을 논하여 먼 골짜기 고요해지다. 이 구절은 위 평사가 군대 일을 논하여 적을 완전히 평정하게 된 것을 가리킨다. 이와 달리 위 평사가 동곡군 방어사 판관으로 군대 일을 논하는 중간중간 적의 침입이 뜸하여 소강 상태가 유지되는 경우를 가리킨다는 설도 있다. '靜'은 '淨'으로 된 판본도 있다.

《두시언해》 먼 골짜기 고요해진다는 것은 도적들의 침략이 없음을 말한다.(遠壑淨, 言無寇盜之侵.)

38 縱(종) – 마음껏 하다. 冥搜(명수) – 힘써 찾다. 깊이 생각하다. 그윽한 경지를 자유롭게 탐색한다는 의미로, 좋은 장소나 깊은 정신세계에 노닐며 시상을 찾는 것을 말한다.

39 札翰(찰한) – 서찰. 투(投) – 서찰을 띄워 보낸다는 의미이다.

[論兵 4구]

《두억》 "군대 일을 논하여 먼 골짜기 조용해지면 또한 마음껏 시상을 찾을 수도 있겠다."에 대하여 준암 왕신중王愼中은 이런 결말에 만족하지 못하였으니 또한 옳다. 그러나 사실 이것은 공이 자신에 대해 말한 것이다. 비록 지극히 위험하고 힘든 가운데 있다 하더라도 항상 마음에 딱 맞는 시어가 있는 법이니 어찌 군대 일을 논한다는 이유로 마침내 시상을 찾는 일을 폐하여 빼어난 시구가 없을 것인가? 그러나 다른 사람은 할 수 없는 것이다.(論兵遠壑淨, 亦可縱冥搜, 遵岩不滿于此結, 亦是. 然實此公自道, 雖當極危苦中, 恒有極得意語, 豈以論兵而遂廢冥搜, 遂無秀句哉. 然他人不能也.)

《두시경전》 군대 일을 논하여 안정이 되면 또한 시를 부쳐 서로 위로할 수 있을 것이라는 말이다. 결말 부분은 여전히 본뜻을 벗어나지 않고 있다.(言論兵旣定, 亦可寄詩以相慰也. 結處仍不脫本意.)

《두시상주》에 인용된 오견사吳見思 주 군대 일을 논하여 평정이 되면 먼 골짜기를 청정하게 할 것이니 또한 시상을 찾아 좋은 시구를 얻어서 편지로 부쳐 나를 위로할 수 있을 것이다.(論兵旣定, 使遠壑清靜, 亦可冥搜得句, 投寄相慰也.)

#《두시상주》: 마지막 단락은 이별에 임하여 헤어지기 아쉬워하는 정을 써 내었다. 위 8구는 위 씨를 전송하는 것이고 아래 4구는 위 씨에 대한 바람이다.(末敍臨別繾綣之情. 上八送韋, 下四望韋.)

##《독두심해》: 공의 시는 매번 편말에 친구와의 정의를 써 내었는데 여기서는 유독 처음부터 써 내기 시작하였으니 격식이 변하였다. '핍측' 이하는 위 평사의 신체와 기개를 나타내었으니 변방의 요충지로 명을 받아서 때마침 그 숙부와 함께 그 훌륭함을 성취하게 되었다는 것이다. 평사를 칭찬하는 곳에는 위엄있는 의태가 있고, 동곡을 말하는 곳에는 관련되는 작용이 보인다. '수사' 이하는 관직을 맡아 떠나가게 되어서 작별하는 일을 말하고 있다. 강족이 사는 지역의 풍속을 묘사함에 소리도 있고 빛도 있다. '문유', '분격'은 '기횡구주'와 호응한다. 주석가들은 두보가 자신을 말한 것이라 지적하였는데 잘못이다. '중원격투'는 '핍측병마'와 호응한다. '기료침부'는 '왕사거류'와 호응한다. '연우', '악수'는 '석시', '동유'와 호응한다. 결말의 4구는 곧바로 공훈을 이룬 뒤에까지 통하고 있다. 오견사의 《두시논문》에서

는 "군대 일을 논하여 평정이 되면 먼 골짜기를 청정하게 할 것이니 또한 시상을 찾아 좋은 시구를 얻어서 편지로 부쳐 위로할 수 있을 것이다."라고 하였다. 이 해석이 가장 타당하니 비단 평범한 소식을 바란 것만은 아닌 것이다.(公詩每於篇末敍交誼, 此獨從頭敍起, 格變. 偪側以下, 表其軀幹氣節, 受命巖疆, 而適與其叔兼濟厥美也. 贊評事處有丰稜. 說同谷處有關係. 受詞以下, 言之官作別之事. 寫羌土風俗, 有聲有光. 文儒憤激, 應氣橫九州. 注家指公自謂, 非. 中原格鬪, 應偪側兵馬. 豈料沉浮, 應王事去留. 戀友握手, 應昔時同遊. 結四, 直透到勳成之後. 吳論云, 論兵旣定, 使遠壑淸靜, 亦可冥搜得句, 投寄相慰矣. 此解最得, 非徒望尋常消耗也.)

(**이석형**)

50. 述懷

감회를 적다

去年潼關破[1] 妻子隔絶久[2] 今夏草木長[3] 脫身得西走[4]
麻鞋見天子[5] 衣袖見兩肘[6] 朝廷愍生還[7] 親故傷老醜[8]
涕淚受拾遺[9] 流離主恩厚[10] 柴門雖得去[11] 未忍即開口
寄書問三川[12] 不知家在否 比聞同罹禍[13] 殺戮到鷄狗[14]
山中漏茅屋 誰復依戶牖[15] 摧頹蒼松根[16] 地冷骨未朽[17]
幾人全性命 盡室豈相偶[18] 嶔岑猛虎場[19] 鬱結廻我首[20]
自寄一封書 今已十月後[21] 反畏消息來[22] 寸心亦何有[23]
漢運初中興[24] 生平老耽酒[25] 沈思歡會處[26] 恐作窮獨叟[27]

작년에 동관이 격파되어
처자식과 헤어진 지 오래되었는데,
올여름 초목이 자랐을 때
몸을 빼 서쪽으로 달려갈 수 있었다.
미투리를 신고 천자를 알현하였는데
소매에 양쪽 팔꿈치가 다 보이니,
조정에서는 살아 돌아온 것을 불쌍히 여기고
가까운 이들은 늙고 추한 모습에 마음 아파했다.
눈물을 흘리며 습유직을 받았으니
떠돌던 몸에 주상의 은덕 두터운데,
사립문으로 비록 떠날 수 있지만

차마 바로 입을 열 수가 없었다.

편지를 부쳐 삼천 소식 묻지만
식구들 잘 있는지 모르는데,
근자에 듣자 하니 다 같이 화를 당하고
닭과 개까지 살육당했다고 한다.
산속 비 새는 초가집에
누가 다시 문에 기대고 있을까?
푸른 소나무 뿌리에 훼손되어 있어도
땅이 차가워 뼈가 썩지 않을 터.
몇 사람이나 목숨을 보전하였겠으며
온 가족이 어찌 서로 함께 있겠는가?
우뚝한 산은 사나운 호랑이의 터전이 되었기에
울적한 심정으로 고개를 돌려 바라본다.

편지 한 통 부친 지
이제 벌써 열 달이 넘었기에,
도리어 소식이 올까 두려우니
작은 심장은 무엇이 남아 있으리오?
한나라의 국운이 막 중흥의 길로 들어섰는데
평생 늘 술을 탐닉하는 몸,
기쁘게 만날 자리를 곰곰이 생각하니
궁색하고 외로운 노인이 될까 두렵기만 하다.

이 시는 지덕 2년에 두보가 봉상부鳳翔府에서 습유拾遺에 임명된 뒤 지난 1년 동안 겪었던 여러 경험과 심경을 읊은 것이다. 전란 속에 생사를 알 수 없고 소식이 끊어진 가족에 대한 걱정이 절절하게 표현되어 있다.

《보주두시》 두보는 지덕 원년에 반군에게 억류되었다. 이제 시에서 "작년에 동관이 깨졌다."라고 하였고, 또 '올여름에' '서쪽으로 달려갈 수 있었다'라고 하였으니 지덕 2년 여름 습유에 임명된 뒤에 지은 것이 틀림없다. 그러기에 또 "눈물을 흘리며 습유직을 받는다."라는 구절이 있는 것이다.(公以至德元載陷賊, 今詩云, 去年潼關破, 又云今夏得西走, 當是二年夏, 拜拾遺後作. 故又有涕淚受拾遺之句.)

주 석

1 去年(거년)－ 작년. 천보 15년인 756년을 가리킨다. 潼關(동관)－ 지명. 장안으로 들어서는 관문으로 지금의 섬서성 동관현에 해당한다. 破(파)－ 깨지다. 격파되다. 안녹산의 반군에게 함락당한 것을 말한다.

《두공부초당시전》 동관은 본래 이름이 충관이다. 황하가 용문에서 남쪽으로 흐르다 이곳에서 화산에 부딪히기에 그런 이름이 붙었다.(潼關, 本名衝關. 河自龍門南流衝激華山, 因以爲名.)

《구가집주두시》 천보 15년에 안녹산이 함부로 황제라고 참칭하며 반군을 보내 동관을 침입하였다. 가서한의 군대는 패퇴하고 부하가 그를 붙잡아 반군에게 항복하여 관문을 지키지 못하니, 주상이 결국 촉지방으로의 피신을 꾀하게 되었다.(天寶十五年, 安祿山僭號, 賊犯潼關. 哥舒翰軍敗退, 爲其帳下執之降賊, 關門不守, 上乃謀幸蜀.)

2 隔絶(격절) – 격리되어 끊어지다. 두보가 가족들과 멀리 떨어지게 된 것을 말한다.

《보주두시》 황희 주 두보는 반군에게 억류되고 처자식은 부주에 있기 때문에 '격절'이라 한 것이다.(公陷賊, 而妻子在鄜州, 故云隔絶.)

3 草木長(초목장) – 초목이 자라다. 몸을 숨기며 도주하기 쉬운 때가 되었음을 암시하는 것으로 보인다. 때가 초여름임을 표시하는 것으로 보기도 한다.

4 脫身(탈신) – 몸을 빼다. 안녹산의 수중에서 탈출한 것을 말한다. 西走(서주) – 서쪽으로 달려가다. 천자가 있는 봉상현으로 급히 간 것을 말한다.

[去年 4구] 두보가 반군에게 억류되었다가 이듬해 탈출하여 천자가 있는 곳으로 간 것을 말한다.

《구가집주두시》 조차공 주 이 시는 매우 명확하게 사실을 서술하고 있다. "작년에 동관이 격파되었다."라는 것은 천보 15년 6월에 반군의 장수인 최건우에 의해 격파된 것을 말한다. 이보다 앞서 두보는 5월에 가족들을 데리고 피신하여 부주에서 〈백수최소부십구옹고재삼십운白水崔少府十九翁高齋三十韻〉 및 〈삼천관수창이십운三川觀水漲二十韻〉, 〈색로자塞蘆子〉 등의 시를 지었다. 곧 부주에서 혼자 빠져나와 조정으로 달려가다가 동관의 패배를 만나고 결국 반군에게 억류당하게 되었다. 얼마 뒤 그달에 숙종이 영무현에서 즉위하여 봉상현에서 군대를 정비하였다. 두보는 지덕 2년 여름 4월에 반군의 수중에서 도망쳐 봉상현으로 갔으니, 이른바 "올여름에 몸을 빼 달려갔다."라고 한 말이 그것이다. 초목이 자랐다는 말로 유추해 보면 4월이니, 도잠이 시(〈독산해경讀山海經〉)에서 "초여름에 초목이 자란다."라고 하였다. 두보가 봉상현에 도착하여 천자를 알현하자 그를 우(좌의 잘못)습유에 임명하였다. 《신당서》에서 "두보는 천보 15년 7월에 반군을 피해 삼천에 기거하였는데 숙종이 즉위하자 부주에서 남루한 복장으로 행재소로 서둘러 가려고 하다가 반군에게 붙잡혔다."라고 한 것은 잘못이다.(此篇敍事甚明. 去年潼關破, 天寶十五載六月, 爲賊將崔乾祐所破也. 先是, 公於五月, 挈家避地, 鄜州有高齋詩及三川觀漲塞蘆子詩. 卽自鄜州挺身, 赴朝廷, 而逢潼關之敗, 遂陷賊中. 旣而是月, 肅宗卽位靈武, 治兵鳳翔. 公於至德二載夏四月, 自賊中亡走鳳翔, 所謂今夏脫身走, 是也. 以草木長推之, 則爲四月. 蓋陶潛詩云, 孟夏草木長也. 公旣至鳳翔上謁, 則拜右拾遺焉. 新書謂甫以天寶十五載七月中, 避寇寄家三川, 肅宗立, 自鄜州羸服欲奔行在, 爲賊所得, 非也.)

5 麻鞋(마혜) – 삼으로 짠 신발. 미투리. 見(현) – 알현하다. 이 구는 남루한 차림새로 천자를 알현한 것을 말한다.

《두시상주》에 인용된 왕예王叡의 《적곡자炙轂子》 하나라와 상나라 때에는 풀로 신발을 만들었다. 《좌전》에 "'비屝'는 (풀로 만든) 신발이다."라는 말이 있다. 주나라 때에 이르러서는 삼으로 신발을 만들었는데, 이를 '마혜'라 하며 귀한 사람이나 천한 사람이 모두 신고 다녔다.(夏商以草爲屩. 左氏曰, 屝, 屨也. 至周以麻爲之, 謂之麻鞋, 貴賤通著.)

6 見(현) – 드러나다. '現'과 통한다. '露'로 된 판본도 있다. 兩肘(양주) – 양쪽 팔꿈치. 이 구절 역시 옷차림이 매우 남루한 상태임을 말한다.

《구가집주두시》 양쪽 팔꿈치가 드러난다는 것은 복장이 온전하지 않은 것을 말한다.(露兩肘, 言衣不完.)

7 愍(민) – 불쌍히 여기다.

8 親故(친고) – 가깝거나 오래 알던 사람. 老醜(노추) – 늙고 추하다. 두보 자신의 모습을 가리킨다.

9 涕淚(체루) – 눈물을 흘리다. 拾遺(습유) – 관직 이름.

《두시전주》 당나라 때에 좌습유를 제수하는 조서에 "양양 사람 두보, 그대의 재주와 덕망을 짐은 잘 알고 있노라. 이제 특별히 선의랑과 행재소 좌습유에 임명하노니, 직책을 내린 뒤에 마땅히 그 직무에 힘쓸 것이며 게으름을 부리지 말라. 중서시랑 장호에게 명하노니 부신을 가져가서 왕명을 알리라. 지덕 2년 5월 16일 자로 실행하노라."라는 글이 있다. 앞의 칙서는 황색 종이를 사용하였는데 가로 세로 모두 네 자나 되고 글씨의 크기는 두 치쯤 되며, 연월에 천자의 도장이 찍혀 있는데 도장의 크기는 사방 다섯 치쯤 된다. 지금은 호광 악주부 평강현에 사는 후손인 두부의 집에서 소장하고 있다.(唐授左拾遺誥, 襄陽杜甫, 爾之才德, 朕深知之. 今特命爲宣義郎, 行在左拾遺. 授職之後, 宜勤是職, 毋怠. 命中書侍郎張鎬, 齎符告諭. 至德二載五月十六日行. 右勅用黃紙, 高廣皆可四尺, 字大二寸許, 年月有御寶, 寶方五寸許. 今藏湖廣岳州府平江縣裔孫杜富家.)

10 流離(유리) – 떠돌아다니다. 두보 자신의 신세를 가리킨다.

11 柴門(시문) – 사립문. 가족이 거처하고 있는 곳을 가리킨다.

[柴門 2구] 즉시 가족에게로 돌아갈 수도 있지만 차마 그러겠노라고 말하지 못하고 왕명을 기다린 것을 말한다.

《두공부초당시전》 두보는 가족을 살피러 돌아갈 수 있지만 차마 바로 입을 열어 천자에게 사직 인사를 올릴 수 없었다. 이는 군신간의 도의가 그러한 것이다.(甫歸得去省家, 未忍便開口辭天顔, 此君臣之義然也.)

#《두시상주》: 이 단락에서는 행재소에서 관직을 받고 가족을 생각하고 있다. 《두억》에 "초목이 더부룩이 자라서 몸을 숨기며 서쪽으로 달려갈 수 있었다. 눈물을 뿌리며 관직을 받은 것은 떠도는 몸으로 임금의 은혜에 감동해서이다. 그래서 차마 입을 열어 돌아가겠다고 말하지

못한 것이다."라고 하였다.(此受職行在, 而回念室家也. 杜臆, 草木叢長, 故可潛身西走. 揮涕受官, 以流離而感主恩也, 故不忍開口言歸.)

12 三川(삼천)– 지명. 가족이 있는 부주를 가리킨다.

《구가집주두시》 삼천은 부주에 있다.(三川在鄜州.)

《두시상주》에 인용된 구주舊注 삼천은 부주 남쪽에 있는데 두보의 가족들이 거기에 잠시 기거하고 있었다.(三川在鄜州南, 公之家寓焉.)

13 比(비)– 근래. 罹禍(이화)– 재앙을 만나다. 난을 당한 것을 말한다.

《두시언해》 '비'는 근자라는 뜻이고, '이'는 만나다는 뜻이다.(比, 近也, 罹, 遭也.)

14 到鷄狗(도계구)– 닭과 개에까지 이르다. 즉 반군들이 닭이나 개 등 가축까지 다 죽인 것을 말한다.

15 依戶牖(의호유)– 문과 창에 의지하다. 문에 기대다. 이 구는 집에 아무도 없으리라는 것을 말한다.

[山中 2구]

《두보전집교주》에 인용된 오견사吳見思 주 산속의 집이 파괴되어 이미 사는 사람이 없다.(山中破屋, 已無人居.)

16 摧頹(최퇴)– 부서지고 무너지다. 훼손되다. 시체가 훼손되어 널부러져 있음을 말한다. 가옥이 부서진 것으로 보는 설도 있지만 취하지 않는다.

17 骨不朽(골불후)– 뼈가 썩지 않다. '骨'은 사람의 뼈를 가리킨다. 집의 마룻대나 대들보를 가리키는 설도 있으나 취하지 않는다.

[摧頹 2구] 가족이 죽은 지 이미 오래되어 시체가 소나무 뿌리에 훼손되어 있을 텐데 땅이 차가워 썩지 않았으리라는 뜻이다. 이와 달리 초가집이 소나무 뿌리에 부서졌는데 땅이 차가워 마룻대나 대들보가

썩지 않았을 것이라는 뜻으로 보는 설도 있다.

《구가집주두시》 조차공 주 초가집이 소나무 옆에 무너졌는데 땅이 차갑기 때문에 띠풀은 썩어도 동량은 썩지 않는 것이다.(茅屋摧頹於松旁, 以地冷之故, 茅雖朽, 而屋骨未朽.)

18 盡室(진실) – 온 가족. 식구들 모두. 相偶(상우) – 서로 짝하다. 흩어지지 않고 함께 살고 있는 것을 말한다.

[幾人 2구] 가족들 중에 목숨을 보전하고 있는 이가 거의 없을 것임을 말한다.

《구가집주두시》 조차공 주 다른 사람들 중에 목숨을 보전한 이가 적으니, 우리 가족들이라고 어찌 함께 모여 산다고 보장할 수 있겠느냐는 뜻이다.(他人少有全性命者, 而吾之室家, 豈保其相偶聚乎.)

19 嶔岑(금잠) – 산이 높고 험한 모양. '岑'은 '崟'으로 된 판본도 있다. 猛虎(맹호) – 사나운 호랑이. 이 구는 사람이 살지 않아 맹수가 횡행하게 되었다는 뜻이다. 이와 달리 안녹산의 반군을 비유하는 말로 보는 설도 있다.

《구가집주두시》 조차공 주 호랑이로 반군들의 난폭함을 비유하였다.(以虎譬賊之暴也.)

20 鬱結(울결) – 울적하고 가슴이 메다. 廻我首(회아수) – 내 머리를 돌리다. 부주 방향으로 머리를 돌리는 것을 말한다.

[嶔岑 2구] 반군들의 횡포에 어찌하지 못하고 단지 답답한 심정만 안고 있는 것을 말한다.

《두공부초당시전》 '호랑이의 터전'이란 말은 반군들이 있는 곳을 가리키는데, 그들이 사람들을 해치는 것이 마치 호랑이 같다는 것을 말한다. 그래서 감히 대뜸 가지 못하고 단지 스스로 고개를 돌리며 마음 울적해하는 것이다.(猛虎場, 指賊徒之所在, 謂其搏噬人有如虎也. 是以不敢遽進, 但自回首而心鬱結也.)

#《두시상주》: 이 단락에서는 집으로 편지를 부치지만 가족들이 화를 당하여 몸을 보전하지 못했을까 걱정하고 있다. 주학령의 주에 "《자치통감》에 '안녹산이 처음 반란했을 때 경기와 부주에서부터 기산과 농 땅까지 다 그에게 붙었다'라고 하였다. 당시 곳곳이 반군에게 침탈당했기에 그래서 가족이 화를 당할까 근심하였다."라고 하였다. 부서진 집에 누가 의지할까라고 하였으니 집에 사람이 없다는 것이고, 부서지고 뼈가 차갑다고 하였으니 죽은 지 오래되었다는 것이다. 주민들이 거의 없기에 사나운 호랑이들이 설치는 것이다.(此寄書至家, 恐其遭亂難保也. 朱注, 通鑑, 祿山初反, 自京畿鄜坊至於岐隴皆附之. 時所在寇奪, 故以家之罹禍爲憂. 破屋誰依, 室無人矣. 摧頹骨冷, 死者久矣. 民稀少, 故猛虎縱橫.)

21 十月(십월)－ 10개월.

《두시상주》에 인용된 조차공 주 '십월'은 지난해 편지를 보낸 이래로 이미 10개월이 지난 것을 말하지, 초겨울인 시월을 가리키는 말이 아니다. 두보가 가족들을 방문하러 간 것이 윤 8월 초하루였으니 이 시가 지어진 것은 아직 윤달 이전이다.(十月, 謂自去年寄書已經十月, 非指孟冬之十月. 公往問家室, 在閏八月初吉, 此詩尚在閏月之前.)

22 反畏(반외) 구－ 안 좋은 소식이 들려올까 도리어 두려워하는 것이다.

23 寸心(촌심)－ 한 치의 심장. 이 구는 가족 걱정으로 두보가 마음 졸이는 것을 말한다.

24 漢運(한운)－ 한나라의 국운. 여기서는 당 왕조의 국운을 가리킨다. 이 구는 숙종이 즉위한 것을 말한다.

《구가집주두시》 무릇 왕실이 중간에 쇠락했다가 다시 흥성하는 것을 '중흥'이라고 한다. 주나라의 선왕, 한나라의 광무제, 당나라의 중종 같은 경우가 이것이다.(凡王室中否而再興, 謂之中興. 如周之宣

王, 漢之光武, 唐之中宗, 是.)

《두시언해》 한나라의 운명이란 광무제로 숙종을 비유한 것이다.(漢運, 以光武比肅宗.)

25 生平(생평)－ 평생. 老(로)－ 늘. 항상. 耽酒(탐주)－ 술을 탐닉하다. 술에 빠지다.

26 沈思(침사)－ 생각에 빠지다. 곰곰이 생각하다. 歡會處(환회처)－ 앞으로 가족들과 기쁘게 만날 자리를 가리킨다. 가족들과 함께 지내던 때를 가리키는 것으로 볼 수도 있다.

27 窮獨叟(궁독수)－ 궁색하고 외로운 노인. 가족을 잃은 자신의 모습을 상정하고서 한 말이다. '獨'은 '塗'로 된 판본도 있다.

[沈思 2구] 가족들과 만날 자리를 곰곰이 생각해보니 가족을 잃은 외로운 노인이 될까 걱정된다는 뜻이다.

《두공부초당시전》 두보는 평소 술을 마실 때 처자식과 즐겁게 자리를 함께 하였기에 역시 시름을 덜 수 있었다. 그러나 지금은 처자식이 화를 당하여 노년에 궁색하고 외로운 신세로 의지할 데가 없을까 근심하고 있으니, 정말로 한탄할 만하다.(甫平生杯酒間, 與妻子歡會, 亦可以遣適窮愁. 今愁妻子罹禍, 老年窮獨無所依, 良可歎也.)

《두시언해》 이는 두보가 옛날에 처자식과 즐겁게 자리를 함께한 것을 생각하면서, 이제 처자식이 죽어 곤궁하고 외로운 신세로 몸을 의지할 데가 없으리라 걱정하고 있다고 말한 것이다.(此甫言思昔日, 與妻子歡會, 今恐妻子死亡, 窮獨無歸也.)

#《두시상주》: 마지막 단락은 가족들 소식이 묘연한 것에 대해 마음 아파하면서 또한 생사를 장담할 수 없음을 두려워하고 있다. 편지가 끊어졌을 때는 의심하다가 편지가 오면 두려워한다는 것은 바로 가족들이 다 사망하여 장차 기쁘게 만날 장소에서 도리어 궁색하고 외로운 노인이 될까 걱정하는 것이다.(末傷家信杳然, 又恐存亡莫必也.

書斷則疑, 書來則畏, 正恐家室盡亡, 將來歡會之處, 反成窮獨之人耳.)

##《독두심해》: 이 시는 한 조각 지극한 심정으로부터 흘러나왔다. 반군의 진영에서 벗어나 관직에 임명된 뒤 정신이 다소 안정되자 가족들 안부에 생각이 이르렀다. 처음 12구는 내력을 상세하게 서술하였는데 첫머리에서 바로 처자식과 떨어진 상황을 다 제기하여 작품 전체의 주지로 삼았다. 뒷부분에서 '떠날 수 있다'와 '차마 하지 못 한다'는 말로 갑자기 멈추었는데 암암리에 (가의賈誼 〈진정사소陳政事疏〉의) "오직 나라를 위할 뿐 집안일을 잊는다."라는 뜻으로부터 변화해 내었다. 중간의 12구는 멀리서 가족을 생각하는 감정을 서술하였다. 편지를 부친 뒤에 단지 나쁜 소식만 들릴 뿐 오래도록 정확한 사실을 담은 회신이 없기 때문이다. 뒤 8구는 4구가 중간 단락과 조응하고 4구가 첫 단락과 조응하면서, '궁색하고 외로운 노인'이 여전히 처자식에 연결되어 있기에 결말이 완벽하면서 치밀하다.(詩從一片至情流出. 自脫賊拜官後, 神魂稍定, 因思及室家安否也. 首十二句, 詳敍來歷, 而起手卽提破妻子隔絶, 以爲一篇之主. 後以得去未忍頓住, 暗從國爾忘家意化出. 中十二句, 敍遙憶之情. 爲寄書去後, 但有傳聞惡耗, 久無的實回書也. 後八句, 四應中段, 四應首段, 而窮獨叟仍綰定妻子, 收束完密.)

(김만원 · 강민호)

51. 得家書

집에서 온 편지를 받다

去憑遊客寄[1] 來爲附家書[2] 今日知消息 他鄉且舊居[3]
熊兒幸無恙[4] 驥子最憐渠[5] 臨老羈孤極[6] 傷時會合疏[7]
二毛趨帳殿[8] 一命侍鸞輿[9] 北闕妖氛滿[10] 西郊白露初[11]
涼風新過雁 秋雨欲生魚[12] 農事空山裏[13] 眷言終荷鋤[14]

갈 때는 나그네에 의지해 부쳤더니
온 것은 집안 편지를 부쳤기 때문이라네.
이제야 소식을 알게 되었는데
타향이지만 여전히 옛집에 있다지.
웅아는 다행히 병이 없고
기자는 가장 사랑스럽다네.
늙어 나그네의 외로움이 극에 달하고
시국을 슬퍼하니 만남이 드물기만 하네.

희끗희끗한 머리로 장막 궁전에서 종종걸음으로 다니고
낮은 관직으로 천자의 수레를 모시는데,
북쪽 궁궐에는 요사스러운 기운이 가득하고
서쪽 교외에는 흰 이슬이 내리기 시작하네.
시원한 바람에 새로 기러기가 지나가고
가을비에 물고기가 생기는데,

빈산 속에서 농사나 지을까 하고
끝내 호미 메겠다고 돌아보며 말하네.

이 시는 두보가 가족들로부터 편지를 받고 난 후에 느끼는 심정을 적은 것으로 지덕 2년 가을에 지은 것으로 보인다. 당시 두보는 봉상에서 벼슬하고 있었고 가족들은 부주 강촌에 머물러 있었으므로 두보는 가족의 안위에 대해 늘 걱정하고 있었다.

《보주두시》 시에서 "희끗희끗한 머리로 장막 궁전에서 종종걸음으로 다니고, 낮은 관식으로 천사의 수레를 보시나."라고 하였으니 지덕 2년 봉상의 행재소에 있을 때 지은 것이다. 당시 두보는 아직 부주로 가서 가족을 맞이하지 않았으므로 또 "서쪽 교외에는 흰 이슬이 내리기 시작한다."라고 하였다.(詩云二毛趨帳殿, 一命侍鸞輿, 當是至德二載, 在鳳翔行在所作. 時未往鄜州迎家, 故又云西郊白露初.)

주 석

1 去(거)- 어떤 객이 가족이 있는 부주로 가는 것을 말한다. 憑遊客寄(빙유객기)- 길 떠나는 객에게 부탁하여 편지를 보내다. 부주로 가는 사람 편에 편지를 보냈다는 말이다. '遊客寄'는 '休汝騎'로 된 판본도 있다.

2 來(래)- 그 객이 부주에서 봉상으로 오는 것을 말한다. 附家書(부가서)- 집 편지를 부탁하다. 부주 강촌에 있는 가족이 나에게 보내는 편지를 봉상으로 돌아가는 길손에게 부탁하였다는 말이다.

[去憑 2구]

《두보전집교주》에 인용된 오견사 설 떠나가는 객의 편을 빌어 예전에 편지를 부쳐서 보냈는데 지금 다시 편지 부탁을 받고 왔다.(因遊客之便, 昔爲寄書而往, 今又附書而來.)

《두시경전》 아마도 편지를 가지고 온 자는 바로 두보가 앞서 편지를 부탁해 보낸 사람일 것이다.(意帶書來者, 卽公前次所託寄書之人.)

3 他鄕(타향)– 여기서는 부주를 가리킨다. 且(차)– 여전히. 또는 그럭저럭. 舊居(구거)– 이전부터 머물던 집. 이 구는 두보의 가족이 여전히 부주의 집에서 살고 있다는 말이다.

《구가집주두시》 조차공 주 '차구거'는 객거하는 집이 부주에 있어 이미 타향이지만 난리에 다시 옮겨갔을까 걱정하였음을 가리켜 말한 것이다. 그래서 소식을 알고는 기쁘다고 한 것이다.(且舊居, 指言寄家在鄜, 已是他鄕, 但恐亂離更有遷徙, 故知消息而喜云.)

《두억》 부주는 나그넷길에 우거한 곳이니 본래 타향에 속한다. 그런데 다행히 옮겨 가지 않고 여전히 옛 거처에서 살고 있다. 다섯 글자가 완곡하면서도 갖추어 말하였다. 또 '타향'과 '구거'는 서로 성격이 다른 것인데, 이어 말하여 절묘함을 이루었다.(鄜州流寓, 本屬他鄕, 而幸無轉徙, 且在舊居, 五字婉而該. 且他鄕舊居不相屬, 而連說最妙.)

4 熊兒(웅아)– 두보의 큰아들 종문宗文의 아명. 두보의 어린 딸로 보는 경우도 있다. 無恙(무양)– 병이 나지 않다. 탈이 없다.

《두시언해》 웅아는 두보의 아들 종문의 어릴 적 이름이다.(熊兒, 甫子宗文小名.)

《두공부초당시전》 웅아는 반드시 공의 어린 딸이었을 것이다.(熊兒, 必公之幼女也.)

5 驥子(기자)– 두보의 둘째 아들 종무宗武의 아명. 큰아들 종문을 가리

키는 것으로 보는 설도 있으나 취하지 않는다. 最憐(최련)－ 가장 사랑스러워하다. 가장 아끼다. 渠(거)－ 그. 그 사람. 여기서는 '驥子', 즉 종무를 가리킨다.

[熊兒 2구]

《독두심해》 웅아는 종문의 어릴 적 이름이며, 기자는 종무의 어릴 적 이름이다.(熊兒, 宗文小名. 驥子, 宗武小名.)

《구가집주두시》 조차공 주 종무의 어릴 적 이름이 기자이니 웅아는 아마도 종문일 것이다.(宗武小字驥子, 然則熊兒者, 豈宗文耶.)

《두시상주》에 인용된 호하객胡夏客의 설 '기'는 마땅히 종문이고 '웅'은 마땅히 종무이다.(驥, 當是宗文. 熊, 當是宗武.)

《두보전집교주》에 인용된 장진 주 이는 편지의 내용이다.(此是書中所載.)

6 羇孤(기고)－ 홀로 외롭게 타향에서 머물다. 두보가 고향과 가족을 떠나서 봉상에서 머물고 있음을 말한 것이다.

7 傷時(상시)－ 시국을 슬퍼하다. 會合疏(회합소)－ 만남이 드물어지다. 가족과 자주 만나지 못함을 말한 것이다.

#《두시상주》: 이 단락은 가족의 편지를 받게 된 것을 기뻐하면서도 여전히 부자가 서로 떨어져 있음을 슬퍼한 것이다.(此喜得家書, 猶傷父子相隔也.)

8 二毛(이모)－ 검은 머리카락에 흰 머리카락이 섞여 있는 것을 말한다. 趨帳殿(추장전)－ 장막으로 된 궁전에서 종종걸음으로 다니다. 행재소에서 벼슬하고 있음을 설명한 것이다.

《두시상주》에 인용된 《당육전唐六典》 상사국(궁중에서 거처를 담당하는 부서)의 봉어는 무릇 천자의 수레가 행차하면 삼부의 장막을 미리 설치하는데, 모두 검은 담요로 겉을 만들고 붉은 비단으로 덮개를 만든다. 아래에는 자색 휘장을 친 네모난 자리와 금동의 행상이 있는데 발로 덮으며, 그 바깥에는 판벽을 설치하여 울타리로 삼는다.(尙舍奉御, 凡大駕行幸, 預設三部帳幕, 皆烏氈爲表, 朱綾爲覆, 下有紫帷方座, 金銅行牀, 覆以簾, 其外置排城以爲蔽捍.)

《두시상주》 '추장전'이라고 한 것은 당시 습유가 되었기 때문이다.(趨帳殿, 時爲拾遺矣.)

9 一命(일명) – 관직의 등급 중 가장 낮은 것을 말한다. 鑾輿(난여) – 천자의 수레.

《구가집주두시》 조차공 주 이 시는 아마도 지덕 2년 7월에 지었을 것이다. 살펴보건대 공은 이해에 도망쳐서 봉상으로 돌아가 좌습유에 제수되었다. 그래서 '일명시란여'라고 한 것이다.(此詩蓋至德二載七月所作. 按, 公是歲竄歸鳳翔, 授左拾遺, 故曰一命侍鑾輿也.)

10 北闕(북궐) – 북쪽의 궁궐. 여기서는 장안을 가리킨다. 妖氛(요분) – 요사스런 기운. 이 구는 당시 안경서安慶緖의 세력이 왕성함을 말한 것이다.

《두시상주》 이 당시 안경서의 세력이 한창 왕성하였다.(時安慶緖方熾也.)

11 西郊(서교) – 장안 서쪽 교외. 여기서는 장안 서쪽에 있는 봉상 지역을 가리키는 것으로 보인다. 白露初(백로초) – 흰 이슬이 처음 내리다. 계절이 초가을임을 알려준다. 이 구가 숙살의 기운이 일어나서 정국이 바뀌기 시작하는 것을 비유하는 것으로 보는 설도 있다.

《독두심해》 이는 빌려서 봉상을 가리킨다.(此借指鳳翔.)

《구가집주두시》 조차공 주 백로가 처음 내렸다는 말로 보건대 칠월이 분명하다.(以白露初言之, 則在七月明矣.)

《두보전집교주》에 인용된 노원창 주 하늘의 때가 숙살의 시기가 되어 이미 서쪽 교외로 다가오고 있음을 다행스럽게 여긴 것이다.(幸天時肅殺, 已逼西郊.)

《구가집주두시》 숙살의 위엄이 점차 생겨난다는 말이다.(謂肅殺之威漸生.)

[北闕 2구]

《두억》 '북쪽 궁궐의 요사스런 기운'과 '서쪽 교외의 흰 이슬'은 관직에 있는 것이 은일보다 안전하지 못함을 보여주면서 '호미를 멘다'는 구를 이끌어 일으킨다.(北闕妖氛, 西郊白露, 見仕不如隱之安, 引起荷鉏之句.)

12 秋雨(추우) 구 – 가을비가 많이 내려 곳곳에 물이 가득해서 여기저기 물고기가 생겼다는 말이다. 이와 달리 물이 많아져서 물고기를 기를 수 있다는 뜻으로 볼 수도 있다.

[凉風 2구]

《두공부초당시전》 물고기와 기러기를 말한 것은 모두가 편지를 전할 수 있기 때문이다.(謂魚雁, 皆能傳書故也.)

13 空山(공산) – 빈산. 여기서는 가족이 있는 부주 강촌을 가리키는 것으로 보인다.

14 眷言(권언) – 돌아보며 말하다. 또는 '言'은 접미사로 보고 돌아보는 모양으로 풀이할 수도 있다. 終荷鋤(종하서) – 끝내 호미를 메다. 이 구는 벼슬을 그만두고 가족이 있는 강촌으로 가서 농사나 지으면서 살고 싶다는 마음을 적은 것이다. 이 구는 '終篇言荷鋤'로 된 판본도 있다.

[農事 2구]

《구가집주두시》 조차공 주 두보는 이미 난리를 당하여 마음에 두서가 없어 돌아가 농사를 짓고자 한 것이다.(公旣遭亂無緒, 乃欲歸耕而已.)

#《두시상주》: 이 단락은 시사에 대해 느끼고 생각한 것이며, 산중(부주

강촌)에서 가족과 만나게 되기를 바라고 있다.(此感時撫事, 意在聚首山中也.)

##《독두심해》: 〈술회〉에서는 "편지 한 통 부친 지 벌써 열 달이 지났다." 라고 하였으니, 부주에서 소식이 오랫동안 끊겼다가 이때에 비로소 집안 편지를 받은 것이다. 편지를 받아 위로를 받으며 돌아가 가족이 함께 모일 것을 바란 것이다. 그저 한마디의 말과 같다.(述懷云, 自寄一封書, 今已十月後. 是鄜州消息久斷, 至此始得家書也. 得書而慰, 冀圖歸聚. 只如一片話.)

(**김성곤 · 임도현**)

52. 送長孫九侍御赴武威判官

무위판관으로 부임하는 장손 시어를 전송하다

驄馬新鑿蹄[1] 銀鞍被來好[2] 繡衣黃白郎[3] 騎向交河道[4]
問君適萬里 取別何草草[5] 天子憂涼州[6] 嚴程到須早[7]
去秋羣胡反[8] 不得無電掃[9] 此行收流甿[10] 風俗方再造[11]
族父領元戎[12] 名聲國中老[13] 奪我同官良[14] 飄飆按城堡[15]
使我不能餐[16] 令我惡懷抱[17] 若人才思闊[18] 溟漲浸絶島[19]
樽前失詩流[20] 塞上得國寶[21] 皇天悲送遠[22] 雲雨白浩浩[23]
東郊尙烽火[24] 朝野色枯槁[25] 西極柱亦傾[26] 如何正穹昊[27]

청총마에 새로 굽을 박고
은 안장 걸쳐놓으니 보기 좋습니다.
누런빛 흰빛의 수놓은 옷을 입으신 분이
말을 타고 교하의 길을 향하시는군요.
여쭤봅니다, 만 리를 가시는 분이
작별은 어찌 이리도 서두르시는지요?

천자께서 양주를 걱정하시니
여정 엄정히 하여 반드시 일찍 도착해야 하겠지요.
지난 가을에 뭇 오랑캐가 난을 일으켰음에
번개처럼 쓸어버리지 않을 수 없었는데,
이번 걸음으로 떠도는 백성들 수습하시면

풍속도 바야흐로 다시 바로잡힐 것입니다.

족부께서 큰 군대를 거느리시는데
나라의 원로로 명성이 높습니다.
우리 동료 관원 중의 어진 이를 빼앗아
멀리 성과 보루를 살피게 하시니,
저로 하여금 밥을 먹지 못하게 하고
저로 하여금 마음을 궂게 하십니다.

이런 분은 재기와 사려가 활달하여
바닷물이 불어 먼 곳의 섬까지 삼켜 버리는 것 같습니다.
술동이 앞에서는 시 나눌 벗을 잃은 것이지만
변새에서는 나라의 보배를 얻은 셈이지요.
하늘조차 멀리 떠나보냄을 서글퍼하여
구름과 비가 하얗게 가득합니다.

동쪽 들녘에 아직 봉화가 피어올라
조야의 사람들은 안색이 야위기만 하였는데,
서쪽 끝의 기둥 또한 기울었으니
어떻게 하늘을 바로잡을까요?

이 시는 지덕 2년에 무위의 판관으로 부임하고자 급히 떠나는 장손 시어를 전송하며 지은 것이다. 당시 두보는 봉상의 행재소에서 습유로 있었다. 시제의 '長孫'은 복성이며 '九'는 재종형제 간의 서열을 나타낸다. '侍御'는 '시어사侍御史'의 준말로 대원臺院에 속하였던 관직 명칭이고, '判官'은 절도사나 관찰사 등의 휘하에 있는 막료의 관직 이름이다. '武威'는 오늘날 감숙성甘肅省 무위현武威縣 일대이다. 장손씨가 누구인지는 확실하지 않지만 두보와는 시를 주고받는 등 각별한 사이였던 것으로 보인다.

《보주두시》 양주 무위군은 당나라 때 농우에 속하였으며 하남절도사가 다스리던 곳이다. 시에서 이르기를, "우리 동료 관원 중의 어진 이를 빼앗다."라고 하였으니 지덕 2년 공이 습유로 있을 때 지은 것이다.(涼州武威郡, 唐屬隴右, 乃河南節度之所治. 詩云, 奪我同官良, 乃至德二年, 公爲拾遺時.)
《두공부초당시전》 공의 이 시는 봉상에서 지은 것이다.(公此詩乃鳳翔所作.)
《두공부초당시전》 양주는 한의 무위군으로 옛 흉노족 휴도왕의 땅이었다. 지리지를 살펴보건대 한 무제 태초 4년에 개척하였다고 한다.(涼州, 漢武威郡, 故匈奴休屠王地. 按地理志, 漢武太初四年開.)
《구당서·지리지》 무덕 2년에 이궤를 평정하고 양주총관부를 설치하여 양주, 감주, 과주, 숙주 네 주를 관할하였다. 천보 원년에는 무위군으로 고치고 양주, 감주, 숙주 세 주를 감독하였는데, 건원 원년에 다시 양주라고 하였다.(武德二年, 平李軌, 置涼州總管府, 管涼甘瓜肅四州. 天寶元年, 改爲武威郡, 督涼甘肅三州, 乾元元年, 復爲涼州.)

주 석

1 驄馬(총마) – 푸른빛을 띤 흰 말. 총이말, 청총마라고도 한다. 후한

환전桓典의 고사를 이용하여 어사의 뜻으로 쓰인다. 鑿蹄(착제)－ 말의 발바닥에 굽을 박다.

《두공부초당시전》 환전을 장손 시어에 견준 것이다. 후한의 환전이 시어사에 배수되었을 때, 환관들이 실권을 잡고 정치를 주물렀는데 꺼려 피하는 바가 없었다. 환전은 늘 총마를 타고 다녔는데 경사에서 그를 두려워하였으며 이 때문에 말하기를, "길을 가다가도 잠시 멈추어 총마어사를 피하라."라고 하였다.(以桓典比孫侍御也. 後漢桓典拜侍御史時, 宦官秉權典執政, 無所廻避. 常乘驄馬, 京師畏懼, 爲之語曰, 行行且止, 避驄馬御史.)

2 銀鞍(은안)－ 은으로 장식한 말안장. 被(피)－ 입히다, 걸치다.

3 繡衣(수의)－ 수놓은 비단옷. 시어사를 가리킨다. 黃白(황백)－ 누런빛과 흰빛. 시어사의 옷의 화려함을 표현한 것이다. 이와 달리 은 도장과 금 도장을 뜻한다는 설도 있다.

《문중자文中子 · 사군事君》 '君子非黃白不御' 완일阮逸 주 '황백'은 자연스러운 실의 색을 취한 것이다.(黃白取自然絲色.)

《두시상주》에 인용된 《한서》 무제가 직지사자를 시켜 수놓은 옷을 입고 도끼를 가지고 다니며 부部를 나누어 뭇 도둑을 쫓아가 잡게 하였다.(武帝遣直指使者, 衣繡衣, 杖斧, 分部逐捕羣盜.)

《두공부시집집주》 혹자가 말하기를 "'황백'은 바로 《한서》의 '은황'이다."라고 하였다.(或云, 黃白, 卽漢書銀黃.)

《한서》 '懷銀黃'의 안사고顔師古 주 '은'은 은 도장이고 '황'은 금 도장이다.(銀, 銀印也. 黃, 金印也.)

4 交河(교하)－ 지명. 오늘날 신강新疆자치구 토로번吐魯番 서쪽 일대.

《두공부초당시전》 당나라 안서군은 동쪽으로 언기(서역의 나라 이름)에 이르며 교하군에서 700리 떨어져 있다. 교하는 남쪽으로 북번과 이웃하고 북쪽으로는 돌궐과 맞닥뜨리는데, 황하가 나뉘어 흘러 성 아래를 감돌아 흐르기 때문에 교하라 불렀다. 당시 토번이 양주를 노략질하였기 때문에 황제가 장손을 무위판관으로 삼아 양주의 남은 백성들을 불러모으게 하였다. 그리하여 장손이 교하로 말을 달려 만 리를 가게 되었던 것이다.(唐安西郡東至焉耆, 去交河郡七百里, 南隣北蕃, 北拒突厥. 河水分流遶城下, 故號交河. 時吐蕃寇涼州, 故帝以長孫爲武威判官. 招集涼州餘民, 故長孫騎向交河而爲萬里之行也.)

5 草草(초초) – 급히 서두르는 모양. 또는 노심초사하는 모양.

#《두시상주》: 첫 단락은 시어사가 무위로 가게 된 사실을 적었다.(首敍侍御赴武威.)

6 涼州(양주) – 서북쪽 변방의 지명으로 무위군이다.

7 嚴程(엄정) – 일정을 엄정히 하다. 到須早(도수조) – 도착이 모름지기 빨라야 한다. 이 구는 부임해야 할 기한이 촉박함을 말한 것이다.

《두공부초당시전》 기한이 촉박함을 말한 것이다.(謂期限促也.)

[天子 2구] 두보의 질문에 장손 시어가 답한 것으로 볼 수도 있다.

《두보전집교주》에 인용된 장진張溍 주 이는 답하는 말이다.(此答語.)

8 去秋(거추) – 지난 가을. 지덕 원년 가을을 말한다. 羣胡(군호) – 여러 오랑캐. 당시 무위 지역에서 반란을 일으킨 무리를 가리킨다. 토번으로 보아야 한다는 설이 있다.

《두공부시집집주》 '거추군호반'에 대해 조차공과 황희 등의 여러 주석에서는 모두 토번을 가리킨다고 하였다. 살펴보건대《당서》에서 "지덕 원년에 토번이 위주, 융주 등의 여러 군을 무너뜨리고 들어와 석보성에 주둔하였다."라고 하였는데, 이는 농우의 하주, 선주 등에서 있었던 일이며 하서의 양주는 아직 함락되지 않았다.《통감》에서 "지덕 2년 병인년에 하서병마사 갑정륜이 무위에 있던 구성(회흘의 아홉 부락)의 서역 상인 안문물 등과 함께 절도사 주필을 죽이고 무리 6만을 취합하였다. 무위의 큰 성 안에 작은 성이 일곱 개 있었는데 오랑캐가 다섯 개를 차지하고 두 개의 성은 굳게 지키고 있었다. 탁지판관 최칭이 중사 유일신과 함께 두 성의 병력으로 그들을 공격하여 17일 만에 평정하였다."라고 하였다. 이 시에서 말한 '군호반'은 바로 그 일을 가리킨다. '거추'라고 말한 것은 토벌하여 평정한 것이 정월이지만 난을 일으킨 것은 전년 가을이었기 때문이다. 이때 무위는 비록 수복되었지만 여란이 아직 그치지 않았기 때문에 그가 빨리 양주로 가서 백성들을 안정시키고 성과 보루를 안찰하게 하고자 하였다.(去秋羣胡反, 趙次公黃希諸注, 皆指吐蕃. 按, 唐書, 至德元載, 吐蕃陷威戎等諸軍, 入屯石堡, 此在隴右河鄯等州, 而河西涼州未嘗陷. 通鑑, 至德二載丙寅, 河西兵馬使蓋庭倫, 與武威九姓商胡安門物等, 殺節度使周泌, 聚衆六萬. 武威大城之中, 小城有七, 胡據其五, 二城堅守. 度支判官崔稱與中使劉日新, 以二城兵攻之, 旬有七日, 平之. 此云群胡反, 正指其事. 曰去秋者, 討平在正月, 而發難則在去秋, 是時武威雖復, 而餘亂尙有未戢者, 故欲其早到涼州, 安甿黎而按城堡也.)

9 電掃(전소)— 번개처럼 쓸어 버리다. 이 구는 최칭 등이 난을 평정했음을 말한 것이다.

《두공부초당시전》 마땅히 병력으로 그들을 소탕해야 했음을 말한 것이다.(謂當以兵掃蕩之也.)

10 收流甿(수유맹)— 유민들을 수습하다. '收'는 '牧'으로 된 판본도 있다. 여란을 평정하여 편안히 모여들게 한다는 뜻이다.

《두시상주》 '수'는 평정하여 편안히 모이게 한다는 뜻이다.(收是平定安集之意.)

11 再造(재조)— 다시 만들다. 여기서는 제자리를 잡는다는 뜻으로 쓰였다.

#《두시상주》: 이 단락은 명을 받들어 급하게 부임해야 하는 까닭을

다시 말한 것이다.(此申奉命急赴之故.)

12 族父(족부) - 일가의 아버지뻘 되는 사람. 여기서는 당시 하서절도사였던 두홍점을 지칭한다. 元戎(원융) - 대군大軍. 총사령관으로 보는 설도 있다.

《두시상주》에 인용된 《당서》 지덕 2년에 무부시랑 두홍점을 하서절도사로 삼았다.(至德二載, 以武部侍郞杜鴻漸爲河西節度使.)

《보주두시》에 인용된 왕수 주 '원융'은 원수이다.(元戎, 元帥也.)

13 國中老(국중로) - 나라 안의 원로. '國'은 '閣'으로 된 판본도 있다. 이 구는 두홍점이 나라의 덕망 있는 원로 신하임을 말한 것이다.

《두공부초당시전》 조정의 덕망 있는 원로 신하가 되었음을 말한 것이다.(謂爲朝廷之耆舊也.)

14 同官(동관) - 동료 관원. 당시 두보는 습유였고 장손은 시어사였다.

《두공부초당시전》 '동관'은 두보는 습유였고 장손은 시어사여서 모두 간관이었음을 말한 것이다. 그런데 장손이 동료 가운데서 그 재주가 더욱 훌륭하였다. 장손이 기왕에 나가 판관이 되면 두보는 그와 함께 동료가 되지 못할 것이니 어찌 족부가 빼앗아 간 바가 아니겠는가?(同官謂甫爲拾遺, 長孫爲侍御史, 皆爲諫官, 而長孫於同官之中, 其才尤爲良也. 長孫旣出爲判官, 甫不獲與之同僚, 豈非爲族父之所奪乎.)

15 飄颻(표요) - 먼 모양. 아득한 모양. 또는 경쾌하게 가는 모양. 按城堡(안성보) - 성과 보루를 안찰按察하다.

16 餐(찬) - 먹다.

17 惡懷抱(악회포) - 마음을 나쁘게 먹다.

[使我 2구] 장손 시어가 떠나가기에 두보의 심사가 편하지 않다는 뜻이다. 이와 달리 그의 관직이 합당하지 못함을 안타까워한다는 설이

있는데 옳지 않다.

《두공부초당시전》 '악'은 글자 그대로다. 두보가 장손 시어의 관직이 합당하지 못함을 한스러워한 것이다. 그리하여 음식이 목구멍에 넘어가지도 않고 회포도 그 때문에 좋지 못하다는 것이다.(惡, 如字. 甫恨其官非便宜, 故食不下咽, 而懷抱爲之不佳也.)

#《두시상주》: 이 단락은 동료 간의 곡진한 정을 적은 것이다. 우리 동료를 빼앗았다는 것은 두홍점이 상주하여 판관으로 삼았기 때문이다.(此述同僚繾綣之情. 奪我同官, 蓋杜鴻漸題爲判官也.)

18 若人(약인)－ 이런 사람. 《논어》의 표현을 이용하여 장손 시어를 미화한 말이다. 才思(재사)－ 재기才氣와 뛰어난 생각.

《논어》 군자로다, 이와 같은 사람은.(君子哉若人.)

《두공부초당시전》 '약인'은 장손 시어를 아름답게 칭한 것이다.(若人, 美長孫侍御也.)

19 溟漲(명창)－ 바닷물이 붇다. 浸絶島(침절도)－ 먼바다의 섬을 잠기게 하다. '浸'이 '漫'으로 된 판본도 있다.

[若人 2구]

《두공부초당시전》 장손 시어의 재기와 사려의 넓고도 큼이 바다가 가득 차 불은 것과 같아, 비록 우뚝한 절해고도라도 이 때문에 잠겨버릴 것이라 말한 것이다.(言孫才思闊大, 如滄溟之泛漲, 雖至高之絶島, 亦爲之涵浸也.)

20 詩流(시류)－ 시인. 두보와 시로 창화하였던 장손 시어를 지칭한다. 이 구는 술자리에서 시로 벗할 이가 없게 되었음을 말한 것이다.

《두공부초당시전》 창화할 사람이 없음을 말한 것이다.(言無人唱和也.)

21 塞上(새상)－ 변새 지방. 여기서는 무위군을 가리킨다. 이 구는 무위군

이 적임자인 장손 시어를 얻었음을 말한 것이다.

《두공부초당시전》 무위군이 적임자를 얻었음을 말한 것이다.(言武威得其人也.)

22 皇天(황천) — 하늘.

23 雲雨(운우) — 구름과 비. 또는 구름에서 내리는 비. 浩浩(호호) — 성대한 모양, 끝없이 넓고 큰 모양.

[皇天 2구]

《두공부초당시전》 당시 송별할 무렵에 비를 만났기 때문에 두보가 이 말을 한 것으로, 하늘의 뜻도 그를 멀리 보내는 것을 슬퍼하여 비로소 이 때문에 눈물을 흘렸다는 것이다.(時送行遇雨, 故甫此言. 天意悲其送遠, 始爲之下淚也.)

#《두시상주》: 이 단락은 재주를 아끼고 이별을 안타까워하는 뜻을 서술하였다.(此敍憐才惜別之意.)

24 東郊(동교) — 동쪽 들. 여기서는 장안과 낙양 두 수도를 겸하여 말한 것이다. 이 구는 아직 사사명의 난이 평정되지 않았음을 말한 것이다.

《독두심해》 '동교'는 두 수도를 겸하여 말한 것인데 모두 봉상 행재소의 동쪽에 있었다.(東郊, 兼兩京言, 俱在鳳翔行在之東也.)

《두공부초당시전》 사사명의 난을 가리킨다.(指史思明之亂也.)

25 朝野(조야) — 조정과 민간. 나라 안의 모든 사람들. 枯槁(고고) — 안색 따위가 파리하고 수척하다. 이 구는 난리로 인하여 사람들이 괴로워함을 말한 것이다.

《두공부초당시전》 안팎으로 모두 괴롭고 초췌함을 말한 것이다.(謂內外皆困悴也.)

26 西極柱(서극주) — 서극의 기둥. '西極'은 사극四極의 하나인 서쪽 끝 지방. '柱'는 천주天柱로 하늘을 지탱하고 있다는 전설상의 기둥을

뜻한다.

《두공부초당시전》 토번이 또 곽주, 민주, 패주 등을 노략질하는 것 또한 하늘 기둥이 꺾이는 것과 같음을 말한 것이다. 시집 안의 다른 시(〈자경부봉선현영회오백자自京赴奉先縣詠懷五百字〉)에서, "여러 물줄기가 서쪽에서 내려오는데 눈 닿는 데까지 바라보니 물결 높이가 높아서, 공동산이 떠내려올 것 같았으니 하늘 기둥을 들이받아 꺾을까 두려웠다."라고 한 것이 이것이다. 《열자 · 탕문》편에서 "옛날에 여왜씨가 오색의 돌을 구워 만들어 하늘의 구멍을 보수하고 큰 바다거북의 다리를 잘라 사방 끝을 받쳐 두었다. 그 후에 공공씨가 전욱과 더불어 임금이 되겠다고 다투다가 화가 나서 부주지산을 들이받아 하늘 기둥을 꺾고 땅의 끈을 끊어 버렸다. 그리하여 하늘이 서북쪽으로 기울어졌던 것이다."라고 하였다.(言吐蕃又寇廓岷覇等州亦若天柱之折也. 集有詩云, 羣水從西下, 極目高崒兀. 疑是空峒來, 恐觸天柱折, 是也. 列子湯問篇, 昔者女媧氏煉五色石以補其闕, 斷鼇之足以立四極. 其後共工氏與顓頊爭爲帝, 怒而觸不周之山, 折天柱, 絶地維, 故天傾西北.)

27 穹昊(궁호) – 하늘. 이 구는 나라를 바로잡지 못하는 상황을 안타까워한 것인데, 그 이면에는 그가 가서 구제하기를 바라는 마음이 담겨있다.

#《두시상주》: 마지막 단락은 변경이 아직 편안하지 못함을 가슴 아파하면서 그의 능력이 구제할 수 있기를 바란 것이다.(末傷邊境未寧, 望其力爲匡救.)

##《독두심해》: 이 시는 앞부분은 2단으로 나뉘고 뒷부분은 4구로 결속하였다. 곧바로 관직에 나아가는 것으로부터 시상을 일으키고 그 다음에 관직에 나아가게 된 까닭을 찾아내었다. 이는 거꾸로 된 문세이니 또한 하나의 변격이다. '총마'는 본디 시어사에 부합하는 것인데

다시 이를 빌어 부임하며 타고 가는 것으로 삼았으니 옛일을 썼으되 변화를 도모한 것이다. '문군' 4구는 강개하여 나라의 급박한 일에 나아가는 것을 묘사한 것인데 구조오가 중간에서 잘라 버린 것은 무슨 까닭인가? 아래 4구는 시의 본지를 깔끔하게 지적해 내었다. '족부' 1단은 상대방의 막부 주인을 적고 자기의 교분을 적은 것인데 글의 필치가 곡진하다. '준전실'과 '새상득' 구는 한없이 흔들리는 마음을 표현한 것인데 한유의 〈송온처사부하양군서送溫處士赴河陽軍序〉는 이를 바탕으로 한 것이다. 결미는 또 동쪽의 일을 곁들여 와서 서쪽의 일에 덧붙여 말하였는데, 단지 국면을 새로 넓힌 것만은 아니다. 당시 두 수도가 아직 수복되지 않았으니 하서에 견주어 볼 때 배로 급한 일이다. 시제상으로는 손님과 주인의 관계이지만 일에 있어서는 중요한 것과 가벼운 것으로 나뉘어지니, 한쪽으로 팽개치는 것이 자연 용납되지 않았던 것이다. 말미에서 가르침을 청하는 말투로 적은 것이 묘하다.(此篇前分兩段, 後四句結. 直從赴官起, 然後找出所以赴官之故. 是倒勢, 又一變格. 驄馬本切侍御, 卻便借作上任脚力, 用古入化. 問君四句, 寫出慷慨赴國家之急, 仇氏從中截開, 何故. 下四, 點淸本事也. 族父一段, 敍彼之幕主, 敍我之交情, 文致纏綣. 樽前失, 塞上得, 無限搖曳, 昌黎送溫處士序本此. 結又帶東事來, 與西事陪說, 不特局陣開拓. 當時兩京未收, 視河西倍急. 於題雖有賓主, 於事則分重輕, 自不容閣起一邊也. 結作請敎口氣, 妙.)

(**강성위 · 김수희**)

53. 送從弟亞赴河西判官

하서판관으로 떠나는 사촌동생 두아를 전송하다

南風作秋聲[1] 殺氣薄炎熾[2] 盛夏鷹隼擊[3] 時危異人至[4]
令弟草中來[5] 蒼然請論事[6] 詔書引上殿[7] 奮舌動天意[8]
兵法五十家[9] 爾腹爲筐笥[10] 應對如轉丸[11] 疏通略文字[12]
經綸皆新語[13] 足以正神器[14] 宗廟尙爲灰[15] 君臣俱下淚[16]
崆峒地無軸[17] 靑海天軒輊[18] 西極最瘡痍[19] 連山暗烽燧[20]
帝曰大布衣[21] 藉卿佐元帥[22] 坐看淸流沙[23] 所以子奉使[24]
歸當再前席[25] 適遠非歷試[26] 須存武威郡[27] 爲畵長久利[28]
孤峰石戴驛[29] 快馬金纏轡[30] 黃羊飫不羶[31] 蘆酒多還醉[32]
踴躍常人情[33] 慘澹苦士志[34] 安邊敵何有[35] 反正計始遂[36]
吾聞駕鼓車[37] 不合用騏驥[38] 龍吟迴其頭[39] 夾輔待所致[40]

남풍이 가을 소리를 내어
살기가 무더위에 다가드니,
한여름인데 사나운 새가 사냥을 하고
시절이 위태로워 비범한 사람이 이르렀구나.

훌륭한 아우 초야에서 나와
황급하게 시국을 논할 것을 청하니,
조서로 궁궐에 불려 들어가
열렬한 논설로 천자의 마음 움직였지.

병법가 오십 인의 술책이
너의 뱃속 상자에 담겨 있어,
응대하는 것이 구슬을 굴리는 것 같았고
이치만 소통시키며 문자는 가볍게 보았으니,
경륜하는 말이 모두 참신하여
국가를 바로잡기에 충분하였네.

종묘가 여전히 잿더미에 파묻혀
임금과 신하 모두 눈물을 흘렸으니,
공동산은 지축이 없이 흔들리고
청해는 하늘이 오르락내리락 불안한데,
서쪽 가장자리 변고가 가장 많아
연이은 산마다 봉화 연기로 어둑하구나.

천자께서 말씀하시기를 "거친 삼베옷을 입은 선비여,
그대를 빌려 원수를 보좌하노라." 하시니,
이제 곧 유사 지방이 맑아짐을 보려고
그대를 왕의 사자로 파견하는 것이라.
돌아오면 마땅히 다시 자리를 앞으로 당겨 앉으실 것이거니와
멀리 떠나는 것은 결코 시험하시는 것 아니니,
무위군을 반드시 지켜서
장구한 이익을 도모해야 할 것이라.

외로운 봉우리 바위 위로 역로가 지나가고
빠른 준마의 고삐는 금실로 엮었는데,

누런 양 질리게 먹어도 누린내 나지 않고
노주도 많이 마시면 또한 취하겠지.
펄쩍 뛰며 기뻐하는 것이 보통 사람의 마음이지만
참담하게 걱정하는 것은 고뇌하는 선비의 뜻이라네.
변경을 안정시키면 적이 어디에 있겠는가?
바른 상태로 돌아가는 계책이 비로소 이루어지리라.

내가 듣기에 북 수레를 끄는 말에는
기기騏驥를 쓰는 것이 합당치 않다 하였는데,
용 울음소리를 내며 머리 돌려 바라보니
천자를 보좌하여 이룰 일을 기다린다네.

이 시는 두보가 지덕 2년 봉상에 있을 때 하서판관으로 떠나는 사촌 동생 두아를 전송하며 지은 것이다. 당시의 급박한 상황과 두아의 뛰어난 재주를 언급하면서 반드시 큰 공을 세우고 돌아올 것을 기대하였다.

《보주두시》 양권도는 지덕 2년 봉상의 작품으로 편재하였다. 시에서 "종묘가 여전히 잿더미에 파묻혔다."라고 한 것으로 보아 이때 경사는 아직 수복되지 못하였다.(梁權道編在至德二年鳳翔作. 按詩云宗廟尙成灰, 是時京師猶未復也.)

《두시상주》에 인용된 《구당서》 두아는 자가 차공이고 스스로 경조인이라고 하였다. 어려서부터 학문을 두루 섭렵하였고 사물의 이치와 역대의 흥망성쇠의 일을 잘 말하였다. 숙종이 영무에 있을 때 글을 올려 시정을 논하였고 교서랑에 발탁이 되었다. 그해에 두홍점이 하서절도사가 되어 그를 불러서 종사로 삼았고, 여러 관직을 거쳐 평사와 어사를 지내다가 동도유수를 마지막으로 세상을 떠났다.(杜亞, 字次公, 自云京兆人. 少涉學, 善言物理及歷代成敗事. 肅宗在靈武, 上書論時政, 擢校書郎. 其年杜鴻漸節度河西, 辟爲從事, 累授評事御史, 終東都留守.)

《두시상주》 정관 원년에 농저 서쪽을 농우도로 분리하였고, 경운 2년에는 황하 서쪽을 하서도로 분리하였다.(貞觀元年, 分隴坻以西爲隴右道, 景雲二年, 自黃河以西, 分爲河西道.)

주 석

1 南風(남풍) – 남쪽에서 불어오는 바람. 곧 여름 바람이다. 秋聲(추성) – 가을의 소리.

《두시상주》 남풍은 여름바람이다.(南風, 夏風也.)

《보주두시》에 인용된 사씨 주 남풍은 사물을 낳고 기르는 바람인데 지금 가을 소리를 내니 살기가 성하기 때문이다. 이때에 안녹산이 반란을 일으켜 하북 지방 24군이 모두 반군의 수중에 들어가니 어찌 음양이 조화를 이룰 수 있겠는가. 남풍이 가을 소리를 내는 것에는 아마 그만한 이유가 있을 것이다.(南風, 生養之風. 今作秋聲, 殺氣盛也. 時祿山反, 河北二十四郡皆陷沒於賊, 安得陰陽調和. 南風作秋聲, 蓋有由也.)

2 殺氣(살기) – 살벌한 기운. 본래 가을 기운을 말하지만, 여기서는 당시 전쟁으로 인한 살기를 두고 한 말로 보인다. 薄(박) – 가까이 다가가다. 접근하다. 炎熾(염치) – 무더위. 한여름에 더운 기운이 극에 달한 것을 말한다.

《두시상주》에 인용된 《예기 · 월령月令》 음력 8월이면 살벌한 기운이 점차 성해진다.(仲秋之月, 殺氣浸盛.)

[南風 2구] 여름의 바람이 제철의 소리를 내지 않고 가을의 소리를 내는 것은 분명 기이하고 그래서 살벌하기까지 하다. 당시의 상황과 연계해 이를 안녹산의 반란을 비유하는 것으로 보기도 한다.

《구가집주두시》 조차공 주 남풍은 여름바람인데 가을 소리를 내고 있다. 그래서 숙살의 기운이 무더위를 밀어붙이는 것이다.(南風, 夏日之風也, 而作秋聲. 故肅殺之氣, 倚薄炎熾也.)

3 鷹隼(응준) – 매와 송골매. 맹금류를 지칭한다. 擊(격) – 먹이를 덮쳐 사냥하다. 또는 새가 날개를 펼쳐 비상하다. 매는 가을에 왕성하게 활동하는데 여름에 사냥한다고 한 것은 지금 시절이 비상함을 말하는 것이다.

《예기·월령月令》 서늘한 바람이 불어오고 흰 이슬이 내리며, 쓰르라미가 울고 새매가 잡은 새들을 제사 지낸다.(凉風至, 白露降, 寒蟬鳴, 鷹乃祭鳥.)

4 異人(이인) – 기이한 사람. 비상한 재주를 가진 사람. 여기서는 이 시의 주인공인 두아를 지칭한다.

《구가집주두시》 기이한 사람이란 바로 두보의 아우 두아를 가리킨다.(異人, 正指其弟亞矣.)

[盛夏 2구] 《두시상주》에서는 사나운 매를 조물주가 보내는 경고로 파악하여, 위태로운 시대를 알리는 징표로 인식하였다. 그러나 《구가집주두시》에서는 이 매를 이인과 연결시켜 위태로운 시대를 해결할 인물을 비유하는 것으로 파악하였다.

《구가집주두시》 조차공 주 지금 절기가 한여름인데 사나운 매가 비상하여 사냥하는 것은 사냥할 것이 있어 비상할 수밖에 없는 것이다. 이는 시대가 위급하여 어지러우면 비상한 인물이 필요하기에 비상한 인물이 자연스럽게 당도한다는 사실을 비유한 것이다.(今節

候當盛夏而鷹隼擊, 則有所搏取, 不得不擊. 譬之時危亂則須異人, 故異人自然來至也.)

#《두시상주》: 시의 서두는 시절에 느껴 흥을 기탁한 것이다. '시위이인지'는 바로 이 시 전체의 주제이다. 남풍이 먼저 가을 소리를 내기 때문에 사나운 매가 여름인데도 사냥하게 되었으니, 이는 살기가 조물주에 의해 드러난 것이다.(起處感時託興, 時危異人至, 乃一篇之主. 惟南風先作秋聲, 故鷹隼當夏而擊, 此殺氣之見於造物者.)

5 令弟(영제) – 훌륭한 아우. 여기서는 두아를 가리킨다. 草中來(초중래) – 풀 속에서 나오다. 즉 벼슬을 살지 않고 초야에서 묻혀 있다 나온 것을 말한다. 이와 달리 반란군을 피해 초야에 숨어 지내다 나온 것으로 보는 설도 있다.

《두공부초당시전》 두아가 초야에 숨어 있다가 숙종을 배알할 것을 청한 것을 말한다.(謂杜亞竄匿草中, 求謁肅宗.)

6 蒼然(창연) – 황급하게. 급하게. '然'은 '茫'으로 된 판본도 있다.

7 引上殿(인상전) – 불러들여 궁전에 오르게 하다. 즉 임금의 명으로 궁궐에 불려 들어간 것을 말한다.

8 奮舌(분설) – 논설을 떨치다. 動天意(동천의) – 하늘의 뜻을 움직이다. 즉 천자의 마음을 움직인 것을 말한다.

《구가집주두시》 '동천의'는 임금의 뜻이 그로 인하여 돌려지게 되었음을 말한다.(動天意, 言君意爲之回動也.)

9 五十家(오십가) – 오십 명의 대가. 《한서·예문지》에서 논한 병가 53가를 말한다.

《두시상주》에 인용된 《한서·예문지》 군대 전략에 관한 13가, 군대의 형세에 관한 11가, 음양에 관한 16가, 군대 기교에 관한 13가, 모두 병서 53가에 790편이다.(兵權謀十三家, 兵形勢十一家, 陰陽十六家,

兵技巧十三家, 凡兵書五十三家, 七百九十篇.)

10 爾(이) – 너. 즉 두아를 말한다. 筐笥(광사) – 책을 담아두는 상자. 후한後漢의 문장가 변소邊韶가 자신의 불룩한 배는 오경五經의 문장으로 가득 찼다고 호언한 '변소복사邊韶腹笥'의 고사를 활용한 것이다.

[兵法 2구] 역대로 뛰어난 병법가의 병법을 두아가 섭렵하였음을 말한다. 즉 병법에 정통하다는 뜻이다.

《두공부초당시전》 두아가 병서에 밝은 것을 말한다.(謂杜亞明兵書也.)

11 應對(응대) – 천자의 질문에 대답하는 것을 말한다. 轉丸(전환) – 구슬을 굴리다. 대단히 유창하고 수월함을 말한다. '丸'은 '圓'으로 된 판본도 있다.

《두공부초당시전》 민첩함을 말한다.(言其捷也.)

12 疏通(소통) – 통하게 하다. 略文字(약문자) – 문자를 생략하다. 글귀에 얽매이지 않음을 말한다. 이 구는 두아가 병법의 중요한 이치만 소통시키고 글귀에는 매이지 않았음을 말한다.

《두공부초당시전》 지모가 넓고 통달하여 옛 병법에만 매이지 않음을 말한다.(言智謀博達, 不泥古兵法也.)

13 經綸(경륜) – 국가의 대사를 책략하다. 新語(신어) – 새로운 말. 참신한 말. 이 구는 두아가 국가 대사에 관하여 참신한 의론을 펼쳤다는 것이다.

14 神器(신기) – 국가 또는 천하를 뜻한다. 또는 옥새와 같이 나라의 권력을 상징하는 물건으로 볼 수도 있다.

《두시상주》에 인용된 《노자》 천하는 신묘한 것이라서 인위적으로 도모할 수가 없다.(天下神器, 不可爲也.)

#《두시상주》: 이 단락은 두아의 재주와 언변이 천자의 뜻을 움직이기에 충분함을 말하였으니, 이른바 '이인'이라는 것이다.(此言亞之才辯, 足動天聽, 所謂異人也.)

《두시상주》에 인용된 《두억》 '약문자'하고 '개신의'하니, 그가 병법을 논하는 것이 다만 자기 아버지의 책만을 읽은 (전국시대 조나라 장군 조괄趙括 같은) 자와는 비교할 수 없는 것임을 알 수 있다.(略文字而皆新意, 知其談兵非徒讀父書者比.)

《두시상주》에 인용된 호하객胡夏客 설 두아의 본전을 고찰해 볼 때, 이 단락에서 한 말이 모두 실록임을 알 수 있다.(考亞本傳, 知此段所言, 皆其實錄.)

15 尙爲灰(상위회) – 여전히 잿더미이다. 이 구절은 안녹산에게 함락된 경사를 아직 수복하지 못하였다는 뜻이다.

《두시상주》에 인용된 《신당서》 안녹산이 경사를 함락시켜 구묘가 모두 불태워졌다.(祿山陷京師, 九廟皆爲所焚.)

16 俱(구) – 모두. '皆'로 된 판본도 있다. 下淚(하루) – 눈물을 흘리다.

《두공부초당시전》 숙종 때 임금과 신하가 모두 슬픔에 잠겨 눈물을 흘렸다.(肅宗君臣皆傷感而泣也.)

17 崆峒(공동) – 산 이름. 地無軸(지무축) – 땅에 축이 없다. 즉 난리로 인하여 안정되지 못하고 불안하다는 뜻이다. 이를 구체적으로 토번의 침입을 두고 한 말이라는 설도 있다.

18 靑海(청해) – 호수 이름. '靑'은 '淸'으로 된 판본도 있다. 天軒輊(천헌지) – 하늘이 오르락내리락하다. 본래 수레의 앞이 높고 뒤가 낮은 것을 '헌軒'이라고 하고, 앞이 낮고 뒤가 높은 것을 '지輊'라고 하는데, 여기서는 하늘이 오르락내리락하며 불안정한 상태에 있음을 말하는 것이다. '輊'는 '轅'로 된 판본도 있다.

《구가집주두시》에 인용된 《후한서·마원전馬援傳》 주 '헌지'는 '경중'

이다. '헌지'인즉 혹은 가볍고 혹은 무거워 내려갔다 올라갔다 하므로 불안한 것이다.(軒輊, 輊重也. 軒輊則或輊或重低昂而不安矣.)

[崆峒 2구] 두아가 부임하는 하서 지역의 상황이 불안한 것을 말한 것이다. 여기서 말하고 있는 공동과 청해는 모두 하서절도사의 관할 지역이다.

《두시경전》 공동, 청해는 모두 하서절도사가 관할하는 지역이다.(崆峒青海, 皆河西節度所統.)

《두공부초당시전》 공동산은 서쪽에 있다. 서쪽지방이 이로 인하여 함락된 것은 바로 토번이 침략하였기 때문임을 말한다.(崆峒山在西, 言西地爲之陷, 乃吐蕃入寇也.)

19 西極(서극)－ 서쪽 변방 지역. 여기서는 두아가 부임하는 하서 지역을 가리킨다. 瘡痍(창이)－ 상처, 부스럼. 여기서는 전쟁으로 인한 고통, 재난의 뜻이다.

20 連山(연산)－ 연이어 있는 산. 暗(암)－ 어두워지다. 여기서는 봉화 연기로 인해 주위가 어둑해진 것을 말한다. 烽燧(봉수)－ 봉화烽火.

#《두시상주》: 이 단락은 세상이 난리로 다급한 상황이라 이를 구할 인재를 필요로 함을 말한 것이니, 이른바 '시절이 위태롭다'는 것이다.(此言世亂倥偬, 須人以濟, 所謂時危也.)

21 帝曰(제왈)－ 천자가 말하다. 여기서 천자는 숙종을 가리킨다. 大布衣(대포의)－ 거친 삼베옷. 벼슬하지 않는 일반인을 가리킨다. 혹은 훌륭한 재야의 인사를 뜻하는 말로 보기도 한다. 모두 천자가 두아杜亞를 부르는 말이다.

《장자·산목山木》 장자가 베옷을 기워 입고 삼끈으로 신발을 얽어 묶은 채 위왕을 찾아갔다.(莊子衣大布而補之, 正緳係履, 而過魏王.)

《두시택풍당비해》 택당 설 '대포의'는 찬미하여 칭찬한 말이니, '이 사람이 바로 대수재이다'라고 말하는 것과 같다.(大布衣, 卽美大之

辭, 猶云此乃大秀才.)

22 藉卿(자경)－ 그대를 빌리다. '자藉'는 빌리다, 의뢰하다의 뜻이고, '경卿'은 두아를 받는 말이다. 佐元帥(좌원수)－ 원수를 보좌하다. 원수는 군대를 총괄하는 장수인데, 당시 하서절도사인 두홍점杜鴻漸을 가리킨다.

《두보전집교주》에 인용된 주전周篆 설 원수는 두홍점이다.(元帥, 杜鴻漸也.)

23 坐看(좌간)－ 곧 보다. 앉은 채로 보다. 淸流沙(청류사)－ 유사를 맑게 하다. '유사流沙'는 서쪽 변경의 사막 지역을 가리키는 말로 하서절도사의 관할 구역이다. 이 구는 두아가 하서판관으로 파견되어 그 지역의 혼란을 단시간 내에 해결할 것이라는 말이다.

《구가집주두시》의 조차공 주 유사 역시 서쪽 변경의 지명이다.(流沙亦西邊地名.)

24 子奉使(자봉시)－ 그대가 명을 받들어 사신으로 가다. 여기서 '자子'는 두아를 가리키며, '봉시'는 그가 하서판관의 직분을 받았음을 말하는 것이다.

[坐看 2구]

《두공부초당시전》 두아가 사신으로 나가면 능히 서쪽 지역의 난리를 평정하여 앉아서도 그 효과를 볼 수 있다는 말이다.(言杜亞之使, 能平西方之難, 可以坐視其有效也.)

25 歸(귀)－ 돌아오다. 즉 두아가 하서판관의 사명을 마치고 천자의 곁으로 돌아오는 것을 말한다. 再前席(재전석)－ 다시 자리를 앞으로 당기다. '전석'이란 상대의 말을 듣기 위해 더 다가가는 것을 말한다.

《두시상주》에 인용된 《가의전賈誼傳》 문제가 가의가 생각나서 그를 불렀다. 그가 들어와 알현하려 할 때 임금은 마침 선실에서 제사 음식을 받고 있었다. 임금이 귀신이 느껴져서 질문을 하니 가의가 그 까닭을 갖추어 설명하였다. 한밤중이 되었는데도 문제는 앞으로 자리를 당겨 앉았다.(文帝思誼, 徵之, 至入見, 上方受釐宣室. 上因感鬼神而問, 誼具道所以然之故. 至夜半, 文帝前席.)

26 適遠(적원) – 먼 곳으로 가다. 두아가 하서판관으로 멀리 떠나는 것을 말한다. 歷試(역시) – 여러 차례에 걸쳐 시험하다. 옛날 요임금이 순임금을 얻고서 그를 어려운 일로 수차례 시험했다는 고사가 있다. '虛試'로 된 판본도 있다.

《공총자孔叢子 · 논서論書》 요임금이 순을 얻고 나서, 여러 어려운 일로 수차례 시험했다.(堯旣得舜, 歷試諸難.)

[歸當 2구] 지금 두아를 안서 지역에 보내는 것은 천자가 그의 능력을 시험하기 위해서가 아니라 위급한 일이 생겨서이니, 이 일만 해결되면 천자가 다시 가까이 불러 중용할 것이라는 말이다.

《두공부초당시전》 이제 두아가 멀리 안서로 떠나는 것은 여러 난관으로 두루 시험하는 과정이 아니라 다만 천자가 서쪽 지역을 근심하여서 그를 파견하는 것이다. 돌아오면 반드시 천자의 측근에서 당겨 앉는 예를 받게 될 것이다.(今亞遠適安西, 非是歷試諸難, 但天子憂及西方, 是以遣之. 歸來, 當處左右, 以膺前席之禮.)

27 武威郡(무위군) – 지명.

28 畫(획) – 도모하다, 계획하다. 長久利(장구리) – 장구한 이익. 즉 바로 눈앞의 이익이 아니라, 멀리 내다본 이익이라는 말이다.

[須存 2구]

《두공부시집집주》 무위군은 지세가 서북쪽에 비스듬히 나와 있어서 강, 융 등의 오랑캐를 차단하고 있었으니 수비의 요충지이다. 하서에서 난리가 나면 농우와 삭방이 모두 어지럽게 된다. 이 때 구성상호의 반란이 있었기에 "무위군을 반드시 지켜서, 장구한 이익을 도모해야 한다."라고 한 것이다.(武威郡, 地勢西北斜出, 隔斷羌戎, 乃控扼要

地. 河西有事, 則隴右朔方皆擾, 是時有九姓商胡之叛, 故曰須存武威郡, 爲晝長久利也.)

#《두시상주》: 여기서는 두아를 서쪽으로 보내 무위군을 구하게 한 것을 말하였으니, 대개 '시절이 위태로워' '비범한 사람'을 기용한 것이다. 경사를 아직 회복하지 못하였고, 변경에도 사고가 많아, 지금이야말로 영웅이 재주를 드러낼 때이다. '제왈' 이하 몇 구는 천자의 간곡한 부탁의 말을 서술하고 있는데, 옛 조고체와 같다.(此言命亞西行, 以救武威, 蓋時危而用異人也. 神京未復, 邊陲多故, 此正英雄見才之時. 帝曰數句, 述天語丁寧, 如古詔誥體.)

29 石戴驛(석대역) – 바위가 역을 이고 있다. 즉 바위 위로 역로가 나있는 것이다. 두아가 가게 될 길이 험난할 것이라는 말이다. 혹은 두보와 작별하였던 장소로 보는 설도 있다.

《두시경전》 '석대역'은 역로가 산 위에 있는 것이다. 아마도 작별하였던 장소인 듯하다.(石戴驛, 謂驛路在山上, 殆卽送別之處.)

30 金纏轡(금전비) – 금실로 고삐를 엮다. 금으로 고삐를 장식하다.

31 黃羊(황양) – 누런 양. 즉 변경에서 자라는 양이다. 飫不羶(어부전) – 실컷 먹어도 누린내가 나지 않는다. '어飫'는 질리도록 실컷 먹는다는 뜻이고, '전羶'은 양고기 등에서 나는 누린내이다.

32 蘆酒(노주) – 술 이름. '蘆'는 '虜' 혹은 '魯'로 된 판본도 있다. 多還醉(다환취) – 많이 마시면 그래도 취한다. 즉 노주가 본래 독한 술은 아니지만 많이 마시게 되면 취한다는 말이다.

《두시상주》에 인용된 양신楊愼 설 노주는 갈대를 대롱으로 삼아 빨아서 마시는데, 지금의 잡주이다. 또 조등주라고도 하는데, 이는 《계만총소》에 보인다.(蘆酒以蘆爲筒, 吸而飲之, 今之咂酒也. 又名釣藤酒, 此見溪蠻叢笑.)

[黃羊 2구] 황양과 노주는 모두 변경에서 즐기는 음식으로, 두아의 원정길을 미리 묘사한 것이다.

《두시상주》에 인용된 전겸익 전 장작의 《계륵편》에 "함곡관의 서쪽 변경에는 황양이 있는데 뿔이 없고 색은 노루나 사슴과 같다. 사람들이 그 가죽을 취하여 이불로 삼는다. 그 지방 사람들은 참주를 만들어 병에 담아 갈대관으로 빨아 마시는데, 두보시의 황양과 노주는 아마 이를 말한 것이다."라고 하였다.(莊綽鷄肋編, 關右塞上有黃羊, 無角, 色同麞鹿, 人取其皮爲衾褥. 土人造噆酒, 以蘆管吸於瓶中, 杜詩黃羊蘆酒, 蓋謂此也.)

《두공부초당시전》 대관 3년에 곽수가 오랑캐로 사신을 나갔는데, 일찍이 이 시를 가지고 오랑캐 사신인 시립애에게 물어보았다. 시립애가 말하기를 "황양은 들짐승인데 사냥해서 잡을 수 있고 먹어도 누린내가 나지 않습니다. 노주는 곡식으로 빚어 만드는데 술을 거르지 않아도 되고 술틀로 짜지 않습니다. 도수가 약하지만 많이 마시면 취합니다."라고 하였다. 이 두 가지는 모두 북방의 물건이니, 진실로 두보의 말이 믿을 만하다.(大觀三年, 郭隨使虜, 嘗擧此詩, 以問虜使時立愛. 立愛云, 黃羊野物, 可以獵取, 食之不羶. 蘆酒, 糵穀醞成, 可撥醅, 取不醉也, 但力微, 飮多則醉. 二物皆北方所有, 信子美之言驗矣.)

33 踴躍(용약) - 펄쩍 뛰다. 벼슬을 받고 기뻐하는 모습이다.

34 慘澹(참담) - 대단히 고심하다. 근심하다. 苦士(고사) - 고심하는 선비. 두아를 가리킨다. 이 구는 두아가 벼슬을 받고도 기뻐하기 보다는 나랏일에 대한 책임감으로 고심하였다는 것이다.

[踴躍 2구]

《두공부초당시전》 보통 사람의 마음이라면 천자가 파견한 날 반드시 펄쩍 뛰며 영광으로 여겼을 것이지만, 선비의 뜻은 도리어 고심하여 그 안색이 근심스러워진다.(常人之情, 當天子分遣之日, 必踴躍以

爲榮, 而士志反刻苦, 以爲憂其色.)

《두시경전》에 인용된 장사전蔣士銓 설 '참담'이란 궁리하며 사려하는 것이니, '용약'에 비해서 한 단계 나아간 것이다.(慘澹謂經營顧慮, 視踴躍更進一層.)

《두억》 '용약', '참담' 등의 말에 당시의 세태를 충고하며 풍자하는 뜻이 깊게 담겨져 있다.(踴躍慘澹數語, 深致規諷之意.)

35 安邊(안변) – 변경을 안정시키다.

36 反正(반정) – 바른 상태로 돌아가다. 왕위를 회복하여 원상태로 돌아가는 것이다.

[安邊 2구]

《두시상주》에 인용된 장연張綖 주 '안변'은 위의 '좌원수'에, '반정'은 위의 '정신기'에 호응한다.(安邊, 應上佐元帥, 反正, 應上正神器.)

《구가집주두시》 조차공 주 이 단락은 또 변경을 안정시킬 것을 기대한 것이니, '적하유'는 바로 토번이 어찌 평정할 거리나 되느냐고 말하는 것과 같다. 마땅히 천자가 정상을 회복하여 수레가 장안으로 돌아갈 것을 생각해야만 비로소 계책이 완수되는 것이다.(此一段又期以安邊, 敵何有, 正言吐蕃何足平哉, 當念天子反正, 車駕歸長安, 方爲計遂也.)

#《두시상주》: 이 단락에서는 (두아와) 송별하며 그가 공을 세울 것을 격려하고 있다. 위의 4구는 서쪽 지역의 경물을 언급하였고, 아래 4구는 시절을 구하는 책략을 언급하였다.(此送別而勉其立功. 上四言西土景物, 下四言濟時籌略.)

37 駕鼓車(가고거) – 북 수레를 몰다. '고거'는 옛날 황제가 행차할 때 함께 움직였던 북을 실은 수레이다. 여기서는 그다지 중요하지 않은 일을 맡는다는 뜻으로 쓰였다.

《두시상주》에 인용된 《후한서》 건무 13년에 외국에서 하루에 천리를 달리는 명마를 바쳤는데, 황제는 이 말을 가지고 북 수레를 끌라고 명령하였다.(建武十三年, 異國有獻名馬者, 日行千里, 詔以馬駕鼓車.)

38 騏驥(기기) – 명마. 준마. 여기서는 두아를 비유한다.

[吾聞 2구]

《두공부초당시전》 광무제가 명마로 북 수레를 끌도록 조칙을 내린 일을 말하는데, '기기'를 쓰는 것이 합당치 않다는 말로써 두아가 큰 재주를 품고 있으니 판관으로 파견되는 것은 합당치 않음을 비유하였다.(謂光武詔以名馬駕鼓車, 不宜用騏驥, 以喩杜亞懷大才, 不宜出爲判官也.)

《두시상주》에 인용된 노원창 주 두아가 대력 연간에 간의대부가 되고, 위주의 선위사로 나갔다가, 이어 강서관찰사가 되었으니 그의 재능을 족히 알 수 있다.(亞於大曆年間爲諫議大夫, 使魏州宣慰, 繼又爲江西觀察使, 足見其能.)

39 龍吟(용음) – 용 울음소리를 내다. 여기서 용은 앞의 '기기'를 뜻하는 말로 두아를 비유한다.

《구가집주두시》 조차공 주 '용음'은 '기기'를 가리켜 말한 것이다.(龍吟, 指言騏驥.)

40 夾輔(협보) – 옆에서 보좌하다. 즉 황제의 측근에서 보필함을 말한다. 待所致(대소치) – 이룰 바를 기다리다. 혹은 이룰 바를 기대하다. 여기서의 '대'의 주체는 두아로 보아 나라를 위해 큰일을 할 수 있기를 바란다는 뜻이다. 또는 두보를 주체로 보는 설도 있다.

#《두시상주》: 마지막 단락은 조정으로 돌아가 크게 쓰일 것을 바란 것이다. 《두시박의》에서 "준마가 북 수레를 끈다는 것은 두아가 판관이 되는 것이 합당치 않음을 비유한다. 용마가 길게 울며 머리를 돌려 궁궐을 바라보면서 황제를 보좌하는 공을 이루기를 생각한다는

것은 두아가 비록 하서에 있지만 마음만은 조정을 잊지 않고 있음을 비유한다."라고 하였다. 예전의 해설들은 모두 어지럽고 모호하다. (末以歸朝大用望之. 博議, 騏驥駕鼓車, 比亞不當爲判官. 龍馬長吟, 回首京闕, 思成夾輔之功, 喩亞雖在河西, 乃心不忘朝廷也. 舊解都憒憒.)

##《독두심해》: 이 작품은 처음과 마지막이 4구이며, 중간은 단지 하나의 묶음으로 읽을 수 있겠다. 처음의 4구는 '흥'과 '비'를 결합하여 수법이 매우 특별하다. '이인' 두 자는 전체 작품의 표제라고 할 수 있다. '창연'은 바로 '이인'의 기색이다. 배 속에 담은 지식은 넘치면서도 문자를 가벼이 여겼으니, 서책에 얽매이지 않아야만 비로소 훌륭한 독서인이라고 할 수 있는 것이다. '종묘' 두 구는 본래 곁들여 쓴 '배필'이면서 끝부분에 대한 암시를 담은 '복필'이다. '석대역'은 작별하던 장소이다. '금전비'는 나그네의 행장이다. '영제'로부터 '계시수'까지의 대의는 사촌 동생이 뛰어난 재주로 걸출하여 서쪽 변방 위험한 지역에 임무를 완수하도록 선발되었고, 이에 두아는 곧장 비분강개하여 길에 오르니 그가 변경을 안정시킬 계책을 지니고 있음을 알 수 있다는 것이다. 결말의 4구는 신령한 용이 꼬리를 흔드는 격으로, 먼 지역 작은 관리로 파견함이 '이인'을 좌절시키려는 의도가 아니니 당일로 공을 이루고 귀국하면 그 공훈으로 마땅히 왕실에 있게 될 것임을 말하고 있다.(此篇起四結四, 中只作一片讀. 起四, 興而比也, 手法又別. 異人二字, 一篇標目. 蒼然, 便是異人氣色. 富腹笥而略文字, 不爲書縛, 才是善讀書人. 宗廟二句, 本是陪筆, 卻是結處伏筆. 石戴驛, 是送別處. 金纏轡, 是行客裝. 自令弟至計始遂, 大意言從弟異才挺出, 故以西陲危地, 簡任責成. 而亞卽慷慨登程, 知其有安邊成算也. 結四, 神龍掉尾. 言遠地小官, 非所以屈異人. 卽日成功歸國, 乃勳當在王室耳.)

(박홍준)

54. 送靈州李判官

영주로 가는 이 판관을 전송하다

羯胡腥四海[1] 回首一茫茫[2] 血戰乾坤赤 氛迷日月黃[3]
將軍專策略[4] 幕府盛才良[5] 近賀中興主[6] 神兵動朔方[7]

오랑캐가 사해를 피비린내 나게 하였으니
머리 돌려 바라봄에 하나같이 아득하다.
피 흘리는 싸움으로 천지가 붉어지니
요사스런 기운이 자욱하여 해와 달이 누렇다.
장군께서 책략을 전담하시고
막부에는 재사와 현인이 많다.
근자에 들어 경하드렸나니, 중흥 군주의
신병이 삭방을 뒤흔들었다.

이 시는 이 판관이 절도사의 막부에 초빙되어 영주로 가는 것을 전송하여 쓴 것으로, 난리 가운데 중흥의 기운에 대한 예감과 축원의 내용을 담고 있다. 저작 시기와 장소에 대하여 건원 2년 진주라는 설과 지덕 2년 봉상이라는 설이 있는데, 여기서는《두억》및《두시상주》의 견해를 따라 지덕 2년 봉상에서 지어진 것으로 보기로 한다. 영주靈州는 영무靈武이다. 판관判官은 지방장관의 사원使院에 속한 관료로 정사를 돕는 직책인데, 당대에는 절도사, 관찰사, 방어사가 모두 판관을 두었다. 이 판관이 속해 있던 지방장관은 삭방군절도사朔方軍節度使 곽자의郭子儀인 것으로 보인다. 이와 달리 관내로부절도겸태원윤북경유수關內路府節度兼太原尹北京留守 왕사례王思禮라는 설도 있다.

《보주두시》 시에서 "근자에 들어 경하드렸나니, 중흥군주의 신병이 삭방을 뒤흔들었다."라고 한 것은 지덕 2년 사사명이 항복한 뒤에 하북은 실제로 당나라의 차지가 되었고, 나중에 사사명이 재차 반란을 일으키자 곽자의가 동도 낙양으로 돌아와 하북을 경영하였으며 이광필이 건원 2년 또 유주대도독부장사겸하북절도가 되었음을 말하니, 그런 까닭에 '신병'이라고 일컬은 것이다. 시에 또 "장군께서 책략을 전담한다."라고 한 것은 마땅히 왕사례가 이해 7월 관내로부절도겸태원윤북경유수가 된 것을 가리킨다. 이 때문에 또한 "신병이 삭방을 뒤흔들었다."라고 말할 수 있었던 것이다. 이 시는 마땅히 건원 2년 진주에서 지은 것이다.(詩云, 近賀中興主, 神兵動朔方, 謂至德二載, 史思明降後, 河北實爲唐有, 後思明再叛, 郭子儀還東都經營河北, 李光弼, 乾元二年, 又爲幽州大都督府長史兼河北節度, 故稱神兵. 詩又云, 將軍專策略, 當是指王思禮, 是年七月爲關內路府節度兼太原尹北京留守. 故亦可謂神兵動朔方也. 此詩當是乾元二年在秦州作.)

《두억》 "근자에 중흥한 군주께 경하드렸다."를 보건대, 이 시는 지덕으로 개원하여 숙종이 영무에서 즉위했을 때에 지어진 것이다.(觀近賀中興主, 此詩作於至德改元, 肅宗卽位靈武時).

《두시상주》 황학, 주학령, 고신 등 여러 주석가는 모두 건원 2년에 편재하고 있다. 시 가운데 '갈호', '혈전' 등의 말 및 '근하' 구를 음미해보면, 마땅히 안녹산과 사사명이 한창 창궐하고 있고 (숙종이) 영무에 막 즉위했을 때로서, 대체로 지덕 2년 봉상에 있을 때 지은 것이니, 《두억》을 좇는 것이 마땅하다. 《당서·지리지》에 의하면 영주는 영무군이고 하주는 삭방군이다.(黃鶴及朱顧諸家,

俱編在乾元二年. 玩詩中羯胡血戰等語, 及近賀中興一句, 當是安史正猖獗, 靈武初卽位時. 蓋至德二載, 在鳳翔時所作. 當從杜臆. 唐書地理志, 靈州, 靈武郡. 夏州, 朔方郡.)

《두시상주》《당서》를 살펴보건대, 안녹산이 반란을 일으키자 곽자의를 영무태수로 삼아 삭방군절도사에 충원하였다. 진도사에서 패전하자 황제는 오직 삭방군만을 의지하여 근본으로 삼았다. 이 시에서 '책략을 전담한다'라고 하고 또 '삭방을 뒤흔든다'고 한 것은 마땅히 곽자의를 가리킨다. 황학은 왕사례라 하였는데, 아마 잘못일 것이다.(按唐書, 祿山反, 以郭子儀爲靈武太守, 充朔方軍節度使. 陳濤斜之敗, 帝惟倚朔方軍爲根本. 此章言專策略, 又言動朔方, 當指郭子儀. 黃鶴謂王思禮, 恐誤.)

주 석

1 羯胡(갈호) – 오호五胡의 하나로 흉노에 속했던 종족. 여기서는 안녹산의 반군을 가리킨다. 腥(성) – 피비린내가 나게 하다.

2 茫茫(망망) – 분명치 않은 모습.

3 氛迷(분미) – 안개나 구름 따위의 기운이 자욱하다. 여기서는 전란의 나쁜 기운이 가득 차 있음을 나타낸다.

4 將軍(장군) – 삭방군절도사 곽자의를 가리킨다. 專策略(전책략) – 군략을 전담하다. 또는 군략에 전념하다. 군략에 정통하다.

5 才良(재량) – 재주 있고 현명한 인물.

6 近賀(근하) – 근자에 들어 축하하게 되었다. 中興主(중흥주) – 쇠퇴한 나라를 중흥시키는 임금. 숙종을 가리킨다.

7 神兵(신병) – 신력을 지닌 군대. 천자의 군대를 가리킨다. 動朔方(동

삭방)－ 삭방을 뒤흔들다. '朔方'은 영무를 가리킨다. 이 구는 천자 군대의 기세가 삭방 지역을 뒤흔들었다는 말이다. 이와 달리 "삭방에서 움직였다."라고 풀이하여 숙종이 영무에 있다가 장안을 수복하기 위해 군대를 이끌로 봉상으로 온 것을 가리키는 것으로 볼 수도 있다.

#《두시상주》: 위 4구는 당시의 난리를 기록한 것이고, 아래에서는 그가 시기를 타서 공을 세울 것을 바란 것이다. '혈전'과 '분미'는 바로 온 세상이 피비린내로 가득 차 있는 것을 말한다. '책략'은 그곳의 장군을 칭송한 것이고, '재량'은 이 판관을 찬미한 것이다. 군대가 삭방을 뒤흔들었으니, 이는 아마도 장차 크게 거사하여 부흥할 것임을 말한 것이다.(上四記當時之亂, 下望其乘時建功也. 血戰氛迷, 正言四海腥膻. 策略稱其主將. 才良美李判官. 兵動朔方, 蓋將大舉興復也.)

《독두심해》: 사서를 상고하면, 안녹산이 반란을 일으키자 곽자의를 영무태수로 삼아 삭방절도사에 충원하였다. 이 판관은 필시 절도사에게 부름을 받았을 것이다. 결구에는 심원한 운치가 있다.(攷史, 祿山反, 以郭子儀爲靈武太守, 充朔方節度使. 李必節度所辟也. 結有遠神.)

(이남종 · 김수희)

55. 奉送郭中丞兼太僕卿充隴右節度使三十韻

곽 중승겸태복경이 농우절도사로 부임하는 것을 받들어 전송하며 지은 30운의 시

詔發山西將[1] 秋屯隴右兵[2] 淒涼餘部曲[3] 燀赫舊家聲[4]
鵰鶚乘時去[5] 驊騮顧主鳴[6] 艱難須上策[7] 容易卽前程[8]
斜日當軒蓋[9] 高風卷旆旌[10] 松悲天水冷[11] 沙亂雪山淸[12]
和虜猶懷惠[13] 防邊詎敢驚[14] 古來於異域[15] 鎭靜示專征[16]
燕薊奔封豕[17] 周秦觸駭鯨[18] 中原何慘黷[19] 遺孽尙縱橫[20]
箭入昭陽殿[21] 笳吹細柳營[22] 內人紅袖泣[23] 王子白衣行[24]
宸極妖星動[25] 園陵殺氣平[26] 空餘金碗出[27] 無復繐帷輕[28]
毁廟天飛雨[29] 焚宮火徹明[30] 罘罳朝共落[31] 棆桷夜同傾[32]
三月師逾整[33] 羣胡勢就烹[34] 瘡痍親接戰[35] 勇決冠垂成[36]
妙譽期元宰[37] 殊恩且列卿[38] 幾時廻節鉞[39] 戮力掃欃槍[40]
圭竇三千士[41] 雲梯七十城[42] 恥非齊說客[43] 祗似魯諸生[44]
通籍微班忝[45] 周行獨坐榮[46] 隨肩趨漏刻[47] 短髮寄簪纓[48]
徑欲依劉表[49] 還疑厭禰衡[50] 漸衰那此別[51] 忍淚獨含情[52]
廢邑狐狸語[53] 空村虎豹爭[54] 人頻墜塗炭[55] 公豈忘精誠[56]
元帥調新律[57] 前軍壓舊京[58] 安邊仍扈從[59] 莫作後功名[60]

조서로 산서의 장수를 내어서
가을날 농우에 군대를 주둔케 하였으니,

처량히 부곡의 병사들이 남아 있는데
혁혁한 집안의 명성은 오래되었습니다.
수리가 때를 타서 날아가고
준마가 주인을 돌아보며 우는데,
어려운 시절에는 상책이 필요한 터
가볍게 앞길에 오르십니다.
비낀 해가 수레에 비치고
높은 바람 깃발을 말며,
차가운 천수에 솔 소리 슬프고
맑은 설산에 모래가 어지러울 것입니다.
오랑캐와 화친하면 오히려 은덕에 감사할 것이니
변방을 방어함에 어찌 함부로 그들을 경동驚動시키겠습니까?
예로부터 이역에서는
정벌의 전권을 보여 안정시키는 법입니다.

연과 계에 큰 돼지가 설치고
주와 진은 놀란 고래에 부딪쳤으니,
중원이 어찌 그리도 혼탁해졌습니까
남은 서자 놈이 아직도 횡행합니다.
화살이 소양전에 드니
호가를 세류영에서 부는데,
내인은 붉은 소매에 울고
왕자는 흰 옷으로 다닙니다.
신극에 요사한 별이 움직이고
원릉에는 살기가 높아,

출토된 금 주발만 공연스레 남아 있고
가벼운 베 휘장이 다시는 보이지 않습니다.
종묘를 훼손하니 하늘이 비를 뿌리고
궁전을 태우니 불이 날 밝을 때까지 타며,
그물망이 아침에 함께 떨어지고
윤나무 서까래가 밤에 함께 기울어졌습니다.

삼월에 군대가 더욱 정돈되었으니
뭇 오랑캐는 그 형세가 삶겨 죽게 될 판,
다친 몸으로 친히 접전하시니
용감하여 으뜸으로 공을 이룰 것입니다.
훌륭한 명성으로 재상이 기대되고
특별한 은총으로 또한 경의 지위에 있으신 몸,
어느 때에 부절과 부월을 돌리셔서
힘을 합하여 혜성을 쓸어버리실 것입니까?

빈한한 집에 삼천 명의 선비 있어도
칠십 성은 구름 사다리로 공략하는 법,
제나라 유세객이 되지 못한 것 부끄럽고
단지 노나라 유생과 비슷할 뿐입니다.
궁전에 출입하여 미천한 반열을 더럽히는 신세
조정에서 홀로 앉은 자리가 영화로우신데,
사람의 뒤를 따라서 물시계에 맞추어 조정에 가고
짧아진 머리를 비녀와 끈에 부쳤습니다.
곧장 유표에게 의지하고자 하나

예형을 싫어할까 또 의심스러운 터,
점점 쇠퇴하는 몸으로 어떻게 이제 헤어지겠습니까?
눈물을 참으며 홀로 정만 머금는답니다.

황폐한 고을에는 여우 너구리가 말하고
빈 마을에는 호랑이 표범이 다투어,
사람들이 빈번히 도탄에 떨어졌으니
공이 어찌 정성을 다할 것을 잊을 수 있겠습니까?
원수께서 새 군율을 다스리시어
전군이 옛 경사를 압박하고 있으니,
변경을 안정하고 다시 호종하셔서
공명을 뒤로 하는 일은 하지를 마십시오.

이 시는 어사중승이면서 태복경의 직책을 겸한 곽영예郭英乂가 농우절도사가 되어 임지로 가는 것을 전송하면서 지은 것이다. 그가 변방을 안정시키고 속히 돌아와서 안녹산의 반군을 소탕하고 중원을 수복하는 데에 힘쓰기를 바라는 뜻을 담았다. 작시 시기는 지덕 2년으로 추정되며 당시 두보는 봉상에 있었다. '充'은 직책을 맡는 것을 뜻한다.

《보주두시》 《구당서》는 "지덕 초에 곽영예가 농우절도사로 옮기고 어사중승을 겸하였다."라고 하였고, 태복경을 겸한 것은 말하지 않았다. 《신당서》는 "안녹산이 난을 일으키자 진주도독과 농우채방사를 배수하였고, 지덕 2년에 농우절도사를 더하였다."라고 하였고, 어사중승과 태복경을 겸한 것은 말하지 않았다. 공의 이 시의 시제에서 "곽중승겸태복경이 농우절도사로 부임한 것을 전송하다."라고 하여, 두 사서史書의 빠진 것을 보완할 수 있을 것이니 그의 시가 시사가 됨을 믿을 수 있다. 의당 지덕 2년에 지었을 것이다. 당제에 의하면 중승은 2인이고 정4품하이다. 태복시는 경이 1인이고 종3품이다. 경은 마구간, 목장, 수레 등의 일을 관장한다. 중승으로서 경을 겸하였으니 은총을 더 받은 것이다.(舊史言, 至德初, 英乂遷隴右節度使, 兼御史中丞, 不言兼太僕卿. 新史言, 祿山亂, 拜秦州都督, 隴右採訪, 至德二載, 加隴右節度使, 不言兼御史中丞與太僕卿. 公此詩題曰, 送郭中丞兼太僕卿充隴右節度使, 殆有補於二史之闕, 信其爲詩史也. 當是至德二載作. 唐制, 中丞二人, 正四品下, 太僕寺, 卿一人, 從三品, 卿掌廐牧輦轝之政, 以中丞而兼卿, 所以爲加恩.)

주 석

1 山西將(산서장)－ 화산華山 서쪽 지역 출신의 장수. 곽영예를 지칭한다. '西山將'으로 된 판본도 있다.

《두시경전》《한서 · 조충국전》의 찬贊에서 "진한 이래로 산동에서는 재상이 배출되고 산서에서는 장수가 배출되었다."라고 하였다. 천수, 농서, 안정, 북지 등은 모두 산서 지역이다. 곽영예는 과주(지금의 감숙성 돈황)의 장락 사람이다. 그래서 산서의 장수라고 하였다.(漢趙充國傳贊, 秦漢以來, 山東出相, 山西出將. 天水隴西安定北地皆爲山西. 英乂瓜州長樂人, 故曰山西將也.)

2 屯(둔)－ 병마를 주둔하다. '營'으로 된 판본도 있다. 隴右(농우)－ 지명. 농산隴山의 서쪽 지역이다. 당나라의 농우도隴右道는 선주鄯州에 치소治所를 두었다.

3 部曲(부곡)－ 군대의 편제 단위로서 부대를 뜻한다. 한漢나라 제도에 의하면 대장군大將軍의 군영에 5부部가 있고 각 부에 교위校尉 1인을 두었다. 곡은 부의 하급 단위이고 군후軍候 1인을 두었다. 이 구는 곽영예의 아버지인 곽지운郭知運이 이끌던 부대가 농우에 남아 있다는 뜻이다. 이와 달리, 곽영예가 진주도독秦州都督을 역임했다는 사실에 근거하여 진주의 군사들이 곽영예를 보내고 처량하게 남아 있다는 뜻으로 풀이하는 설도 있다.

4 燀赫(천혁)－ 빛나는 모습. '燀'이 '煊'으로 된 판본도 있다.

[凄涼 2구]

《두공부초당시전》 곽지운이 앞서 농우절도사를 지낸 적이 있다. 부자가 앞뒤로 농우의 절도사가 되었기 때문에 '부곡이 남아 있다', '집안의 명성이 오래되었다'라고 한 것이다.(知運先嘗爲隴右節度, 父子先後授纛隴右, 故曰餘部曲舊家聲也.)

《구가집주두시》 조차공 주 '부곡이 남아 있다'는 것은 진주의 부곡이 남아 있다는 것이다. 안녹산이 난을 일으키자 곽영예는 진주도독과 농우채방사에 배수되었다. 그리고 곽지운은 앞의 조정에서 농우절도사가 되어 서방에 주둔하였는데 오랑캐가 그를 꺼려하였다. 그래서 '집안 명성이 오래되었다'라고 말한 것이다.(餘部曲, 餘秦州部曲也. 祿山亂, 英乂拜秦州都督隴右採訪使, 知運在先朝爲隴右節度使, 屯西方, 戎夷畏憚, 故言舊家聲.)

《두공부시집집주》 《구당서》에 의하면, 곽영예는 곽지운의 아들이다. 곽지운이 선주도독농우제군절도대사가 되어 서쪽 변방에 머문 뒤로 오랑캐가 그를 심히 꺼려하였는데, 개원 9년 군중에서 죽었다. 지덕 초에 숙종이 북방 황야荒野에서 군대를 일으켰을 때, 곽영예가 장군 집안 자식이라 하여 특별히 임용하였다. 곽영예가 그의 부친을 이어 농우의 절도사가 되었기에 '부곡', '가성' 등의 구가 있다.(舊唐

書, 英乂, 知運之季子也. 知運爲鄯州都督隴右諸軍節度大使, 自居西陲, 甚爲蠻夷所憚. 開元九年, 卒於軍. 至德初, 肅宗興師朔野, 英乂以將門子特見任用. 英乂繼其父節度隴右, 故有部曲家聲之句.)

5 鵰鶚(조악)－ 수리. 곽영예를 비유한다.

6 驊騮(화류)－ 준마의 일종. 곽영예를 비유한다. 主(주)－ 황제를 말한다.

7 須(수)－ 필요로 하다. '思'로 된 판본도 있다.

8 容易(용이)－ 가족에 대한 사사로운 정이나 다른 일신상의 문제로 머뭇거리지 않고 쉽게 떠나가는 모습을 표현한 것이다. 卽(즉)－ 나아가다.

9 軒蓋(헌개)－ 수레를 뜻한다.

10 高風(고풍)－ 높이 부는 바람. 가을바람이다. '高'가 '歸'로 된 판본도 있다. 卷(권)－ 말다.

11 天水(천수)－ 군 이름. 진주를 개명한 것이다.

《두시상주》에 인용된 《신당서》 천보 원년에 진주를 바꾸어 천수군이라 하였다.(天寶元年, 改秦州爲天水郡.)

12 雪山(설산)－ 산 이름.

《두시상주》에 인용된 《후한서·명제본기明帝本紀》 기련산이 바로 천산이고 일명 설산이라 한다.(祁連山卽天山, 一名雪山.)

13 和虜(화로)－ 오랑캐와 화친하다. 懷惠(회혜)－ 은혜를 마음에 생각하다. 은덕을 감사하다. 이 구는 오랑캐와 화친하면 그들이 오히려 그 은덕을 고맙게 생각할 것이라는 뜻이다. "오랑캐와 화친하여 그들이 아직도 그 은혜를 고맙게 여기고 있다."의 뜻으로 풀이하기도 하나 취하지 않는다.

14 防邊(방변) – 변방을 방비하다. 詎(거) – 어찌. '不'로 된 판본도 있다. 驚(경) – 놀라게 하다. 무력을 사용하는 것을 뜻한다.

[和虜 2구]

《두시경전》 토번과 화친하여 그들이 오래도록 옛 은덕을 감사하고 있으니, 변방을 지키는 방법이 그들을 놀라 동요하게 하는 데에 있지 않음을 말한 것이다.(言吐蕃和好, 久懷舊恩, 故防邊之法, 不在驚擾.)

15 古來(고래) – 예로부터. 異域(이역) – 여기서는 토번 지역을 가리킨다.

16 鎭靜(진정) – 변방을 안정시키는 것을 뜻한다. 示(시) – 보이다. '得'으로 된 판본도 있다. 專征(전정) – 임지에 있는 주장主將이 정벌을 자기 결정대로 할 수 있음을 말한다. 이 구는 절도사가 독자적으로 군권을 행사할 수 있다는 사실을 보임으로써 이민족이 그에게 항복하거나 귀순하게 한다는 뜻일 것이다. "변방을 안정시킴으로써 절도사가 독자적인 군권을 가졌다는 사실을 보여주다."라는 뜻으로 풀이할 수도 있다. 조용히 있다가 오랑캐를 제압해야 한다는 뜻으로 풀이하기도 하나 취하지 않는다.

《구가집주두시》 '전정'이란 천자가 도끼를 하사한 것을 받아서 정벌을 자기 뜻대로 할 수 있음을 말한다.(專征, 謂受斧鉞之賜, 得專征討.)

[古來 2구] 변방을 안정시키라는 말이다. 변방을 안정시킨 연후에야 중원을 침범한 반군을 토벌할 수 있다는 뜻이 담겨 있다.

《구가집주두시》 조차공 주 고요하게 기다렸다가 불시에 꺾어서, 그 침범하고 배반한 자는 반드시 정벌한다는 도리가 있음을 보여야 함을 말한 것이다.(言待之以靜, 不時撓之, 示以有必征其侵叛之理.)

《두시상주》 예로부터 이민족을 막을 때는 오직 안정시키는 행위 안에 정벌을 마음대로 할 수 있다는 뜻을 말없이 담아두는 것이다.

(自古禦戎, 惟於鎭靜之中, 默寓專征之意.)

《두공부시집집주》 진주한 장수가 변방을 안정시킨 연후에 힘을 모아 도적을 토벌하는 계책을 실행할 수 있음을 말한 것이다.(言鎭將安邊, 然後可幷力爲討賊之計.)

《두시택풍당비해》 서쪽 오랑캐는 단지 화친하기만 하면 되고, 중원의 난리는 일찍 평정해야 함을 말한 것이다.(言西虜止可和輯, 惟中原之亂當早平定也.)

#《두시상주》: 첫 단락에서는 곽 씨가 농우에 진주하는 것을 서술하였다. 위와 아래 여덟 구로 나뉜다. '조발' 2구는 시제를 말한 것이다. '처량' 2구는 장군 집안의 오랜 명망을 말한 것이다. '조악' 4구는 곽공의 충성과 용맹을 말한 것이다. '사일' 4구는 가을날 농우의 시절과 경물을 적은 것으로 '전정'과 서로 조응照應한다. '화로' 4구는 병마 주둔의 책략을 말한 것으로 '상책'과 조응한다.(首敍郭鎭隴右, 上下八句分截. 詔發二句, 扼題. 淒涼二句, 言將門宿望. 鵰鶚四句, 言郭公忠勇. 斜日四句, 記秋隴時景, 與前程相應. 和虜四句, 語屯兵方略, 與上策相應.)

17 燕薊(연계) – 연은 나라 이름이고 계는 연의 도읍지이다. 여기서는 안녹산이 기병한 범양 일대를 가리킨다. 封豕(봉시) – 큰 돼지. 안녹산을 비유한다. 이 구는 안녹산이 범양에서 반란을 일으킨 것을 뜻한다.

《구가집주두시》 계현은 연의 도읍지이다.(薊縣, 燕之所都.)

《두시경전》 안녹산이 유주에서 반란을 일으킨 것을 말한다.(謂祿山反幽州.)

18 周秦(주진) – '주'는 낙양을 뜻하고 '진'은 장안을 뜻한다. 駭鯨(해경) – 놀란 고래. 사납게 움직이는 고래. 안녹산을 비유한다. 이 구는 장안과 낙양이 함락되었음을 뜻한다.

《두시상주》 진림의 격문에 "놀란 고래가 그물에 부딪친 것 같다."라는 말이 있다. 그것이 쉽게 터지는 것을 말한다.(陳琳檄, 若駭鯨之觸網. 言其易決也.)

진림 〈위조홍여위문제서爲曹洪與魏文帝書〉 바다의 고래가 가는 그물을 터뜨리는 것 같다.(若海鯨之決細網.)

19 墋黷(참독)- 혼탁하다. '墋'이 '慘'으로 된 판본도 있다.

20 遺孽(유얼)- 남아 있는 서출 자식. 안녹산의 양자인 안경서安慶緖를 가리킨다. '遺'가 '餘'로 된 판본도 있다. '孽'은 서출의 자식이다.

《두시언해》 안녹산이 죽고 나자 안경서가 도적질을 한다는 말이다.(言祿山旣死而慶緖爲寇也.)

21 昭陽殿(소양전)- 한나라 궁전 이름이다. 여기서는 당 현종의 궁전을 뜻한다. 이 구절은 반군이 궁전을 침범하였음을 말한다.

《두공부초당시전》 환난이 궁중에 미쳤음을 말한다.(言禍亂及於宮中也.)

22 笳吹(가취)- 호가를 불다. '吹'가 '吟'으로 된 판본도 있다. 細柳營(세류영)- 한나라의 명장인 주아부周亞夫의 병영 이름이다. 여기서는 당나라 관군의 병영을 뜻한다. 이 구는 반군이 관군의 병영이 있는 곳을 점거하였다는 뜻이다.

《두시경전》에 인용된 《괄지지括地志》 세류영은 함양현 서남쪽에 있는데, 주아부가 병마를 주둔한 곳이다.(細柳營在咸陽縣西南, 周亞夫屯兵處.)

《두공부초당시전》 호가를 세류영에서 분다는 것은 오랑캐의 호가가 한나라 궁전에 있음을 말한다.(笳吟細柳, 言胡人之笳乃在漢宮也.)

23 內人(내인)- 현종이 교방을 설치하고 기녀에게 가무를 가리켜서 의춘원에 들였는데, 그들을 내인이라 한다. 泣(읍)- 어떤 판본에는 '短'으로 되어 있다.

《두시상주》에 인용된 《교방기敎坊記》 당나라 때에 기녀로서 의춘원에 들어간 이를 내인이라 하였다.(唐妓女入宜春院, 謂之內人.)

24 白衣行(백의행) – 미복微服 차림으로 다니는 것을 뜻한다.

《구가집주두시》 조차공 주 비록 왕자이지만 난리를 피하느라 행적을 숨기고 미복을 입고 다님을 말한 것이다.(言雖是王子, 以避亂之故, 隱迹爲白衣而行.)

25 宸極(신극) – 북극성. 황제를 비유한다. 妖星(요성) – 요사한 별. 안녹산을 비유한다. '妖'는 '祆'으로 된 판본도 있는데, '현'은 오랑캐 신이다. 動(동) – '大'로 된 판본도 있다. 이 구는 안녹산이 참람하게 황제가 된 것을 뜻한다.

《두시경전》 《설문(설문신부說文新附)》에서 "'현'은 오랑캐 신이다." 라고 하였다. 《한서 · 천문지》에서 "현성이 삼 년 동안 나오지 않으면 그 아래에 군대가 있게 된다."라고 하였다. 이 구는 안녹산이 지위를 참월하게 취한 것을 말한다.(說文, 祆, 胡神也. 漢天文志, 祆星, 不出三年, 其下有軍. 句指祿山僭位.)

26 園陵(원릉) – 황제의 능. 殺氣平(살기평) – 살기가 높은 것을 말한다.

《두시경전》 《후한서 · 광무제기》에서 "적미가 원릉을 발굴하였다." 라고 하였는데 주에서 "'원'은 산릉山陵이다."라고 하였다. 이 구는 살기가 높아서 그것과 높이가 같음을 말한다.(光武紀, 赤眉發掘園陵. 注, 園謂山墳. 言殺氣高與之平也.)

27 金碗(금완) – 금으로 만든 주발. 능의 부장품이다. 한 무제의 고사를 원용한 것이다.

《두공부초당시전》 분묘를 발굴한 것을 말한다. 《남사 · 심형전》에 "형은 자가 초명이고 위나라의 포로가 되었다. 일찍이 혼자 길을 가다가 한 무제의 통천대를 지나게 되었는데, 표문을 지어 올려서 자기의 고향 그리는 마음을 진술하였다. 거기에서 말하기를 '갑장과 붉은 발이 하루아침에 영락하여 무릉의 옥주발이 드디어 인간 세상에 나왔다'고 하였다."라는 기록이 있다. 혹자는 공씨의 지괴소설에서 "한나라 노충의 집 서쪽에 최 소부의 무덤이 있었다. 최씨에게 딸이 있어 그와 혼인하였는데 그녀가 노충에게 금 주발 하나를 주었다."라고 한 이야기를 인용하기도 하는데, 옳지 않다.(言發掘墳墓也. 南史沈炯傳, 炯, 字初明, 爲魏所虜, 嘗獨行, 經漢武通天臺, 修表奏之, 陳己思鄉之意, 云甲帳朱簾, 一朝零落, 茂陵玉盌, 遂出人間. 或引孔氏志怪, 漢盧充家西有崔少府墓, 崔有女, 與爲婚, 與充金椀一枚, 非是.)

《구가집주두시》 조차공 주 한 무제가 죽은 뒤에 어떤 이가 (그의 무덤에 있던) 금 주발을 가져다 저자에 판 일이 있었다.(漢武崩後, 有持金椀賣於市之事.)

28 繐帷(세유) – 올이 가늘고 성근 베로 만든 휘장. 영당靈堂에 설치한 장막, 즉 영장靈帳이다. 이 구는 위 무제의 고사를 원용한 것이다.

《두공부초당시전》 침묘에는 가는 갈포로 영장을 만든다는 것을 말한다.(言寢廟, 以細葛布爲靈帷也.)

《두시상주》 《업궁고사》에 보면 "위 무제가 유언을 하여 서릉에 6척의 상을 설치하고 세유를 치라고 하였다."라는 기록이 있다. 《설문》에서 "'세'는 가늘고 성근 베이다."라고 하였다.(鄴宮故事, 魏武遺令, 西陵施六尺牀, 張繐帷. 說文, 繐, 細疏布也.)

[空餘 2구]

《두시언해》 능을 파서 금 주발을 꺼내니, 다시는 가늘고 성근 베로 만든 영장이 없게 되었음을 말한다.(言掘墳陵而出金椀, 無復有繐布靈帳也.)

29 天飛雨(천비우) – 하늘이 슬퍼하여 비를 뿌린다는 뜻이다. 먼지가 날리는 것을 비유한 것으로 보는 설도 있으나 취하지 않는다.

《두공부초당시전》 먼지가 비가 날리는 듯함을 말한다.(言塵埃如雨之飛也.)

30 火徹明(화철명) – 날이 샐 때까지 불탔음을 말한다. '明'은 날이 새는 것이다.

31 罘罳(부시) – 건물의 처마에 둘러치는 그물망.

《두시경전》에 인용된 소악蘇鶚의《연의演義》 부시는 실을 짜서 만들며, 그물의 교차된 모양을 본뜬 것으로, 궁전의 처마와 지게 사이를 덮는다.(罘罳, 織絲爲之. 象羅網交文之狀, 蓋宮殿簷戶之間.)

32 棆桷(윤각) – 윤나무로 만든 서까래. '윤'은 예장豫章나무와 비슷한 나무이다.

[毀廟 2구]

《두공부초당시전》 종묘 궁실이 모두 도적에게 불타고 훼손되었음을 말한다.(言宗廟宮室皆爲賊焚毁也.)

#《두시상주》: 이 단락은 안녹산의 난을 마음 아파한 것으로 또한 8구로 나뉜다. '연계' 구는 하북이 함락된 것을 말하고 '주진' 구는 두 도성都城이 격파된 것을 말한다. '유얼'은 안경서를 가리킨다. '전입' 4구는 도적이 이르자 달아나 흩어진 것을 말한다. '신극' 4구는 능침을 놀라게 한 것을 말한다. '훼묘' 4구는 궁실과 묘당을 불태운 것을 말한다. 반군 장수 안충순 등이 장안에 들어왔을 때, 원릉을 파헤치고 궁전을 불태운 일이 없었다. 당시 좌장과 대영 등의 창고를 태운 것은 난민이었으니, 공경의 분묘 또한 난리를 틈타 발굴한 일이 필시 있었을 것이다. 그래서 이 시에서 개괄하여 언급한 것이다.(此傷祿山之亂, 亦在八句分截. 燕薊, 謂陷河北, 周秦, 謂破兩都. 遺孼, 指安慶緖. 箭入四句, 賊至而奔散也. 宸極四句, 言驚擾陵寢. 毀廟四句, 言燒焚宮廟. 賊將安忠順等入長安, 未嘗有發園陵焚宮殿事. 當時燒左藏大盈者, 亂民也, 其公卿墳墓, 亦必有乘亂發掘者, 故此詩概及之.)

33 삼월(三月) – 지덕 2년 삼월. 석 달의 뜻으로 풀이하기도 하나 취하지

않는다. 師(사) – 군대. 이 구는 지덕 2년 2월에 숙종이 봉상에 온 뒤 전열을 가다듬은 것을 뜻한다.

《두시상주》에 인용된 노원창 주 지덕 2년에 숙종이 봉상에 이르자, 농우, 하서, 안서, 서역 등의 군대가 모두 모였다. 당시 왕사례는 무공에 주둔하였고, 왕난득은 서원에 주둔하였고, 곽영예는 동원에 주둔하였다. 이것이 "삼월에 군대가 더욱 정돈되니, 뭇 흉악한 무리는 그 형세가 삶겨 죽게 될 것이다."라는 것이다.(至德二載, 肅宗至鳳翔, 隴右河西安西西域兵皆會. 時王思禮軍武功, 王難得軍西原, 郭英乂軍東原. 是三月師逾整, 群凶勢就烹也.)

《구가집주두시》 조차공 주 '삼월'은 달이 세 번 바뀌었다는 것이다. 공의 시에서 또 "봉화가 세 달을 연이었다."라고 하였는데, 또한 이런 예이다. 윤8월 초에 광평왕을 천하병마원수로 삼았으니, 지금 시에서 말한 "원수가 새 군율을 다스렸다."라는 것이 이를 두고 한 것이다. 윤8월에서 거꾸로 세어 가면 통틀어 세 번 달이 바뀐 셈이라는 것이니, 이는 의당 곽자의가 5월에 안수충과 청거에서 싸워 패한 뒤에 달리 사졸을 훈련하여, 이때에는 군대가 더욱 정돈되어 도적을 잡을 수 있게 되었다는 것이리라.(三月, 三易月也. 公詩又云烽火連三月, 亦是此. 閏八月初, 以廣平王爲天下兵馬元帥. 今詩所謂元帥調新律, 是已. 逆數閏八月以前, 通爲三易月, 則當是郭子儀五月及安守忠戰於青渠敗積之後, 別訓練士卒, 至此師逾整肅, 可以擒賊矣.)

34 胡(호) – '兇'으로 된 판본도 있다. 烹(팽) – 고대의 형벌의 하나. 큰 죄인을 삶아서 죽이는 것이다.

35 瘡痍(창이) – 상처. 곽영예가 안수충과 전투하다가 부상을 입은 것을 뜻한다. '恭承'으로 된 판본도 있다.

《두시상주》에 인용된 노원창 주 안수충이 무공을 침략하자 곽영예는 전세가 불리하였는데, 유시가 턱을 관통하자 달아났다. 이것이 "다친 몸으로 친히 접전하시니 용감하여 으뜸으로 공을 이룰 것이다."라는 것이다.(安守忠寇武功, 英乂戰不利, 流矢貫頤而走, 是瘡痍親接戰, 勇決冠垂成也.)

36 勇決(용결)－ 용맹하고 과감하다. '餘勇'으로 된 판본도 있다. 冠(관)－ 으뜸이다. 垂成(수성)－ 거의 성공하다.

《두시언해》 '수성'은 '欲成(거의 이루다)'과 같다.(垂成, 猶欲成也.)

《구가집주두시》 조차공 주 이는 곽영예가 패하였던 일을 은미하게 말하여 그가 다시 공을 세우기를 격려한 것이다.(此微言英乂之敗, 而激其再立功也.)

37 妙譽(묘예)－ 좋은 명성. 期元宰(기원재)－ 재상을 기대하다. 재상이 될 것이라고 기대한다는 뜻이다. '원재'는 재상.

38 列卿(열경)－ 경. 이 구는 황제의 특별한 은총으로 이미 경의 반열에 올랐다는 뜻으로, 곽영예가 태복경을 겸임하고 있음을 두고 한 말이다.

《두공부초당시전》 그가 태복경을 겸하였음을 말한다.(言其兼太僕卿.)

39 節鉞(절월)－ 부절符節과 부월斧鉞. 황제가 출병하는 장수에게 주어서 군권을 맡긴다는 뜻을 보이는 것이다.

40 戮力(육력)－ 힘을 합하다. 掃欃槍(소참창)－ 병란의 기운을 쓸어버리다. 병란을 끝내다. '欃槍'은 혜성으로 병란을 상징하는 별이다.

《두시상주》에 인용된 《이아爾雅》 혜성이 참창이다.(彗星爲欃槍.)

《두시언해》 참창은 요사한 별이다. 도적을 쓸어 없애는 것을 말한다.(欃槍, 妖星也. 言掃除寇賊也.)

[幾時 2구] 곽영예가 농우에서 빨리 돌아와서 관군과 합류하여 반군을 토벌하기를 바라는 마음을 담고 있다.

#《두시상주》: 이 단락은 곽영예가 경사로 돌아오기를 바라는 것으로서

위 단락과 서로 이어진다. 적을 격파할 수 있는 형세가 곧 이루어질 것이니, 지금 잠시 농우에 머물더라도 끝내는 돌아와 큰 도적을 섬멸해야 함을 말한다.(此望郭回京, 與上段相承. 言破賊之勢, 指日可成, 今暫住隴右, 終當歸殲巨寇也.)

41 圭竇(규두) – 홀 모양으로 된 쪽문으로, 여기서는 빈한한 유자儒者의 집을 뜻한다. 《예기 · 유행儒行》에 보이는 '규유圭窬'와 같은 것이다. '蓬戶'로 된 판본도 있다. 三千士(삼천사) – 3천 명의 유사儒士. '삼천'은 공자의 제자가 3천 명이었다는 사실을 두고 한 말이다. 《장자 · 설검說劍》의 고사와 관련지어 '3천 명의 장사'로 풀이하는 설도 있으나 취하지 않는다.

《예기 · 유행儒行》 유자는 …… 대나무를 쪼개어 만든 문과 홀 모양의 쪽문이 있다.(儒有 …… 蓽門圭窬.)

42 雲梯(운제) – 성을 공격할 때 쓰는 기구. 공수반公輸般이 만들었다고 한다. 七十城(칠십성) – 역이기酈食其의 고사와 관련된다. 악의樂毅의 고사와 관련된다는 설도 있으나 옳지 않다.

《두시상주》에 인용된 《묵자》 초나라 장왕이 공수반으로 하여금 운제를 만들어 송나라를 치게 하였다.(莊王令公輸作雲梯以攻宋.)

《독두심해》에 인용된 《한서》 역이기가 전광에게 유세하여 수레 앞의 가로막이 나무에 기대어 제나라 70여 성을 함락하였다.(酈食其說田廣, 馮軾下齊七十餘城.)

[圭竇 2구]

《구가집주두시》 조차공 주 지금 '삼천사'라 한 것은 《장자》에 나오는 "문 옆에서 문객으로 있는 검사가 3천여 명이다."라는 이야기를 쓴 것이고, '칠십성'은 연나라의 악의가 제나라의 70여 성을 함락시켰던 일을 쓴 것이다.(今云三千士者, 使莊子劍士夾門而客三千餘人也. 七十城, 使燕樂毅下齊七十餘城.)

43 齊說客(제세객)– 역이기를 가리킨다.

44 祗(지)– 단지. '甘'으로 된 판본도 있다. 諸生(제생)– 유생. 전시戰時에 쓸모없는 사람을 뜻한다.

《두시상주》에 인용된 《한서》 숙손통이 말하기를 "신은 노나라의 유생을 불러서 함께 조정의 의례儀禮를 일으키고자 합니다."라고 하였다.(叔孫通曰, 臣願徵魯諸生, 共起朝儀.)

[圭竇 4구] '빈한한 선비가 3천 명이나 있지만 쓸모가 없고, 적을 물리치는 데에는 운제가 있어야 한다. 자기는 역이기처럼 병란을 극복하는 데에 도움을 주지 못하여 부끄러우니, 그 모습이 무능한 유생과 비슷할 뿐이다'라는 뜻이다. 이와 달리 "빈한한 장사일망정 아직도 3천 명이나 남아 있고 운제도 있는데, 자기는 역이기 같은 능력이 없고 무능한 유생에 불과하다."라고 풀이하는 설도 있으나 취하지 않는다.

《두공부시집집주》 '제세객'은 '칠십성'의 이야기를 거듭한 것이고, '노제생'은 '삼천사'의 이야기를 거듭한 것이다. 당시 반군이 여전히 장안을 점거하고 있었기에 역이기가 성을 함락한 일을 사용하였다.(齊說客, 申七十城, 魯諸生, 申三千士. 時賊尙據長安, 故用下城事.)

《구가집주두시》 조차공 주 대체로 "홀 모양의 쪽문에 사는 빈한한 장사가 아직도 3천 명이나 있고, 70성을 공략하는 데에 또한 운제와 같은 기구를 만들 사람이 있다. 그런데 나 같은 이는 유세객의 말솜씨도 없이 단지 유생의 일만 할 뿐이다."라는 뜻이니, 그가 전쟁에 도움이 되지 못함을 자책한 것이다.(蓋謂以圭竇之貧士, 尙有三千, 而下七十城, 亦有爲雲梯之具者, 如我曾無說客之談, 特爲諸生之事而已. 蓋自責其無補于戰也.)

45 通籍(통적)– 문적門籍을 통하다. 성명과 나이 등을 문적에 기록하는 일을 말한다. 그렇게 함으로써 궁전을 출입할 수 있다. 微班忝(미반첨)– 미천한 반열을 더럽히다. 두보가 좌습유가 된 사실을 말한다.

《두시언해》 두보가 문적을 통하여 습유가 되었음을 말한다.(言甫通門籍而爲拾遺也.)

46 周行(주항) – 조정의 벼슬자리를 뜻한다. 獨坐榮(독좌영) – 후한 선병의 고사를 빌린 것으로, 곽영예가 황제에게 총애를 받고 있음을 뜻한다. '독좌'는 어사중승의 별칭이기도 하다.

《두시상주》 〈권이卷耳〉 '치피주항寘彼周行'의 《시전》에서 "'주항'은 주나라의 벼슬자리이다."라고 하였다. 양나라 무제의 조서에서 "장차 벼슬자리에 앉혀, 푸른색과 자주색으로 꾸밀 것이다."라고 하였다. 《후한서》에서 "선병이 어사중승에 배수되었는데, 광무제가 특별히 조칙을 내려 어사중승은 사례교위, 상서령과 아울러 자리를 오로지하여 앉게 하였다. 그래서 경사에서 '삼독좌'라고 불렀다."라고 하였다.(詩箋, 周行, 周之列位也. 梁武帝詔, 方當寘諸周行, 飾以靑紫. 後漢書, 宣秉拜御史中丞, 光武特詔, 御史中丞與司隸校尉尙書令, 並專席而坐, 京師號三獨坐.)

47 隨肩(수견) – 남의 어깨 뒤를 따르다. 다른 관원들을 따라서 조정에 출입한 것을 뜻한다. 趨漏刻(추루각) – 시간에 맞추어서 조회에 참석하는 것을 뜻한다.

48 短髮(단발) – 늙어서 머리가 짧아진 것을 뜻한다. 寄簪纓(기잠영) – 벼슬길에 몸을 기탁하다. '잠영'은 관에 꽂는 비녀와 관의 끈으로 벼슬자리를 뜻한다. '寄'가 '媿'로 된 판본도 있다.

49 徑(경) – 곧장. 劉表(유표) – 후한의 형주자사를 지낸 사람. 왕찬이 그에게 의지한 적이 있다. 왕찬은 두보 자신을, 유표는 곽영예를 비유한다.

《두시경전》에 인용된 《삼국지 · 위지》 왕찬은 자가 중선이다. 서경이 어지럽자 이에 형주에 가서 유표에게 의지하였다.(王粲, 字仲宣, 以西京擾亂, 乃之荊州, 依劉表.)

50 還疑(환의)－ 또 의심하다. '能無'로 된 판본도 있다. 禰衡(예형)－ 후한 사람. 재주가 있었지만 성격이 강직하고 오만하였다. 조조曹操를 모욕하여 그의 미움을 사서 유표에게 보내졌다. 그가 유표를 다시 모욕하자 이를 치욕스럽게 생각한 유표가 고의로 성질이 급한 황조黃祖에게 그를 보내어, 그는 결국 황조에게 살해되었다.

[徑欲 2구] 곽영예에게 의지하고 싶지만 받아들여지지 않을 것을 걱정한다는 뜻이다. 이 두 구에 은미한 풍자의 뜻이 있는 것으로 보기도 한다.

51 那(나)－ 어찌. 어떻게.

52 忍淚(인루) 구－ 눈물을 참고 이별의 아쉬운 마음을 품고 있을 뿐이라는 뜻이다.

#《두시상주》: 이 단락은 곽영예를 보내면서 사귐의 정을 서술한 것이다. 홀 모양의 쪽문에 사는 유생이 제나라를 함락시킨 유세객만 못하다고 하였는데, 이는 자기를 낮춘 말이다. 공이 습유에 제수되었기 때문에 '미반'이라 한 것이고, 곽 씨는 중승이기 때문에 '독좌'라고 한 것이다. '수견' 구와 '단발' 구는 늙어서 벼슬을 얻은 것을 탄식한 것이다. 《두억》에서 "'유표' 구와 '예형' 구의 말을 보니 곽 씨는 또한 의지할 만한 사람이 아니다. 뒤에 과연 그가 촉에 진주하였을 때에 최간에게 피살되었다."라고 하였다.(此送郭而敍交情也. 圭竇諸生, 不如下齊說客, 此自謙之詞. 公除拾遺, 故曰微班, 郭爲中丞, 故曰獨坐. 隨肩短髮, 歎年老得官. 杜臆, 觀劉表禰衡語, 則郭亦非可依者, 後果鎭蜀而爲崔旰所殺.)

53 狐狸(호리)－ 여우와 너구리.

54 空村(공촌)－ 사람이 살지 않는 마을. 虎豹(호표)－ 호랑이와 표범. 앞 구의 '호리'와 함께 안녹산의 반군, 또는 그들에게 붙어서 나쁜

짓을 하는 무리를 비유한다.

《두공부초당시전》 '공촌'은 사람이 없음을 말한다.(空村言無人.)

55 墜塗炭(추도탄) – 백성이 큰 고초를 겪는 것을 비유한다.

56 公豈(공기) 구 – 곽영예가 백성을 위하고 황제에게 충성할 것을 잊어서는 안 된다는 뜻이다.

《두시언해》 곽영예가 임금을 보필하는 정성을 잊지 않음을 말한다.(言英乂不忘補君之誠也.)

57 元帥(원수) – 숙종의 아들인 광평왕 이숙李俶을 말한다. 후에 대종代宗이 되었다. 당시에 천하병마대원수天下兵馬大元帥였다. 곽영예를 가리킨다는 설도 있으나 옳지 않다. 調新律(조신률) – 새로 군율을 정비하였다는 뜻이다. '律'이 '鼎'으로 된 판본도 있다.

《두시경전》 원수는 광평왕을 가리킨다.(元帥, 指廣平王.)

《독두심해》 바로 곽영예를 가리킨다.(卽指郭.)

《주역 · 사師》 군대를 내는 것은 군율로써 한다.(師出以律.)

58 前軍(전군) – 이사업의 군대를 가리킨다. '원수'를 곽영예로 보면 곽영예의 군대를 가리키는 것이 되는데, 이는 옳지 않다. 舊京(구경) – 장안을 가리킨다.

《구가집주두시》 조차공 주 전군은 이사업의 군대를 가리켜 말한 것이다. 당시 대종이 원수였고 곽자의가 부원수였고 이사업이 전군이었다. '신률'의 '율'은 군율의 '율'이다. '구경'은 장안을 가리켜 말한 것이다.(前軍, 指言李嗣業之軍. 時代宗爲元帥, 郭子儀副之, 而李嗣業爲前軍. 新律是師律之律, 舊京, 指言長安.)

59 扈從(호종) – 황제의 어가를 따르다.

60 莫作(막작) – '無使'로 된 판본도 있다. 이 구는 공명을 우선시하라는 뜻이다. 《두시언해》는 공명을 세우는 일에서 뒤처지지 말라는 뜻으

로 풀이하였다.

《두보전집교주》에 인용된 장원 주 '후공명' 구는 공명을 뒤의 것으로 여기지 말라는 뜻이다.(後功名, 莫以功名爲後也.)

《두공부초당시전》 공이 곽영예에게 공명을 세움에 있어서 뭇사람보다 뒤처지지 말라고 면려한 것이다.(公勉郭英乂立功名無後衆人也.)

#《두시상주》: 마지막 단락에서 회복하는 일을 곽영예에게 바라고 있다. 제3단과 서로 호응한다. '호리'와 '호표'는 당시 반군에게 붙어서 도적질하는 자를 가리킨다. 원수는 광평왕을 가리킨다. 전군은 이사업을 가리킨다. '호종' 구는 위의 '회절월'과 호응한다. '공명' 구는 위의 '소참창'과 호응한다.(終以恢復之事望諸郭卿, 與第三段相應. 狐狸虎豹, 指當時附賊爲盜者. 元帥指廣平王. 前軍指李嗣業. 扈從, 應上回節鉞. 功名, 應上掃欃槍.)

##《두억》: 이 시는 본래 곽 씨가 농우절도사로 부임하는 것을 전송하는 것이지만, 말한 뜻을 보면 나라 밖의 일은 가볍게 다루고 안의 일을 중히 다루고 있다.(此詩本送郭節度隴右, 而語意輕外而重內.)

《독두심해》: 이 시는 별도로 의견을 낸 시이다. 보통 전송할 때에는 보내기만 할 뿐인데, 이 시는 유독 그렇지 않다. 이때 황제가 봉상에 있었고 두 경사는 아직 수복되지 않았는데, 곽 씨가 도리어 서쪽 변경을 맡으라는 명을 받들게 되었다. 공은 시국을 살펴 헤아려보고 느긋하게 할 일은 변방 방비이고 급하게 할 일은 중원에 있다고 생각하였기에, 특별히 곽 씨가 가는 일을 빌려 그 이야기를 한 것이다. 그래서 머리 단락에서 중승이 진수鎭守하러 나가는 일을 가볍게 다 끝내고 넘어갔으니, 시제의 내용이 이미 완결되었다. 가운데 단락('연계' 구 이하)과 뒤 단락('규두' 구 이하)은 바로 마음속에서 건의하고자 한 것이다. 가운데의 긴 한 단락은 먼저 궁전이 점령당해 망가진 참담한 상황을 형용하여, 힘을 합쳐 설욕해야 하는 시각을 늦출 수 없음을 보였는데, 그의 새 공적을 드러냄으로써 돌아올 계획을 미리 축원하였다. '회절월'이라 하고 '소참창'이라고 말한 것은 종지를 갈파한 곳이다. 뒤쪽 긴 한 단락은 먼저 자신이 재주가 열등하고 관직이 미미하다고 겸손해하면서, 또한 시사에 주중注重하고 아울러 송별의 이야기를 곁들였는데, 이로써 경사를 수복하는 것이 내가 맡을 수 있는 일이 아니고 그대를 보내는 것이 나의 본의가 아니라는 사실을 보였다. 그리고 경읍이 파괴되어 망가진 것을 거듭 거론함으로써 그가 정성을 다하여 솔선하여 회복하도록 면려하였다. 이는 특별히 뜻을 두어 각성하고 분발하게 하는 법인데, 경솔하게 작법을 논의하는 자는 객이 주인의 자리를 시끄럽게 한다고 의아해하고, 억지로 사리를 이해하려는 자는 가운데 단락과 뒤 단락에 대해 여전히 송별시로 고착하여 보면서 해설하려고 하여서, 모두 뜻을 놓치게 되었다. 시상을 일으키는 곳에서 시제를 돌아보며 그 뜻에 맞추었다. '상책'이 언급된 두 구는 진수하러 나가는 이야기에서 이미 몰래 본지를 드러내었다. 농우를 진수하는 일을 말하면서 '유회혜'라고 하고, '거감경'이라 하고, '고래', '진정'이라 한 것은 대체로 그가 일을 만들고 공세우기를 좋아할 것을 경계한 것이니, 먼 지역을 안정시키는 도리를 깊이 터득한 말이다. 서쪽 변경에서 일을 줄이라는 뜻이 은연중에 이미 언외에 담겼으니, 중원의 일을 의당 급히 처리해야 된다는 뜻을 공교롭게 일으켜 내었다. '기원재'라 하고 '차열경'이라 한 것은 재상의 지위에 오를 것을 바야흐로 기대하면서 잠시 경의 반열로 그를 영광되게 한 것이다. '회절월'이라 한 것은 본래 그가 도성으로 돌아오기를 바란 것인데, 도리어 사신의 일을 받들어 나가는 일을 이미 조응照應하며 돌아보았다. '나차별'이라 한 것은 본래 그가 가는 것을 즐거워하지 않는다는 말이지만, 도리어 그 말을 빌려 이미 송별의 뜻을 말하였다. '원수'는 옛 주에서 광평왕을 가리킨다고 하였고 '전군'은 옛 주에서 이사업을 가리킨다고 하였다. 이는 〈희문관군이림적

경이십운喜聞官軍已臨賊境二十韻〉 시에서 유추한 것인데, 내 생각에 이 시에서는 세세하게 나누어 볼 필요가 없다. 곽 씨가 절도사 겸 중승이니, 바로 원수라고 불러도 된다. 공이 〈송종제아부하서판관送從弟亞赴河西判官〉 시에서 절도사 두홍점을 또한 '원수'라고 부른 것에서 이를 증명할 수 있다. 아마도 농우의 군율을 다스리고 나면 속히 군사를 이끌고 와서 옛 경사를 압박하라고 말한 것이리니, 바로 아래 구의 '안변잉호종'의 뜻인 것이다. '안변' 자를 붙여 십분 힘이 있고 요령이 있으면서, 여전히 시제의 뜻을 돌아보며 조응할 수 있다. (此係別出意見之詩. 尋常送行, 送之而已, 此獨不然. 是時帝在鳳翔, 兩京未復, 而郭乃奉西陲之命. 公審量時局, 以爲緩在邊備, 而急在中原. 特借送郭發之. 故首段, 將中丞出鎭之事, 輕輕了過, 題面已完矣. 中後, 乃是心中欲建之議. 中間一長段, 先形容宮寢淪陷之慘, 以見戮力雪恥之刻不可遲. 因表其新績, 而預祝歸圖. 云迴節鉞掃欃槍, 是喝破宗旨處也. 後幅一長段, 先自謙才劣官微, 亦注定時事, 兼帶送行, 以見收京非我能任, 送君非我本懷. 因申擧京邑之殘破, 勉其竭誠, 而率先恢復. 此加意振醒之法也. 輕議作法者, 疑其客喧主位. 强作解事者, 於中後仍黏定送行詩索解, 均失之矣. 起處顧題. 上策兩句, 已就出鎭上暗逗本旨. 其說鎭隴, 曰猶懷惠, 曰詎敢驚, 曰古來鎭靜, 蓋戒其生事喜功, 深得安遠之道. 而西陲省事, 隱然已在言外. 恰好跌起中原之宜急矣. 曰期元宰且列卿者, 方期登之上輔, 姑且榮以卿班也. 曰迴節鉞, 本欲其歸國也, 卻已照顧奉使. 曰那此別, 本不樂其去也, 卻已借點送行. 元帥, 舊指廣平王. 前軍, 舊指李嗣業. 此從官軍臨賊境詩推來也. 愚意此處不須支節. 郭以節度兼中丞, 即可稱元帥. 公送從弟亞詩, 稱節度杜鴻漸, 亦曰元帥, 可證. 蓋謂旣調隴右軍律, 速引軍士, 來壓舊京, 卽下句安邊仍扈從意耳. 着安邊字, 十分筋節, 仍能顧題也.)

(이영주)

56. 送楊六判官使西蕃

토번으로 사신 가는 양 판관을 전송하다

送遠秋風落[1] 西征海氣寒[2] 帝京氛祲滿[3] 人世別離難
絶域遙懷怒[4] 和親願結歡[5] 敕書憐贊普[6] 兵甲望長安[7]
宣命前程急[8] 惟良待士寬[9] 子雲淸自守[10] 今日起爲官[11]
垂涙方投筆[12] 傷時卽據鞍[13] 儒衣山鳥怪[14] 漢節野童看[15]
邊酒排金碗[16] 夷歌捧玉盤[17] 草肥蕃馬健[18] 雪重拂廬乾[19]
愼爾參籌畫[20] 從玆正羽翰[21] 歸來權可取[22] 九萬一朝摶[23]

멀리 전송하는데 가을바람 떨어지니
서쪽으로 가면 청해의 기운 차가울 것인데,
황제의 도성에 사악한 기운이 가득하니
인간 세상에 이별이 어렵습니다.

절역 멀리서 분노를 품고
화친하여 기쁨을 맺기를 원하기에,
칙서를 내려 찬보를 갸륵히 여기시니
병갑으로 장안을 바라봅니다.
천자의 명을 알리고자 앞길이 급하여
어진 관리가 선비를 후하게 대우하였으니,
양웅처럼 청정하게 스스로를 지키다가
오늘에야 일어나 벼슬을 하게 되었습니다.

눈물을 흘리다 바야흐로 붓을 던지고
시절을 아파하며 곧 말안장에 올라탔으니,
유자의 옷을 산새가 괴이하게 여기고
한나라의 부절을 시골 아이가 볼 것입니다.
금 술잔을 줄 세워 변방의 술을 채우고
옥 쟁반을 받들고 오랑캐 노래를 부를 것이며,
풀이 무성하여 토번의 말이 건장하고
눈이 무거워도 천막은 말라 있을 것입니다.

신중히 계획에 참여하시고
지금부터 날개를 가지런히 하십시오.
돌아와서 권세를 잡을 수 있을 것이니
구만 리 길을 하루아침에 날개 칠 것입니다.

이 시는 양 판관이 토번에 사신으로 나가는 것을 전송하면서 지은 시이다. 양 판관에 대해서는 상세하지 않은데, 당시 토번의 정사正使 남거천南巨川을 수행하였던 관리인 것 같다. '육六'은 친척 형제 간의 순서를 말하고, '판관判官'은 지방 절도사의 참모직이다. '서번西蕃'은 토번을 가리킨다. 이 시의 저작 시기는 지덕 2년 장안을 회복하기 전 가을로 추정된다.

《보주두시》 시에서 말하기를 "황제의 도성에 사악한 기운이 가득하다."라고 하였고, 또 "멀리 전송하는데 가을바람 떨어진다."라고 하였으니 지덕 2년 장안을 회복하기 전이다. 이해에 토번에서는 사신을 보내어 반군을 토벌하고 우호 관계를 맺을 것을 청하였다. 숙종은 급사중 남거천을 파견하여 방문에 답하게 하였다. 양 판관은 아마도 남거천을 보좌하여 수행하였던 사람이었을 것이다. 그러므로 "신중히 계획에 참여하라."라는 구가 있다.(詩云帝京氛祲滿, 又云送遠秋風落, 當是至德二載未復京師前. 是年吐蕃遣使, 請討賊且修好. 肅宗遣給事中南巨川往報聘, 楊其贊巨川以行者. 故有愼爾參籌畫之句.)

주 석

1 送遠(송원) – 멀리 가는 것을 전송하다. 秋風落(추풍락) – 가을바람이 높은 곳에서 불어 내려오는 것을 말한다. 혹은 가을바람에 산전조복이 조락하는 것으로 볼 수도 있다.

2 西征(서정) – 서쪽으로 가다. 토번 지방으로 가는 것을 말한다. 海氣寒(해기한) – 청해의 기운이 차갑다. 토번으로 가려면 청해를 거쳐야 한다.

《두시경전》 청해는 당의 선주에 있는데 토번으로 가려면 마땅히 청해를 거쳐야 한다.(靑海在唐鄯州, 往吐蕃當渡靑海.)

3 帝京(제경) – 수도. 氛祲(분침) – 사악한 기운. 상서롭지 못한 기운.

《보주두시》 왕수 주 '분침'이란 상서롭지 못한 기운이다. 오랑캐가 황제의 궁실을 어지럽힌 것을 말한다.(氛祲, 不祥之氣, 言胡虜汚染帝室.)

#《두시상주》: 첫 단락은 사신으로 나가는 양 판관을 전송하는 것을 서술하였다. '추풍' 구는 때를 기록한 것이고 '서정' 구는 장소를 기록한 것이다. '분침' 구는 세사를 느낀 것이고 '별리' 구는 사귀는 정을 생각한 것이다.(首敍送楊出使. 秋風, 記時. 西征, 記地, 氛祲, 感世事. 別離, 念交情.)

4 絶域(절역) – 멀리 떨어진 곳. 토번을 가리킨다. 遙懷怒(요회노) – 멀리서 노여움을 품다. 이 구는 멀리 떨어져 있는 토번이 반군에 대해 노여움을 품는 것을 말한다.

《구가집주두시》 절역은 토번을 가리켜 말한 것이다.(絶域, 指言吐蕃.)

5 願結歡(원결환) – 기쁨을 맺기를 원하다. 토번이 당과 화친을 맺기를 원한다는 뜻이다.

6 憐贊普(연찬보) – 찬보를 갸륵하게 여기다. 찬보는 토번의 임금을 가리킨다. 이 구는 조정이 토번의 정성을 갸륵하게 여기어 허락한다는 의미가 담겨 있다.

《두시상주》에 인용된 《당서》 토번에서는 속어로 강하고 영웅적인 사람을 '찬'이라 부르고 대장부를 '보'라고 부른다. 그러므로 임금을 '찬보'라고 부른다. 그 처는 '말몽'이라고 부른다.(吐蕃俗謂彊雄曰贊, 丈夫曰普, 故號君長曰贊普, 其妻曰末蒙.)

7 兵甲(병갑) – 병기와 갑옷. 군대를 뜻한다. 望長安(망장안) – 장안을 바라보다. 토번이 당나라 조정을 위해 장안 수복을 바란다는 뜻이다.

《두시언해》 '망장안'은 조정을 도와서 반군을 멸하고자 하는 것이다.(望長安, 欲助朝廷誅賊.)

[勅書 2구] 토번이 군대를 갖추어 장안을 수복하는 데 돕겠다는 것을 천자가 어여삐 여긴다는 말이다. 이와 달리 당나라 천자가 토번의 선의에 칙서를 내려 칭찬하고서 군대를 갖추어 장안을 바라보며 수복을 바란다고 풀이하는 설도 있다.

8 宣命(선명) – 천자의 명을 알리다. '命'은 '令'으로 된 판본도 있다.

9 惟良(유량) – 어질고 훌륭한 관리라는 뜻으로 원래 태수 등의 지방 장관을 가리키는 말이다. 여기서는 남거천을 가리키는 것으로 보이는

데, 그는 아마 지방 장관의 신분이었을 것이다. 이와 달리 양 판관을 추천한 다른 지방 장관을 가리키는 것으로 볼 수도 있다. 待士寬(대사관)— 선비를 대하는 것이 후하다. 여기서 선비는 양 판관을 가리킨다.

《두시상주》에 인용된 《두시박의杜詩博議》 《한서》에서 선제가 말하기를 "나와 더불어 다스리는 자는 아마도 이천석의 녹을 받는 현량일 것이다."라고 하였는데, 이 시에서 '유량'을 사용한 것은 여기에서 유래한다. 또한 형제를 '우어'라고 하고 자손을 '이궐'이라 하는 것과 같은 용례이다. 이가우가 다섯 번째 숙부이신 흡주자사를 송별하며 지은 시에 "신안강은 스스로 푸른데 밝은 군주는 어진 관리를 중시한다."라고 한 것에서 가히 증명할 수 있다. 이때 양 판관은 반드시 군수의 추천에 응하여 명을 받들어 토번으로 들어가게 되었을 것이다. 그러므로 "어진 관리가 선비를 후하게 대우한다."라고 말하였다.(漢書, 宣帝曰, 與我共理者, 其惟良二千石乎. 此詩用惟良本此, 亦友於貽厥之類. 李嘉佑送五叔守歙州詩, 新安江自綠, 明主重惟良, 可證. 時楊判官必膺郡守推薦, 銜命入蕃, 故曰, 惟良待士寬也.)

10 子雲(자운)— 양웅의 자字. 淸自守(청자수)— 청정하게 스스로를 지키다.

양웅 〈해조解嘲〉 서 애제 시기에 정명丁明, 부안傅晏, 동현董賢 등이 권력을 잡게 되자, 그들에게 붙은 여러 사람이 벼슬하여 관직이 이천석에 이르렀지만, 당시 나 양웅은 막 《태현太玄》을 지어 이로써 스스로를 지키며 담담하게 있었다.(哀帝時丁傅董賢用事, 諸附離之者起家至二千石. 時雄方草創太玄, 有以自守, 泊如也.)

《두공부시집집주》 《한서》에 말하기를 "양웅은 가계가 양후揚侯에서 나왔다."라고 하였는데, 그 글자는 '木' 자를 부수로 삼지 않는다. 살펴보건대 진晉나라의 양설사아羊舌食我가 양揚 지방에 식읍을 받았기에 양사아揚食我라고 하였다. 후에 그 식읍을 세 개의 현으로 나누고 평양이라고 하고 양씨楊氏라고 하였다. 그렇다면 '揚'과 '楊'

은 하나의 성씨에서 같이 나온 것이다. 그러므로 양수楊修는 '우리 집안의 자운'이라는 말을 하였다. 혹자는 여기서 양 판관을 전송하는데 자운의 고사를 사용하는 것은 합당하지 않다고 의심하였는데, 아마도 자세히 상고하지 못했을 것이다.(漢書言子雲系出揚侯, 其字不從木. 按, 晉羊舌氏食邑於揚, 曰揚食我. 後分其田爲三縣. 曰平陽, 曰楊氏, 則揚與楊同出一姓, 故楊修有吾家子雲之語. 或疑此送楊判官, 不合用子雲事, 蓋失考耳.)

11 今日(오늘)– '슈尹'으로 되어 있는 판본도 있다.

[子雲 2구] 양 판관이 양웅처럼 오랫동안 청정하게 스스로를 지키다가 이제야 관리가 되었다는 것을 말한다.

#《두시상주》: 이 단락은 사신으로 나가게 된 이유를 서술하고 있다. '절역' 2구는 토번이 안녹산을 토벌하기를 청한 것을 말하였고, '칙서' 2구는 조정이 그들이 군대를 도와주기를 바란 것을 말하였다. '선명'과 '유량'은 남거천이 정사가 된 것을 가리키고 '자운'과 '기관'은 양씨가 막부 판관이 된 것을 가리킨다.(此敍奉使之故. 絶域二句, 謂吐蕃請討祿山. 勅書二句, 謂朝廷望其助兵. 宣命惟良, 指巨川爲正使. 子雲起官, 指楊六爲幕判.)

12 垂淚(수루)– 눈물을 떨구다. 投筆(투필)– 붓을 던지다. 이 구는 양 판관이 시국의 위태로움을 느껴 눈물을 흘리면서 붓을 던지고 서역으로 나가게 되었다는 것을 말한다.

《후한서 · 반초전班超傳》 반초는 어머니와 같이 그(형 반고)를 따라 낙양에 이르렀다. 집안이 가난하여 늘 관에서 대필하는 일을 맡아 노모를 공양하였다. 오랫동안 수고스럽자 일찍이 일을 멈추고는 붓을 던지며 탄식하며 말하기를 "대장부가 다른 지략이 없으면 차라리 마땅히 부개자나 장건을 본받아 변방에 나아가 공을 세워 공후에 봉해져야 하는데 어찌 오랫동안 붓과 벼루 사이에서 일할 수 있겠는가?"라고 하였다. …… 후에 서역에서 공을 세워 정원후에 봉해졌다.(超與母, 隨至洛陽, 家貧, 常爲官傭書以供養, 久勞苦, 嘗輟業投筆, 嘆曰, 大丈夫無它志略, 猶當效傅介子張騫, 立功異域, 以取封侯, 安能久事筆硏間乎. …… 後立功西域, 封定遠侯.)

13 傷時(상시) – 시국을 아파하다. 據鞍(거안) – 말 안장에 올라타다. 《후한서 · 마원전馬援傳》 마원이 스스로 청하여 말하기를 "신은 아직도 갑옷을 입고 말에 오를 수 있습니다."라고 하였다. 황제가 시험을 하게 하였다. 마원은 안장 위에 올라타고 좌우를 둘러보아 가히 쓸 만함을 과시하였다.(援自請曰, 臣尙能被甲上馬. 帝令試之. 援據鞍顧眄, 以示可用.)

14 儒衣(유의) – 유생의 옷. 이 구는 사신으로 가는 도중에 산새가 양판관이 입은 옷을 이상하게 볼 것이라는 뜻이다. 유생이 된 것을 부끄러워한다는 설이 있으나 취하지 않는다.

《독두시설》 '유의' 구에 대한 구조오의 주에서는 《두억》을 인용하여 이 구는 (〈송채희로도위환롱우인기고삼십오서기送蔡希魯都尉還隴右因寄高三十五書記〉의) "장사는 선비가 되는 것을 부끄러워한다."라는 구와 같은 감개라고 하였다. 지금 살펴보건대 이 구는 토번의 새가 유생의 옷을 자주 보지 못하여 이상하게 여긴다는 것이지 결코 감개는 없다.(儒衣山鳥怪注引杜臆, 此句與壯士恥爲儒, 同一感慨. 今按此言蕃鳥不常見儒衣, 故怪, 並無感慨也.)

15 漢節(한절) – 한나라의 부절. 이 구는 사신으로 가는 도중에 이역의 아이들이 중국 사신의 부절을 신기하게 여겨 구경할 것이라는 뜻이다.

16 排金碗(배금완) – 금 술잔을 늘어놓다. '碗'은 '盞'으로 된 판본도 있다. 이 구는 늘어놓은 금 술잔에 변방의 술이 가득하다는 뜻이다.

17 捧玉盤(봉옥반) – 옥쟁반을 받들다. 이 구는 토번 사람들이 오랑캐

노래를 부르면서 옥쟁반 가득히 음식을 가져온다는 말이다.

18 肥(비) – '輕'으로 된 판본도 있다. 蕃馬(번마) – 토번의 말.

19 拂廬(불려) – 토번 사람들이 사는 천막을 가리킨다. 이 구는 눈이 많이 내려도 천막 안은 습기가 느껴지지 않는다는 말이다.

《두시상주》에 인용된 《당서》 토번의 찬보는 털 장막을 연결하여 거주하는데, '대불려'라고 부른다. 수백 사람을 수용할 수 있다. 부의 사람들은 소불려에 거처한다.(吐蕃贊普聯毳帳以居, 號大拂廬, 容數百人. 部人處小拂廬.)

#《두시상주》: 이 단락은 서쪽으로 떠나가는 정경과 일을 서술한 것이다. 위 4구는 가는 도중을 말한 것이고 아래 4구는 토번에 도착한 것을 말한다.(此敍西行景事. 上四言中途, 下四言至蕃.)

20 愼爾(신이) – 신중히. 參(참) – 참여하다. 籌畫(주획) – 계략. 여기서는 남거천의 계략을 말한다.

21 從玆(종자) – 지금으로부터. 正羽翰(정우한) – 날개를 바로잡다. 사신의 임무를 잘하라는 뜻이다. 또는 '正'을 '整'으로 풀이하여 날개를 가지런히 한다는 뜻으로 보는 설도 있다. 이럴 경우는 마지막 구절을 끌어내는 것으로서 멀리 날기 위해 준비하는 것을 말한다.

《두공부시집집주》 군사를 빌리는 것은 아름다운 일이 아니며, 또한 그가 번국藩國에게 절의를 굽힐까 두려워하여, 그래서 뒤에서 다시 '모의를 신중히 하라', '날개를 바로잡으라'라는 말로써 경계하였으니 중국의 위엄을 펴고 천자의 명을 욕되게 하지 않기를 바란 것이다. (借兵非美事, 又恐其屈節外藩, 故後復以愼謀畫, 正羽翰戒之, 欲其伸中國之威, 不辱君命也.)

《구가집주두시》 조차공 주 '정우한'은 마지막 구 "구만 리 길을 하루 아침에 날개 칠 것이다."를 끌어내는 것이다.(正羽翰, 所以引末句九萬一朝摶也.)

《독두시설》 '신이' 2구에 대한 구조오 주에서는 주학령의 설을 인용하여 "군사를 빌리는 것은 아름다운 일이 아니며 또한 번국에게 절의를 굽힐까 두려워하였다. 그래서 '신중히 계획하라', '날개를 가지런히 하라'라는 말로써 경계하였다."라고 하였다. 지금 살펴보건대 '正' 자는 마땅히 '整' 자이다. 〈견왕감병마사설근산유흑백이응라자구취경미능득왕이위모골유이타응공랍후춘생건비피난경핵사추지심묘불가견청여부시이수見王監兵馬使說近山有黑白二鷹羅者久取竟未能得王以爲毛骨有異他鷹恐臘後春生騫飛避暖勁翮思秋之甚眇不可見請余賦詩二首〉 시의 "날개를 가지런히 하여 바람을 치고 변방을 넘어간다."와 〈명瞑〉 시의 "베개를 바로 하다가 성검을 맞닥뜨리고 책을 정리하다가 옥금을 건드린다."의 두 '正' 자는 모두 '整' 자이다. 이 시의 아래에 말하기를 "돌아와서 권세를 삽을 수 있을 것이니 구만 리 길을 하루아침에 날개 칠 것이다."라고 하였으니 이 구는 바로 날개를 가지런히 하여 바람을 치고 난다는 뜻이다. 주학령의 설은 위 구는 옳으나 이 구에서는 '正' 자를 이해하지 못한 것 같다.(愼爾參籌畫, 正玆正羽翰, 注引朱說, 借兵非美事, 且恐屈節外藩, 故以愼謀畫, 正羽翰戒之. 今按, 正字當卽整. 王兵馬使說二鷹詩, 正翮摶風超紫塞, 瞑詩, 正枕當星劍, 收書動玉琴, 二正字, 皆整字也. 此詩下云, 歸來權可取, 九萬一朝摶, 則此句卽正翮摶風之意. 朱說上句當是, 此句似未理會正字.)

22 權可取(권가취) - 권세를 가히 얻을 수 있다. 임시방편으로 얻을 수 있다는 뜻으로 보는 설도 있고, 가히 취할 수 있는지 없는지를 헤아린다는 뜻으로 보는 설도 있으나 취하지 않는다.

《두시상주》 권세 있는 자리를 가히 얻을 수 있다는 말은 판관에서 마치지 않을 것이라는 말이다. 장연의 주에서 군사를 빌리는 일은 임시방편으로 우선 취해야 한다고 하였는데 잘못된 설이다.(權位可取, 言不終於判官. 張注謂借兵之擧, 權且取之, 乃曲說也.)

《두시경전》 그것이 쓸모가 있는지 없는지를 짐작한다는 것을 말한다.(謂斟酌其可用否也.)

23 九萬(구만)－ 구만 리 상공을 말한다. 一朝摶(일조단)－ 하루아침에 날개를 치다.

《장자》 대붕이 남쪽 바다로 옮겨갈 때 물을 쳐서 삼천 리나 튀게 하고 날개를 쳐서 회오리바람을 타고 오르는 것이 구만 리이다.(鵬之徙於南冥也, 水擊三千里, 摶扶搖而上者九萬里.)

#《두시상주》: 마지막 단락은 그가 성공하고 귀국하기를 권면한 것이다.(末勉其成功歸國.)

##《독두심해》: 처음 4구와 마지막 4구는 모두 양 씨를 전송하는 것에 대해서 썼고, 중간의 한 단락은 모두 양 씨가 사신으로 가는 것에 대해서 썼다. 양 판관이 남거천을 보좌하여 사신으로 나가는 것은 본래 도움을 빌리기 위하여 가는 것이니, 아름다운 일이 아니다. 두보는 그를 보내면서 곳곳에 고려함이 있다. 처음 4구는 면면이 모두 주도면밀하다. 경사에 사악한 기운이 있는데 사람은 이별하게 되었으니, 어쩔 수 없는 것이다. '요회노'는 토번 사람들이 반군에 대해 노여워할 줄 안다는 말이다. '연찬보'는 조정이 그 정성을 살피어 허락하였다는 말이다. 우리가 힘을 빌리고자 함이 아닌 듯이 하였으니 주장을 펼침에 체통을 갖추었다. 이는 사신으로 가도록 명한 까닭을 추론한 것이다. '선명' 4구는 양 판관이 사신의 직을 갖게 된 연유를 서술한 것이다. '수루'는 양 판관이 멀리 나가기를 꺼린다는 것을 말하는 것이 아니라 시국이 위태로움을 마음으로 느껴 마침내 눈물을 흘리면서 길에 나아가게 되었다는 것을 말한 것으로, 충성스런 마음과 과감한 기상을 두 구에서 쌍으로 드러내었다. '유의' 6구는 《두억》에서 일컬은바 "변경의 풍경을 잘 그려냈다."라는 것이다. 마지막 4구는 연이어 읽어야 비로소 이해할 수 있다. "그대는 조정의 명으로 사신이

되었으니 그대의 날개를 바로 하여 나라의 체통에 누가 됨이 없어야 할 것이고, 그대는 사리를 자세히 살펴서 속히 돌아와 보고를 해야 한다. 이 거사가 가능한지 아닌지를 헤아려 오래 걸리지 않도록 할 것이다."라고 말한 것이다. '권가부'라고 말하지 않고 '권가취'라고 말한 것은 완곡한 말이다. 이번 길은 본래 그것을 취하려고 한 것인데 공은 오히려 마땅히 헤아려야 한다고 말하였으니, 필법이 삼엄하다. 장연의 주에서는 '임시방편으로 우선'이라고 풀이하였는데 유치함에 빠져버린 것이고, 구조오의 주에서는 '권세 있는 자리'로 풀이하였는데 가히 우스갯소리를 엮은 책인 《소림》에 들어갈 만하다.(起四結四, 俱就送楊邊着筆. 中一片, 俱就楊奉使邊着筆. 楊之副巨川出使, 本爲借助而行, 非美事也. 公送之, 處處有分寸. 起四, 面面皆到. 京有氛而人乃別, 不得已也. 遙懷怒, 謂蕃人知怒賊寇. 憐贊普, 謂朝廷鑒其誠而許之, 若非我欲借力者, 立言有體. 此推命使之故. 宣命四句, 敍楊承使之由. 垂淚, 非言楊憚遠行, 言其衷激時危, 遂爾涕洟就道. 忠心敢氣, 兩言雙表. 儒衣六句, 杜臆所謂善摹邊景者也. 結四, 連讀方得解. 言爾爲天朝命使, 其正爾羽翰, 無褻國體乎. 爾其細審機宜, 速歸報命. 權此擧之可取與否, 無久淹也. 不曰權可否, 而曰權可取, 婉詞也. 此行本欲取之, 公則謂尙該商量. 筆法森然. 張注解作權且, 則失之稚. 仇注解作權位, 可入笑林矣.)

(박석 · 최석원)

57. 哭長孫侍御

장손 시어를 애도하다

道爲詩書重[1]　名因賦頌雄[2]　禮闈曾擢桂[3]　憲府屢乘驄[4]
流水生涯盡[5]　浮雲世事空　惟餘舊臺柏[6]　蕭瑟九原中[7]

시서 때문에 도는 무게를 더하고
부송으로 인하여 명성을 떨쳤는데,
예부 과장科場에서 일찍이 으뜸으로 발탁되어
헌부에서 자주 총마驄馬를 탔었다.
흐르는 물 같은 생애 다하고
뜬구름 같은 세상사 공허한데,
오직 옛 어사대 측백나무만이 남아
구원 가운데 쓸쓸하다.

이 시는 장손 시어를 애도하여 지은 것이다. 두송杜誦의 작품으로 보기도 한다. 황학은 장손 시어를 두보의 다른 시 〈송장손구시어부무위판관送長孫九侍御赴武威判官〉에 나오는 장손구 시어와 동일 인물로 간주하고 저작 시기를 지덕 2년으로 보았는데, 구조오는 장손 시어와 장손구 시어를 다른 인물로 보고 있다. '장손 시어'가 누구인지에 대하여는 자세히 알 수가 없다. '장손'은 복성이며 '시어'는 관명으로 당대에는 전중시어사殿中侍御史와 감찰어사監察御史를 시어라고 불렀다.

《보주두시》 지덕 2년에 지었다.(至德二載作.)

《두시경전》 곽지달과 황학의 판본에 보인다. 《중흥간기집》에는 두송의 작으로 실려 있다.(見郭知達黃鶴本. 中興間氣集載杜誦作.)

《두시상주》 황학의 주에 "공의 〈송장손구시어부무위판관〉시에서는 그를 '시류'라고 부르고 있으니 이것과 뜻이 부합된다. 아마도 그가 아직 임소任所에 이르기 전에 죽은 것일 것이니 마땅히 지덕 2년에 지은 것이다."라고 하였다. 지금 살펴보건대 이 시는 난리 중의 말을 언급하지 않았으니 아마도 장손구 시어는 아닐 것이다.(鶴注, 公有送長孫九侍御赴武威判官詩, 稱其爲詩流, 與此合意, 豈其未到官而死耶, 當是至德二載作. 今按, 此詩不及亂離中語, 恐非長孫九侍御也.)

이백 〈증위시어황상贈韋侍御黃裳〉시의 왕기王琦 주에서 인용한 《인화록因話錄》 어사대는 삼원이다. 첫째는 대원으로 그 관료는 시어사라고 하는데 사람들은 단공이라고 불렀고, 둘째는 전원으로 그 관료는 전중시어사라고 하는데 사람들은 시어라고 불렀으며, 셋째는 찰원으로 그 관료는 감찰어사라고 하는데 사람들은 역시 시어라고 불렀다.(御史臺三院, 一曰臺院, 其僚曰侍御史, 衆呼爲端公, 二曰殿院, 其僚曰殿中侍御史, 衆呼爲侍御, 三曰察院, 其僚曰監察御史, 衆呼亦曰侍御.)

주 석

1 詩書(시서) – 《시경》과 《서경》. 유가경전을 의미한다. '詩'는 '諜' 또는 '諫'으로 된 판본도 있다.

2 賦頌(부송) – 부와 송. '賦'는 '雅'로 된 판본도 있다.

[道爲 2구] 장손 시어의 내면적 충실과 외적 명성이 일치함을 말하고 있다. 즉 장손 시어가 안으로는 학문적 바탕이 충실하고, 밖으로는

뛰어난 문학적 재능을 발휘하여 당시에 명성이 자자하였다는 말이다.

3 禮闈(예위) – 상서성尙書省. 한대漢代 상서성은 건례문建禮門 안에 있었고 또한 궁궐의 쪽문인 금위禁闈에 가까웠으므로 '예위'라고 하였다. 여기서는 상서성 예부禮部에서 주관한 과거의 회시會試를 가리킨다. 擢桂(탁계) – 과거에 급제하다. '탁'은 발탁되다. '계'는 계수나무로 '계림일지桂林一枝'의 고사에서 연유한 것이다. 계림일지는 진晉나라 극선郤詵이 제출한 현량과賢良科 대책對策이 일등으로 뽑혔을 때 오히려 자신이 '계수나무 숲의 나뭇가지 하나와 같다'고 한 말에서 비롯된 성어로, 원래는 여러 인재 가운데의 하나에 불과하다는 겸사謙辭이었지만 후에는 과거 시험에서 출중한 실력을 발휘한 인재를 가리키는 말로 쓰였다.

《문선 · 임방任昉 · 왕문헌집서王文憲集序》 '出入禮闈'의 장선張銑 주 '예위'는 상서성이다.(禮闈, 尙書省也.)

《두시상주》에 인용된 고신顧宸 주 당 초기에는 고공랑이 진사를 시험했었는데 개원 말에 예부로 옮겨 춘관시랑(예부시랑)으로 하여금 그것을 주관하게 하였다.(唐初考功試進士. 開元末, 徙禮部以春官侍郎主之.)

《두공부초당시전》 예위는 예부에 설치하여 인재를 뽑은 곳이다. 진 극선이 현량과에 천거되어 대책이 일등으로 뽑혔는데, 무제가 동당에 모아놓고 전송하면서 극선에게 묻기를 "경은 자신에 대하여 어떠하다고 생각하는가?"라고 하였다. 극선이 대답하기를 "신의 대책이 천하의 제일은 되었지만 계수나무 숲의 나뭇가지 하나와 같을 뿐입니다."라고 하자 무제가 웃었다.(禮闈, 禮部所設以取士也. 晉郤詵舉賢良, 對策上第, 武帝於東堂會送, 問詵曰, 卿自以爲何如. 詵對曰, 臣對策爲天下第一, 猶桂林一枝. 帝笑.)

4 憲府(헌부) – 어사대御史臺. 屢(누) – 자주. '舊'로 된 판본도 있고 '近'으로 된 판본도 있다. 乘驄(승총) – 총마를 타다. '총'은 준마. 장손

씨가 시어가 되었음을 말한다.

《두시상주》 어사가 거처하는 관서를 한대에는 어사부라 하였고 또한 헌대라고도 하였다.(御史所居之署, 漢謂之御史府, 亦謂憲臺.)

《두억》 '구승총', '구대백'은 글자가 중첩될 뿐만 아니라 뜻도 역시 중첩된다. 다른 판본에 '누승총'이라고 되어 있는데 이를 따르는 것이 마땅하다.(舊乘驄, 舊臺柏, 不但字重而意亦重, 他本作屢乘驄, 當從之.)

《두공부초당시전》 후한 환전이 시어사에 배수되었는데 당시에는 환관이 권력을 잡고 있었다. 환전은 정사를 집행함에 회피하는 바가 없었으며 늘상 총마를 타고 다녔다. 경사에서는 그를 두려워하고 꺼려하였기 때문에 "길을 가다가 잠시 멈추어서서 총마어사를 피한다."라는 말이 생겼다.(後漢桓典拜侍御史, 時宦官秉權. 典執政無所回避, 常乘驄馬. 京師畏憚, 爲之語曰, 行行且止, 避驄馬御史.)

[禮闈 2구] 장손 시어가 우수한 성적으로 과거에 급제하고 어사대에서 시어로 일하였음을 말하고 있다.

5 生涯盡(생애진) – 수명이 다함을 뜻한다.

[流水 2구] 장손 시어의 죽음을 애도하고 있다.

《구가집주두시》 조차공 주 공자는 강가에서 "가는 것이 이와 같구나, 밤낮을 쉬지 않으니."라고 말하였다. 뜬 구름은 쉽게 흩어지는 것으로 공자는 일찍이 이것을 가지고 의롭지 못한 부귀에 비유하였다. 지금 세상사로 그것을 비유한 것은 그를 애도하려는 것이다.(子在川上曰, 逝者如斯夫, 不捨晝夜. 浮雲, 易散之物, 孔子嘗以比不義之富貴. 今以世事比之, 所以悼之也.)

6 舊臺柏(구대백) – 옛 어사대의 측백나무.

《한서 · 주박전朱博傳》 (주박의) 어사부御史府에는 측백나무가 줄지어 있어 항상 들 까마귀 수천 마리가 그 위에 둥지를 틀고 잤는데 새벽에 떠났다가 저녁에 돌아왔으므로 그것을 '조석오'라고 불렀다. (其府列柏樹, 常有野烏數千棲宿其上, 晨去暮來, 號曰朝夕烏.)

7 蕭瑟(소슬) – 나무에 바람이 불 때 나는 소리. 쓸쓸한 모양. '瑟'은 '颯'으로 된 판본도 있다. 九原(구원) – 경사京師에 있는 지명. 진晉나라 대부의 장지였다.

《두공부초당시전》 구원은 경사에 있다.(九原在京師.)

《두시언해》 구원은 진 대부의 장지이다. '소슬'은 바람 소리이다.(九原, 晉大夫之葬地. 蕭瑟, 風聲.)

《예기 · 단궁檀弓》 조문자가 숙예와 함께 구원을 바라보았다. 문자가 말하기를 "죽은 사람이 만약 살아날 수 있다면 나는 누구에게 의지할까?"라고 하였다.(趙文子與叔譽觀乎九原, 文子曰, 死者如可作也, 吾誰與歸.)

[惟餘 2구]

《구가집주두시》 조차공 주 지금의 시구는 지난날 어사부에 줄지어 있던 측백나무가 지금은 묘지에 심어져 있어 (바람 소리가) 쓸쓸하다는 것을 말하고 있다.(今詩句云, 往日御史府所列之柏樹, 今則在墓地種之而蕭瑟也.)

#《두시상주》: 위 4구는 생전의 이력이고 아래 4구는 사후의 만가이다. (上四, 生前履歷. 下四, 死後哀挽.)

《독두심해》: 저급하고 평이하여 두보의 작품 같지가 않다.(淺俗而平, 不類少陵.)

(**이석형**)

58. 奉贈嚴八閣老
엄 각로께 받들어 드리다

扈聖登黃閣[1] 明公獨妙年[2] 蛟龍得雲雨[3] 鵰鶚在秋天[4]
客禮容疏放[5] 官曹可接聯[6] 新詩句句好 應任老夫傳[7]

성군을 모시고 황각에 오른 이로
영명하신 공께서 홀로 젊으시니,
교룡이 구름과 비를 만나고
수리가 가을 하늘에 있는 셈입니다.
객을 예우하여 서툴고 방자함도 받아주시어
관청에서 만나 뵐 수 있게 되었는데,
새로 지은 시 구구절절 훌륭하시니
마땅히 노부가 전하도록 맡겨 주십시오.

이 시는 두보가 지덕 2년에 당시 급사중給事中을 맡고 있던 엄무嚴武에게 바친 것이다. 엄무가 젊은 나이에 뜻을 펼칠 수 있게 된 것과 그의 뛰어난 시재詩才를 찬미하고 있다. 제목에서의 '八'은 형제간의 순서이고, '閣老'는 급사중에 대한 존칭이다.

《보주두시》《구당서》에 의하면 엄무가 급사중으로 옮긴 것은 장안을 수복하기 전이다. 지금 '각로'라 한 것은 아마도 급사중이 문하성에 속해서일 것이다. 개원 원년에 황문성이라 하였고, 또 급사황문시랑이 있기에 시에서 "성군을 모시고 황각에 오른다."라고 한 것이다. 이 시는 지덕 2년에 지어졌다. 비록 엄무가 지덕 초에 방관에 의해 추천되긴 하였지만, 여러 관직을 거쳐 급사중으로 옮긴 것은 지덕 2년이었다. 그해에 두보 역시 습유였기에 또한 "관청에서 만나 뵐 수 있게 되었다."라고 한 것이다. 좌습유는 문하성에 속했다.(按舊史, 嚴武遷給事中, 在收長安之前. 今云閣老, 蓋給事中屬門下省. 唐開元元年, 曰黃門省, 又有給事黃門侍郎, 故詩云, 扈聖登黃閣. 此詩在至德二載作. 雖武至德初用房琯薦, 而累遷至給事中, 則在二載. 是年, 公亦爲拾遺, 故又曰, 官曹可接聯. 左拾遺屬門下省.)

《두시전주》 이조의 《국사보》에 "재상은 서로 당로라고 부르고 문하성과 중서성에서는 서로 각로라고 부른다."라고 하였고, 《자치통감》에 "왕애가 급사중인 정숙과 한차에게 '두 분 각로께서는 칙서를 봉할 필요 없습니다'라고 하였다."라는 기록이 있다. 이것이 당대 사람들이 급사중을 각로라고 부른 예이다.(李肇國史補, 宰相相呼爲堂老, 兩省相呼爲閣老. 通鑑, 王涯謂給事中鄭肅韓佽曰, 二閣老不用封勅. 此唐人稱給事中爲閣老也.)

주석

1 扈聖(호성) – 성군을 뒤따르다. 천자를 호종扈從하다. '扈從', '今日'로 되어 있는 판본도 있다. 黃閣(황각) – 재상의 집무실을 뜻하는 말로 여기서는 문하성을 가리킨다. 한편 '閣'은 '閤'으로 해야 옳다는 설이 있다.

《두시상주》 '호'는 뒤에서 따른다는 뜻이다.(扈, 後從也.)

《독두심해》 봉상에 있었기 때문에 '호성'이라고 하였다.(在鳳翔, 故曰扈聖.)

《두율계몽》 엄무도 또한 행재소로 나아가 관직을 제수받았고 천자를 호종하여 경사에 들어온 자이기에 '호성'이라고 하였다.(武亦赴行在授官扈從入京者, 故曰扈聖.)

《송서宋書 · 예지禮志》 붉은 대문을 활짝 여는 것은 천자의 정색이기 때문이다. 삼공은 천자와 예의 질서에 있어 다음가기에 그 누각을 누렇게 칠한다. 이로써 겸손하여 천자를 범하지 않음을 보여준다.(朱門洞啓, 當陽之正色. 三公之與天子, 禮秩相亞, 故黃其閣, 以示謙不敢斥天子.)

《보주두시》 《한구의》에 의하면 승상이 정사를 볼 때 그 건물을 황각이라 하였다. 그렇다면 급사중이 어떻게 '황각에 오른다'고 말할 수 있는가? 아마도 급사중은 문하성에 속하는데, 그 책임자는 시중이라 하고 중서령과 일을 함께 총괄하며 문하성의 일을 전적으로 처리하니 곧 재상이요, 급사는 문하성의 일을 분담하여 처리하는 일을 관장하기에 함께 황각에 오를 수 있었을 것이다.(漢舊儀, 丞相聽事, 閣曰黃閣, 然則給事中何以得云登黃閣. 蓋給事中屬門下省, 其長曰侍中, 與中書令參總, 而顓判省事, 卽宰相也. 給事掌分判省事, 故得同登黃閣.)

《두시상주》 주학령은 "《설문해자》에 의하면 '각閣'은 '합閤'과 다르다. '각'은 곁들여 지은 건물로 나무판으로 만드는데 또한 누관에 통용되는 명칭이다. '합'은 정문 옆에 내는 작은 지게문이다. 한나라 때에 공손홍이 동쪽 지게문을 열고 어진 인재들을 불러들였는데, 대개 정문을 피하고 동쪽으로 작은 문을 내어 손님들을 맞이함으로써 관리들과 구별하였던 것이다. 한나라 삼공의 황각에 대해서 주에 "감히 붉은 문을 환히 열지 않음으로써 임금과 구별하였기에 지게문을 누렇게 칠하였다."라는 말이 있다. 또 당나라 때의 문하성은 누런 색으로 문을 칠하고 '황합'이라 하였다."라고 하였다. 이 시에서의 '각' 자와 〈장부성도초당도중유작선기엄정공오수將赴成都草堂途中有作先寄嚴鄭公五首〉 시의 '생리지빙황각로'는 모두 '합'이라고 해야 한다. 두보가 잘못해서 '각' 자를 쓰면서 잘못된 글자가 계속되어 왔다.(朱注, 說文, 閣與閤異. 閣, 夾室也, 以板爲之, 亦樓觀通名. 閤, 門旁小戶也. 漢公孫弘開東閤以延賢人, 蓋避當門, 而東向開一小門, 引賓客, 以別於官屬也. 漢三公黃閤, 注, 不敢洞開朱門, 以別於人主, 故黃其閤. 又唐門下省以黃塗門, 謂黃閤. 此詩閣字, 與待嚴大夫詩, 生理止憑黃閣老, 皆當作閤. 杜公誤作閣字, 訛字相沿耳.)

2 明公(명공) – 명철하신 분. 명망과 지위가 있는 사람에 대한 존칭. 여기서는 엄무를 높여 부른 말이다. 妙年(묘년) – 젊은 나이.

《구가집주두시》 '묘년'은 젊은 나이다.(妙年, 少年也.)

《보주두시》《구당서》를 살펴보건대 엄무는 장안이 수복된 뒤 경조소윤 겸 어사중승이 되었을 때 나이가 35살(32살의 잘못)이었으니, 급사였을 때는 나이가 31살이었다. 어찌 젊은 나이가 아닌가?(按舊史, 武在收長安後, 爲京兆少尹兼御史中丞時, 年三十五, 則爲給事時, 年三十一也. 豈非妙年.)

3 蛟龍(교룡) – 용의 일종. 여기서는 엄무를 비유한다.

《두시상주》에 인용된 《삼국지 · 오지吳志》 주유가 상소문을 올려 "유비는 효웅梟雄의 자질로써 관우와 장비를 얻어 보좌관으로 삼았으니, 교룡이 비구름을 얻은 격이라 결국 연못 속의 이무기로 그칠 자가 아닙니다."라고 하였다.(周瑜上疏曰, 劉備以梟雄之資, 得關張爲之輔, 蛟龍得雲雨, 終非池中物.)

4 鵰鶚(조악) – 수리. 맹금류로, 여기서는 엄무를 비유한다.

《구가집주두시》 가을은 맹금이 사냥하는 때이다. "수리가 가을 하늘에 있다."라는 것은 때를 얻었다는 뜻이다.(秋天, 鷙鳥擊搏之時也. 鵰鶚在秋天, 得其時矣.)

[蛟龍 2구] 엄무가 좋은 때를 만나 마음껏 포부를 펼칠 수 있게 된 것을 비유한다.

《두시언해》 이는 엄무가 성군을 만나는 영광과 빨리 승진하는 즐거움을 얻은 것을 비유한다.(此喩嚴武得會遇之榮, 飛騰之快也.)

5 客禮(객례)－ 손님에 대한 예. 객을 대접하는 예절. 매우 정중하게 예우하는 것을 말한다. 疏放(소방)－ 서툴고 방자하다. 두보가 자신을 낮추어 한 말이다.

6 官曹(관조)－ 관청. 여기서는 문하성을 가리킨다. 혹은 관리, 벼슬아치라는 뜻으로 볼 수 있다. 可(가)－ '許'로 되어 있는 판본도 있다. 接聯(접련)－ 접촉하다. 만나다.

[客禮 2구] 엄무가 자신을 예우해 대면할 수 있게 된 것을 말한다.

《구가집주두시》 조차공 주 각로라면 높은 지위이다. 오직 그가 손님에 대한 예로써 두보를 대하여 그의 서툴고 방자함을 용납하였기에 비록 관리로서 지위가 낮지만 그를 만날 수 있었던 것이다.(閣老, 尊矣. 惟其以客禮待公, 而容其疏放, 故雖爲官曹而卑, 可接聯之.)

7 任(임)－ 맡기다. 老夫(노부)－ 늙은이. 두보 자신을 가리킨다.

《구가집주두시》 "마땅히 노부가 전하도록 맡겨달라."라는 것은 엄무의 좋은 시구를 전하고 싶다는 뜻으로, 만약 지기가 아니라면 어찌 이럴 수 있겠는가?(應任老夫傳, 則欲傳嚴公之好詩句, 自非知音, 何以至此.)

《두시상주》에 인용된 고신顧宸 주 엄무의 부친인 엄정지가 두보와 친하였기에 엄무를 젊은이라 부르면서 스스로 노부라고 한 것이다.(武父挺之, 與公友善, 故稱武爲妙年, 而自稱老夫.)

#《두시상주》: 앞의 4구는 엄무를 칭송한 것으로 그가 성군을 만나 때를 잘 탄 것을 칭찬하고 있다. 뒤의 4구는 감정을 서술한 것으로 그가 벼슬을 함께 하며 의기투합한 것을 기뻐하고 있다. 《곤학기문》에서 "급사중은 문하성에 속하는데 개원 때는 황문성이라 하였기에 황각이라고 한 것이다. 좌습유 역시 문하성의 속관이기에 '관청에서 만나 뵐 수 있게 되었다'라 한 것이다. 근세에 이 시를 써서 재상의 일을

말하는데, 잘못이다."라고 하였다.(上四頌嚴, 稱其遇主乘時. 下四敍情, 喜其同官相契. 困學紀聞, 給事中, 屬門下省, 開元曰黃門省, 故曰黃閣. 左拾遺亦東省之屬, 故曰官曹可接聯. 近世用此詩爲宰輔事, 誤.)

《독두심해》: 장소, 관직, 시절, 연배, 재주 등 색색이 다 표현되어 있다.(地方官職時序輩行才藻, 色色俱到.)

(**김만원·강민호**)

59. 月
달

天上秋期近[1]　人間月影清[2]　入河蟾不沒[3]　擣藥兎長生[4]
只益丹心苦[5]　能添白髮明[6]　干戈知滿地[7]　休照國西營[8]

천상에 칠석이 가까워서
인간 세상에 달빛이 맑으니,
은하수에 들어가도 두꺼비는 물에 빠지지 않고
약을 찧어 토끼는 오래 사네.
단지 붉은 마음의 고통을 더하고
흰 머리칼의 밝음을 더해줄 뿐인데,
방패와 창이 온 땅에 가득한 것을 알지니
경사 서쪽의 군영을 비추지는 마라.

이 시는 칠석이 가까운 밤에 달을 보면서 느낀 감회를 적은 것이다. 저작 시기는 지덕 2년 7월로 보인다. 환한 달을 보면서 노쇠한 몸으로 전란을 애달파하는 근심을 표현하였다. 그 이면에 숙종의 조정에 대한 염려가 비유적으로 표현되어 있다고 보는 설도 있다.

《보주두시》 시에서 "방패와 창이 온 땅에 가득한 것을 알지니 경사 서쪽의 군영을 비추지는 마라."라고 했으니 지덕 2년에 지은 것이 분명하다.(詩云, 干戈知滿地, 休照國西營, 當在至德二載作.)
《두시상주》 이 작품은 지덕 2년 7월에 지은 것이 분명하다. 그래서

'추기근'이라고 한 것이다. 이때 관군은 아직 부풍에 있었으며, 윤8월 23일에 이르러서 비로소 곽자의에게 장안을 수복하라고 명하였다. '국서영'은 부풍의 군사를 가리킨다. 부풍은 장안의 서북쪽에 있다.(此當是至德二載七月作, 故云秋期近. 是時官軍尙在扶風, 至閏八月二十三日, 始命郭子儀收長安. 國西營, 指扶風軍士. 扶風, 在長安西北也.)

주 석

1 秋期(추기) – 가을에 만날 기약. 견우과 직녀가 만나는 칠석七夕을 뜻한다.

2 人間(인간) – 인간 세상. 月影(월영) – 달빛.

3 入河(입하) – 은하수에 들어가다. 蟾不沒(섬불몰) – 두꺼비가 물에 빠지지 않는다. 두꺼비는 달을 상징한다. 이 구는 달이 은하수가 흐르는 밤하늘을 지나가며 여전히 밝게 비친다는 말이다.

《두시상주》에 인용된 장형張衡의 〈영헌서靈憲序〉 항아가 달에 몸을 맡겼는데 두꺼비가 되었다.(嫦娥託身於月, 是爲蟾蜍.)

유견오庾肩吾의 〈망월望月〉 은하수를 건너도 빛이 젖지 않네.(渡河光不濕.)

4 搗藥(도약) – 약을 찧다. 이 구는 불사약을 만드는 토끼가 달에 살고 있다는 전설을 가지고 달이 옛부터 지금까지 변함없이 밝게 비치는 것을 말한 것으로 보인다.

《두시상주》에 인용된 부현傅玄의 〈의천문擬天問〉 달에는 무엇이 있는가? 흰 토끼가 약을 찧고 있다.(月中何有, 白兎搗藥.)

[入河 2구] 달이 오래도록 떠서 밝게 비춘다는 말이다. 이와 달리 임금의 총애를 받는 소인의 모습을 비유적으로 표현한 것이라는 설도 있다.

5 益丹心苦(익단심고) — 충성스런 마음의 고통을 더해주다. 이 구는 밝은 달을 보니 나라를 걱정하는 마음이 더욱 괴로워진다는 말이다.

6 添白髮明(첨백발명) — 백발의 밝음을 더해주다. 이 구는 밝은 달을 보니 근심이 깊어져 이미 백발이 난 머리에 흰 머리카락이 더 많아지게 된다는 말이다.

《두억》 백발에 밝음을 더해준다는 것은 근심으로 흰 머리가 더해진다는 말이다.(白髮增明, 謂以憂加白.)

7 干戈(간과) — 방패와 창. 전쟁을 뜻한다. 知滿地(지만지) — 땅에 가득함을 안다. '知'의 주체는 달이다. 땅에 전쟁이 한창이라는 것을 달이 안다는 말이다. '地'는 '道'로 된 판본도 있다.

8 休照(휴조) — 비추지 말라. 國西營(국서영) — 국도의 서쪽에 있는 군영. 여기서는 장안의 서북쪽에 있는 부풍에 진을 치고 있는 관군을 가리킨다. '國西'를 적군이 진을 치고 있는 곳으로 보는 설도 있으나 취하지 않는다. 이 구는 두보 자신이 밝은 달을 보고서 마음이 더욱 상해졌듯이 집을 떠나 군대에서 고생하고 있는 병사들이 밝은 달을 보고 더욱 괴로워하게 될 것이니 차라리 그들이 있는 군영을 비추지 말아 달라는 뜻이다.

《구가집주두시》 당시 관군은 장안 서쪽에 주둔하고 있었다. '비추지 말라'라고 한 것은 원정 나온 병사들이 달을 보고 괴로워할 것이기 때문이다.(時官軍營於國西, 休照, 爲征夫見月而有感也.)

《구가집주두시》 조차공 주 이해 윤8월에 비로소 광평왕을 원수로 삼아서 장안을 수복하였으니 윤8월 이전에 장안 서쪽에 병사들이 주둔하던 곳이 없을 수가 없었을 것이다.(蓋是年閏八月, 方以廣平王爲元帥, 收復長安, 則閏八月以前, 長安以西, 不能無兵屯處矣.)

《두보전집교주》에 인용된 고신顧宸 주 공의 뜻은 아마도 이런 말일 것이다. 안녹산의 악행은 천지가 포용할 만한 것이 아니고 일월이 비춰줄 만한 것이 아니기에 지금 달을 보고 탄식하며 말하기를 "달빛이 이처럼 맑아서 비록 온 땅을 두루 비출 수 있지만 국도 서쪽의 적 진영은 비추지 말아야 할 것이다."라고 하였다.(公意蓋謂祿山之惡, 天地所不容覆載, 日月所不容照臨. 故今見月而歎曰, 月影之淸如此, 雖滿地徧照, 休照國西之賊營可也.)

#《두시상주》: 위 4구는 달빛 속의 경치이고 아래 4구는 달빛 아래의 심사이다. '두꺼비'와 '토끼'는 '월영'을 이어받아 아래 하반부의 뜻을 긴밀하게 끌어내고 있는데, 달빛이 항상 이처럼 밝다고 한 것은 달빛이 자기를 비추고 또 남을 비추어 모두 근심스럽게 할까 걱정한 것일 뿐이다. 3, 4구는 두꺼비와 토끼를 빌려서 내용을 꾸민 것이니 별도로 의론을 만들 필요가 없다.(上四, 月中之景, 下四, 月下之懷. 蟾兎, 承月影來, 緊注下半截意, 言月色常明如此, 恐照己照人, 各惹愁恨耳. 三四借蟾兎點染, 不必別生議論.)

《두억》: 공이 무릇 한 가지 사물을 단독으로 읊은 것에는 반드시 비유하는 바가 있다. 이 시는 숙종을 위해 지은 것이다. 천운이 비로소 돌아와 새로운 임금이 등극하게 되니 장차 태평성세에 대한 기대가 있게 되었다. 이것이 가을이 다가오니 달빛이 밝다는 것이다. 그러나 측근에서 총애를 받는 이가 이미 황제를 미혹시키고 있으니, 양귀비가 방금 없어졌다가 다시 장량제(숙종의 황후)가 있게 되었다. 이것이 은하수에 들어가도 두꺼비는 물에 빠지지 않는다는 것이다. 이임보, 양국충이 앞서 권락을 농락하더니 이보국과 어조은이 또 뒤에서 계승하였다. 이것이 약을 찧는 토끼가 오래 산다는 것이다. 그래서 그저 충성스러운 마음에 고통이 더해지는 것이며, 헛되이 훤한 백발이 늘어간다는 것이다. 지금 전쟁이 온 땅을 채우고 있고 달은 마땅히 비추지 않는 곳이 없지만, 장안 서쪽의 진영을 비추지 않을 수 있다는 것은 이 진영의 군사들이 곧 난리를 평정하여 근심을 없애 줄 수 있기 때문이다. 당시 관군은 장안의 서쪽에 주둔하고 있었고 어조은이 관군용사가 되었는데, 이광필과 곽자의 등이 육십만 병사를 이끌고 가서 상주에서 궤멸당한 일은 이때쯤이었을 것이다. 공은 아마도 이 일을 깊이 염려한 것이리라.(公凡單詠一物, 必有所比. 此詩爲肅宗作. 天運初回, 新君登極, 將有太平之望, 秋期近而月影淸也. 然孽倖已爲熒惑, 貴妃方敗, 復有良娣, 入河而蟾不沒也. 林甫國忠弄權於前, 輔國朝恩又繼于後, 搗藥之兎長生也. 所以只益丹心之苦, 徒增白髮之明. 今干戈滿地, 月當無所不照, 休得止照國西之營, 謂此營士便能戡亂而可以無憂也. 時官軍營於長安之西, 魚朝恩爲觀軍容使, 而李郭等以六十萬兵潰于相州, 當在此時, 公蓋有深慮焉.)

《두시상주》에 인용된 장연 주: 두꺼비와 토끼는 가까이에서 임금이 총애를 받는 소인을 비유한다. 은하수에 들어가도 빠지지 않는다는 것은 임금의 곁을 떠나지 않는다는 것이고 약을 찧어서 오래 산다는 것은 몰래 나라의 권세를 훔치고 있다는 것이다. 붉은 마음에 고통을 더한다는 것은 고할 길이 없다는 것이고 백발에 밝음을 더한다는 것은 근심이 늙게 만든다는 것이다. 그래서 마지막에서 군대의 진영을 비추지 말라고 했으니 그 근심을 더욱 촉발할 것을 두려워한 것이다. 당시 반군의 기세가 이처럼 핍박해 오는데도 임금의 총애를 받는 신하들은 여전히 권력을 행사하고 있었으니 어느 때나 깨끗한 세상을 볼 수 있었겠는가.(蟾兎以比近習小人. 入河不沒, 不離君側也. 搗藥長生, 潛竊國柄也. 丹心益苦, 無路以告也. 白髮添明, 憂思致老也. 故結言休照軍營, 恐愈觸其憂耳. 當時寇勢侵逼如此, 而近習猶然用事, 何時得見淸平耶.)

《독두심해》: 달을 대하고 당시의 일을 가슴 아파한 것이다. 지덕 2년 윤8월 비로소 경사를 수복하라는 명이 있었는데, 당시에는 아직 이러한 일이 없었기에 이를 가슴 아파한 것이다. 이 시에서 달을 읊은 것은 모두 맑고 환하다는 것에서 뜻을 드러내었으며 말의 기세가 곧장 아래로 쏟아져 내려간다. 달은 본래 밝고자 하는 것인데, 여기서는 황제의 자리가 오랫동안 외진 곳에 있기에 그것을 나무란 것이다. 다음과 같은 내용이다. 달은 유독 어찌하여 사라지지 않고 오랫동안 떠오르는가? 다만 내게 슬픔을 더해주고 내게 늙음을 더해줄 뿐인데. 이렇게 비출 수 있으니 적의 칼끝이 땅에 가득하다는 것을 어찌 모르겠는가? 응당 이 편벽한 곳에 있는 임금의 군영을 비추지 말아야 할 터인데, 어찌하여 이처럼 맑고 환한가? 7, 8구에 이르러서야 뜻을 드러내었는데, 묘하게도 '지' 자 한 자를 써서 달에 붙여 말하였으니 시의 맛이 있다.(對月而傷時事也. 二載閏八月, 始有收京之命, 時尙未有此擧, 故傷之也. 此詩詠月, 全從淸皎上出意, 口氣直滾下. 月本欲其明者, 此則因帝座久偏而怪之. 曰, 月獨何爲不沒也, 長生也. 祇益我悲而添我老也. 能照如此, 則賊鋒滿地, 豈不知之, 宜無照此偏處之御營矣. 奚而淸皎若是. 趕至七八, 露意, 妙下一知字, 貼月說, 有味.)

(김성곤 · 임도현)

60. 留別賈嚴二閣老兩院補闕得雲字

가지, 엄무 두 분 각로와 두 관서의 보궐을 떠나가며 운자로 '운' 자를 얻다

田園須暫往[1]　戎馬惜離群[2]　去遠留詩別[3]　愁多任酒醺[4]
一秋常苦雨[5]　今日始無雲[6]　山路時吹角[7]　那堪處處聞[8]

시골에 잠시 가야 해서
전쟁 중에 무리를 떠남이 안타깝습니다.
가는 곳이 멀어 시를 남겨 헤어짐에
시름 많아 술에 맡겨 취합니다.
온 가을 내내 비에 고생하다가
오늘에야 비로소 구름 걷혔는데,
산길에서 이따금 호각 불 것이니
곳곳에서 들리는 걸 어찌 견딜 수 있겠습니까?

이 시는 지덕 2년 8월에 황제로부터 허락을 받아 부주鄜州에 머물고 있던 가족들을 만나러 갈 때 중서사인中書舍人 가지賈至와 급사중給事中 엄무嚴武 및 두 관서의 보궐과 헤어지면서 지은 것이다. '유별留別'이란 떠나는 사람이 남아 있는 사람에게 시문詩文을 지어 주고 작별하는 것을 말한다. '각로閣老'는 사인 가운데 경력이 오래된 사람을 일컫는 말이다. 시제의 '兩院補闕得雲字'가 '兩院遺補諸公得聞字'로 된 판본도 있다. 《두시언해》에서는 보궐을 잠참쏙參이라 하였다. '득운자'는 시에 사용할 운자로 '운' 자를 얻게 되었다는 뜻이다. '양원兩院'은 문하성門下省과 중서성中書省을 가리킨다.

《보주두시》 《구당서 · 백관지》에 "수공 2년 좌우 보궐 두 관원을 두어 공봉과 풍간을 담당하게 하였다."라고 하였다. 두보의 지덕 2년 6월 12일 〈잠참을 추천하는 글〉에 의하면, (당시) 좌보궐은 위소유와 배천이었으며, 가지는 중서사인, 엄무는 급사중이었다. 이 시는 이해 가을 부주로 식구들을 살피러 갔을 때 지은 것이다. (唐志, 垂拱二年, 置左右補闕二員, 掌供奉諷諫. 按公至德二載六月十二日, 薦岑參狀, 左補闕乃韋少遊裴薦, 而賈爲中書舍人, 嚴爲給事中. 此詩乃是年秋往鄜州省家時作.)

《신당서 · 두보전》 두보의 가족들은 부주에 머물고 있었는데 해가 다하도록 가난으로 고생하여 어린 자식들이 아사하는 지경에 이르자, 두보가 몸소 가서 보도록 황제가 조칙을 내려 허락하였다.(甫家寓鄜, 彌年艱窶, 孺弱至餓死, 詔許甫自往視.)

《두공부시집집주》 당시 가지는 중서사인이었고 엄무는 급사중이었다. '양원'은 습유와 보궐을 이르니 ('보궐'을) '유보'로 하는 것이 옳다.(時賈至爲中書舍人, 嚴武爲給事中. 兩院, 謂拾遺補闕也, 作遺補是.)

《국사보國史補》 재상들은 서로 호칭하기를 '원로' 혹은 '당로'라 하고, 문하성과 중서성 사람들은 서로 호칭하기를 '각로'라 한다. (宰相相呼爲元老, 或曰堂老, 兩省相呼爲閣老.)

《신당서 · 양관전楊綰傳》 사인 가운데 경력이 오래된 자를 일컬어 '각로'라 한다.(舍人年深者謂之閣老.)

주 석

1 田園(전원)－ 시골. 여기서는 부주를 가리킨다. 往(왕)－ 가다, 가족들

을 만나러 가다. '住'로 된 판본도 있다.

《두공부초당시전》 두보가 그 가족들을 보러 가는 것을 말한 것이다.(謂往省其家也.)

2 戎馬(융마)– 전쟁을 가리킨다.

《두공부초당시전》 이별의 아쉬움을 말한 것이다.(謂惜別也.)

3 去遠(거원)– 가는 곳이 멀다. 留詩別(유시별)– 시를 남겨 작별하다. 시를 지어 남아 있는 사람들과 작별하다.

4 任酒醺(임주훈)– 술에 맡기어 취하다.

5 一秋(일추)– 가을 내내. 苦雨(고우)– 비에 괴로워하다. 비가 오래 내렸음을 뜻한다.

6 無雲(무운)– 구름이 없다, 구름이 걷히다. 날이 맑게 개었음을 말한다.

《두공부초당시전》 비가 그쳤음을 말한 것이다.(謂雨歇也.)

7 時(시)– 이따금, 때때로. '晴'으로 된 판본도 있다. 吹角(취각)– 호각號角을 불다. 호각은 군영에서 경계하며 부는 것을 말한다. '角'이 '笛'으로 된 판본도 있다.

8 那堪(나감)– 어찌 견디랴, 어찌 감당하랴. 處處聞(처처문)– 곳곳에서 들리다. 가는 곳마다 호각 소리가 들리는 것을 말한다.

《구가집주두시》 '처처문'은 가는 곳마다 군대가 있음을 말한다.(處處聞, 言所在有兵也.)

[山路 2구]

《구가집주두시》 조차공 주 구본에 "산로시취각"이라 하였다. 그러나 이미 '처처문'이라 하였으니 마땅히 '청취각'으로 해야 한다. 대개 "산길이 개이어 조금 기뻐할 만한데 도리어 호각 부는 소리를 만나고, 이미 호각 부는데 또 곳곳에서 듣게 될 것이니 이별의 시름이 되지 않을 수 있겠는가."라고 말한 것이다.(舊本, 山路時吹角, 然旣云處處聞, 當言晴吹角. 蓋言方山路之晴, 稍可喜矣, 却値吹角, 旣吹角矣, 又處處聞, 不亦可爲別愁乎.)

[一秋 4구]

《두시경전》 앞 2구는 기뻐하는 뜻인데, 마지막 2구에서 또 근심스런 심사를 건드림을 면할 수 없게 되었다.(上二句是喜意, 末二句又未免觸著憂端矣.)

#《두시상주》: 위 네 구는 헤어지는 마음을 말한 것이고, 아래 네 구는 부주로 돌아가는 길의 경치를 말한 것이다. 고신의 주에서 "5, 6구는 때가 갈 만함을 적어 도중에 스스로를 위로하는 말로 삼았으며, 7, 8구는 당시의 사정이 가기 어려웠음을 적어 도중에 스스로 슬퍼하는 말로 삼았다."라고 하였다.(上四留別之情, 下四歸途之景. 顧注, 五六紀天時之可往, 作途中自慰語. 七八紀時事之難往, 作途中自悲語.)

《독두심해》: 1, 2구는 헤어지게 된 까닭을 말하였고, 3, 4구는 남겨두고 떠나가는 감정을 말하였고, 5, 6구는 헤어지는 때를 말한 것이며, 7, 8구는 헤어지고 가는 길의 감회를 미리 생각한 것이다.(一二, 別之故, 三四, 留別之情, 五六, 別之時, 七八, 豫想別途之感.)

(강성위 · 최석원)

61. 晚行口號

저녁에 길을 가며 입에서 나오는 대로 읊조리다

三川不可到[1] 歸路晚山稠[2] 落雁浮寒水[3] 饑烏集戍樓[4]
市朝今日異[5] 喪亂幾時休[6] 遠愧梁江總[7] 還家尚黑頭[8]

삼천에 가히 이르지 못할 것인가
돌아가는 길에 저녁 산이 빽빽하다.
날아내린 기러기가 차가운 물에 떠 있고
굶주린 까마귀가 수루에 모여 있다.
저자와 조정은 오늘 달라져 있으니
난리는 어느 때라야 멎게 될 것인가.
멀리 양나라 강총에게 부끄럽나니
집에 돌아갈 때 아직 검은 머리였지.

이 시는 지덕 2년 부주鄜州의 삼천현三川縣에 떨어져 지내고 있던 가족을 찾아가는 길에 날이 저물 무렵 지은 작품이다. '구호口號'는 입에서 나오는 대로 읊조린다는 의미이다.

《보주두시》 시에서 "삼천에 가히 이르지 못할 것인가, 돌아가는 길에 저녁 산이 빽빽하다."라고 했으니, 마땅히 지덕 2년 부주로 갈 때 지은 것이다.(詩云, 三川不可到, 歸路晚山稠, 當是至德二載往鄜州時作.)
《두시상주》 이것은 공이 집안을 살피려 부주로 가면서 길에 있을 때 지은 것이다. 양 간문제에게 〈화위위신유후순성구호〉가 있고, 장열에게 〈십오야어전구호〉가 있으니, 구호는 두보에게서 시작된 것이 아니다.(此公往鄜省家, 在道時作. 梁簡文帝有和衛尉新渝侯巡城口號, 張說有十五夜御前口號, 口號不始於杜公.)

《두시경전》에 인용된 고신 주 ('구호'는) 입에서 나오는 대로 읊조린 것이다.(隨口號吟也.)

주 석

1 三川(삼천)－ 부주에 있는 현의 이름. 당시 두보의 가족들이 살고 있던 곳이다. 삼천은 화지수, 흑수, 낙수가 모이는 곳이기 때문에 붙여진 이름이다. 경수, 위수, 낙수를 일컫는다는 견해가 있으나 따르지 않는다. 不可到(불가도)－ 도달할 수 없다. 길이 험해 일정이 지연된 것을 우려해서 한 말이다.

《보주두시》에 인용된 왕수 주 당시 삼천은 반군의 경내에 있었다. 《좌전 · 소공 23년》에 "주나라가 망할 때 그 삼천에 지진이 일어났다."라고 하였는데, 두예의 주에 "(삼천은) 경수, 위수, 낙수이다."라고 하였다.(時三川在賊境. 左傳, 周之亡也, 其三川震, 注, 涇渭洛水也.)

《독두심해》 소보邵寶의 주에서 "삼천은 부주의 남쪽 6리 되는 곳에 있다."라고 하였다. 살펴보건대 곧 가족들을 살게 했던 곳이다.(邵注, 三川, 在鄜州南六里. 按, 卽寓家處.)

《구가집주두시》 조차공 주 삼천은 부주의 현 이름이다. 지리지의 주에 화지수, 흑수, 낙수가 모이는 곳이라고 하였다. 옛 주에는 주나라의 삼천에 지진이 일어났다는 것을 인용하였는데, 도리어 장안을 말하는 것이 되어버린다. 《국어國語 · 주어상周語上》에 "서주의 삼천이 모두 지진이 났다."라고 한 것에 대하여 위소韋昭의 주에서 "서주는 호경이니 삼천은 경수, 위수, 낙수를 이른다."라고 하였다.

이와 같으니 옛 주는 잘못된 것이다. 부주의 삼천에 도달할 수 없는 까닭은 산이 조밀하기 때문이다. 산이 조밀하여 도달할 수 없는 것은 당시 난리를 당하여 도적을 근심한 때문이다.(三川, 鄜州縣名. 地理志注云, 華池水黑水洛水所會, 舊注乃引周三川震, 却成說長安矣, 蓋國語云, 西周三川皆震. 注云, 西周, 鎬京也. 而三川則謂涇渭洛, 如此則舊注非. 鄜州三川所以不可到者, 以山稠故也. 山稠而不可到者, 時當喪亂憂盜賊也.)

《두공부초당시전》 삼천은 부주의 현 이름이다. 지리지의 주에 화수, 흑수, 낙수가 모이는 곳이라서 삼천이라 부른다고 하였으니, 서주의 삼천이 아니다. 공의 문집을 살펴보건대, 지덕 2년 여름 〈술회〉 시에 이르기를, "편지를 띄워 삼천 소식 묻지만 식구들 잘 있는지 모르겠다."라고 하였다. 공은 지금 황제의 친필 제고로 석방되어 부주로 돌아가고 있는데, 이 시에서는 오히려 "삼천에 가히 이르지 못할 것인가."라고 하였다. 이는 아마도 삼천이 멀어서 도착하기에 어렵지만 그러나 돌아가지 않을 수 없음을 말한 것이리라.(三川, 鄜州縣名. 地理志注, 華水黑水洛水所會, 故謂之三川. 非西周之三川也. 按公集至德二年夏有述懷詩云, 寄書問三川, 不知家在否, 公今被墨制放移歸鄜州, 而此詩乃云, 三川不可到, 蓋言三川遠而難到, 然不得不歸也.)

《두시상주》에 인용된 조방趙汸 주 '도달할 수 없다'는 걸어서 가는 길이라 늦어진다는 것이다.(不可到, 徒步行緩也.)

2 歸路(귀로) - 가족이 있는 곳으로 돌아가는 길. 晩山(만산) - 저물녘의 산. 稠(조) - 빽빽하다, 조밀하다.

《두공부초당시전》 '조'는 중첩되어 있다는 말이다.(稠, 謂重疊也.)

3 落雁(낙안) - 하늘에서 날아내린 기러기.

4 饑烏(기오) - 굶주린 까마귀. 戍樓(수루) - 수자리를 살기 위하여 세워진 누대.

《보주두시》에 인용된 왕수 주 수루는 적을 막기 위하여 수자리하는 누대이다.(戍樓, 防戍之樓也.)

《보주두시》에 인용된 사씨 주 군대가 패하고 흩어지자, 까마귀가 그곳에 모여들었음을 말한다.(言兵敗散, 故烏集之.)

《두공부초당시전》 땅이 전쟁을 겪어 적막하게도 인적이 없자, 까마귀가 수자리 사는 누대에 모여들었다는 말이다.(言地經喪亂, 寂乎無人, 而烏集乎防戍之樓也.)

[落雁 2구]

《두억》 '낙안' 구와 '기오' 구는 도중의 처량한 경물을 그린 것이다.(落雁饑烏, 寫途中凄涼之景.)

《두시경전》 황폐한 길의 저녁 무렵의 경물을 그린 것인데, 오히려 또 쌍관의 의미를 지니고 있다.(寫荒途晚景, 卻又雙關.)

5 市朝(시조)- 저자와 조정. 異(이)- 달라지다. 이전과 상황이 달라졌다는 뜻이다. 이 구는 온 나라의 사정이 난리 전과 달라졌다는 말이다.

《두공부초당시전》 난리를 겪어 풍물이 변하였음을 말한다.(言經亂而風物變也.)

6 喪亂(상란)- 상사와 화란, 즉 사람이 죽고 세상이 혼란스러움을 뜻한다. 幾時(기시)- 어느 때. 休(휴)- 그치다. 멎다.

《두공부초당시전》 두보가 현재를 슬퍼하며 옛날을 그리워한 것이다.(公傷今思古也.)

7 梁江總(양강총)- 양나라의 강총.

8 還家(환가)- 집에 돌아가다. 조정으로 돌아간다는 뜻으로 보기도 하지만 취하지 않는다. 黑頭(흑두)- 검은 머리.

[遠愧 2구] 강총의 이름 앞에 굳이 '梁' 자를 붙여 처음 출사하였던 나라를 드러낸 점과 양나라에 이어 진나라와 수나라에 차례로 출사하여 높은 벼슬을 지낸 뒤 만년에 이르러서야 벼슬에서 물러났던 그가 은퇴 당시의 두발이 검은 상태일 수 없다는 점을 둘러싸고 여러 주석가의

견해가 분분하다. 여기서는 두보가 강총이 젊은 나이로 양나라에서 중서령이라는 고관을 지내다가 후경의 난리로 조상들이 살았던 회계에 잠시 피난하였던 일을 떠올리고 자신과 대비하여 스스로 부끄러워한다는 《독두심해》의 견해를 따르기로 한다.

《보주두시》에 인용된 왕수 주 강총은 진나라에서 후주가 즉위하자 상서령을 제수받았다. 경성이 함락되자 수나라로 들어갔다가 뒤에 강남으로 돌아와 노년을 보냈다.(江總, 在陳後主卽位, 授尙書令, 京城陷, 入隋, 後歸老江南.)

《두공부초당시전》 강총은 진나라에서 동궁의 서기직을 관장하여 태자와 더불어 밤새워 술자리를 갖곤 하였다. 후주가 즉위하자 상서령을 제수받았다. 경성이 함락되자 수나라에 들어가 상개부를 지냈고 다시 강남으로 돌아와 노년을 보냈다. 살펴보건대, 강총에게는 〈자경남환심택〉 시가 있는데, "붉은 얼굴로 공낙 지역을 떠나서는 흰머리로 환원관에 들어갔다. 봄철을 틈타 고향 마을로 갈 때 천천히 걸으면서 창포를 뜯는다."라고 하였다. 그런데 이 시에서 검은 머리라고 한 것은 무엇 때문인가?(江總在陳掌東宮書記, 與太子爲長夜之飮, 後主卽位, 授尙書令. 京城陷, 入隋爲上開府, 復歸老江南. 按總有自京南還尋宅詩云, 紅顔辭鞏洛, 白首入轘轅, 乘春行故里, 徐步採芳蓀. 此詩云黑頭, 何耶.)

《일지록日知錄》에 인용된 유신옹 평 사람들은 강총 중서령이 진나라에서 수나라로 들어갔던 것은 알지만, 그가 양나라 때부터 이미 현달한 관리였다는 사실은 알지 못한다. 양나라에서 진나라로 들어가고 진나라에서 수나라로 들어갔다가 고향으로 돌아올 때에 여전히 검은 머리였다. 그의 인물됨과 마음가짐을 알 수 있으니, 한 개 '양'자를 붙였어도 그의 부끄러움을 이겨낼 수 없게 되었다. 시의 묘함이 이와 같으니 어찌 질타할 필요가 있겠는가?(人知江令, 自陳入隋, 不知其自梁時已達官矣. 自梁入陳, 自陳入隋, 歸尙黑頭. 其人物心事可知. 著一梁字, 而不勝其愧矣. 詩之妙如此, 豈待罵哉.)

《일지록집석日知錄輯釋》에 인용된 《두시전주》 《진서》는 요사렴이 편수한 것인데, 강총을 요찰과 같은 전에서 수록하였다. 당나라 사람들이 강총을 중시함이 이와 같았던 것은 그가 한 시대의 문단의 종정이기 때문이었다. 두보가 강총에다가 스스로를 견주고 있는데, 어찌 은근히 꼬집는 말이 있겠는가?(陳書, 姚思廉所修, 以江總與姚察同傳, 唐人之重江總如此, 以其一代文宗也. 子美以總自比, 豈有微詞哉.)

《두억》 '원괴양강총'에서 '양' 자는 공연히 쓴 것이 아니다. 강총이 양나라에 출사한 뒤에 진나라에서 벼슬하고 또 수나라에서 벼슬하여 세 나라 섬기기를 거쳤으되 그의 머리는 그때까지도 검었는데, 두보 자신은 집에 돌아오면서 머리가 이미 희어졌기에 스스로 부끄럽다는 말이다. 경박하게 여기는 뜻이 약간 언외에 드러나 있어서 유신옹은 이를 빌려 강총을 질타한 것이라 하고 강총이 부끄러워할 만하다고 말하였는데, 문리에 맞지도 않고 또한 두터운 도를 상하게 된다.(遠愧梁江總, 梁字自不虛下, 謂總仕梁而陳而隋, 經事三國, 而其頭尚黑, 因己歸家頭已白而自爲愧也. 輕薄之意, 微在言外. 須溪謂借以罵總, 而謂總可愧. 旣非文理, 亦傷厚道.)

《두시상주》 고염무가 말하기를, "〈강총전〉을 살펴보건대 '양나라 태청 3년 대성이 함락되었을 때에, 강총은 나이 31세였다. 이로부터 밖에서 14, 5년을 떠돌다가, 진나라 천가 4년에 이르러 조정으로 돌아갔는데 강총의 나이는 45세였다'고 하였는데, 이 시에서 말한바 '집에 돌아갈 때 아직 검은 머리였다'는 것이다. 두보는 난리를 만나서 고생스러움이 대략 강총과 같았고, 그의 나이가 이미 늙었음을 스스로 슬퍼하여 이러한 탄식을 한 것이다. 〈강총전〉에 또 이르기를, '개황 14년 강도에서 죽었는데, 당시 나이가 76세였다'고 하였는데, 집에 돌아갔다는 말이 없으며, 정명 3년은 진나라가 망한 해로서 강총의 나이가 이미 71세였으니, 어찌 머리가 검을 수 있었겠는가? 또한 두보의 시(〈부수십이수復愁十二首〉 제12수)에 '강총이 늙었다고 보지 말아라, 여전히 하사받은 어대를 차고 있으니(莫看江總老, 猶被賞時魚)'라고 하였고, 또 (〈추일기부영회봉기정감이빈객일백운秋日夔府詠懷奉寄鄭監李賓客一百韻〉에) '관녕의 오사모는 깨끗하고 강총의 금포는 선명하다'고 하여 역시 이미 누차 칭송했다."라고 하였다. 유신옹이 하나의 '양' 자를 붙였어도 그의 부끄러움을 이겨낼 수 없을 것이다고 했는데, 이것은 잘못된 견해이다.(顧炎武曰, 考江總傳, 梁太淸三年, 臺城陷, 總年三十一. 自此流離於外十四五年, 至陳天嘉四年還朝, 總年四十五. 所謂還家尙黑頭也. 子美遭亂崎嶇, 略與總同, 自傷其年已老, 故發此歎耳. 傳又云, 開皇十四年, 卒於江都, 時年七十六. 旣無還家之文, 而禎明三年爲陳亡之歲, 總年已七十一, 頭安得黑乎. 且子美詩云, 莫看江總老, 猶被賞時魚. 又云, 管寧紗帽淨, 江令錦袍鮮. 亦已亟稱之矣. 劉須溪謂着一梁字, 不勝其愧, 此謬說也.)

《독두심해》 《진서》를 살펴보건대, 강총은 제양 고성 사람으로 양나라에 출사하였다. 후경이 대성을 함락하자 회계로 피난하여 용화사에서 쉬게 되었다. 절은 곧 그의 선대가 살던 도양의 시골집 옛터였다. 그러므로 〈수심부〉를 지어 말하기를, "이곳은 예장의 예전 채마밭이다."라고 하였고, 또 말하기를 "처자들로부터의 얽매임을 잊기를 바란다."라고 하였다. 시에서 이른바 '집으로 돌아간다'는 것은 마땅히 이것을 가리키는 것이니, 바로 이로써 스스로 난리를 만나 객지의 집으로 돌아가는 것을 비유한 것이다. 강총이 18세에 벼슬한 해로 헤아리면, 피난시에는 겨우 30여 세였을 뿐이다. 그런데 공의 나이는 이미 50세를 바라보고 있었으니, 이 때문에 '원괴'라고 한 것이다. 유신옹은 양나라로부터 진나라로 들어가고 수나라로 들어갔기에 도리어 한 개의 '양' 자만을 붙였어도 그를 부끄럽게 여겼다고 하였는데, 전겸익의 《두시전주》가 그것을 논박한 것은 옳다. 다만 '환가' 두 자에는 명료함이 부족한데, 《일지록》에서 "진나라 천가 4년에 천자가 불러서 조정에 돌아갔을 때 나이가 45세였다."라고 풀이한 것 역시 부합되지 않는다. '환가'는 조정으로 돌아감을 이르는 것이 아니고, 머리 역시 검다고 말할 수는 없는 것이다.(攷陳書, 江總, 濟陽考城人, 仕梁. 侯景陷臺城, 避難會稽, 憩龍華寺. 寺卽其上世都陽里居舊基, 故作修心賦曰, 是豫章之舊圃. 又曰, 庶忘累於妻子. 詩所謂還家, 當指此, 正以自況値亂而歸寓宅也. 以江總十八解褐之年計之, 避難時纔三十餘耳, 而公年已望五, 故曰遠愧. 劉辰翁謂自梁入陳, 入隋, 乃著一梁字愧之. 錢箋駁之, 是矣. 但於還家二字欠明. 至日知錄以陳天嘉四年徵還, 年四十五爲解, 亦不合. 還家非還朝之謂, 頭亦未可云黑也.)

#《두시상주》: 위 4구는 저녁 무렵 길을 갈 때의 경물이고, 아래 4구는 저녁 무렵 길을 가면서의 감회이다. 날아내린 기러기와 굶주린 까마귀는 도중의 처량한 모습을 묘사하고 있으며, 또한 상란의 끄트머리에 출정 나온 사람이 적고 수졸이 드문 것을 보여준다. 노원창의 주에서 "이 두 구를 읽으면, 봄날 제비가 (사람의 집에 깃들이지 못하고) 숲에 깃들여 있다는 느낌을 갖게 된다."라고 하였다.(上四晩行之景, 下四晩行有感. 落雁饑烏, 寫中路凄涼之狀, 亦見喪敗之餘, 行人少而戍卒稀. 盧注, 讀此二句, 有春燕巢於林木之感.)

《독두심해》: 이것은 곧 도착하려고 할 때 지은 것이다. 곧 도착할 터인데 도리어 길이 먼 것을 한탄하며 도리어 날이 저물었음을 불만스러워하고 있으니, 멀리서 돌아가는 마음이 사람을 다급하게 함은 정말로 이와 같은 것이다. 3, 4구의 경물은 바로 잠시 묵을 곳을 찾을 때의 상황이다. 아래 4구는 감회를 쓴 것이다.(此將到時作. 將到而反恨途長, 反嫌日晩, 遠歸心急人, 確確如此. 三四之景, 正是姑且問宿時. 下四, 書感.)

(이남종 · 김수희)

62. 獨酌成詩
홀로 술 마시며 시를 이루다

燈花何太喜[1] 酒綠正相親[2] 醉裏從爲客[3] 詩成覺有神[4]
兵戈猶在眼[5] 儒術豈謀身[6] 苦被微官縛[7] 低頭愧野人[8]

등불의 불똥에 어찌 그리 기뻐하는가?
푸른 술 마침 가까이해서라네.
취한 중에 나그네 신세 무던히 여기고
시를 이루니 신의 도움 있음이 느껴지네.
난리가 아직도 눈앞에 있으니
유술로 어찌 이 한 몸 도모할 수 있으랴.
괴롭게도 작은 벼슬에 묶여 있으니
고개 숙여 야인에게 부끄러울 따름이네.

이 시는 두보가 지덕 2년 부주에 있던 가족을 만나러 가는 중에 홀로 술 마시며 자신의 신세를 한탄하여 지은 것이다.

《보주두시》 시에서 '취한 중에 나그네 신세 무던히 여긴다'라고 했고, 또 '괴롭게도 작은 벼슬에 묶여 있으니, 고개 숙여 야인에게 부끄러울 따름이다'라고 했으니, 마땅히 부주로 가족을 데리러 갈 때에 지은 것이다.(詩云, 醉裏從爲客, 又云, 苦被微官縛, 低頭愧野人, 當是往鄜州迎家時作.)

《두시상주》 이 시는 공이 부주로 가면서 도중에 홀로 술 마시며 지은 것이다.(此公往鄜州, 在途獨酌而作.)

《두보전집교주》에 인용된 이문위李文煒 설 이 시는 공이 가족을 보러 부주로 가면서 곧 도착하게 될 시점에 밤을 맞아 집에 가까이 온 것을 스스로 기뻐하면서도 작은 관직을 부끄럽게 여겨 지은 것이다.(此公往鄜州省家, 值將到之夜, 自喜近家, 而自愧微官而作也.)

주석

1 燈花(등화) – 등불의 심지 끝이 타서 맺힌 꽃 모양의 불똥. 민간의 속설에 이것이 생기면 좋은 일이 생긴다고 한다. 何太喜(하태희) – 어찌하여 크게 기뻐하는가. 여기서 기뻐하는 주체는 두보이다. 이와 달리 '등화'를 주체로 볼 수도 있다.

《구가집주두시》에 인용된 《서경잡기西京雜記》 번쾌樊噲가 육가陸賈에게 "옛날부터 임금들은 모두 하늘로부터 명을 받으면 상서로운 조짐이 있었다고 말하는데, 어찌 그와 같은 일이 있었겠습니까?"라고 물으니, 육가가 대답하기를 "그런 일이 있습니다. 무릇 눈이 떨리면 술과 음식이 생기고, 등불의 불똥이 생기면 재물을 얻고, 까치가 울면 먼 길 갔던 사람이 돌아오고, 거미가 모이면 모든 일이 잘 풀리는 법입니다. 작은 일에도 징험이 있으니, 큰 것 또한 마땅히 그럴 것입니다."라고 하였다.(樊噲問陸賈曰, 自古人君皆云, 受命于天, 有瑞應, 豈有是乎. 賈應之曰, 有之, 夫目瞤得酒食, 燈花得錢財, 乾鵲噪而行人至, 蜘蛛集而百事喜. 小既有徵, 大亦宜然.)

2 酒綠(주록) – 푸른 술. 술이 익어 푸른빛이 감도는 것을 말한다. '酒色'으로 된 판본도 있다. 正相親(정상친) – 바로 가까이하게 되다. 이제 막 술을 마시게 되었다는 말이다.

[燈火 2구]

《두보전집교주》에 인용된 소보邵寶 주 비록 불똥이 기쁜 일을 알려준다고 해도 객사에서는 기쁜 일이 하나도 없는데, 다만 푸른 술을 가까이하는 것으로 스스로 위로할 뿐임을 말한 것이다.(言燈花雖云報喜, 而逆旅無一喜懷, 但與綠酒相親以自遣耳.)

3 從(종) – 내맡기다. 무던히 여기다. 이 구는 긴 여행의 도중에 좋은 술을 만나니 나그네의 긴장을 풀어 버리고서 한껏 취한다는 의미이다.

《보주두시》 나그네의 신분으로 술에 취하여 잠시 이로써 느긋해짐을 말한다.(言爲客得醉, 且以寬釋也.)

《구가집주두시》 나그네 신세를 무던히 여겨 사양치 않는 것이다.(任從爲客, 而不辭也.)

4 有神(유신) – 영험하다. 신의 도움을 받다.

《구가집주두시》 마치 신의 도움이 있는 듯하다는 것이다.(如有神助也.)

《두보전집교주》에 인용된 임조가林兆珂 설 시에 신이 있다는 말은 그 시가 신의 도움을 받아 완성됨을 스스로 일컫는 것이 아니라 술에 신적인 힘을 돌리는 것이다. 대개 술을 일컬어 '소수추(근심을 없애는 비)'라고도 하고 다른 말로 '조시구(시를 낚는 바늘)'라고도 하는데, 시제를 보면 '독작성시'라고 하였으니 이런 사실을 절로 알 수 있다.(詩有神, 非自謂其詩有神助以成, 而歸神於酒也. 蓋酒名掃愁帚, 一名釣詩鉤, 觀題曰獨酌成詩自見.)

5 兵戈(병과) – 전쟁. 猶在眼(유재안) – 아직 눈앞에 있다. 즉 전쟁이 아직 진행 중임을 말한다.

《두보전집교주》에 인용된 왕원汪瑗 설 세상의 난리가 오래되었음을 '유' 자에서 알 수 있다.(世亂之久, 於猶字見之.)

6 儒術(유술) – 유가의 방술方術. 謀身(모신) – 자신을 도모하다. 자신

을 돌보다.

[兵戈 2구]

《보주두시》에 인용된 사씨 주 전쟁 중이라서 유가의 도로는 부귀를 도모할 수 없음을 말한 것이다.(言兵戈之際, 儒道非可圖富貴.)

7 微官(미관) - 낮은 관직. 당시 두보는 좌습유左拾遺의 벼슬에 있었다. 縛(박) - 구속되다.

《두공부초당시전》 공은 당시에 좌습유였다.(公時爲左拾遺也.)

8 低頭(저두) - 머리를 숙이다. 부끄럽게 생각하는 것이다. 혹은 '고관에게 머리 숙이며 사는 삶'을 가리킨다고 보는 설도 있다. 愧(괴) - 부끄럽다. 野人(야인) - 일반 평민 혹은 재야에 은거하여 사는 은자를 말한다.

《구가집주두시》 머리를 숙인다는 것은 부끄러워서 고개 들어 바라볼 수 없다는 것이다.(低頭, 言愧而不能仰視也.)

《두시상주》 야인에게 부끄럽다는 것은 저들의 유유자적함만 못한 것이 부끄럽다는 것이다.(愧野人, 愧不如彼之自適也.)

[苦被 2구]

《두보전집교주》에 인용된 장원 주 낮은 관직에 매여 시골 사람들이 자기 천성대로 사는 것처럼 할 수 없다고 말하는 것이다.(言微官羈絆, 不能如田野之適性也.)

#《두시상주》: 위의 네 구는 여행하는 밤의 정황을 서술했으니 제목의 뜻이 이미 완전히 갖추어졌다. 아래는 자신의 신세에 느낀 바가 있어 일개 관직에 매였음을 탄식하였다.(上四敍旅夜情事, 題意已完. 下則有感身世, 而歎一官之拘束.)

《두시경전》에 인용된 장약륙蔣弱六의 설: 전반은 막 술을 마시기 시작한 때라서 자기도 모르게 모든 시름을 놓아버렸고, 후반은 술 마신 뒤라서 또 홀연히 만감이 교차하고 있다. 심사가 그린 듯하다.(前半是初酌時, 不覺一切放下. 後半是酒後, 又不覺萬感都集, 心事如畫.)

《두시상주》에 인용된《두억》: 술을 만남에 등불의 불똥을 조짐으로 삼았으니 술을 얻기 어렵다는 것을 가히 알 수 있다. '나그네 신세 무던히 여기다'는 술로써 나그네 시름을 푼다는 것이다. '시에 신의 도움 있음이 느껴진다'는 것은 기쁨이 시흥을 불러일으킨 것이니, 이 두 구절이 은연중에 시상을 이어받고 있다. 도연명은 허리 구부리는 것을 탄식하였고, 두보는 머리 숙이는 것을 부끄러워하였으니, 모두 벼슬길에서 절개를 꺾으려 하지 않았던 사람들이다.(遇酒而燈花爲兆, 酒之難得可知. 任從爲客, 酒解客愁. 詩覺有神, 喜動詩興也. 二句暗承. 陶歎折腰, 杜愧低頭, 皆不肯屈節於仕途者.)

《독두심해》: 마땅히 (바로 앞의 시) 〈만행구호晩行口號〉를 읊은 밤에 지은 것이니, 그래서 "집에도 아직 이르지 못했는데, 등불은 또한 어찌하여 불똥 만드느라 수고롭게 하는가, 술잔을 잡고 취하여 나의 나그네 시름을 풀어줄 필요가 있기 때문이니, 시흥이 생기는 곳에서 나도 모르는 사이에 입에서 나오는 대로 시를 이루었을 뿐이다."라고 말하였다. 이는 시를 얻게 된 연유를 설명한 것으로, 그래서 '시성' 구가 있게 되었다. 5, 6구는 비록 시상을 더 전개해 나가는 내용이지만, 여전히 집 떠난 감상에 속한다. 그리고 시절에 보탬이 되지 않고 이룬 업적도 없이 그저 작은 관직에 매여 있어서 오히려 가족끼리 모여 사는 촌민에 부끄럽다고 하였으니 위아래가 하나이다.(應卽口號之夜所成, 故云家尙未到, 燈亦何勞爾花. 正須把酒取醉, 解我客愁, 而興之所至, 不覺觸口成吟耳. 此述得詩之由, 所以有詩成句. 五六雖屬推開, 仍是離家之感. 謂於時無濟, 於業無成, 徒然匏繫一官, 轉愧村民團聚也. 上下一片.)

(박홍준)

63. 徒步歸行
걸어서 돌아가는 것을 읊은 노래

明公壯年值時危[1]　經濟實藉英雄姿[2]
國之社稷今若是　武定禍亂非公誰[3]
鳳翔千官且飽飯[4]　衣馬不復能輕肥[5]
靑袍朝士最困者[6]　白頭拾遺徒步歸[7]
人生交契無老少[8]　論心何必先同調[9]
妻子山中哭向天[10]　須公櫪上追風驃[11]

명공은 한창의 나이에 위급한 시절을 만났으니
경세제민은 실로 영걸찬 자태에 의지하게 되었습니다.
나라의 사직이 이제 이와 같으니
무공으로 난을 평정할 이가 공이 아니면 누구겠습니까?

봉상의 뭇 관리들 그럭저럭 밥은 배불리 먹지만
옷과 말은 다시 가벼운 것 입고 살진 것 탈 수 없으니,
푸른 도포의 조정 관원으로 가장 곤궁한 자
흰머리의 습유가 걸어서 집으로 돌아간답니다.

사람이 살면서 교제를 하는 데는 늙고 젊음이 무관한 법이요
마음을 논함에 있어서 하필 같은 취향을 우선하겠습니까?
처자식이 산중에서 하늘 향하여 울고 있으니
공의 마구간에 있는 바람 좇는 준마가 필요합니다.

이 시는 지덕 2년에 두보가 부주의 가족을 만나러 가던 도중에 빈주를 지나면서 당시 빈주를 관할하고 있던 이사업에게 지어 보낸 것이다. 걸어서 길을 가던 처지였기에 이사업李嗣業에게 말을 빌리기를 청하는 뜻이 담겨 있다. 원주에서 "이특진에게 바치다. 봉상에서 부주로 가던 도중 빈주를 지나며 지었다.(贈李特進, 自鳳翔赴鄜州, 途經邠州作.)"라고 하였다.

이사업은 경조京兆 고릉 사람으로 안녹산의 난을 평정하는 데 큰 공을 세운 장군이다. 일찍이 고선지高仙芝를 따라서 소발률小勃律을 평정하여 특진의 직위가 더해졌다. 이 시를 지을 당시 빈주를 관할하고 있었던 것으로 추정된다.

이특진이 이사업이 아닌 다른 사람이라는 설도 있으나 따르지 않는다.

《보주두시》 지덕 2년에 지은 것이다. 그래서 "봉상의 뭇 관리들 그럭저럭 밥은 배불리 먹는다."와 "흰머리의 습유가 걸어서 집으로 돌아간다." 등의 구가 있다.(至德二年作. 故有鳳翔千官且飽飯, 白頭拾遺徒步歸之句.)

《구가집주두시》 조차공 주 이특진은 이사업이다.(李特進, 嗣業也.)

《보주두시》 이사업의 본전에 의하면 경조 고릉 사람이다. 고선지를 따라서 발률을 평정하여 특진이 더해졌다.(按李嗣業本傳, 京兆高陵人, 因隨高仙芝平勃律, 加特進.)

《두시상주》에 인용된 노은魯訔 주 당시 이특진이 빈주를 지키고 있었다.(時李特進守邠州.)

《독두시설》 〈도보귀행〉 시에서 공이 "이특진에게 바친다."라고 스스로 주를 붙였는데, 《두시상주》에서 황학의 설을 인용하여 이사업이라고 하였다. 지금 살펴보건대 전에 〈배이금오화하음〉 시의

《두시상주》에서도 이사업을 가리킨다고 하였다. 그렇다면 공과 이사업은 오래전에 사귄 사람이다. 그런데 이 시에서는 "사람이 살면서 교제를 하는 데는 늙고 젊음이 무관한 법이요, 마음을 논함에 있어서 하필 같은 취향이어야만 하겠습니까?"라고 하였으니 애당초 알지 못한 사람인 듯하다. 금오와 특진은 다른 사람일 것이다. 그렇지 않다면 이 시는 의당 앞에 편재하여야 할 것이다.(徒步歸行, 公自注, 贈李特進. 注引黃鶴說, 卽李嗣業. 今按, 前有陪李金吾花下飮詩, 注亦云李嗣業, 則公與嗣業舊交也. 此詩云, 人生交期無老少, 論心何必先同調, 似初未相識者. 金吾特進, 恐非一人, 不然, 則此詩當編在前.)

《독두심해》 살펴보건대 빈주는 봉상의 동북쪽에 있고 특진은 고릉 사람이니, 당시에 어쩌면 이곳으로 이주하였거나, 아니면 그 사람이 아닐 것이다.(按, 邠在鳳翔東北, 特進, 高陵人, 時豈移家於此與, 抑非其人與.)

주 석

1 明公(명공) – 명성이나 지위가 높은 상대를 존칭하는 말. 여기서는 이사업을 가리킨다. 値(치) – 만나다. 당하다.

2 經濟(경제) – 경세제민經世濟民, 즉 '세상을 경영하고 백성을 구제하다'의 뜻이다. 여기서는 안녹산의 난을 평정하는 것을 뜻한다. 藉(자) – 의지하다. 힘입다. 英雄姿(영웅자) – 영걸찬 자태. 영웅의 자태.

3 武(무) – 무력. 무공.

[明公 4구]

《두공부초당시전》 이때에 안녹산의 난을 만났으니, 천하를 경영하여 구제함에 있어서 만약 이공의 영걸찬 자태에 의지하여 난을 평정하지 않는다면, 누가 이 임무를 맡을 수 있겠는가?(時遭祿山之亂, 經綸康濟天下, 倘不藉李公英雄之姿, 撥定禍亂, 誰能膺是任乎.)

#《두시상주》: 이공이 전란을 평정할 인재임을 서술하였다.(敍李公戡亂之才.)

4 且(차) – 그럭저럭.

5 輕肥(경비) – 가볍고 살지다. 좋은 의복과 말을 뜻한다.

6 靑袍(청포) – 푸른색의 겉옷. 신분이 비천하거나 빈한한 선비의 복장이다. 당나라 때 8품과 9품 관리의 조복은 푸른색이었다. 따라서 습유의 관복으로 볼 수도 있다. 朝士(조사) – 조정의 관원을 뜻한다.

《두시상주》 공이 행재소에 가서 삼 신발로 황제를 알현하였는데, 청포는 있었으나 조복이 없었다.(公往行在, 麻鞋謁帝, 有靑袍而無朝服.)

《두보전집교주》에 인용된 왕호汪灝 설 행궁을 처음 만들었기에 조복 입은 자가 적었다.(行宮草創, 朝衣者少.)

7 徒步歸(도보귀) – 걸어서 부주의 가족에게 돌아가다.

《두시상주》《구당서》에 의하면 지덕 2년 2월에 대대적으로 양경兩京을 수복할 일을 논의하고서 공사의 말을 모두 거두어 군대를 돕게 하였다. 그래서 걸어서 간 것이다.(舊書, 至德二載二月, 議大擧收復, 盡括公私馬以助軍, 故惟徒步而行.)

#《두시상주》: 이 단락은 걸어서 가게 된 이유를 스스로 서술한 것이다.(此自敍徒步之由.)

8 交契(교계) – 사귐. '契'는 '부합하다'는 뜻으로서 마음이 합치됨을 말한다. 無老少(무로소) – 늙고 젊음이 상관없다는 뜻이다. 늙은이는 두보 자신을 가리키고 젊은이는 이사업을 가리킨다.

《두시언해》 '노'는 두보 자신을 말하고, '소'는 이사업을 가리킨다.(老, 甫自謂, 少, 指嗣業.)

《두시상주》 '늙고 젊음이 무관하다'는 나이를 초월한 사귐임을 나타낸다.(無老少, 見忘年之交.)

9 論心(논심) - 마음을 논하다. '心'이 어떤 판본에는 '交'로 되어 있다. 先同調(선동조) - 취향이 같음을 우선시하다. '조'는 취향. '재주'의 뜻으로 풀이하는 설도 있다.

《두시택풍당비해》에 인용된 채몽필 주 '조'는 '도조절'이고 재주의 뜻이다.(調, 徒弔切, 才調也.)

《두시택풍당비해》 '조'는 취향이다.(調猶聲氣.)

《두시상주》 '어찌 취향을 같이 하겠는가'라는 말은 형적을 초월한 사귐임을 나타낸다.(何同調, 見忘形之交.)

10 산중(山中) - 부주를 가리킨다.

11 櫪(력) - 마판. 여기서는 마구간을 뜻한다. 追風(추풍) - 준마의 이름. 이 시에서는 '바람을 좇다'의 뜻으로 보아도 된다. 驃(표) - 털이 노랗고 흰 말.

《두시경전》 《고금주》에서, "진시황은 일곱 필의 말이 있었는데, 그 중 하나가 추풍이다."라고 하였다. 《광운》에서, "말의 빛이 노랗고 흰 것이 '표'이다."라고 하였다.(古今注, 秦始皇七馬, 一曰追風. 廣韻, 馬黃白色曰驃.)

#《두시상주》: 끝 단락에서 돌아가는 길에 말이 필요하다는 뜻을 말하였다.(末言歸行須馬之意.)

##《독두심해》: 중도에서 말을 빌리려고 한 것이다. 〈북정〉시와 같은 시기의 것이다. 앞의 4구는 찬양하고 면려한 내용으로서, 말머리를 일으킨 말이다. 중간의 4구는 감개를 표현한 것으로서, 시제가 나온 원인을 설명하는 말이다. 뒤의 4구는 시를 보낸 의도를 말한 것으로서

서찰을 대신한 말이다.(中途欲借馬也. 與北征詩同時. 起四, 贊勉, 發端語. 中四, 感慨, 原題語. 後四, 道意, 代札語.)

(**이영주**)

64. 九成宮
구성궁

蒼山入百里　崖斷如杵臼[1]　曾宮憑風迴[2]　岌嶪土囊口[3]
立神扶棟梁[4]　鑿翠開戶牖[5]　其陽產靈芝[6]　其陰宿牛斗[7]
紛披長松倒[8]　揭巘怪石走[9]　哀猿啼一聲　客淚迸林藪[10]
荒哉隋家帝[11]　製此今頹朽[12]　向使國不亡[13]　焉爲巨唐有[14]
雖無新增修[15]　尙置官居守[16]　巡非瑤水遠[17]　跡是雕牆後[18]
我行屬時危[19]　仰望嗟嘆久　天王守太白[20]　駐馬更搔首[21]

푸른 산 백 리 길을 들어가니
산언덕이 끊어진 것이 마치 절구통 같은데,
층층 궁전은 도는 바람에 기댄 채
높고도 험하게 계곡 입구에 서 있구나.

신령을 세워 동량을 받치고
푸르름을 뚫어 문과 창을 열었으며,
그 양지에는 영지가 나고
그 음지에는 견우 남두가 자고 있구나.
어지러이 긴 소나무는 거꾸로 매달려 있고
높고 험하며 기이한 바위는 달리는 것 같은데,
애절한 원숭이 한 울음소리에
나그네는 숲속에서 왈칵 눈물 흘린다.

황음하도다, 수나라 황제여
이 궁전 지었으나 지금은 퇴락하였는데,
만약 수나라가 망하지 않았다면
어찌 위대한 당나라의 소유가 되었겠는가.
비록 새롭게 증수하지 않았지만
오히려 관리를 두어 머물면서 지키게 하고는,
그 행차가 요지만큼 멀지는 않지만
그 자취는 화려한 담을 뒤이은 것이었다.

내가 지나는 것은 시국이 위태로운 때이니
우러러보며 오랫동안 탄식하는데,
천자가 태백산에서 머무르고 있으니
말을 멈추고 다시 머리를 긁적인다.

이 시는 지덕 2년 부주鄜州로 가는 도중 구성궁을 들러서 지은 것이다. 구성궁은 인유현麟遊縣에 있었다. 본래 수나라 때 인수궁仁壽宮이었는데, 당 태종이 정관 연간에 다시 수리하여 피서지로 사용하면서 구성궁으로 개명하였다. 이 시에서는 구성궁의 경물을 노래하면서 난리가 일어나게 된 원인을 회고하였다.

> **《보주두시》** 마땅히 지덕 2년에 부주를 지날 때 지은 것이다. 그러므로 시에 말하기를 "천자가 태백산에서 머무르고 있다."라고 하였고 또한 "내가 지나는 것은 시국이 위태로운 때이다."라고 하였다. (當是至德二年經鄜州作. 故詩云天王守太白, 又曰我行屬時危.)

《두시상주》에 인용된 《당서 · 지리지》 구성궁은 봉상부 인유현 서쪽으로 5리에 있다. 본래 수나라 때의 인수궁이었는데, 정관 연간에 개수하여 더위를 피하였으며 이로 인해 이름을 고쳤다. 궁 둘레의 담은 1,800보이고, 원림 및 창고, 관청 등을 아울러 설치하였다. 태종과 고종이 일찍이 행차한 적이 있다.(九成宮在鳳翔府麟遊縣西五里, 本隋仁壽宮, 貞觀間修之以避暑, 因更名焉. 宮周垣千八百步, 幷置禁苑及府庫官寺等, 太宗高宗嘗臨幸.)

주 석

1 崖斷(애단) – 절벽이 깎아지르다. 杵臼(저구) – 절구통. 절벽이 깊으면서도 둥근 것이 마치 절구통과 같음을 형용한 것이다.

《두시경전》에 인용된 장원 주 절구통과 같다는 것은 그것이 깊고 둥글다는 말인데 이는 골짜기 안의 경관이다.(如臼言其深而圓, 是谷中景.)

2 曾宮(층궁) – 여러 층으로 된 궁전. 憑風迴(빙풍회) – 바람이 도는 곳에 의지하고 있다. 더위를 피할 수 있는 곳에 있음을 말한다. 이와 달리 "바람에 기대어 굽이지다."라고 풀이하여 구성궁이 바람 부는 높은 곳에 의지하여 굽이져 있는 모습을 묘사한 것이라고 하는 설도 있다. '迴'는 '迥'으로 된 판본도 있다.

《두시상주》 골짜기 입구에 바람이 돈다고 하였으니 그곳이 더위를 피할 수 있는 곳임을 보여준다.(谷口迴風, 見其可以避暑.)

3 岌嶪(급업) – 높고 험한 모양. 土囊口(토낭구) – 골짜기의 입구. 이 구는 궁전이 골짜기의 입구에 매우 높고 험준하게 세워져 있음을 형용한 것이다.

《두시상주》 '급업'은 높고 험준한 모습이다.(岌嶪, 高峻貌.)

《두시상주》 〈풍부〉에 "바람은 땅에서 일어나서 계곡에서 점차 커졌다가 골짜기 입구에서 매우 거세어진다."라고 하였는데 주에서 "'토낭'은 골짜기 입구이다."라고 하였다.(風賦, 風起於地, 浸淫於溪谷, 盛怒於土囊之口. 注, 土囊, 谷口也.)

#《두시상주》: 구성궁으로부터 서술하기 시작하였다. 산은 높고 궁은 탁 트여 있으니 이것은 멀리서 바라본 형세이다.(從九成宮敍起, 山高宮敞, 此遙望之勢.)

4 立神(입신)－ 신령을 세우다. 扶棟梁(부동량)－ 기둥과 대들보를 받치다. '梁'은 '宇'로 된 판본도 있다. 이 구는 신령스러운 기운이 기둥과 대들보를 받치고 있다는 뜻이다. 신상을 조각하여 건축물을 받치고 있는 것을 묘사한 것으로 보는 설도 있다.

《두시상주》에 인용된 왕연수王延壽 〈노령광전부魯靈光殿賦〉 신령이 그 건물을 받치고 있다.(神靈扶其棟宇.)

5 鑿翠(착취)－ 푸르름을 뚫다. 산에 집을 지은 것을 말한다. 푸른색 벽을 뚫은 것으로 보는 설도 있다. 戶牖(호유)－ 문과 창문.

6 其陽(기양)－ 구성궁의 남쪽으로, 햇빛이 비치는 곳을 뜻한다. 產靈芝(산령지)－ 영지가 산출되다.

7 其陰(기음)－ 구성궁의 북쪽으로, 햇빛이 비치지 않는 곳을 뜻한다. 宿牛斗(숙우두)－ 견우성과 남두성이 자다. 이 구는 구성궁의 북쪽이 견우성과 남두성에 닿을 정도로 높다는 뜻이다.

[其陽 2구]

《두시언해》 위 구는 상서롭다는 것을 말하고 아래 구는 지극히 높다는 것을 말한다.(上句言祥瑞, 下句言至高.)

8 紛披(분피)－ 어지럽게 흩어진 모양. 또는 많이 자란 모양. '披'는 '扶'로 된 판본도 있다. 倒(도)－ '側'으로 된 판본도 있다. 이 구는 큰 소나무가 거꾸로 매달려 어지럽게 자란 모습을 형용한 것이다.

9 揭孽(게얼)－ 지극히 높은 모양. 이 구는 높게 솟은 괴이한 바위가 한쪽으로 기울어져 있는 모습을 형용한 것이다.

《두시상주》 '게얼'은 몹시 가파르고 뾰쪽한 모양이다.(揭孽, 嶄巖貌.)

10 迸(병)－ 왈칵 쏟아지다. 林藪(임수)－ 숲과 소택. 여기서는 구성궁이 있는 숲을 가리킨다.

[哀猿 2구]

《구가집주두시》 조차공 주 궁이 깊은 산중에 있으니 우세남(위징魏徵의 〈구성궁비九成宮碑〉의 잘못)이 말한바 산꼭대기에 궁전을 세우고 깊은 골짜기에 해자를 만들었다는 것이다. 지금 잠시 사용하지 않아 적막하니 깊은 근심의 생각이 있다.(宮處乎深山之中, 虞世南所謂冠山抗殿絶壑爲池者, 今以稍不御而岑寂, 則有愁絶之思矣.)

#《두시상주》: 위 4구는 궁전이 높고 탁 틔였음을 말한 것이고 아래 4구는 옛 자취가 쓸쓸함을 말한 것이다.(上四言殿宇軒豁, 下四言古跡蒼凉.)

11 隋家帝(수가제)－ 수나라의 황제. 여기서는 수나라 문제를 가리킨다.

《두시상주》에 인용된 《자치통감》 수 개황 13년 2월에 기산의 북쪽에 인수궁을 지으라고 조칙을 내렸다. 산을 평평하게 하고 골짜기를 메워 궁전을 지었는데 높은 누대와 층층의 정자가 굽이굽이 서로 이어졌다. 사역을 엄하고 급하게 하여 장정들이 많이 죽었다.(隋開皇十三年二月, 詔營仁壽宮於岐山之北. 夷山堙谷, 以立宮殿, 崇臺累榭, 宛轉相屬. 役使嚴急, 丁夫多死.)

12 頹朽(퇴후)－ 퇴락하다.

13 向使(향사)－ 만약.

14 焉(언)－ 어찌. 巨唐(거당)－ 위대한 당나라. 당나라 왕조를 미화하는 말이다.

15 增修(증수)－ 증축하다.

16 置官(치관)－ 관리를 두다. '置'는 '署'로 된 판본도 있다. 居守(거수)－ 머무르며 지키다.

17 巡(순)－ 천자가 지역을 순방하다. 瑤水(요수)－ 요지瑤池를 가리킨다. 요지는 곤륜산에 있는 못으로 서왕모가 거처하는 곳인데, 일찍이 주나라 목천자가 여기에서 서왕모와 술을 마셨다고 한다. 이 구는 당나라 황제가 이곳에 행차한 것이 주나라 목왕이 요지를 행차한 것만큼 멀리 간 것은 아니라는 뜻이다.

《사기 · 대원열전大宛列傳》 곤륜산은 그 높이가 2천5백여 리인데 해와 달이 서로 피해 숨어서 빛을 내는 곳이다. 그 위에는 예천과 요지가 있다.(崑崙, 其高二千五百餘里, 日月所相避隱爲光明也. 其上有醴泉瑤池.)

《목천자전穆天子傳》 천자가 요지에서 서왕모에게 술을 따라주었다.(天子觴西王母於瑤池之上.)

18 跡(적)－ 자취. 여기서는 당나라 황제의 발자취를 말한다. 雕墻(조장)－ 화려하게 조탁한 담. 궁정을 화려하게 하는 것으로 나라를 망하게 하는 행위를 상징하는 말이다. 後(후)－ 뒤따르다. 답습하다. 이 구는 당나라 황제가 이 화려한 궁전에 행차한 것은 수나라의 황음한 행태를 답습한 것이라는 뜻이다.

《서경 · 오자지가五子之歌》 훈계에 있으니 안으로 여색에 빠지거나 밖으로 사냥질에 빠지거나 술을 즐기고 음악을 좋아하거나 집을 높이 짓고 담을 화려하게 하는 것, 이 가운데 하나만 있어도 망하지 않을 자는 없으리라.(訓有之, 內作色荒, 外作禽荒, 甘酒嗜音, 峻宇彫牆, 有一于此, 未或不亡.)

[巡非 2구]

《구가집주두시》 조차공 주 위(수무 2구)에서 수나라로 인하여 당나라를 경계하였는데 아래(수비 2구)에서 거듭 말하여 경계하였다. 구성궁은 장안과는 또한 멀리 떨어져 있다. 다만 주나라 목왕의 요지에 비하면 멀지 않을 뿐이다. 그래서 "그 행차가 요지만큼 멀지는 않다."라고 하였다. 그러나 높은 집과 화려한 담은 다섯 공자가 경계한 것으로 망하지 않을 자가 없다고 여겼던 것이다. 그런데도 여전히 뒤에서 그 자취를 답습할 수 있겠는가? 이것은 당나라가 수나라의 뒤를 답습하고 있음을 가리켜 말한 것이다.(上言因隋以鑒唐也, 下復申言以箴之. 其去長安, 則亦遠矣. 特比周穆王之瑤池爲不遠也. 故言巡非瑤水遠. 然峻宇雕墻, 五子之所戒, 以爲未或不亡者, 而乃可襲其迹於後乎. 此指言唐襲隋後也.)

#《두시상주》: 이 단락은 일을 서술한 것이다. 구성궁이 두 조대에 걸쳐 있음을 말하였으니 "은나라 거울이 멀리 있지 않다."라는 뜻이 들어 있다.(此段敍事. 言宮歷兩朝, 有殷鑒不遠之意.)

19 行(행) – '來'로 된 판본도 있다. 屬(촉) – 바로 ~할 때이다. 이 구는 두보 자신이 지금 여기에 온 것이 마침 시국이 위태로운 때라는 뜻이다.

20 天王(천왕) – 천자. 숙종을 가리킨다. 守(수) – 머무르다, 순수하다. '지키다'의 뜻으로 보는 설도 있다. '狩'로 된 판본도 있다. 太白(태백) – 봉상부에 있는 태백산을 가리킨다. 태백성으로 보는 설도 있으나 옳지 않다. 이 구는 숙종이 태백산 아래의 임시 행재소에 머무르고 있었다는 말이다.

《보주두시》 황희 주 태백산은 봉상부 부현에 있다. '천왕'은 숙종을 이른 것이다.(太白山在鳳翔府郿縣, 天王謂肅宗也.)

《구가집주두시》 조차공 주 '수守'는 '수狩'의 뜻이다. 《춘추》에 "天王狩于河陽"이라는 말이 있는데 《곡량전》에서는 이 글자(守)를 사용하고 있다. '태백'은 산의 이름이다. '수'의 뜻은 바로 숙종이 봉상에 있다는 말이다. 옛 주에서는 인용을 잘못하여 '순수하다'를 '지키다'로 여기고 태백산을 태백성으로 여겼다.(守者, 狩也. 春秋, 天王守(狩의 오류)于河陽, 穀梁用此字也. 太白, 山名. 守之爲義, 正言肅宗在鳳翔也. 舊注引誤以狩爲守, 以太白山爲太白星矣.)

21 搔首(소수)— 머리를 긁다. '搔'는 '回'로 된 판본도 있다. 이 구는 마음 아파하며 머뭇거리는 것을 말한다.

《두공부초당시전》 두보가 말을 멈추고 머리를 긁는 것은 아마도 두 경사를 아직 회복하지 못한 것을 마음 아파하기 때문일 것이다. 또한 《시경 · 서리》편의 "머뭇거리며 차마 떠나지 못한다."의 뜻이다.(甫駐馬搔首, 蓋傷兩京之未復. 亦黍離詩, 彷徨不忍去之意也.)

#《두시상주》: 마지막 단락은 정을 쓴 것이다. 옛 궁전을 대하고 새로운 임금을 생각하면서 흥망에 대한 무한한 감개를 머금고 있다.(末段敍情, 對故宮而念新君, 含無限興亡之感.)

##《독두심해》: 부주로 돌아가는 길에 지은 것으로 기행시체이다. 전반은 궁전이 웅장하고 화려하게 지어진 것을 기술하였는데, '애원' 2구는 바로 윗부분을 매듭짓고 아랫부분을 끌어내는 글이다. 후반은 궁전의 내력을 분명하게 서술하면서 의론을 끼워 넣었다. 이미 사치스럽게 지어진 것을 아파하고, 다시 위기의 실마리를 개탄하였다. 아파한 것은 궁전에서 느낀 것이고 개탄한 것은 길을 가다가 느낀 것이니, 한 번은 시제에 나아간 것이고 한 번은 시제에서 떨어진 것이다.(歸鄜途經所作, 是紀行詩體. 前半記宮制之壯麗, 而哀猿二句, 乃束上引下之文. 後半明敍來歷, 夾入議論. 旣傷荒製, 復慨危端. 所傷就宮上生發, 所慨由在途興感, 一卽一離.)

(박석 · 최석원)

65. 玉華宮
옥화궁

溪迴松風長[1]　蒼鼠竄古瓦[2]　不知何王殿[3]　遺構絶壁下[4]
陰房鬼火靑[5]　壞道哀湍瀉[6]　萬籟眞笙竽[7]　秋色正蕭灑[8]
美人爲黃土　況乃粉黛假[9]　當時侍金輿[10]　故物獨石馬[11]
憂來藉草坐　浩歌淚盈把　冉冉征途間[12]　誰是長年者[13]

시내 굽이져 솔바람 길게 불고
쥐는 옛 기와에 숨는다.
어느 왕의 궁전인지 모르지만
절벽 아래에 옛 건물이 남아 있다.
어두운 방에는 도깨비불이 푸르고
망가진 길에는 슬픈 여울이 세차다.
주변의 온갖 소리 참으로 생황을 부는 듯하고
가을빛은 바야흐로 깨끗하다.

미인도 누런 흙이 되었거늘
하물며 빌려 쓴 분과 눈썹먹임에랴.
당시에는 금수레를 모셨을 터인데
옛 물건은 말 석상뿐이라.
시름에 겨워 풀을 깔고 앉아서
크게 노래하니 눈물이 손에 가득하다.

흘러 흘러 가는 길에서
누가 길이 살 사람이리오.

이 시는 두보가 지덕 2년 부주로 갈 때 옥화궁 터를 지나며 지은 것이다. 옥화궁은 당 태종이 방주 의군현에 피서의 목적으로 지은 궁전이었는데 고종 때 폐하여 옥화사로 만들었다고 한다.

《보주두시》 《당서·지리지》에는 정관 21년 방주 의군현의 봉황곡에 옥화궁을 지었다고 하였고 《당회요》에는 "(정관) 21년 7월 12일 궁전을 지어 옥화전이라고 하였다."라고 하였다. 태종에게는 〈옥화궁명〉이 있다. 공이 지덕 2년 부주로 갈 때 지은 것이다.(唐志, 貞觀二十一年建玉華宮於坊州宜君縣之鳳凰谷. 會要云, 二十一年七月十二日造殿, 曰玉華殿. 太宗有玉華宮銘. 公至德二載往鄜時作.)

《두시상주》 《구당서》에 의하면 정관 21년 7월에 옥화궁을 지었는데, 옥화궁의 규모는 힘써 간소하게 하고 또 허름하게 하라고 조칙을 내렸다. 22년 조칙에서는 "시내에다가 해자를 소통시키고, 바위에 의지하여 건물을 짓되 흙은 문양이나 그림을 그리지 말고 나무는 조각하지 말라. 짐승 문양의 장식이 있는 대문은 섶나무 문으로 고치고 비단 창문은 항아리 창으로 바꾸라."라고 하였다. 《지리지》에 의하면 정관 20년에 옥화궁을 설치하였는데 방주 의군현 북쪽 7리 떨어진 봉황곡에 있었으며 영휘 2년에 폐하여 옥화사로 만들었다. 《환우기》에 의하면 폐기된 옥화궁은 방주 의군현 서쪽 40리에 있었으며 정관 17년에 설치하였다. 정전은 기와로 덮었고 나머지는 모두 띠풀로 지붕을 이었다. 당시에는 청량함이 구성궁보다 낫다고 여겼다.(舊唐書, 貞觀二十一年七月, 作玉華宮, 詔玉華宮制度, 務從菲薄, 更令卑陋. 二十二年詔曰, 卽澗疏隍, 憑巖建宇, 土無文繪, 木不雕鏤, 矯鋪首以荊扉, 變綺窗於甕牖. 地理志, 貞觀二十年置玉華宮, 在坊州宜君縣北七里鳳凰谷, 永徽二年, 廢爲玉華寺. 寰宇記, 廢玉華宮, 在坊州宜君縣西四十里, 貞觀十七年置. 正殿覆瓦, 餘皆葺茅. 當時以爲淸涼勝於九成宮.)

주 석

1 溪(계) – 시내. 옥화궁 앞을 흐르는 양록계釀醁溪라는 설이 있다. 迴(회) – 굽이지다. 휘감아 흐르다. '逥'으로 된 판본도 있다.

《보주두시》 매요신이 말하기를 "부견의 무덤이 여기에 있었고 궁 앞에는 양록이라는 시내가 있었다."라고 하였다. 아마도 시내의 빛깔이 술 빛깔처럼 푸르다는 뜻일 게다. 시내가 굽이졌다는 것은 멀리 돌아 흐른다는 말이다. 멀리 돌아 흐르기 때문에 솔바람이 쉬지 않고 불어오는 것이다.(梅曰苻堅墓在此, 宮前有溪曰釀醁, 蓋取溪色如酒色之碧也. 溪回言回遠也. 惟回遠故松風不歇.)

2 蒼鼠(창서) – 쥐. '창'은 희끗희끗하다는 말로 '창서'는 쥐의 일종이다. 竄(찬) – 숨다.

3 不知(부지) 구 – 어느 왕의 궁전인지 모르겠다. 옥화궁은 당 태종이 지은 것인데 두보가 어느 왕의 궁전인지 모르겠다고 한 것은 풍자의 의도가 깔린 것이다. 한편 옥화궁 앞에는 진대晉代 오호십육국 중 전진前秦의 왕이었던 부견苻堅의 묘가 있었다고 하며, 옥화궁은 부견이 지은 것으로 보기도 한다.

《두공부시집집주》 살펴보건대 옥화궁은 정관 연간에 지어졌으니 두보가 살던 시대와는 겨우 백 년의 차이 밖에 나지 않는다. 그런데 '어느 왕의 궁전인지 모르겠다'고 하였으니 학자들이 그것에 의혹을 품었다. 조차공은 두보가 태종을 위해 그 사실을 드러내는 것을 피하였다고 하였는데 그 설은 우원한 것 같다. 내 생각에 옥화궁은 오래전 폐하여 절이 되었고 《고승전》에는 현장이 일찍이 여기서 불경을 번역하였다고 하였으니 구성궁에 관을 두어 거주하며 지킨 것과는 다르다. 그렇기 때문에 사람들이 모두 어느 왕의 궁전이었는지 몰랐던 것이지 두보가 참으로 그 자취를 몰랐던 것은 아니다.(按, 玉華宮作於貞觀年間, 去公時僅百載, 而乃云不知何王殿, 學者惑之. 次公謂, 公爲太宗諱, 其說似迂. 余意玉華宮久廢爲寺. 高僧傳載, 玄奘常於此譯經, 與九成之置官居守者不同, 故人皆不知爲何王之殿, 非公眞昧其跡也.)

《독두심해》 분명히 당나라 때 지은 것인데 '어느 왕(의 궁전)인지 모르겠다'고 한 것은 바로 선대에서 궁을 비루하게 한 유지에 자손에게는 삼가 계승함에 부끄러움이 있기 때문이다. 만약 정관의 검소함을 분명하게 말하면 천보의 사치를 밝히 드러내는 것이 된다. 게다가 본조의 옛 건물이 하루아침에 황량하게 되었으니 또한 차마 말할 수 없는 것이 있다. 주학령은 궁전이 폐지되어 절이 되었으므로 그 지방 사람들이 알지 못한 것이라고 하였는데 그 지방 사람들이 어찌 모를 리가 있겠는가? (이는) 또한 본래 의미를 모르는 것이 아니겠는가? 시의 마지막에 '누가 길이 살 사람이리오'라는 한탄은 단지 이 시만 읽으면 죽음을 슬퍼하는 것에 불과하지만 앞 시(〈구성궁九成宮〉)와 함께 읽으면 여전히 시절의 쇠퇴에 대하여 눈물을 흘리는 것이니, '누가'라고 말한 것은 자신과 세상이 다 해당된다.(明是唐時所建, 而曰不知何王, 正以先世卑宮遺意, 子孫有愧敬承. 若明言貞觀之儉, 則顯形天寶之奢矣. 而況本朝舊物, 一旦荒凉, 又有不忍言者也. 朱氏以爲宮廢爲寺, 土人不知. 土人豈有不知之理, 不亦闇於本意歟. 篇末誰是長年之感, 單讀本篇, 不過傷心物化. 合觀前首, 仍然隕涕時衰. 曰誰是, 身世俱該.)

《구가집주두시》 조차공 주 이 궁은 방주 의군현에 있었는데 정관

20년 태종이 지은 것이다. 당초 정관 17년에는 주가 폐지되고 현 역시 줄였다. 그 뒤 의군궁 때문에 다시 현을 설치하고 옹주에 예속시켰다. 다음 해 궁이 완성되자 또 늘상 의군현의 조세를 감면해주고 현의 사람들 가운데 옥화궁 원에서 옮겨 온 사람들의 부세와 요역을 면제하여 주었다. 뒤에 고종 영휘 2년에는 이를 폐지하여 절로 만들었다. 지금 시에 '어느 왕의 궁전인지 모르지만 절벽 아래에 옛 건물이 남아 있다'고 한 것은 어째서인가? 여기에는 아마도 시인의 깊은 뜻이 있는 것 같다. 태종은 궐내가 답답하고 더운 것을 싫어하여 종남산 위에다 태화궁을 짓고 취미라고 고쳐 불렀으며 산을 에워싸서 동산을 만들었다. 그 뒤 얼마 안 가서 다시 옥화궁을 짓는 사역을 일으켰다. 2월 을해일에 (옥화궁으로) 행차하였다가 10월 계축일에서야 다시 돌아왔다. 태종은 창업의 군주이고 정관은 잘 다스려지던 시대인데 건물을 지음으로 사람들을 수고롭게 하고 재물을 소비하며 행궁에서 시무時務를 폐하고 일락을 즐겼으므로 시인은 그 사실을 드러내는 것을 피하여 '어느 왕의 궁전인지 모르겠다'고 말한 것이다. 《신당서 · 서현비전》을 살펴보건대 서혜비徐惠妃는 일찍이 "취미, 옥화 등의 궁이 비록 산수에 의지하여 건축의 수고가 없다지만 백성들의 노동력을 고용함에 번거로움이 없다고는 할 수 없다. 도가 있는 군주는 편안함으로 남을 편안하게 하고 무도한 군주는 즐거움으로 자신을 즐겁게 한다."라고 하였으니 공의 속뜻을 알 수 있다.(此宮在坊州宜君縣, 貞觀二十年太宗所作也. 初, 貞觀十七年, 州廢, 縣亦省. 其後以宜君宮復置縣, 隸雍州. 次年, 宮成, 又常赦宜君, 給復縣人之自玉華宮苑中遷者. 後於高宗永徽二年廢之爲寺. 今詩有云不知何王殿, 遺構絶壁下, 何也. 此蓋詩人深意也. 太宗厭禁內煩熱, 營太和宮終南之上, 改曰翠微, 籠山爲苑. 其後未幾, 復興玉華之役. 自二月乙亥遊幸, 至十月癸丑而復返. 太宗創業之主, 貞觀習治之世, 勞人費財於營建, 廢時逸豫於離宮, 故詩人諱之曰不知何王殿也. 按徐賢妃傳, 妃嘗言翠微玉華等宮, 雖因山藉水, 無築架之苦, 而工力和

儆, 不謂無煩. 有道之君, 以逸逸人, 無道之君, 以樂樂身. 則公之微意可見矣.)

《두억》 주에서는 《당서 · 지리지》를 인용하였는데, 필시 당의 궁전은 아니라는 것은 '어느 왕(의 궁전)인지 모르겠다'는 말을 보건대 자명해진다. 아마도 부견이 지은 것일 것이다. 이 때문에 시인이 궁전으로 인하여 그의 무덤을 언급한 것이다.(注引唐志, 必非唐之宮殿, 觀不知何王語自見. 恐卽苻堅所造, 故作詩者因宮殿而及其墓也.)

4 遺構(유구) – 옛 건물. 남아 있는 건물.

5 鬼火(귀화) – 도깨비불.

《두공부초당시전》 '귀화'는 도깨비불이다. 사람의 피가 땅을 더럽혀 도깨비불이 된다.(鬼火, 燐也. 人血汚地爲燐也.)

6 哀湍瀉(애단사) – 슬픈 여울물이 매우 빠르게 흐르다.

7 萬籟(만뢰) – 계곡의 물소리, 바람 소리 등 자연에서 나는 온갖 소리. 笙竽(생우) – 생과 우. 우 역시 생과 유사한 악기이다. '竽瑟'로 된 판본도 있다.

8 秋色(추색) – 가을빛. '色'은 '氣'로 된 판본도 있고 '光'으로 된 판본도 있다. 正(정) – '極'으로 된 판본도 있다. 蕭灑(소쇄) – 시원스럽다.

#《두시상주》: 첫 단락은 옛 궁전의 처량함을 기술하였다. '솔바람'은 청각에 속하고 '쥐'는 시각에 속한다. '도깨비불'은 시각에 속하고 '슬피 우는 여울'은 청각에 속한다. '온갖 소리'는 청각에 속하고 '가을빛'은 시각에 속한다.(首記舊宮凄涼. 松風屬聞, 蒼鼠屬見, 鬼火屬見, 哀湍屬聞, 萬籟屬聞, 秋色屬見.)

9 粉黛假(분대가) – 미인이 빌려 쓴 분이나 눈썹먹. 이와 달리 순장된 나무 인형을 가리킨다는 설도 있다.

《두시상주》에 인용된 소보邵寶 주 '분대가'란 순장한 나무 인형을 말한다.(粉黛假, 謂殉葬木偶人也.)

10 金輿(금여) — 금수레.

11 石馬(석마) — 돌로 조각한 말. 무덤 앞에 서 있는 말 석상을 말한다.

[美人 4구]

《두시상주》 조차공은 "당시에 반드시 임금의 수레를 따르던 미인으로 죽어 궁 곁에 장사 지낸 이가 있었기 때문에 그것을 언급한 것이다."라고 하였다. 매요신은 "옥화궁 부근에 진 부견의 묘가 있다."라고 하였다.(趙曰, 當時必有隨輦美人, 歿葬宮旁, 故及之. 梅聖兪曰, 玉華宮近有晉苻堅墓.)

12 冉冉(염염) — 지나가는 모양. 바쁜 모양. 征途(정도) — 가는 길. 인생길을 비유한다.

13 長年者(장년자) — 길이 살 사람.

#《두시상주》: 이 단락에서는 남겨진 자취를 생각하면서 슬픔을 더하고 있다. 즉 미인이 죽어간 것을 바라보니 누구라서 길이 세상에 살 사람이겠는가? 그저 인생길에서 흘러흘러 가겠지! 이리하여 느낌이 일어 탄식한 것이다. 위 시(〈구성궁〉)는 난리를 슬퍼하는 것으로 맺고 있는데 이 시는 늙음을 걱정하는 것으로 맺고 있다.(此撫遺跡而增慨也. 卽觀美人物化, 孰是長年住世者, 乃冉冉征途間乎, 所以有感而歎息耳. 上章以傷亂作結, 本章以憂老作結.)

##《독두심해》: 앞 8구는 폐기된 궁을 직접 묘사하는 것으로 시작하여 차가운 빛이 사람에게 다가든다. 뒤의 8구는 옛 자취를 생각하며 감개를 더하고 있다. …… 〈구성궁〉과 〈옥화궁〉은 마음 씀이 각각 다르다. 하나는 수나라 때에 지어진 것이기 때문에 내력을 분명히 기록하여 '진나라의 경우를 빌려 교훈으로 삼은' 뜻이 있고 하나는 당 초기에 지어진 것이기 때문에 차마 대놓고 말하지 못하고 (〈서리〉

시의) '기장 더부룩한 데 길을 가는' (망국을 슬퍼하는) 생각이 있다. 또한 전자는 태만한 군주를 이어 일을 계승한 경우이기 때문에 성한 것에서부터 쇠한 것을 언급하여 뜻에 돌이켜 생각하는 감상이 담겨있지만, 후자는 덕을 검소하게 했는데도 끝내 폐지된 경우이기 때문에 쇠함으로 인하여 감흥을 일으켜 눈물이 눈앞에 뿌려진 것이다.(前八直寫廢宮起, 冷色逼人. 後八撫跡增慨. …… 九成玉華, 用意各別, 一爲隋代所建, 故明誌來歷, 有借秦爲喩之意. 一爲國初所作, 故不忍斥言, 有黍離行邁之思. 又彼承荒主而踵事也, 故由盛及衰, 意存追感. 此則儉德而終廢也, 故因衰起興, 淚灑當前.)

《두억》: 주에서는《당서 · 지리지》를 인용하였는데, 필시 당의 궁전이 아니라는 것은 "어느 왕(의 궁전)인지 모르겠다."라는 말을 보건대 자명해진다. 아마도 부견이 지은 것이리라. 그래서 시인이 궁전으로 인하여 그의 무덤을 언급한 것이다. '온갖 소리가 생황 같다', '가을빛이 깨끗하다'는 말은 옛날을 생각하는 가운데 갑자기 삽상한 말을 집어넣어 독자로 하여금 보는 느낌을 바꾸게 한 것이지만 그 처참함을 증가시키게 되었을 뿐이다. '미인'은 바로 '당시에 금수레를 모시던' 자이다. 미인은 분과 눈썹 그리는 것을 빌려 아름다운 법인데 미인이 이미 황토가 되었으니 하물며 분과 눈썹같이 원래 가식인 것이야 지금 어디에 남아 있겠는가? 당시의 옛 물건 가운데 다만 돌로 조각한 말만이 남아 있을 뿐이니 바로 이로써 사람들의 호색에 대한 미혹을 깨버렸다. 난세에는 목숨을 보전하기가 어려운 까닭에 "흘러 흘러 가는 길에서 누가 길이 살 사람이리오."라고 하였으니 이것을 읽으면 눈물을 흘릴 만하다.《옹기》에 또한 "당 태종은 여기에 피서하여 이 때문에 옥화궁을 지었다."라고 하였는데 역시 잘못 전해진 것인 것 같다. 조차공은 "정관 20년 태종이 지은 것이다. 태종은 궐내가 답답하고 더운 것을 싫어하여 종남산 위에다 태화궁을 지었고 그 뒤에 다시 옥화궁을 짓는 사역을 일으켜 2월 을해일에 (옥화궁으로) 행차하였다가 10월 계축일에서야 돌아왔다. 태종은 창업의 군주로 사람들을 수고롭게 하고 재물을 낭비하여 시무를 폐하고 일락을 즐겼으므로 시인은 그 사실을 드러내는 것을 피하여 '어느 왕의 궁전인지 모르겠다'고 말한 것이다."라고 하였다. 그 말은 확실히 근거가 있지만 '어느 왕인지 모르겠다'는 말은 충후한 말뜻이 아닌 것 같으며 '미인황토' '고물석마'라고까지 말한 것은 모두 신하가 차마 말할 수 있는 바가 아니다. 이것은 아직도 해결되지 않은 의문이다.(注引唐志, 必非唐之宮殿, 觀不知何王語自見. 恐卽苻堅所造, 故作詩者因宮殿而及其墓也. 萬籟笙竽, 秋色蕭灑, 弔古中忽入爽語, 令人改觀, 然適以增其慘悽耳. 美人乃當時侍金輿者. 美人借粉黛而美, 美人已爲黃土, 況粉黛原是假飾, 今安在乎. 當時故物, 止石馬在耳, 正以破人好色之迷. 亂世難于全生, 故云冉冉征途間, 誰是長年者, 讀之可涕. 雍記亦云, 唐太宗避暑于此, 因建玉華宮. 似亦相傳之誤. 趙云, 貞觀二十年太宗所作. 太宗厭禁內煩熱, 營太和宮終南之上. 其後復興玉華之役, 自二月乙亥遊幸, 至十月癸丑而返. 太宗創業之主, 勞人費財, 廢時逸豫, 故詩人諱之曰不知何王殿也. 其言鑿鑿有據, 然不知何王, 似非忠厚語意. 說到美人黃土, 故物石馬, 俱非臣子所忍言. 此猶不決之疑也.)

(이석형)

66. 羌村三首
강촌 3수

崢嶸赤雲西[1] 日脚下平地[2] 柴門鳥雀噪[3] 歸客千里至[4]
妻孥怪我在[5] 驚定還拭淚[6] 世亂遭飄蕩[7] 生還偶然遂
隣人滿牆頭[8] 感歎亦歔欷[9] 夜闌更秉燭[10] 相對如夢寐[11]

높고 높은 붉은 구름 서쪽에서
햇발이 평지로 내리비칠 때,
사립문에 새들이 시끄럽게 지저귀는 것은
나그네가 천 리 멀리서 돌아와서라.

아내와 아이들은 내가 살아 있음을 의아해하다가
놀란 가슴 가라앉히고는 또 눈물을 닦는다.
세상이 어지러워 이곳저곳 떠돌게 되었으니
살아서 돌아옴은 우연히 이루어진 것이다.
이웃 사람들이 담장 머리에 가득 모여
한탄하다가 흐느껴 울기도 한다.
밤이 다할 무렵 다시 촛불을 잡고서
서로 마주하고 보니 꿈만 같구나.

이 시는 두보가 지덕 2년에 황제의 허락을 받아 가족을 만나러 부주鄜州로 갔을 때 지은 것이다. '강촌'은 부주에 있던 마을 이름으로 두보의 가족들이 난을 피해 잠시 기거하던 곳이다. 제1수에서는 전란 속에서 어렵게 돌아와 가족을 다시 만난 기쁨을 말하면서 이웃들이 이런 상황을 안타깝게 바라보는 광경을 묘사하였다. 제2수에서는 재회의 기쁨도 잠시뿐이고 다시 헤어질 두려움과 앞날의 생계에 대한 걱정 때문에 힘들어하며 잠시 술로 시름을 풀려고 하는 심사를 표현하였다. 제3수에서는 어려운 상황에서 술을 정성껏 챙겨 자신을 위로하러 온 동네 어른들에게 노래로 화답하면서 모두 탄식에 젖는 모습을 형용하였다. 도연명 시를 연상시키는 질박한 시풍으로 가족과의 재회의 정경과 이웃들의 모습을 그림이 그려지듯 묘사하여 널리 애송되고 있다.

> **《보주두시》** 이 시는 마땅히 지덕 2년 가을 부주에 도착했을 때 지은 것이다.(此詩當在至德二載秋至鄜時作.)
> **《두공부초당시전》** 《부주도경》에 의하면 부주의 치소는 낙교현이고, 강촌은 낙교현에 있던 마을이다.(鄜州圖經, 州治, 洛交縣, 羌村, 洛交村墟.)
> **《독두심해》** 이곳은 두보가 가족들을 잠시 머물게 했던 곳이다.(此當卽子美寓家處耳.)

주 석

1 峥嶸(쟁영) – 산이 높은 모양. 여기서는 구름이 높다랗게 솟아있는 모양을 뜻한다. 赤雲(적운) – 붉은 구름. 석양빛을 받아 붉게 물든 구름을 뜻한다.

2 日脚(일각) – 구름 사이를 뚫고 아래로 내려 비치는 햇살.

3 鳥雀(조작) – 참새와 같은 작은 새들. 《두시상주》에서는 '鳥鵲'으로 해야 한다고 하였지만 《독두시설》에서는 견강부회라고 하였다. 噪

(조) – 시끄럽게 지저귀다.

4 歸客(귀객) – 돌아온 나그네. 두보 자신을 가리킨다. '客子'로 된 판본도 있다.

[柴門 2구]

《독두시설》 《두시상주》에서는 "'雀'은 '鵲'으로 해야 한다. 육가의 《신어》에 '까치가 시끄럽게 지저귀니 먼길 갔던 사람이 돌아온 것이다'는 말이 있다."라고 하였지만, 지금 살펴보건대 '鳥雀'은 일상적인 용어로 두보가 시에서 많이 사용하고 있다. 예를 들어 '조작훤호유', '조작황촌모', '일장유조작', '조작취지심', '득식계전조작순', '상궁조작기' 등이 있다. 굳이 아래 구절에 끌어다 붙여서 《신어》를 인용하여 글사를 바꾼다면 다른 시구들에 대해서는 어떻게 해석하겠는가? 또 필시 '鳥雀' 자를 '乾鵲'으로 한꺼번에 고쳐야 합당할 것이다.(注, 雀當作鵲, 陸賈新語, 乾鵲噪而行人至. 今按鳥雀常語, 公詩多用之. 如鳥雀喧戶牖, 鳥雀荒村暮, 日長惟鳥雀, 鳥雀聚枝深, 得食階前鳥雀馴, 傷弓鳥雀飢. 必附會下句, 引新語改字, 則于他句作何解. 且必並鳥雀字改乾鵲, 方合.)

《두시언해》 '조작조'는 해가 저물어 깃들려는 새들이 지저귀고 두보가 때마침 집에 온 것을 말한다.(鳥雀噪, 言日暮棲鳥呼噪, 而甫適來家也.)

#《두시상주》: 이 단락은 나그네가 막 집에 도착하여 기뻐하는 것이다. 《두억》에서 "황량한 시골의 저녁 풍경을 그림처럼 모사하였다."라고 하였다.(此旅人初至家而喜也. 杜臆, 荒村晚景, 摹寫如畫.)

5 妻孥(처노) – 아내와 자식. 怪我在(괴아재) – 내가 살아 있는 것을 괴이하게 여기다. 이미 죽었을지도 모른다고 생각했던 두보가 살아 돌아온 것에 놀라는 것을 말한다.

6 驚定(경정) – 놀랐던 감정이 가라앉다. '定'은 '走'로 된 판본도 있다.

還(환) – 다시. 拭淚(식루) – 눈물을 닦다.

7 遭(조) – 만나다. 당하다. 飄蕩(표탕) – 이곳저곳을 떠돌아다니다. 이 구는 두보가 난리를 만나 각지를 떠돈 것을 말한다.

8 牆頭(장두) – 담장의 윗부분. 담장 머리.

9 歔欷(허희) – 흐느껴 울다.

《두시언해》 '허희'는 슬피 우는 소리이다.(歔欷, 悲泣之聲.)

10 夜闌(야란) – 밤이 다하려고 하다. 更(갱) – 다시. 秉燭(병촉) – 촛불을 잡고 비추다. 이 구는 밤이 다하도록 촛불을 켜고 이야기한 것을 말한다.

《두시상주》에 인용된 육유陸游 주 밤이 깊었으니 당연히 잠을 자야 하는데도 다시 촛불을 잡았다는 것은 오랜 객지 생활에서 돌아온 것을 기뻐하는 뜻을 보여준다. 《냉재야화》에서는 ('更'을) 평성으로 읽으면서 '바꿔 가며 촛불을 잡는다'는 뜻이라고 하였는데 옳지 않다.(夜深宜睡而復秉燭, 見久客喜歸之意. 冷齋讀平聲, 謂更換執燭, 未然.)

11 夢寐(몽매) – 자며 꿈을 꾸다.

#《두시상주》: 이 단락은 슬픔과 기쁨이 교차하는 모습을 적고 있다. 가족들이 갑자기 두보를 보게 되어 놀라고, 이웃 사람들이 멀리서 바라보며 가엾게 여기니 상황을 말한 것이 매우 핍진하다. 뒤의 두 수도 모두 여기에서 발단하고 있다. 난리 뒤에 홀연히 돌아와 졸지에 의아해하면서 놀란다고 하였으니 귀신인지 사람인지 의심하게 된다는 뜻이 담겨 있다. '우연수'는 죽음을 막 요행히 모면했다는 뜻이다. '여몽매'는 살아 있는 것이 아직도 현실이 아닌가 걱정하는 것이다. 사공서의 시(〈운양관여한신숙별雲陽館與韓紳宿別〉)에서 "갑자기 보니 도리어 꿈인가 의심스러운데, 서로 슬퍼하며 각기 나이를 묻는

다.”라고 한 것은 두보의 구절을 쓴 것이다. 진사도陳師道의 시(〈시삼자示三子〉)에서 “분명 꿈이 아님을 아는데, 문득 내 마음은 안정되지 않는다.”는 두보의 시어를 번안한 것이다.(此記悲歡交集之狀. 家人乍見而駭, 隣人遙望而憐, 道出情事逼眞. 後二章, 俱發端於此. 亂後忽歸, 猝然怪驚, 有疑鬼疑人之意. 偶然遂, 死方幸免. 如夢寐, 生恐未眞. 司空曙詩, 乍見翻疑夢, 相悲各問年, 是用杜句. 陳後山詩, 了知不是夢, 忽忽心未穩, 是翻杜語.)

##《독두심해》: 구조오는 “나그네가 막 집에 이르러 기뻐하는 것이다.”라고 하였다. 앞 4구는 경물이 진실하고, 뒤 8구는 감정과 일이 진실하다. 《두억》에서 이르길 “집의 편지가 왕래하여 양쪽이 다 살아 있음을 이미 알고 있지만, 바로 양쪽이 서로 대면한 이후에야 믿을 수 있으니 이는 난세의 실제 상황이다.”라고 하였다. 내가 살펴보건대 이웃 사람들이 한탄한다는 말은 생생하게 표현한 것이 좋고, 촛불을 잡으니 꿈만 같다는 말은 다시 의심하는 표현이 좋다. 두보는 무릇 기쁜 감정을 묘사할 때면 필시 눈물을 수반해서 묘사하기에 그 감정이 더욱 진지하다.(仇云, 旅人初至家而喜也. 前四, 景眞, 後八, 情事眞. 杜臆云, 家書往來, 已知兩存矣. 直至兩相對面而後信, 此亂世實情也. 愚按, 鄰人感歎, 生發好. 秉燭如夢, 復疑好. 公凡寫喜, 必帶淚寫, 其情彌摯.)

其二

晚歲迫偸生[1] 還家少歡趣[2] 嬌兒不離膝[3] 畏我復却去[4]
憶昔好追涼[5] 故繞池邊樹[6] 蕭蕭北風勁[7] 撫事煎百慮[8]
賴知禾黍收[9] 已覺糟床注[10] 如今足斟酌[11] 且用慰遲暮[12]

만년에 구차한 삶에 쫓기니
집에 돌아와도 기쁨이 적다.
귀여운 애들은 무릎을 떠나지 않다가
내가 무서운지 다시 물러난다.
생각건대 예전에는 시원한 바람 쐬는 것을 좋아하여
일부러 연못가 나무를 맴돌곤 하였는데,
지금은 쌀쌀한 북풍이 거세진 속에
이런저런 일을 생각하며 온갖 시름에 가슴 태운다.

다행히 쌀과 기장을 수확한 줄 알기에
벌써 주자틀에서 술 쏟아지는 모습이 느껴지네.
이제 술 마시는 일이 충족되었으니
잠시 이것으로 노년을 위로하리라.

주 석

1 偸生(투생) – 삶을 훔치다. 구차하게 살다. 겨우 목숨을 부지하는 것을 뜻한다.

《두시상주》 군영에서 잠시 돌아왔기에 '삶을 훔쳤다'고 말한 것이다.(軍壘暫歸, 故云偸生.)

2 歡趣(환취) – 즐거운 흥취. 이 구는 가족들과 재회했지만 여전히 근심이 가시지 않는 것을 말한다.

《두공부초당시전》 지금 집에 돌아오긴 했지만 조정의 휴가 기간에 여전히 매여 있는 몸이기에 다시 조정으로 돌아가야 한다는 것을 말한다.(謂今還家, 猶爲朝假所拘, 須當還朝也.)

3 嬌兒(교아)－ 사랑스런 아이. 여기서는 두보의 자식들을 말한다.

4 却去(각거)－ 뒤로 물러나다. '떠나가다'로 풀이하는 설도 있다.

[嬌兒 2구] 오랜만에 아버지를 만나 자식들이 반가움에 다가왔다가도 낯선 느낌이 들어 겁을 먹고 뒤로 물러난다는 뜻이다. 이와 달리 자식들이 두보의 곁을 떠나지 않으며 아버지가 조정으로 돌아가면 다시 헤어지게 될까 두려워하는 모습으로 보는 설도 있다.

《두시해杜詩解》 사랑스런 자식들은 생각이 매우 영활하고 안목이 심히 예리하여 아버지가 돌아온 것이 본의가 아니라는 것을 일찌감치 알았다. 그래서 무릎 주위를 맴돌며 달래어 머물게 하다가도 아버지가 다시 떠날까 두려워하는 것이다.(嬌兒心孔千靈, 眼光百利, 早見此歸不是本意. 于是繞膝慰留, 畏爺復去.)

5 好(호)－ 좋아하다. '多'로 된 판본도 있다. 追凉(추량)－ 서늘한 기운을 쫓다. 더위를 피하는 것을 뜻한다.

6 故(고)－ 일부러. 繞(요)－ 맴돌다.

7 蕭蕭(소소)－ 쌀쌀하게 바람이 부는 소리.

《두시언해》 '소소'는 바람이 부는 소리이다.(蕭蕭, 風吹聲.)

8 撫事(무사)－ 일을 생각하다. 앞으로 살아갈 일을 생각하다. 또는 지난 일을 생각하는 뜻으로 보기도 한다.

[憶昔 4구] 전에 강촌에 처음 왔을 때는 한가로이 연못가 나무 그늘에서 피서를 하곤 하였는데, 지금은 어느새 겨울이 닥쳐 여러 가지 걱정을 하게 되었다는 것을 말한다. 난리로 세태가 변했음을 암시하는 것으로 보는 설도 있다.

《두공부초당시전》 이전에 한가롭게 지낼 때는 늘 연못가 나무 주위를 맴돌면서 더위를 피했는데, 지금 돌아오니 찬바람이 불어 나뭇잎이 떨어져 옛날에 보던 모습과 사뭇 다르다. 그러기에 지난 일을 되새겨 보면 지금 온갖 시름이 사람의 가슴을 태우는 것과는 같지 않았던 것이다. 현종 초기에는 풍물이 그와 같았는데 난을 당한 이래로 세태가 이와 같이 변했으니, 사람들이 옛일을 생각하며 마음이 아프지 않을 수 있겠는가?(昔閑居之時, 常繞池邊樹以追凉. 今歸來, 風剪樹葉零落, 殆非昔日所覩之姿. 是以撫循往事, 不若今日百慮憂煎人也. 玄宗初年, 風物如彼, 罹亂以來, 世態如此, 今人追思得無傷感乎.)

#《두시상주》: 이 수에서는 집에 돌아온 뒤의 일을 서술하였는데 앞의 아내와 자식에 대한 내용을 이어받고 있다. 서둘러 집에 돌아왔지만 여전히 기쁨이 적은 것은, 하나는 아버지와 자식들이 오랫동안 떨어져 있었기 때문이고 또 하나는 생계가 어렵기 때문이다. '불리슬'은 갑자기 만나게 되어 기뻐하는 것이고, '부각거'는 한참 보다가 두려워하는 것이니 여기서 어린 자식들의 정황을 묘사한 것이 아주 사실적이다. '호추량'은 지난여름에 한창 더웠다는 것이고, '북풍경'은 지금 가을이 겨울로 향해 간다는 것이다. '무사' 구는 추위를 막을 방도가 없는 것을 마음 아파한다는 것이다. 장원張遠의 주에 "아래 4구는 곧 《시경 · 소아 · 채미采薇》의 '옛날에 내가 떠날 때에는 버들가지가 푸르렀는데, 지금 내가 돌아오니 눈이 흩날리며 내린다.'는 말의 뜻이다."라고 하였다.(此章敍還家後事, 承上妻孥來. 急於回家, 而仍少歡趣者, 一爲父子久疏, 一爲生計艱難也. 不離膝, 乍見而喜, 復却去, 久視而畏, 此寫幼子情狀最肖. 好追凉, 去夏方暑. 北風勁, 今秋向冬矣. 撫事百慮, 傷禦寒無具. 遠注, 下四句, 卽詩昔我往矣, 楊柳依依. 今我來思, 雨雪霏霏之意.)

9 賴(뢰) – 다행히. 禾黍(화서) – 벼와 기장. '黍秫'로 된 판본도 있다. 《구가집주두시》 조차공 주 '서출수'로 된 판본도 있는데 이것이 매우 옳다. 기장과 차조는 술을 빚는 데 쓰이므로 그래야 아래 구절과도 잘 어울린다.(一作黍秫收, 極是. 蓋黍與秫所以造酒, 方與下句相應.)

10 糟牀(조상)－ 주자틀. 술을 짜는 틀을 가리킨다.

《보주두시》에 인용된 노은魯訔 주 '조상'은 바로 술을 짜는 주자틀이다.(糟牀, 卽酒醡也.)

《두시언해》 '조상'은 술을 눌러 짜는 도구이다.(糟牀, 壓酒具.)

11 斟酌(짐작)－ 술을 따르다.

12 且(차)－ 잠시. 遲暮(지모)－ 황혼 무렵. 여기서는 두보 자신의 노년을 뜻한다.

#《두시상주》: 마지막 단락에서는 결국 술을 앞에 두고 자신을 위로하면서 식구들이 온전하게 다 모인 것을 다행으로 여기고 있다. '노년을 위로한다'는 말은 앞의 만년에 구차한 삶을 산다는 구절 및 이런저런 일을 생각하니 온갖 시름이 찾아온다고 한 구절과 호응한다.(末乃對酒自慰, 方幸家人完聚也. 慰遲暮, 回應晚歲偸生, 撫事百慮.)

##《독두심해》: '떠나지 않는다'와 '뒤로 물러난다'는 말은 눈앞의 모습을 생생하게 잡아내어 보여준 것이다. 가운데 4구는 자연스럽게 물결처럼 흘러나온 것이다. 장원의 주에서 "바로 '옛날에 내가 떠날 때는 (버들가지 푸르렀는데) 지금 내가 돌아오니 (눈이 흩날린다)'는 뜻이다."라고 하였다. 살펴보건대 마지막 4구는 술을 얻으리란 것을 미리 믿고 한 말로서, 늘 가족들과 함께 즐거움을 누릴 수 있으리라 기대한 것이다. 두보는 천륜에 대해 돈독하지 않은 경우가 없었으니, 그의 근본적인 성품이 돈후하다는 것을 알겠다.(不離復却, 眼前態, 拈出如生. 中四, 天然波致. 遠注云, 卽昔我往矣, 今我來思意. 按末四, 預信得酒之詞, 期常共家人歡敍也. 公於天倫無所不篤, 知其質地之敦厚.)

其三

群雞正亂叫[1] 客至雞鬪爭[2] 驅雞上樹木[3] 始聞叩柴荊[4]
父老四五人[5] 問我久遠行 手中各有攜[6] 傾榼濁復淸[7]
莫辭酒味薄[8] 黍地無人耕 兵革旣未息[9] 兒童盡東征[10]
請爲父老歌 艱難愧深情[11] 歌罷仰天歎 四座涕縱橫[12]

닭들이 막 어지러이 울어대니
나그네가 오니 닭이 다투는 것이라.
닭을 몰아 나무에 오르게 하니
비로소 사립문 두드리는 소리 들린다.
동네 어른들 네댓 분이
나의 오래고 먼 여정을 위문하러 왔는데,
손에 각자 들고 온 것이 있어
술통을 기울이니 탁주요 또 청주라네.

"술맛이 싱겁다고 사양하지 마시게
기장 밭에 농사지을 사람이 없다오.
전쟁이 아직 그치지 않아
애들은 다 동쪽으로 출정했다오."
"청컨대 어르신들께 노래 한 곡 들려 드리겠나니
어려운 날에 깊은 정을 베풀어 주시니 부끄럽습니다."

노래를 마치고 하늘을 우러러 탄식하니
자리한 사람들 모두 하염없이 눈물을 흘린다.

주 석

1 正(정) – 마침. '忽'로 된 판본도 있다.

2 客(객) – 나그네. 두보를 가리킨다. 이와 달리 두보를 찾아온 동네 어른들을 가리키는 것으로 보는 설도 있지만 합당하지 않다. 鬪爭(투쟁) – 닭이 서로 다투며 우는 것을 말한다. '正生'으로 된 판본도 있다.

《두시상주》 첫째 수에서 '손님이 왔다'는 말은 두보가 자신을 말한 것이고, 이 시에서 '손님이 왔다'는 말은 동네 어른들을 가리킨다.(首章客至, 公自謂, 此章客至, 指父老.)

[群雞 2구] 낯선 두보를 보고 집에서 기르는 닭이 시끄럽게 울어대는 상황을 말한다. 이웃집 어른들이 오자 닭이 울어대는 것이라고 풀이하는 설도 있지만 합당하지 않다.

《두보전집교주》에 인용된 육시옹陸時雍 주 이것은 단지 시골의 풍경이 아니다. 세상이 어지러울 때 집에 돌아오니 어찌 오직 처자식들만 놀라겠는가? 닭과 개도 또한 특이한 상황을 느낀 것이다.(此非獨村景, 世亂還家, 豈惟妻子驚情, 即鷄犬亦覺異色.)

3 上樹木(상수목) – 나무 위로 올라가게 하다. 예전에 집에서 기르는 닭은 나무나 지붕 위에 날아오를 수 있었다.

한악부漢樂府 〈계명鷄鳴〉 닭이 높은 나무 꼭대기에서 울고, 개가 깊은 골목 안에서 짖는다.(鷄鳴高樹顚, 犬吠深巷中.)

4 柴荊(시형) – 섶이나 가시나무 같은 잡목으로 엮어 만든 사립문.

5 父老(부로) – 동네 어른들을 가리키는 말.

6 各有攜(각유휴)－ 동네 어른들이 각자 술과 음식을 들고 온 것을 말한다.

7 傾榼(경합)－ 술을 따르기 위해 술통을 기울이는 것을 뜻한다. 濁復淸(탁부청)－ 탁주도 있고 또한 청주도 있다. 각자 성의를 다해 술을 가져왔음을 말한다.

#《두시상주》: 이 수는 이웃 사람들의 정을 기술한 것인데, 앞(제1수)의 '이웃 사람들'에서 이어받았다. 손님들이 도착하자 닭들이 운다는 것은 황량한 집의 적막한 경관을 나타낸 것이다. 청주와 탁주를 번갈아 따르는 것은 각자 자기 집의 술을 가져왔기 때문이다.(此章記隣里之情, 承上隣人來. 客至雞啼, 見荒舍寂寥之景. 淸濁遞斟, 各領村家酒味也.)

8 莫辭(막사)－ 사양하지 마라. '莫'은 '苦'로 된 판본도 있는데, 이 경우 '거듭 말하다', '어렵게 말하다'는 뜻이다.

9 兵革(병혁)－ 무기와 갑옷. 전쟁을 비유한다. 旣未息(기미식)－ 이미 전쟁 중인 상황을 말한다.

10 童(동)－ '郞'으로 된 판본도 있다. 東征(동정)－ 동쪽으로 정벌가다. 안녹산의 난을 진압하러 전쟁터에 나간 것을 말한다.

《두시상주》 동쪽으로 정벌 나갔다는 것은 안녹산을 토벌하러 간 것을 뜻한다.(東征, 討安祿山也.)

[莫辭 4구] 동네 어른들이 한 말이다.

《두억》 "술맛이 싱겁다고 거듭 말한다."라고 운운한 것은 노인의 말투와 매우 흡사하고, "전쟁이 그치지 않아서 애들이 다 동쪽으로 출정했다."라는 것도 역시 노인의 말을 서술한 것이다. 아이들이 동쪽으로 정벌하러 나갔고, 그래서 기장 밭에 농사지을 사람이 없는 것이니 바로 뜻을 서로 드러내 준다.(苦辭酒味薄云云, 絶似老人口

吻. 兵革未息, 兒盡東征, 亦述老人語. 兒童東征, 故黍地莫耕, 正相發也.)

11 艱難(간난)－ 어려움. 고생. 농사지을 젊은이들이 없어 동네 어른들이 고생하는 등 당시 상황이 어려웠음을 말한다. 深情(심정)－ 깊은 정. 동네 어른들이 베푼 온정을 말한다. '深'은 '餘'로 된 판본도 있다.

[請爲 2구] 두보가 노래를 불러 동네 어른들이 베푼 온정에 감사드린 것이다.

《두억》 "청컨대 어르신들께 노래 한 곡 들려 드리겠습니다."라고 한 것은 그들이 찾아온 뜻에 답하는 것이다. '간난'은 바로 "기장밭에 농사지을 사람이 없다."라는 말에 근거한 것이다. 이처럼 고생스러우면서도 오히려 또 술을 보내오기에 그 깊은 온정에 부끄러움을 느끼는 것이다.(請爲父老歌, 答其來意. 艱難正根黍地無人耕來. 如此艱難, 猶復送酒, 所以愧其深情.)

12 涕(체)－ 눈물. '淚'로 된 판본도 있다.

[歌罷 2구] 두보가 노래를 마치고 동네 어른들과 함께 세태를 마음 아파한 것이다.

《두억》 "노래를 마치고 하늘을 우러러 탄식한다."에 이르러서는 두보와 동네 어른들에게 각자 그 슬픔이 있고 더 이상 기쁨이 없는 것이다.(至歌罷仰天歎, 則公與老父各有其悲, 而無復歡趣.)

#《두시상주》: (이 단락에서는) 다시 술자리에서의 문답을 서술하고 있는데, 모두가 난이 일어난 뒤의 슬픔과 아픔을 담고 있다. '막사' 4구는 동네 어른들의 말을 대신해서 서술한 것이다. '청위' 2구는 동네 어른들에게 감사드리는 말이다. 노래를 마치고 탄식하는 것은 두보가 난을 가슴 아파하는 것이고, 노래를 듣고서 눈물을 흘리는 것은 동네 어른들이 마음 아파하는 것이다. 《두억》에서 "아이들이 전쟁터에 갔기에 농사지을 이가 없어 술이 싱거우니, 이것이 바로 '간난'한

점이다. 그런데 도리어 이와 같이 인정을 쓸 수 있기에 감탄하면서 부끄러워하는 것이다."라고 하였다. 김성탄金聖嘆은 "'간난괴심정'은 곧 노래 속의 말이다."라고 하였다.(再敍飮中問答, 皆亂後悲傷之意. 莫辭四句, 代述父老之語. 請爲二句, 致謝父老之詞. 歌罷而歎, 公傷亂也. 聽歌而涕, 父老酸心也. 杜臆, 兒當兵革, 故莫耕而酒薄, 此正艱難處, 乃能用情如是, 故感而有愧. 金氏曰, 艱難愧深情, 卽所歌之詞.)

##《독두심해》: 구조오는 "이 수는 이웃의 정을 기술한 것으로 '이웃 사람들'이라는 말을 이어받고 있다."라고 하였다. 내가 살펴보건대 흥의 체제로 시상을 일으켜 질박하면서 빼어나다. '고사' 4구는 바람을 빌어 물결을 일으키는 듯하다. 마지막 4구에서 두 구는 답변이고 두 구는 시상을 좀 더 전개한 것이니, 기쁜 마음이 막 들었다가 다시 슬퍼진 것이다.(仇云, 此記隣里之情, 承上隣人來. 愚按, 興體起, 朴而雋. 苦辭四句, 借風生浪. 末四句, 兩答兩推開, 纔喜又悲矣.)

###《두억》: 앞에 〈술회〉와 〈득가서〉 두 시가 있으니, 두보와 그의 가족들은 이미 서로 무사하다는 것을 알고 있었다. 그런데도 이 시에서는 "아내와 아이들이 내가 살아 있음을 의아해한다.", "살아서 돌아옴은 우연히 이루어진 것이다."라는 따위의 말을 하여 마치 당초 서로 소식을 듣지 못한 것처럼 표현하고 있는데 어째서일까? 아마도 당시에 반군들이 한창 기승을 부리는 통에 천자가 돌아오지 못하고 사람들마다 자신을 보전할 수 없었기에, 바로 서로 대면한 뒤라야 그들이 아직 생존해 있다는 것을 알 수 있었을 것이니, 이것이 실정이었다. 〈북정〉 시에 "천자께서는 아직도 몽진 중이시다."라는 말이 있다. 두보는 비록 집에 돌아가서도 여전히 나라의 존망을 확신할 수 없었다. 하물며 돌아가기 전에야 오죽했겠는가? 처음에는 이 시에 지나치게 꾸밈이 많다고 의심했지만 잘못된 생각이었다.(前有述懷得家書二

詩, 則公與其家人已知兩無恙矣. 此詩有妻孥怪我在, 生還偶然遂等語, 若初未相聞者, 何也. 蓋此時盜賊方横, 乘輿未復, 人人不能自保, 直至兩相對面, 而後知其尙存, 此實情也. 北征云, 至尊尙蒙塵. 公雖歸家, 猶不能定國家之存亡, 況未歸之先乎. 初疑此詩頗有粧點而非也.)

《독두심해》: 3수의 시는 모두 도연명에서 환골탈태한 것이다.(三詩俱脫胎於陶.)

(김만원·강민호)

67. 北征

북쪽으로 가다

皇帝二載秋[1] 閏八月初吉[2] 杜子將北征[3] 蒼茫問家室[4]
維時遭艱虞[5] 朝野少暇日[6] 顧慚恩私被[7] 詔許歸蓬蓽[8]
拜辭詣闕下[9] 怵惕久未出[10] 雖乏諫諍姿[11] 恐君有遺失[12]
君誠中興主[13] 經緯固密勿[14] 東胡反未已[15] 臣甫憤所切[16]
揮涕戀行在[17] 道途猶恍惚[18] 乾坤含瘡痍[19] 憂虞何時畢[20]
靡靡踰阡陌[21] 人煙眇蕭瑟[22] 所遇多被傷[23] 呻吟更流血[24]
回首鳳翔縣[25] 旌旗晚明滅[26] 前登寒山重[27] 屢得飲馬窟[28]
邠郊入地底[29] 涇水中蕩潏[30] 猛虎立我前[31] 蒼崖吼時裂[32]
菊垂今秋花[33] 石帶古車轍[34] 青雲動高興[35] 幽事亦可悅[36]
山果多瑣細[37] 羅生雜橡栗[38] 或紅如丹砂[39] 或黑如點漆[40]
雨露之所濡[41] 甘苦齊結實[42] 緬思桃源內[43] 益歎身世拙[44]
坡陀望鄜畤[45] 巖谷互出沒[46] 我行已水濱[47] 我僕猶木末[48]
鴟鳥鳴黃桑[49] 野鼠拱亂穴[50] 夜深經戰場[51] 寒月照白骨[52]
潼關百萬師[53] 往者散何卒[54] 遂令半秦民[55] 殘害爲異物[56]
况我墮胡塵[57] 及歸盡華髮[58] 經年至茅屋[59] 妻子衣百結[60]
慟哭松聲迴[61] 悲泉共幽咽[62] 平生所嬌兒[63] 顏色白勝雪[64]
見耶背面啼[65] 垢膩脚不襪[66] 牀前兩小女[67] 補綴才過膝[68]
海圖拆波濤[69] 舊繡移曲折[70] 天吳及紫鳳[71] 顚倒在裋褐[72]
老夫情懷惡[73] 嘔泄臥數日[74] 那無囊中帛[75] 救汝寒凜慄[76]

粉黛亦解苞[77] 衾裯稍羅列[78] 瘦妻面復光[79] 癡女頭自櫛[80]
學母無不爲[81] 曉妝隨手抹[82] 移時施朱鉛[83] 狼籍畫眉闊[84]
生還對童稚[85] 似欲忘饑渴[86] 問事競挽鬚[87] 誰能卽瞋喝[88]
翻思在賊愁[89] 甘受雜亂聒[90] 新歸且慰意[91] 生理焉得說[92]
至尊尚蒙塵[93] 幾日休練卒[94] 仰觀天色改[95] 坐覺妖氛豁[96]
陰風西北來[97] 慘澹隨回紇[98] 其王願助順[99] 其俗善馳突[100]
送兵五千人[101] 驅馬一萬匹[102] 此輩少爲貴[103] 四方服勇決[104]
所用皆鷹騰[105] 破敵過箭疾[106] 聖心頗虛佇[107] 時議氣欲奪[108]
伊洛指掌收[109] 西京不足拔[110] 官軍請深入[111] 蓄銳可俱發[112]
此擧開靑徐[113] 旋瞻略恒碣[114] 昊天積霜露[115] 正氣有肅殺[116]
禍轉亡胡歲[117] 勢成擒胡月[118] 胡命其能久[119] 皇綱未宜絕[120]
憶昨狼狽初[121] 事與古先別[122] 姦臣竟菹醢[123] 同惡隨蕩析[124]
不聞夏殷衰[125] 中自誅妹妲[126] 周漢獲再興[127] 宣光果明哲[128]
桓桓陳將軍[129] 仗鉞奮忠烈[130] 微爾人盡非[131] 於今國猶活[132]
淒涼大同殿[133] 寂寞白獸闥[134] 都人望翠華[135] 佳氣向金闕[136]
園陵固有神[137] 灑掃數不缺[138] 煌煌太宗業[139] 樹立甚宏達[140]

황제의 지덕 2년 가을
윤8월 초하루,
나 두보는 장차 북쪽으로 가서
황망히 가족의 안부를 묻고자 한다.

이 시절 어려움을 만나
조정과 민간에 한가로운 날이 적은데,
돌이켜보니 부끄럽게도 사사로이 은혜를 입어
조서를 내려 누추한 집으로 돌아가라고 허락하셨다.
하직 인사를 드리러 궁궐 아래에 이르렀다가
두려운 마음에 오래도록 물러나지 못하니,
비록 간언하는 자질이 부족하지만
임금께서 빠트리는 것이 있을까 두려워해서이다.
임금께서는 참으로 중흥의 군주이셔서
나라를 다스림에 진실로 애를 쓰시건만,
동쪽 오랑캐의 반란이 아직 끝나지 않으니
신하인 나 두보는 절절히 분개한다.
눈물을 흘리며 행재소를 그리워하니
길에서도 여전히 마음 어지러운데,
천지는 온통 전란의 상처를 안고 있으니
근심과 걱정은 언제나 끝날까?

느릿느릿 밭두둑의 길을 넘으니
인가의 연기는 드물어 쓸쓸한데,
만나는 사람들은 대부분 상처를 입고
신음하며 피를 흘린다.
봉상현으로 고개를 돌리니
깃발이 저녁에 보였다 사라졌다 하고,
앞으로 겹겹의 차가운 산을 오르다가
말에게 물을 먹이던 동굴을 누차 만난다.

빈주의 들판은 땅 밑으로 들어가는 듯 낮고
경수의 물은 그 가운데에서 출렁거리며 흐르는데,
사나운 호랑이가 내 앞에 우뚝 서 있어
포효할 때엔 푸른 벼랑이 갈라질 듯하다.
국화는 올가을의 꽃을 드리웠고
돌에는 옛 수레의 바퀴 자국이 남았으며,
푸른 구름이 고아한 흥취를 일으키니
좋은 경치가 또한 즐거워할 만하다.
산나무 열매는 대부분 자잘하고
줄지어 자라며 도토리와 밤과 섞여 있는데,
어떤 것은 단사같이 붉고
어떤 것은 새까만 옻칠같이 검다.
비와 이슬이 적셔주어
단 것 쓴 것 일제히 열매를 맺었는데,
멀리 도화원을 생각하니
내 신세의 졸렬함이 더욱 한탄스럽다.
산비탈에 있는 부주의 제터를 멀리 바라보니
바위 골짜기 서로 나타났다 사라졌다 하고,
내가 가는 길은 이미 물가인데
내 머슴은 아직 나무 끝에 있다.
올빼미가 누런 뽕나무에서 울고
들쥐가 어지러이 있는 굴에서 앞발을 모은 채 들고 있으며,
밤 깊을 때 싸움터를 지나가니
차가운 달이 백골을 비춘다.
동관의 백만 군사는

지난날 어찌 그리 순식간에 사라졌는가?
결국 태반의 진 땅 백성을
죽어서 시체가 되게 하였다.

게다가 나도 오랑캐의 먼지 구덩이에 떨어져
돌아올 즈음엔 온통 백발이 되었다.
해를 넘기고 초가집에 이르니
처자식은 옷을 온통 기워 입고 있는데,
통곡 소리에 솔바람 소리도 맴돌고
슬픈 샘물도 함께 나직이 흐느낀다.
평소 귀여워하던 아들은
얼굴빛이 눈보다 더 하얘져,
아비를 보고는 등 돌리고 우는데
때가 꾀죄죄한 채 발에는 버선도 신지 않았다.
침상 앞의 두 어린 딸은
옷을 꿰매고 기워 겨우 무릎을 가렸는데,
바다 그림은 파도가 갈라지고
낡은 수는 무늬가 뒤틀려져서,
물의 신인 천오와 자줏빛 봉황이
거꾸로 뒤집힌 채 해진 베옷에 달려 있다.
이 늙은이는 마음이 쓰라려
구토와 설사로 며칠을 누웠다.
어찌 행낭 속에 비단이 없어
추위에 벌벌 떠는 너희를 구하지 못하겠는가?
분과 눈썹먹도 보따리에서 풀고

이불 종류도 좀 늘어놓는다.
여윈 아내는 얼굴에 다시 빛이 나고
철모르는 딸은 머리를 스스로 빗는다.
엄마를 따라 못 하는 게 없어
아침 화장이라며 제멋대로 하는데,
한참 붉은 분을 바르더니
어지러이 눈썹을 널따랗게 그린다.
살아 돌아와 어린 것들을 마주 대하니
배고픔과 갈증도 잊을 것만 같다.
이것저것 물으며 다투어 수염을 당기지만
누가 대뜸 화내며 꾸짖을 수 있겠는가?
반군에 잡혀 있을 때의 근심을 돌이켜 생각해보며
어지럽게 떠들어도 달게 받아들인다.
갓 돌아와 잠시 마음을 달래노라니
살아갈 계책이야 무어 말할 것이 있겠는가?

임금께서는 아직도 몽진 중이시니
어느 날에나 전쟁이 끝날까?
우러러 바라보니 하늘빛이 바뀌어
요사스런 기운이 사라질 걸 느끼는데,
음산한 바람이 서북쪽에서 불어
참담히 회흘을 따라온다.
그 왕은 순종하여 돕기를 원하고
그 풍속은 말을 치달려 돌파함에 뛰어난데,
병사 오천 명을 보내오고

말 만 필을 몰아 왔다.
이들은 젊은이를 귀하게 여기니
사방에서 용맹함과 결단력에 굴복하였으며,
동원한 이들은 모두 매처럼 날아올라
적을 격파함이 화살보다 빠르다.
임금이 마음을 자못 비운 채 기다리시니
조정의 의론은 기가 거의 꺾인 듯하다.

이수와 낙수는 손바닥 가리키듯 쉽게 수복할 것이고
장안은 공략할 필요도 없을 것이다.
관군은 깊이 들어가기를 바라노니
정예병을 모아 함께 진격할 수 있으면,
이번의 거병으로 청주와 서주를 열고
항산과 갈석산 공략하는 것을 곧 보게 되리라.
하늘에 서리와 이슬이 쌓여
엄정한 기운에 숙살의 기운이 있으니,
재난이 바뀌어 오랑캐 멸망시킬 해가 되고
형세가 이루어져 오랑캐 사로잡을 달이 되리라.
오랑캐의 목숨이 어찌 오래갈 수 있으랴
황제의 강령은 아직 끊어질 때가 아니다.

지난날 낭패당했던 때의 처음을 생각해보면
사정이 옛날과는 달랐으니,
간사한 신하는 마침내 죽어 젓으로 담기고
함께 했던 악인들도 따라서 소탕되었다.

하나라와 은나라가 쇠망할 때에는
궁중에서 스스로 말희와 달기를 죽였다는 말은 듣지 못했고,
주나라와 한나라가 다시금 일어나게 되었으니
선왕과 광무제는 과연 명철하였다.
용감무쌍한 진현례 장군은
큰 도끼에 의지해 충렬을 떨쳤으니,
그대가 없었더라면 사람들이 모두 잘못되었을 터
이제는 나라가 오히려 살아난 듯하다.

처량한 대동전
쓸쓸한 백수문.
도성 사람들이 임금의 깃발을 바라고 있으니
상서로운 기운이 황금 궁궐로 향하리라.
원릉에는 진실로 신령이 있어
비질하고 물 뿌리는 예법에 빠짐이 없었으니,
휘황찬란한 태종의 공업은
이룩함이 심히 넓고 크도다.

이 시는 지덕 2년 윤8월 두보가 숙종의 허락을 받아 가족을 만나기 위해 부주鄜州로 갔을 때 지은 것이다. 두보는 당시 숙종의 행재소에서 좌습유로 봉직하고 있었는데 부주의 가족이 전란으로 고통을 받았기에 숙종은 두보가 가족을 돌보러 가도록 허락하였다. 시에서는 대궐을 떠날 당시의 우울한 심정, 도중에서 보게 된 전쟁의 참상, 부주 강촌에 도착했을 당시의 가족들의 곤궁한 상황, 당시 정세에

대한 깊은 관심 등이 주요한 내용을 이룬다. 천보 15년에 쓴 〈자경부봉선현영회오백자自京赴奉先縣詠懷五百字〉와 함께 오언장편의 대표작이다. '북쪽으로 가다'라고 하였는데 부주는 당시 행재소가 있던 봉상의 북동쪽에 있었다.

《보주두시》에 인용된 포표鮑彪 주 지덕 2년 두보는 반군으로부터 도망쳐 봉상으로 가서 숙종을 알현하였고 좌습유에 제수되었다. 당시 두보의 집은 부주에 있었는데, 곳곳에 노략질하는 사람이 많아 일 년 동안 고생과 가난이 심하여 어린아이가 굶어 죽기까지 하였다. 천자는 친필로 직접 명령을 내려 두보가 직접 가족을 살필 것을 허락하였다. 팔월 초하루 두보가 비로소 북쪽으로 가서 도보로 삼천에 이르러 처자식을 만났다. 그래서 이 시가 있게 되었다.(至德二載, 公自賊竄歸鳳翔, 謁肅宗, 授左拾遺. 時公家在鄜州, 所在寇多, 彌年艱窶, 孺弱至餓死者有. 墨制許自省視, 八月之吉, 公始北征, 徒步至三川, 迎妻子, 故有是詩.)

《보주두시》 〈북정〉은 도중의 일과 집에 도착한 일을 적은 것이니 의당 강촌에 도착한 뒤인 지덕 2년 9월에 지은 것이다. 그래서 "국화는 올가을의 꽃을 드리웠다."라고 말하였다.(北征詩述在路及到家之事, 當在羌村後. 至德二載九月作, 故云菊垂今秋花.)

《두시상주》 두보는 안녹산의 난을 만나 행재소에서 부주로 갔다. 부주는 봉상의 북동쪽에 있었으므로 '북정'으로 이 시의 제목을 지었다.(公遭祿山之亂, 自行在往鄜州, 鄜州在鳳翔東北, 故以北征命篇.)

주 석

1 皇帝二載(황제이재) – 숙종 지덕 2년(757)을 말한다.

2 初吉(초길)－ 삭일朔日. 초하루.

3 杜子(두자)－ 두보가 자신을 칭한 표현이다. 北征(북정)－ 북쪽으로 가다. 봉상에서 북동쪽에 있는 부주의 가족을 찾아가는 것이다.

4 蒼茫(창망)－ 급히 서두르는 모양. 또는 멀고 아득한 모양. '거칠고 쓸쓸한 모양'으로 풀기도 한다. 問(문)－ 안부를 묻다. 여기서는 가족의 상황이 어떤지 가서 살펴보는 것을 뜻한다.

《구가집주두시》 조차공 주 '창망'은 거칠고 쓸쓸한 모습이다.(蒼茫, 荒寂之貌.)

《두시상주》 '창망'은 급히 서두른다는 뜻이다.(蒼茫, 急遽之意.)

#《두시상주》: 첫 단락은 북쪽으로 길을 떠나 집안의 안부를 묻고자 하는 것으로부터 쓰기 시작하였다.(首段從北征問家敍起.)

5 維時(유시)－ 이때. '維'는 발어사이다. 艱虞(간우)－ 고생과 근심. 안녹산의 난을 가리킨다. '虞'는 '危'로 된 판본도 있다.

6 朝野(조야)－ 조정과 민간. 온 나라를 가리킨다. 少暇日(소가일)－ 한가한 날이 적다. 이 구는 전쟁으로 인해 조정과 민간이 편안할 날이 없다는 것이다.

《두공부초당시전》 전쟁이 일어나서 공사 간에 편안히 거처할 겨를이 없다는 말이다.(謂軍興, 公私不遑安處.)

7 顧慚(고참)－ 자신을 돌아보니 부끄럽다. 恩私(은사)－ 천자가 사사롭게 베푼 은혜를 말한다. 천자가 자신을 사랑해서 사사롭게 은혜를 베풀었다는 말이다.

《두시상주》 '고참'은 자신을 돌아보니 부끄럽다는 것이다.(顧慚, 自顧慚愧也.)

8 蓬蓽(봉필)－ 쑥대나 잡목으로 만든 문. 가난하고 누추한 집을 비유하며 여기서는 부주에 있는 두보 가족이 사는 집을 가리킨다.

[顧慚 2구] 두보가 부주로 가게 된 이유로 방관에 관해 상주해서 황제의 노여움을 샀기 때문이라는 설이 있다. 이와 달리 방관에 관해 상주한 것은 부주로 간 이후의 일이라는 설도 있고, 숙종은 이미 두보를 용서했으며 두보 가족의 어려움을 헤아려 가족에게 가도록 허락했다는 설도 있다.

《구가집주두시》 당시 방관이 죄를 지었는데, 두보가 간언을 올려서 말하기를 "방관의 죄는 가벼우니 파직하는 것은 적절치 않습니다."라고 하였더니, 황제가 노하여 삼사에 명하여 심문하라고 하였다. 두보가 사장謝狀을 올려 말하기를 "방관은 재상의 아들로 젊어서부터 뜻을 세웠으며 대신의 풍모가 있었습니다."라고 하였다. 황제는 살피지 않고 조서를 내려 두보를 내쳐 부주로 돌아가게 하였다.(時房琯得罪, 甫上言, 琯罪細, 不宜免. 帝怒, 詔三司推問. 甫謝, 因稱琯宰相子, 少自樹立, 有大臣體. 帝不省錄, 詔放甫歸鄜州.)

《구가집주두시》 조차공 주 살펴보건대 두보의 본전에서 "황제가 노하여 삼사에 명하여 심문하게 하였다. 재상 장호가 말하기를 '두보가 만일 죄에 저촉된다면 간언하는 자의 길이 끊어질 것입니다.'라고 하니 황제가 이에 풀어주었다. 하지만 이로부터 심히 두보의 주장을 살펴보지 않았다. 당시 곳곳에 노략질이 있었고 두보의 집은 부주에 있었는데 일 년 동안 고생과 가난이 심하여 어린아이가 굶어죽기까지 하였다. 이에 두보가 가서 살펴보도록 허락하였다."라고 되어 있다. 그러므로 두보의 이 시에서 말한 "돌이켜보니 부끄럽게도 사사로이 은혜를 입어 조서를 내려 누추한 집으로 돌아가라고 허락하셨다."라고 한 것이 이것이다.(按甫傳, 帝怒, 詔三司推問. 宰相張鎬曰, 甫若抵罪, 絶言者路. 帝乃解, 然自是不甚省錄. 時所在冦奪, 甫家寓鄜, 彌年艱窶, 孺弱至餓死, 因許甫往省視. 則公今詩所謂顧慚恩私被, 詔許歸蓬蓽, 是也.)

《독두심해》 살펴보건대 부주로 돌아가서 지은 시는 고체시와 율시가 몇 수 있는데 모두 방관을 구하다가 쫓겨난 일을 언급하고 있지 않다. 아마도 상소하기 전에 먼저 가족에게 돌아가는 것을 허락한 것이리라. 본전과 연보에는 이 사실이 빠져 있다.(按還鄜詩, 古律凡數首, 俱不及救琯被放事. 意未上疏前, 先許歸省. 本傳與年譜漏也.)

9 拜辭(배사) - 천자를 배알하고 하직 인사를 드리다. '拜'는 '奉'으로 된 판본도 있다. 詣闕下(예궐하) - 궁궐에 이르다. '闕下'는 '閤門'으로 된 판본도 있다.

10 怵惕(출척) - 두려워하다.

11 諫諍姿(간쟁자) - 간언을 하는 자질. 간관의 자질.

12 遺失(유실) - 빠트리다. 정사를 처리하면서 실수하거나 빠트리는 것을 말한다. 이 구는 두보가 간언의 책임이 있는 습유의 벼슬을 하고 있었기 때문에 한 말이다.

《두시상주》 공이 습유였으므로 임금이 빠트리는 것이 있을까 두려워한 것이다.(公爲拾遺, 故恐君有遺失.)

[雖乏 2구]

《구가집주두시》 조차공 주 두보는 이미 떠날 수 있게 되었지만 차마 가벼이 임금을 떠나가지 못하고, 임금에게 또 과실이 있으면 의당 간쟁하여야 함을 여전히 두려워하고 있었다.(甫旣得往, 而不忍輕去其君, 尙恐君又有過擧而當諫諍之.)

13 中興主(중흥주) - 나라를 다시 일으킬 군주. 여기서는 숙종을 가리킨다.

《구가집주두시》 조차공 주 '중흥주'는 숙종을 가리켜 말한 것이다.(中興主, 指言肅宗也.)

14 經緯(경위) - 여기서는 나라를 경영하는 일을 뜻한다. 密勿(밀물) - 부지런히 애쓰다.

《한서 · 유항전劉向傳》'密勿從事'의 안사고顏師古 주 '밀물'은 부지런히 애를 써서 일에 종사한다는 말과 같다.(密勿, 猶黽勉從事也.)

15 東胡(동호)— 동쪽 오랑캐. 여기서는 안경서安慶緖의 무리를 가리킨다.

《구가집주두시》 조차공 주 '동호'는 안경서를 가리켜 말한 것이다. 옛 주석에서 동호를 안녹산이라고 한 것은 큰 오류이다. 대체로 지덕 2년 정월 을묘일에 안경서가 이미 그 부친 안녹산을 죽이고 반군 황제의 지위를 계승하였다.(東胡, 指言安慶緖也. 舊注云, 東胡, 祿山也, 大誤. 蓋至德二載正月乙卯, 安慶緖已弑其父祿山, 而襲僞位矣.)

16 臣甫(신보)— 신하가 임금에게 올리는 상주문과 같은 느낌을 주기 위해 이렇게 쓴 것으로 보인다. 憤所切(분소절)— 분통을 절절하게 하는 것.

《두시상주》에 인용된 종성鍾惺 주 '신보'라고 하여 상주문의 말투를 써서 마치 임금을 마주하고 말하는 듯하다.(臣甫, 用章奏字面, 如對君語.)

17 揮涕(휘체)— 눈물을 뿌리다. 戀行在(연행재)— 행재소에 계신 임금을 그리워하다.

18 道途(도도)— 길. 부주로 가는 길을 가리킨다. '途'는 '路'로 된 판본도 있다. 恍惚(황홀)— 정신이 멍한 모양.

19 含(함)— '合'으로 된 판본도 있다. 瘡痍(창이)— 전란의 상처. 전란으로 인한 백성의 고통.

20 憂虞(우우)— 근심 걱정.

#《두시상주》: 둘째 단락에서는 조정을 떠나면서 임금을 그리워하는 마음을 적었다. 위 8구는 떠나려 해도 차마 떠나지 못하는 것으로 근심이 임금의 덕에 있고, 아래 8구는 이미 떠났지만 여전히 생각하고

있는 것으로 근심이 세상일에 있다.(次述辭朝戀主之情. 上八, 欲去不忍, 憂在君德. 下八, 旣行猶思, 憂在世事.)

21 靡靡(미미) – 느릿느릿 천천히 걷는 모양. 逾阡陌(유천맥) – 밭두둑길을 넘어가다. 밭두둑길로 간다는 말이다.

《구가집주두시》 '미미'는 느린 모양이다.(靡靡, 遲遲也.)

22 眇(묘) – 적다. 蕭瑟(소슬) – 쓸쓸하다. '瑟'은 '索'으로 된 판본도 있다.

《두시상주》 '묘'는 적다는 뜻이다.(眇, 少也.)

《구가집주두시》 '소슬'은 사람들이 모두 반군을 피하여 떠나 편안히 거처하는 사람이 없음을 말한 것이다.(蕭瑟, 言人皆避賊無安居者.)

23 被傷(피상) – 상처를 입다.

《두시상주》 '피상'은 병사가 상처 입은 것이다.(被傷, 戰士之帶傷者.)

24 呻吟(신음) 구 – 사람들이 신음하면서 피를 흘린다는 말이다. 이와 달리 《두시상주》에서는 관군이 반군과의 싸움에서 거듭 패하였음을 드러낸 것이라고 보았는데, 합당치 않은 것으로 보인다.

《두시상주》 지덕 원년 10월에 방관이 진도와 청판에서 패하였다. 지덕 2년에 곽자의가 다시 청거에서 패하였다. 그래서 "신음하며 또 피를 흘린다."라고 한 것이다.(元年十月, 房琯有陳陶青坂之敗. 二年, 郭子儀復有淸渠之敗. 故云, 呻吟更流血.)

25 鳳翔縣(봉상현) – 숙종의 행재소가 있던 곳이다.

26 旌旗(정기) – 군대의 깃발. 明滅(명멸) – 나타났다 사라졌다 하다. 가물가물 보인다는 말이다.

27 寒山重(한산중) – 가을 산이 겹겹으로 놓여 있다.

28 飮馬窟(음마굴) – 말에게 물을 먹이는 굴. 아마 그 지역에 물이 흘러나오는 굴이 많았을 것이다. 변경의 황량한 지역이나 전쟁이 빈번한 곳을 비유하는 말로 자주 쓰인다.

29 邠郊(빈교)－ 빈주의 교외 지역. 빈주는 지금의 섬서성 빈현邠縣. 入地底(입지저)－ 이 지역이 분지임을 말하는 것이다. 이 구를 주민들의 혈거 상태를 묘사한 것으로 보는 설도 있고 반군에 의해 점령된 것을 암시한 것으로 보는 설도 있는데 모두 적절치 않다.

《독두심해》 '입지저'는 바로 사방의 땅이 높다는 것을 드러낸다.(入地底, 正顯四面之高.)

《두시상주》에 인용된 호하객胡夏客 설 (《시경 · 대아大雅 · 면綿》의) "굴을 파고 기거한다."라는 일을 암용한 것으로 그곳의 풍속이 아직도 혈거 형태라는 것이다.(暗用陶復陶穴事, 其俗尙窟居也.)

《두공부초당시전》 반군에 함락되었음을 말한 것이다.(言陷于賊也.)

30 涇水(경수)－ 위수의 지류. 감숙성 경주涇州에서 발원하여 동남쪽으로 흘러서 섬서성 고릉高陵에 이르러 위수와 합쳐진다. 蕩潏(탕휼)－ 물이 요동치며 흐르는 모양.

31 猛虎(맹호) 구－ 사나운 호랑이가 출현하였다는 말이다. 호랑이가 절벽 위의 기암괴석의 모습을 비유한 것이라는 설과 도적을 비유한 것이라는 설이 있다.

《두공부초당시전》 '맹호'는 도적을 비유한다. 빈주와 경주의 도적이 정말 두렵다는 말이다.(猛虎喩盜賊, 言邠涇二州盜賊可畏也.)

《두보전집교주》에 인용된 오첨태吳瞻泰 설 '맹호'는 '푸른 절벽'이 웅크린 듯한 모습을 형용한 것이다.(猛虎, 狀蒼崖之蹲踞.)

32 蒼崖(창애)－ 푸른 절벽. 吼時裂(후시렬)－ 크게 소리 지를 때 갈라지다. 호랑이의 울음소리에 절벽이 갈라질 듯하다는 말이다.

33 垂(수)－ 드리우다.

34 石(석)－ 여기서는 길에 깔린 돌을 가리키는 것으로 보인다. 帶(대)－ '戴'나 '載'로 된 판본도 있다. 車轍(거철)－ 수레바퀴 자국.

《구가집주두시》 조차공 주 구릉과 골짜기가 변했지만 돌 위에는 여전히 수레바퀴 자국이 있다.(陵谷遷變, 石上仍有車轍也.)

35 動(동) – 움직이다. 일으키다. 高興(고흥) – 고상한 흥취.

36 幽事(유사) – 그윽한 경치. 뛰어난 경물. 또는 그윽한 정취가 있는 일을 뜻하는 것으로 볼 수도 있다.

[靑雲 2구]

《두보전집교주》에 인용된 범연운范輦雲 설 위험한 곳을 바삐 달려가던 중에 또 경물을 보면서 '즐거워할 만하다'고 말했으니, 이를 빌려 스스로를 위로한 것이다.(奔馳危險中, 又卽景說出可悅, 借以自慰.)

37 山果(산과) – 산에 자란 나무의 열매. 瑣細(쇄세) – 작다. 자잘하다.

38 羅生(나생) – 늘어서서 자라다. 이곳저곳에 퍼져서 자란다는 말이다. 橡栗(상률) – 도토리와 밤.

39 丹砂(단사) – 광물의 일종으로 붉은빛인데 약용이나 안료로 사용한다.

40 點漆(점칠) – 새까만 옻칠. 혹은 점을 찍은 듯한 옻. 이 구는 어떤 열매는 익어서 아주 까맣게 되었다는 말이다.

41 濡(유) – 적시다.

42 甘苦(감고) – 단 열매와 쓴 열매. '苦'는 '酸'으로 된 판본도 있다. 齊(제) – 일제히.

[山果 6구]

《두시상주》에 인용된 종성 설 바삐 뛰어다니며 수심이 가득할 때인데, 오히려 한가로운 마음과 맑은 눈이 있어 미세한 경치까지 바라보고 있다.(當奔走愁絶時, 偏有閒心淸眼, 看景入微.)

《두공부초당시전》 산나무의 열매가 도토리나 밤과 같은 것과 섞여서 혹은 붉고 혹은 검은데 모두 비와 이슬의 은혜를 받아서 혹은 단맛으로 혹은 쓴맛으로 동시에 결실을 맺었다. 미물도 오히려 잘 살 곳을 얻음이 이와 같은데 어찌하여 사람이 되어 이보다 못한가?(山果雜橡栗之類, 或紅或黑, 皆沾雨露之恩, 或甘或苦, 同時結實. 微物尙得其所如此, 何以人而不如之乎.)

43 緬思(면사) – 멀리 생각하다. 상상하다. '緬'은 '縹'로 된 판본도 있다. 桃源內(도원내) – 도화원의 안. 이 구는 산속의 경관을 보노라니 도잠의 〈도화원기桃花源記〉에 나오는 이상향을 상상하게 된다는 말이다.

44 益歎(익탄) – 더욱 탄식하다. 身世拙(신세졸) – 세상살이가 서툴다는 말이다.

《두공부초당시전》 두보는 어지러운 세상에 살면서 도화원에 은거하지 못하였음을 한탄하였으니 그 도모함이 서툴렀음을 족히 알 수 있다.(甫歎身居亂世, 不能爲桃源之隱, 足見其謀之拙也.)

45 坡陀(파타) – 가파른 모양. 산세에 기복이 있는 모양. 鄜畤(부치) – 부주의 제터. 부주에 있는 하늘에 제사를 지내는 곳. 이 구는 부주의 제터가 높은 곳에 있어서 멀리서도 보인다는 말이다.

《두시상주》에 인용된 장연 주 '부치'는 바로 부주에 두보의 집이 있는 곳이다. 제터는 지대가 높아 멀리서도 먼저 보인다.(鄜畤, 卽鄜州公家所在, 畤地高而遠先見也.)

《두시상주》에 인용된 《한서·교사지郊祀志》 진 문공이 꿈에서 누런 뱀이 하늘에서 내려와 부주의 산비탈에 머무는 것을 보고는 부주의 제터를 만들고 세 가지 희생을 드려서 백제에게 제사하였다.(秦文公夢黃蛇自天而下, 止於鄜衍, 作鄜畤, 用三牲郊祀白帝.)

46 巖谷(암곡) – '谷巖'으로 된 판본도 있다.

《구가집주두시》 조차공 주 바로 자기의 집이 있는 곳을 바라본 것이다.(正望其家之所在也.)

47 已水濱(이수빈)－ 이미 물가에 있다. 집에 빨리 가고자 하는 마음에 산길을 이미 벗어나서 계곡의 입구에 있다는 말이다.

48 猶木末(유목말)－ 아직 나무 끝에 있다. 이 구는 노복이 멀리 뒤처져 아직도 산길에 있어서 멀리에서 바라보니 마치 나뭇가지 끝에 있는 것 같다는 말이다.

《구가집주두시》 '목말'은 아직도 멀리 있다는 말이다.(木末, 言猶遠也.)

[我行 2구]

《두억》 '아행' 2구는 집을 바라보고는 이처럼 빨리 걸었다는 말이다.(我行二句, 言望家而行速如此.)

49 鴟鳥(치조)－ 올빼미. '鳥'는 '梟'로 된 판본도 있다.

50 野鼠(야서)－ 들에 사는 설치류를 뜻한다. 拱(공)－ 두 손을 맞잡다. 여기서는 설치류가 앞발을 모으고 서 있는 모습을 형용한 것이다.

《두시상주》에 인용된 《설문해자》 강동의 큰 설치류는 사람처럼 설 수가 있어서 두 앞발로 머리를 잡고 춤을 춘다.(江東大鼠, 能人立, 以前兩脚拱頭跳舞.)

51 深(심)－ '中'으로 된 판본도 있다.

52 寒月(한월)－ 가을 달을 가리킨다.

53 潼關(동관) 구－ 안녹산의 반군이 경사로 들어오는 것을 저지하기 위해 동관을 지키던 가서한哥舒翰의 군대를 가리킨다.

54 往者(왕자)－ 지난날. 散何卒(산하졸)－ 흩어짐이 어찌 그리 급작스러웠던가. 흩어질 때 어찌 그리 황급했던가. 가서한의 백만 군사가 반군에게 패해서 순식간에 흩어져 버린 것을 말한다. '散'은 '敗'로 된 판본도 있다.

《두시상주》에 인용된 《구당서 · 가서한전》 가서한은 병사를 이끌고 동관을 나서서 영보현의 서쪽 들에 주둔하였는데 반군에게 공격을 받아서 관군 스스로 서로 밀고 짓밟다가 황하에 빠져 죽은 자가 수만 명이었다.(翰率兵出關, 次靈寶縣之西原, 爲賊所乘, 自相踐躪, 墜黃河死者數萬人.)

《두시상주》 '산하졸'은 황급하게 흩어져 없어졌다는 말이다.(散何卒, 倉卒散失也.)

55 秦民(진민)－ 진 땅의 백성. 장안의 백성을 가리킨다.

《두시상주》 장안은 옛날에 진나라 땅이었기에 '진민'이라고 하였다.(長安舊爲秦地, 故曰秦民.)

56 殘害(잔해)－ 해치다. 죽이다. 爲異物(위이물)－ 죽은 사람이 되다.

[遂令 2구]

《구가집주두시》 조차공 주 (진 땅) 백성의 절반이 죽어 귀신이 되었다는 말이다.(言民一半爲鬼也.)

#《두시상주》: 이 단락은 길을 가면서 본 경관을 차례로 서술하였다. 이미 밭 사이로 난 길을 넘어섰건만 다시 고개를 돌려 봉상을 바라본다. 그곳으로부터 출발하여 빈주의 들녘을 지나고 부주의 제터를 바라보게 되니 가족이 살고 있는 고을이 점점 가까워지게 되었다. 대체적으로 '국수' 이하는 모두 빈주 지역의 풍물로서 아름다운 경치에 속하고, '파타' 이하는 부주의 풍물로서 처참한 광경에 속한다. 주전의 주에서 "도중에 본 바로는 가슴 아픈 것도 있고 두려운 것도 있으며 즐거운 것도 있고 비통한 것도 있다."라고 하였다. 신함광이 말하기를 "'단사' 몇 구는 혼연하여 조화옹의 필치와 같고 '아행' 2구는 마치 그림과 같다."라고 하였다.(此歷敍征途所見之景. 既踰越阡陌, 復回顧鳳翔. 自此而過邠郊, 望鄜畤, 家鄉漸近矣. 大約菊垂以下, 皆邠土風物, 此屬佳景. 坡陀以下, 乃鄜州風物, 此屬慘景. 周甸注, 途中所

歷, 有可傷者, 有可畏者, 有可喜者, 有可痛者. 申涵光曰, 丹砂數句, 混然元化. 我行二句, 儼若畫圖.)

57 墮胡塵(타호진) - 오랑캐의 먼지 속으로 떨어지다. 두보가 장안에서 반군에게 억류되었던 것을 말한다. 두보가 전쟁의 어지러운 세월 속에서 고생했음을 말한 것으로 보는 설도 있다. '墮'는 '隨'로 된 판본도 있다.

《구가집주두시》 두보는 이전에 반군에게 억류되어 있다가 도망하여 돌아왔다.(甫先陷賊而亡歸.)

《독두심해》 반군에 억류되어 있었음을 가리키는 것이 아니라 자신의 생애가 전란의 시절에 빠졌음을 말한 것이다.(不指陷賊中, 謂此生落在塵擾之際.)

58 盡華髮(진화발) - 온통 백발이 되다. 백발의 주체를 두보가 아니라 부주의 강촌 마을에 남아 있는 자들로 보는 경우도 있다. 살아남은 자들도 오랜 난리 속에서 모두가 늙게 되었다는 것이다.

《구가집주두시》 조차공 주 살아남은 자들이 오랜 난리 속에 모두 늙었음을 보여준다.(其存者於離亂之久, 見其盡老也.)

59 經年(경년) - 해를 넘기다. 두보는 지덕 원년 7월에 부주를 떠났다가 이듬해 윤8월에 다시 돌아왔다.

60 百結(백결) - 백 군데 꿰매다. 원래는 많은 조각천을 연결하여 만든 옷이라는 뜻이지만 여기서는 많은 곳을 꿰맨 낡은 옷을 가리킨다.

61 松聲迴(송성회) - 솔바람 소리가 맴돌다. 이 구는 가족이 서로 만나 통곡하는 소리에 지나가던 솔바람도 멈추어 맴도니 마치 함께 슬퍼하는 듯하다는 뜻이다. '迴'는 '逈'으로 된 판본도 있다.

62 幽咽(유열) - 조용히 목이 메다. 샘물이 조용히 흐르는 것이 마치 함께 슬퍼하는 듯하다는 말이다. '幽'는 '嗚'로 된 판본도 있다.

63 平生(평생) – 평소. 所嬌兒(소교아) – 사랑스러워한 아이. 여기서는 두 아들을 가리키는 것으로 보인다. '嬌'는 '驕'로 된 판본도 있다.

64 白勝雪(백승설) – 눈보다 더 하얗다. 이 구는 굶주려서 얼굴이 백지장처럼 하얗게 되었다는 말이다.

《두억》 "얼굴빛이 눈보다 더 하얗다."는 바로 굶주린 모습이다.(顔色白勝雪, 乃餓色也.)

65 耶(야) – 아버지. '父'의 구어口語이다. 背面(배면) – 얼굴을 돌리다.

66 垢膩(구니) – 때. 때가 끼다. 不襪(불말) – 버선을 신지 않다.

67 兩小女(양소녀) – 두보의 어린 두 딸을 가리킨다.

68 補綴(보철) – 옷을 수선하다. 낡은 옷에 다른 천을 대고 꿰매어 수선한 것을 말한다. '綴'은 '綻'으로 된 판본도 있다.

69 海圖(해도) – 천에 그려진 바다 그림을 가리킨다. 拆(탁) – 터지다. 갈라지다. '坼'으로 된 판본도 있다. 이 구는 천 조각을 낡은 옷에 대고 꿰매다 보니 파도 무늬가 어긋나게 되었다는 뜻이다.

70 舊繡(구수) – 오래된 낡은 수. 移曲折(이곡절) – 구불구불 옮겨져 있다. 수를 놓은 천으로 옷을 보수해서 구불구불 무늬가 생겼다는 말이다.

71 天吳(천오) – 물의 신. 바다 그림에 그려져 있는 수신을 가리킨다. 紫鳳(자봉) – 자색 봉황. 천에 수놓은 것이다.

《산해경山海經》 조양곡에 천오라고 하는 신이 있는데 그는 물의 신이다. 치치의 북쪽에 있는 두 강물 사이에 있다. 그는 짐승의 모습을 하고 있는데 여덟 개의 머리에 사람의 얼굴을 하고 있으며, 여덟 개의 발과 여덟 개의 꼬리는 모두 청황색이다.(朝陽之谷, 神曰天吳, 是爲水伯. 在蚩蚩北, 兩水間. 其爲獸也, 八首人面, 八足八尾, 皆靑

黃.)

《두시상주》에 인용된 《산해경》 단혈산에 악작이 있다. 봉황의 종류로서 오색인데 자색이 많다.(丹穴之山, 有鸑鷟, 鳳之屬也, 五色而多紫.)

72 顚倒(전도) – 뒤집히다. 해도의 천오와 수놓은 자봉이 거꾸로 뒤집혀 있다는 말이다. 裋褐(수갈) – 거친 베옷. 짧은 홑옷이나 동복이 입는 옷으로 보기도 한다. '裋'는 '短'으로 된 판본도 있다.

《두시상주》에 인용된 《방언》 관서 지역에서는 짧은 홑옷을 가리켜 '수갈'이라고 한다.(關西謂襜褕短者, 爲裋褐.)

《두시상주》에 인용된 《한서》의 주 '수'는 동복이 입는 옷을 말한다. '갈'은 동물의 털로 만든 천이다.(裋, 謂僮豎所著之襦. 褐, 毛布也.)

[海圖 4구]

《두시상주》에 인용된 조차공 주 '천오'는 바다 그림에 그려진 것이고 '자봉'은 낡은 수에 수놓인 것이다. 오래된 물건을 잘라서 동복이나 입을 옷을 수선하였으므로 터지고 옮겨지고 거꾸로 있게 되었다.(天吳, 海圖所畵之物, 紫鳳舊繡所刺之物. 剪舊物以補豎衣, 故拆移而顚倒也.)

《두억》 '해도' 4구는 오래된 집안의 궁상을 그림처럼 묘사했다.(海圖坼波濤四句, 寫故家窮狀如畫.)

73 老夫(노부) – 두보 자신을 가리킨다. 情懷惡(정회악) – 마음이 좋지 않다. 집안의 궁핍한 상황을 보고 나니 마음이 아프다는 말이다.

74 嘔泄(구설) – 구토하고 설사하다. '泄'은 '咽'로 된 판본도 있다. 이 구는 '數日臥嘔泄'로 된 판본도 있다.

《독두심해》 살펴보건대 '日' 자는 운자가 중복되니 도치된 것이 옳다.(按, 日字韻複, 倒轉者是.)

75 那(나) – 어찌. 無(무) – '能'으로 된 판본도 있다. 囊中帛(낭중백) –

보따리 속의 비단. 두보가 가져온 선물을 가리킨다.

76 凜慄(늠률)－ 추워서 떨다.

77 粉黛(분대)－ 분과 눈썹먹. 여인의 화장품이다. 解苞(해포)－ 물건을 싼 꾸러미를 풀다. '苞'는 '包'로 된 판본도 있다.

78 衾裯(금주)－ 이불과 홑이불. 혹은 이불과 잠자리에 두르는 휘장. 稍(초)－ 조금. 약간. 하나하나. 점차로. 대충.

《시경 · 소남 · 소성小星》'抱衾與裯'의 모전毛傳 '금'은 이불이며 '주'는 홑이불이다.(衾, 被也. 裯, 襌被也.)

《시경 · 소남 · 소성》'抱衾與裯'의 정전鄭箋 '주'는 침상에 두르는 휘장이다.(裯, 牀帳也.)

79 面復光(면부광)－ 얼굴에 다시 빛이 나다. 얼굴에 다시 화색이 돈다는 말이다.

80 癡女(치녀)－ 철모르는 어린 딸. 櫛(즐)－ 빗질하다.

81 學母(학모)－ 엄마를 흉내 내다. 無不爲(무불위)－ 못하는 짓이 없다.

82 曉妝(효장)－ 새벽에 하는 화장. 隨手抹(수수말)－ 손가는 대로 칠하다. 화장을 멋대로 한다는 말이다.

83 移時(이시)－ 한참 동안. 朱鉛(주연)－ 붉은 연지와 하얀 분. 붉은 분으로 보기도 한다.

《두시상주》 '주연'은 붉은 분이다.(朱鉛, 卽丹粉也.)

84 狼藉(낭자)－ 어지러운 모양. 畫眉闊(화미활)－ 눈썹을 넓게 그리다.

《두시전주》에 인용된 유적劉績의 《비설록霏雪錄》 당나라 때 여자들은 눈썹을 넓게 그리는 것을 좋아하였다.(唐時婦女畫眉尙闊.)

《두보전집교주》 살펴보건대 백거이의 〈상양백발인〉에서 "푸른 눈썹먹으로 눈썹을 찍으니 눈썹이 가늘고 길다.", "천보 말 유행한 화장이다."라고 하였으니 이때의 눈썹 화장은 가늘고 긴 것을 좋아했음을 알 수 있다. 이 시의 '화미활'은 바로 눈썹을 그리는데 그 방법을 터득하지 못해 어지러이 우스꽝스러운 모습이 되었다는 말이다. 강호연이 말하기를, "'화미활'은 대체로 눈썹 그리기를 흉내 내지만 눈썹 모양을 이루지 못한 것을 말한 것이니, '낭자' 두 글자와 위의 '제멋대로 한다'라는 말을 보면 알 수 있다."라고 하였다.(按, 白居易上陽白髮人, 青黛點眉眉細長, 天寶末年時世粧. 則知是時畫眉尙細長. 此處之畫眉闊, 乃謂畫眉不得其法, 狼籍可笑之狀. 江浩然曰, 畫眉闊, 蓋言學畫不成眉樣. 觀狼籍二字及上隨手抹可見.)

85 童稚(동치) – 어린아이. 두보 자신의 어린 자식들을 가리킨다.

86 忘饑渴(망기갈) – 배고픔과 목마름을 잊다.

[那無 12구]

《두공부초당시전》 두보가 이에 비단을 가져다가 옷을 만들게 하고 분과 눈썹먹을 풀어놓았으며 이불을 늘어놓으니, 아내의 얼굴에 화색이 돌아왔으며, 딸들은 머리를 스스로 빗게 되었고 분을 바르고 눈썹을 그리기까지 하였으니 모두가 제자리를 찾은 것이다. 살아 돌아와 다시 처자를 만나게 될 것을 어찌 생각했으랴. 마음이 기뻐서 마치 배고픔과 목마름을 잊은 것 같다.(甫是以取帛爲衣, 解粉黛, 羅衾裯, 妻面復光, 女頭自櫛, 以至抹粧畫眉, 皆得其所. 豈意生還復見妻子. 中心之喜, 似忘饑渴然.)

87 問事(문사) – 일을 묻다. 아이들이 두보가 겪은 여러 가지 일에 관해 묻는다는 말이다.

88 瞋喝(진갈) – 눈을 부릅뜨고 꾸짖다.

89 翻思(번사) – 고쳐 생각하다. 다시 생각하다. 在賊愁(재적수) – 적진에 있을 때의 근심. 장안에서 안녹산의 반군에게 억류되어 있을 때의 고생을 가리킨다.

90 雜亂聒(잡란괄) – 어지럽게 시끄럽다. 아이들이 장난치며 떠들썩한 것을 가리킨다.

[問事 4구]

《두공부초당시전》 자식들이 아버지가 돌아온 것을 기뻐하여 반군에 억류되어 있을 때의 일로 얼마나 고생했는지를 묻는다. 또 아버지의 수염과 머리칼이 모두 희게 된 것을 보고는 경쟁하듯이 다가와서 당겨본다. 두보는 아이들을 대하는 것이 기뻐서 비록 아이들이 버릇없이 굴어도 또한 차마 화를 내어 꾸짖지를 못한다. 대체로 반군에 억류되어 있을 때의 고생을 생각한다면 이 어지러이 떠들썩한 것쯤은 차라리 감수할 수 있으니 또 어찌 싫어하겠는가.(兒女喜父歸, 請問賊中之事, 憂苦如何. 復觀其鬚髮皆白, 競來挽引. 甫喜對童稚, 雖彼驕騃, 亦莫忍生嗔喝之怒. 蓋念在賊苦, 寧甘受此亂聒, 復何嫌耶.)

91 新歸(신귀) – 갓 돌아오다. 且(차) – 잠시. 그런대로. 慰意(위의) – 마음을 위로하다. 이 구는 이제 막 집에 돌아오게 되어 잠시 동안이지만 두보 자신의 마음이 평안하게 되었다는 말이다.

92 生理(생리) – 생계. 焉得說(언득설) – 어찌 말할 것이 있으랴. 걱정할 필요가 없다는 말이다. '說'은 '脫'로 된 판본도 있다.

#《두시상주》: 이 단락은 집에 돌아와서 즐거워하고 슬퍼하는 상황을 두루 빠짐없이 묘사하였다. '수갈'까지는 막 만나서 슬퍼한 것으로 부부와 자식의 지극한 정을 다하였다. '노부' 구 이하는 슬픔이 가시고 기뻐하게 된 것으로 가족의 곡절한 상황을 다하였다. '재적' 4구는 위와 호응하면서 아래를 일으키는 것으로 임금과 나라를 근심하는 것이다.(此備寫歸家悲喜之狀. 裋褐以上, 乍見而悲, 極夫妻兒女至情. 老夫以下, 悲過而喜, 盡室家曲折之狀. 在賊四句, 繳上以起下, 所憂在君國矣.)

93 至尊(지존) — 지극히 존귀한 사람. 숙종 황제를 가리킨다. 蒙塵(몽진) — 황제가 궁궐을 떠나 다른 곳으로 도망가는 것을 가리킨다.

94 休練卒(휴련졸) — 병졸을 훈련하는 일을 그치다. 전쟁을 끝낸다는 말이다.

95 仰觀(앙관) — 우러러보다. '觀'은 '看'으로 된 판본도 있다. 天色改(천색개) — 하늘빛이 바뀌다. 당나라가 중흥할 조짐이 보인다는 말이다.

96 坐(좌) — 인하여. '旁'으로 된 판본도 있다. 妖氛豁(요분활) — 요사스런 기운이 흩어져 사라지다. 반군의 기세가 꺾이는 것을 말한다. '妖'는 '祆'로 된 판본도 있다. '氛'은 '氣'로 된 판본도 있다.

97 陰風(음풍) — 음산한 바람. 西北來(서북래) — 서북쪽에서 불어오나.

98 慘澹(참담) — 몹시 암담하다. 참담하다. 隨回紇(수회흘) — 회흘을 따르다. '紇'은 '鶻'로 된 판본도 있다. 회흘은 중국 서북쪽에 사는 이민족으로 지금의 위구르족이다. 안녹산의 난이 일어나자 당나라를 도와서 반군 토벌에 앞장섰다.

[陰風 2구] 음산한 바람이 회흘을 따라서 북서쪽에서 중원으로 불어온다는 말이다.

99 其王(기왕) — 회흘의 군왕인 회인각한懷仁可汗을 가리킨다. 助順(조순) — 순종하여 돕다. 이 구는 회흘의 군왕이 당나라 황제에게 순종하여 그를 돕기를 원한다는 말이다.

100 善(선) — 잘하다. '喜'로 된 판본도 있다. 馳突(치돌) — 말을 빠르게 달려 돌파하다.

《두시상주》 '치돌'은 말을 빠르게 달려 돌파하는 것이다.(馳突, 馳驟衝突也.)

101 送兵(송병) — 병사를 보내다. 회흘이 원병을 보내온 것을 말한다.

《구당서 · 회흘回紇》 회흘이 그 태자 엽호를 파견하여 그 장수 제덕 등 병사와 말 4천여 무리를 이끌고서 당나라를 도와 반역의 무리를 치게 하였다. 숙종이 잔치를 열어 후하게 상을 베풀었고, 또 원수 광평왕으로 하여금 엽호를 만나게 하고 형제로 언약을 맺게 하니, 왕이 그를 접대함에 자못 은혜가 넘쳤다. 엽호는 크게 기뻐하면서 왕을 형으로 불렀다.(回紇遣其太子葉護, 領其將帝德等兵馬四千餘衆, 助國討逆. 肅宗宴賜甚厚. 又命元帥廣平王見葉護, 約爲兄弟. 接之頗有恩義. 葉護大喜, 謂王爲兄.)

102 驅馬(구마) – 말을 몰아 오다. 병사는 오천 명인데 말은 만 필인 것은 병사마다 예비용 말을 한 필씩 더 몰고 왔기 때문인 것으로 보인다.

《두공부초당시전》 당시 회흘이 군대를 보내 순종하며 도왔다. 병사는 오천 명인데 말은 만 필이라고 한 것은 훌륭한 장수가 군대를 부림에 있어 말은 반드시 예비용을 갖추기 때문임을 말한다. 당사에서는 그 숫자를 말하지 않았으나 지금 시에 보인다.(時回紇以兵助順, 兵五千而馬萬匹者, 謂良將之用兵, 馬必有副也. 唐史不言其數, 今見于詩.)

103 此輩(차배) – 이 무리. 회흘을 가리킨다. 少爲貴(소위귀) – 젊은 것을 귀하게 여긴다. 회흘은 젊고 용감한 것을 소중히 여긴다는 말이다. 회흘의 원병이 젊고 용감함을 말한 것이다. 《두시언해》에서는 '적어도 귀하다'로 해석하기도 하는데 역시 가능하다. 원병이 숫자로는 많지 않지만 워낙 용감하여서 귀하게 쓰일 수 있다는 말이다. 이와 달리 '적은 것이 좋다'고 풀이하기도 하는데, 회흘의 원병이 장래에 당나라에 큰 해가 될 것을 뜻한다는 의미이다.

104 勇決(용결) – 용감함과 결단력. 이 구는 사방의 족속이 회흘 용사의 용감함과 결단력에 복종한다는 말이다.

105 所用(소용)－ 군대에 사용한 병사. 여기서는 회흘 병사를 가리킨다. 鷹騰(응등)－ 매처럼 날아오르다. 회흘 병사의 날쌔고 용맹함을 말한 것이다.

106 過箭疾(과전질)－ 화살의 빠름을 능가하다. '過'는 '如'로 된 판본도 있다.

《구당서·회흘回紇》 그 무리는 적지만 그 습속이 날래고 굳세었다. 고거에 의탁하였고 돌궐에 속하였으며 근자에 들어 특륵이라고 불렀다. 임금이 없고 거처에 일정한 곳이 없어서 물과 풀을 찾아 옮겨 다녔다. 성격이 흉악하고 잔인하며 말타기와 활쏘기를 잘했는데, 탐욕이 특히 많아서 노략질로 살아갔다.(其衆微小, 其俗驍强, 依託高車, 臣屬突厥, 近謂之特勒. 無君長, 居無恒所, 隨水草流移, 人性凶忍, 善騎射, 貪婪尤甚, 以寇抄爲生.)

107 聖心(성심)－ 임금의 마음. 숙종의 심사를 가리킨다. 虛佇(허저)－ 마음을 비우고 기대하다. 숙종이 허심한 마음으로 회흘의 도움을 기대하고 있다는 말이다.

108 時議(시의)－ 당시의 의론. 氣欲奪(기욕탈)－ 기가 꺾이려 하다. 이 구는 당시 회흘의 원조를 반대하던 여론의 기세가 꺾인 듯하다는 말이다. 이와 달리 당시 여론은 회흘의 기세가 중원을 침탈할 듯하다는 것이라는 뜻으로 풀이하거나, 회흘이 나중에 해가 될까 두려워하여 여론의 기세가 꺾인 듯하다는 뜻으로 풀이하기도 한다. 대체로 여러 주석가들은 두보가 회흘의 원조가 가져올 폐해에 대해서는 염려하고 있었다고 보고 있다. 하지만 회흘의 참전을 불가피한 것으로 보고 그들을 활용하려고 했는지 아니면 끝까지 그들의 도움 없이 관군의 힘으로만 전쟁을 하고자 했는지에 관해서는 주장이 분분하다.

[聖心 2구]

《구가집주두시》 조차공 주 주상은 비록 허심으로 그들(회흘)이 반군을 격파해줄 것을 바랐으나, 당시 조정의 의론은 그들이 필경 해가 될 것이라고 두려워하였으므로 기가 꺾일 듯하게 되었다는 말이다. (言主上雖虛心以待其破賊, 然時議恐畢竟爲害, 所以氣欲奪也.)

《두시상주》 '허저'는 황제가 회흘을 기대한다는 것이고 '기탈'은 중론이 기가 꺾였다는 것이다.(虛佇, 帝望回紇. 氣奪, 群議沮喪.)

#《두시상주》: 이 단락은 회흘로부터 병사를 빌려오는 것의 해로움을 걱정한 것이다. '요사스런 기운이 사라진다'는 것은 하늘의 뜻이 돌아온다는 것이요, 회흘이 돕는다는 것은 인심이 따르게 되었다는 말이다. 이것은 중흥의 큰 기미이다. 그러나 바깥 오랑캐로부터 병사를 빌리는 것은 종내에는 나라의 근심이 되는 것이다. 그래서 '적은 것이 좋다'라고 말한 것이다. '허저'는 황제가 회흘을 기대한다는 것이고 '기탈'은 중론이 기가 꺾였다는 것이다. 조차공이 말하기를, "외국의 병사를 쓰지 않고 관군을 쓰는 것, 이것이 바로 당시의 의론이었다."라고 하였다. 앞의 두 단락은 '북쪽으로 가서', '가족의 안부를 묻는다'는 것에 호응하고, 뒤의 세 단락은 '임금께서 빠트릴까 두려워한다'는 이유를 거듭 설명한 것이다.(此憂借兵回紇之害. 妖氛豁, 天意回矣. 回紇助, 人心順矣. 此興復大機也. 但借兵外夷, 終爲國患, 故云少爲貴. 虛佇, 帝望回紇. 氣奪, 群議沮喪. 趙次公曰, 不用外兵, 而用官軍, 此卽當時之議. 前二段, 分應北征問家. 後三段, 申恐君遺失之故.)

《두시경전》에 인용된 소창래邵滄來의 설: 회흘이 순종하여 돕는다는 것을 극도로 묘사하고는 "이 무리는 적은 것이 좋다."라는 구로 이었으니 바로 〈유화문〉(회흘이 머무는 것을 걱정한 시)을 지은 이유이다. 유독 이 시에서 배척하는 말을 극도로 하지 않은 것은 천자가 한창 그들에게 의지하고 있기 때문이다.(極寫回紇助順, 而接以此輩少爲貴句, 正留花門之所以作也. 獨此不極斥言者, 以天子正賴之耳.)

109 伊洛(이락) – 이수伊水와 낙수洛水. 여기서는 두 강이 흘러가는 동도

낙양을 가리킨다. 指掌(지장) – 손바닥을 가리키다. 매우 쉽다는 말이다. 收(수) – 수복하다.

《두공부초당시전》 '이락' 두 강은 동도 낙양을 가리킨다.(伊洛二水指東都也.)

110 西京(서경) – 장안을 가리킨다. 不足拔(불족발) – 빼앗을 것도 없다. 쉽게 빼앗을 것이라는 말이다.

111 深入(심입) – 적지로 깊이 공격해 들어간다는 말이다.

112 蓄銳(축예) – 예리함을 모으다. 정예 관군을 많이 동원한다는 말이다. 可俱發(가구발) – 함께 출발할 수 있다. 관군과 회흘군이 함께 공격을 개시할 수 있다는 말로 보기도 한다. '可'는 '何'나 '伺'로 된 판본도 있다.

《구가집주두시》 조차공 주 이것이 바로 당시의 의론이니, 국가가 스스로 중원을 수복할 이치가 있다고 여긴 것이다. 관군이 깊이 적지로 들어가 스스로 반군을 격파할 수 있으니 회흘의 병사만을 오로지 사용할 필요가 없다.(此正時議, 以爲國家自有恢復中原之理, 官軍深入, 自足破賊, 不必專用回紇兵也.)

《독두심해》 글의 기세는 곧장 '축예가구발'로 달려가는데, 여전히 '회흘'과 '관군'을 통합하여 함께 말하고 있다. 대개 이 당시의 급선무가 특히 싸움에 이겨 경사를 수복하는 데 있었기 때문이니 〈유화문〉과 같은 뜻이 아니다.(文勢直趕到蓄銳可俱發, 仍以回紇官軍總統言之. 蓋此時所急, 尤在克復, 不與留花門詩同旨.)

113 此擧(차거) – 이번의 거병. 開靑徐(개청서) – 청주靑州와 서주徐州를 열다. 반군에 의해 점령되어 있던 산동 지역의 청주와 서주를 탈환한다는 말이다.

114 旋瞻(선첨) – 즉시 보다. 빨리 보게 되다. 略恒碣(약항갈) – 항산恒山과 갈석산碣石山을 공략하다. 반군의 거점이라고 할 수 있는 동북

지역을 공략한다는 말이다.

《두공부초당시전》 청주와 서주, 항산과 갈석산은 모두 동북 지역이다. 이로부터 공략하여 탈취할 수 있을 것이다.(青徐恒碣, 皆東北之地, 自此可以略取矣.)

《독두심해》 항산과 갈석산은 모두 연 땅에 속하는데 반군의 본거지를 가리킨다.(恒山碣石, 俱屬燕, 指安賊巢穴.)

115 昊天(호천) – 하늘.

《두공부초당시전》 원기가 광대한 것을 '호천'이라고 한다. 숙종에게 과감한 결단이 있음을 비유한다.(元氣廣大謂之昊天, 喻肅宗有威斷也.)

116 正氣(정기) – 엄정한 기운. 가을의 싸늘한 기운을 가리킨다. 肅殺(숙살) – 가을 기운이 초목을 말라 죽게 하는 것이다.

《두공부초당시전》 '숙살'은 음기의 엄정함이다. 천자는 본래 참됨을 갖고 있고 안녹산은 거짓으로 황제를 참칭한 자이다. 그래서 이렇게 말하였다.(肅殺, 陰氣之正也. 天子自有眞, 祿山其竊僞者乎, 故云.)

[昊天 2구] 자연계의 규율에 근거하여 숙종이 반군을 모두 물리칠 것이라는 말이다.

117 亡胡歲(망호세) – 오랑캐를 멸망시키는 해. 오랑캐를 멸망시킬 때가 되었다는 말이다.

118 勢(세) – 전쟁의 형세를 말한다. 擒胡月(금호월) – 오랑캐를 사로잡는 달. 오랑캐를 사로잡을 때가 되었다는 말이다.

119 其能久(기능구) – 어찌 오래갈 수 있겠는가. '其'는 '어찌'의 뜻이다.

120 皇綱(황강) – 황제가 천하를 다스리는 큰 정치. 未宜絶(미의절) – 단절되어서는 안 된다.

#《두시상주》: 이 단락은 관군만을 전적으로 활용하는 것의 이로움을

진술하였다. 이 당시 명장이 병사를 통솔하여 매복 기습하는 권법權法과 정면 격돌하는 정법正法을 아울러 내고 있으니 두 경사를 수복하고 하북을 평정할 수 있으며 안경서와 사사명을 사로잡을 수 있을 것이다. 이것이 승리를 쟁취할 완벽한 책략이다. 주학령의 주에서는 "당시 이필의 의론은 건녕왕으로 하여금 변새를 따라 북쪽으로 나가 이광필과 함께 서로 협력하여 범양을 취하고자 한 것이었으니 그 견해가 또한 두보와 같았다."라고 하였다. 장연의 주에서는 "두보는 회흘로부터 군대를 빌리는 것이 좋지 않은 계책이라고 여겼다. 그래서 '임금이 마음을 자못 비운 채 기대하시니 조정의 의론은 기가 거의 꺾인 듯하다.'라고 하였다. 또 관군이 계속 승승장구할 수 있을 것이라고 생각하였으므로 "이번의 거병으로 청주와 서주를 열고, 항산과 갈석산 공략하는 것을 곧 보게 될 것이다."라고 하였다. 그러나 이 논의는 시행되지 않았고, 회흘은 과연 당나라의 근심거리가 되었으며 하북은 마침내 당나라의 소유가 되지 못하였다. "비록 간언하는 자질이 부족하지만, 임금께서 빠트리는 것이 있을까 두렵다."라고 한 것은 대개 이러한 것 때문이다. 두보는 일찍이 스스로 직과 설에 비기었는데, 그 경륜이 여기에서 대략적으로 보인다."라고 하였다. '호천' 6구는 다시 하늘의 뜻으로써 필승할 것임을 결정한 것이다. (此陳專用官軍之利. 是時名將統兵, 奇正兼出, 可以收兩京定河北, 而擒安史, 此爲制勝萬全之策. 朱注, 當時李泌之議, 欲命建寧並塞北出, 與光弼犄角以取范陽, 所見亦與公同. 綖注, 公以乞師回紇爲非計, 故云, 聖心頗虛佇, 時議氣欲奪. 又謂官軍直可乘勝長驅, 故云, 此擧開靑徐, 旋瞻略恒碣. 唯此議不行, 回紇果爲唐患, 而河北迄非唐有, 其云, 雖乏諫諍姿, 恐君有遺失, 蓋爲此也. 公嘗自比稷契, 其經綸概見於此矣. 昊天六句, 仍以天意決其必勝也.)

121 昨(작) – 이전. '昔'으로 된 판본도 있다. 狼狽(낭패) – 낭패를 당하다.

안녹산 반군의 침략으로 현종 일행이 황망하게 장안을 탈출하던 일을 가리킨다.

《두공부초당시전》 '낭패'는 나라의 어려움이 많고 세력을 잃어버린 시기를 비유한다.(狼狽, 喩國家多難失勢之時也.)

122 古先(고선) – 옛날. 아래 구절에 나오는 하나라와 은나라 시절을 가리킨다.

123 姦臣(간신) – 간악한 신하. 양국충을 가리킨다. 菹醢(저해) – 소금에 절인 채소와 고기. 여기서는 사람을 잘라 육장肉醬으로 만드는 형벌을 가리킨다.

《두시상주》 '간신'은 양국충을 말한다.(姦臣, 謂楊國忠.)

124 同惡(동악) – 함께 악을 자행하는 사람. 양국충의 무리를 말한다. 蕩析(탕석) – 휩쓸려서 사라지다.

《두시상주》 '동악'은 괵국 부인의 무리를 말한다.(同惡, 謂虢國夫人輩.)

《두시언해》 '동악'은 양국충의 도당이다.(同惡, 國忠之黨.)

[姦臣 2구] 환란의 원인이 된 양국충과 그 무리가 현종에 의해 제거되었다는 뜻이다. 이를 통해 당시 당나라의 상황은 하나라와 은나라가 쇠망할 때의 상황과 다르다는 주장을 뒷받침하고 있다.

《독두심해》 양국충과 여러 양씨를 말한다.(謂國忠諸楊.)

《구당서 · 양국충전》 마외에 도착했는데 군사들이 굶주리고 분노하였기에 용무장군 진현례는 변란이 일어날까 두려워하여, 먼저 군사들에게 말하기를 "지금 천하가 무너지고 천자가 흔들리고 있는데 어찌 양국충이 백성들을 침탈하였기에 조정과 민간이 모두 원망하고 탄식하여 이런 상황에 이른 것이 아니겠는가? 만약 그를 죽여서 천하의 사람에게 사죄하지 않는다면 어떻게 사해의 원망과 분노를 막을 수 있겠는가?"라고 하였다. 군사들이 말하기를 "그것을 생각한

지는 오래되었습니다. 이 일을 실행할 수 있다면 몸이 죽는 것도 진실로 원하는 바입니다."라고 하였다. 때마침 토번의 화호사(우호 관계를 위해 파견한 사신)가 역의 문에서 양국충을 가로막고 사정을 하소연하고 있었는데, 군사가 소리치며 말하기를 "양국충이 토번인과 반란을 도모하고 있다."라고 하였다. 여러 군사가 이에 역을 포위하고 양국충을 잡았으며 참수하여 대중에게 내보였다. 이날 양귀비는 이미 목매달아 죽었고 한국부인과 괵국부인 또한 난리를 일으킨 병사들에 의해 죽임을 당했으며, 어사대부 위방진은 죽었고 좌상 위견소는 부상을 당했다. 한참 후에 병사들이 해산하였다. 진현례 등이 주상을 뵙고 사죄하며 말하기를 "양국충이 국가의 기강을 망가뜨리고 화란을 일으켜 백성을 도탄에 빠지게 하고 천자의 수레를 도망가게 하였으니 이와 같은 이를 죽이지 않으면 환난은 끝이 없을 것입니다. 신 등이 사직의 대계를 위해 임금의 명이라 거짓으로 말하고 일을 행하는 죄를 저질렀습니다."라고 하였다. 현종이 말하기를 "짐의 식견이 밝지 않고 임무를 맡기는 것이 적절치 않았다. 최근에야 이를 깨닫고 그 속임수와 사악함을 알았기에 촉 땅에 도착하면 그를 죽여 저자에 내보이려고 생각하였다. 지금 신명이 경들을 계발하였고 짐의 오래된 뜻에 부합하기에 장차 관작과 상을 하사하려고 하였는데 어찌하여 이런 말을 하는가?"라고 하였다.(至馬嵬, 軍士飢而憤怒, 龍武將軍陳玄禮懼亂, 先謂軍士曰, 今天下崩離, 萬乘震蕩, 豈不由楊國忠割剝甿庶, 朝野怨咨, 以至此耶. 若不誅之以謝天下, 何以塞四海之怨憤. 衆曰, 念之久矣. 事行, 身死固所願也. 會吐蕃和好使在驛門遮國忠訴事, 軍士呼曰, 楊國忠與蕃人謀叛. 諸軍乃圍驛擒國忠, 斬首以徇. 是日, 貴妃既縊, 韓國虢國二夫人亦爲亂兵所殺, 御史大夫魏方進死, 左相韋見素傷. 良久, 兵解. 陳玄禮等見上謝罪曰, 國忠撓敗國經, 構興禍亂, 使黎元塗炭, 乘輿播越, 此而不誅, 患難未已. 臣等爲社稷大計, 請矯制之罪. 帝曰, 朕識之不明, 任寄失所. 近亦覺悟, 審其詐佞, 意欲到蜀, 肆諸市朝. 今神明啓卿, 諧朕夙志, 將疇爵

賞, 何至言焉.)

125 夏殷衰(하은쇠) - 하나라와 은나라가 쇠미해지다. 하나라와 은나라 왕조의 통치 말기를 가리킨다. '夏殷'을 '殷周'로 써야 한다는 주장도 있다.

《두시상주》에 인용된 호자胡仔 설 '은주'로 써야 한다.(當作殷周.)

《두시상주》 '하은'을 따르는 것이 옳다. 아래 구에 '주한'이 있기 때문이다.(從夏殷爲是, 下有周漢也.)

126 中(중) - 궁중에서. 혹은 중간에. 妹妲(말달) - 말희妹喜와 달기妲己. 말희는 하나라 걸桀임금의 아내이고 달기는 은나라 주紂임금의 애첩이다. 모두 임금의 마음을 미혹하여 나라를 망치게 한 여인으로 알려져 있다. '褒妲'로 된 판본도 있는데, 주나라 유왕幽王의 애첩이었던 포사褒姒와 은나라 주임금의 애첩인 달기를 가리킨다. 앞 구절의 '하은'을 '은주'로 해야 한다는 주장은 '말달'이 '포달'로 된 판본에 의거한 것이다.

《두시상주》 말희와 달기는 걸과 주의 애첩이다. 옛 판본에서는 '포달'로 적고 있는데 틀린 듯하다.(妹喜妲己, 桀紂所嬖. 舊作褒妲, 疑誤.)

《두공부시집집주》 포사와 달기는 양귀비를 비유한다.(褒姒妲己比貴妃.)

[不聞 2구] 하나라와 은나라가 비록 쇠락해질 때에도 말희와 달기를 죽여 화근을 없애지 않았다는 말이다. 그 이면에는 당나라 현종은 양귀비를 죽여 화근을 없앴기에 당나라는 하나라와 은나라처럼 쇠망하지 않을 것이라는 뜻이 담겨 있다.

《독두심해》에 인용된 〈위도보시화魏道輔詩話〉 당나라 사람들이 양귀비가 마외에서 죽은 일을 읊었는데, 그중에서 세상에서 칭송받는 것으로 유우석이 지은 (〈마외행馬嵬行〉의) "관군이 간신을 죽였고 천자는 요사스러운 계집을 버렸다."라는 구절과 백거이가 지은 (〈장한가長恨歌〉의) "천자의 군대가 나아가지 않으니 어찌하리오, 미인은 버둥거리며 말 앞에서 죽었다."라는 구절이 있다. 이는 관군이 배반하여 현종을 핍박하니 어쩔 수 없이 양귀비를 죽였다는 것이다. 어찌 단지 체재를 알지 못하는 것뿐이겠는가? 또한 임금을 섬기는 예까지도 잃은 것이다. 두보는 "하나라와 은나라가 쇠망할 때에는 궁중에서 스스로 말희와 달기를 죽였다는 말은 듣지 못했다."라고 하였는데, 이는 현종이 하늘을 두려워하고 화가 이른 것을 후회하였기 때문이지 관군과는 상관이 없다는 것이다.(唐人詠馬嵬之事, 世所稱者, 劉禹錫官軍誅佞倖, 天子捨妖姬. 白居易六軍不發無奈何, 宛轉蛾眉馬前死. 此乃官軍背叛, 逼迫明皇, 不得已而誅貴妃也. 豈特不曉體裁, 亦失事君之禮. 老杜則曰, 不聞夏殷衰, 中自誅褒妲. 乃是明皇畏天悔禍, 無與官軍也.)

127 獲再興(획재흥) – 다시 흥성함을 얻다.

128 宣光(선광) – 주나라의 선왕宣王과 후한의 광무제光武帝. 모두 나라를 중흥시킨 임금이다. 여기서는 당나라를 중흥시킬 숙종을 비유한다.

《독두심해》 주나라 선왕과 한나라 광무제는 숙종을 비유한다.(周宣漢光武, 比肅宗.)

[憶昨 8구]

《구가집주두시》 조차공 주 대개 옛날에도 쇠퇴하고 어지러운 시절이 있었으나 오늘날은 그것과는 다르다는 말이다. 그 다른 것이 무엇인가? 양국충과 같은 간신이 이미 죽임을 당하였고 그 도당이 세력을 잃고 흩어져 사라져 버렸으니 이것이 옛날과 다른 첫 번째이다. 하나라와 은나라 역시 쇠퇴하였으나 포사와 달기를 죽이지 않았는데, 현종은 정을 버리고 사랑을 억눌러 양귀비를 죽였으니 이것이 옛날과 다른 두 번째이다. 오직 이처럼 할 수 있었기에 선왕이 있어 중흥한 주나라와 같을 수 있고, 광무제가 있어 중흥한 한나라와 같을 수가 있다고 하여, 숙종이 나라를 중흥시킬 수 있음을 말하였다. 포사와 달기로 말하자면 포사는 주나라는 멸망시킨 자인데 '은하' 구에 썼으니 이것은 두보가 말을 통쾌하게 하다 보니 작은 실수를 한 것일 뿐이다.(蓋謂古先亦有衰亂, 而今日與之殊別焉. 其殊別者何也. 姦臣如楊國忠旣誅, 其黨與失勢而蕩析矣. 此與古先別之一也. 夏殷亦衰矣, 而褒妲不誅, 上皇乃能割情忍愛而誅貴妃, 此與古先別之二也. 惟其如此, 故能如周之再興而有宣王, 如漢之再興而有光武, 以言肅宗之能中興也. 褒姒妲己, 褒姒滅周而用於夏殷句之下, 此乃公命語痛快, 因成小誤耳.)

129 桓桓(환환) – 위엄있고 용맹한 모습. 陳將軍(진장군) – 진현례 장군. 현종이 난을 피하여 촉 땅으로 가는 동안 좌룡무대장군左龍武大將軍으로서 천자를 호종하였으며, 양국충과 그 무리를 처단하는 데 앞장섰다.

130 仗鉞(장월) – 도끼에 의지하다. 군대를 지휘한다는 말이다. 奮忠烈(분충렬) – 충렬을 떨치다. 충성과 절개를 떨치다.

131 微(미) – 없다. 아니다. 爾(이) – 그대. 여기서는 진현례를 가리킨다. 人盡非(인진비) – 사람이 모두 잘못되다. 백성들이 모두 오랑캐에게 종속되어 지금과 같지 않았을 것이라는 말이다.

132 於今(어금) – 지금에 있어. 지금에 이르러. 國猶活(국유활) – 나라가 아직 살아 있다. 나라가 오히려 살아나다.

[微爾 2구]

《**두공부초당시전**》 진현례의 말이 없었다면 당나라의 천하는 다시 당나라의 소유가 되지 못하였을 것이라는 말이다.(謂無玄禮之言, 則唐之天下無復爲唐有矣.)

#《두시상주》: 이 단락은 양귀비를 거울삼아 숙종의 황후인 장량제를

은근히 염려한 것이다. 허의許顗(언주彦周는 그의 자)가 말하기를 “난리가 이미 났으니 오직 상벌을 합당하게 베푼다면 다시 떨치고 일어날 수 있을 것이지만 그렇지 못하다면 지탱할 수 없을 것이다. 진현례는 가장 먼저 양국충과 양귀비를 죽일 것을 의론하였는데 이 거사가 없었다면 비록 이광필과 곽자의가 있더라도 광복의 공을 이룰 수 없었을 것이다. 그래서 ‘나라를 살렸다’는 말로 그를 칭송한 것이다. 중흥을 이루려면 의당 먼저 여화女禍를 없애야 한다.”라고 하였다.(此借鑒楊妃, 隱憂張良娣也. 許彦昭(周의 잘못)曰, 禍亂既作, 惟賞罰當, 則能再振, 否則不可支矣. 陳玄禮首議誅國忠太眞, 無此擧, 雖有李郭, 不能奏匡復之功, 故以活國許之. 欲致興復, 當先去女戎.)

133 大同殿(대동전) – 궁궐 내의 전각 이름. 현종이 자주 노닐었던 곳이다.

《구가집주두시》 조차공 주 이곳은 현종이 노닐던 곳이다.(此明皇帝所游之地.)

《장안지長安志》 근정루의 북쪽을 대동문이라고 하고 그 안이 대동전이다.(勤政樓之北曰大同門, 其內大同殿.)

134 白獸闥(백수달) – 궁문 이름으로 백수문白獸門이다.

《구가집주두시》 조차공 주 ‘백수달’은 당지를 살펴보아도 이 이름이 없다. 다만 한나라의 미앙궁에 백호문과 백호전이 있었을 뿐이다. 아마도 두보가 이를 빌려서 비유로 삼은 것이리라.(白獸闥, 考之唐志無此名, 惟漢未央宮中有白虎門白虎殿. 豈公借用以爲比也.)

《두시상주》 《삼보황도》에 의하면 미앙궁에 백호전이 있었다. 당나라 때는 태조의 휘를 피하여 (‘호’ 자를) ‘수’로 고쳤으며 ‘백수달’은 백수문이다.(三輔黃圖, 未央宮, 有白虎殿. 唐避太祖諱, 改爲獸. 白獸闥, 卽白獸門也.)

[凄凉 2구]

《두공부초당시전》 오랑캐가 경사를 함락하니 옛 궁궐을 지키지 못하여 모두 처량하고 적막하게 되어 매우 슬퍼한다는 뜻이다.(意謂胡寇陷京師, 故宮失守, 皆凄凉寂寞而可傷之也.)

135 都人(도인) — 도성 사람들. 장안의 백성을 가리킨다. 취화(翠華) — 물총새 깃으로 장식한 천자의 깃발.

《두공부초당시전》 '취화'는 물총새의 깃으로 깃발의 장식을 만든 것이다. 도성 사람들이 숙종이 경사를 수복하기를 바란다는 말이다. (翠華, 謂以翠羽爲葆. 都人望乎肅宗之收復京師也.)

136 佳氣(가기) — 아름다운 기운. 당나라의 중흥의 기상을 뜻한다. 金闕(금궐) — 황금으로 장식한 궁궐.

137 園陵(원릉) — 제왕의 묘지. 여기서는 당나라 선왕들의 무덤을 가리킨다. 有神(유신) — 신령이 있다. 조상 신령들의 가호가 있을 것이라는 말이다.

138 掃灑(소쇄) — 물을 뿌리고 청소하다. 선왕의 능묘를 돌보는 일을 가리킨다. 數(수) — 예의. 예절. '자주'의 뜻으로 보기도 하나 옳지 않은 듯하다.

《두억》에 인용된 유신옹劉辰翁의 설 '數'는 음이 삭이다. 매번 상란이 있지만 끝내는 반드시 옳음으로 돌아간다는 말이다.(數, 音朔. 謂每有喪亂, 終必反正.)

《두공부시집집주》 채몽필은 ('數' 자를) 색과 각의 반절로 읽고 있는데 틀렸다.(蔡讀作色角切, 非是.)

139 煌煌(황황) — 찬란하게 빛나다. 太宗業(태종업) — 태종의 업적.

140 樹立(수립) — 건립하다. 이룩하다. 宏達(굉달) — 웅대하고 창달하다. 숙종이 세운 중흥의 업적이 크고 영원할 것이라는 말이다.

[園陵 4구] 조상의 신령이 깃들여 있는 선왕의 능묘를 전란 중에도 잘 돌보았으니 조상신의 도움으로 중흥하게 될 것이라는 의미를 담은 것이다. 이와 달리 황제가 빨리 경사를 수복하여 조상의 능묘를 잘 돌보아야 한다는 뜻으로 보는 설도 있다.

《두공부초당시전》 다음과 같은 말이다. 선제의 산릉에는 모두 신령이 모여있어 자손에게 음덕을 베풀 수 있는데, 중흥의 군주가 다시 효도를 다하였으며 비질하고 물 뿌리는 예법을 일찍이 조금도 빠트린 적이 없었으니 지금부터 이후로는 태종의 대업을 반드시 회복시킬 수 있을 것이다. 안녹산의 하찮은 도적들이 무어 걱정할 만하겠는가?(謂先帝山陵皆蓄神靈, 可以陰騭子孫, 而中興之君復盡孝道, 掃灑之禮未嘗少缺, 自玆已往, 必能紹復太宗之業. 祿山蕞爾之寇, 何足慮乎.)

《구가집주두시》 조차공 주 황제의 수레가 돌아와서 능침을 돌보아야 함을 말한 것이다. 대체로 고조의 헌릉은 삼원에 있었고 태종의 소릉은 남전에 있었으며, 고종의 건릉은 봉천에 있었고 중종의 정릉은 부평에 있었으며 예종의 교릉은 봉선에 있었다. '소쇄수불결'에서 '수'는 예법을 말한다. '원릉'에서 '비질하고 물 뿌린' 뒤에 의당 조종의 창업을 생각하여야 할 것이니 태종의 정관 시절의 성대함과 같게 되면 어찌 다시 임금이 피난하는 일이 있겠는가.(言車駕當歸奉陵寢之掃除也. 蓋高祖獻陵在三原, 太宗昭陵在藍田, 高宗乾陵在奉天, 中宗定陵在富平, 睿宗橋陵在奉先. 掃灑數不缺, 數, 言禮數也. 旣掃灑園陵, 當思祖宗創業, 如太宗貞觀之盛, 豈復有播遷之事哉.)

#《두시상주》: 마지막 단락에서는 태종의 사업으로써 중흥의 군주를 기대하였다. 당시 옛 도읍의 백성들은 임금을 그리워하였고 조상의 능침에는 변고가 없었으니 그 광복이 지척에 있게 되었다.(終以太宗事業, 望中興之主. 當時舊國思君, 陵寢無恙, 其光復在指顧間矣.)

##《두시상주》: 이 시의 큰 뜻은 앞 두 단락으로써 대강을 제기한다. 첫 단락의 '북쪽으로 가서' '가족의 안부를 묻는다'는 것은 자신의 일로서 3, 4단락의 복선이다. 두 번째 단락의 "임금께서 빠트리는 것이 있을까 두려워한다."라는 것은 마음 속의 일로서 5, 6, 7단락의 복선이다. 두보의 신분은 간관이었기에 밖으로는 군정軍政의 일에 있어서 빠트리는 것이 있을까 두려워하고 안으로는 후비의 일에 있어서 빠트리는 것이 있을까 두려워하였다. 무릇 조정에서 물러날 때 마음속에 말하고자 하였던 것이 모두 여기에 충분히 언급되었다. 이것이 그 맥락상의 배합이다.(此章大旨, 以前二節爲提綱. 首節北征問家, 乃身上事, 伏第三四段. 次節恐君遺失, 乃意中事, 伏五六七段. 公身爲諫官, 外恐軍政之遺失, 內恐宮闈之遺失. 凡辭朝時, 意中所欲言者, 皆罄露於斯. 此其脉理之照應也.)

《독두심해》: 시 전체는 단지 5개의 큰 단락으로 나뉜다. 가족을 살피러 돌아가는 것이 본래의 일이고 나랏일을 돌이켜 생각하는 것이 본래의 마음이다. 첫 단락은 부주로 돌아가는 일의 자취를 분명하게 서술하였다. 먼저 '문가실' 세 글자로 가족을 찾아간다는 것을 제기해 내었고, 이어서 '조간우' 세 글자로 나라를 생각한다는 것을 제기해 내었는데, 다시 '배사' 12구로써 그것을 거듭 밝혔다. 대체로 안으로 자신을 돌아보면 가족을 그리워하고 궁궐에서 하직하고 나면 임금을 사모하였으니, 사적인 정리나 공적인 충심이 일시에 드러나서 전체 시의 강령이 되었다. 둘째 단락은 돌아가는 길의 경물을 상세히 서술하였다. 맞닥뜨린 상황으로 말하자면 좋은 것과 싫은 것이 들쭉날쭉 있지만 감회로 말하자면 상하고 다친 사람들이 눈에 가득하다. 그래서 단락 마지막에서 달빛 속의 백골을 언급해서 동관에서의 패배를 돌이켜 생각하며 분개하였다. 경기 지역 백성의 피해가 모두 이것에서 비롯되었음을 보여준다. 하지만 이것은 여전히 부수적인 내용에 속한다. 이 단락의 주요한 의미는 단지 돌아가는 길의 경치를 두루 묘사하는 것이다. 셋째 단락은 집에 도착한 뒤의 경황을 모두 서술하였다. 장법으로 보면 중간 허리이고 제목으로 보면 정면이다. 정감이 통속적이고 시어가 기묘한데, 때때로 해학으로 눈물을 그치게 한다. 단락 마지막의 '번사' 4구는 갑작스럽게 길을 빌려 나랏일로 들어가고 있으니 이곳이 하반부로 시상이 바뀌는 곳이다. 네 번째 단락은 집안 살림살이에 대한 생각을 버리고 나라의 우환을 걱정한 것이다. 당시 올바름으로 돌아간다는 급선무를 위해서 경사를 속히 수복하고 곧장 적의 소굴을 쳐부술 것을 깊이 기대하였다. "이 무리는 적은 것이 귀하다.", "당시의 의론은 그 기세가 꺾일 것 같다."라고 말하였는데, 회흘에게서 도움을 빌리는 것을 서술하는 곳에서 이처럼 조정하는 말이 필요하지만, 사실 중요한 말은 아니다. 글의 기세는 곧장 '축예가 구발'로 달려가는데, 여전히 '회흘'과 '관군'을 통합하여 함께 말하고 있다. 대개 이 당시의 급선무가 특히 싸움에 이겨 경사를 수복하는 데 있었기 때문이니 〈유화문〉과 같은 뜻이 아니다. 주학령과 구조오 등은 지나치게 판에 박은 듯 보아서 마침내 글의 기세를 늘어지게 하였다. 단락 마지막의 몇몇 말들은 악비가 말한 "제군들과 유쾌하게 마시겠다."라는 말과 같다. 다섯째 단락은 현종의 영명한 결단을 돌이켜 칭송하면서 새로운 임금이 중흥할 것을 미리 점친 것인데, 새로운 임금이 급히 경사로 돌아가 태평한 세상을 다시 열고 곧바로 정관 시기 처음의 위대한 업적까지 곧장 거슬러 올라가려고 할 것이라는 말이니, 전편의 큰 귀착점이다.(通首但分五大段. 歸省家人, 本事也. 回念國事, 本心也. 第一段, 敘淸還鄜事蹟. 先以問家室三字提出省家, 隨以遭艱虞三字提出念國, 復申之以拜辭十二句. 蓋內顧則思家, 陛辭則戀主, 私誼公忠, 一時迸露, 遂爲一詩之綱領. 第二段, 詳敘歸途景物. 所値之境, 好惡不齊. 所觸之懷, 傷殘滿目. 所以節末就月中白骨, 追憤潼關一敗. 見近畿殘害, 皆由於此. 然此尙屬帶筆. 此處主意, 只是鋪寫

途景也. 第三段, 備述到家景況. 於篇法爲中腹, 於題目爲正面. 俗情妙語, 時以詼諧破涕. 而節末翻思四句, 忽然借徑搭入國事, 是下半轉關處. 第四段, 撥家計而憂國恤. 爲當時反正之急務, 深以速收京闕, 直搗賊巢爲望. 其云, 此輩少爲貴, 時議氣欲奪. 在敍借助回紇處, 須下此分寸語, 其實不重. 文勢直趕到蓄銳可俱發, 仍以回紇官軍總統言之. 蓋此時所急, 尤在克復, 不與留花門詩同旨. 朱仇諸家, 忒煞版看, 遂使文氣縱緩. 節末數語, 猶岳少保所謂與諸君痛飮者也. 第五段, 追頌上皇聖斷, 預卜新主中興, 亟反神京, 重開治象, 直欲追盛業於貞觀之初. 爲通篇大歸宿.)

(김성곤·임도현)

68. 行次昭陵

길 가던 중에 소릉에 이르다

舊俗疲庸主[1] 群雄問獨夫[2] 讖歸龍鳳質[3] 威定虎狼都[4]

天屬尊堯典[5] 神功協禹謨[6] 風雲隨絶足[7] 日月繼高衢[8]

文物多師古[9] 朝廷半老儒[10] 直辭寧戮辱[11] 賢路不崎嶇[12]

往者災猶降[13] 蒼生喘未蘇[14] 指麾安率土[15] 蕩滌撫洪爐[16]

壯士悲陵邑[17] 幽人拜鼎湖[18] 玉衣晨自擧[19] 鐵馬汗常趨[20]

松柏瞻虛殿[21] 塵沙立暝途[22] 寂寥開國日[23] 流恨滿山隅[24]

옛 풍속이 용렬한 군주에 의해 피폐해지자
군웅들이 민심을 잃은 사내의 죄를 물어,
제왕이 될 조짐이 용과 봉황의 자질을 갖춘 분에게 돌아가니
위엄으로 범과 이리의 도읍을 평정하셨다.

부자간이어서 〈요전〉을 존숭하셨음에
신묘한 공은 〈대우모〉에 어울렸으며,
바람과 구름은 준족의 말을 따르고
해와 달은 하늘의 길에 이어졌다.
문물은 대부분 옛것을 본받았고
조정에는 태반이 노성한 유자였으며,
직간의 말이 어찌 욕보임을 당했으랴
현자의 길이 험하지 않았다.

지난날에 재변이 여전히 내려
백성들은 헐떡거리는 숨이 아직 편안해지지 못했으니,
지휘하여 온 나라를 편안하게 해주시고
더러운 기운 씻어내어 천하를 어루만져 주시라.

씩씩한 선비가 능묘를 슬퍼하고
은사가 정호를 배알하니,
옥의는 새벽에 저절로 움직이고
철마는 땀을 흘리며 늘 내달리겠지.
소나무와 측백나무 사이 빈 전각 쳐다보며
티끌과 먼지로 덮인 어둑한 길에 섰으니,
쓸쓸하여라, 개국하던 시절의 모습이여
흐르는 한이 산모퉁이에 가득차누나.

이 시는 두보가 지덕 2년에 가족이 있는 부주로 돌아가는 길에 소릉에 들러 느낀 감회를 적은 것이다. 당 태종이 수나라의 혼란을 없애고 훌륭한 정치를 이루었음을 칭송하고는 그 영령이 오늘날의 혼란을 구제해주기를 바라는 마음을 표현하였다. 천보 5년에 지었다는 설도 있지만 옳지 않다. '행차'는 '여행 중에 어떤 곳에 이르다' 또는 '여행 중에 어떤 곳에서 잠시 머무르다'의 뜻이다. 소릉은 당 태종의 능인데 당나라 때 경조부 예천현에 있었다.

《보주두시》 지금 시제에서 '길 가던 중에 소릉에 이르다'라고 하였으니 당연히 천보 5년 낙양에서 장안으로 돌아갈 때 지은 것이다.

시에서, "은사가 정호를 배알한다."라고 하였으니 부賦를 바쳐 벼슬을 주기 전이다.(今詩題云行次昭陵, 當是天寶五年, 自東都歸長安時作. 詩云, 幽人拜鼎湖, 則是未奏賦授官前也.)

《두시상주》 주학령의 주에서, "소릉은 예천현에 있으며 경양에 가까운데 바로 장안의 북쪽이다. 《두공부초당시전》에서 〈북정〉 시 뒤에 순서를 둔 것은 진실로 옳다. 아마도 부주로 가족을 보러 가다가 길이 이곳을 경유하였던 것이리라. 황학이 이 시를 천보 5년에 편재하고, 서쪽으로 돌아가 조칙에 응할 때의 작품이라 하였는데 크게 틀렸다."라고 하였다. 지금 살펴보건대 시제에서 '행차'라고 하였으니 이는 지름길로 가다가 능 앞에 이르렀다는 것이다. 마땅히 주학령의 설을 따르는 것이 옳다.(朱注, 昭陵在醴泉, 近涇陽, 直京師之北. 草堂詩箋序於北征詩後, 良是. 蓋省家鄜州, 道經此也. 黃鶴編在天寶五載, 謂西歸應詔之時作, 大謬. 今按, 題云行次, 是便道經行, 而次於陵前. 當從朱說爲正.)

《두시전주》 "지난날에 재변이 여전히 내렸다."라는 것은 아마도 천보의 난은 바로 수나라 말기의 재난이 오늘날 다시 내린 것임을 말할 것이다. '지휘'와 '탕척'은 수복의 공을 송찬한 것이다. 구본에서는 천보 초에 편재하였는데, 그렇다면 어떻게 소릉 석마의 일을 미리 들 수 있겠는가? 《두공부초당시전》에서 〈북정〉 시 뒤에 편차하였는데 마땅히 이를 따라야 한다.(往者災猶降, 蓋言天寶之亂, 乃隋末之災再降於今日也. 指揮蕩滌, 頌收復之功也. 舊本載在天寶初, 安得先擧昭陵石馬之事. 草堂詩箋次於北征之後, 當從之.)

《두시상주》에 인용된 《당서》 경조부 예천현에 구종산이 있는데 태종의 소릉은 서북 60리 되는 곳에 있다.(京兆府醴泉縣有九嵕山, 太宗昭陵在西北六十里.)

주 석

1 舊俗(구속)－ 옛 풍속. 옛날 사람의 생활. 疲(피)－ 피폐하다. 지치다. 쇠잔하다. 庸主(용주)－ 용렬한 군주. 수양제를 가리킨다. 육조六朝의 여러 군주를 가리킨다는 설도 있다. 이 구는 예전에 백성의 삶이 용렬한 군주에 의해 피폐해졌다는 뜻이다.

《두공부초당시전》 '용주'는 수나라 양제를 가리키는데 변하를 개통하고 용선에 비단 돛을 달아 백성들을 수고롭게 움직였으니 이 때문에 백성의 생활이 피폐해진 것이다.(庸主, 指隋煬帝, 開汴河, 龍舟錦帆, 勞動生民, 是以民俗困疲也.)

2 群雄(군웅)－ 수나라 때 봉기했던 여러 인물을 가리킨다. 이밀李密이나 두건덕竇建德과 같은 무리를 가리키는 것으로 보는 설이 있다. 問(문)－ 죄를 묻다. 獨夫(독부)－ 잔학무도하여 민심을 잃어버린 군주라는 뜻으로 여기서는 수나라 양제를 가리킨다.

《서경 · 태서泰誓》 '獨夫受'의 공안국 전 '독부'라고 한 것은 군주의 도를 잃었다는 것이다.(言獨夫, 失君道也.)

《서경 · 태서》 '獨夫受'의 채침 전 '독부'란 천명이 이미 끊어지고 민심이 이미 떠나 단지 한 사람의 외톨이 사내일 뿐임을 말한다.(獨夫, 言天命已絶, 人心已去, 但一獨夫耳.)

《두공부초당시전》 군웅들이 틈을 타고 일어나 죄를 묻는 군대를 일으켰는데, 이밀과 같은 자들이 중원을 치달리며 고조와 다투었다.(群雄乘隙而起, 擧問罪之師, 如李密之流, 驅馳中原, 與高祖爭.)

[舊俗 2구]

《두시언해》 '용주'와 '독부'는 수나라 양제를 가리킨다.(庸主獨夫, 指隋煬帝.)

3 讖(참)－ 미래의 일에 대한 예언. 또는 미래에 일어날 일에 대한 조짐. 여기서는 제왕이 될 조짐, 또는 제왕이 될 것이라는 예언을 뜻한다.

龍鳳質(용봉질)－ 용과 봉황과 같은 자질, 혹은 그러한 자질을 갖춘 자. 여기서는 태종을 가리킨다.

《두시상주》에 인용된 《구당서》 태종이 막 네 살이 되었을 때 어떤 서생이 그를 보고 말하기를, "용과 봉황의 자태에 하늘의 해와 같은 표상이 있으니 나이가 장차 스물이 되면 반드시 세상을 구제하고 백성을 편안하게 할 수 있을 것이다."라고 하였다.(太宗方四歲, 有書生見之曰, 龍鳳之姿, 天日之表, 年將二十, 必能濟世安民.)

4 威(위)－ 무위武威. 군대의 위엄. 虎狼都(호랑도)－ 범과 이리의 도읍. 수나라의 도읍지였던 관중關中을 가리킨다. 이 구는 태종이 무위로 관중 지방을 평정하였음을 말한 것이다.

《두시상주》 수나라가 도읍하였던 관중은 곧 진나라의 옛 땅이다. 장연의 주에서 "태종이 천하를 얻은 근본은 먼저 관중을 점거한 데에 있었다."라고 하였다. 《사기 · 소진전》에서 "진은 범과 이리의 나라이다."라고 하였다. 고염무는 《일지록》에서 '호랑'을 진나라의 분야라고 하였는데, 이는 대체로 《사기 · 천관서》에서 서궁의 심수는 백호이고 동쪽 한 별이 낭성이라고 한 말에 근거한 것이다. 《사기·진시황본기》의 찬어에 "낭성과 호성에 의거하고 심성과 벌성을 본받았다."라는 말이 있는데, 이는 또 다른 하나의 설이 된다.(隋都關中, 卽秦舊地. 張綖注, 太宗得天下根本, 在先據關中. 蘇秦傳, 秦, 虎狼之國也. 顧炎武日知錄, 以虎狼爲秦分野, 據天官書, 西宮參爲白虎, 東一星曰狼. 秦本紀贊, 據狼弧, 蹈參伐, 此另一說.)

《두공부시집집주》에 인용된 고염무 설 '호랑도'에 대해 송나라 사람의 주는 《사기 · 소진전》에서 "진은 범과 이리의 나라이다."라고 한 말을 인용하였는데 합당하지 않다. 살펴보건대 《사기 · 천관서》에서 "서궁의 심수는 백호이고 동쪽 한 별이 낭성이다."라고 하였고, 《사기 · 진시황본기》의 찬어에서 "낭성과 호성에 의거하고 심성과 벌성을 본받았다."라고 하였는데, 심수가 바로 진나라의 분야이니, 이 구절은 당연히 이를 사용한 것이다.(虎狼都, 宋人注引蘇秦傳, 秦, 虎狼之國也. 未當. 按天官書, 西宮參爲白虎, 東一星曰狼. 秦本紀贊, 據狼弧, 蹈參伐. 參乃秦之分野, 此當用之.)

《두공부초당시전》 '호랑도'는 관중이다. 태종이 천하를 취함에 먼저 뛰어난 무덕으로 관중을 평정하였음을 말한 것이다.(虎狼都, 關中也. 謂太宗之取天下, 先以神武定關中.)

#《두시상주》: 첫 단락은 태종이 난리를 평정한 공을 서술하였다. '용주'는 육조의 여러 군주를 가리킨다. '군웅'은 이밀이나 두건덕의 무리를 가리킨다. '독부'는 수나라 양제를 가리킨다. '용봉질' 구는 참된 군주가 출현하였다는 것이고 '호랑도' 구는 관중에 들어갔다는 것이다. '피'는 쇠잔하여 흩어지는 것이다. '문'은 죄를 묻는 것이다. '참'은 부도符圖와 참위讖緯이다. '위'는 군대의 위엄이다.(首敍太宗戡亂之功. 庸主, 指六朝諸君. 群雄, 指李密竇建德輩. 獨夫, 指隋煬帝. 龍鳳質, 眞主出也. 虎狼都, 關中入也. 疲, 凋散. 問, 問罪. 讖, 符讖. 威, 兵威也.)

5 天屬(천속)－ 부자나 형제자매와 같은 혈연관계가 있는 친족을 말한다. 여기서는 당 고조와 태종 부자를 가리킨다. 尊堯典(존요전)－ 요전을 존숭하다. '요전'은 《상서尙書》의 편명이기도 하지만, 고조의 시호가 '신요神堯'인 것을 고려하면 고조의 전장제도典章制度를 의미하는 뜻도 아울러 가지는 쌍관어雙關語이다. 이 구는 태종이 고조를 이어서 황제가 된 뒤 고조의 전장제도를 존숭하였음을 말한다. 고조가 아들인 태종에게 선위한 것을 말하는 것으로 보는 설도 있다.

《두공부초당시전》 부자는 천속이다. 고조가 태종에게 선위한 것이 요임금이 순임금에게 천하를 준 것과 같음을 말한 것이다.(父子, 天屬也. 謂高祖禪位于太宗, 猶堯之授舜也.)

6 神功(신공)－ 신묘한 공. 태종의 공을 말한다. 協禹謨(협우모)－ 〈대우모大禹謨〉에 어울리다. '대우모'는 《상서》의 편명으로 순임금의 신하

인 우가 순임금에게 아홉 가지 일을 순조롭게 이루어야 한다고 말한 내용이 있다. 이 구는 당 태종의 업적이 우가 말한 아홉 가지 일에 필적한다는 말이다.

[天屬 2구]

《두시언해》 천속은 부자를 가리킨다. 고조가 태종에게 선위한 것이 요임금과 같았다는 것이고, 태종에게 구공의 덕이 있어 가송歌頌할 수 있음이 우임금과 같았다는 것이다.(天屬, 父子. 言高祖禪位太宗, 如堯也, 太宗有九功之德而可歌, 如禹也.)

7 風雲(풍운) – 바람과 구름. 여기서는 태종을 따르던 이정李靖 등을 가리킨다. 絶足(절족) – 빨리 달리는 말. 여기서는 태종을 비유한다.

《두공부초당시전》 구름은 용을 따르고 바람은 호랑이를 따르는 법인데, 이 무렵에 이정의 무리가 모두 바람과 구름으로 함께 모여 말발굽을 따르며 분투하였다.(雲從龍, 風從虎, 時李靖之徒, 皆以風雲竝會, 隨馬足而奮也.)

8 日月(일월) – 해와 달. 여기서는 태종의 빛나는 덕을 비유한다. 高衢(고구) – 하늘의 길. '큰길'의 뜻으로 보아 현요顯要한 지위를 비유하는 말로 볼 수도 있다. 이 구절은 해와 달과 같은 존재가 임금의 자리에서 이어졌음을 비유적으로 표현한 것으로 보인다. 이와 달리 따르는 신하가 해와 달 같은 황제에게 의지하였음을 뜻하는 것으로 보는 설도 있다.

《두공부초당시전》 태종이 고조의 영명함을 계승하였음을 비유한 것이다.(喻太宗繼高祖之明也.)

[風雲 2구]

《두공부시집집주》 왕찬의 〈등루부〉에 "해와 달이 빠르게 지나가는 것을 생각하며, 황하가 맑아지기를 기다리나 아직 이르지 않았다. 바라나니 왕도가 한 번 청평해져, 고구를 빌려 힘을 써보았으면."이라는 말이 있는데, 그 주에서 "'고구'는 큰길이다."라고 하였다. 이 부분은 방현령房玄齡과 두여회杜如晦 등 여러 공이 바람과 구름이 모인 때를 타고 해와 달의 빛에 의지하였다는 말이다.(登樓賦, 惟日月之逾邁兮, 俟河淸其未極, 冀王道之一平兮, 假高衢而騁力. 注, 高衢, 謂大道也. 言房杜諸公, 乘風雲之會, 依日月之光.)

9 文物(문물) – 전장문물典章文物. 예악과 제도 등을 뜻한다. 師古(사고) – 옛날을 본받다.

10 老儒(노유) – 늙은 학인學人. 원로 유자. 이 구는 노성한 신하가 존중되어 정치가 잘 이루어졌음을 말한다.

《두공부초당시전》 '노유'는 방현령과 두여회와 같은 이를 말한다.(老儒謂房杜之屬也.)

11 直辭(직사) – 직언. 간언하는 말. 戮辱(육욕) – 욕보이다. 형벌을 가하는 것을 뜻한다. 이 구는 태종이 신하들의 직언을 받아들였다는 말이다.

12 賢路(현로) – 현자가 가는 길. 현자가 벼슬에 등용되는 길을 말한다. 崎嶇(기구) – 기구하다. 험하다. 이 구는 태종이 현자들을 조정으로 널리 불러들인 것을 말한다.

《두공부초당시전》 (현자의) 조언을 구하는 길이 넓게 열려 막힘이 없었다는 말이다.(言求言之路, 開廣而無壅也.)

《두시언해》 위징 등의 직간이 받아들여지고 현자를 천거하는 길이 막히지 않았다는 말이다.(言魏徵等之直諫見納, 而進賢之路無壅也.)

#《두시상주》: 이 단락은 정관 연간에 태평을 이루었던 성대함을 적은 것이다. '요전'은 《상서》의 편명이다. 고조의 시호가 신요인데 태종에게 선위하였기 때문에 '존요전'이라고 한 것이다. 〈대우모〉에서는 아홉 가지 일이 순조롭게 이루어지는 것을 말했는데 태종의 음악 이름이 구공무이기 때문에 '협우모'라 한 것이다. 주학령의 주에서 "이정, 방공, 두공 등이 바람과 구름이 만나는 때를 타고 해와 달의

빛에 의지한다."라고 하였다. '사고'는 아악을 제정하고 율령을 정하며 봉건을 의론하는 것과 같은 것이다. '노유' 구는 우세남 등 여러 학사를 기용한 것과 같은 것이다. '직사' 구는 왕규, 위징의 간언을 받아들인 것과 같은 것이다. '현로' 구는 마주, 유자익을 부른 것과 같은 것이 모두 그렇다는 것이다. 허의의 《언주시화彦周詩話》에서 "'문물' 4구는 태종의 지혜와 용기가 뛰어나 무위로써 천하를 평정하고 이와 같을 수 있었으니 더없이 성대한 덕이었음을 보인 것이다."라고 하였다.(此記貞觀致治之盛. 堯典, 尙書篇名. 高祖謚神堯, 禪位太宗, 故曰尊堯典. 禹謨言九功惟敍, 太宗樂名九功舞, 故曰協禹謨. 朱注, 李靖房杜諸公, 乘風雲之會, 依日月之光. 師古, 如製雅樂, 定律令, 議封建之類. 老儒, 如用虞世南諸學士. 直辭, 如納王珪魏徵之諫. 賢路, 如召馬周劉子翼皆是. 許顗彦周曰, 文物多師古四句, 見太宗智勇英特, 武定天下, 而能如此, 最盛德也.)

13 往者(왕자) – 과거에, 옛날에. 災猶降(재유강) – 재변이 여전히 내려오다. '재'를 당나라 초에 있었던 가뭄과 같은 재해로 보는 설, 위후가 궁성을 어지럽게 한 것으로 보는 설, 안녹산의 난으로 보는 설 등이 있는데, 안녹산의 난으로 보는 것이 옳을 듯하다.

《두시상주》 이 시의 가운데 단락에는 지금까지 세 가지 설이 있었는데, 재변이 내린 것을 수나라 말엽의 가뭄이 당나라 초기에 다시 내린 것으로 여기는 것은 장연張綖의 설이다. 재변이 내린 것을 위후가 황궁을 어지럽혔을 때 현종이 깨끗하게 한 것으로 여기는 것은 전겸익의 설이다. 재변이 내린 것을 안녹산이 난을 일으킨 것이 수나라 말엽의 전란과 같은 것으로 여기는 것은 주학령의 설이다. 황생은 천보 말년, 안녹산이 아직 난을 일으키기 전을 가리키는 것이라 하였는데, 이 설도 내가 새로 알게 되었기에 5권 끝에 부기한다.(此詩中段, 向有三說, 以災降爲隋末旱災, 仍降唐初者, 張南湖說也. 以災降爲韋后亂宮, 明皇廓淸者, 錢牧齋說也. 以災降爲祿山倡亂, 如隋末兵

戈者, 朱長孺說也. 黃白山謂指天寶季年祿山未亂之先, 此說得之, 故附於五卷之末.)

14 蒼生(창생) – 백성. 喘未蘇(천미소) – 헐떡거리면서 아직 회복되지 않다. 숨을 아직 제대로 쉬지 못하다. 백성들이 고통에서 아직 벗어나지 못했다는 말이다.

《두시상주》 '천'은 호흡기의 병이며, '소'는 숨 쉬는 것이 편안해진다는 뜻이다.(喘, 氣疾也. 蘇, 息緩也.)

15 指麾(지휘) – 지휘하다. 정령政令을 실시하고 신하에게 지시하는 것 등을 말한다. 率土(솔토) – 온 나라.

16 蕩滌(탕척) – 씻어 없애다. 잘못된 일을 금하여 혼탁한 분위기를 쇄신하는 것을 뜻한다. 撫洪爐(무홍로) – 천하 사람을 어루만지다. '홍로'는 본래 큰 화로를 의미하지만 천하나 천지를 비유하는 말로 쓰인다.

《두시상주》에 인용된 구양수歐陽修 설 '탕척' 구는 큰 화로처럼 천하를 빚어 이루어낸다는 것이다.(蕩滌撫洪爐, 謂陶成天下如洪鑪.)

[往者 4구] '왕자' 2구가 안녹산의 난을 가리킨다면 '지휘' 2구는 당 태종의 신령에게 기원하는 말로 풀이해야 된다.

《두공부시집집주》 지난날 재변이 여전히 내렸다는 것은 천보의 난은 바로 수나라 말기의 재난이 오늘날 다시 내린 것임을 말한다. '지휘'와 '탕척'은 태종의 공적을 지금 이을 사람이 없음을 탄식하는 것이다. 당시 두 경사가 아직 수복되지 않았기에 그렇게 말한 것이다.(往災猶降, 言天寶之亂, 乃隋末之災再降於今日也. 指揮蕩滌, 嘆太宗之功, 今無人能繼也. 時兩京尙未收復, 故云然.)

#《두시상주》: 이 단락은 다시 당시의 어진 정치를 서술하여 윗글의 미비한 점을 보충한 것이다. 수나라 말엽에 홍수가 져서 굶어 죽은 자의 시체가 들에 가득하였는데, 정관 초년에 이르러서도 연이어 홍수와 가뭄을 만났으니 이것이 지난번의 천재지변이 여전히 내려와

백성들이 곤란에 처해 아직껏 소생하지 못하였다는 것이다. 태종은 부지런히 구휼하여 백성을 편안하게 하고, 자신을 닦고 성찰하여 천기를 되돌렸는데, 예컨대 메뚜기를 삼키니 경기 일대에 재앙이 없어졌으며, 널리 사면을 베풀자 곳곳에 모두 비가 내려, 마침내 온 나라를 편안하게 하고 천하를 어루만질 수 있었던 것이다. 일설에 의하면 이는 천보의 난으로부터 태종을 추억한 것인데, 안녹산이 경사를 함락시킨 일을 만났으니 이는 수나라 말의 재앙이 오늘에 다시 내려와 백성을 거듭 곤궁함에 이르도록 한 것이기 때문에 태종의 신령이 지휘하여 이를 깨끗하게 쓸어 줄 것을 상상한 것이라 한다. 지금 살펴보건대 전자의 설이 문의文意가 평순한데 장연과 왕사석의 설에 뿌리를 둔 것이다. 후자의 설은 말투가 가파르고 험한데 당여순唐汝詢과 주학령의 설에 뿌리를 둔 것이다. 여기서는 전자의 설을 주로 삼는다.(此再敍當時仁政, 以補上文所未備. 自隋末大水, 餓殍滿野, 至貞觀初年, 連遭水旱, 是往者之天災猶降, 而民困, 尙未蘇也. 太宗則勤恤以安民, 修省以回天, 如呑蝗而畿輔不災, 肆赦而所在皆雨, 遂能安率土, 撫洪鑪矣. 一說, 此從天寶之亂, 追想太宗, 當祿山陷京, 是隋末災殃再降於今, 以致生民重困, 故想太宗神靈, 指麾而蕩滌之. 今按, 前說文意平順, 本於張南湖王右仲. 後說語氣陡健, 本於唐仲言朱長孺. 玆以前條爲主.)

17 壯士(장사) - 기개가 씩씩한 사람. 소릉의 묘지기를 가리키는 것으로 보는 설도 있으나 합당하지 않다. 陵邑(능읍) - 능묘. 태종의 능인 소릉.

18 幽人(유인) - 은사隱士. 拜鼎湖(배정호) - 정호를 배알하다. '정호'는 황제黃帝가 큰 솥을 완성하고서 용을 타고 하늘로 올라간 곳을 뜻하는데, 통상 임금의 죽음이나 임금의 무덤을 일컫는 말로 쓰인다. 여기서는 소릉을 가리킨다.

《두공부초당시전》 '유인'은 두보가 스스로를 말한 것이다.(幽人, 甫自謂.)

《두시상주》에 인용된 《사기 · 교사지郊祀志》 황제가 형산 아래에서 솥을 주조하였다. 솥이 완성되자 용이 수염을 늘어뜨리고 내려와 황제를 맞이하였는데 황제는 용을 타고 하늘로 올라갔다. 후인들이 그 땅을 이름하여 '정호'라 하였다.(黃帝鑄鼎荊山下. 鼎成, 有龍垂胡髥下迎, 帝騎龍上天. 後人名其地爲鼎湖.)

[壯士 2구] 두보 자신의 심사와 행위를 암시한다.

19 玉衣(옥의) – 옥으로 장식한 옷. 여기서는 능침 속의 옷을 가리킨다. 晨自擧(신자거) – 새벽에 저절로 움직이다. 이 구는 한나라 무제의 고사를 빌려, 태종의 혼령이 신통력을 발휘하였으면 하는 바람을 담은 것이다.

《두시상주》에 인용된 《한무고사漢武故事》 고조묘 안의 어의가 저절로 상자 안으로부터 나와 전 위에서 춤을 추었다.(高皇廟中御衣, 自篋中出, 舞於殿上.)

20 鐵馬(철마) – 쇠로 만든 말. '鐵'이 '石'으로 된 판본도 있다. 汗常趨(한상추) – 땀을 흘리며 늘 달리다. 이 구의 '鐵馬'를 '石馬'로 고치고 이 일을 소릉의 고사와 연관시키는 설도 있다. 이 구 역시 앞의 구와 마찬가지로 태종의 혼령에게 신통력을 바란 것이다.

《두공부초당시전》 ('철마' 구는) 신령이 노닐지 아니하는 곳이 없음을 말한 것이다. 《천보고사》에, "안녹산이 반란을 일으키자 소릉에서 아뢰기를 돌로 만든 사람과 말이 모두 땀을 흘렸다."라고 하였다.(言神無所不遊也. 天寶故事, 安祿山反, 昭陵奏石人馬皆有流汗.)

《두시전주》 '철마'는 당연히 《문원영화》를 따라 '석마'로 해야 한다.(鐵馬, 當從英華作石馬.)

《두시상주》 살펴보건대, '옥의'가 이미 한나라의 고사를 사용하였으니 '철마' 또한 당연히 고전을 끌어 썼을 것이다. 《남사》를 살펴보니, 소유가 익주자사가 되었을 때 제구아가 반란을 일으켜 무리 수십만 명이 성을 공격해 오는 일을 당한 적이 있었다. 소유는 무기와 군량이 모두 떨어지자 멀리 초왕묘의 신에게 기도하여 구원을 요청하였다. 이날 어떤 시골 노인이 말 한 마리가 철갑을 두르고 동쪽에서 오는 것을 보았는데 잠시 후에 수백 기가 바람처럼 달려왔다. 한 기병이 지나는 길에 물을 마시길래 시골 노인이 누구냐고 물었더니, 오흥의 초왕께서 임여후(소유)를 구원하고자 왔다고 하였다. 이때 초왕묘 안의 시위 토우들은 모두 땀을 흘리기라도 하듯 진흙이 젖어 있었다. 이달에 소유는 제구아를 대파하였다. '철마가 땀을 흘리며 내닫는다'는 것은 아마도 이 고사를 원용한 것이리라.(按, 玉衣旣用漢事, 則鐵馬亦當援引古典. 考南史, 蕭猷爲益州刺史, 遇齊苟兒反, 衆十萬攻城. 猷兵糧俱盡, 遙禱楚王廟神, 請救. 是日有田老, 逢一騎浴鐵從東方來, 俄有數百騎如風, 一騎過飮, 田老問爲誰, 曰, 吳興楚王, 來救臨汝侯. 此時廟中侍衛土偶, 皆泥濕如汗. 是月猷大破苟兒. 鐵馬汗趨, 疑用此事.)

21 松柏(송백) – 소나무와 측백나무. 瞻虛殿(첨허전) – 빈 사당을 쳐다보다. '虛'가 '靈'으로 된 판본도 있다.

22 塵沙(진사) – 먼지와 모래. 立暝途(입명도) – 어둑한 길에 서다. '暝'이 '暗'으로 된 판본도 있다.

23 寂寥(적료) – 쓸쓸한 모양. 開國日(개국일) – 나라를 연 날. 태종이 세상을 다스리던 때.

24 流恨(유한) – 남은 한. 山隅(산우) – 산모퉁이.

#《두시상주》: 마지막 단락은 소릉에 이르자 감회가 있었다는 것이다. '장사'는 능을 지키는 자를 가리킨다. '유인' 구는 공이 소릉을 참배한 것이다. '옥의' 구와 '철마' 구는 신령이 여전히 있음을 보인 것이다.

'송백' 구와 '진사' 구는 경관이 황량함을 탄식한 것이다. 오늘을 아파하며 옛날을 그리워하였기 때문에 산모퉁이를 마주하여 한을 흘린 것이다.(末乃行次昭陵而有感也. 壯士, 指守陵者. 幽人, 公謁陵也. 玉衣鐵馬, 見靈爽猶存. 松柏塵沙, 歎景色荒凉. 傷今思昔, 故對山隅而流恨耳.)

##《두시설》: 이 장은 두 단으로 나누어진다. 앞의 6운은 태종이 대업을 일으키고 제위를 계승한 일을 말한 것이며, 뒤의 6운은 목전의 천하가 아직 안정되지 않았고 이로 인하여 태종이 나오지 않는 것에 대한 한스러움이 있음을 말한 것이다. '존요전'은 고조가 태종에게 선위한 것을 말하고, '협우모'는 우에게 유묘를 정벌한 일이 있었던 것으로 태종이 군웅을 쓸어 없앤 것에 견준 것이다. 태종의 무공과 문덕을 단지 6운으로 모두 진술하였으니 장대와 같은 거필이라 이를 만하다. '요전'과 '우모' 구는 왕통을 계승하는 일을 서술한 것으로, 큰 힘이 작동하였음을 더욱 보여준다. 당여순이 이르기를, "현종이 양국충과 이임보에게 맡겨 정치를 어지럽게 하였기 때문에, '재변이 여전히 내려온다', '고초에서 아직 벗어나지 않았다'는 탄식이 있었다. 이로 인하여 지난날의 안무按撫를 생각하였으나 이룰 수 없어 이 때문에 산모퉁이를 향하여 한을 흘린 것이다. 구설에 수나라 말엽의 난리로 여겼던 것은 틀린 것이다."라고 하였다. 살펴보건대 이 설이 매우 옳다. 대개 '문물' 4구로부터 읽어 내려가면 곧 오늘날의 조정이 일마다 그것과 상반됨을 볼 수 있다. 지난날 개원의 다스림이 정관의 다스림과 아름다움을 견줄 수 있었던 것은 이제는 이미 사라져버렸다. 뜻이 있는 선비들이 모두 권력자에 의해 막히게 되어 나갈 수 없었으니 어찌 소릉을 바라보며 서글픔을 일으키지 않을 수 있었으랴! 훗날 두목에게도 또한 "낙유원 위에서 소릉을 바라본다."(〈장부오흥등락유원일절將赴吳興登樂遊原一絕〉)라는 시구가 있었으니,

대개 태종의 시절에는 선비들에게 불우함에 대한 탄식이 없었던 것이다. 전겸익은 《녹산사적祿山事迹》에 있는 "누런 깃발이 전쟁을 돕고 돌로 만든 말이 땀을 흘렸다."라는 일을 인용하여, "이 시는 경사를 수복한 뒤에 지어진 것으로, '재유강'은 천보의 난을 가리키고 '지휘', '탕척'은 수복의 공을 노래한 것이니, 만약 천보 초라면 어찌 먼저 소릉의 말 석상의 일을 거론할 수가 있겠는가?"라고 하였는데, 아마도 《문원영화》 본에서 '철' 자를 '석' 자로 적었기 때문일 것이다. 나는 '옥의' 2구는 대체로 옛일을 끌어 형용하는 말로 삼은 것일 따름이라 생각한다. '철'을 '석'으로 한 것은 아마도 후인들이 도리어 소릉에 이러한 일이 있었던 것으로 인하여 이를 좇아 고쳤기 때문일 것이다. 그렇지 않다면 안녹산이 난리로 온 나라가 이리저리 뒤집히고 구묘가 떨며 놀랐는데 무슨 시가 중간을 생략하여 한마디 말도 서술하여 논급함이 없었겠는가? 아마 유린의 참상과 회복의 공을 '왕자' 4구로 해당시키는 것 또한 제대로 된 것이 아니며, '적료' 2구로 결어를 삼은 것 또한 서로 맞지 않을 것이다.(此章分兩段. 前六韻言太宗創業垂統之事, 後六韻言目前天下未安, 因有太宗不作之恨耳. 尊堯典, 謂神堯禪位於太宗也. 協禹謨, 禹有有苗之征, 比太宗掃滅群雄也. 昭陵武功文德, 只六韻述盡, 可謂鉅筆如杠. 堯典禹謨之句, 敍繼統事, 尤見大力斡旋. 唐仲言云, 明皇任楊李亂政, 故有災猶降喘未蘇之歎, 因思向者之安撫而不可得, 是以向山隅而流恨. 舊解作隋末之亂者非. 按, 此說甚是. 蓋從文物四句讀下, 便見今日之朝廷, 事事與之相反. 前者開元之治, 媲美貞觀者, 今已掃地. 有志之士, 皆爲當路沮抑而不得進, 安得不望昭陵而興悲乎. 後來杜牧亦有樂游原上望昭陵之句, 蓋昭陵之時, 士無不遇之歎也. 錢牧齋引祿山事迹, 有黃旂助戰石馬汗流事, 謂此詩作於收京之後. 災猶降, 指天寶之亂, 指麾蕩滌, 頌收復之功, 若天寶初, 安得先擧昭陵石馬事耶. 蓋英華本鐵字作石故也. 予謂玉衣二句, 蓋援古事爲形容之語耳. 以鐵爲石, 恐後人轉因昭陵有此事, 從而

改之. 不然, 祿山之亂, 率土翻覆, 九廟震驚, 何詩中略無一語敍及. 恐蹂躪之慘, 恢復之功, 以往者四語當之, 亦不甚似, 而寂寥二語作結, 亦不相應也.)

《두억》: '직사' 구와 '현로' 구는 말을 아무렇게나 쓴 것이 아니다. 아마 당시에 그렇지 않은 일이 있었을 것이다. '왕자'는 《사기》와 《한서》에서 일을 서술하면서 '이보다 앞서'라고 하는 것과 같은데 이것으로 앞의 미비한 점을 보충하였다. '장사'와 '유인'은 아마 그것으로 자부한 말일 것인데 '진사'와 '명도'에서 '현능賢能한 자의 길이 험난함'이 말하지 않아도 절로 드러났으니 두보가 한을 흘린 것은 이 때문이다. (直辭賢路, 語不虛下, 蓋當時有不然者矣. 往者猶史漢敍事而云先是, 以補前之所未備. 壯士幽人, 蓋以自負, 而塵沙瞑途, 則賢路崎嶇, 不言自見, 其流恨以此.)

《독두심해》: 위 단락과 아래 단락으로 나누어 보아야 한다. 전반은 태종을 송찬한 것이고, 후반은 (소릉에) 이른 것으로 인해 감정이 생겨난 것이다. 첫 구는 별도로 제시한 것으로, 도리어 전반을 이끌고 나아가서는 암암리에 후반을 이끄는데, 남북조의 여러 조정으로부터 어리석고 용렬한 군주가 계속 이어졌으니 백성 생활의 피폐함이 예전부터 그러하였음을 말하였다. 다음 구는 갑자기 수나라를 제거한 이야기로 접어드는데, 먼저 '군웅'으로 한 번 총괄하여, 천하가 모두 그를 쫓아냈음을 드러내었다. 3, 4구는 태종에 대한 이야기로 돌아갔다. '범과 이리의 도읍'이라고 한 것은 수나라를 진나라에 견준 것이다. '천속' 구는 격식을 갖춘 것으로, 대업이 비록 태종에게서 정해졌지만 공은 반드시 고조에게 돌아가야 하니, 태종의 마음을 대신 추정하여 '요전을 존숭하였다'라고 한 것이다. '신공' 구에는 선위를 받은 것과 태평해졌다는 의미가 아울러 내재되어 있다. '풍운' 6구는 용을 따르는 이가 많음, 다시 광명을 이룬 아름다움, 옛날을 상고하여 문을 높인 점,

간언을 받아들이고 선비를 키워낸 일 등 아름다움이 미치지 않음이 없었다는 것을 통틀어 말하여, 몇 마디 말이 《정관정요》 한 책을 포괄할 수 있으니 굳이 옛 주와 같이 자질구레하게 견주고 짝지어 볼 필요가 없다. 이 단락은 바로 첫 번째 구와 대조되니, 대체로 이에 이르러 옛사람 생활의 피폐함을 한 번 회복시켰다는 것이다. '왕자' 이하는 경사가 함락된 일에 매우 분개하고 하늘에 있는 신에게 영험함을 구한 것인데, '왕자' 2구의 뿌리는 바로 첫 번째 구에 숨어 있다. "풍속이 피폐해진 상황이 다시 드러났으니, 지휘하고 씻어 없애버려, 행여 선조의 공업이 다시 드날려질까. 충성스러운 마음을 품은 씩씩한 선비가 슬퍼하고 길을 가는 은사가 참배하니, 반드시 옥의를 드날리고 철마를 내달려서, 힘써 자손들을 도와 적을 죽인 뒤에 즐거워하시리라. 이에 텅 빈 전각을 그저 바라보고 어둑한 길에 홀로 서서, 중흥의 날이 언제일지 살피고 개국하던 때를 생각하여 슬픔이 더해지니, 내가 어떻게 마음을 달래리오?"라는 말이니, 바람이 간절하고 근심이 깊어 그 말이 이와 같이 답답하고 우울한 것이다. 고염무는 '왕자' 4구가 측천무후와 위후의 화를 평정한 일을 가리킨다면서 시가 안녹산의 난이 일어나기 전에 지어진 것이라고 말했는데, 그러면 전체 맥락이 모두 흩어진다. 그리고 전겸익은 '철마'를 '석마'로 고치고서 소릉에서 실재 있었던 일에 굳이 근거하였는데, 그렇다면 '옥의'는 또한 어떻게 맞출 것인가? 이 부분이 모두 바라는 것을 기필하기 어렵다는 말임을 어찌 알았겠는가. 이같이 통달한 사람들도 모두 언외에 깊은 뜻이 없는 구를 잡고 있었으니, 다른 이들에 대해서는 또 무슨 말을 하겠는가.(上下截看. 前頌太宗, 後因行次生感. 首句另提, 反領前半, 卽暗引後半. 言自南北諸朝, 昏庸相繼. 而民俗之敝, 自昔然矣. 次句, 驀入除隋, 而先以羣雄一總, 見天下共逐之. 三, 四, 歸到太宗. 曰虎狼都, 比隋於秦也. 天屬句, 得體. 業雖定於太宗, 功必歸之高祖. 替太宗心裏推出, 故曰尊堯典. 神功句, 兼受禪致治在內. 風雲六

句, 統言從龍之盛, 復旦之休, 稽古右文, 聽言造士, 無美不臻. 數語可該一部貞觀政要. 不必如舊注屑屑媲配. 此段正與首句對照, 蓋至是一起舊俗之疲也. 往者以下, 深憤於陷京之事, 而乞靈於在天之神. 而往者二句之根, 亦正伏於首句中. 言俗疲其再見矣, 指麾蕩滌, 庶祖烈其再揚乎. 懷忠之壯士悲之, 行邁之幽人拜之. 其必玉衣擧, 鐵馬趨, 力佑子孫殺賊而後快也. 乃虛殿徒瞻, 暝途獨立. 覩中興其何日, 緬開國以增悲. 吾何以爲懷也哉. 望之切, 憂之深, 故其言鬱紆如此. 顧炎武以往者四句, 指玄宗平武韋之禍, 謂詩作於未亂之前, 則通身神理俱渙. 錢氏改鐵馬作石馬, 牢據昭陵事實, 則玉衣又如何貼合. 豈知此處皆想望難必之詞耶. 爾許通人, 都拈死句. 其他則又何說.)

(강성위 · 최석원)

69. 重經昭陵

소릉을 다시 지나다

草昧英雄起[1] 謳歌曆數歸[2] 風塵三尺劍[3] 社稷一戎衣[4]
翼亮貞文德[5] 丕承戢武威[6] 聖圖天廣大[7] 宗祀日光輝[8]
陵寢盤空曲[9] 熊羆守翠微[10] 再窺松柏路[11] 還有五雲飛[12]

혼돈 속에서 영웅이 일어나니
송축받으며 천하의 운세 돌아갔네.
풍진에 세 척 검을 치켜드니
사직은 한 번 전쟁에서 자리 잡혔네.
선대 황제를 도와 문덕을 견고히 하고
크게 계승하여 무위를 거두셨네.
천자의 도모하심은 하늘처럼 광대하고
조종祖宗에 대한 제사는 해와 같이 빛나네.

능침은 텅 빈 산굽이에 자리 잡고
늠름한 병사들 푸른 산중턱에서 지키고 있네.
소나무 측백나무 길을 다시 살펴보니
여전히 다섯 빛깔 구름이 날아오르네.

이 시는 두보가 지덕 2년 소릉을 다시 지나면서 지은 작품이다. 천보 9년이라는 설도 있으나 따르지 않는다. 당 태종의 영웅적인 사적을 노래하면서, 소릉을 바라보는 시인의 감회를 서술하였다.

소릉은 당 태종의 능묘이다.

《보주두시》 앞의〈행차소릉行次昭陵〉시는 천보 4년에 지었고, 이 시는 마땅히 9년에 지은 것이다. 이해에 고조가 네 명의 직계 조상과 함께 '대성'이라는 칭호를 더해 받았고, 다섯 왕후도 '순성'이라는 칭호를 더해 받았다. 그리하여 시에서 "종묘의 제사는 해와 같이 빛난다.", "아직도 다섯 빛깔 구름이 날아오른다."라고 한 것이니 이로써 천자의 효심을 말하였다. 천보 5년에 제와 조지방을 떠돌다가 돌아와 조칙에 응하였고, 물러나 다시 동도로 갔다. 8년에 현원황제(노자)묘를 배알한 시가 있고, 9년에 장안으로 돌아왔는데 다시 소릉 근처를 지나다가 이 시를 지은 것이다.(前經昭陵詩, 是天寶四載. 此詩當是在九載作. 是年高祖與四宗, 皆加大聖字, 五后皆加順聖字. 故詩云宗祀日光輝, 還見五雲飛, 以言天子之孝也. 天寶五載, 遊齊趙歸應詔, 退下復至東都. 有八年謁玄元皇帝廟詩, 九載歸長安, 重經陵下作此.)

《두시상주》 이 시는 필시 부주에 있는 집을 찾아본 연후에 다시 장안으로 돌아올 때의 작품이다.(此必鄜州省家之後, 復至長安時作.)

주 석

1 草昧(초매)－ 천지가 처음 열려 어두운 상태. 여기서는 수당 왕조 교체기에 전란으로 천하가 어지러운 상태를 가리킨다. 英雄(영웅)－ 뛰어난 인물. 당 태종을 가리킨다. 당 고조를 아울러 포함한 것으로 볼 수도 있다.

《보주두시》에 인용된 사씨 주 초창이라 가지런하지 않고 어두워서 밝지 않은 것이니, 이는 수나라 말기의 혼란을 말한 것이다.(草而不

齊, 昧而不明, 此言隋末之亂.)

《구가집주두시》 힘들고 어려운 때임을 말한다.(屯難之時也.)

2 謳歌(구가) – 노래하다. 주로 통치자의 치적을 백성들이 가송하는 것을 말한다. 曆數歸(역수귀) – 천하의 대권이 돌아오다. '역수'는 천하의 운명이나 운수라는 뜻이다. 이 구는 백성들이 환호하는 가운데 당나라가 천하를 통일하였음을 말하였다.

《구가집주두시》 조차공 주 수양제가 덕을 잃어 이밀, 소선, 두건덕, 왕세충 등이 각각 한쪽을 차지했으나 오직 당만이 천명을 받았으니, 바로 이를 두고 '역수귀'라고 한 것이다.(隋煬失德, 而李密, 蕭銑, 竇建德, 王世充各據一方, 獨唐受命, 則曆數歸之謂也.)

[草昧 2구]

《두공부초당시전》 태종이 고조를 보필하여 일어나서 수의 폭거를 소탕하였기에 백성들의 송축과 천하의 운세가 모두 태종에게로 돌아갔다.(太宗輔高祖以起, 掃隋之暴. 故民之謳歌, 天之曆數, 皆歸於太宗也.)

3 風塵(풍진) – 바람에 일어나는 먼지. 즉 전란을 가리킨다. 三尺劍(삼척검) – 길이가 세 척인 검.

《두시상주》에 인용된 《한서·고제기高帝紀》 나는 평민의 신분으로 세 척 검을 들고서 천하를 얻었도다.(吾以布衣, 提三尺劍取天下.)

4 戎衣(융의) – 군복. 전쟁.

《구가집주두시》에 인용된 《서경·무성武成》 한 번 군복을 입으니 천하가 크게 안정이 되었다.(一戎衣, 而天下大定.)

《보주두시》 한 차례 군복을 입어서 주 임금을 멸하였으니, 모든 마음이 하나가 되었음을 말한다.(一著戎服而滅紂, 言衆心同也.)

[風塵 2구] 이 구절은 태종이 무력으로 나라를 평정하였음을 말하는 것이다. 한 고조와 주 무왕을 들어 당 고조를 비유하였다는 설도

있으나 취하지 않는다.

《두공부초당시전》 태종이 위무로써 사직을 안정시켰음을 말한다.(言太宗以威武定社稷也.)

《구가집주두시》 조차공 주 한 고조와 주 무왕을 들어서 고조를 말한 것이다.(以漢高祖周武王, 言高祖也.)

5 翼亮(익량)– 보좌하다. 당 태종이 고조를 보좌한 것을 말한다. 貞(정)– 견고히하다. 바로잡다. 文德(문덕)– 문치의 덕. 예악을 통한 교화를 말하는 것으로 무력의 반대 개념으로 쓰였다.

6 丕承(비승)– 크게 계승하다. 태종이 고조의 제업을 계승함을 말한다. 戢(즙)– 거두다. 그치다. 武威(무위)– 무력의 위세.

[翼亮 2구]

《두공부초당시전》 태종이 문치의 덕으로 고조를 계승하여, 무력을 그치고 문치를 실시할 수 있었음을 말한 것이다.(言太宗能以文德繼承高祖, 偃武修文也.)

7 聖圖(성도)– 천자의 책략, 계획.

《구가집주두시》 (성도가) 덮지 못함이 없다는 것이다.(無不覆燾.)

《두공부초당시전》 규모가 크고 원대한 것을 말한다.(言規模宏遠也.)

8 宗祀(종사)– 조종祖宗에 대한 제사. 왕실 조상에 대한 제사를 말한다.

《구가집주두시》 여러 대에 걸쳐 융성한 것이다.(奕葉隆盛也.)

《구가집주두시》 조차공 주 여기서는 도리어 후왕들이 효성스럽게 제사 지내는 것을 말하였다.(此却言後王之孝祀也.)

《두공부초당시전》 지엽이 무성한 것을 말한다.(言枝葉茂盛也.)

#《두시상주》: 앞에서는 태종의 생전을 서술하였다.(先敍太宗生前.)

《두시상주》에 인용된 장연張綖 주: 첫 연은 운세에 따라 일어나서 하늘과 인간이 귀부歸附하였음을 말한 것이니, 바로 전편의 기둥이다. '풍진' 1연은 '초매' 구에 호응하고, '익량' 1연은 '구가' 구에 호응한다. '성도광대'는 창업이 성대함을 말한 것이니, '척검', '융의'의 성공이다. '종사광휘'는 왕업이 멀리 계승됨을 말한 것이니 문덕과 무위의 음덕이다.(首聯, 言應運而興, 天人係屬, 乃一篇之柱. 風塵一聯, 應草昧句. 翼亮一聯, 應謳歌句. 聖圖廣大, 言創業之弘, 尺劍戎衣之成功也. 宗祀光輝, 言垂統之遠, 文德武威之餘蔭也.)

9 陵寢(능침) – 능침. 태종의 무덤. 침은 침묘를 말한다. 盤(반) – 자리 잡다. 空曲(공곡) – 텅 빈 산언덕.

《두시상주》에 인용된 《한서》 주 '능'은 산릉이고, '침'은 침묘이다.(陵, 山陵. 寢, 寢廟也.)

《두시상주》에 인용된 《당회요唐會要》 소릉은 구종산의 높은 봉우리를 이용해서 산의 남쪽을 깎아내어 일흔다섯 장 깊이에 만든 현궁이다. 옆의 바위에서 나무 다리를 놓아 잔도를 만들었는데 그 높이가 백 길이나 되어 이백삼십 보를 돌아가야 비로소 현궁문에 도착하고, 정상에는 또한 유전을 지어놓았다.(昭陵因九嵕層峰, 鑿山南面, 深七十五丈爲玄宮, 傍巖架梁爲棧道, 懸絶百仞, 繞回二百三十步, 始達玄宮門, 頂上亦起游殿.)

10 熊羆(웅비) – 곰과 큰 곰. 여기서는 용맹한 병사를 가리킨다. 翠微(취미) – 푸른 빛이 도는 산중턱.

《두시상주》에 인용된 《이아》 산에서 정상에 아직 미치지 못한 곳을 취미라고 한다.(山未及上曰翠微.)

《구가집주두시》 조차공 주 호위병들이 곰과 같은데, 산 중턱에 주둔하여 지키고 있음을 말한다.(言兵衛之人, 如熊如羆, 屯守於翠微之際.)

11 松柏(송백) – 소나무와 측백나무. 무덤가에 심은 나무를 가리킨다.

再窺(재규) — 다시 보다. 여기서는 다시 들린 것을 말한다.

12 五雲(오운) — 다섯 빛깔의 구름. 상서로운 구름을 말한다. 有(유) — '見'으로 된 판본도 있다.

《구가집주두시》 천자의 효성스러운 마음에 따른 감응이 있으면 다섯 빛깔의 구름이 나타난다.(天子有孝感, 則五雲見.)

《두시상주》에 인용된 장원 주 마지막 구는 (〈애왕손哀王孫〉의) "오릉의 아름다운 기운은 없는 때가 없다."라는 뜻이다.(末句, 卽五陵佳氣無時無之意.)

#《두시상주》: 여기서는 다시 소릉을 방문한 것을 적었다.(此記重謁昭陵.)

##《독두심해》: 입으로 조상의 공덕을 칭송하면서 마음으로는 시운을 포함하고 있으니, 깊이 느끼는 바가 있고 깊이 다행스럽게 여기는 바가 있는 것이다. 숙종이 수도를 회복한 후의 작품임이 틀림없다. 처음 4구는 무공으로 천하를 평정한 것을 말하였으니, 태종을 전적으로 노래하였다. 중간 4구에서 2구로 뜻이 바뀌고 있다. '정문'과 '집무'를 말할 때는 자손들이 안일하게 지내다가 재앙에 이르게 된 것에 마음을 향하였다. 그리하여 '비승'이라 하였으니, 이는 후대를 가리켜 말한 것이다. '성도'와 '종사'를 말할 때에는 오늘 옛 문물을 다시 찾은 것에 마음이 향하였다. 그래서 '도'와 '사'를 하였으니, 사직이 영원함을 말한 것이다. 예전에는 이 4구 또한 태종에 관계된 것으로 보았으나, 이는 시에 담긴 마음을 터득하지 못한 것이다. 끝의 4구는 '능'과 '중경'을 지적한 것이다. 앞 시(〈행차소릉行次昭陵〉)에서는 '적료', '유한'이라고 하고, 여기서는 '송백', '운비'라고 하였으니, 한 번은 슬프고 한 번은 기쁜 것이고, 지금과 과거의 상황이 바뀐 것이다.(口詠祖德, 神含世運, 有深感, 有深幸焉. 爲肅宗復國後無疑. 前四, 言武功定天下, 專詠太宗也. 中四, 則兩句轉意. 其言貞文戢武, 神注子孫之晏

安致禍矣. 故曰丕承, 指後代言也. 其言聖圖宗祀, 神注今日之光復舊物矣. 故曰圖, 曰祀, 言靈長也. 舊以此四句亦黏定太宗, 殊未得神. 後四點陵, 點重經, 前篇曰寂寥流恨, 此曰松柏雲飛. 一悲一喜, 今曩改觀.)

《두보전집교주》에 인용된 진식陳式 설: 앞의 〈행차소릉〉은 봉상에서 부주로 가족을 보러 갈 때 지은 것으로 생각되는데 이 때는 두 수도(장안과 낙양)가 아직 수복되지 않았기에 그 뜻이 슬프고 처량한 것이다. 그런데 이 시는 수도를 수복한 후 집에서 조정으로 돌아갈 때 지은 것이기에 그 말이 성대하고 아름답다.(前行次一首, 意自鳳翔至鄜省家所作, 時兩京未復, 故其意悲涼, 此首是收京後, 自家還朝時所作, 故其辭宏麗.)

(**박홍준**)

70. 彭衙行

팽아의 노래

憶昔避賊初[1]　北走經險艱[2]　夜深彭衙道[3]　月照白水山[4]
盡室久徒步[5]　逢人多厚顏[6]　參差谷鳥吟[7]　不見遊子還[8]
癡女饑咬我[9]　啼畏虎狼聞[10]　懷中掩其口[11]　反側聲愈嗔[12]
小兒強解事[13]　故索苦李餐[14]　一旬半雷雨[15]　泥濘相攀牽[16]
旣無禦雨備[17]　徑滑衣又寒[18]　有時經契闊[19]　竟日數里間[20]
野果充糇糧[21]　卑枝成屋椽[22]　早行石上水[23]　暮宿天邊烟[24]
小留同家窪[25]　欲出蘆子關[26]　故人有孫宰[27]　高義薄曾雲[28]
延客已曛黑[29]　張燈啓重門[30]　煖湯濯我足[31]　剪紙招我魂[32]
從此出妻孥[33]　相視涕闌干[34]　衆雛爛熳睡[35]　喚起霑盤飱[36]
誓將與夫子[37]　永結爲弟昆[38]　遂空所坐堂[39]　安居奉我歡[40]
誰肯艱難際[41]　豁達露心肝[42]　別來歲月周[43]　胡羯仍構患[44]
何當有翅翎[45]　飛去墮爾前[46]

생각해보니, 지난날 처음 반군을 피하던 때
북으로 달아나 험한 길을 지났는데,
밤은 팽아의 길에 깊고
달은 백수의 산을 비추었다.

온 집안이 오래 걷다 보니
사람 만나면 부끄러움 많았고,

여기저기 골짜기 새들 우는데
나그네 돌아오는 것 보이지 않았다.
어린 딸애는 굶주려 나를 깨무는데
우는 소리 호랑이 이리가 들을까 두려워,
품속에서 그의 입을 가리니
바둥거리며 소리는 더욱 화가 나 있었고,
어린 아들놈은 애써 철이 든 듯이
일부러 쓴 자두나마 찾아 먹었다.

열흘에 반은 천둥과 함께 비가 내리니
진창길에 서로 붙잡고 갔는데,
비 막을 장비도 없는 데다
길은 미끄럽고 옷도 차가웠다.
때로 고생스런 길을 지날 적엔
온종일 갔어도 몇 리 정도였다.
들 과일로 양식을 충당하고
낮은 가지로 집의 서까래를 삼았다.
아침에 돌 위로 흐르는 물을 지났고
저물녘에 하늘가 연무 속에서 잠이 들었다.

잠깐 동가와에 머물다가
노자관을 나가려 했는데,
친구인 손재가 있어
높은 의리가 층층 구름에 닿을 듯.
길손인 나를 맞이하였을 때는 날이 이미 어두워져

등불 밝히고 겹문을 열고는,
물 데워 내 발을 씻게 해주고
종이 오려 나의 넋을 불러 주었다.

이렇게 하고는 처자를 내보이니
서로 바라보며 눈물이 줄줄 흘렀다.
여러 어린 것은 깊이 잠들었기에
불러 일으켜서 소반에 담긴 밥을 먹게 하였다.
"맹세하나니, 장차 그대와
길이 형제 맺기를."
마침내 앉았던 청당을 비워
편안히 거처케 하고 나를 즐겁게 하였다.

누가 기꺼이 어려운 시절에
넓은 마음으로 성의를 다 보여주겠는가?
헤어진 지 한 해가 지났지만
오랑캐는 여전히 근심을 만들고 있으니,
어느 날에나 날개가 생겨
날아가 그대 앞에 내릴 수 있을까?

두보는 천보 15년 난리를 피하여 부주鄜州로 간 일이 있었는데 도중에 백수白水를 지나면서 손재孫宰의 후의를 입은 적이 있었다. 그로부터 1년 후인 지덕 2년 다시 부주에 있는 가족을 찾아가면서 팽아彭衙의 서쪽을 지나게 되었지만, 과거에 은혜를 입었던 손재를 방문할 수 없어서 옛일을 추억하여 이 시를 지었다. 팽아는 한나라 현의 이름으로 섬서성 백수현의 동북쪽 60리에 위치한다. 백수현에 동가와同家窪가 있는데 손재가 살았던 곳이다. 《보주두시》에서는 천보 15년 행재소로 갈 때에 지은 것이라는 견해를 제시했지만 따르지 않기로 한다.

《두시상주》 선복의 주에는 "공이 반군을 피하느라 어렵던 시절에 손재의 보살핌을 얻었는데, 그 뒤에 입은 은혜를 생각하여 지은 것이다."라고 하였다. 황희는 "공이 난리를 피한 것이 천보 15년이었는데, 여기에서 "헤어진 지 한 해가 지났다."라고 하였으니 시는 지덕 2년에 지은 것으로 이전에 반군을 피하던 때의 일을 추억한 것이다. 부주로 돌아갈 때에 이와 같았다고 말하는 것이 아님을 알겠다."라고 하였다.(單復注, 公避賊艱難之際, 得孫宰顧遇, 事後感荷而作. 黃希曰, 公避寇, 在天寶十五載, 此云別來歲月周, 知詩是至德二載追憶避賊時事, 非謂歸鄜州如此也.)

《두시전주》 《원화군현지》에서 "동주의 백수현은 한나라 팽아현의 땅이다. 《춘추》에 진秦나라와 진晉나라가 팽아에서 싸웠다고 하였는데, 바로 이곳이다."라고 하였다. 《환우기》에서 "팽아의 옛 성은 백수현 동북 60리 되는 곳에 있다."라고 하였다.(元和郡縣志, 同州白水縣, 漢彭衙縣地, 春秋秦晉戰於彭衙, 是也. 寰宇記, 彭衙故城, 在白水縣東北六十里.)

《보주두시》 황희 주 두보는 천보 15년 반군을 피하여 부주로 들어갔다. 지금 "한 해가 지났다."라고 하였으니, 곧 이는 이듬해인 지덕 2년을 가리켜 말한 것이다. 이른바 "오랑캐는 여전히 근심을 만들고 있다."라는 것은 사사명 등이 모두 10만의 군사를 이끌고 태원을 침략한 일과, 안경서가 즉위하여 윤자기로 하여금 계주와 천주 및 동라와 해의 군대 13만 명을 데리고 수양으로 가게 한 일을 일컫는다. 사적은 《통감》에 보인다.(公以天寶十五載, 避寇入鄜. 今云歲月周, 卽是指明年至德二載而言. 所謂胡羯仍構患, 謂史思明等引兵共十萬寇太原, 及安慶緖立使尹子奇歸(係의 오류)擅及同羅奚兵十三萬趨睢陽. 事見通鑑.)

《두시경전》 동가와는 마땅히 손재가 살던 곳인데, 공이 지난해 백수로부터 부주로 가면서 일찍이 유숙한 적이 있었다. 생각건대 부주로 돌아갈 때에 가는 길이 팽아의 서쪽을 지나게 되어 대접이 극진했던 우정을 추억했지만 길을 바꾸어 방문할 수 없어서 그저 이 시를 지어 감사함을 부쳤으니, 기행시로 견줄 수 있는 것이 아니다.(同家窪當卽孫宰所居, 公去歲自白水往鄜州, 曾經留宿, 意還鄜時路經彭衙西, 追憶款洽之情, 未能枉道相訪, 聊作此寄謝, 非紀行詩可比.)

《보주두시》 마땅히 천보 15년 백수현으로 갔다가 그 뒤 7월에 숙종이 영무에서 즉위했다는 소식을 듣고 공이 행재소로 갈 때 지은 것이다. 그러므로 "밤은 팽아의 길에 깊고 달은 백수의 산을 비추었다."라는 구절이 있게 되었다.(當是天寶十五載, 適白水, 後七月聞肅宗卽位靈武, 公赴行在時作, 故有夜深彭衙道, 月照白水山句.)

주 석

1 避賊初(피적초) — 천보 15년 반군을 피하여 봉선에서 백수로 갈 때를 가리킨다.

《독두심해》 마땅히 천보 15년 봉선에서 백수로 갈 때를 가리킨다.(當指十五載自奉先往白水時.)

2 北走(북주) — 북으로 달아나다. 북으로 달려가다. 經(경) — 거치다.

지나다. 險艱(험간) – 험난함. 험하고 어려운 피난길을 말한다.

3 彭衙道(팽아도) – 팽아의 길. '道'는 '門'으로 된 판본도 있다.

4 白水山(백수산) – 백수현에 있는 산.

《두시경전》 백수현의 산을 말한다.(謂白水縣之山.)

#《두시상주》: 첫 단락에서는 팽아로 난을 피한 일을 적고 있다.(首記避亂彭衙.)

5 盡室(진실) – 온 집안.

6 厚顏(후안) – 얼굴이 두텁다. 부끄럽다는 뜻과 부끄러움을 모른다는 뜻이 있는데, 여기서는 전자의 뜻으로 사용되었다. 궁핍하여 자신조차 돌볼 수 없었던 형편이었기 때문에, 욕이 처자에게까지 미칠 것을 생각하고는 부끄러워하였다는 말이다.

《구가집주두시》 《서경 · 오자지가》에 "얼굴은 두꺼워지고 부끄러운 마음 생긴다."라고 하였고, 《시경 · 소아小雅 · 교언巧言》에 "낯가죽 두껍다."라고 하였다. 부끄러워하는 마음이 얼굴에 드러나면 안면의 가죽이 두꺼워지는 듯하다. 따라서 얼굴이 두꺼워진다는 말로써 부끄러워한다는 뜻으로 삼는다.(書五子之歌, 顏厚有忸怩. 詩云, 顏之厚矣. 羞愧之情見於面貌, 如面皮厚然, 故以顏厚爲色愧.)

《두공부초당시전》 가난하여 자신을 건사할 수도 없어서 욕이 처자에게까지 미칠 것을 생각하여, 그로 인해 부끄러워하였음을 말한다.(言貧困不能自振, 思以辱及妻子, 故爲之羞也.)

7 參差(참치) – 가지런하지 않은 모양. 여기서는 새가 여기저기서 우는 것을 가리킨다. 吟(음) – 울다. '鳴'으로 되어 있는 판본도 있다.

8 遊子(유자) – 집 떠난 사람. 나그네. 이 구는 아직 난리가 멎지 않았기 때문에 집을 떠났던 사람들이 고향으로 돌아오지 못하고 있음을 말한다.

[參差 2구]

《두시상주》 새만 울고 사람이 없는 것은 가는 길 내내 줄곧 황량한 모습이다.(鳥鳴無人, 一路荒凉之景.)

9 癡女(치녀)－ 어린 딸. 어려서 지각이 없는 딸아이를 뜻한다. 咬(교)－ 깨물다.

10 虎狼(호랑)－ 호랑이와 이리. '猛虎'로 된 판본도 있다. 이 구는 아이가 울어서 호랑이가 들을까 무섭다는 뜻이다. 여기서 호랑이와 이리는 안녹산의 반군을 비유한다는 견해도 있다.

《구가집주두시》 당시에는 반군이 한창 벼슬아치들을 모아 벼슬을 주어 반군조정의 명령으로 명예를 더럽히고 있어서, 난리를 피하는 자들은 한창 행적을 감추고 있었기 때문에 딸아이가 울어 호랑이와 이리가 들을까 두렵다고 기탁하여 말한 것이다. 호랑이와 이리는 도적을 비유한다.(時賊方收錄衣冠, 汚以僞命, 而避難者方銷晦聲跡, 故託言女啼而恐虎狼聞也. 虎狼喩盜賊矣.)

11 懷中(회중)－ 품속. 掩其口(엄기구)－ 그의 입을 가리다.

12 反側(반측)－ 몸을 버둥거리는 것을 말한다. 愈(유)－ 더욱. 嗔(진)－ 성내다.

13 强解事(강해사)－ 억지로 사리를 이해하다. 실제로는 알지 못하면서 억지로 사리를 이해하고 있는 것처럼 행동하는 경우를 두고 한 말이다.

14 故(고)－ 짐짓. 索苦李(색고리)－ 쓴 자두를 찾다. 餐(찬)－ 먹다.

#《두시상주》: 이 단락은 가족을 이끌고 먼 길을 갈 적에 아이들의 고생하던 모습을 서술하고 있다.(此敍攜家遠行, 兒女顚連之苦.)

15 一旬(일순)－ 열흘. 雷雨(뇌우)－ 천둥이 치고 비가 내리다.

16 泥濘(이녕)－ 진창. 攀牽(반견)－ 붙잡아 따라가고 끌어 주다. '牽攀'

으로 된 판본도 있다.

17 禦雨備(어우비)－ 비를 막는 장비. '雨'가 '濕'으로 된 판본도 있다.

18 徑滑(경활)－ 길이 미끄럽다.

19 經(경)－ '最'로 된 판본도 있다. 契闊(결활)－ 애쓰고 고생하다.

《두시상주》 '경결활'은 몇 날을 연이어 고생하였음을 말한다.(經契闊, 謂連朝勤苦.)

《두공부초당시전》 《시경 · 패풍邶風 · 격고》의 "사생결활"구에 대하여 모장의 전에서 "'결활'은 애써 고생한다는 것이다."라고 하였다.(詩擊鼓, 死生契闊. 毛萇傳, 契闊, 勤苦也.)

20 竟日(경일)－ 날을 마치도록. 온종일.

21 野果(야과)－ 들 과일. 산야에 절로 난 열매를 가리킨다. 糇糧(후량)－ 여행을 위하여 준비하는 말린 밥.

22 卑枝(비지)－ 낮게 뻗어 있는 나뭇가지. 成屋椽(성옥연)－ 집의 서까래가 되다. 이 구는 피난 중에 날이 저물면 객사 대신에 산야의 나뭇가지 아래에서 잠을 잤다는 뜻이다.

《두공부초당시전》 나무 아래에서 잠잔 것을 말한다.(言宿于樹下也.)

23 早行(조행)－ 아침 일찍 길을 가다. 石上水(석상수)－ 돌 위를 흐르는 물.

24 天邊烟(천변연)－ 하늘가에 보이는 연무. 이와 달리 '연'을 인가의 연기로 보는 설도 있다.

#《두시상주》: 이 단락은 비가 온 뒤 여정의 어려움과 고생하며 유랑했던 모습을 서술하고 있다.(此敍雨後行蹇, 困頓流離之狀.)

25 小留(소류)－ 잠시 머무르다. 同家窪(동가와)－ 지명. 손재가 살고 있던 곳으로 백수현에 있었다. '同'은 '固'로 된 판본도 있고 '周'로

된 판본도 있다.

《독두심해》 (동가와는) 지명으로, 마땅히 팽아의 경내에 있을 것이다.(地名, 當卽在彭衙境.)

26 蘆子關(노자관) – 지명. 지금의 섬서성 지단현志丹縣 북쪽으로 정변현靖邊縣과 만나는 지점에 있다.

《독두심해》 팽아보다 더 북쪽에 있으니 아주 멀리 떨어진 곳으로, 이는 영무로 가는 길이다.(更在彭衙北, 相去甚遠, 是達靈武之路.)

27 故人(고인) – 친구. 孫宰(손재) – 인명. 피난길에 두보에게 도움을 준 친구이다. 손씨인 현령으로 보기도 한다.

《두시상주》에 인용된 장원張遠 주 황희는 손재를 삼천의 현령으로 보았다. 혹자는 인명이라고도 하는데, 시의 뜻을 음미해 보건대 인명이 더 타당하다.(黃希以孫宰爲三川宰. 或曰人名也. 玩詩意, 人名爲近.)

《보주두시》 노자관은 연주 연창현 북쪽에 있다. 공이 그곳으로 가려고 하는데 손재가 초청했으니, 손재는 아마도 그 지역의 현령일 것이다.(關在延州延昌縣北, 公欲往而孫宰延之, 孫其山川之宰歟.)

28 高義(고의) – 높은 의리. 손재의 의리를 두고 한 말이다. 薄(박) – 가까이 가다. 曾雲(층운) – 층을 이룬 구름.

《두공부초당시전》 '층曾'은 '층層'과 같다.(曾, 與層同.)

《구가집주두시》 동가와와 노자관은 모두 지명이다. '고인'은 친구이고, '고의'는 그의 은혜와 의리가 고원함을 말하는데, 모두 손재에 대하여 말한 것이다.(同家窪蘆子關, 皆地名也. 故人, 故舊之人也. 高義言其恩義高遠. 皆說孫宰也.)

29 延客(연객) – 손님을 맞아들이다. 손님은 두보를 가리킨다. 曛黑(훈흑) – 날이 저물어 어두워지다.

《보주두시》에 인용된 왕수 주 '훈흑'은 저녁 어스름이다.(曛黑, 薄暮

也.)

30 張燈(장등) – 등불을 늘어놓다. 등불을 환히 밝힌 것을 말한다. 啓(계) – 열다. 重門(중문) – 겹문.

31 煖湯(난탕) – 물을 데우다. 濯我足(탁아족) – 나의 발을 씻다.

32 剪紙(전지) – 종이를 자르다. 혼을 부르기 위하여 깃발을 만드는 것이다. 招我魂(초아혼) – 나의 혼을 부르다.

《두공부초당시전》 옛날 굴원이 초나라에서 참소를 당하여 돌을 끌어안고 스스로 물에 빠지니, 송옥이 그를 위해 〈초혼〉을 지었다. 두보가 시에서 말하려는 뜻은 대략 도적이 세상에 가득하고 스스로는 어려움을 겪어서 혼백이 그로 인하여 저상되었기 때문에 손재가 종이를 오려 깃발을 만들어 그의 혼을 불러 주었다는 것이다.(昔屈原被讒於楚, 懷沙自沉. 宋玉爲之作招魂. 甫意若曰, 盜賊充斥, 身涉艱苦, 魂魄爲之沮喪, 故孫宰剪紙爲旐, 以招其魂也.)

《두시상주》에 인용된 채몽필 주 종이를 오려서 깃발을 만들어 그의 혼을 불렀다는 것은 꼭 이러한 일이 있었다는 것은 아니고 다만 여러 가지로 위로해 주었다는 것이다.(剪紙作旐, 以招其魂, 不必果有此事, 只是多方安慰耳.)

#《두시상주》: 이 단락은 손재가 접대한 정의情誼를 기록하고 있다. 시의 뜻에 의거하면, 손재는 의당 동가와에 있었을 것이다. 손재를 만난 다음에 처자를 부주에 맡겨 두고 마침내 노자관을 지나서 영무까지 가려고 하였다. 주학령의 주에 "부주는 백수현의 북쪽에 있고 연주는 부주의 서북쪽에 있으며 노자관은 또 연주의 북쪽에 있었다. 당시 공은 북쪽으로 영무에 가려고 하였기 때문에 길을 노자관으로 잡은 것이다."라고 하였다.(此記孫宰晉接之情. 據詩意, 孫宰當在同家窪, 遇孫之後, 因寄妻子於鄜州, 遂欲從蘆子關以達靈武. 朱注, 鄜州在白水縣北, 延州在鄜州西北, 蘆關又在延州北. 時公欲北詣靈武, 故道出

蘆關也.)

33 從此(종차)— 이로부터. 이렇게 하고 나서. 出妻孥(출처노)— 아내와 자식들을 나오게 하다. 처자식들로 하여금 손재에게 인사하게 한 것을 가리킨다. 손재가 자신의 처자식을 나오게 하여 두보에게 인사시킨 것으로 볼 수도 있다.

《두시상주》 처자를 나오게 한 것은 나와서 손재를 뵙도록 한 것이다.(出妻孥, 出見宰也.)

34 相視(상시)— 서로 보다. 涕(체)— 눈물. 闌干(난간)— 교차하여 어지러운 모양. 여기서는 눈물을 많이 흘리는 것을 형용한 것이다.

《두시상주》에 인용된 왕수 주 '난간'은 눈물을 많이 떨어뜨리는 모습이다.(闌干, 涙墮衆多貌.)

35 衆雛(중추)— 여러 병아리. 어린 자식들을 가리켜 한 말이다. 爛熳(난만)— 잠이 깊이 든 모습을 형용한 말이다.

《두시상주》 '중추'는 자녀를 가리킨다. '난만'은 깊이 잠든 모습이다.(衆雛, 指兒女. 爛熳, 熟睡貌.)

36 喚起(환기)— 불러 깨우다. 霑(점)— 적시다. 손재가 베풀어 주는 은혜를 입었다는 뜻이다. 盤飧(반손)— 소반에 담긴 음식.

37 誓(서)— 맹세하다. 夫子(부자)— 선생님. 당신. 손재가 두보를 지칭한 것으로 보인다. 이와 달리 두보가 손재를 지칭한 것으로 보는 설도 있다.

38 永結(영결)— 길이 맺다. 弟昆(제곤)— 형제.

[誓將 2구] 이 두 구는 손재가 두보에게 한 말을 직접 인용한 것으로 보인다.

《두시상주》에 인용된 《두억》 "장차 그대와 길이 형제 맺기를 맹세한다."라는 것은 손재의 말을 대신하여 서술한 것으로서 이른바 어려운 시절에 성의를 다 보여주었다는 것이다. 반드시 이렇게 말해야만 아래에서 글의 흐름이 비로소 순조롭게 된다. 예전 주해에서는 모두 '부자'가 손재를 가리킨다고 했는데, 잘못이다.(誓將與夫子, 永結爲弟昆, 乃代述孫宰語, 所謂露心肝於艱難之際者. 必如此說, 下面文氣方順. 舊解俱云夫子指孫宰, 誤矣.)

《두공부초당시전》 '부자'는 손재를 가리킨다.(夫子, 指孫宰也.)

《독두시설》 "장차 그대와 길이 형제 맺기를 맹세한다."라는 것에 대하여 《두시상주》에서는 《두억》을 인용하여 "두 구는 곧 손재의 말을 대신하여 서술한 것으로서 이른바 어려운 시절에 성의를 다 보여주었다는 것이니, 이렇게 말해야만 아래에서 글의 뜻이 비로소 순조롭게 된다. 예전 주해에서는 모두 '부자'가 공이 손재를 호칭한 것이라고 했는데 잘못이다."라고 하였다. 지금 살펴보건대, 곤궁한 지경에 은혜를 입게 되었는데, 내가 상대방에게 감격하였다고 말하지 않고 상대방이 나에게 감격하였다고 말하는 것은 정리가 아닌 듯하다. 또한 손재가 이미 공과 전부터 사귀고 있었는데, 무슨 까닭으로 이때 또 공과 더불어 길이 형제가 되기를 맺으려 하였겠는가? 《두억》은 아마도 아래 두 구의 글 뜻이 이어지지 않았기 때문에 이러한 견해를 제시하였을 것이다. 가만히 생각해보건대 아래 두 구는 마땅히 '魂'자운 아래에 있어야 하고, "환기점반손" 아래에 마땅히 '肝'자운 두 구를 잇고, 다시 이 '서장' 두 구를 이어야 한다. 이와 같이 한다면, 글 뜻이 절로 순조로워져 '부자'가 공이 손재를 칭하는 말이 되는 것이 거슬리지 않게 된다. 아마도 날이 저물어 남의 집에 투숙함에 있어 필시 자기가 먼저 홀로 만났을 것이다. '탁족'과 '초혼'은 마땅히 손재가 자기를 대접해 준 것만을 말한다. 처자를 이끌고 같이 온 것을 알고 나서, 곧 집을 비워 받들어주어서는 함께 데리고 들어가 거처하게 된 것이다. 주인이 그들을 위해 음식을 마련했지만, 여러 어린 것은 여행에 지쳐 이미 집안에서 잠이 들어 있었다. 그러므로 불러 일으켜서는 함께 식사하였고, 이로 인하여 어려운 시절에 누가 이같이 넓은 마음으로 대접해줄 수 있겠는가를 스스로 생각해 보고는, 깊이 감격한 나머지 이전에 비록 서로 우호적으로 지냈지만 지금부터 다시 길이 형제가 될 것을 맺고자 한 것이다. 앞서 공의 시 가운데 옮겨 쓰는 과정에서 뒤섞인 것이 많다고 하였는데, 이 시 또한 이러한 경우이다.(誓將與夫子, 永結爲弟昆. 注引杜臆, 二句乃代述孫宰語, 所謂露心肝于艱難之際者. 如此說, 下面詞意方順. 舊解俱謂夫子是公稱孫宰, 誤矣. 今按窮途受惠, 不言我感人, 而言人感我, 似非情理, 且孫宰既與公舊交, 何以此時又忽欲與公永結爲兄弟. 杜臆蓋因下二句詞意不接, 故爲此說. 竊意下二句, 當在魂字韻下, 喚起霑盤飧下, 當接肝字韻二句, 再接此誓將二句, 如此則詞意自順, 夫子是公稱孫宰, 不致扞格矣. 蓋昏暮投人, 必已先獨見, 濯足招魂, 當只言孫宰之待已也. 既知挈妻子同來, 乃空堂相奉, 偕攜入居, 及主人爲具盤飧, 而衆雛行倦, 已睡去堂內矣, 故喚起共食, 因而自念艱難之際, 誰能豁達相待如此者, 感激之深, 前此雖與相好, 自今更欲永結爲弟昆也. 前說公詩多有爲傳寫錯倒者, 此亦是也.)

39 空(공) – 비우다. 所坐堂(소좌당) – 앉아 있는 청당廳堂. 주인인 손재가 기거하고 있는 곳을 가리킨다.

40 安居(안거) – 편안히 거처하다. 奉我歡(봉아환) – 나의 기쁨을 받들어 주다. 손재가 두보와 두보 가족을 편안히 거처하게 하여 즐겁게 해준 것을 가리켜 한 말이다.

#《두시상주》: 손재가 두루 돌보아준 정의를 빠짐없이 기록하고 있다. (備誌孫宰周恤之誼.)

41 誰肯(수긍) – 누가 기꺼이 하겠는가? 艱難際(간난제) – 어려운 시기.

42 豁達(활달) – 활달하다. 마음을 넓게 열다. 호방하다. 露心肝(노심간) – 심장과 간을 드러내다. 상대방에게 진심과 정성을 보여준다는 뜻이다.

43 別來(별래) - 헤어진 다음 지금까지. 歲月周(세월주) - 세월이 돌다. 지난해부터 올해까지 1년의 세월이 흘렀음을 가리킨다.

44 胡羯(호갈) - 오랑캐. 당시 난을 일으키고 있던 사사명, 안경서, 윤자기 등을 가리킨다. 仍(잉) - 여전히. 構患(구환) - 근심스러운 일을 만들어 내다.

45 何當(하당) - 어느 날, 어느 때. 翅翎(시령) - 날개, 깃.

46 飛去(비거) - 날아가다. 墮爾前(타이전) - 그대 앞에 내리다.

《보주두시》에 인용된 조차공 주 오랑캐에 대한 근심은 아마도 안경서를 가리켜 말했을 것이다. 대체로 안경서는 정월에 그의 아버지를 죽이고 빈군조정의 제위를 세습하였기 때문이다. 공은 빈군에게 억류되어 있다가 몸을 빼어 행재소로 갔기 때문에, 이 시를 부쳐 그 은혜에 감사하고 그 사람을 그리워한 것이다.(胡羯之患, 蓋指言安慶緖, 蓋慶緖於正月弑其父而襲僞位也. 公旣陷賊而脫身達行在所, 故寄此詩, 感其恩, 懷其人矣.)

#《두시상주》: 마지막 단락에서는 헤어진 후에 회상하는 뜻으로 맺고 있다. 《두억》에서는 "공이 손재의 내심을 생각하여 수시로 마음속에서 오가곤 하였다. 그래서 피난의 신고를 술회함은 더욱 진실되었고, 이에 주선의 덕에 대한 감사는 더욱 무게를 더했다."라고 하였다.(末結別後追思之意. 杜臆, 公念孫宰肝膈, 時往來於中, 故追寫逃難之苦愈眞, 則感勒周旋之德愈重.)

##《두억》: "헤어진 지 한 해가 지났다."라고 하였으니 이는 작년의 일을 추억한 것이다. 손재의 높은 우의에 감동하였기에 한 해가 지나 시를 지었던 것이다. 지극한 감정이 수시로 마음에 오고 갔기에 난리를 피해 다닌 어려움을 묘사한 것이 지극히 진솔하고, 그 어려움을 돌이켜 생각하였기에 그 은혜를 더욱 돌이켜 생각하였다. 시를 맺으

면서 “누가 기꺼이 어려운 시절에 넓은 마음으로 성의를 다 드러내겠는가?”라고 하였는데 얼마나 격렬하고 절실한가? 이 말을 읽으니 “맹세하나니 장차 그대와 길이 형제 맺기를.”이라고 한 것이 바로 손재의 말을 서술한 것임을 알겠고, 시에서 말한 ‘성의를 다 드러내었다’는 것이다. 손재는 본디 옛 친구이니, 대체로 지난날 사귐의 돈후함을 서술한 것이지 이날 비로소 맹세한 것은 아니다. 또 이래야 문세도 순통해진다. 주석에서 ‘부자’는 손재를 가리킨다고 했는데 틀렸다. “저물녘에 하늘가 연기 나는 곳에서 잠이 들었다.”라고 하였는데, 난리를 피해 다니는 사람은 연기 나는 곳을 바라보며 묵는 법인데, 그곳이 어디인지 확정하지 못하여 비록 하늘가에 있더라도 감히 멀다고 마다하지 않았으니, 실제로 경험하지 않았다면 말할 수 없는 것이다. 종성이 말하기를 “세심한 마음과 후덕한 도리에 대해 줄곧 그 은혜에 감동하여 자신의 신분도 잊었으니, 이에 고매한 사람 재주 있는 선비로 자처하면서 남이 사랑해주고 공경해주는 것을 당연하다고 여기는 자는 망령되고 천박한 자임을 알겠다.”라고 하였다.(云別來歲月周, 是憶去年事也. 感孫宰之高誼, 故隔年賦詩. 感之極, 時往來于心, 故寫逃難之苦極眞. 追思其苦, 故愈追思其恩. 結之曰, 誰能艱難際, 豁達露心肝. 何等激切. 讀此語知誓將與夫子, 永結爲弟昆. 乃述孫宰語, 所謂露心肝也. 宰本故人, 蓋述昔日交契之厚, 非此日才發誓也. 且文勢亦順. 註云, 夫子指孫宰, 誤. 暮宿天邊煙, 逃難之人, 望烟而宿, 莫定其處, 雖在天邊, 不敢辭遠, 非實歷不能道. 鍾云, 小心厚道, 一味感恩, 忘却自家身分. 乃知自處高人才士, 見人愛敬以爲當然者, 妄淺人也.)

《독두심해》: 생각건대 역시 부주로 돌아갈 때에 팽아의 서쪽을 지나면서 지난해 손재가 주선해주었던 정의를 떠올렸으나 길을 둘러 찾아갈 수 없었기에 애오라지 이 시를 지어 감개를 적었던 듯하다. 공의 독실하고 인후한 성품을 여기에서 찾아볼 수 있겠다. 손재는 필시 백수 사람일 것이다. 동가와는 마땅히 백수의 마을 이름으로, 곧 손재가 사는 곳일 것이다. 공은 백수의 옛 이름을 취하여 제목을 정하여 노래하여 그 사람을 나타냈기에 '팽아행'이라 한 것이지, 길이 팽아를 나선 뒤 다시 열흘 간의 진창길을 거친 연후에 동가와에 다다라 손재를 만났던 것은 아니다. "노자관을 나가려 한다."라고 한 것은 공이 백수에 갈 때에 당초 곧바로 가족을 이끌고 영무의 행재소까지 가려 했던 것이지 백수에 머무를 계획이 아니었음을 말한다. 마침 이곳에서 손재를 만났고 아울러 구씨 최십구옹을 만나게 되어 잠시 머물렀던 것이다. 노원창이 살피지 못하고서 마침내 동가와와 노자관이 가깝다고 하였다. 노자관이 연주의 북쪽에 있고, 공이 평생 연주에 갔던 적이 없음을 몰랐던 것이다. 게다가 이 시는 본디 손재를 찬미한 것이다. 그의 집이 팽아에 있지 않았다면, 의당 '동가와행'이라고 해야 하며 '팽아행'이라고 해서는 안될 것이다. 모든 주들이 다 뒤섞여있는 가운데 노원창의 주가 더욱 잘못되어 특별히 바로잡는다. 처음 4구는 곧 '팽아'에 대한 점제로서 이는 먼저 제목을 드러내는 법식이다. '진실' 이하에서는 처음 출발에서부터 팽아에 이르는 열흘 사이에 겪은 고생을 추서하였으니, 바로 이렇게 함으로써 아래 글의 '객을 맞이하여' '기쁘게 해주었다'는 한 단락의 깊은 정을 도리어 부각시킨다. 어린 아들딸의 모습을 묘사한 것을 보면 그림으로도 그려낼 수 없는 정도이다. 봉선에서 백수까지는 본디 열흘 가야 할 길이 못 되는 까닭에 이처럼 늦어질 리는 없다. 그러므로 앞뒤로 '온 가족이 걸어가다', '온종일 가도 몇 리이다'라는 표현을 써서 이 사실을 다 지적해내었다. '소류' 이하는 손재의 높은 의리를 갖춰 말한 것이다. 먼저 '욕출' 1구를 붙여두어 높은 의리가 더욱 드러나도록 하고, 이곳에 온 것이 본디 발길을 머물려는 생각이 있어서가 아니며, 은근히 길손을 머물게 하여 놓아주지 않았던 것은 전적으로 친구의 정이 무겁기 때문이었다는 사실을 보여주었다. 아래에서는 먼저 자신을 안돈시켰음을 쓰고 다음으로 처자를 안돈시킴을 썼다. 그리고 다시 전체적으로 쓴 것이 4구이고, 다시 감사를 표한 것이 2구이다. 정에 파고드는 이러한 곡진한 필치가 아니라면 어떻게 이렇듯 층층 구름에 닿을 정도의 높은 의리를 드러낼 수 있겠는가? 결미에서는 이른바 《시경·패풍邶風·백주柏舟》에 보이는 "고요히 생각하는데 떨쳐 날 수 없다."라는 것이다. 구조오의 주에서는 한 편에 여섯 운을 함께 쓴 것은 고운이라고 하였다.(疑亦還鄜時, 路經彭衙之西, 回憶去歲孫宰周旋之誼, 不克枉道相訪, 聊作此志感. 公篤厚性成, 於斯可見. 孫宰必白水人. 同家窪當是白水鄉村之名, 卽孫宰所居也. 公因取白水之古名, 命題作歌, 以表其人, 故曰彭衙行. 非路出彭衙後, 再歷一旬之泥塗, 然後到同家窪, 遇孫宰也. 其曰欲出蘆子者, 公往白水時, 初意直欲挈家竟達靈武行在, 未嘗決計寓白水也. 適於此遇孫宰, 兼得舅氏崔十九翁, 因暫止焉. 盧元昌不察, 遂認同家窪與蘆子關相近. 不知關在延州北, 公生平未嘗到延州. 且此詩本美孫宰. 其家既不在彭衙, 則宜曰同家窪行, 不宜曰彭衙行矣. 凡注皆混, 盧尤謬, 故特正之. 起四, 卽點彭衙, 是先出題法. 盡室以下, 乃追敍初起身至彭衙一旬以內所歷之苦. 正以反蹴下文延客奉歡一段深情也. 看其寫小兒女態, 畫不能到. 由奉先至白水, 本無一旬之行程, 不應遲遲若此. 故前後用盡室徒步竟日數里點破之. 小留以下, 備述孫宰高義. 先着欲出一句, 益顯得高義出. 見此來本非有意駐足, 而款留不放, 全由故人情重也. 下則先敍安頓自身, 次敍安頓妻孥, 再總寫四句, 再致感兩句. 非此入情曲筆, 那顯此曾雲高義. 結則所謂, 靜言思之, 不能奮飛也. 仇註云, 合六韻於一篇, 古韻也.)

(이남종·김수희)

71. 喜聞官軍已臨賊境二十韻

관군이 이미 반군이 있는 곳에 다다랐다는 소식을 듣고서 기뻐하며 지은 20운의 시

胡騎潛京縣[1] 官軍擁賊壕[2] 鼎魚猶假息[3] 穴蟻欲何逃[4]
帳殿羅玄冕[5] 轅門照白袍[6] 秦山當警蹕[7] 漢苑入旌旄[8]
路失羊腸險[9] 雲橫雉尾高[10] 五原空壁壘[11] 八水散風濤[12]
今日看天意 遊魂貸爾曹[13] 乞降那更得[14] 尙詐莫徒勞[15]
元帥歸龍種[16] 司空握豹韜[17] 前軍蘇武節[18] 左將呂虔刀[19]
兵氣回飛鳥[20] 威聲沒巨鼇[21] 戈鋋開雪色[22] 弓矢向秋毫[23]
天步艱方盡[24] 時和運更遭[25] 誰云遺毒螫[26] 已是沃腥臊[27]
睿想丹墀近[28] 神行羽衛牢[29] 花門騰絶漠[30] 拓羯渡臨洮[31]
此輩感恩至 羸俘何足操[32] 鋒先衣染血[33] 騎突劍吹毛[34]
喜覺都城動[35] 悲憐子女號[36] 家家賣釵釧[37] 只待獻香醪[38]

오랑캐 기병이 경사의 고을에 숨고
관군이 반군의 해자를 둘러쌌으니,
솥 안의 물고기처럼 아직도 구차하게 숨을 쉬고 있지만
구멍 속의 개미인데 어디로 달아나려 하는가.

장막 궁전에는 검은 면류관이 늘어서고
군문에는 흰옷이 비치니,
진 땅의 산에서 벽제하고

한나라 궁원으로 깃발이 들어가리라.
가는 길엔 양 창자 같은 험함이 없고
구름은 치미선 높은 곳에 비껴 있어,
오원에는 공연히 군루가 있었던 셈
팔수에는 바람 파도가 흩어진다.
오늘 하늘의 뜻을 보니
떠도는 혼을 너희 무리에게 빌려준 것일 뿐,
항복을 구걸한들 어이 또 되리오?
얕은 수작 부리는 일에 헛수고를 하지 마라.

원수의 자리는 용의 씨에게 귀착되었고
사공은 표도를 쥐었으며,
전군은 소무의 부절을 지녔고
좌장은 여건의 칼을 가졌다.
병기의 기세에 나는 새도 돌아가고
위엄 있는 소리에 큰 자라도 물속으로 들어갔으니,
창에는 눈빛이 펼쳐진 듯
화살은 가을 터럭을 향하는 듯.
하늘의 걸음은 어려움이 바야흐로 다하고
시절의 화평은 운세를 다시 만났으니,
누가 독벌레가 남았다고 말하는가?
이미 비린내를 깨끗이 씻었는데.

슬기로운 생각에 궁정 뜰이 가까워지고
귀신같은 움직임에 호위가 견고한데,

화문이 사막에서 내달려서 오고
탁갈이 임조를 건넜다.
이 무리들 은혜를 느껴 이르렀으니
지친 포로들 잡을 필요 있겠는가?
선봉이 앞서니 옷이 피에 물들고
기병이 돌진하니 칼에 터럭을 부는 듯하다.
도성이 흔들리는 것을 기쁘게 느끼면서
자녀들 호곡 소리는 슬프기도 할 터,
집집마다 비녀 팔찌 팔아서
향기로운 술 바치기를 기다리기만 하면 되리라.

이 시는 관군이 반군을 압박하여 장안 부근에 이르렀다는 기쁜 소식을 듣고 쓴 것이다. 시에서 광평왕 이숙李俶이 천하병마원수의 직책을 맡고 곽자의郭子儀가 부원수의 직책을 맡아 관군을 이끌었다고 한 것으로 보아 지덕 2년 9월경에 지은 것으로 추정된다. 당시 두보는 부주鄜州에 있었다.

《보주두시》 사서를 살펴보면 지덕 2년 윤8월 정묘일에 광평왕 이숙이 천하병마원수가 되고 곽자의가 부원수가 되었다. 그러므로 이 시는 9월에 지은 것이니, 대개 이달에 바야흐로 반군과 전투하였기 때문이다.(按史, 至德二載閏八月丁卯, 廣平王俶爲天下兵馬元帥, 郭子儀副之, 則此詩九月作, 蓋是月方與賊戰也.)

주 석

1 胡騎(호기)－ 오랑캐의 기병. 당시 안경서가 이끌던 반군을 지칭한다. '騎'가 '虜'로 된 판본도 있다. 潛(잠)－ 숨다. 패주한 것을 뜻한다. 京縣(경현)－ 경사京師에 속한 현. 장안 일대의 현.

《두시언해》 '호로'는 안경서를 지칭한다.(胡虜, 指安慶緒.)

《구가집주두시》 '경현'은 경사의 현이다.(京縣, 京師之縣也.)

2 賊壕(적호)－ 반군의 해자. 반군의 성을 뜻한다. '호'는 해자, 성호城壕.

3 鼎魚(정어)－ 삶으려고 솥 안에 넣어둔 물고기. 假息(가식)－ 임시로 숨을 쉬다. 남은 숨을 구차하게 연장하는 것을 뜻한다.

《두시상주》에 인용된 《남사南史》 구지가 진백지에게 보낸 편지에서 "장군은 끓는 솥 안에서 물고기가 노니는 꼴입니다."라고 하였다.(丘遲與陳伯之書, 將軍魚游於沸鼎之中.)

4 穴蟻(혈의)－ 구멍 속의 개미.

《독두심해》에 인용된 《이원異苑》 진의 환겸이, 키가 한 치 남짓한 사람들이 모두 갑옷을 입고 창을 들고 말을 타고서 구멍으로부터 나와 상을 타고 부뚜막에 오르는 것을 보았다. 장산의 도사가 끓는 물을 만들어 그들이 들어간 곳에 부어 넣게 하고서 그곳을 파보았더니 한 섬 남짓 되는 개미들이 구멍 속에 죽어 있었다.(晉桓謙見人長寸餘, 悉被鎧持槊乘馬, 從埳中出, 緣几登竈. 蔣山道士令作沸湯, 澆所入處. 因掘之, 有斛大許蟻死穴中.)

[鼎魚 2구] 삶으려고 솥 안에 넣어둔 물고기가 아직 살아 숨을 쉬고 있듯이 반군이 아직은 생존하고 있지만, 구멍 속의 개미가 도망갈 수 없는 것처럼 곧 패망하리라는 뜻이다.

《구가집주두시》 '정어' 구와 '혈의' 구는 비록 잠시 숨을 쉬지만 끝내 죽음을 피할 수 없을 것임을 말한다.(鼎魚穴蟻, 言雖假息, 終不能逃

死也.)

#《두시상주》: 머리 단락은 관군이 반군이 있는 곳에 다다라서, 형세상 반드시 이기게 될 것임을 말하였다.(首言軍臨賊境, 勢在必克.)

5 帳殿(장전) – 장막을 쳐서 만든 임시 궁전. 봉상의 행재소를 뜻한다. 玄冕(현면) – 예관禮冠의 일종. 공경公卿의 복식이다. 이 구는 봉상 행재소에 백관이 모여서 정무를 보는 것을 뜻한다.

《두시상주》 '현면'은 공경의 복식이다.(玄冕, 公卿服.)

《두공부초당시전》 장막으로 궁전을 삼고 현면이 늘어서 있다는 것은 임금과 신하가 모여서 일을 꾀하는 것을 말한다.(以帳爲殿, 而羅玄冕, 言君臣聚謀也.)

6 轅門(원문) – 군문. 즉 군대 주둔지의 문. 白袍(백포) – 흰옷. 이 구는 진경지의 고사를 사용하여 장병이 용감함을 뜻한다. 회흘군을 두고 한 말이라는 설도 있다.

《두공부초당시전》 장사가 용감함을 말한다.(言將士之勇銳也.)

《두시상주》에 인용된 《양서梁書》 진경지가 거느린 병사는 모두 흰옷을 입었는데, 향하는 곳마다 적이 무너졌다.(陳慶之所統之兵, 悉着白袍, 所向披靡.)

《두시상주》에 인용된 호하객胡夏客 설 〈유하문〉 시에서 "백 리에 쌓인 눈이 보인다."라고 하였으니 회흘군이 모두 흰옷을 입었음을 알 수 있다.(留夏門詩云, 百里見積雪, 知回紇軍皆衣白也.)

《독두심해》 호하객은 회흘의 옷 색이라고 하였지만 그것에 얽매일 필요가 없다.(胡夏客指回紇衣色, 不必泥.)

[帳殿 2구] 숙종의 옆에 많은 문관과 용맹한 무관이 있음을 말한다.

《두보전집교주》에 인용된 장원張遠 설 '현면'은 문신을 가리키고 '백포'는 무신을 가리킨다.(玄冕指儒臣, 白袍指武臣.)

7 秦山(진산) – 장안 부근의 산을 두루 말한다. 當警蹕(당경필) – 경필

을 만나다. '경필'은 벽제辟除의 뜻으로 여기서는 황제가 출입할 때 도로에서 사람을 물리치는 일을 말한다. 들어갈 때를 '경'이라 하고 나갈 때를 '필'이라 한다. 이 구는 관군이 장안에 가까이 가게 되어 진 땅의 산에서 벽제하게 되었다는 뜻이다. 이 구에 대해 숙종이 봉상에 있었음을 뜻하는 것으로 보는 설도 있다.

《두시언해》 이 구는 숙종이 봉상에 있음을 말한다.(此言肅宗在鳳翔也.)

8 漢苑(한원) – 여기서는 장안의 궁원을 말한다. 상림원을 가리킨다는 설도 있다. 入旌旄(입정모) – 군대가 들어가는 것을 말한다.

《구가집주두시》 조차공 주 '한원'은 상림원이다.(漢苑者, 上林苑也.)

[秦山 2구] 관군이 장안에 거의 다다랐기에 숙종이 곧 장안으로 오게 될 것임을 말한다.

《두시상주》 '진산' 구와 '한원' 구는 경사가 시야에 들어왔음을 말한다.(秦山漢苑, 京師在望矣.)

9 失(실) – '濕'으로 된 판본도 있다. 羊腸險(양장험) – 양의 창자 같이 구불구불하고 험한 길. 이 구는 중도에 장애가 없었음을 말한다.

《두시상주》 길이 험함을 잃었다는 것은 중도에 막히는 일이 없었음을 말한다.(路失險, 言中途無阻.)

10 雲橫(운횡) – 구름이 비껴 있다. 雉尾(치미) – 치미선. 의장용 부채이다. 이 구는 치미선이 높이 펼쳐진 것을 과장하여 표현한 것으로, 황제의 의장이 성대하고 엄숙함을 말한다.

《두공부초당시전》 치미선이다. 천자의 의장이 성대함을 말한다.(雉尾扇也. 言天子儀仗之盛也.)

《두시상주》 '치미고'는 의장이 아주 엄정함을 말한다.(雉尾高, 言儀仗甚整.)

11 五原(오원) – 장안 부근에 있는 다섯 곳의 평원을 말한다. 空壁壘(공벽

루) – 군루가 공연히 있다. 군루가 무용지물임을 말한다. '군루가 비었다'의 뜻으로 풀이하는 설도 있는데, 이를 따르면 적이 퇴각하였음을 말한다.

《두시상주》에 인용된 《장안지長安志》 장안현과 만년현 두 현 바깥쪽에 필원, 백록원, 소릉원, 고양원, 세류원이 있는데, 이를 오원이라 한다.(長安萬年二縣之外, 有畢原白鹿原少陵原高陽原細柳原, 謂之五原.)

《두공부초당시전》 장안의 반군이 물러나 군루가 비었음을 말한다.(謂長安賊退壘空也.)

12 八水(팔수) – 장안 부근의 여러 강. 風濤(풍도) – 풍랑. 이 구는 난리가 평정될 것임을 비유한다.

《두시상주》에 인용된 《관중기關中記》 경수, 위수, 산수, 파수, 노수, 호수, 풍수, 휼수를 관내팔수라고 한다.(涇渭滻灞澇滈灃潏, 謂關內八水.)

《두공부초당시전》 관중의 난리가 점차 평정되어 감을 말한다.(謂關中寇亂漸平也.)

[五原 2구]

《두시상주》 '군루가 비고 파도가 흩어진다'는 반군의 무리가 장차 없어지게 되어 항복을 구걸해도 소용없게 되었음을 말한다.(空壁散濤, 謂賊衆將滅, 乞降無及矣.)

[路失 4구] 군대가 파죽지세로 오고 황제가 위엄이 있기에 장안 일대가 평정될 것임을 말한다.

13 遊魂(유혼) – 떠돌아다니는 혼. 혼이 놀라서 이미 몸에서 나갔음을 뜻한다. 貸(대) – 빌려주다. 잠시 관대하게 봐준다는 뜻이다. 爾曹(이조) – 너희 무리.

《두공부초당시전》 '유혼' 구는 반군이 비록 살아 있어도 혼이 이미 달아났기에 너희 무리가 반드시 멸망할 것을 알기 때문에 잠시 관대히 봐준다는 것이다.(遊魂, 言賊雖生而魂已徂矣, 知爾輩必滅, 姑少寬貸之也.)

《두시언해》 '유혼' 구는 적이 비록 살아 있어도 혼이 이미 흩어졌으니 하늘이 잠시 그 생명을 빌려준 것일 뿐임을 말한다.(遊魂, 言賊雖生而魂已遊散, 天姑貸借其生耳.)

14 那(나) — 어찌.

15 尙詐(상사) — 사술邪術을 숭상하다. 사술을 추구함을 말한다.

#《두시상주》: 이 단락은 황제의 수레가 점차로 장안에 다가감을 말한다.(此言鑾輿漸逼長安.)

16 용종龍種(용종) — 황족을 뜻한다. 이 구는 원수의 직책이 황족에게 돌아갔다는 뜻으로, 광평왕 이숙이 천하병마원수가 된 것을 말한다.

《두공부초당시전》 지덕 2년 윤8월에 광평왕 이숙을 천하병마원수로 삼아 장안을 수복하러 갔다. 이 사람이 대종이다. 그래서 '용종'이라 한 것이다.(至德二載閏八月, 以廣平王俶爲天下兵馬元帥, 往收長安, 是爲代宗也, 故曰龍種.)

17 司空(사공) — 벼슬 이름. 곽자의를 가리킨다. 握豹韜(악표도) — 군략軍略을 지녔음을 뜻한다. '표도'는 강태공의 육도六韜 중 하나. '握'이 '擁'으로 된 판본도 있다.

《두공부초당시전》 곽자의를 사공의 직책으로 부원수를 삼았음을 말한다. 강태공의 《육도》를 보면 표도편이 있다.(謂郭子儀以司空爲副帥, 按太公六韜書有豹韜篇.)

18 前軍(전군) — 앞쪽에 배치된 군대. 여기서는 이사업李嗣業을 두고 한 말이다. '軍'이 '旌'으로 된 판본도 있다. 節(절) — 부절. 이 구에서 이사업을 소무에 비유한 것은 이사업이 인솔한 군대가 변방의 족속으

로 이루어졌기 때문이다.

《두시상주》에 인용된 호하객 설 이사업이 이끄는 장병이 모두 변방 사진 출신이기 때문에 전속국을 지낸 소무로써 비유하였다.(嗣業所將, 皆蕃夷四鎭, 故以蘇武之典屬國爲比.)

19 左將(좌장) – 좌장군이란 뜻으로 당시 좌상병마사였던 복고회은을 가리킨다. 고선지高仙芝 휘하에서 좌맥도장을 지냈던 이사업을 가리킨다는 설도 있으나 취하지 않는다. 呂虔刀(여건도) – 여건의 칼. 삼공의 지위에 오를 수 있는 인재를 비유한다.

《두시상주》 좌장은 복고회은을 말한다.(左將謂僕固懷恩.)

《독두심해》 복고회은이 좌상병마사였다.(僕固懷恩爲左廂兵馬使.)

《구가집주두시》 조차공 주 다시 이사업을 말하는 듯하나. 사서에 기재된 바에 의하면 이사업은 맥도를 잘 썼고, 고선지가 발률을 토벌할 때에 이사업을 좌맥도장에 임명한 적이 있다. 그래서 좌장이라 칭할 수 있는 것이다.(又似言李嗣業, 史載嗣業善用陌刀, 高仙芝討勃律時, 嘗署嗣業爲左陌刀將, 故得稱左將.)

《두시상주》에 인용된 《진서晉書》 서주자사 여건이 왕상을 불러서 사마로 삼았다. 당초에 여건이 패도를 가지고 있었는데, 공인이 살펴보고서 반드시 삼공이라야 찰 수 있는 것이라 하자 여건이 그것을 왕상에게 주었다.(徐州刺史呂虔, 檄王祥爲司馬. 初虔有佩刀, 工相之, 以爲必三公可服, 虔乃與祥.)

20 回(회) – 돌아가다. 이 구는 하늘을 나는 새가 삼엄한 병기의 기운에 놀라서 지나가지 못하고 다시 돌아간다는 뜻이다.

21 沒(몰) – 물속으로 들어가다. 숨다. 鼇(오) – 큰 자라.

[兵氣 2구] 군대의 기세를 표현한 것이다.

《두시상주》 '병기' 2구는 군대가 기세를 떨침을 말한다.(兵氣二句, 言軍勢之振.)

22 戈鋋(과연)－ 병기를 뜻한다. '과'는 긴 창이고 '연'은 짧은 창이다. 開雪色(개설색)－ 눈빛이 펼쳐지다. 병기의 빛을 비유한다.

《두시언해》 '개설색'은 병기 날의 빛을 말한다.(開雪色, 言鋒刃之光也.)

23 弓矢(궁시)－ 활과 화살. 向秋毫(향추호)－ 가을 터럭을 향하다. 가을 터럭을 맞추다. 작은 것도 명중시킴을 비유한다. '向'이 '尙'으로 된 판본도 있다.

《두시상주》 '향추호'는 작은 것일지라도 반드시 명중시킴을 말한다.(向秋毫, 言雖微必中.)

[戈鋋 2구] 병기의 예리함을 말한다.

《두시상주》 '과연' 2구는 병기의 예리함을 말한다.(戈鋋二句, 言軍器之利.)

24 天步(천보)－ 천운天運. 여기서는 당나라의 운명을 뜻한다.

25 運(운)－ 여기서는 좋은 운세를 뜻한다.

26 遺(유)－ '貴'로 된 판본도 있다. 毒螫(독석)－ 벌레의 독. 반군을 비유한다. '螫'이 '蠆'로 된 판본도 있다.

27 沃(옥)－ 물을 붓다. 씻는 것을 뜻한다. 腥臊(성조)－ 비린내. 반군을 비유한다.

《두시상주》 '옥'은 물을 부어서 그 더러운 것을 씻는다는 것이다.(沃, 以蕩滌其穢也.)

[誰云 2구] 반군을 깨끗하게 소탕하게 될 것임을 말한다.

《두시언해》 '독석'과 '성조'는 도적을 비유한다. 반드시 남김없이 싹 쓸어버릴 것임을 말한다.(毒螫腥臊喩盜賊, 言必掃盡無留也.)

#《두시상주》: 이 단락은 여러 장수가 힘을 합쳐 토벌하는 것을 말한다.(此言諸將協力征討.)

28 睿想(예상)— 슬기로운 생각. 성명聖明한 생각. 황제의 지혜로운 생각을 뜻한다. '想'이 '思'로 된 판본도 있다. 丹墀(단지)— 붉은 칠을 한 뜰. 궁중을 가리킨다. 상서성을 가리킨다는 설도 있으나 여기서는 궁중을 두루 칭하는 것으로 보인다. 이 구는 황제의 생각으로 곧 환궁하게 되리라 예측한다는 뜻이다.

《두시상주》 '예상'은 숙종을 가리킨다.(睿想, 指肅宗.)

《두시상주》에 인용된 《한서·원후전元后傳》의 주 상서성에는 붉은 칠을 땅에 발랐는데, 그것을 단지라고 하였다.(尙書省中, 以丹漆塗地, 曰丹墀.)

《두공부초당시전》 황제의 수레가 경사로 돌아갈 수 있는 형세가 되었음을 말한다.(言車駕有可還京之勢也.)

29 神行(신행)— 귀신같은 행군이란 뜻으로 황제의 군대가 신속하게 이동함을 말한다. 신의 행차란 뜻으로 황제의 행차를 말하는 것이라는 설도 있다. 羽衛(우위)— 황제의 호위, 또는 황제의 의장대. 牢(뇌)— 튼튼하다. 견고하다.

《두시상주》 '신행'은 황제의 육군을 말한다.(神行, 謂六軍.)

《두시조차공선후해집교》 '신행'은 천자의 행차이다. '우위'는 새깃으로 장식한 보우의 의장이다. '견고하니' 안전하여 경계할 것이 없게 된다.(神行, 天子之行也. 羽衛, 葆羽之衛. 牢, 則安而無警矣.)

30 花門(화문)— 회흘을 말한다. 騰(등)— 기세 좋게 내달리다. 絶漠(절막)— 먼 사막.

《두시상주》 '화문'은 회흘을 가리킨다.(花門, 指回紇.)

31 拓羯(탁갈)— 서북 지역의 이민족 전사를 칭하는 말. 여기서는 안서의 전사를 가리킨다. '拓'이 《신당서》에는 '柘'로 되어 있다. 臨洮(임조)— 지명. 당시 농우도隴右道에 속하였다.

《두시상주》 '탁갈'은 안서를 가리킨다.(拓羯, 指安西.)

《독두심해》에 인용된 《신당서》 안서는 강거의 소군장의 옛 땅이다. 용감하고 씩씩한 자를 모집하여 자갈로 삼으니, 전사라는 말과 같다.(安西, 卽康居小君長故地. 募勇健者爲柘羯, 猶言戰士也.)

32 羸俘(이부)― 지친 포로. 남아 있는 반군을 가리킨다. 何足操(하족조)― 잡을 필요도 없다는 뜻이다.

[此輩 2구] 회흘 등이 와서 도우니 반군은 더 이상 상대가 되지 않는다는 뜻이다.

《두시상주》 저들이 은덕에 감동하여 분발하고자 하니, 남은 반군은 잡을 필요도 없다.(彼既感恩思奮, 則殘俘不足執矣.)

33 鋒(봉)― 관군의 예봉을 두고 한 말이다. 衣染血(의염혈)― 살상된 반군의 피가 관군의 옷을 물들인다는 뜻이다.

34 劍吹毛(검취모)― 칼날에 터럭을 불면 터럭이 잘린다는 뜻으로, 칼이 예리함을 말한다.

[鋒先 2구] 관군의 용맹함을 말한다.

《두시상주》 '봉선', '기돌' 2구는 그들의 용맹하고 과단함을 말한다.(鋒先騎突, 見其勇決.)

35 都城動(도성동)― 도성이 움직이다. 이 구는 환호성에 도성이 흔들거리는 것같이 느낀다는 뜻이다.

36 憐(연)― '連'으로 된 판본도 있다. 子女號(자녀호)― 자녀들이 소리치다. 자녀들이 호곡하다. 반군이 해친 집안이나 전사자의 자녀들의 울음소리를 뜻한다.

[喜覺 2구] 장안 성이 수복 된 뒤 희비가 교차하는 상황을 예상한 것이다.

《두시상주》 슬픔과 기쁨이 아울러 이른다는 것이니, 인정이 이와 같을 것을 예상한 것일 뿐이다.(悲喜兼至, 預想人情如是耳.)

37 釵釧(차천)― 비녀와 팔찌.

38 只待(지대) - '準擬'로 된 판본도 있다. 獻香醪(헌향료) - 향기로운 술을 바치다.

[家家 2구] 여포가 동탁을 죽였을 때의 고사를 원용援用한 것이다.

《두공부초당시전》 이것은 여포가 동탁을 살해했을 때의 일과 대략 서로 비슷하다. 《후한서·동탁전》을 살펴보면, 위나라 왕윤이 여포에게 동탁을 죽이게 하였다. 그러자 백성들이 길에서 노래하고 춤추었다. 그리고 진주와 옥, 옷 등을 팔아 술과 고기를 사서 서로 경하하는 장안의 사인士人과 여인들이 거리 점포를 가득 채웠다.(此與呂布殺董卓時事略相似也. 按後漢董卓傳, 魏王允令呂布殺董卓, 百姓歌舞於道, 長安士女賣其珠玉衣裝, 市酒肉相慶者, 塡滿街肆.)

《독두심해》 살펴보건대 '헌향료'는 병에 마실 것을 담아 군대를 맞이한다는 뜻이다.(按, 獻香醪, 用壺漿迎師意.)

#《두시상주》: 마지막 단락은 먼 변방 족속이 함께 도우니 옛 도읍이 곧 수복될 것임을 더욱 잘 알 수 있다는 사실을 말한다.(末言遠人同助, 益知舊都旋復矣.)

##《독두심해》: 부주에서 관군이 장안에 이르렀다는 소식을 듣고서 기뻐한 것이지, 아직 서울을 수복한 것은 아니다. 시제의 눈이 '이림' 2자에 있다. 저 40구의 시를 살펴보니 구절마다 '이已' 자의 뜻이 있어 한 마디 말도 느슨한 게 없고, 또 구절마다 기쁜 기운을 담고 있어서 두 층차로 그려지지 않았으니, 진정으로 귀신의 솜씨이다. 시작하는 부분 4구는 바로 '이림'의 뜻을 잡고서, 전체적으로 대의를 이끌었다. 다음 12구는 이 뜻을 꾸미면서 거듭 말하였다. 다만 '전장'과 '원문'만은 또한 행재소에서 출병하였다는 사실에 맞추어 말하였고, 아래의 내용이 이어서 긴밀하게 연결되었다. '당경필'은 어가가 임할 것임을 미리 단정한 것이다. '입정모'는 군대가 이를 것임을 단언하여 말한 것이다. '금일' 이하는 우리가 세력을 얻어 그들이

간담을 상실하게 되었음을 말한다. 이 단락은 위 부분 8구가 시작하는 부분의 '옹적호'의 뜻을 거듭 말하고, 아래 부분 4구가 시작하는 부분의 '가식'과 '하도'의 뜻을 거듭 말하였는데, 구조오는 '경필'과 '치미' 등의 글자를 오해하여 황제의 수레가 경사에 이른 것이라고 말하여 시상의 흐름이 혼잡하게 되었다. '원수' 12구는 군대의 군용을 열거하였는데, 반드시 이길 것이라는 사실을 결국 말한 것이다. 앞 단락의 '천의'는 반군에 대하여 말한 것이고 이 단락의 '천보'는 국운에 대하여 말한 것이어서, 중복되지 않는다. 끝 단락 12구는 반드시 이기게 될 형세를 전체적으로 그렸다. '예상'으로 시상을 제기하여, 황제의 마음이 멀리서 기뻐하고 의장의 호위병이 옆에 늘어서 있으니 가히 날을 꼽으며 난리를 평정할 수 있게 되었다는 사실을 말하였다. 먼 곳의 이민족이 또한 모두 용맹을 떨치는 것을 한번 보아라. 그러니 반군이 평정할 게 있겠는가? 이민족을 말하면서 군대에 대해 말한 앞 단락 본문에 넣지 않고, 단지 그것을 빌려 주지主旨를 두드러지게 하는 역할을 하게 하였으니, 글을 씀에 또 주지도 않고 빼앗지도 않고 적절하게 할 수 있었다. 글의 이와 같은 배치보다 어찌 공교로울 수 있겠는가? 결론 부분은 이를 빌려 '희' 자를 지적하였으니, 요약하여 말하면 기쁜 뜻이 이미 쏟아져 들어가 전편에 가득하다. 여농(유양兪瑒의 호)이 평하기를 "가히 군중의 포고문으로 읽을 수 있다."라고 하였다.(在鄜聞軍到長安而喜, 尙未收京也. 題眼在已臨二字. 看他四十句詩, 筆筆是已字, 無一語放鬆. 又且筆筆含着喜氣, 不作兩層寫, 眞正神技. 起四, 卽擒已臨, 全領大意. 次十二句, 飾色以申之. 只帳殿轅門, 還貼行在出師說, 下隨緊扣矣. 當警蹕, 預卜駕臨. 入旌旄, 劈淸軍到. 今日以下, 言我得勢而彼喪膽. 此段, 上八, 申起處擁賊壕. 下四, 申起處假息何逃也. 仇氏誤會警蹕雉尾等字謂鑾輿至京, 便夾雜矣. 元帥十二句, 鋪排軍隊軍容, 而究言其必克也. 前段天意, 對賊言. 此段天步, 就國運言, 不犯復. 末十二句, 全寫必克之勢. 以睿想提起, 言聖情

遙暢, 儀衞旁羅, 可指日反正矣. 試看遠人且皆奮勇, 賊何足平乎. 說遠人, 不入前段隊伍正文, 但借作襯託. 措餇又能不予不奪. 何工於布置若此. 結處借點喜字, 要之, 喜意已灌滿通篇也. 旅農評云, 可作軍中露布讀.)

(**이영주**)

72. 收京三首

경사를 수복하다 3수

仙仗離丹極[1] 妖星帶玉除[2] 須爲下殿走[3] 不可好樓居[4]
暫屈汾陽駕[5] 聊飛燕將書[6] 依然七廟略[7] 更與萬方初[8]

천자의 의장이 궁전을 떠난 것은
요망한 별이 궁전 계단을 비추었기 때문인데,
궁전을 내려와 달려가야만 하니
누대에 거처하는 것을 좋아할 수가 없게 되었네.
잠시 욕되게 분양으로 수레를 몰고 갔지만
그저 연나라 장수에게 서신을 날려 보낼 것이니,
의연한 종묘의 책략이
천하와 더불어 새롭게 시작하리라.

이 시는 지덕 2년 11월 두보가 부주鄜州에 있을 때 숙종이 장안으로 환궁하였다는 소식을 듣고 지은 것이다. 반군의 침략으로 천자가 장안을 떠나갔지만 이제 장안을 수복하여 종묘사직을 새로 시작하게 되었음을 기뻐하며 앞으로 조정이 다시 어지러워지지 않기를 바라는 마음을 표현하였다. 옛 연보에는 지덕 2년 10월에 숙종이 장안으로 돌아오자 두보도 황제를 좇아서 장안으로 돌아왔다고 하였으나 《두시상주》에서는 이 시를 근거로 삼아 숙종이 장안으로 돌아왔을 때 두보는 아직 부주에 있다가 11월에야 장안으로 돌아왔다고 주장하였다.

《두시상주》 이것은 마땅히 지덕 2년 10월 부주에 있을 때 지은 것이다. 시에서 "생기가 시들어감을 달게 여기며 하늘 끝에서 정말 쓸쓸하였는데, 홀연히 듣건대 애통해하는 조서가 또 성스럽고 밝은 조정에서 내려왔다."라고 하였는데 이는 명백히 집에서 조서를 들은 것이다. 살펴보건대 숙종은 지덕 원년 7월 13일 갑자일에 영무에서 즉위하여 제서를 내려 크게 사면하였다. 지덕 2년 10월 19일 황제는 장안으로 돌아왔고 10월 28일(11월 초하루의 잘못) 임신일에 단봉루에 행차하여 제서를 내렸다. 전후 두 차례 조서를 들었기 때문에 '또 내려왔다'고 말한 것이다. 이때 공은 여전히 부주에 있었고 그가 장안에 이른 것은 마땅히 11월이다. 연보에는 10월에 황제를 좇아 장안으로 돌아왔다고 하였는데 시와는 부합하지 않는다. 마땅히 공의 시를 바른 것으로 보아야 한다.(此當是至德二載十月在鄜州時作. 詩云生意甘衰白, 天涯正寂寥, 忽聞哀痛詔, 又下聖明朝. 此明是在家聞詔. 按肅宗於至德元年七月十三日甲子, 卽位靈武, 制書大赦. 二年十月十九日, 帝還京, 十月二十八日壬申, 御丹鳳樓, 下制. 前後兩次聞詔, 故云又下也. 是時公尙在鄜州, 其至京, 當在十一月, 年譜謂十月扈從還京, 與詩不合, 當以公詩爲正.)
《보주두시》 이 시를 양권도는 지덕 2년으로 편재하였다. 그런데 제3수는 또한 건원 원년에 지은 것 같다. 생각건대 두 편은 같은 시기에 지은 것이 아니다.(此詩梁權道編在至德二載. 然第三首又似乾元元年作, 意二篇非同時作也.)

주 석

1 仙仗(선장)－ 신선의 의장. 천자의 의장을 가리키는데 여기서는 현종

의 의장을 말한다. 丹極(단극) – 궁전 중의 붉은 건물. 궁궐을 가리킨다. 이 구는 현종이 촉 땅으로 행차한 것을 말한다.

《두시상주》에 인용된 소보邵寶 주 천자에게는 태극전이 있는데 단사로 진흙을 이겨 궁전 위쪽 땅을 칠했으므로 그 뜰을 단지라고 하였다.(天子有太極殿, 以丹掩泥, 塗殿上地, 故庭曰丹墀.)

《두시경전》 상황(현종)이 촉으로 행차한 것을 말한다.(謂上皇幸蜀.)

2 妖星(요성) – 요망한 별. 여기서는 안녹산을 가리킨다. 帶(대) – 두르다. 빛이 둘러싸서 덮는다는 뜻으로, 비추는 것을 말한다. '照' 자로 된 판본도 있다. 玉除(옥제) – 옥계단. 여기서는 궁궐의 계단을 가리킨다. 이 구는 반군이 장안에 들어온 것을 말한다.

《구가집주두시》 요성은 첫째가 혜성이고, 둘째가 패성인데, 모두 스물한 개의 별이 있다.(妖星一曰慧星, 二曰孛星, 凡二十一星.)

《두시상주》에 인용된 《안녹산사적安祿山事迹》 안녹산이 태어난 밤에 붉은빛이 넓게 비추고 뭇짐승들이 사방에서 울었는데 점성가가 요성이 밝게 빛나면서 그 천막에 떨어지는 것을 보았다.(祿山生夜, 赤光旁照, 群獸四鳴, 望氣者見妖星芒熾, 落其穹廬.)

《두시상주》 '대옥제'(의 '대')는 바로 (〈야연좌씨장夜宴左氏莊〉의) "봄 별이 초당을 비춘다."라는 구에서 사용된 뜻이다.(帶玉除, 卽春星帶草堂意.)

《두시경전》 반군이 장안에 침입한 것을 말한다.(謂賊入長安.)

3 下殿走(하전주) – 궁궐 아래로 내려와 달리다. 천자가 피난하는 것을 말한다.

《구가집주두시》 《세설신어》에 "화성이 남두성에 들어가면 천자가 궁전을 내려와 달아난다."라는 말이 있는데 난을 피하는 것을 말한다.(世說, 熒惑入南斗, 天子下殿走, 謂避亂也.)

4 好樓居(호루거) – 누대에 거처하는 것을 좋아하다. 《두시언해》에

서는 '좋은 누대에 거처하다'로 풀이하였다. 원래 신선의 모습을 언급하는 것인데 여기서는 천자를 비유하여 말한 것이다. 이 구절은 현종의 실정을 우의적으로 말한 것이다.

《**두시언해**》 〈봉선서〉에 선인은 누대에 거처하는 것을 좋아한다고 하였는데 여기서는 천자를 비유한 것이다.(封禪書, 仙人好樓居, 此比天子也.)

《**두공부시집집주**》 현종은 만년에 태만하고 황음하여 구중궁궐 깊숙이 거처하니 정치가 비빈으로부터 말미암게 되어 피난을 가는 화에 이르게 되었다. 공은 차마 드러내어 말을 하지 못하여 신선이 누대에 거처하는 것에 뜻을 기탁하였다. 양귀비가 일찍이 여도사였기에 그래서 이것을 들어서 비유하였다.(玄宗晚節怠荒, 深居九重, 政由妃子, 以致播遷之禍. 公不忍顯言, 而寓意於仙人之樓居, 因貴妃嘗爲女道士, 故擧此況之.)

[須爲 2구] 화의 근본을 회상하며 은근히 경계한 것이다. "得非群盜起, 難作九重居."라고 된 판본도 있는데, "뭇 도적이 일어나지 않을 수 있겠는가? 구중궁궐에 거처하기 어렵게 되었다."라는 뜻이다.

《**두시경전**》 두 구절은 화의 근본을 회상하며 완곡한 말로써 그것을 탄식한 것이니 마땅히 경계할 줄 알아서 멋대로 즐기는 일을 탐닉하지 말아야 함을 말한 것이다.(二句追維禍本, 婉詞以歎息之, 言當知警戒而不可耽逸樂也.)

5 屈汾陽駕(굴분양가) - 욕되게도 분수의 북쪽으로 수레를 몰고 가다. '욕되게도 수레를 몬다'는 말은 황제가 행차한 행위에 대해 공경의 뜻을 담아 표현한 것이다. 요임금의 고사와 관련이 있는 것으로서 신선을 만나 천하를 잊는다는 뜻이다. 이 구절은 현종이 촉으로 행차하게 되었음을 말한다. '잠시'라는 말에 현종이 장차 다시 돌아올 것이라는 의미가 담겨 있다. 이 구를 숙종이 친히 정벌에 나선 것을 뜻하는 것으로 보는 설도 있으나 취하지 않는다.

《장자 · 소요유》 요임금이 천하의 백성을 다스리고 해내의 정사를 고르게 하고 막고야의 산, 분수의 북쪽에 가서 네 선생을 만나고서는 멍하니 천하를 잊어버렸다.(堯治天下之民, 平海內之政, 往見四子邈姑射之山, 汾水之陽, 窅然喪其天下焉.)

《두억》 '분양가'는 요임금의 고사를 쓰고 있는데 오묘함은 "멍하니 천하를 잊어버렸다."라는 한마디를 감추는 데에 있다.(汾陽駕用堯事, 而妙在藏一窅然喪其天下語.)

《두시언해》 《장자》에 요임금이 분수의 북쪽으로 네 선생을 보러 갔다고 하였는데 여기서는 촉으로 간 것을 비유한다.(莊子, 堯往見四子於汾水之陽, 此比幸蜀.)

《두시경전》 상황이 장차 돌아올 것을 말한 것이다.(言上皇將回.)

《두공부초당시전》 숙종이 친히 정벌에 나선 것을 말한다.(言肅宗親征也.)

6 飛燕將書(비연장서) – 연나라 장수에게 서신을 날려 보내다. 노중련魯仲連의 고사와 관련이 있는 것으로서 투항을 권유하는 것을 말한다. 이 구절은 반군을 쉽게 물리칠 것이라는 뜻이다. 이와 달리 숙종이 장안을 수복한 것을 말한 것으로 볼 수도 있다.

《독두심해》 이는 9월의 군대가 봉상을 출발하여 장안을 수복함에 한 달이 걸리지 않은 사실을 요성이 편지 한 장으로 함락된 것에 견주었다. 반군의 장수가 또한 연 땅에서 왔기에 이 일을 사용한 것이다.(此比九月之師, 發鳳翔, 克西京, 曾不盈月, 爲聊城之一紙下也. 賊將亦自燕來, 故用其事.)

《사기 · 노중련추양열전魯仲連鄒陽列傳》 연나라 장수가 요성을 공격하여 함락시켰는데 요성 사람 중의 어떤 사람이 연나라에 참소하였다. 연나라 장수는 주살당할 것을 두려워하여 요성을 굳게 지키고 감히 돌아가지 못하였다. 제나라 전단이 요성을 공격하여 1년 남짓이 되었는데 병사들이 많이 죽었으나 요성은 함락되지 않았다. 노중련이 편지를 써서 화살에 묶어 성안으로 쏘아 연나라 장수에게 보냈다. …… 연나라 장수가 노중련의 편지를 보고 사흘을 울고 주저하면서 스스로 결정하지 못하였다. 연나라로 돌아가려니 이미 틈이 있어 주살당할까 두려워하였고, 제나라에 항복을 하자니 제나라 사람을 죽이고 포로로 삼은 것이 심히 많아서 항복하고 난 뒤에 모욕을 당할까 두려워하였다. 탄식을 하면서 말하기를 "남에게 죽임을 당하느니 차라리 스스로 죽겠노라."라고 하면서 마침내 자살하였다.(燕將攻下聊城, 聊城人或讒之燕. 燕將懼誅, 因保守聊城, 不敢歸. 齊田單攻聊城歲餘, 士卒多死而聊城不下. 魯連乃爲書, 約之矢以射城中, 遺燕將. …… 燕將見魯連書, 泣三日, 猶豫不能自決. 欲歸燕, 已有隙, 恐誅, 欲降齊, 所殺虜於齊甚衆, 恐已降而後見辱. 喟然歎曰, 與人刃我, 寧自刃, 乃自殺.)

《두시상주》 살펴보건대 '연장서'에 대해 전겸익 주에서는 가서한이 낙양에 이르자 안녹산이 명하여 편지로써 이광필 등을 부른 사실을 인용하였는데 이것은 도리어 연나라 장수가 편지를 날려 보낸 것이다. 노원창 주에서는 여러 장수가 가서한의 편지에 답하면서 그가 죽지 않는 것을 심히 질책한 것을 증거로 들었는데 이것은 연나라 장수에게 편지를 날려 보낸 것에 부합한다. 그러나 모두 지난해의 일에 속하는 것으로 경사를 수복한 것에는 맞지 않는다. 주학령 주에서는 "향적사 북쪽의 승리로부터 왕의 군대가 위세를 떨치자 반군의 무리가 간담이 떨어져서 엄장이 투항하고 사사명이 귀순하니 하북의 형세는 짧은 서찰로써 정할 수 있었다. 그러므로 노중련이 편지를 쏜 고사를 인용한 것이다."라고 하였는데 이 설을 따라야만 한다.(按燕將書, 錢箋引哥舒翰至洛陽, 祿山令以書招李光弼等, 此却是燕將飛書. 盧注以諸將答翰書, 切責其不死爲證, 此合於飛書燕將. 但俱屬去年事, 於收京不切. 朱注云, 自香積寺北之捷, 王師振威, 賊徒膽落, 嚴莊來降, 思明納款, 河北事勢, 折簡可定, 故用仲連射書事. 此說當從.)

7 七廟略(칠묘략)－ 종묘의 책략. 나라를 안정시키는 조정의 책략을 말한다. 군사 전략을 뜻한다는 설도 있다. '칠묘'는 천자의 여섯 대 조상들의 묘와 시조의 묘를 가리킨다. 이 구절은 난리를 평정한 것을 말한다.

《예기·왕제》 천자는 칠묘를 세우는데 삼소(육대조부, 고조부, 조부)와 삼목(오대조부, 증조부, 부)과 태조의 묘를 합쳐서 칠묘가 된다.(天子七廟, 三昭三穆與太祖之廟而七.)

《구가집주두시》 조차공 주 군사 전략을 종묘의 책략이라고 한 것은 아마도 종묘에서 모의하기 때문일 것이다.(兵謀謂之廟略, 蓋謀之於廟也.)

《두시경전》 재앙을 평정하여 조상들의 공업을 손상시키지 않음을 말한다.(言削平禍難, 不滅祖烈.)

8 更(갱)－ 다시. '경'으로 읽고 '바꾸다'의 뜻으로 볼 수도 있다. 初(초)－ 시작하다.

《두공부초당시전》 백성들과 더불어 바꾸어 새롭게 시작한다는 뜻을 말한 것이다.(言與民更始之義也.)

《두율계몽》 '갱'은 거성이다.(更, 去聲.)

#《두시상주》: 첫째 수는 경사의 함락에서 경사의 수복까지 이야기하고 있다. 4구에서 나누어진다. '선장'은 현종을 가리키고 '요성'은 안녹산을 가리킨다. '수위하전'은 궁궐을 갑자기 떠나게 된 것을 말한 것이고 '불가루거'는 신선을 받드는 것이 이익이 없음을 드러낸 것이다. 이것은 지나간 일을 되돌아보며 서술한 것이다. '수레'에 대해 '잠시 욕되다'라고 말한 것은 상황이 장차 돌아올 것을 말한 것이고 '편지'에 대해 '그저 날린다'라고 말한 것은 하북 지방이 쉽게 평정될 것임을 말한 것이다. 마지막은 경신의 기상을 기뻐한 것이다.(首章, 從陷京說至收京, 在四句分截. 仙仗指上皇, 妖星指祿山. 須爲下殿, 謂宮闕忽離,

不可樓居, 見奉仙無益, 此追敍往事. 駕曰暫屈, 言上皇將回, 書曰聊飛, 言河北易定. 末喜更新氣象也.)

《독두심해》: 첫째 수는 시제의 근원을 찾아 밝힌 것이다. 이때 소식을 듣고 기뻐한 것이지 상황의 일을 되짚어 허물할 뜻이 전혀 없음을 마땅히 알아야 한다. 앞의 4구는 다만 그 연유를 되짚어 서술하였으니 천자의 의장이 멀리 떠난 것은 요망한 별이 방자하게 굴었기 때문이라고 한 것이다. 이와 같으니 마땅히 행차를 나서 달려가게 되어 편안하게 머물 수 없는 것이다. 어떤 이는 3, 4구가 상황이 신선을 좋아한 것을 풍자한 것이라고 하고 어떤 이는 상황이 귀비를 총애한 것을 탓한 것이라고 하는데 이들은 모두 경박한 견해로써 혼후한 말을 재본 것이다. 다른 판본에 "得非群盜起, 難作九重居."로 되어 있는 두 구절을 보면 이 두 판본의 내용이 서로 증명되니, 그 의미를 살펴볼 수 있다. 5, 6구는 전체 시의 시상이 바뀌는 곳에 있는데 순수를 나간 것은 그리 길지 않고 반군을 소탕한 것이 편지 하나 쓰는 것보다 빠르다는 것을 말한 것이다. 여전히 옛 문물이 다시 빛나게 되니 어찌 아름답지 않겠는가? 전겸익의 전에서는 편지를 날려 보내는 것을 안녹산이 이광필을 부르는 것이라고 여겼으니 크게 틀렸다. 주학령의 주에서는 하북은 짧은 서찰로써 평정할 수 있다고 하였는데 그렇다면 더 크게 뒤떨어진 이야기다.(首章, 原題也. 須識此時聞信而喜, 全無追咎上皇之意. 上四, 特追敍緣由, 以爲仙仗之遠去, 由妖星之肆虐耳. 如此, 則須爲出走, 不可安居矣. 或謂三四譏其好神仙, 或謂尤其寵妃子, 此皆以輕薄之見測渾厚之語也. 觀別本得非難作二語, 兩存互證, 可以窺其意矣. 五六在一詩轉關之界, 言出狩曾無幾時, 而蕩寇捷於一紙, 依然舊物重光, 豈不休哉. 錢箋以飛書爲祿山招李光弼, 大謬. 朱注以爲河北折簡可定, 則又太落後層.)

其二

生意甘衰白[1]　天涯正寂寥[2]　忽聞哀痛詔[3]　又下聖明朝[4]
羽翼懷商老[5]　文思憶帝堯[6]　叨逢罪己日[7]　灑涕望青霄[8]

생기가 시들어감을 달게 여기며
하늘 끝에서 정말 쓸쓸하였는데,
홀연히 듣건대 애통해하는 조서가
또 성스럽고 밝은 조정에서 내려왔구나.
보필로는 상산의 늙은이를 생각하고
재지와 도덕으로는 요임금을 그리워한다.
외람되이 황제가 스스로를 책망하는 날을 만나니
눈물을 흘리면서 푸른 하늘을 바라본다.

주 석

1 生意(생의) – 생명력. 생기. 황제의 은택과 연관 지어 풀이하는 설도 있지만 취하지 않는다. 衰白(쇠백) – 노쇠하여 머리가 하얘지다.
《두시상주》에 인용된 조방 주 '생의'는 아마도 은택을 가리켜 말한 것 같다.(生意, 似指恩澤言.)
《두시상주》 혜강의 《양생론》에 "손상됨이 조금씩 쌓여 쇠약함을 이루는데 쇠약해짐으로부터 희게 되고 희게 됨으로부터 늙어간다." 라고 하였는데 그 주에 "'백'은 백발을 말한다."라고 하였다.(嵇康養生論, 積損成衰, 從衰得白, 從白得老. 注, 白謂白髮.)

2 天涯(천애) – 두보가 머물고 있는 부주를 가리킨다. 寂寥(적료) – 쓸쓸하다.

3 哀痛詔(애통조) – 슬퍼하는 조서. 천자가 자신을 탓하면서 슬퍼하는 조서를 말한다.

4 又下(우하) – 또 내려오다. 여기서는 조서가 다시 내려온 것을 말한다. 여기서 말하는 조서는 숙종이 지덕 2년 11월 초하루에 내린 것이다. 그 앞의 조서에 대해서는 천보 15년 현종의 조서라는 설과 지덕 원년 숙종의 조서라는 설이 있다. 이 구는 천자가 애통해하는 조서가 조정에서 내려와 지방까지 알려졌다는 말이다. 이와 달리 《두시언해》에서는 천자가 조서를 조정에 내렸다고 풀이하였다.

《보주두시》 숙종은 지덕 2년 11월 임신일에 단봉루에 행차하여 제서를 내려 말하기를 "일찍부터 성스러운 가르침을 받들어 일찍이 《예경》을 읽었는데 의리상 선조를 받들려는 마음 간절하나 감당하지 못할까 두렵다."라고 하였고 12월 무오일 초하루에 또 단봉문에 행차하여 제서를 내려 크게 사면하였다. 이것이 이른바 애통해하는 조서이다.(肅宗, 至德二年十一月壬申, 御丹鳳樓. 下制云, 早承聖訓, 嘗讀禮經, 義切奉先, 恐不克荷云云. 十二月戊午朔, 又御丹鳳門, 下制大赦, 此所謂哀痛之詔也.)

《독두심해》 《구당서》에서 "숙종이 경사로 돌아와서 11월 초하루 단봉루에 행차하여 제서를 내려 말하기를 '일찍부터 성스러운 가르침을 받들어 일찍이 《예경》을 읽었는데 의리상 선조를 받들려는 마음 간절하나 감당하지 못할까 두렵다'라고 하였다."라고 하였다. 구조오의 주에서 "이보다 앞서 지덕 원년 7월 영무에서 즉위하여 제서를 내려 크게 사면하였다. 그래서 '우하'라고 하였다."라고 하였다. 살펴보건대 옛 주에서는 또 이 이후 12월의 제서를 인용하였는데 틀렸다.(舊書, 肅宗還京, 十一月朔, 御丹鳳樓, 下制曰, 早承聖訓, 常

讀禮經. 義切奉先, 恐不負荷. 仇注, 先是元載七月, 卽位靈武, 制書大赦, 故云又下也. 按, 舊又引此後十二月之制, 錯.)

《두시경전》 천보 15년 8월에 상황이 촉도부 거리에 행차하여 조서를 선포하여 자신을 질책하고 천하에 대사면을 내렸다. 이듬해 10월 숙종이 경사에 돌아와서 11월 초하루에 단봉루에 행차하여 제서를 내려 말하기를 "일찍부터 성스러운 가르침을 받들어 일찍이《예경》을 읽었는데 의리상 선조를 받들려는 마음 간절하나 감당하지 못할까 두렵다."라고 하였다. 앞뒤로 두 차례 조서를 들었기 때문에 '우하'라고 하였다.(天寶十五年八月, 上皇御蜀都府街宣詔罪己, 大赦天下. 明年十月, 肅宗還京, 十一月朔, 御丹鳳樓下制曰, 早承聖訓, 嘗讀禮經, 義切奉先, 恐不負荷. 前後兩次聞詔, 故曰又下也.)

5 羽翼(우익) – 날개. 보필하는 사람. 懷(회) – 생각하다. '慚'으로 된 판본도 있다. 商老(상로) – 상산사호商山四皓를 가리킨다. 진秦나라 말기에 네 사람이 진의 난리를 피하여 상산으로 숨었는데 나이가 모두 80여 살이고 눈썹이 하얘서 당시 상산사호라고 불렀다. 상산사공商山四公, 상산사옹商山四翁이라고도 불렀다. 한나라 고조가 그들을 불렀으나 출사하지 않았다. 나중에 한나라 고조가 태자를 폐위하려고 하자 여후呂后가 장양張良의 계책을 써서 그들을 불러 태자를 보위하게 하였고 이로 인해 고조는 태자를 폐위하는 것을 포기하였다고 한다. 당시 숙종이 아들인 건녕왕建寧王을 죽인 뒤에 또 다른 아들인 광평왕廣平王도 위태로웠는데, 이 구는 이필李泌이 광평왕을 보좌한 것을 염두에 두고 한 말로 보인다. 이와 달리 배면裴冕, 두홍점杜鴻漸이 숙종을 보좌한 것을 가리킨다는 설과 곽자의郭子儀가 광평왕을 보좌한 것을 가리킨다는 설이 있다.

《두공부초당시전》 이는 배면, 두홍점 등이 숙종을 보좌하는 것이 마치 상산사호가 한나라 고조의 태자를 보위하는 것과 같다는 것을 말한다. 상산사호는 원공, 기리계, 하황공, 녹리선생을 말한다. 진나라 말기에 모두 상락 지방에 들어가 지폐산에 은거하였다. 진나라가 망하자 한나라 고조가 그들을 불렀으나 이르지 않고 종남산 깊숙이 들어가니 마음을 굽히게 할 수 없었다.(此謂裵冕杜鴻漸等輔相肅宗, 如商山四皓輔漢太子也. 四皓謂園公綺里季夏黃公角里先生. 當秦之末, 俱入商洛隱地肺山. 秦滅, 漢高帝徵之, 不至, 深入終南山, 不能屈也.)

《구가집주두시》 한나라 고조 때에 척부인이 총애로써 태자를 바꾸려고 하였다. 여후는 장양의 계책을 써서 상산사호를 불러 태자를 모시고 조회하게 하였다. 주상은 척부인에게 가리켜 보여주며 말하기를 "그의 날개가 이미 이루어져 바꾸기 힘들겠구나."라고 하였다. 상산사호는 상산에 은거하였다.(漢高祖時, 戚夫人以寵將移動太子. 呂后用張良計召四皓入太子朝, 上指視戚夫人曰, 彼羽翼已成, 難動矣. 商山四皓隱于商山也.)

《두공부시집집주》 '우익'은 대체로 광평왕을 가리켜 한 말이다. 숙종은 전에 장양제, 이보국의 참소로 건녕왕 이담에게 죽음을 내린 적이 있다. 이때 광평왕이 새로 큰 공을 세우자 또 장양제에게 시기를 받아서 남몰래 유언비어가 만들어졌다. 비록 이필이 힘써 보호하였으나 이때에는 이미 산으로 돌아갔기에, 공은 다시 건녕왕과 같은 화가 있을까 두려워하여 상산의 노인을 생각하지 않을 수가 없었다.(羽翼, 蓋指廣平王而言. 肅宗先以良娣輔國之讒, 賜建寧王倓死. 至是, 廣平新立大功, 又爲良娣所忌, 潛構流言, 雖李泌力爲調護, 而時已還山. 公恐復有建寧之禍, 故不能無思於商老也.)

《구가집주두시》 조차공 주 '상로' 구는 곽자의가 광평왕을 보좌하여 공을 이룬 것을 말한 듯하다.(商老似言郭子儀副廣平王, 以成功也.)

6 文思(문사) – 천하를 경영할 수 있는 재지才智와 완전한 도덕. 제왕을 칭송할 때 사용하는 말이다. 이 구절은 양위한 현종을 생각한다는 뜻이다. 숙종과 현종과의 관계에 틈이 생기는 것을 미리 예견한 것으

로 보는 설도 있으나 취하지 않는다.

《서경 · 요전》 '文思安安' 육덕명陸德明 《경전석문經典釋文》의 설 천지를 법도로 삼는 것을 '문'이라고 하고 도덕을 순수하게 갖추는 것을 '사'라고 한다.(經天緯地謂之文, 道德純備謂之思.)

《두시경전》 현종이 왕위를 선양한 것이 마치 요임금이 순임금에게 선양한 것과 같다는 말이다.(謂玄宗禪位, 猶堯禪舜.)

《두공부시집집주》 숙종의 잘못은 영무에서 즉위한 것에 있지 않고 경사에 돌아온 뒤에 장양제, 이보국으로 하여금 이간질을 하게 하여 상황을 위협하여 서궁으로 옮기게 하여 자식의 도리를 다하지 못한 것에 있다. 공은 이때 마치 그 은미한 기미에 대해 깊은 통찰이 있었던 듯하다. '요임금을 생각한다'라고 말한 것은 숙종이 아침저녁으로 문안하는 정을 돈독히 하기를 바란 것이다.(肅宗之失, 不在靈武之擧, 而在還京後使良娣輔國得媒蘖其間, 以致劫遷西內, 子道不終. 公於此時, 若有深見其微者. 曰憶帝堯, 欲其篤於晨昏之戀也.)

7 叨(도) – 외람되이. 罪己(죄기) – 자기를 탓하다. 여기서는 천자가 조서를 내려 자신을 탓한 것을 말한다.

《좌전 · 장공 11년》 우임금과 탕임금은 자신을 탓하였기에 그 일어나는 것이 왕성하였고, 걸임금과 주임금은 남을 탓하였기에 그 망하는 것이 빨랐다.(禹湯罪己, 其興也悖焉. 桀紂罪人, 其亡也忽焉.)

《구가집주두시》 천자가 자신을 탓하는 조서를 말한다.(罪己詔也.)

8 灑涕(쇄체) – 눈물을 뿌리다. '霑灑'로 된 판본도 있다. 靑霄(청소) – 푸른 하늘.

[叨逢 2구] 숙종이 자신을 탓하는 조서를 내렸다는 소식을 듣고 두보가 감격하여 눈물을 흘린 것을 말한다. 이와 달리 두보가 앞날이 걱정되어 운다는 뜻으로 보기도 한다.

《두시경전》에 인용된 소보 주 기쁨이 극에 달하여 눈물로 수건을 적신 것이다.(卽喜極霑巾意.)

#《두시상주》: 둘째 수는 부주에서 경사를 수복한 것을 기뻐한 것이다. 역시 4구로 나누어진다. 스스로 쇠약하고 머리가 하얘짐을 달게 여기면서 하늘가에서 쓸쓸하게 지나다가 홀연히 조서가 다시 내려온 것을 들었으니 얼마나 기쁨이 컸겠는가라는 말이다. 이때 상산의 노인을 생각하였으나 이필은 이미 떠나갔고 요임금을 생각할 때 상황이 갓 돌아왔다 하였으니 조정의 일과 임금의 덕과 관련 있는 것이 적지 않다. 다만 자기를 탓하는 날에 또 잘못을 더하지 않을까 두려워하였다. 이 때문에 푸른 하늘을 보고 눈물을 뿌린 것이다.(次章, 在鄜而喜收京, 亦四句分截, 言自甘衰白, 寥落天涯, 忽聞詔書再下, 喜何如矣. 此時懷商老而李泌已去, 憶堯帝而上皇初歸, 有關於朝事君德者非小. 只恐罪己之日, 又增闕失, 是以望靑霄而灑涕耳.)

《독두심해》: 둘째 수는 제목에 있는 경사 수복의 본 내용을 말한 것이다. 위 4구는 낙심한 것에서 돌아와 신이 난 것이니, 소리와 눈물과 눈썹 끝의 기쁜 기운이 다 함께 뛰어나오는 것이다. 5, 6구는 왕도의 시작을 올바르게 하는 날에 그 중차대한 것을 먼저 들어 칭송하고 기도하는 것이니 결단코 소소한 시인이 말할 바가 아니다. 우리 임금이 지금부터 태자의 지위를 편안히 하고 상황에게 정성을 다하여 화기가 훈훈하고 다시 태평성대를 열게 되었는데, 소신은 외람되이 이런 날을 만나게 되어 얼마나 다행스러운지 푸른 하늘을 바라보며 감읍하지 않을 수 없다는 말이다. 이때 상황이 아직 경사에 돌아오지 않았기 때문에 '억'이라고 말한 것이다. 주학령은 "숙종은 전에 장양제, 이보국의 말을 듣고 건녕왕에게 죽음을 내린 적이 있다. 이때 광평왕이 또 장양제에게 시기를 받았는데 비록 이필이 힘써 보호하였으나 이때는 이미 산으로 돌아갔기에, 공은 다시 건녕왕과 같은 화가 있을까 두려워하였다."라고 하였다. 또한 "숙종은 상황에 대해 경사에 돌아온 후에 장양제, 이보국으로 하여금 이간질을 할 수 있도록 하여 자식의 도를 다하지 못하는 지경에 이른 잘못이 있다. 공은 마치 그 은미한 기미에 대해 깊은 통찰이 있었던 듯하다."라고 하였다. 구조오는 마지막 2구를 풀이하여 "자기를 탓하는 날에 또 잘못을 더하지 않을까 두려워하였으니 이 때문에 눈물을 뿌린 것이다."라고 하였다. 아, 이러한 이야기를 하는 사람들은 너무 경박하지 않은가? 공은 이때 몸이 궁궐과 조정을 멀리 떠나 있는 중에 새로 내려진 조서를 갑자기 들었으니 그 마음이 얼마나 기뻤겠는가? 그런데 즉시 임금이 장차 반드시 자식을 죽이고 어버이를 거스를 것이라고 예측하였다고 하니 이런 이치가 있겠는가? 무릇 황대의 외로 풍자한 일에 대해 두보는 이필과 진실로 같은 마음이었을 것이다. 그렇지만 산으로 돌아갔는지의 여부는 그때 아마도 사태를 잘 알지 못하였을 것이며, 상황이 주상에게 황포를 입혀준 일에 이르러서는 오히려 이후의 일에 속한다. 하물며 이간질이 흥경궁에까지 미친 것은 그로부터 다시 2년 뒤이다. 종합해보면, 구조오는 7구에 따라 8구의 내용을 같이 보고 나쁜 결과에 대한 예측의 의미로 풀이하였는데, 나는 8구에 따라 7구의 내용을 같이 보고 좋은 결과에 대한 바람의 뜻으로 해석한다. 미세한 차이가 큰 차이를 이루어 내는 것에 대해 반드시 가려낼 수 있는 이가 있을 것이다. 모두 전겸익의 전이 독을 유포함으로 말미암아 전염이 되어 벗어날 수 없었다. 심하도다, 전겸익이 시의 화가 되었음이여. 전겸익 전에서 말한 내용의 오류는 밝은 자를 기다리지 않고도 드러날 것이다.(此章, 題正面也. 上四, 反折醒跳, 聲與淚與眉端喜氣, 一幷躍出. 五六於正始之日, 首擧其重且大者以爲頌禱, 斷非小家數所及. 言我君從此安儲位, 戀寢門, 和氣薰蒸, 重開太平. 小臣何幸, 叨逢於此日矣, 能不望靑霄而感泣哉. 時上皇尙未還京, 故曰憶. 朱氏云, 肅宗前以良娣輔國之語, 賜建寧王死. 至是廣平又爲良娣所忌, 雖李必力爲調護, 而時已還山. 公恐復有建寧之禍也. 又肅宗於

上皇, 失在還京後, 使良娣輔國得媒蘖其間, 以致子道不終. 公若深有見其微者. 仇氏解末二句, 遂云, 恐罪己之日, 又增闕失, 是以灑涕耳. 噫, 爲此說者, 不已薄哉. 公爾時身遠闕廷, 忽聞新詔, 此心何等雀躍, 旋卽逆料其君將必戕子拂親, 有是理乎. 夫黃臺瓜之諷, 公與泌諒有同心. 而其還山與否, 爾時恐猶未悉. 至上皇爲上着黃袍, 尙屬後事, 況媒及興慶, 更隔二年也. 總之, 彼以上句例下句, 解爲億逆. 愚以下句例上句, 解爲願望. 毫釐千里, 必有能辯之者. 總由錢箋流毒, 傳染而不能出. 甚矣, 錢氏之爲詩禍也. 至箋所云云之詩盩, 不待明者而見之矣.)

其三

汗馬收宮闕[1]　春城鏟賊壕[2]　賞應歌杕杜[3]　歸及薦櫻桃[4]
雜虜橫戈數[5]　功臣甲第高[6]　萬方頻送喜[7]　無乃聖躬勞[8]

땀 흘리는 말이 궁궐을 수복하니
봄 성에서 반군의 해자를 평평하게 메우리라.
상을 줄 때 응당 〈체두〉의 노래 부르는 법
돌아오는 것은 앵두를 바칠 때에 미치리라.
잡된 오랑캐들은 창을 비껴 잡기를 자주 하고
공신들은 훌륭한 저택이 높기도 하겠지.
만방에서 번번이 기쁜 소식을 보내는데
성스러운 몸을 수고롭게 하지 않겠는가?

주 석

1 汗馬(한마)－ 땀 흘리는 말. 전장에서 고생한 말을 가리킨다.

2 春(춘)－ 여기서는 내년 봄을 가리킨다. 鏟(산)－ 평평하게 메우다. 제거하다. 賊壕(적호)－ 반군이 만든 해자.

3 杕杜(체두)－《시경 · 소아》의 체두편을 원용한 것이다. 수자리에서 돌아오는 군사를 환영하는 내용이다. 여기서는 관군을 환영하는 것을 가리킨다.

《시 · 소아 · 체두杕杜》 모시서毛詩序 행역에서 돌아온 것을 위로한 것이다.(勞還役也.)

4 歸(귀)－ 안록산의 반군을 완전히 평정한 군대가 장안으로 돌아오는 것을 말한다. 薦櫻桃(천앵도)－ 천자가 선조의 침묘에 앵두를 바치는 것을 말한다.

《두시상주》 《예기 · 월령》에 "5월에 천자는 함도를 올리며 먼저 조상들의 침묘에 바친다."라고 하였는데 그 주에 "함도는 앵두다."라고 하였다.(月令, 仲夏之月, 天子乃羞以含桃, 先薦寢廟. 注, 含桃, 櫻桃.)

[汗馬 4구]

《독두심해》 이때 낙양은 아직 수복되지 않았고 안경서가 멸망하지 않았으며 성궐과 침묘가 파괴된 것이 반드시 많을 것이니 깎아서 평평하게 하고 다듬어 정리하는 데에는 오히려 많은 시일이 필요할 것이다. 그래서 '춘성'이니 '천앵도' 등의 말을 사용한 것이다.(時東京未收, 慶緒未滅, 城闕寢廟, 殘破必多. 削平修理, 尙需時日, 故用春城薦櫻桃等字.)

5 雜虜(잡로)－ 잡된 오랑캐. 여기서는 안녹산의 난을 평정하는 데 도움을 준 회흘의 여러 부족을 가리킨다. 橫戈(횡과)－ 창을 비껴쥐다. 창을 쥐고 전투하는 것을 뜻한다. 數(삭)－ 자주. '槊'으로 된 판본도

있다.

《두시경전》 ('잡로'는) 회흘의 여러 부족으로 관군을 도와준 자를 말한다.(謂回紇諸番助順者.)

《독두심해》 ('잡로'는) 회흘과 북정의 이민족 중 관군을 도와준 여러 부족을 말한다.(謂回紇北庭諸助順者.)

6 甲第(갑제)－ 좋은 저택.

《두시상주》 '갑제'는 갑을의 순서를 말하는 것으로서 일등급의 저택을 말한다.(甲第, 謂甲乙之第, 言第一等第宅也.)

《두공부초당시전》 무인들이 공을 세워 부귀를 취하였음을 말한다.(謂武人立功以取富貴也.)

[雜虜 2구]

《두시상주》 공은 아마도 오랑캐가 횡행하고 신하들이 교만하여 장차 유린하고 발호하는 형세를 이룰까 걱정한 것이다. 그 후에 변방이 중화를 어지럽히고 번진이 권력을 전단하여 과연 우려한 바와 같이 되었다. 당시에 여기까지 보지 못한 것이 애석할 따름이다.(公蓋憂鹵橫臣驕, 將成蹂躪跋扈之勢, 厥後邊方猾夏, 藩鎭專權, 果如所慮, 惜當時不能見及此耳.)

7 頻(빈)－ 자주. '同'으로 된 판본도 있다. 送喜(송희)－ 기쁜 소식을 보내다. 승전의 소식을 바치는 것을 말한다.

《두공부초당시전》 승전의 소식을 바치는 것을 말한다.(言獻捷也.)

8 無乃(무내)－ 바로 ~하는 것이 아니겠는가? 바로 ~함이 없겠는가? 聖躬(성궁)－ 성스러운 몸. 천자를 가리킨다. 이 구는 앞으로 천자에게 수고로운 일이 많이 생길 것이라는 뜻인데, 나라가 어지러워질 것을 우려해서 한 말이다. 이와 달리 이 모든 것이 임금의 공적임을 강조하는 의미로 보는 설과 임금을 피로하게 만들지 말고 쉬게 하라는 의미로 보는 설이 있다.

《두시상주》에 인용된 공융孔融 소疏 몸은 '성궁'이라고 하고 나라는 '신기'라고 한다.(身爲聖躬, 國爲神器.)

《두시상주》 살펴보건대 마지막 구에는 옛날에 두 가지 설이 있었다. 사씨는 "이것은 성군의 공로이니 신하들은 마땅히 천자가 한 일을 빼앗아 자기의 노력의 결과인양 여기지 말아야 한다."라고 하였다. 이 설은 공을 주상에게 돌리는 것인데 그 의미는 옳지만 다만 '무내' 두 글자의 쓰임에 대해 너무 가볍게 생각했다. 주학령은 "'성궁로'는 바로 대부가 일찍 물러나서 임금을 힘들게 하지 말라는 뜻이다."라고 하였다. 이 설은 기뻐하고 경하하는 말로 보는 것인데 다만 위 구절의 '횡과'와 '갑제'와 조응하지 않는다.(按末句, 舊有兩說. 師氏曰, 此聖主勳勞, 人臣不宜奪天工以爲己力. 此說歸功主上, 其意是矣. 但於無乃二字, 下得太輕. 朱云, 聖躬勞, 卽大夫夙退, 無使君勞之意. 此說作喜幸之詞, 但於上文橫戈甲第, 不見關合耳.)

《독두심해》 진나라 양호가 이미 오나라를 정벌할 것을 청하고 난 뒤에 곧 말하기를 "오나라를 평정한 뒤에 바야흐로 주상의 심려를 수고롭게 할 것을 바로 걱정할 뿐입니다."라고 하였는데 뜻이 이것과 같다. 임금을 힘들게 하지 말라는 말이 아니다.(晉羊祜旣請伐吳, 乃曰, 正恐平吳之後, 方勞聖慮耳. 意與此同, 非無使君勞之謂也.)

[萬方 2구]

《두시상주》에 인용된 황생 주 5, 6구로부터 읽어 내려가면 마지막 2구는 곧 말을 뒤집어 깨우쳐 준 것이니 공이 일을 생각하는 깊이와 임금을 사랑하는 절실함을 볼 수 있다.(從五六讀下, 則結尾二句, 乃反辭致諷, 見公慮事之深, 愛君之切.)

#《두시상주》: 셋째 수는 경사를 수복하고 뒷일을 걱정한 것이다. 역시 4구로 나누어진다. 궁궐이 이미 수복되었으니 반군의 해자는 평평하게 할 수 있으며 전공에 대해 상을 주고 침묘에 바치는 것은 곧 내년 봄에 있을 일이다. 다만 회흘이 전공을 믿고 상을 구하거나 여러

장수가 지나치게 사치하여 도를 넘을까 걱정하였다. 그래서 또한 그 때문에 우려하여 말하기를 "지금 경사가 수복되고 만방에서 전승의 기쁨을 바치는 시기가 바로 천자를 초췌하고 피로하게 만들기 시작하는 때가 아니겠는가."라고 하였다.(三章, 收京而憂後事, 亦四句分截, 宮闕已收, 賊壕可鏟, 賞功薦廟, 卽在來春時也. 但恐回紇恃功邀賞, 諸將僭奢無度, 故又爲之慮曰, 今京師收復, 此萬方送喜之時, 無乃聖躬焦勞之漸乎.)

《독두심해》: 셋째 수는 제목 내용 뒤의 이야기를 서술한 것이다. 경사에 돌아온 뒤의 일을 멀리 생각해보니 정돈하고 새롭게 하는 일들, 예컨대 해자를 평평하게 메우고 노고를 치하하는 연회를 열고 침묘에 바치는 일 등등의 여러 일들이 차례대로 거행되니 편안한 시간이 거의 없을 것이다. 다른 것들, 즉 도와준 변방의 사람들을 갑자기 해산하기 어려운 일, 그리고 중흥의 장사들이 점차 교만하고 사치스러움을 드러내는 일, 이것들은 또한 목전의 형세에서 마땅히 깊이 고려해야 할 것들이다. 만방의 신민의 경우 단지 수복하였다는 소식을 듣고 한 번 기뻐하는 것만이 아니라 장차 새로운 군주의 종묘의 책략과 마땅한 조치를 연이어 듣고 자주자주 기뻐할 것이다. 그러나 천자 자신의 경우 걱정함과 수고로움이 바야흐로 시작되는 것이 아닌가? 이것은 곧 (《시경·하광河廣》의) "발꿈치를 들고 멀리 바라본다."라는 뜻을 담은 말이다. 이때 낙양은 아직 수복되지 않았고 안경서가 멸망하지 않았으며 성궐과 침묘는 파괴된 것이 반드시 많을 것이니 평평하게 메우고 다듬어 정리하는 데에는 많은 시일이 필요할 것이다. 그래서 '춘성'이니 '천앵도' 등의 말을 사용한 것이다.(三章, 題後也. 遙想還京之後, 整頓維新, 如鏟壕燕勞薦享諸事, 次第擧行, 殆無寧晷. 他若助順之遠人, 猝難遣發, 中興之將士, 漸啓驕奢, 此又目前事勢所當深慮者. 在萬方臣民, 不特克復而一喜, 且將續聞新君廟略, 措置

得宜, 頻頻而喜矣. 而在聖躬, 無乃蕉勞方始乎. 此乃是跂予望之之詞. 時東京未收, 慶緖未滅, 城闕寢廟, 殘破必多. 剷平修理, 尙需時日, 故用春城薦櫻桃等字.)

(박석 · 최석원)

73. 送鄭十八虔貶台州司戶傷其臨老陷賊之故闕爲面別情見於詩

정건이 태주사호참군으로 폄적되어 떠나보내면서 그가 노년에 반군의 수중에 빠졌던 변고를 슬퍼하고 직접 만나 작별하지 못하여 마음을 시에 나타내다

鄭公樗散鬢成絲[1]　　酒後常稱老畫師[2]
萬里傷心嚴譴日[3]　　百年垂死中興時[4]
蒼惶已就長途往[5]　　邂逅無端出餞遲[6]
便與先生應永訣[7]　　九重泉路盡交期[8]

정공은 쓸모없는 재목의 신세로 귀밑머리가 세어
술 마신 뒤에는 늘 늙은 그림쟁이라 칭하셨지요.
엄한 문책의 날에 만 리 길은 마음을 아프게 하였고
중흥의 때에 백 년 인생은 죽음을 드리웠습니다.
서둘러서 벌써 머나먼 길로 떠나가셨는데
만나 뵐 수 없었던 것은 전별연에 늦었기 때문이지요.
이제 선생과는 영원한 이별일 것이니
황천길에서나 사귐의 기약을 다하겠습니다.

이 시는 지덕 2년 12월 당 조정에서 안녹산 반군 밑에서 관직을 맡았던 사람들을 치죄할 때 태주사호참군으로 폄적되어 가게 된 정건을 전송하며 지은 작품이다. '사호'란 한위漢魏 이후에 생긴 관직인데 호조戶曹의 아전으로 민호民戶를 주하였다. 북제北齊에

서는 호조참군戶曹參軍이라 불렀다. 당대에 이르러 부府에서는 호조참군이라 불렀고 주州에서는 사호참군司戶參軍이라 하였으며 현縣에서는 사호司戶라고 하였다. '궐위면별'이란 직접 만나 작별하지 못함을 말한다.

《보주두시》 《통감》을 살펴보면 지덕 2년 12월 최기와 여인이 "반군의 수중에서 관직을 맡은 사람은 법에 따라서 모두 사형에 처하여야 한다."라고 말하였다. 이현은 "반란법으로 사형에 처한다면 아마도 어질게 용서하는 도리에 어긋나게 될 것이다."라고 말하였다. 이에 주상은 이현의 의론을 따라 여섯 등급으로 죄질을 정하였는데 삼등에 속하는 사람은 폄적되었다. 정건은 차삼등의 등급이었으므로 태주사호참군으로 폄적되는 데 그쳤다. 그래서 시에 "중흥의 때에 죽음을 드리웠다."라고 하였고 또 "서둘러서 벌써 머나먼 길로 떠나갔다."라고 하였으니, 마땅히 지덕 2년 12월에 지은 것이다. 양권도는 건원 원년에 편재하였다. 만약 12월에 죄를 확정하고 정월에 길을 떠났다면 '직접 만나 작별하지 못하다'라는 말이 허용될 수 없다. 지덕 2년에 지은 것이다.(按通鑑, 至德二載十二月, 崔器呂諲言, 陷賊官準律皆應處死. 李峴云, 槩以叛法處死, 恐乖仁恕之道. 於是上從峴議, 以六等定罪, 以三等者流貶. 虔在次三等之數, 故止貶台州司戶. 所以詩云, 垂死中興時, 又云, 蒼惶已就長途往, 當是至德二載十二月作. 梁權道編在乾元元年. 若十二月定罪, 正月就道, 則無容闕爲面別也. 至德二年作.)

《독두심해》 정건이 문책을 당하는 날, 공은 마침 부주에서 오고 있는 중이었고 아직 경사에는 도착하지 못한 것 같다.(鄭被譴日, 疑公方自鄜來, 尙未到京.)

주석

1 鄭公(정공)－ 정건을 가리킨다. 樗散(저산)－ '저'는 가죽나무, '산'은 산목散木 즉 쓸모없는 나무를 말한다. 여기서는 쓸모없는 사람, 무능한 사람이라는 의미로 쓰였다. 鬢成絲(빈성사)－ 귀밑머리가 명주실처럼 하얗게 세다. '成'은 '如'로 된 판본도 있다.

《두시상주》 '저수', '산목'은 《장자》에 보이는데 재목이 세상의 쓰임에 맞지 않는다는 말이다.(樗樹散木, 見莊子, 言材不合世用也.)

2 老畵師(노화사)－ 늙은 화공. 정건은 그림을 잘 그렸다.

《구가집주두시》 조차공 주 《신당서 · 문예전중文藝傳中 · 정건鄭虔》을 살펴보면 정건이 저작랑으로 옮겨지고서 안녹산이 반란을 일으켰는데 장통유를 보내서 백관을 겁박하여 동도 낙양에 안치하고 반군 조정에서 정건에게 수부낭중을 제수하였다. 이리하여 중풍을 핑계로 섭시령을 맡겠다고 부탁하고는 몰래 비밀 상주서를 영무에 보냈다. 반군이 평정이 되자 장통, 왕유와 나란히 의양리(《신당서》에는 선양리宣陽里로 되어 있음)에 갇히게 되었는데 세 사람은 모두 그림을 잘 그렸으므로 최원은 그들을 시켜 재실의 벽을 그리게 하였다. 정건 등은 마침 죽음을 당할까 가슴 졸이고 있던 참이라 곧 정성을 다하여 최원에게 살려줄 것을 간청하였다. 결국 죽음을 면하고 태주사호참군사로 폄적되었다.(按唐史, 虔遷著作郞, 祿山反, 遣張通儒劫百官置東都, 僞授虔水部郞中, 因稱風緩, 求攝市令, 潛以密章達靈武. 賊平, 與張通王維並囚宜陽里. 三人皆善畵, 崔圓使繪齋壁. 虔等方悸死, 卽極意祈解於圓, 卒免死, 貶台州司戶參軍事.)

3 嚴譴(엄견)－ 엄하게 문책하다. 조정에서 안녹산 반군 밑에서 관직을 맡았던 사람들을 치죄한 것을 말한다. 정건은 반군 정부에서 관리생활을 한 것으로 인하여 태주사호참군으로 폄적되었다.

4 垂死(수사)－ 죽음을 드리우다. 즉 죽음에 직면하다.

《두시언해》 숙종이 경사를 수복하고 나서 정건은 반군에게 협조했다는 이유로 폄적을 당하였다.(肅宗收復京師, 而虔以汚賊見貶.)

5 蒼惶(창황)－ 어찌할 겨를 없이 매우 급하다. '倉傍'으로 된 판본도 있다.

6 邂逅(해후)－ 해후하다. 만나다. 無端(무단)－ 방법이 없다. 出餞(출전)－ 전별연.

7 永訣(영결)－ 영원히 이별하다.

8 九重泉(구중천)－ 황천. 路(노)－ '下'로 된 판본도 있다. 交期(교기)－ 사귐의 기약.

《두시언해》 사귐의 기약은 지하에서 다해야 할 것이다.(交契之期當盡於地下也.)

#《두시상주》: 위 4구는 정건이 태주로 폄적되자 그가 노년에 치죄를 당하게 된 것을 슬퍼한 것이다. 아래는 직접 만나 작별하지 못하고 시를 보내어 마음을 말한 것이다.(上四, 鄭貶台州, 傷其臨老罹罪. 下則闕爲面別, 而寄詩言情.)

《독두심해》: 이 시는 폐부로부터 흘러나온 것이다. 네 연 가운데 두 연은 활달하고 깨끗하고 두 연은 침통한데 서로 섞여 문장을 이루었다. 1, 2구는 제목에 들어가기 전이다. 3, 4구는 제목 가운데의 '노년에' '태주로 폄적되어 가는 것'으로 돌아갔는데 묘하게도 '증흥시' 세 글자를 붙였다. 남들은 경신의 우로에 목욕하는데(은혜를 입었는데) 정건만 홀로 길러줌에서 벗어나게 되었다. 5, 6구는 제목 가운데 '직접 만나 작별하지 못하다'로 돌아갔고 7, 8구는 다시 제목 뒷이야기까지 나아갔다. 사교적인 글의 법식이라면 다만 그가 조만간 조정으로 돌아올 것을 기원하였을 것이다. 서초는 이르기를 "순전히 눈물방울이며 먹의 흔적이라고는 전혀 없다."라고 하였다.(詩從肺腑流出. 四

聯兩飄灑, 兩沈痛, 相間成章. 一二, 題前. 三四, 還題中臨老貶台, 妙着中興時三字, 人沐更新雨露, 鄭偏自外栽培也. 五六, 還題中闕爲面別. 七八, 更透題後. 若應酬家數, 但祝其旦夕還朝耳. 胥鈔云, 純是淚點, 都無墨痕.)

(이석형)

74. 臘日
납일

臘日常年暖尚遙[1]　今年臘日凍全消[2]
侵陵雪色還萱草[3]　漏洩春光有柳條[4]
縱酒欲謀良夜醉[5]　歸家初散紫宸朝[6]
口脂面藥隨恩澤[7]　翠管銀罌下九霄[8]

예년 납일에는 따뜻한 날이 아직 멀기만 했는데
올해 납일에는 얼었던 것이 다 녹아,
눈빛을 깔보며 원추리가 돌아오고
봄빛을 누설하며 버들가지가 돋았다.
실컷 술 마시며 좋은 밤에 취해 보고자
자신전의 조회 마치자마자 집으로 돌아가는데,
입술 기름과 얼굴 약이 천자의 은택을 따라
비취빛 대통과 은빛 항아리에 담겨 하늘에서 내려왔다.

이 시는 지덕 2년 12월 장안으로 돌아왔을 때 지은 것이다. 장안이 수복되어서일까? 예년보다 일찍 따뜻해진 납일에 천자의 하사품에 감사하며 시인은 마음껏 취해 보려고 한다. '臘日'은 1년 동안의 농사를 신에게 고하는 제사를 지내는 날로 당대에는 대한大寒이 지난 뒤의 진일辰日을 그날로 삼았다고 한다.

《보주두시》 시에서 "자신전의 조회 마치자마자 집으로 돌아간다." 라고 했으니, 마땅히 지덕 2년 호종하여 경사로 돌아왔을 때 지은 것이다.(詩云, 還家初散紫宸朝, 當是至德二載扈從還京師時作.)

《두시상주》 이 시는 지덕 2년 12월 장안에 돌아왔을 때 지은 것이다.(此至德二年十二月, 還長安時作.)

《두시상주》에 인용된 조대강趙大綱의 《측지測旨》 당대에는 대한이 지난 뒤의 진일을 납일로 삼았다.(唐以大寒後辰日爲臘.)

주 석

1 常年(상년) – 예년. 보통의 해. '年年'으로 되어 있는 판본도 있다. 暖尙遙(난상요) – 따뜻함이 아직 멀다. 즉 날이 풀리려면 아직 멀었다는 뜻이다.

2 凍全消(동전소) – 얼었던 것이 다 녹다. 추위가 다 풀렸다는 뜻이다.

3 侵陵(침릉) – 침범하여 능멸하다. 원추리가 잔설을 뚫고 자란 것을 말한다. 한편 '점차'라는 뜻으로 보아야 한다는 설도 있으나 취하지 않는다. 還(환) – 돌아오다. 봄이 되어 풀이 다시 자라게 된 것을 뜻한다. 萱草(훤초) – 원추리. 망우초.

《두시상주》에 인용된 《사기史記》 염제가 제후를 쳐서 굴복시키려 하였다.(炎帝欲侵陵諸侯.)

《독두시설》 《두시상주》에서는 《사기》의 "황제가 제후를 쳐서 굴복시키려 하였다."라는 말을 인용하였고, 또 '침릉은 얼음이 다 녹았다'는 말을 이어받고 있다."는 주한의 설을 인용하여 주를 달고 있다. 그러나 이제 살펴보건대 '침릉'은 의당 '점차 나아가다'라는 뜻이다. 《한서 · 무제기》에 "점차 태산에 가까워진다."라는 말이 있고, 주에 "점차 나아가다란 뜻이다."라 하였으니, 바로 '점차'를 뜻하는 말이다. 여기서는 눈속의 망우초가 점차 본모습으로 돌아간다는 것을 말하고 있다. 《두시상주》는 모두 옳지 않다.(注引史記, 黃帝欲侵陵諸侯, 又引朱瀚說, 侵陵承凍全消來. 今按侵陵, 當卽侵尋之意. 漢書武帝記, 侵尋及泰山矣, 注侵淫也, 卽漸次意. 此言雪中萱草, 漸次還其本色也, 注皆非是.)

4 漏洩春光(누설춘광) – 봄빛을 드러내다. 봄이 오려 할 때 버들가지가 가장 먼저 봄빛을 띠는 것을 말한다. 有(유) – '是'로 된 판본도 있다.

[侵陵 2구]

《두보전집교주》에 인용된 장연張綖 주 눈이 여전히 있기에 원추리를 두고 '침릉'한다고 하였고, 봄이 아직 오지 않았기에 버들을 두고 '누설'한다고 하였다.(雪尙在, 故萱曰侵凌, 春未來, 故柳曰漏洩.)

5 縱酒(종주) – 술을 마음대로 하다. 즉 술을 실컷 마신다는 뜻이다. 良夜醉(양야취) – 좋은 밤에 취하다. '良'은 '長'으로 된 판본도 있다.

6 歸(귀) – '還'으로 된 판본도 있다. 散(산) – 흩어지다. 즉 조회朝會가 끝난 것을 뜻한다. '放'으로 된 판본도 있다. 紫宸朝(자신조) – 자신전에서의 조회. '紫'는 '北'으로 된 판본도 있다.

《장안지長安志》 선정전 북쪽에 있는 대문을 자신문이라 하는데, 그 안에 자신전이 있다.(宣政殿北曰紫宸門, 內有紫宸殿.)

7 口脂面藥(구지면약) – 입술에 칠하는 기름과 얼굴에 바르는 약. 추위로 인해 살이 트지 않도록 하기 위한 물품들이다. 隨恩澤(수은택) – 은택을 따르다. 천자의 은혜로 하사받은 것을 뜻한다.

《두시상주》에 인용된 주한 주 입술 기름과 얼굴 약은 추위와 동상을 막기 위한 것이다.(口脂面藥, 以禦寒凍.)

8 翠管銀罌(취관은앵) – 비취빛 대통과 은빛 항아리. 이 역시 임금에게서 하사받은 것으로 '口脂'와 '面藥'을 담기 위한 물품이다. 下(하) – 내려오다. 九霄(구소) – 높은 하늘. 여기서는 천자를 비유한다.

《두시상주》에 인용된 장연 주 비취빛 대통과 은빛 항아리는 (구지와 면약을) 담은 그릇을 가리킨다.(翠管銀罌, 指所盛之器.)

《두시언해》 당대 제도에 의하면 납일에는 입술 기름과 얼굴 약을 하사하였다. 대통과 항아리는 그것을 담은 그릇이다.(唐制, 臘日賜口脂面藥. 管罌, 所盛之器.)

#《두시상주》: 이 시는 납일에 황제가 하사한 은혜를 입은 것에 기뻐하여 지은 것이다. 앞의 4구는 경관에 대해 말하고 있고, 뒤의 4구는 일에 대해 적고 있다. 장연의 주에 "대한이 지난 뒤에는 반드시 따뜻한 봄이 찾아오고, 큰 난리가 있은 뒤에는 반드시 치세가 있기 마련이다. 납일임에도 따뜻하니 이는 추위가 극에 이르러 봄이 오고, 난리가 극에 이르러 장차 치세가 오는 징조이니, 두보는 짐짓 기뻐하여 이 시를 지은 것이다."라고 하였다. 주한은 "'설색'은 '동' 자를 이어받았고 '춘광'은 '난' 자를 이어받았으며, '침릉'은 '전소'를 이어받았고 '누설'은 '상요'를 이어받았다."라고 하였다. 고신顧宸의 주에 "납일의 제사에는 응당 모여서 술을 마셔야 하는데, 하물며 천자의 은택으로 물품을 하사받은 날에 있어서랴! 후반 4구는 도치된 것으로 은혜에 감사하는 뜻에 무게를 두고 있다. 만약 '구지'와 '취관'으로 먼저 연을 만들고, '조정에서 흩어진 것'과 '실컷 술 마시는 것'으로 결말을 지으면 곧 판에 박힌 듯하여 운치가 적은 느낌이 들 것이다."라고 하였다. (此詩臘日喜霑恩賜而作也. 上四言景, 下四記事. 張綖注, 大寒之後, 必有陽春, 大亂之後, 必有至治. 臘日而暖, 此寒極而春, 亂極將治之象, 公故喜而賦焉. 朱瀚曰, 雪色承凍, 春光承暖, 侵凌承全消, 漏洩承尙遙. 顧注, 臘祭自應會飮, 況當恩澤下頒之日, 下四用倒插, 乃歸重感恩意. 若先將口脂翠管作聯, 散朝縱酒作結, 便覺板實少致.)

《독두심해》: (지덕) 2년 겨울에 조정으로 돌아와 여전히 습유직을 맡았다. 마침 날씨가 따뜻한 납일을 만났고, 또한 황제가 하사한 은혜를 입어 지은 것이다. 두보의 칠언율시는 송시 풍을 개척한 것이 많은데, 이 시도 또한 그렇다.(二載冬還朝, 仍任拾遺. 適遇臘暖, 又霑恩賜而作. 杜七律多有開宋調者, 此亦是.)

(**김만원 · 강민호**)

시구 찾아보기

ㄱ

ㄴ

ㄷ

ㅂ

ㅇ

ㅈ

ㅊ

ㅋ

ㅌ

ㅍ

Abstract

An Annotated Translations of Du Fu's Poems from Early Period 2

Yeongju Lee, et al.

This collection is the second volume of annotated translations published by the Du Fu reading group in the Korean Du Fu Society. Firstly, a book with poems from early period was published by Sol Press, but the company has been bankrupt and then the books were sold out. Since there were lots of findings after the publication and several mistakes and faults were found, we decided to revise it. The former 78 poems have been published already, and the rest 22 poems and the second volume (An Annotated Translations of Du Fu's Poems from Jideok Period) are contained in this volume.

This collection contains Du Fu's poems written from year of Tianbao 13 (A.D. 754) to year of Jideok 2 (A.D. 757). At this time, An Lushan's rebellion has happened and Du Fu's family had suffered by poverty. He made very long poems such as 〈Five Hundred Letters on the Feeling in the Way from Capital to Fengxian (自京赴奉先縣詠懷五百字)〉 and 〈Go to the North (北征)〉. During the period he founded his poetry art world and formed the formalized system of the new style poetry. For example, 〈Twenty Rhymes Send to ZhangJi, Boss of Taichang (奉贈太常張卿垍二十韻)〉, 〈Twenty Rhymes Dedicated to Mr. Wei, Minister on Left (上韋左相二十韻)〉, 〈Thirty Rhymes on Qiaoling Send to Officers in the Town (橋陵詩三十韻因呈縣內諸官)〉, 〈Twenty

Rhymes Written after Hear that Government Army Has Reached to the Rebellion Region (喜聞官軍已臨賊境二十韻)〉, etc. This series of five words poems with the platoon rule are representative works of five－syllable regulated verse, which confirm the operation of Du Fu's strict ledger and art of composition. Along with the establishment of the rule of new style poetry, many outstanding works were left in old song style poetry. For example, 〈Song of Shayuan (沙苑行)〉, 〈Song of Drunken (醉歌行)〉, 〈Song of Farewell (去矣行)〉, 〈Song of General Wei (魏將軍歌)〉, 〈Song of Return on Foot (徒步歸行)〉, 〈Song of Pengya (彭衙行)〉, etc. In these poems, it is possible to identify old style poetry with the original form and contents of Du Fu's.

In this period Du Fu created lots of farewell poems which has different forms. He tried various techniques to develop his own creation skill even in a same kind of poems.

역해자 소개(가나다순)

강 민 호

서울대학교 중어중문학과 졸업
서울대학교 대학원 졸업(문학박사)
서울대학교 중어중문학과 부교수
저서: 『유장경 시선』(지식을만드는지식, 역서), 『두보 배율 연구』(서울대학교출판문화원), 『두보 고체시 명편』(서울대학교출판문화원, 공저), 『두보 근체시 명편』(서울대학교출판문화원, 공저), 『풀어쓴 대학한문(초급편)』(서울대학교출판문화원, 공저), 『두보 초기시 역해1』(서울대학교출판문화원, 공저), 『두보 기주시기시 역해1, 2, 3』(서울대학교출판문화원, 공저)

강 성 위

서울대학교 중어중문학과 졸업
서울대학교 대학원 졸업(문학박사)
세종대왕기념사업회 번역위원, 한경닷컴 칼럼니스트
저서: 『고적·잠삼 시선』(민미디어), 『한문사서한글음순색인』(학고방), 『두율분운-완역 두보율시』(명문당, 공저), 『사조시선』(문이재), 『술다리』(푸른사상사)

김 만 원

서울대학교 중어중문학과 졸업
서울대학교 대학원 졸업(문학박사)
강릉원주대학교 중어중문학과 교수
저서: 『山堂肆考 譯註』(20책, 역락), 『事物紀原 譯註』(2책, 역락), 『氏族大全 譯註』(4책, 역락), 『四庫全書簡明目錄 譯註』(4책, 역락), 『사불휴-두보의 삶과 문학』(서울대학교출판문화원, 공저), 『두보 고체시 명편』(서울대학교출판문화원, 공저), 『두보 근체시 명편』(서울대학교출판문화원, 공저), 『두보 초기시 역해1』(서울대학교출판문화원, 공저), 『두보 위관시기시 역해』(서울대학교출판문화원, 공저), 『두보 진주동곡시기시 역해』(서울대학교출판문화원, 공저), 『두보 성도시기시 역해』(서울대학교출판문화원, 공

저), 『두보 재주낭주시기시 역해』(서울대학교출판문화원, 공저), 『두보 2차 성도시기시 역해』(서울대학교출판문화원, 공저)

김 성 곤

서울대학교 중어중문학과 졸업
서울대학교 대학원 졸업(문학박사)
한국방송통신대학교 중어중문학과 교수
저서: 『중국역대시가강독』(한국방송통신대학교출판부, 공저), 『사불휴-두보의 삶과 문학』(서울대학교출판문화원, 공저), 『두보 고체시 명편』(서울대학교출판문화원, 공저), 『두보 근체시 명편』(서울대학교출판문화원, 공저), 『두보 초기시 역해1』(서울대학교출판문화원, 공저), 『두보 위관시기시 역해』(서울대학교출판문화원, 공저), 『두보 진주동곡시기시 역해』(서울대학교출판문화원, 공저), 『두보 성도시기시 역해』(서울대학교출판문화원, 공저), 『두보 재주낭주시기시 역해』(서울대학교출판문화원, 공저), 『두보 2차 성도시기시 역해』(서울대학교출판문화원, 공저), 『두보 기주시기시 역해1, 2, 3』(서울대학교출판문화원, 공저)

김 수 희

이화여자대학교 중어중문학과 졸업
서울대학교 대학원 졸업(문학박사)
중앙대학교 아시아문화학부 중국어문학전공 조교수
저서: 『명대 여성 작가 총서 13-심의수 사선』(도서출판사람들), 『이제현사집』(지식을만드는지식, 공역), 『사령운 사혜련시』(학고방, 공역), 『진자앙시』(학고방, 공역), 『악부시집 청상곡사 1, 2』(학고방, 공역), 『두보 초기시 역해1』(서울대학교출판문화원, 공저)

박 석

서울대학교 중어중문학과 졸업
서울대학교 대학원 졸업(문학박사)
상명대학교 글로벌인문학부대학 중국어권지역학전공 교수 역임
저서: 『동양사상과 명상』(제이앤씨), 『대교약졸, 마치 서툰 것처럼 보이는 중국문화』(들녘), 『송대의 신유학자들은 문학을 어떻게 보았는가』(역락), 『불

가능한 누드』(들녘), 『인문학, 동서양을 꿰뚫다』(들녘), 『의식과 본질』(위즈덤하우스), 『한산 시선』(지식을만드는지식), 『두보 초기시 역해1』(서울대학교출판문화원, 공저)

박 홍 준

서울대학교 중어중문학과 졸업
중국 화동사범대학 대학원 졸업(문학박사)
성신여자대학교 중국어문·문화학과 교수
저서: 『두보 고체시 명편』(서울대학교출판문화원, 공저), 『두보 근체시 명편』(서울대학교출판문화원, 공저), 『두보 위관시기시 역해』(서울대학교출판문화원, 공저), 『두보 진주동곡시기시 역해』(서울대학교출판문화원, 공저), 『두보 성도시기시 역해』(서울대학교출판문화원, 공저), 『두보 재주낭주시기시 역해』(서울대학교출판문화원, 공저), 『두보 2차 성도시기시 역해』(서울대학교출판문화원, 공저), 『두보 기주시기시 역해1, 2, 3』(서울대학교출판문화원, 공저)

이 남 종

한국방송통신대학교 중어중문학과 졸업
서울교육대학교 졸업
서울대학교 대학원 졸업(문학박사)
전주대학교 한문교육과 교수
저서: 『맹호연 시선』(민미디어), 『맹호연시 연구』(서울대학교출판문화원), 『두보 고체시 명편』(서울대학교출판문화원, 공저), 『두보 근체시 명편』(서울대학교출판문화원, 공저), 『유원총보 역주6, 7, 8』(서울대학교출판문화원, 공역), 『두보 초기시 역해1』(서울대학교출판문화원, 공저), 『두보 위관시기시 역해』(서울대학교출판문화원, 공저), 『두보 진주동곡시기시 역해』(서울대학교출판문화원, 공저), 『두보 성도시기시 역해』(서울대학교출판문화원, 공저), 『두보 재주낭주시기시 역해』(서울대학교출판문화원, 공저), 『두보 2차 성도시기시 역해』(서울대학교출판문화원, 공저)

이 석 형

서울대학교 중어중문학과 졸업
서울대학교 대학원 졸업(문학박사)
중앙대학교 아시아문화학부 중국어문학전공 교수
저서: 『두보 고체시 명편』(서울대학교출판문화원, 공저), 『두보 근체시 명편』(서울대학교출판문화원, 공저), 『두보 초기시 역해1』(서울대학교출판문화원, 공저), 『두보 위관시기시 역해』(서울대학교출판문화원, 공저), 『두보 진주동곡시기시 역해』(서울대학교출판문화원, 공저), 『두보 성도시기시 역해』(서울대학교출판문화원, 공저), 『두보 재주낭주시기시 역해』(서울대학교출판문화원, 공저), 『두보 2차 성도시기시 역해』(서울대학교출판문화원, 공저), 『두보 기주시기시 역해1, 2, 3』(서울대학교출판문화원, 공저)

이 영 주

서울대학교 중어중문학과 졸업
서울대학교 대학원 졸업(문학박사)
서울대학교 중어중문학과 명예교수
저서: 『한문독해법』(명문당, 공저), 『이태백시집(7권)』(학고방, 공저), 『완역 한유시전집(상, 하)』(역락, 공저), 『두시의 장법과 격률』(명문당), 『한자자의론』(서울대학교출판문화원), 『한국시화에 보이는 두시』(서울대학교출판문화원), 『사불휴－두보의 삶과 문학』(서울대학교출판문화원, 공저), 『두보 고체시 명편』(서울대학교출판문화원, 공저), 『두보 근체시 명편』(서울대학교출판문화원, 공저), 『유원총보 역주6, 7, 8』(서울대학교출판문화원, 공역), 『두보 초기시 역해1』(서울대학교출판문화원, 공저), 『두보 위관시기시 역해』(서울대학교출판문화원, 공저), 『두보 진주동곡시기시 역해』(서울대학교출판문화원, 공저), 『두보 성도시기시 역해』(서울대학교출판문화원, 공저), 『두보 재주낭주시기시 역해』(서울대학교출판문화원, 공저), 『두보 2차 성도시기시 역해』(서울대학교출판문화원, 공저), 『두보 기주시기시 역해1, 2, 3』(서울대학교출판문화원, 공저)

임 도 현

서울대학교 금속공학과 졸업
영남대학교 중어중문학과 졸업
서울대학교 대학원 졸업(문학박사)

영남대학교 인문과학연구소 연구교수

저서: 『이태백시집(7권)』(학고방, 공저), 『완역 한유시전집(상, 하)』(역락, 공저), 『시의 신선 이백 글을 짓다 - 이태백 문집』(박문사, 공저), 『협주명현십초시』(학고방, 공저), 『사령운 사혜련 시』(학고방, 공저), 『진자앙 시』(학고방, 공저), 『악부시집 - 청상곡사 1, 2』(학고방, 공저), 『한유시선』(학고방), 『하늘이 내린 내 재주 반드시 쓰일 것이니 - 이백의 시와 해설』(학고방), 『건재한시집 - 오리는 잘못이 없다』(학고방), 『쫓겨난 신선 이백의 눈물』(서울대학교출판문화원), 『유원총보 역주7, 8』(서울대학교출판문화원, 공역), 『두보 초기시 역해1』(서울대학교출판문화원, 공저), 『두보 기주시기시 역해1, 2, 3』(서울대학교출판문화원, 공저)

최 석 원

명지대학교 중어중문학과 졸업

중국 남경대학교 대학원 졸업(문학박사)

제주대학교 중어중문학과 조교수

저서 및 논문: 『당시, 그 아름다움에 대하여』(경북대학교출판부), 『오감으로 읽는 중국 문학의 세계』(학고방, 공저), 『두보 초기시 역해1』(서울대학교출판문화원, 공저), 「門類本 杜甫詩集을 통해 본 知的 전통의 균열」(『중국어문학』), 「明代 詩選集을 통해 본 唐詩에 대한 지식의 창출과 수용」(『중국문학』), 「聯句 창작을 통해 본 宋代 문인의 문학적 교유」(『중국어문논역총간』), 「杜甫 일대기의 재구성, 杜甫年譜 제작의 역사와 그 의미」(『중국문학』)